经以院士
继往开来
贺教育部
重大攻关项目
成果出版

李程骅
甲午春八

教育部哲学社会科学研究重大课题攻关项目

中国独生子女问题研究

ON ISSUES AROUND ONE CHILD POLICY IN CHINA

风笑天 等著

经济科学出版社
Economic Science Press

图书在版编目（CIP）数据

中国独生子女问题研究/风笑天等著.—北京：经济科学出版社，2012.10
（教育部哲学社会科学研究重大课题攻关项目）
ISBN 978-7-5141-2528-3

Ⅰ.①中… Ⅱ.①风… Ⅲ.①独生子女-研究-中国 Ⅳ.①D669.5

中国版本图书馆CIP数据核字（2012）第246363号

责任编辑：张庆杰　程振峰
责任校对：刘欣欣　杨晓莹
版式设计：代小卫
责任印制：邱　天

中国独生子女问题研究
风笑天　等著

经济科学出版社出版、发行　新华书店经销
社址：北京市海淀区阜成路甲28号　邮编：100142
总编部电话：88191217　发行部电话：88191537
网址：www.esp.com.cn
电子邮件：esp@esp.com.cn
北京季蜂印刷有限公司印装
787×1092　16开　33印张　620000字
2013年7月第1版　2013年7月第1次印刷
ISBN 978-7-5141-2528-3　定价：82.00元
（图书出现印装问题，本社负责调换。电话：88191502）
（版权所有　翻印必究）

课题组主要成员

（按姓氏笔画排序）

乐　章　　关　颖　　陈友华　　肖富群
张艳霞　　郝玉章　　唐利平　　穆光宗

编审委员会成员

主　任　孔和平　罗志荣
委　员　郭兆旭　吕　萍　唐俊南　安　远
　　　　　文远怀　张　虹　谢　锐　解　丹
　　　　　刘　茜

总　序

哲学社会科学是人们认识世界、改造世界的重要工具，是推动历史发展和社会进步的重要力量。哲学社会科学的研究能力和成果，是综合国力的重要组成部分；哲学社会科学的发展水平，体现着一个国家和民族的思维能力、精神状态和文明素质。一个民族要屹立于世界民族之林，不能没有哲学社会科学的熏陶和滋养；一个国家要在国际综合国力竞争中赢得优势，不能没有包括哲学社会科学在内的"软实力"的强大和支撑。

近年来，党和国家高度重视哲学社会科学的繁荣发展。江泽民同志多次强调哲学社会科学在建设中国特色社会主义事业中的重要作用，提出哲学社会科学与自然科学"四个同样重要"、"五个高度重视"、"两个不可替代"等重要思想论断。党的十六大以来，以胡锦涛同志为总书记的党中央始终坚持把哲学社会科学放在十分重要的战略位置，就繁荣发展哲学社会科学做出了一系列重大部署，采取了一系列重大举措。2004年，中共中央下发《关于进一步繁荣发展哲学社会科学的意见》，明确了新世纪繁荣发展哲学社会科学的指导方针、总体目标和主要任务。党的十七大报告明确指出："繁荣发展哲学社会科学，推进学科体系、学术观点、科研方法创新，鼓励哲学社会科学界为党和人民事业发挥思想库作用，推动我国哲学社会科学优秀成果和优秀人才走向世界。"这是党中央在新的历史时期、新的历史阶段为全面建设小康社会，加快推进社会主义现代化建设，实现中华民族伟大复兴提出的重大战略目标和任务，为进一步繁荣发展哲学社会科学指明了方向，提供了根本保障和强大动力。

高校是我国哲学社会科学事业的主力军。改革开放以来，在党中央的坚强领导下，高校哲学社会科学抓住前所未有的发展机遇，紧紧围绕党和国家工作大局，坚持正确的政治方向，贯彻"双百"方针，以发展为主题，以改革为动力，以理论创新为主导，以方法创新为突破口，发扬理论联系实际学风，弘扬求真务实精神，立足创新、提高质量，高校哲学社会科学事业实现了跨越式发展，呈现空前繁荣的发展局面。广大高校哲学社会科学工作者以饱满的热情积极参与马克思主义理论研究和建设工程，大力推进具有中国特色、中国风格、中国气派的哲学社会科学学科体系和教材体系建设，为推进马克思主义中国化，推动理论创新，服务党和国家的政策决策，为弘扬优秀传统文化，培育民族精神，为培养社会主义合格建设者和可靠接班人，做出了不可磨灭的重要贡献。

自2003年始，教育部正式启动了哲学社会科学研究重大课题攻关项目计划。这是教育部促进高校哲学社会科学繁荣发展的一项重大举措，也是教育部实施"高校哲学社会科学繁荣计划"的一项重要内容。重大攻关项目采取招投标的组织方式，按照"公平竞争，择优立项，严格管理，铸造精品"的要求进行，每年评审立项约40个项目，每个项目资助30万~80万元。项目研究实行首席专家负责制，鼓励跨学科、跨学校、跨地区的联合研究，鼓励吸收国内外专家共同参加课题组研究工作。几年来，重大攻关项目以解决国家经济建设和社会发展过程中具有前瞻性、战略性、全局性的重大理论和实际问题为主攻方向，以提升为党和政府咨询决策服务能力和推动哲学社会科学发展为战略目标，集合高校优秀研究团队和顶尖人才，团结协作，联合攻关，产出了一批标志性研究成果，壮大了科研人才队伍，有效提升了高校哲学社会科学整体实力。国务委员刘延东同志为此做出重要批示，指出重大攻关项目有效调动各方面的积极性，产生了一批重要成果，影响广泛，成效显著；要总结经验，再接再厉，紧密服务国家需求，更好地优化资源，突出重点，多出精品，多出人才，为经济社会发展做出新的贡献。这个重要批示，既充分肯定了重大攻关项目取得的优异成绩，又对重大攻关项目提出了明确的指导意见和殷切希望。

作为教育部社科研究项目的重中之重，我们始终秉持以管理创新服务学术创新的理念，坚持科学管理、民主管理、依法管理，切实增强服务意识，不断创新管理模式，健全管理制度，加强对重大攻关项目从选题遴选、评审立项、组织开题、中期检查到最终成果鉴定的全过程管理，逐渐探索并形成一套成熟的、符合学术研究规律的管理办法，努力将重大攻关项目打造成学术精品工程。我们将项目最终成果汇编成"教育部哲学社会科学研究重大课题攻关项目成果文库"统一组织出版。经济科学出版社倾全社之力，精心组织编辑力量，努力铸造出版精品。国学大师季羡林先生欣然题词："经时济世 继往开来——贺教育部重大攻关项目成果出版"；欧阳中石先生题写了"教育部哲学社会科学研究重大课题攻关项目"的书名，充分体现了他们对繁荣发展高校哲学社会科学的深切勉励和由衷期望。

创新是哲学社会科学研究的灵魂，是推动高校哲学社会科学研究不断深化的不竭动力。我们正处在一个伟大的时代，建设有中国特色的哲学社会科学是历史的呼唤，时代的强音，是推进中国特色社会主义事业的迫切要求。我们要不断增强使命感和责任感，立足新实践，适应新要求，始终坚持以马克思主义为指导，深入贯彻落实科学发展观，以构建具有中国特色社会主义哲学社会科学为己任，振奋精神，开拓进取，以改革创新精神，大力推进高校哲学社会科学繁荣发展，为全面建设小康社会，构建社会主义和谐社会，促进社会主义文化大发展大繁荣贡献更大的力量。

教育部社会科学司

前　言

20世纪最后20多年，在中国社会所发生的众多重大历史事件中，以"提倡一对夫妇只生育一个孩子"为主要内容的新生育政策的提出和实施，无疑是影响最为深远的事件之一。它不仅造就了规模多达1.5亿人左右的整整一代独生子女，同时还给今天和明天的中国社会带来了一系列新的社会现象和社会问题。

30多年过去了，在国家和各级政府计划生育部门的积极努力下、特别是在全国广大人民群众的大力支持下，政策实施之初所提出的控制我国人口增长速度的目标已顺利实现。但政策带来的客观人口现象以及由这种人口现象所引发、所导致、所影响的各种社会问题，特别是与急剧变迁的中国社会的社会结构、社会关系、社会规范、社会保障，以及社会风险密切相关的一些现象与问题，也越来越突出地显现出来，这些问题越来越迫切地需要我们进行探讨、解释和提出应对方案。

正是在这种背景下，教育部在2006年的人文社会科学研究重大攻关项目指南中专门列出了"中国独生子女问题研究"（项目批准号：06JZD027）的课题，向学术界提出了探索这一重要社会现实问题的目标。由风笑天教授作为首席专家的研究团队成功申请到这一课题，展现在读者眼前的这本著作就是该研究团队经过四年时间努力探索所取得的最终成果。

这一研究成果由导论和四篇构成，总共十五章。

第一章导论在系统回顾现有研究的基础上，提出了整个课题所依据的总的框架，即从多学科视角来研究中国独生子女问题的新框架。这一章也成为整个研究的基础和指南。

第一篇"教育、社会化与性别平等"，共包括四章。分别探讨了独生子女的家庭教育、独生子女青少年的性别角色社会化，以及农村独生子女与性别平等之间的关系等问题。研究者根据实地调查的资料，从不同的角度对研究主题进行了详细探讨，得出了一些具有新意的研究结论。

第二篇"婚姻、生育与家庭关系"，共包括三章。分别探讨了青年独生子女的婚姻家庭角色、城市第一代独生子女的生育意愿（特别是"双独夫妇"的二胎生育意愿）、青年独生子女与父母之间的亲子关系，以及独生子女婚姻的稳定性等问题。研究结果向人们展示了这一领域中一些新的发现。

第三篇"居住方式与养老保障"，共包括四章。分别探讨了城市独生子女父母的居住方式与家庭结构、城市独生子女父母的养老、农村第一代独生子女父母的养老、城乡独生子女家庭养老风险与社会保障等问题。研究结果从宏观与微观的层面得出了一些值得重视的结论。

第四篇"独生子女风险与生育政策调整"，共包括三章。分别探讨了独生子女家庭的风险、独生子女生育政策的风险、独生子女与我国生育政策调整的关系等问题。这一篇是同国家人口与生育政策的制定关系最为密切的部分，研究结果也可为相关政府部门提供参考。

从研究的内容上看，本研究具有一定的前沿性和创新性。其前沿性主要体现在以下几个方面：首先是将关注的焦点集中在成年独生子女及其相关现象上，比如第一批独生子女的婚姻角色、亲子关系、夫妻权利等等。尽管目前进入婚姻的仅仅是第一批独生子女，其比重在全部独生子女中只是相对较少的一部分。但研究者意识到他们身上所体现的问题，在不久的将来还会出现在大量更年轻的独生子女身上。因此，这种提前研究可以较好地指导社会提高认识，未雨绸缪，做好相应的准备。其次是将第一代独生子女父母的养老问题放到研究的议事日程中。虽然目前第一代独生子女的父母基本上都还没有进入老年，但他们的养老问题却从30年前独生子女刚刚产生的时候起就已经存在和决定了。对于有着深厚家庭养老传统的中国社会来说，这一问题无法回避。本研究花费了相当的篇幅来探讨这一前沿性问题。第三是突出地探讨了与独生子女现象密切相关的生育政策问题。独生子女政策已经实施了30余年，国家提出这一政策时的"一代人"方案，目前在时间上已经到期。独生子女的生育政策存在哪些风险？我国的生育政策又该如何调整？对这些问题进行探讨无疑具有很好的前瞻性。

  本研究的创新性则主要体现在以下几个方面：一是在系统回顾前人研究的基础上，提出了从多学科视角研究中国独生子女问题的新的框架，这一新的框架很好地促进了该领域研究的深入和发展。二是在研究对象上涵盖了从中学生到大学生、从在职青年到已婚青年的各个阶段的独生子女，同时，既涉及独生子女人口主体所在的城市家庭，也涉及农村的独生子女家庭；通过对多种不同年龄、不同身份的研究对象开展调查，课题组收集了十分丰富的第一手定量数据；这种研究对象的多样性和数据资料的综合性是以往的研究所不具备的。三是第一次对农村独生子女开展大规模调查，并系统探讨了受传统文化深刻影响的农村地区由于独生子女的出现对性别平等的积极影响。四是对青年独生子女婚姻关系和婚姻稳定性进行了专门研究，得出了一些值得重视的研究结论。

  中国社会在发展，独生子女人口在增长，独生子女家庭在增加，独生子女现象和问题也在不断地变化之中。我们目前的研究只是不断探索和回答有关中国独生子女问题漫长过程中的一个部分。在新的现实和问题面前，我们仍会继续努力，用更为科学的方法，更准确地认识独生子问题的内涵和规律，为社会持续提供关于这一特定人口、特定家庭以及这一特定社会现象的更为丰富和有价值的知识。

摘　要

　　在系统回顾和评论现有研究文献的基础上，本书提出了研究中国独生子女问题的多学科框架。以这一新框架作为指导，研究者利用大规模社会调查收集到的数据资料，进行定量分析，分别从独生子女的教育、社会化、性别平等、婚姻、生育、家庭关系、居住方式、养老保障、家庭风险以及生育政策调整等众多不同的维度，多方位、广泛、深入地探讨了与第一代独生子女、独生子女父母、独生子女家庭相关、同时也与整个中国社会相关的问题。

　　研究结果显示，独生子女家庭教育具有一些不同于普通多子女家庭教育的新特征，家长的素质与独生子女家庭教育的质量密切相关；在性别角色社会化方面，独生子女和非独生子女这两个不同群体存在一定的差异，独生子女比非独生子女更少受传统性别角色观念的影响。同时，独生子女父母对子女的影响大于非独生子女父母，独生子女比非独生子女受同辈群体的影响更大；对农村独生子女家庭的调查结果显示，农村中生育独生子女能明显地促进子女在日常生活中的性别平等。女儿的地位在独生子女家庭获得了实质性提高，一些过去不容置疑地属于儿子的家庭价值，比如家产继承、家庭养老等，现在在女儿身上获得了认可，并且独生子和独生女在教育获得、职业发展方面也实现了平等；这一结果无论是对于农村背景下的计划生育工作，还是对于整个社会的性别平等，无疑都具有重要的意义。

　　研究结果还表明，青年独生子女与同龄非独生子女在"夫妻角色"和"父母角色"的认知与行为方面，具有一致性和趋同性；在亲子关系方面，两类青年之间也不存在显著差别，有无兄弟姐妹对他们在青年时期的亲子关系并未形成明显的影响；已婚青年的夫妻权力与青年的独生子女身份也无关系，因此，涉及已婚青年在婚姻与家庭生活中的许多矛盾与冲突现象及问题也不能简单归结到第一代已婚独生子女的身上。研究结果还揭示出，大众传播媒介中的新闻报道对独生子女离婚比例高的负面宣传、将他们描绘成婚姻不稳定的负面形象是不符合客观现实的；此外，研究所得出的"双独夫妇"的二胎生育意愿大约只在30%～40%的结论，为未来进行生育率变动状况的计算和变动结果的预测，无疑提供了新的、同时也可能是更为符合客观现实情况的参考依据。

  研究结果显示，在居住方式方面，小家单独居住目前还是第一代独生子女婚后居住方式的主流。这也是他们与同龄非独生子女相同的地方。但是，目前已婚独生子女的父母在居住方式的总体分布上与同龄非独生子女父母明显不同。已婚独生子女的父母单独居住的比例大约在60%以上，高于同龄非独生子女父母单独居住比例的25%；目前城市第一代独生子女父母进入空巢期的比例大约在35%～40%，相比较而言，独生子女上大学是造成父母进入空巢期的最重要因素。第一代独生子女父母进入空巢期时的平均年龄在48岁左右，而同龄的非独生子女父母的空巢期则平均在51岁左右开始；从总体上看，第一代独生子女父母所具有的养老心态和养老认识是积极的，令人乐观。它在一定程度上表明，面临养老，第一代独生子女父母们已经开始了养老观念的转变过程，这种转变的结果无疑会对第一代独生子女父母的老年生活预期、特别是他们对老年生活质量的评价产生积极的影响。

  本书关于独生子女父母养老心态的研究结果在一定程度上传达出另一个重要的信息：在未来的中国城市社会中，当家庭养老以及社区养老的方式不能完全覆盖全体老年人的养老生活，不能满足特定老年人群体养老需求的情况下，机构养老或许会有一个较大的发展空间。如果社会中的老年人普遍做好了到机构养老的心理准备，再加上养老机构在基础条件、服务规范和工作实效方面逐步完善并逐步走上正轨，那么，机构养老或许会成为与家庭养老和社区养老同样重要的一种养老方式，养老机构也会在解决我国社会的养老问题中发挥同样重要的作用。所有这些都是本研究结果中对政策制定来说最有意义的。此外，本研究结果同时也指出了目前的独生子女政策所面临的各种风险，并从政策制定的层面提出了应对这种风险的思路以及调整政策的途径和方法。

Abstract

From a multi-disciplinary perspective, the present study discusses the only child in China multi-dimensionally with several nation-wide survey data. Education, socialization, gender equality, marriage, fertility, intra-family relationship, mode of residing, "empty nest", aging security, as well as the risk and adjustment of one-child policy are examined empirically in the present study and based on the data from the first generation of the only child in China, it is shown that the study of the only child in China should not be only associated with parents and families of one child, but also be embedded in the whole Chinese society.

The result indicates that the home education of the one-child families has some different features compared with those of children with siblings, and the quality of parents has significant effects on the outcome of one-child families education; the effects of traditional male preference are weaker for only children than children with siblings, which, in consequence, makes the two groups some differences in socialization of gender; concentrating in the families of orientation, parents of only children can affect their children more than those of children with siblings; however, there is no difference for the parent-child relationship between adult only children and children with siblings; it is shown, focusing on the families of procreation, that adult only children have no difference with children with siblings on identity and behavior of "couple" and "parents", and the marital power of married young people also has nothing to do with only children or not; the findings suggest that it is not wise to attribute the conflict of marriage to only children arbitrarily.

The present study also finds empirical evidence that the marriage of only children is much more stable than the mass media has reported; for the married only children, most of them, just as children with siblings in the same birth cohort, prefer not to coreside with their parents; however, there are significant differences on co-residing with parents between married only children and children with siblings, more parents of only children live alone (more than 60% versus about 25%); it is indentified in urban China that about 35% - 40% parents of only children of first generation has entered into "empty nest", which may mainly due to the entrance of college of only children of first generation; generally, the average age experiencing empty nest is about 48 for parents of only children but almost 51 for those of children with siblings.

Positive aging attitude is found among the parents of only children of first generation, which indicates that parents of only children have good preparation and expectation toward elderly lives and facilitates their transitions to old. It is also positive that only children in the countryside have more gender equality than children with siblings, there is a process of empowerment for rural only daughters; they tend to have equal educational attainment and equal career, and more impartment, they are expected to succeed the families, which is exclusive for male in traditional families.

Some of the findings in present study do a lot to the social policy. The results that about 30% - 40% "dual only children couples" are willing to have more than one child provide information of fertility changing, which could be important reference for projections. Positive aging attitude and the changing from "dependent" to "independent" old care implies that traditional family-based or community-based old care may not be so sufficient that elder care facilities should become part of the solutions in the overall elder care system. Of course, the only children themselves are consequence of one-child policy, there are many discussions about the risk of this 30 - year old social policy and, as a result, the framework and detailed methods for policy adjustment.

目 录
Contents

第一章 ▶ 导论　1

　　第一节　中国独生子女人口的规模　2
　　第二节　现有研究文献的回顾　4
　　第三节　研究中国独生子女问题的多学科框架　15
　　第四节　本研究的基本目标和思路　21

第一篇
教育、社会化与性别平等　25

第二章 ▶ 社会改革背景中的独生子女家庭教育　27

　　第一节　独生子女家庭教育的新特征　27
　　第二节　独生子女家长的教育素质与家庭教育　32
　　第三节　独生子女发展的家庭障碍　36
　　第四节　独生子女犯罪的家庭因素辨析　41
　　第五节　家庭教育的新变化和独生子女家庭教育指导的着力点　51

第三章 ▶ 独生子女青少年的性别角色社会化　60

　　第一节　独生子女与性别角色社会化　60
　　第二节　独生子女的性别角色观念与行为　65
　　第三节　独生子女性别角色社会化的社会环境　88
　　第四节　独生子女性别角色社会化的特点　95

第四章 ▶ 农村独生子女与性别平等（上）　99

　　第一节　生育独生子女可能改善子女的性别关系　100

第二节 性别平等与生育选择　104
第三节 独生子女与家庭地位平等　112

第五章 ▶ 农村独生子女与性别平等（下）　124

第一节 农村独生子女与教育获得性别平等　124
第二节 农村独生子女与职业发展平等　134
第三节 农村独生子女性别平等的社会建构　144

第二篇
婚姻、生育与家庭关系　153

第六章 ▶ 青年独生子女的婚姻家庭角色　155

第一节 进入婚姻的独生子女　155
第二节 独生子女的夫妻角色　160
第三节 独生子女的父母角色　175
第四节 本章小结　187

第七章 ▶ 城市第一代独生子女的生育意愿　193

第一节 第一代独生子女生育意愿的现状　193
第二节 青年个体特征与生育意愿　205
第三节 "双独夫妇"的二胎生育意愿　218

第八章 ▶ 青年独生子女的家庭关系与婚姻稳定　229

第一节 青年独生子女的亲子关系　229
第二节 已婚独生子女的夫妻权力　241
第三节 第一代独生子女的婚姻稳定性　254

第三篇
居住方式与养老保障　265

第九章 ▶ 独生子女父母的居住方式与家庭结构　267

第一节 青年独生子女与父母的居住方式　267

第二节 独生子女的婚姻类型与父母的居住方式　275
第三节 第一代独生子女父母的家庭结构　286

第十章 城市独生子女父母的养老问题　299

第一节 城市独生子女父母的空巢期　299
第二节 城市独生子女父母的养老心态与认识　314
第三节 独生子女父母养老观念的变革　326

第十一章 农村第一代独生子女家庭研究　334

第一节 农村第一代独生子女的居住方式　334
第二节 农村第一代独生子女父母的养老意愿　347

第十二章 独生子女家庭的养老风险与社会保障　359

第一节 研究背景　359
第二节 独生子女父母养老风险的主要形式　362
第三节 独生子女父母养老风险的影响因素　367
第四节 独生子女父母养老风险的实证模型　372
第五节 本章小结　380

第四篇

独生子女风险与生育政策调整　391

第十三章 独生子女家庭的风险及其保障　393

第一节 问题的提出　393
第二节 独生子女风险的定义、产生和表达　404
第三节 独生子女风险的规避和补偿　413

第十四章 独生子女政策的风险研究　422

第一节 道德与腐败风险　422
第二节 贫困风险　427
第三节 妇女儿童身心健康与出生性别比失衡风险　431
第四节 人口素质逆淘汰风险　437
第五节 本章小结　440

第十五章 ▶ 独生子女与生育政策的调整　442

第一节　调整现行生育政策的必要性　442
第二节　生育政策调整的可行性　449
第三节　生育政策调整的益处　461
第四节　生育政策调整的有利条件　466

参考文献　474

后记　493

Contents

Chapter 1 Introduction   1

    1.1 The Population Scale of the Only Child in China   2

    1.2 Literature Review   4

    1.3 Multi-disciplinary Framework of China's One-child Policy Study   15

    1.4 The Objective and thread of the Research   21

Part 1
Education, Socialization and Gender Equality   25

Chapter 2 The Home Education of Only Children in Social Reform   27

    2.1 Different Features of Home Education of Only Children   27

    2.2 The Quality of Parents and Home Education   32

    2.3 Family Factors Effecting on the Development of Only Children   36

    2.4 Differentiate and Analyses Family Factors Effecting on the Only Children Delinquency   41

    2.5 The Change of Home Education and Emphasis of Family Education   51

Chapter 3 Gender-Role Socialization of Only Children in China   60

    3.1 Only Children and Gender-Role Socialization   60

    3.2 Gender-Role Concept and Behaviors of Only Children   65

3.3　Social Context of Only Children's Gender-Role Socialization　88

3.4　The Features of Only Children's Gender-Role Socialization　95

Chapter 4　Rural Only Children and Gender Equality I　99

4.1　Fertility One-Child and Children's Gender Status Rises　100

4.2　Gender Equality and Fertility Choices　104

4.3　Only Children and Family Status Equality　112

Chapter 5　Only Children in the countryside and Gender Equality II　124

5.1　Only Children in the countryside and Gender Equality in Education Obtaining　124

5.2　Only Children in the countryside and Gender Equality in Career Development　134

5.3　Social Construct of Gender Equality of Only Children in the Countryside　144

Part 2

Marriage, Fertility, and Intra-Family Relationship　153

Chapter 6　Adult Only Children's Role in Marriage and Family　155

6.1　Married Only Children　155

6.2　Married Only Children's Role of Wife and Husband　160

6.3　Married Only Children's Role of Father and Mother　175

6.4　Findings and Discusses　187

Chapter 7　Procreation Aspiration of Only Children in the Cities of First Generation　193

7.1　Current Situation of Procreation Desire of Urban First Generation Only Children　193

7.2　Personal Features and Procreation Desire　205

7.3　Procreation Desire to Second Birth of "Dual Only Children Couples"　218

Chapter 8　Young Only Children's Intra-Family Relationship and Marriage Stability　229

8.1　Young Only Children's Parent-child Relationship　229

8.2　Married Only Children's Marital Power　241

8.3　First Generation Only Children's Marriage Stability　　254

Part 3
Mode of Residing and Aging Security　265

Chapter 9　Mode of Residing with Parents for Only Children and the Family Structure　267

9.1　Mode of Residing with of Married Young Only Children　267
9.2　Marriage Type and Mode of Residing with Parent for Married Young Only Children　275
9.3　Family Structure of the First Generation Only Children　286

Chapter 10　Aging Security for Parent of Only Children in the cities　299

10.1　Empty Nest of Parent of City Only Children　299
10.2　Attitude on Aging Security for Parent of Only Children in the Cities　314
10.3　Change on Aging Security for Parent of Only Children in the Cities　326

Chapter 11　Family Study of the First Generation Rural Only Children　334

11.1　Mode of Residing for the First Generation Rural Only Children　334
11.2　Wish on Aging Security for Parent of the First Generation Rural Only Children　347

Chapter 12　Aging Risk and Social Security of Only Children Family　359

12.1　Reseach Background　359
12.2　Manners of Aging Risk of Only Children Family　362
12.3　Effect Factor on Aging Risk of Only Children Family　367
12.4　Empirical Model on Aging Risk of Only Children Family　372
12.5　Results and Discussion　380

Part 4
Risk of Only Children and Birth Policy Adjustment　391

Chapter 13　Risk and Security of Only Children Family　393

13.1　Raising of Problem　393

13.2　Difinition, Emerging and Expressing on Risk from Only Children　　404

13.3　Avoid and Compensation on Risk from Only Children　　413

Chapter 14　Study on Risk from Only Child Policy　　422

14.1　Risk of Morality and Corruption　　422

14.2　Risk of Poverty-Stricken　　427

14.3　Risk of Women and Children's Physical and Psychological Health and Unbalance of Birth-Sex Ratio　　431

14.4　Risk of Adverse Selection Population Quality　　437

14.5　Conclusion　　440

Chapter 15　Adjustment of Only Child Policy　　442

15.1　Necessity of Adjustment for Present Birth Policy　　442

15.2　Feasibility of Adjustment for Present Birth Policy　　449

15.3　Advantage of Adjustment for Present Birth Policy　　461

15.4　Advantage State of Adjustment for Present Birth Policy　　466

References　　474

Postscript　　493

第一章

导 论

独生子女是与我国社会的改革开放同时成长的一代特殊人口。近10年来一些学者对相关统计资料的分析表明，目前我国的独生子女人口总数已超过1亿人（杨书章等，2000；宋健，2005；风笑天，2006a）。如此庞大的独生子女人口在如此长的历史时期中存在于一个社会，这在世界范围内是史无前例的。而由这一代独生子女所引发的众多社会现象和所带来的众多社会问题，正在对今天和明天的中国社会产生广泛的、深远的影响。因此，从独生子女人口在中国社会出现的时候开始，与他们相关的各种问题就引起了国内外学者的普遍关注。

近30年来，各学科的学者对独生子女及其相关现象的研究取得了大量的成果（风笑天，2002）。然而，值得注意的是，随着独生子女人口的不断扩大，特别是随着第一代独生子女长大成人，进入社会，结婚成家，生儿育女，中国独生子女问题的内涵变得更为复杂。许多在独生子女政策实施之初所预言的问题和困境也正在一天天地变成社会现实。所有这一切都对我国的独生子女研究提出了新的挑战和要求。正是在这种背景下，本书试图在对现有研究进行回顾的基础上，探讨进一步开阔独生子女问题研究的可能思路与开辟新的研究领域。同时，力图以现有研究成果为基础，从多学科的学术视野出发，初步构建一个系统的、综合的研究框架，以促进独生子女领域中的研究向更深入、更广泛的方向发展，更好地回答和解决独生子女人口给我国社会带来的各种问题。

第一节　中国独生子女人口的规模

研究和探讨我国的独生子女问题时，需要对独生子女人口的数量和分布有一个基本的了解，因为正是这种规模和分布构成了与独生子女相关的各种问题和现象的客观背景。但是，到目前为止，国家还没有正式的独生子女人口统计数据，学术界对独生子女人口的确切规模也较少进行探讨。中国的独生子女人口究竟有多少？这是目前尚无答案的一个问题。尽管国家计生委和国家统计局等政府部门的统计中都有独生子女人数的数字，但是，由于其每年统计的独生子女人数都指的是"年龄在14岁以下领取独生子女证"的人数。所以，这一统计数字到了1993年后，就不太可靠了。因为国家计生委和统计局的统计数据中，对年龄超过14岁的独生子女就不再进行统计，因而1993年以后其所公布的独生子女领证人数中，是已经去掉了年龄超过14岁的独生子女后的人数。正因为如此，以后每年公布的独生子女领证人数实际上只是全部独生子女人口中的一部分。例如，2002年公布的领证人数为5 600万人左右，但事实上的独生子女人数显然大大超过这一数字。

缺乏对独生子女人口规模的确切了解，对于我国的独生子女研究以及对于人们认识我国的独生子女问题来说，无疑是一个很大的缺陷。为了解决这一问题，笔者根据国家计生委和国家统计局每年公布的领证独生子女人数的统计数据，通过加上年满14岁但没有进入统计的独生子女人数，来推算全国独生子女的实际人数。具体统计及推算结果见表1-1。

表1-1　　　　全国独生子女人数统计及推算结果　　　　单位：万人

年份	领证独生子女人数	当年新增加领证人数	当年14岁的领证人数	累计年满14岁的领证人数	累计实际存在的独生子女人数
1979	610	610	—	—	610
1980	1 143	533	—	—	1 143
1981	1 448	305	—	—	1 448
1982	1 953	505	—	—	1 953
1983	2 477	524	—	—	2 477
1984	2 817	341	—	—	2 817
1985	2 945	127	—	—	2 945

续表

年份	领证独生子女人数	当年新增加领证人数	当年14岁的领证人数	累计年满14岁的领证人数	累计实际存在的独生子女人数
1986	3 051	106	—	—	3 051
1987	3 231	180	—	—	3 231
1988	3 415	185	—	—	3 415
1989	3 547	132	—	—	3 547
1990	3 789	242	—	—	3 789
1991	3 994	205	—	—	3 994
1992	4 216	222	—	—	4 216
1993	4 324	108	610	610	4 934
1994	4 676	352	533	1 143	5 819
1995	4 906	230	305	1 448	6 354
1996	5 188	282	505	1 953	7 141
1997	5 337	149	524	2 477	7 814
1998	5 327	-10	341	2 817	8 144
1999	5 461	134	127	2 945	8 406
2000	5 578	117	106	3 051	8 629
2001	5 543	-35	180	3 231	8 774
2002	5 643	100	185	3 415	9 058
2003	5 517	-126	132	3 547	9 064
2004	5 554	37	242	3 789	9 343
2005	5 713	159	205	3 994	9 707
2006	5 756	43	222	4 216	9 972
2007	5 830	74	108	4 324	10 154
2008	6 298	468	352	4 676	10 974
2009	6 188	-110	230	4 906	11 094
2010	—	—	282	5 188	12 000

注：表中各年领证人数的统计数字分别来自于历年《中国人口统计年鉴》、《中国计划生育年鉴》及《中国人口资料手册》等。

根据上述统计和推算的结果，2010年我国独生子女的人数大约在12 000万人左右。

第二节 现有研究文献的回顾

中国国内的独生子女研究开始于1980年。据笔者统计，1980~2010年的31年中，国内各种学术刊物上共发表了有关独生子女问题的论文633篇[①]（非学术刊物上的通俗文章以及纯医学方面的论文未计算在内）。从研究的角度看，这些论文的研究主要是从心理学、教育学、社会学、人口学、体育学等学科的角度进行的。具体统计结果见表1-2。

表1-2　　　　1980~2010年国内发表的独生子女论文的学科分布

序号	学科	论文（篇）	占比（%）	累计占比（%）
1	心理学	137	21.6	21.6
2	教育学	216	34.1	55.7
3	社会学	130	20.5	76.2
4	人口学	63	10.0	86.2
5	体育学	51	8.1	94.3
6	其他	36	5.7	100.0
	合计	633	100.0	

从表1-2可以看出，教育学、心理学、社会学方面的研究所占比重较大，全部论文中超过75%都来源于这三个学科，特别是教育学方面的论文更是接近35%。这种情况一方面反映出我国独生子女研究具有与西方独生子女研究相似的特点，另一方面也反映出中国社会对独生子女健康成长的普遍关注。

由于独生子女人口的产生主要是我国计划生育政策的一种结果，而非完全是人们生育意愿的体现。这一非自然的生育事实给我国社会生活各方面带来了广泛而深远的影响，因而也得到学术界的持久关注。在20世纪80年代，独生子女的个性心理和教育问题是学术界的研究重点。到了20世纪90年代，独生子女的社会化问题成为研究主题。2000年以后，随着第一代独生子女逐渐长大成人，学术界开始关注独生子女的婚姻家庭和社会适应问题。纵观30年来不同时期的独

---

① 1980~1993年的文献根据《全国报刊资料索引》、《人大复印报刊资料》查找，1994~2010年的文献根据《中国学术期刊网社科文献专题题录》查找。

生子女研究，大致可以归为以下两种视角：一种视角是把独生子女作为研究对象，探讨独生子女的个性特征、社会化、社会适应等问题；另一种视角是把独生子女作为研究变量，探讨独生子女现象对家庭、社会的影响。

一、独生子女作为研究对象的相关研究

一个家庭只有一个小孩，这与"多子多福"、"人丁兴旺"的传统生育文化极为相悖，使得日常生活中的生育问题成为一个吸引世人注意力的社会事件。独生子女承载着一个家庭的所有希望，自然受到家庭和社会各界的格外关注。国外早期关于独生子女的一些负面研究结论成为我们认识国内独生子女的基本知识背景[①]。我国第一代独生子女基本上也是以负面的形象出现在社会生活当中的。

（一）独生子女的人格与个性特征研究

在 20 世纪 80 年代初期，一些研究确实认为独生子女在个性品质和行为习惯上不如非独生子女，比如娇气、任性、劳动观念差、自理能力弱等（高志方，1981；杨宜模等，1981；肖福兰等，1982；潘朝玉等，1982；杨桦，1983）。稍后的一些研究却认为两类子女在个性品质上并不存在明显差异。20 世纪 80 年代中后期和 90 年代初期的多数研究认为，独生子女与非独生子女在人格、个性心理和行为上有一定差异，但不存在人们普遍担心的那种显著差异。独生子女在自我中心和学习动力方面表现得比非独生子女强，独立性方面则不如非独生子女，但随着年龄的增长，这些差异分别有所削弱甚至消失（陈科文，1985a；刘云德等，1988；浙江医科大学人口所独生子女课题组，1992；范存仁，1994；范彤妮、鲍斯顿，1996）。90 年代中后期以来，相关研究结论一般都认为独生子女在人格、个性特征方面是正常的，与非独生子女之间不存在显著差异，甚至在某些方面还优于非独生子女（中国城市独生子女人格发展课题组，1997；何蔚，1997；风笑天，2000）。

独生子女的人格、个性特征研究一般在教育学界和心理学界开展。随着时间的推移，相关研究对象也在不断变化。20 世纪 80 年代初期和中期主要是研究学龄前期独生子女的性格特征。80 年代后期主要是研究小学独生子女的性格特征。90 年代中学独生子女的性格特征研究逐渐成为主流。而到了 2000 年前后，独生子女大学生的人格、心理特征研究开始出现。随着第一代独生子女逐渐长大成

---

① 早期以霍尔（S. Hall）、内特尔（E. Neter）等为代表的研究者十分强调独生子女人格的特异性，他们视独生子女为"问题儿童"，甚至认为"独生子女本身就有弊病"。

人,这方面的研究逐渐减少。可以发现,独生子女和非独生子女之间的性格特征差异大体呈现"年龄越小差异越大、年龄越大差异越小"的趋势。

(二) 独生子女的社会化与社会适应研究

独生子女的社会化、社会适应研究比独生子女的人格、个性特征研究开展得要晚一些。作为社会学界研究独生子女的重要议题,独生子女的社会化研究主要集中在20世纪90年代,探讨的是独生子女青少年的基本社会化问题。独生子女的社会适应研究则在2000年以后开始出现,探讨的是青年独生子女的社会适应状况问题。

研究发现,独生子女的社会化与其所处的社会环境密切相关(风笑天、张小天,1992;关颖,1996;郝玉章、风笑天,1997a、1997b、1998)。家庭的变化、居住形式的变革、学校教育的转变、大众传播媒介的扩张,构成了一代独生子女特定的社会化环境。这种特定的环境从不同方面、不同程度影响着独生子女的社会化。在早期社会化过程中,父母认识上偏重依赖性而忽视独立性,教育上偏重情感而忽视理性,培养目标上偏重眼前而忽视长远,给独生子女的社会化带来一定的影响。学龄前及小学独生子女的社会化研究一般都是在20世纪80年代中期到90年代初期进行的。相关研究发现,学龄前及小学独生子女与其同龄的非独生子女在合群性、社会交往能力、个性心理特征、生活习惯、学习成绩、身体状况等方面不存在显著差异。城市独生子女青少年的社会化发展是正常的,他们与同龄非独生子女之间在社会化各个方面的相同点多于相异点。农村中小学独生子女在上述方面与非独生子女之间也无明显差异(陈科文,1985a、1985b;白乙拉,1992)。

20世纪90年代中后期,独生子女大学生越来越多,对大学生中独生子女的研究也不断增多。总体上看,研究结果表明,独生子女与非独生子女大学生在理想、求职、学习、经济水平、交友、恋爱、个性等方面没有显著差异。是否有兄弟姐妹这一因素并不能决定个体成员成长的社会性质。对于那些存在差异的方面,不能排除学生来源的差异、学生年龄的大小等因素的影响(景怀斌,1997;段鑫星,1997;李志等,1998;李志,1997、1998;叶松庆,1998;许克毅、宋宝萍,1996)。

2000年以来,第一代独生子女逐渐成年,这意味着他们基本社会化阶段的完成。独生子女的社会适应状况既可以检验基本社会化阶段的社会化效果,又是继续社会化的起点。社会各界尤其是大众媒介开始关注青年独生子女的社会适应问题,评价他们作为正式社会成员的种种表现。现有研究表明,独生子女和非独生子女的职业适应状况良好,两类青年在职业适应方面不存在明显差异,是否是独生子女与青年的职业适应无关。而且除了未婚独生子女与非独生子女在独立生活方面存在一定差异外,两类青年在工作、恋爱婚姻、人际关系、自我认知等方面都不存在明显差别。已婚的独生子女和非独生子女在父母角色的进入、准备、扮演和对父母角色扮演的自我评价等方面都不存在显著差异,而且父母角色的承担是独生子女依赖性发生根本变化的关键。这些研究结论都表明,独生子女具有正常的社会适应能力,他们在职业、婚姻家庭方面都没有表现出适应不良(风笑天、王小璐,2003;风笑天,2005a;郝玉章,2007)。

上述对独生子女本身的两类研究议题可以合二为一,即独生子女与非独生子女是否存在差别。社会各界之所以关注独生子女,是因为人们担心独生子女的成长会不如非独生子女。学术界研究独生子女,绝大多数都会以非独生子女作为参照对象,以非独生子女的情况去衡量独生子女的相应情况,去确定独生子女是否异常。有时候研究者甚至都不关心独生子女本身,而更关注两者之间是否有差别。从众多具体研究的表面结果来看,我们很难得出非此即彼的结论,因为两类子女在个别指标上可能出现差异,但是我们可以从独生子女不同的年龄、不同研究的时间、不同研究的结论之间感受到某种规律。

风笑天经过20多年的研究之后,揭示出这样一个规律:年龄是确定独生子女和非独生子女是否具有差异的关键变量。在学龄前期和学龄初期,两类子女存在较大差异,而在学龄中期特别是青年前期,二者之间的差异越来越小,到基本社会化结束的阶段,二者之间则不存在明显差异。也就是说,在年龄越小的儿童中,独生子女与非独生子女之间的差异越大,不同之处越多;随着年龄的增大,两类儿童之间的差异越来越小,不同之处也越来越少;尤其是到了青年阶段,两类子女之间的差异几乎完全消失(风笑天,2006a)。

独生子女研究30年的轨迹告诉我们,独生子女既不是"问题儿童",也不是"小皇帝"。随着年龄的增大,独生子女在人格、个性特征、社会化等方面与同年龄的非独生子女之间的差异会逐渐消失,在基本社会化末期,二者并没有什么区别。风笑天曾经提出"消磨—趋同"、"关键变异年龄"、"社会交往补偿"等理论去解释随着年龄的增大独生子女与非独生子女在社会化方面的差异逐渐消失的现象(风笑天,2000)。这些理论同样可以用来解释随着年龄的增大独生子女与非独生子女在其他方面的差异逐渐缩小直至消失的现象。

二、独生子女作为研究变量的相关研究

研究独生子女,不仅要把独生子女作为研究对象去研究独生子女群体本身,还应将独生子女作为研究变量,研究独生子女这种社会事实在社会结构中所涉

的复杂关系的滋生和演化。现有的相关研究主要表现在两个方面：一是研究独生子女对家庭的影响；二是研究独生子女对社会的影响。

（一）独生子女对家庭的影响研究

作为计划生育政策的产物，独生子女不是人们生育意愿的自觉体现，而是影响到我国城乡数以千万计家庭的生育事实。生育独生子女意味着子女数量减少到最低限度，这给家庭带来了全方位的影响。独生子女家庭与过去的传统家庭不同，与同时期的非独生子女家庭也不同，其家庭结构、家庭关系、家庭生活方式、家庭养老、家庭对独生子女教育或社会化的影响等问题是社会学研究独生子女家庭的主要议题。在这里，笔者以独生子女为自变量、家庭因素为因变量的思路来评述相关研究。

生育独生子女使家庭表现出众多特征，如缩小了家庭规模，简化了家庭结构，改变了家长角色等。家庭规模和结构的变化意味着家庭功能或家庭状况的变化。独生子女家庭规模小，家庭范围内的互动对象变少，家庭成员间互动频率增加，父母对子女的影响更大更集中；父母往往是孩子接受各种知识、规范、价值观念、文化传统的唯一来源；独生子女家长需要扮演父母、教师和伙伴等多种角色。独生子女家庭的生活方式具有三个人的世界、与祖辈分而不离、子女成为家庭中心、亲子关系的平等化、闲暇娱乐的集体化、子女消费的潮流化和智力化等特点。独生子女的家庭中心地位增大了父母的心理及行为负担，加重了父母对子女的心理依恋，提高了父母对子女的期望值。独生子女父母的角色多重化约束了父母的独立活动，而且独生子女家庭的增加还可能给整个社会的生育观、家庭观、子女教育、人口流动、老人照料等方面带来积极或消极的影响（边燕杰，1985a、1986；风笑天，1992a、1992b、1994）。

子女数量会影响到妇女角色和家庭地位。与非独生子女母亲更看重"家用支出分配"权力相比，独生子女母亲更看重对子女事项的家庭决策。独生子女家庭夫妻共同决策的比例高于非独生子女家庭。独生子女母亲有时可以挟"小皇帝"以挤压婆婆，支使丈夫，从原来和公婆有上下辈分之分、与丈夫平起平坐的位置上升到仅次于"小皇帝"的地位（关颖，2006）。

生育独生子女将改变家庭生命周期。边燕杰（1985b）在 1985 年就预计，15～20 年后，第一代独生子女父母将可能面临家庭解组和重组的挑战，20～25 年后，将有一半左右的独生子女父母面临家庭解组的挑战。多子女家庭子女离开家庭具有一定的缓冲性，而独生子女离开家庭就会给家庭生活形态带来突发性的变化。进入 21 世纪以来，第一代独生子女的家庭空巢期逐渐来临，生育独生子女可能改变家庭生命周期的预测也逐渐应验。目前处于空巢期的城市第一代独生子女父母的比例大约在36%，独生子女父母在48岁左右进入空巢期，空巢期平均为23年左右。但值得注意的是，独生子女父母空巢期开始的平均时间比人们预计的要晚，空巢期持续的平均时间比人们预计的要短；他们的空巢期与同龄非独生子女父母的空巢期之间的长短差别也没有现有研究所预言的10年那么多，二者相差只有3年左右，甚至根本就不存在明显差异（风笑天，2009a）。

生育独生子女对家庭养老传统产生了极大冲击。我国以家庭养老为传统，养儿防老是我国生育文化的重要内容。而独生子女家庭面临比非独生子女家庭更大的风险，独生子女家庭养老已成为重要问题。乐章等人（2000）扩大了独生子女家庭养老问题的理解范围，既包括存在独生子女成员的家庭中赡养者对待老人的观念和行为，又包括独生子女父母进入老年后，其子女对待他们及其他老人的观念和行为。学界普遍的担忧是，独生子女家庭养老可能遇到麻烦。虽然第一代独生子女刚刚成年，他们的父母现在尚未年迈，养老问题还不突出，开展这方面的实证研究尚未具备充分的条件，但独生子女家庭的养老问题自从独生子女诞生开始就引起了人们的担忧和学界的重视。

（二）独生子女对社会的影响研究

一些学者从社会学、人口学的角度探讨了数以千万计独生子女的出现所带来的人口结构变化及其对家庭结构、养老方式、婚姻结构的影响。这些问题的讨论是从人口统计角度在社会层面进行的。

刘鸿雁等人（1996）利用第四次人口普查数据，分析了北京、上海两个地区的独生子女率及其对未来婚姻结构的影响。研究表明，到2030年，在1981~1985年出生的人口中，独生子女与独生子女通婚的比例将达到60%左右；到2035年，在1986~1990年出生的人口中，由独生子女与独生子女通婚建立家庭的比例将达到70%以上。因此，大多数独生子女家庭将会面临严峻的老人赡养问题。随着时间的推移，这一问题将会越来越突出。

杨书章等人（2000）依据统计资料，采用婚配概率法和政策生育率仿真法，计算了"独生子女生育两个孩子"所可能引起的政策生育率波动范围。结果表明，随着独生子女逐步进入育龄期，我国未来政策生育率将有所升高，2010年前后城市政策生育率将可能超过农村，在未来15年，政策生育率最大可能增加近0.2，2015年政策生育率最高可达1.74左右。笔者在此基础上指出，未来10年内"独生子女生育二孩"将可能使政策生育率稍有回升，但幅度不大，我国既定的人口发展战略目标还是可以实现的。

宋健（2000）则针对人们关注的"四二一"结构问题，从定义、形成的条件、在全国发生的概率、对养老产生的影响等方面展开分析和探讨。笔者认为，"四二一"结构指的是在广义的家庭形式下三代共存的现象，强调的是代际关系，应该至少涉及两代独生子女。这一结构形式的形成需要满足三个条件：三代共存、一对独生子女之间的婚配以及连续两代独生子女。由于严格意义的"四二一"结构的出现取决于很多因素，因此其实现的可能性也许并没有人们想象的那么大。

与人口学界利用统计数据在社会层面就独生子女的婚姻家庭结构、生育率等问题进行推测不同，风笑天（2005b）在利用调查资料对社会层面独生子女的婚姻家庭问题进行分析后发现，目前我国城市社会双独婚姻和家庭不到总体的10%，单独婚姻和家庭为30%左右，双非婚姻和家庭为60%左右。就这几十年来的生育情况来看，我国社会不可能出现一个时期全部由独生子女组成婚姻和家庭的情况，真正由双独所组成的婚姻和家庭只是同一时期婚姻和家庭的一部分。按人口学者的推算，其最多时期可能也只占同一时期婚姻和家庭的1/3。

但是，我国第一代独生子女婚后居住方式与非独生子女有差别。青年独生子女和非独生子女婚后有2/3是小家庭单独居住，但在与父母同住的青年中，独生子女与双方父母同住的比例相当，而非独生子女则基本上都是与男方父母同住。此外，双独家庭与老年父母同住的比例最小，单独家庭与老年父母、特别是与女方父母同住的比例最大，双非家庭与男方父母同住的比例最大。单独家庭中青年夫妇婚后居住方式明显受到性别因素的影响。这种居住方式的变化对家庭养老以及家庭观念等方面具有积极意义（风笑天，2006b）。

三、目前国内独生子女研究的主要不足

计划生育政策的实施使独生子女不仅成为一个人口群体、一种生育事实，而且更是一种社会现象、一个社会事件。学术界持续关注独生子女现象，相关研究伴随着独生子女出生、成长的全过程。对近30年来国内独生子女研究现状的系统分析表明，目前国内独生子女研究领域中还存在下列一些不足：

（1）研究视角上有偏颇。已有的独生子女研究绝大多数都是以独生子女为研究对象，而以独生子女为研究变量的研究很少，只有社会学界、人口学界的少数学者做过相关研究。社会学界主要关注独生子女对家庭结构、家庭关系、家庭生活方式、家庭养老、子女教育或社会化所带来的影响。人口学界主要关注独生子女的大量出现所带来的家庭结构、婚姻结构和人口结构的变化。相关研究的数量和质量与独生子女现象在我们社会生活中的重要地位并不相称。当然，独生子女的社会影响研究比独生子女本身的研究在设计上更难把握，且在操作上也更难

找到切实的着手点，这可能是已有研究在研究视角的选择上厚此薄彼的重要原因，但这并不是我们开展独生子女研究可以避重就轻的理由。另外，作为一种具有多重属性的社会现象，除了各个具体学科分别从各自的视角出发进行研究和探讨外，还应该尽可能地从多种学科的综合视角来对它进行探讨。特别是从中国社会整体的角度，在考虑独生子女现象的多种内涵基础上提出研究问题，才可能对这一问题的认识和解决提供更有效的答案。但从目前情况看，在研究视角上，单一学科、单一内容、单一角度、单一层次的研究比较普遍，不同学科、多重视角的综合研究相对较少，采用多学科的综合视角进行探讨的研究非常缺乏。

（2）不同学科探讨的分布比例不尽合理。虽然独生子女问题涉及多个不同的学科领域，但不同学科对这一问题的关注和探讨状况相差很大。其中最主要的缺陷在于：一半以上的独生子女研究集中在教育学、心理学领域；而社会学、人口学学科的探讨则相对较少。由于中国独生子女人口产生的机制与西方国家有着本质的区别，同时，中国独生子女人口规模和数量也与西方国家相差巨大。因此，西方一些有关独生子女的研究虽然可以在独生子女心理和教育两个大的方面给我们一些启发和借鉴，但中国独生子女问题中更为重要的方面实际上是独生子女与中国社会之间的关系，而这一方面的内涵还没有引起研究者的足够重视。作为社会现象和社会事实的独生子女并未引起学术界的充分重视，社会结构视野下的独生子女研究尚未充分展开。我国的独生子女现象关涉生育和人口要素的重大变化，这必然会引起社会结构中其他结构要素及功能的连锁反应。因此，独生子女人口在社会结构系统的各领域、各层面所引起的结构性、功能性变化比起独生子女本身的研究更值得关注。

（3）研究对象上存在一定偏颇。现有研究在研究对象上，心理学和教育学方面研究的重心过多地偏向了幼儿期和儿童期的独生子女，相对忽视了青年期、成年初期独生子女的研究。更为重要的是，在心理学与教育学的许多研究中，研究者明显地忽视了决定青少年成长和发展的客观的、外在的社会结构性因素以及社会文化因素的影响，只将现象的原因局限在狭窄的个体心理或局部教育环境的范围内，使得许多研究的结论存在着一定的偏差。农村独生子女不被注意，形成了研究对象上的盲点。我国独生子女遍布城乡家庭。自1979年执行独生子女政策以来，城镇居民90%以上生育的都是独生子女，但独生子女绝非只存在于城镇家庭，农村地区也有3 000万以上的独生子女（宋健，2006）。但是，已有的独生子女研究几乎都以城镇独生子女为研究对象，农村庞大的独生子女人口很少有人研究。不管是作为研究对象的独生子女研究，还是作为研究变量的独生子女研究，都少有人涉及。可以说，农村独生子女是我国独生子女研究的一个盲点。农村独生子女的成长、发展状况，农村独生子女给农村的家庭和社会各层面带来哪些影响，目前还几乎一无所知。

（4）研究内容上有缺陷。尽管对独生子女本身的研究开展得比较充分，但在研究内容上还是存在一些不足，心理学方面的研究主要局限于对独生子女性格特征和人格特点的探讨，而教育方面的研究则常常将内容缩小到探讨独生子女儿童养育的具体操作方法上。一些重要问题少有涉及。对独生子女本身的研究基本上围绕"独生子女能否成长为正常的、合格的社会成员"这一中心问题展开，相关研究伴随着独生子女的成长历程，研究结论也基本一致：独生子女的社会性发展是正常的，并没有因为缺少兄弟姐妹而在上述方面表现出异样的特征。但这一结论基本上是以处于基本社会化阶段的独生子女为研究对象得出来的，对于成年独生子女在继续社会化阶段有怎样的表现，目前的研究还很单薄。

（5）对青年期独生子女的研究过多地集中于大学生群体，而对社会中其他青年独生子女的研究相对不够。独生子女政策的实施已过30年，第一批独生子女也已经走过儿童和少年时期，进入到青年时期（成年初期）。一方面，对成年独生子女的研究总体上大大少于对青少年和儿童期独生子女的研究；另一方面，对成年独生子女的研究又过于集中在大学生身上。而在对大学独生子女的研究中，则存在着一种明显的偏差，即没有对客观上存在着巨大影响的城乡变量、家庭背景变量等等进行控制，从而将实际上属于城乡变量或家庭背景变量所造成的差异和所形成的影响，误以为是独生子女与非独生子女的身份所造成的差异和所形成的影响。

（6）不同研究相互之间缺乏借鉴、比较和积累。由于绝大多数经验研究缺乏对已有文献的回顾和考察，缺乏对相似研究的借鉴，因而相互之间的可比性很小，研究成果的累积意义不足。无论是在研究对象的选择上，或是在所使用的测量指标上，不同的研究互不相同。因而，在独生子女个性特征、行为习惯等方面，众多研究所提供的是一幅混乱的画面。再加上现有研究在调查原始数据上缺乏积累，基本上没有开展对独生子女人口的纵向研究，因而在回答许多与独生子女发展相关的问题上显得无能为力。

（7）理论研究与经验研究相互脱节。大部分理论研究的文章完全没有经验材料的支持，研究者往往只是依据某一学科的一些理论概念进行主观性的分析，并由此提出个人的看法和观点，缺乏足够的说服力。这种一般化的、个别的、空洞的、泛泛的、心得体会式的主观议论十分普遍；而有新意的、有深度的、有经验数据支持的理论分析较少；尤其是在教育领域，像"浅谈独生子女的教育问题"、"独生子女教育之我见"这样的论文就有几十篇之多。而经验研究中，单纯描述现象状况的研究较多，特别是各种主题不明确、方法不规范的"状况调查"相当普遍。这些调查所得到的往往是零星的、存在较大偏差的、非常简单的数据结果；而经过精心设计的、针对性较强的解释性研究较少。因而，经验性研究的理论色彩不浓。

（8）经验性研究在方法上还存在较多问题。主要表现在研究设计的简单化、资料分析的表面化、数据表达的百分比化。还有抽样不科学，忽视样本与总体间的推论条件；缺乏对结果的统计检验等等；有相当多的研究结果是在对象选择、样本抽取、概念操作化、变量测量、统计分析等研究方法方面存在着许多问题的情况下得到的。特别是样本的规模过小且非随机的抽取方式，加上过于简单且常常缺乏检验的统计分析，很容易使所得到的结论形成某种偏误。同时，非常缺乏全国范围的、较大样本规模的、系统性和综合性较强的经验研究。现有经验研究多为某个局部地区（比如一个城市或一个城区）、若干个单位（比如一两所幼儿园、两三所小学）的小规模调查，样本规模多在300之内，很难避免由于特定调查地区、特定调查样本的客观差别所带来的系统误差。而且这些研究的设计大多比较简单，系统性不强，因而研究结果的普遍性和推广性受到很大限制。

四、值得重视和研究的新问题

自20世纪80年代初至今，社会学、人口学、教育学、心理学等领域的学者对独生子女的人格、个性特征、社会化和社会适应以及独生子女对家庭、社会的影响等问题进行了比较充分的研究。但是已有研究还存在一些局限，独生子女还有许多值得研究的新问题。

（一）独生子女的社会影响研究

庞大的独生子女人口必然会对社会带来复杂的影响，只有把这一人口现象视为研究变量，将其置于社会结构的空间中，才可能发现这一现象所引起的结构要素的变动及其功能变迁。独生子女所带来的这种社会结构层面的变化有些是我们认识能力所能触及的。比如社会心理与教育方式、婚姻与家庭、风险与社会保障，价值观念、人际关系、亲属制度、性别关系、文化现象与中国文化传统，教育事业发展、人力资源供给、国防建设和国家人口政策等。这些现象和问题都很可能处于独生子女人口影响的链条之上。当然，部分独生子女人口的社会影响可能超出了我们想象力的边界。只有科学研究的触角不断延伸，想象力的边界才会不断扩大。

虽然一些学者研究过青年独生子女的家庭生活和社会适应等问题，但相关研究的内容还可以继续拓展，研究结论还缺乏其他研究佐证。另外，独生子女的教育获得、职业发展和家庭生活问题也被忽视。教育问题本来是我国独生子女研究的重要内容，但20世纪90年代中后期以后就逐渐淡出研究者的视线，以至于我们现在连独生子女学校教育的一些基本情况都不清楚。独生子女家庭一直是相关研究的重要主题，但研究内容基本上局限于独生子女父母家庭，成年独生子女自身组建的小家庭则少有研究。除职业适应外，笔者几乎没有见到过独生子女的职业发展研究。

另外，独生子女的社会形象也值得研究。我国的独生子女虽然是在社会各界的普遍担忧中进入千家万户且以一种负面的形象进入公众视野的，但学术界的研究结论已经澄清了事实，恢复了独生子女的本来面目：没有兄弟姐妹并没有给独生子女在人格、个性特征、社会化和社会适应方面带来明显的负面影响。为什么独生子女的负面刻板印象在社会中一直存在，甚至被"妖魔化"呢？为什么公众习惯给不同年龄段的独生子女贴上相应的标签呢？这绝不只是科学研究结论欠缺面向公众普及的问题。其中的逻辑起点、发生机理、强化机制等都值得学界深入研究。

（二）成年独生子女和"独二代"研究

第一代独生子女部分已经年届三十，随后的独生子女也逐渐长大成人。他们都陆续结束学校教育，走向工作岗位，开始组建自己的家庭。目前，我们对独生子女进入成年阶段的各类表现知之甚少。公众普遍担忧的独生子女社会性发展不足的问题已经被证明是不存在的，而社会各界普遍认为的独生子女教育投入有余的问题将随着独生子女陆续结束学校教育以及独生子女在文化水平、知识结构、职业技能、能力素养等方面的表现而揭晓答案。随着独生子女逐渐走向工作岗位、真正进入社会，已有的独生子女社会性发展的研究结论可以获得进一步的检验，他们的职业生涯发展状况、社会角色和社会责任等问题值得研究。

随着独生子女逐渐结婚成家，他们与父母家庭的关系、婚恋方式、家庭生活方式、生育意愿、父母角色等问题也值得关注。在"独二代"研究方面，当第一代独生子女成婚成家、需要养育自己的下一代时，社会各界普遍存在着既担忧独生子女能否成功扮演父母角色，能否承担生儿育女的责任，也担忧"独二代"在父辈与子辈都是独生子女的家庭中能否健康成长。实际情况怎样，需要通过规范的科学研究才能回答。

（三）农村独生子女研究

城镇和农村独生子女在产生机制上是存在差异的。城镇独生子女更多的是国家通过"单位制"推行独生子女政策的结果，农村独生子女则更多地表现出育龄父母自主选择的结果。农村独生子女在类型上比城镇独生子女更复杂，既有和城镇一样的独生子女政策下的独生子女,还有"一胎半"、"二胎"政策下的独生子女。而且,我国的城镇和农村在国家政策与治理方式、生产生活方式和文化价值观念上存在明显的"二元"特征。相比较城镇独生子女而言,农村独生子女在出生、成长过程中所遇到的各种问题,给家庭、社区和社会结构各层面所带来的影响都可能是不一样的。开展农村独生子女研究,既可以检验已有的城镇独生子女研究的结论,又可能获得意想不到的研究结论,为我国的独生子女研究注入新的活力。

第三节 研究中国独生子女问题的多学科框架

一、中国独生子女问题的多重属性

数以千万计的一代独生子女人口在 20 世纪 70 年代末、80 年代初的中国社会中出现,这一客观事实本身就意味着中国独生子女问题所具有的多重属性。

首先,作为替上几代人的生育行为所带来的后果"还债"的人口,计划生育政策对这一代人出生的影响是显而易见的。换句话说,一代独生子女人口首先是带着计划生育政策的烙印出现在中国社会中的。这种不得已而为之的生育政策使得我国的独生子女问题从一开始就不同于西方社会中的独生子女问题。这种在人口高速增长的压力下,由于采取极端措施所出现的特定结果,既意味着在人口再生产的过程中,出现了一种十分特殊的情况,产生了一批十分特殊的人口;同时,这也意味着整个社会中随之而来的家庭规模的变化、人口年龄结构的变化、抚养人口比例的变化、人口老龄化趋势的变化等等。

其次,对于中国这样一个传统文化影响极其深重的国家,当家庭的分量,子女的意义,全部都凝结在这一代特殊的独生子女身上时,与此相关的独生子女培养和教育问题自然就是不可避免的了。中国的独生子女教育问题,其内涵中既有与西方独生子女教育问题相同的儿童心理特征问题,人格发展问题,学校、老师以及家长的教育方式、教育方法问题等等,同时更有与整个社会大背景密不可分的"望子成龙"问题、"揠苗助长"问题、"溺爱无度"问题等等。在这些问题的背后,所折射出的则是特定的传统文化和社会价值观念,以及家长特殊的人生经历和失衡的心态。而当我们将这种观察的眼光放得更远时,这一代特殊人口及其所形成的特定文化现象对中国社会及其未来发展的影响,就会更多地进入研究者的视野。

再其次,历史有意无意地让一代独生子女的出现与中国社会的经济改革、文化开放相伴随,这就预示着独生子女问题与中国社会的方方面面密不可分。社会结构的急剧转型、社会观念的急剧转变,社会经济的极大发展,既构成了这一代独生子女成长的特定社会环境,也构成了理解各种与独生子女相关的现象和问题的必由之路。独生子女一代既赶上了中国经济发展、物质富裕、科技进步的时代,享受着比他们的父辈更多的现代物质文明的丰硕成果;同时他们也遭遇到了由中国社会急剧转型所带来的社会分化明显、社会流动加剧、社会制度变革、社会问题增多、社会价值观念的多元化的困境。也许从来就没有一代人像他们这样,从小就生活在只有父母、没有兄弟姐妹的家庭中;同样也没有哪一代人像他们这样,有如此高比例的人要生活在父母离异的家庭中;他们所面对的社会再也不是其祖辈、父辈所面对的那种单一信仰、单一价值观的社会;无论是幸福观、婚姻观,还是成就观、职业观,都出现了多种不同的标准。他们所面对的世界,已不再是一种样式、一种颜色、一种声音。

总之,"独生子女作为 20 世纪 80 年代我国社会中新出现的一种社会现象,不可避免地会同产生它、形成它、容纳它的社会之间发生种种关系。从独生子女作为一类特殊的人口来到中国社会的时候起,它就在接受社会对它所施加的各种影响的同时,对社会的各个部分和方面,比如对社会结构、社会关系、社会心理、社会规范、社会价值观念等等产生影响"(风笑天,1992)。正是独生子女与当代中国社会之间这种内在的、密不可分的关联,导致中国独生子女问题及其相关现象成为一个涉及面广、内涵丰富、内容复杂的研究领域。

二、从多学科视野开展独生子女问题研究的意义

首先,从多学科的视野出发,可以突破单一学科视野的局限,进一步丰富和深化我们对中国独生子女问题的认识。

独生子女问题本身就具有多种不同的属性,涉及多个不同的学科领域。中国国内目前的独生子女研究虽然也取得了不少成果,但就总体而言,由于单一学科视野的限制,现有研究表现出综合性不够、系统性不够,研究的深度也不够的特点。特别是现有研究所存在的研究主题的分散性、研究过程的一次性和研究视角的单学科性等特点,极大地限制了这一领域的研究向更深的层面发展。与世界范围内最大规模的独生子女人口及其问题相比,目前国内的独生子女研究在内容范围和成果水平上还不能适应解释各种独生子女现象和回答各种独生子女问题的要求。以多学科的视野开展本研究领域的联合攻关,可以在很大程度上突破这种局

面,通过在理论阐述和经验分析方面的进一步努力,通过把理论构建与实证研究紧密结合,可以不断推进这一领域的理论创新,促使研究发生质的飞跃,将我国的独生子女研究在整体上提升到一个新的层次。

其次,从多学科的视野出发,可以加强对与独生子女相关的社会性问题、宏观性问题、潜在性问题和前瞻性问题的探讨。

现有独生子女研究中,对个体心理的、特定教育的、微观的、显性的,以及眼前的问题探讨较多,而对与一代独生子女的成长和未来密切相关的社会性问题、宏观性问题、潜在性问题、未来性问题的探讨相对薄弱。研究的整体发展明显地落后于社会现实的发展,特别是由于目前独生子女人口总规模已接近1亿,并已开始向第二代独生子女发展,导致与独生子女人口相关的现象与问题开始出现新的变化,需要新的、具有前瞻性、超前性的研究成果。在这样的背景下,开展多学科、多视角的综合研究,正是对这一现状的积极回应。特别是通过在研究思路、研究群体和研究方式上的独特创新,将促进这一领域的研究向纵深发展,并体现出研究所具有的前瞻性特点。

再其次,从多学科的视野出发,可以利用多学科交叉优势,为各个学科的理论创新增加新的增长点。

目前,中国的独生子女研究存在着学科交叉融合不足,开放度低,联动较少,共同交流平台尚未形成等问题。特别是单一学科的研究往往只会关注到独生子女问题的一个侧面。现有研究状况的一个最大缺陷是各相关学科的研究往往只依据各自学科单一的学术视野,并主要局限在本学科的范围内。这种缺陷不仅极大地限制了对众多具体问题的实质性理解,同时也造成了独生子女问题研究领域中明显的"内容分割"现象。从多学科的角度出发,综合地考察与独生子女相关的各种具体现象的特征和成因,对中国独生子女人口及其相关问题进行多方位的整体研究,以图达到对独生子女问题的更为深入、更为全面、更为本质、也更为科学的理解。为各学科理论创新增加新的重要增长点,这也将是这一领域的研究取得新的突破的重要保证。

最后,从多学科的视野出发,开展综合性的研究,可以为解决现实问题和制定相关政策提供科学依据。

独生子女作为生长在特定历史时期中的特定人口,与其相关的现象和问题涉及中国社会的众多方面,尤其是独生子女的教育问题、独生子女父母的养老问题、独生子女结婚后的生育问题、独生子女家庭的风险和社会保障问题、农村独生子女家庭问题等等,都是对中国社会发展和人口结构具有重要影响、当前急需研究和解决的现实问题。从多学科的视角开展对独生子女问题的研究,可以发挥整体性和综合性的优势,它不仅可以帮助我们从理论上取得对独生子女相关问题认识的突破，同时也可以在解决现实问题的实践领域发挥重要作用，为解决这些问题和制定相关政策提供科学的依据。

三、从多学科角度开展独生子女问题研究的基本框架

中国独生子女问题既有与国外独生子女问题相似的一面，更有与国外独生子女问题不同的一面。根据这一现实状况，本研究提出从多学科角度开展独生子女问题研究的基本框架。其主要观点是，对中国独生子女问题的研究要从独生子女自身的层面、独生子女家庭的层面、独生子女与社会之间关系的层面展开，各个层面所涉及的内容既兼顾到独生子女人口的各种客观现实及其相关现象，又紧密结合社会学、人口学、心理学、教育学、青年学、社会保障等多种学科，从而形成更为广阔的学术视野。这种宏观与微观结合、学科视野与现实问题结合的框架，既从宏观上探讨独生子女与中国社会之间的关系，研究独生子女人口对中国社会的影响；同时也从微观上探讨独生子女的心理特点、独生子女的教育、独生子女社会化过程、独生子女的社会适应以及独生子女家庭结构、家庭关系的变化等内容。具体来说，这种多学科的分析框架可以分解成下列几个部分：

1. 研究中国独生子女问题的多学科理论视野

针对目前国内独生子女研究中大量存在的"只描述具体现实，缺少深入的理论关注和分析"的问题，我们从多学科视野中所借鉴的最重要内容应该是各学科的相关理论。这种理论作为统领各种具体层面独生子女研究的概念基础和分析框架，可以使我们对独生子女具体现象的研究上升到概念层面来认识。为此，我们应围绕中国独生子女问题，从各个相关学科的特定理论视野出发，认真梳理、回顾和评论相关的理论命题、核心概念及其实际应用。探索从各个相关学科切入独生子女问题领域的特定研究视角。为各项具体经验研究奠定坚实的理论基础，同时也为具体的经验研究提供理论指导。达到从本质上提升独生子女研究的理论层次和解释水平的目的。以下是各种学科理论视野与独生子女特定现象之间内在联系的一些例子，例如，社会化理论视野中的独生子女成长过程；发展心理学理论视野中的独生子女人格特征及其变化；教育分层理论视野中的青年独生子女地位获得；生命历程理论视野中的独生子女人生发展与社会适应；社会风险理论视野中的独生子女安全与社会保障；人口转变理论视野中的独生子女人口政策选择；人口再生产理论视野中的独生子女人口增长趋势等等。

2. 独生子女的心理特征及其发展

这一方面主要是从心理学的视角来分析独生子女现象。这一视角着重关注和探讨作为整体的独生子女青少年所具有的心理特征及其发展规律。这方面研究的

基本思想是，作为整体的独生子女既可能具有某些与非独生子女共同的心理特征，也可能具有一些区别于非独生子女的心理特征。而同样是独生子女，在不同年龄阶段所具有的心理特征也可能有所差别和变化。所以，与现有研究的单一视角所不同的是，多学科视野条件下对于独生子女心理特征的探讨特别强调要从独生子女"整体上"和独生子女成长的"全过程"这两个方面来进行。这样的探讨方式主要是为了避免现有研究中大量存在的"孤立的"、"个别的"、"单一时期"、"单一对象"的研究视角和探讨方式，以帮助我们更好地从本质上加深对作为一代人的独生子女心理特征的认识。其主要的研究内容包括如下一些方面：不同年龄段独生子女心理特征的现状、特点及影响因素；特定家庭环境与独生子女心理特征的形成及发展；作为整体的独生子女区别与非独生子女的主要心理特征及其理论解释；独生子女的人格发展与精神健康；独生子女社会化的新特点与新问题；独生子女心理发展的重要条件及其影响机制等等。

3. 社会结构视野下的独生子女教育

独生子女的教育问题是中国独生子女出现以来被整个中国社会关注最多的问题之一。也是现有独生子女研究中探讨最多的一个方面。但是，一个十分突出的现象是，目前独生子女教育问题的探讨基本上是从单纯的教育学学科视野出发，研究焦点通常只是仅仅围绕着相对具体的教育方式和教育方法问题，而忽视了存在于局部教育环境之外的更为广泛、更加强大的社会结构因素的影响。正是针对这一现状，笔者认为需要将目前与独生子女相关的各种教育现象与教育问题放到中国改革开放的大的社会环境、放到中国社会的结构转型的背景中去分析和探讨。要围绕各种具体的教育问题，借助社会学、教育社会学、人口学的学科视野，努力从决定和影响独生子女教育现象的社会结构因素、社会文化因素方面去发现联系和寻找因果关系。这方面探讨的主要内容可以包括如下一些方面：独生子女早期教育与学前教育的认识偏差；中小学阶段独生子女教育问题的实质与成因；独生子女的家庭教育与父母教育问题；中国社会目前的教育分层与独生子女的教育问题；大众传媒对独生子女教育的影响；同辈群体在独生子女社会化中的作用；影响独生子女教育的社会结构因素探讨等等。

4. 发展变化中的独生子女婚姻与家庭问题

在研究和探讨中国独生子女问题时，除了应注意到独生子女人口自身发展这一常见的线索之外，独生子女家庭也是研究的另一条重要线索。独生子女家庭是中国社会中的一类新型的"细胞"，许多与独生子女人口及其与中国社会密切相关的问题和现象，都源自于独生子女家庭。特别是由于第一代独生子女已长大成人，伴随着他们的婚姻和成家又带来了一些新的独生子女家庭现象与家庭问题。对这些问题的认识需要从心理学、社会学、人口学等多种不同学科的视野来获得。这方面的研究内容可以大致分为两个主要的方面：一是与目前大量存在的、以"三口之家"为主要特征的普通独生子女家庭（或称为第一代独生子女家庭）有关的问题；二是与那些由第一代独生子女结婚成家后建立的新的第二代独生子女家庭有关的问题。从这样的视角出发，对独生子女婚姻家庭现象进行探讨的具体内容可以包括：独生子女家庭结构的特点、变化趋势及其对社会的影响；独生子女家庭生命周期与家庭关系的变化；第一代独生子女父母的生命历程研究；第一代独生子女人口的婚姻观念及其对家庭和社会的影响；独生子女养育独生子女现象研究；第一代独生子女青年家庭的生活方式等等。

5. 独生子女的风险与社会保障

从独生子女自身来看，独生子女对于家庭和父母的唯一性，意味着其家庭和父母在其成长的过程中将面临的更大的风险。成年独生子女的意外伤亡将成为这种风险的集中体现。尽管独生子女意外伤亡的比例在独生子女人口总体中并不会高，但对于出现这一情况的独生子女家庭来说其影响则是难以预计的。与独生子女家庭结构密切相关的另一些问题将包括空巢家庭的增多、家庭的社会支持网络弱化、家庭养老面临更大困难，以及老年社会保障问题的进一步突出等等。20多年前人们关于独生子女家庭老年保障的众多话题都将在今后的几十年中逐一变成现实，20多年前人们对独生子女家庭社会保障的众多担忧也将在这些年中逐一接受挑战。因此，研究独生子女家庭的这种风险和社会保障的现状，探索适合中国国情的解决办法，无疑是最近一个时期该领域中的一大焦点。而探索这方面问题又会需要社会学、社会工作、社会保障、人口学等多种学科的共同努力。这方面的研究内容将主要涉及下列问题：比如，成年独生子女意外伤亡与独生子女家庭风险研究；纵向家庭关系与独生子女家庭的社会支持网络；独生子女家庭奖励扶助政策研究；独生子女父母老年生活中的空巢现象及其解决办法研究；农村独生子女家庭的社会保障研究；农村独女户家庭的养老支持及其面临的挑战等等。

6. 独生子女与国家人口政策的改变

独生子女人口是我国计划生育政策的产物。但作为政策的结果，这一代人在成长和发展的过程中又给中国社会的人口结构带来了巨大的影响。近30年来，计划生育政策一直在贯彻执行，独生子女人口也在不断增加，不断成长。中国人口的结构也因此发生了巨大改变。人口发展的惯性和规律又必将带着这种转变的结果给整个中国社会的方方面面带来新的影响。尽管人口学的理论和视野是探讨这一现象的主要框架，但我们同样不能忽视社会学、心理学等视角在帮助我们理解和分析这一现象中的重要作用。这一方面的研究内容主要关注与独生子女人口发展相关的人口政策，关注随着独生子女政策的实行、独生子女人口的出现而来的对中国社会整体人口结构及其未来发展的影响问题。其主要议题包括:"双独家庭"(夫妻双方都是独生子女的家庭)二胎生育的意愿及其影响因素;第一代独生子女的婚姻市场及其婚配结构研究;"双独二胎生育政策"(双独家庭可以生育第二个孩子)影响下的中国生育率水平变动研究;独生子女人口规模及变动趋势的定量分析与预测;中国人口结构的变化与独生子女人口政策的调整方向;独生子女政策实施与出生性别比的关系研究;进一步调整和完善独生子女生育政策问题;独生子女政策与人们生育观念转变对中国社会可持续发展的影响等等。

7. 独生子女对中国社会的影响

这是一个范围更广、同时也更为复杂的问题领域。当与改革开放同时成长的这一代特定人口逐步成为社会的主力军时,他们不可避免地会将自己的价值观念、行为方式、追求目标带入社会生活中,在他们参与社会生活的过程中影响到整个社会的社会规范、社会关系和社会心理,影响到社会生活的方方面面,就像美国"生育高峰一代"对整个美国社会的影响一样。因此,我们既要深入地研究这一代特定人口在未来的日子里所要面临的各种新的社会问题和新的挑战,同时也要深入探讨和研究他们在未来的日子里将会带给整个中国社会的新的问题和挑战。这种探讨将包括两个大的方面:一是分析和认识独生子女对目前社会的影响;二是分析和认识独生子女对中国社会潜在的和未来的影响;其主要内容涉及:"独生子女兵"与我国国防问题研究;独生子女人口变动与各级教育事业的发展研究;独生子女文化现象对中国社会的冲击和影响;青年独生子女的价值观与中国社会文化传统的关系研究;成年独生子女人际关系与中国传统文化的"差序格局";青年独生子女家庭生活方式的特点及其社会影响;中国社会中独生子女"刻板印象"研究;独生子女政策、劳动力资源供给与社会经济发展关系研究等等。

第四节 本研究的基本目标和思路

一、本研究的基本目标

在前述研究回顾和本研究基本框架分析的基础上,我们提出下列几方面的研究目标,作为研究的指导:

1. 对有关独生子女的社会现实进行全面、客观的了解

要对独生子女问题进行深入探讨，前提之一是要尽可能全面地了解与独生子女问题相关的各种现状。从这一方面看，现有研究中大量存在的个别城市、个别地区、小规模样本、单一内容等特征，是我们不能清楚地了解我国独生子女的现状、不能正确地回答与独生子女相关问题的基本原因。因此，本研究的第一个目标，就是希望通过精心设计并认真组织开展几项全国范围的大规模抽样调查，全面收集与我国独生子女人口、独生子女家庭及其相关现象的基本数据资料，为系统地、客观地、实事求是地认识我国独生子女问题的内涵和特殊性，为深刻理解独生子女现象之间的因果关系、为有针对性地解决各种独生子女现实问题提供坚实的研究基础。

2. 从综合的角度对独生子女问题进行新的、整体性研究

现有研究状况的一个最大缺陷是各相关学科的研究往往只依据各自学科单一的学术视野，并主要局限在本学科的范围内。这种缺陷不仅极大地限制了对众多具体问题的实质性理解，同时也造成了独生子女问题研究领域中明显的"内容分割"现象。因此，本研究的第二个目标，就是希望通过联合国内各相关学科的学术力量，从多学科的角度出发，综合地考察与独生子女相关的各种具体现象的特征和成因，对中国独生子女人口及其相关问题进行多方位的整体研究，以图达到对独生子女问题的更为深入、更为全面、更为本质、也更为科学的理解。独生子女问题本身的综合性和复杂性，决定了只有多学科、多角度、大规模的综合研究才能取得突破。而大规模、多学科、多角度的研究是个人研究力所不能及的。本研究强调和重视多学科的理论视角，突出独生子女经验现象研究的理论性、综合性和多学科性，使我们有可能在前期积累的基础上，集中各方面学者的力量，取得前所未有的重大成果。

3. 将独生子女研究成果系统化和理论化

虽然最近30年来国内的独生子女研究在数量上已有不少，并且也取得了一些有价值的成果，但大多数研究主要停留在对问题和现状的一般性描述、对现象原因的浅表性分析以及对解决问题建议的简单性罗列上。研究成果相互之间普遍缺乏连续性和累积性。因此，本研究的第三个目标，就是希望在开展课题研究的同时，认真梳理国内外有关的经验研究和理论研究的重要成果，将零散的研究成果系统化，将经验性的研究成果理论化。建立研究成果之间的内在联系，加强研究成果对科学认识的累积效应，促进独生子女研究整体水平的提升。

4. 尽可能在现有研究的基础上有所创新

要在研究的深度和广度上超出现有研究的水平，前提之一就是要有所创新。本研究中，我们首先在研究对象上涵盖了从中学生、大学生到在职青年，从未婚青年到已婚青年的各个阶段的独生子女，同时，既涉及独生子女人口主体所在的城市，也涉及农村独生子女；既涉及独生子女自身，也涉及他们的父母和家庭；既考察作为子女的独生子女，也研究作为父母的独生子女。这种研究对象上的大跨度、多类型是以往研究所不具备的。此外，本课题还特别强调和特别关注作为一代人的独生子女和作为群体的独生子女，而不仅仅是作为个体的独生子女。这种对作为群体的独生子女，以及作为一代人的独生子女的强调，有利于突破目前独生子女心理学、教育学研究中过分关注独生子女个体现象和微观现象的局限性，也有利于从宏观上探讨独生子女与中国社会之间的关系问题。

5. 进一步拓展研究的领域和内容

在研究领域和内容上，本研究特别关注独生子女与中国社会之间的相互关系和相互影响：一方面通过观察和分析独生子女生活于其中的中国社会的巨大变迁对一代独生子女成长和发展的结构性影响，特别是超出个体的层面来回答有关独生子女心理特征和教育培养等方面的问题；另一方面，则通过观察和分析作为特定群体、作为一代人的独生子女在其成长和发展的过程中对中国社会的各个方面所形成的影响，并以此来回答有关独生子女家庭、养老、社会保障等方面的问题，从而为政府决策部门制定相关的人口政策提供科学的依据。

二、研究的思路和方法

根据上述多学科的研究框架，本项研究的基本思路就是要根据不同的研究目标来设计不同的研究方案，包括确定不同的研究对象和具体的研究方法。总体上看，研究主要采用了大规模调查作为收集资料的主要方式，资料的分析也以定量的统计分析为主。

1. 调查对象的确定

根据研究目标和各个子课题的内容，需要对不同年龄段的独生子女及其父母进行调查，同时还需要对一些特定的研究对象进行调查。因此，课题确定了中学生、大学生、城市在职青年和城市在职青年父母、城市已婚青年和农村独生子女家庭等6类具体的调查对象。

2. 调查地点的确定和抽取

中学生调查、大学生调查、城市在职青年调查、城市在职青年父母调查、城市已婚青年5项调查以全国城市为总体。根据随机抽样的原理，同时考虑到我国东中西3类地区社会经济发展的状况，以及不同城市规模和类型等因素，并结合调查的人力、物力、经费、时间等因素，调查的地点设计按不同方式进行。

例如，城市在职青年调查的地点首先考虑到东中西3类地区以及直辖市、省会城市、大城市、中小城市4种城市类型，交互后得到表1-3中的12个城市。

表1-3　　　　　　　城市在职青年调查地点的分布情况

类型＼地区	东部地区	中部地区	西部地区
直辖市	城市1	城市2	城市3
省会城市	城市4	城市5	城市6
大城市	城市7	城市8	城市9
中小城市	城市10	城市11	城市12

　　中学生调查主要集中在东部的南京市、中部的郑州市、西部的成都市进行；大学生调查的抽样方案则依据学校类型（综合、理工、师范、医学等）和层次（重点、本二、本三、专科、民办等）在全国范围进行设计和抽取。第一代独生子女父母调查和已婚独生子女调查的地点则选择在北京、上海、南京、武汉、成都五大中心城市进行；农村独生子女家庭调查选择在实行一孩政策的江苏省和四川省进行，每省抽取3个县调查。

　　全部调查方案由首席专家负责设计，抽取调查地点后，从调查地点或附近城市挑选、组织和培训大学中的调查员队伍。调查员培训工作由首席专家和相关地区的专家共同负责，以保证调查员的水平和调查资料的质量；调查实施的时间分为3年分批进行。所有调查资料的录入和查错工作都交由首席专家负责进行。

　　除了首席专家设计和负责组织的上述6项研究外，课题组的部分成员还结合研究目标开展了几项独立的调查研究。相关的研究思路和研究方法将在后续部分中进行介绍。

第一篇

教育、社会化与性别平等

第二章

社会改革背景中的独生子女家庭教育

独生子女是父母的孩子,但他们的教育与成长,不是家庭的私事。作为一代人,他们的知识水平、道德品质、文化素养、体质状况、生存能力如何,对我国未来的现代化建设有着举足轻重的影响,决定着国家和民族的兴衰。这其中,父母们所应当履行的家庭教育责任,任重而道远。

第一节 独生子女家庭教育的新特征

我国实施"提倡一对夫妇只生育一个孩子"的计划生育政策之初,刚刚结束了"十年动乱",社会正处于转型时期,新旧体制的转换动摇了几十年内建立起来的传统模式;现代观念与传统观念的撞击,提出了许多社会进化过程中的新问题;互联网等现代传媒的发展与信息"爆炸",使少年儿童接触到父辈不曾了解的许多新事物……新一代独生子女作为继往开来的一代人,一出现就面临纷繁复杂的社会现状。而他们本身同样是一个新的社会现象,在独生子女的教育上,还没有积累成功的教育经验,对大批独生子女的身心发展特点和教育规律的研究刚刚开始,有关独生子女成长的社会保障、管理机制尚不完善等等。这无疑也给社会提出了如何在新的社会环境下培养新一代独生子女成材的问题。

对家庭来说,父母一代大多是在多子女的环境中成长起来的,儿童时期兄弟姐妹之间的相互关照、相互影响在某些方面甚至不亚于父母,相对来说父母对子女的教育投入并不多。而独生子女的父母,面对唯一的孩子和竞争激烈的社会,很难预料他们独生的孩子成人之后将担任怎样的社会角色,对父母负怎样的社会责任。而且在独生子女家庭教育上,没有前人的经验可以直接效法,由于国外的独生子女产生的背景与我国存有一定的差异,所面临的问题也不尽相同,可资借鉴的东西不多。因此,父母们缺乏必要的心理准备和正确的认识。尽管对养育独生的孩子倾注了极大的热情,抱有很高的期望,但存在着很大的盲目性。因此,在独生子女成为家庭中的现实的时候,父母们实施家庭教育的一个基本前提是,必须正确认识独生子女与非独生子女家庭不同的家庭教育的新特征。

一、亲子互动频率提高

孩子的成长过程,事实上也是亲子之间的互动过程。而在家庭中,家庭成员互动对象的多少、频率高低,又取决于家庭规模与家庭结构状况。

在新中国成立之后的几十年中,我国家庭经历了由人口增值无控制的多子女家庭向独生子女家庭过渡的过程。国家统计资料表明,1953 年第一次全国人口普查时,城市家庭平均规模为 4.66 人;1964 年第二次全国人口普查时,城市家庭平均规模为 4.11 人(许涤新,1988);而 2000 年第五次人口普查数据表明,平均每个家庭户的人口为 3.44 人,比 1990 年第四次全国人口普查的 3.96 人减少了 0.52 人。在家庭结构上,两代户增加,三代及三代以上户减少,由父母与一个孩子组成的核心家庭成为独生子女家庭的主体。

家庭结构和家庭规模是家庭状况的外在内容,它的变化直接影响了家庭的内部关系。美国家庭问题专家波沙特(Bossard)在研究家庭关系时发现,家庭中成员的数目与成员的关系数目之间存在一种规律。可用一个公式来表示:$(N^2 - N)/2$,N 为家庭人数,即人数的平方减人数除以 2,代入公式计算结果为家庭关系次数。具体来说,如果家庭中只有 2 人,则只有一种关系,家庭中有 3 人,则有 3 种关系,家庭中有 4 人,则有 6 种关系……也就是说,家庭成员越多,关系次数也越多,则关系越复杂;反之,家庭成员越少,关系次数越少,则关系越简单(龙冠海,1985)。

当前,由父母和孩子组成的三口之家,是城市独生子女家庭的典型模式。在这样的独生子女家庭中,只存在三种家庭关系,即夫妻关系、父子关系和母子关系。同非独生子女家庭相比,独生子女家庭的这种家庭关系,具有最基本、最简单以及无重复的特点(风笑天,1992),也表现出独生子女家庭的新特征。

在以往的多子女家庭中,亲子互动的特点是父母同子女之间的互动是多点的。即作为父母,具有多个不同的互动对象。正是这种互动的多点性,使得多子女家庭中的亲子互动在频率、作用等方面，具有与独生子女家庭中的亲子互动不同的特点。一般来说，多子女父母在不同的时刻、不同的地点，其互动的对象常常是不同的。或者说，他们在不同的情形中的互动对象是不断变换的。而在独生子女家庭中，父母与子女之间的社会互动永远只发生在一个固定不变的对象身上。无论何时何地，无论何种情况，作为子女与父母产生互动的对象，始终只有独生子女一人。因此，与多子女家庭相比，独生子女家庭中的亲子互动往往更为直接，更为集中，因此频率更高，作用更大。

在情感生活的互动中，爱的成分加大。爱是儿童成长中最基本的心理需要。父母之爱对于孩子来说，是生存的精神环境，是生命成长和发展的原动力。一对夫妇只生育一个孩子，这个孩子自然会得到全家人的关注和爱抚。相对于非独生子女而言，独生子女在家庭中得到的父母之爱不仅强烈而且集中，在精神上能够实现爱的满足，并产生强烈的安全感和归属感。这种经常性的情感上的满足和愉快，有利于培养孩子活泼健康、主动进取的良好品格，使个性得到充分的发展。在亲子之间情感方面的互动中，独生子女享受到的父母之爱，是多子女家庭的孩子所远远不及的，这是他们身心健康发育中得天独厚的条件。

在文化生活的互动中，教育因素增多。一般来说，在人的社会化中，父母对子女文化知识上灌输的责任很小，这是由文化知识传授过程的科学性以及教师角色的职业性决定的。但近年来，随着独生子女家庭的大量出现，对孩子未来前途抱有较高期望的父母，总希望在激烈的竞争中助孩子一臂之力，于是越来越多地参与到对孩子文化知识的传授过程中。因此，在亲子互动中，加大了其中的文化教育因素。检查孩子功课、辅导孩子学习以及与孩子共同娱乐成为多数独生子女父母同孩子发生互动关系的重要内容。

在物质生活的互动中，更多地倾注于孩子。一般来说，独生子女家庭的父母所能给予孩子创造的物质生活条件，要比非独生子女家庭优越。因为只有一个孩子，在满足其吃、穿、用等基本生活需要之外，父母也肯于为孩子的智力开发进行投资。如购买玩具，订阅报纸杂志，带孩子外出参观旅游，出资供孩子学习书法、绘画、音乐、舞蹈等发展各种特长；有的家庭还为孩子购置了计算机、钢琴等等。在对孩子的物质投入方面父母所做的努力，对独生子女身心发展具有积极的作用。

二、独生子女的中心地位得到强化

中国传统社会家长制盛行，崇尚孝道，大家庭中的家长掌握着家庭的经济权和家庭日常事务的决定权，是一家的中心。随着大家庭的解体，家庭规模的小型化，使得祖辈中心的家庭结构得到根本的改变，年轻一代有了自主决定家庭事务的权利。然而在独生子女家庭中，父辈的家庭中心地位又逐渐向孩子转移，独生的孩子成为全家关注的重点和家庭生活的主轴。

从父母闲暇时间的利用上看，通常来说，父母闲暇时间花在家务劳动和抚育孩子方面的比例，是与孩子的数目成正比。也就是说，孩子越多，在孩子的照管和教育等方面花费的时间越多。然而，在独生子女家庭中，父母在孩子身上所花时间的比例则发生了质的变化，即独生子女父母在孩子身上花的时间大大多于多子女父母所花的时间。陈科文等人对北京城乡1 180户家庭的调查表明：城市3～11岁的独生子女家庭中，76%的母亲有一半以上的业余时间都花在了孩子身上（同龄非独生子女母亲此比例为60%），其中20%的人认为自己几乎全部业余时间都花在了孩子身上，（非独生子女母亲此比例为7.2%）；独生子女的父亲有51%的人每天一半以上的业余时间用于抚育子女（同龄非独生子女父亲此比例为45%），其中10%的人认为自己几乎全部业余时间花在了孩子身上，（非独生子女父亲此比例为4.8%）（陈科文，1984）。由此可见，独生子女的父母在对孩子的抚育上倾注了比多子女父母更多的心血，家庭生活中父母闲暇时间的利用是以孩子的需要为主要内容的。另有"中国城市独生子女人格发展状况与教育调查"结果显示：有52.5%的家长闲暇时间主要用来"陪伴照顾孩子"；有56.8%的家长每天或有时"在家里给孩子布置作业"；34.6%的家长"陪着孩子做功课"。①

从家庭日常生活安排上看，独生子女在家庭的中心地位尤为明显。在一些家庭，父母买菜做饭首先考虑的是是否对孩子的口味，好的饭菜总是以孩子为主，让孩子吃够；为孩子购买穿的用的玩的，父母们总是追求款式新、质量好，对孩子的要求有求必应，从不吝啬。而对自己则往往是节衣缩食，能省就省；在一些住房不宽裕的家庭，房间里最舒适的地方总是属于孩子。"中国城市独生子女人格发展状况与教育调查"显示，48.6%的家长"经常满足孩子的各种愿望"；71.3%的家长说"宁肯自己省一点，也要满足孩子"；在38.3%的家庭中，孩子吃穿用的费用超过了家长；60.8%的家长认为"现在条件好了，在物质上要尽量满足孩子的要求"。

从家庭的文化娱乐内容上看，独生子女家庭基本上是大人陪孩子玩，父母服从于子女。据风笑天对湖北五镇市1 293名小学生情况的调查：独生子女的父亲

---

① "中国城市独生子女人格发展状况与教育调查"由中国青少年研究中心主持。调查采取抽样问卷调查方法，共获取父母有效样本3 224个，学生有效样本3 284个。笔者为课题组成员。此项研究的总报告《中国城市独生子女人格发展状况与教育的研究报告》收入中国青少年研究中心、中国青少年发展基金会编：《中国青少年发展状况研究报告·1996》一书，中国青年出版社1996年版，第200页。

经常陪孩子玩的有74.4%，母亲有83.4%；而经常陪孩子玩的非独生子女父亲有55.9%，母亲有61.3%。调查数据表明，独生子女父母经常陪孩子玩的比例都明显高于非独生子女父母，其中父亲的比例高近15%，母亲的比例高20%以上（风笑天，1992）。

在家庭生活的许多方面，孩子成了主角。这一方面体现了父母们对孩子成长教育的重视；另一方面，也反映出独生子女父母的教育价值观存在某些偏颇。把孩子摆在不恰当的位置，家庭中孩子说了算，一切围绕孩子转，这就在一定程度上影响了独生子女正确的自我角色认知，使其难以接受来自父母的正面教育，也影响了正常的亲子关系。

三、父母的心理及行为负担增大

如前所述，计划生育政策实行以来，人们的生育意愿与生育现实之间存在差距。加之社会竞争的日趋激烈，独生子女的父母们往往把过去对几个孩子的精神寄托全部倾注在唯一的孩子身上，由此也不可避免地产生了心理上的压力。

一是加重了抚养子女的忧虑感。在传统的中国，历来有"养儿防老"之说，人们把传宗接代作为生育的主要目的。在多子女家庭中，延续"香火"的长子如有什么"闪失"，还有其他子女；而且赡养老人、联络父母感情等子女在家庭中应尽的义务，也可以由多个子女轮流或分别承担。但独生子女家庭子女对长辈的一切义务只能由一人来承担，独生子女肩负着家庭维持及延续的全部使命。因此，不少独生子女的父母总有一种潜在的忧虑感，他们最担心孩子生病或发生意外事故。比如在"天津市家长教育观念与导向调查"[①]中，就有61.2%的家长在孩子休息日不在自己身边时，"会有一种不安的感受，担心他会出事"。父母的这种忧虑感，往往导致对独生子女的保护过度、干预过多。

二是强化了对子女的高期望值。在过去多子女家庭里，对孩子的教育也有回旋的余地，即使是前一个有失败的地方还可以在抚育下一个的实践中加以纠正，即多子女家庭教育中允许付出失败的代价。而且孩子在未来的学业、职业以及建立家庭的选择上，可以是不同的，从不同方面满足父母的心理需要。现在的独生子女是父母期望的唯一寄托，在子女教育上只能成功不能失败，在孩子问题上，别无选择。另一方面，对儿童早期教育的过度宣传，以及社会改革中竞争的加

[①] "天津市家长教育观念与导向调查"系1992年中华全国家庭教育研究会在京、津、沪三地进行的"家长教育观念与导向研究"的子课题，笔者负责问卷调查数据处理及研究报告撰写。此项调查采取分层定比抽样方法，在天津市区40所各类幼儿园抽取990名幼儿家长为调查对象。

剧，也促使独生子女家长重新认识和评价子女教养的意义，由此产生了教育孩子的紧迫感。加之独生子女在社会上不断增多，也引起人们更广泛的关注；独生子女在生活、学习等各方面的攀比，也日益加剧。在多种因素作用下，独生子女父母的感情自控往往处于失调状态，很难理智地把握行为的度。他们尽自己的最大努力给予孩子所能给予的一切，力求创造最佳的教育环境。然而给予越多，对孩子期望也就越高。但往往事与愿违，甚至人为地造成独生子女的一些不良品行的产生。

三是加重了对子女的心理依恋。在独生子女家庭中，孩子处于重要的中心位置，是家庭基本三角结构关系的唯一支点，父子和母子关系都集中在一个孩子身上。因而独生子女父母对孩子产生一种特殊的依恋心理。表现在经济生活上过多地偏重子女，孩子的东西应有尽有，孩子的要求尽量满足，孩子的花费大大高于家庭成员的平均消费水平；在感情生活上，以孩子的喜怒哀乐为转移，一切围绕孩子转，并以此导致对孩子的教育引导不利；在家庭关系上，重视与孩子间的互动，而轻视与老一辈的物质、感情交流，"下一代为重"的模式在独生子女家庭格外明显。在"天津市家长教育观念与导向"调查中，有59.3%的家长"常常因为孩子达不到自己的要求而感到苦恼"；77%的家长说"最恼火的是孩子违背了自己的意愿，做了家长不允许的事"；84.9%的家长说"让孩子吃好、穿好、生活好是自己的最大心愿。能使孩子得到满足，做父母的再苦再累也心甘情愿"。独生子女的父母有着较为突出的"替代成就感"。

第二节　独生子女家长的教育素质与家庭教育

家长（主要指父母）是有子女的社会成员的特定角色，自身素质本身就是一种教育因素，这是家庭教育具有潜移默化的特点所决定的。独生子女亲子互动的新特征，也使得独生子女家长的教育素质对孩子的影响比对非独生子女的更大。

一、家长教育素质概述

从一般意义上说，家长素质包括一般素质和特殊素质两个方面（陈帼眉，1994）。所谓家长的一般素质，是指家长的身体素质、文化素质、品德素质、心理素质等一般社会成员普遍具有的素质；而所谓特殊素质，是指家长作为家庭中子女的执教者所具备的素质，即"教育素质"。也可以说，犹如作法官要精通法律,作医生要有医术一样,教育素质是家长的"专业素质"。家长的教育素质,应当包括家长的教育观念、教育方式、教育能力等等。这些方面相互联系、相互作用,构成了家长教育素质的统一体。

家庭教育观念是家庭教育的本质属性在家长头脑中的反映,通常是指家长在教育培养子女的过程中,在孩子发展、教育等方面所特有的观点。陈帼眉(1994)、喻国良(1995)等人研究认为,家长的教育观念应当包括人才观(即家长对人才价值的理解)、亲子观(即家长对子女与自己关系的基本看法)、儿童观(即家长对儿童本身及其发展的认识)、教子观(即家长对自身以及对子女发展的影响力和本身能力的认识)等等。教育观念是家长教育素质的核心,对家庭教育的目标、方向以及家长的教育行为起着制约和指导作用,也是影响家庭教育质量的决定因素。

家庭教育方式,一般是指父母在对子女实施教育和抚养过程中所通常运用的方法和形式,是教育观念和教育行为的综合体现。需要说明的是,在研究家庭教育方式及其效果时,对家庭教育方式类型的划分很自然地被提出来。对此,国内外已有许多观点和调查实验材料。比如美国心理学家鲍姆林德(D. Baumrind,1967)按照不同的教育方式把父母分为权威的、专制的、不负责任的三种类型;我国大陆学者有的把家庭教育方式归纳为溺爱骄纵型、家长专制型、启发引导型、放任自流型(白燕,1990);也有的表述为拒绝型、严厉型、溺爱型、期待型、矛盾型、分歧型(刘金花,1991)等等。然而当我们用既定的教育方式去研究家庭教育现状时,往往会出现逻辑上的困难。因为在同一家庭,不同教育方式会有较多方面的交叉,即在采取某种教育方式时,会兼有其他类型。

教育能力是家长在一定的教育观念指导下,运用教育知识在家庭教育的实践中处理亲子关系,分析解决实际问题的能力。家庭教育作为一门科学,具有一整套理论知识和实践经验。家长对家庭教育知识的学习、掌握程度,是其教育能力的基础。对家庭教育知识运用得如何,则反映了家长教育能力的高低。作为一个家长,不仅要有良好的观念和期望达到的目标,还需要具有教育能力才能完成既定的任务。教育能力主要包括学习家庭教育知识的能力、了解子女的能力、分析和处理家庭教育中各类问题的能力等等。

家庭教育是一门科学,家长的教育观念、教育方式、教育能力等等,构成家长教育素质的特殊内涵。这是影响子女发展的最直接的因素。

二、独生子女父母教育素质的缺陷

家长教育素质方面的问题,是子女成长中最大的家庭障碍。以"中国城市独生子女人格发展状况与教育调查"为例，家长教育素质的缺陷对独生子女的不利影响主要表现在：

1. 家长教育观念偏颇影响子女的能力培养

家长的人才观，影响着家庭教育的方向。在许多家长看来，上大学是孩子成材的唯一途径，学历是孩子进入社会的资本，因此对孩子的学历期望越来越高。此次调查中我们了解了家长对孩子的最高学历期望，其中初中毕业为0.9%，高中毕业6.2%，大专毕业9.3%，大学毕业53.9%，硕士10.3%，博士或博士后19.3%。也就是说，高达92.8%的家长期望孩子达到大专以上学历，29.6%的家长期望孩子达到硕士以上学历。期望孩子达到大专以上学历的家长比1989年"天津市7~14岁儿童家庭教育状况调查"中的比例又高出34.2个百分点。在这种盲目的高学历期望的作用下，家长们把孩子学习好看得高于一切，为了孩子在学习上取得好成绩，包揽了生活中的许多孩子力所能及的事情。同一调查表明：一些家长不鼓励孩子做家务，45.3%的人认为"孩子学习太紧张了，没有时间做家务"；有38.8%的家长说"只要学习好，孩子的一切我全包了"；有34.6%的家长"陪着孩子做功课"。父母在孩子的成长中充当了"拐杖"的角色，这极易导致孩子离开父母寸步难行的结果，并在很大程度上限制了孩子自理、自立能力的发展。

2. 家长的不良教育方式影响子女道德发展

通过对"中国城市独生子女人格发展状况与教育调查"资料进行因子分析，家庭教育方式归为6类，具体解释是：溺爱型，主要表现为在家庭中把孩子摆在高于父母的不恰当的位置上，过多地满足孩子的各种愿望，包办孩子的一切；否定型，主要表现为家长经常批评、责怪、打骂孩子，对孩子否定多于肯定，管教过于严厉；民主型，主要表现为给孩子自我发展的自由，尊重和信任孩子，并以平等的身份与孩子交流；过分保护型，主要表现为经常为孩子安排学习内容，陪孩子做作业，帮孩子做其力所能及的事情；放任型，主要表现为对孩子的独立行为较少了解，不加干涉或过分迁就；干涉型，主要表现为对孩子的日常活动包括看电视、交友等日常活动限制过多等等。这6种类型基本反映了当今社会独生子女家长教育方式的不同状况。民主型是理想的教育方式，而其他类型都在不同方面存在问题。

以教育方式对独生子女道德发展的影响为例，在"独生子女人格调查"中，根据我国国家教育委员会颁布的中小学德育纲要，并参照以往学者对道德内容和规范的研究结果（卜卫，1994），在调查问卷中，分别列出27种道德优点和道德缺点，请独生子女做出符合自身情况的选择。经过对选出结果进行因子分析，独生子女的道德优点大致分为5类，即社会道德、学习努力、独立性、创造性、勤劳勤俭；道德缺点分为8类，即学习不努力、文明素养较差、个人信用较差、集体意识较差、缺少独立性、进取精神较差、缺少创造性、勤劳勤俭精神较差等。相关分析表明，家庭教育方式对独生子女道德发展均有不同程度的影响，具体表现在：

（1）溺爱型教育方式不利于培养孩子勤劳勤俭的作风（R = -0.0615，P = 0.000），而且助长孩子学习不努力的不良习惯（R = 0.0480，P = 0.005）；

（2）否定型教育方式不利于孩子的社会道德的养成（R = -0.0544，P = 0.002）和学习努力精神的养成（R = -0.1236，P = 0.000），使孩子文明素养较差（R = 0.0981，P = 0.000）、个人信用较差（R = 0.0744，P = 0.000）、勤劳勤俭精神较差（R = 0.0569，P = 0.001）；

（3）民主型教育方式有利于培养孩子的社会道德规范（R = 0.0955，P = 0.000），而且孩子很少有学习不努力的情况（R = -0.0891，P = 0.000）和进取精神差的情况（R = -0.0960，P = 0.000）；

（4）过分保护型教育方式妨碍了孩子独立性的发展（R = -0.0995，P = 0.005）和勤劳勤俭道德的养成（R = -0.0685，P = 0.000），容易使孩子文明素养较差（R = 0.0577，P = 0.001），助长了孩子不思进取的思想状态（R = 0.0478，P = 0.005）；

（5）放任型教育方式不利于培养孩子的社会道德（R = 0.0407，P = 0.005），同时使孩子学习不努力（R = 0.0555，P = 0.001）、勤劳勤俭精神较差（R = 0.0664，P = 0.000）；

（6）干涉型教育方式容易使孩子缺乏学习的主动性，学习不努力（R = 0.0691，P = 0.000）。

这组调查数据充分说明家庭教育方式对孩子的成长有着重要的影响，不良教育方式是导致孩子道德人格缺陷的主要原因之一。

3. 家长教育能力的缺陷导致子女产生不良心理感受

家长作为教育者，其教育能力首先表现为是否了解孩子，教育是否适合孩子的特点。这是教育孩子的基本前提。在调查中我们了解到，不少家长在这方面表现出明显的缺陷，主要是凭着"想当然"或者凭借长者的权威来教育孩子。孩子认为"我爸爸很理解我"、"我妈妈很理解我"非常符合自己情况的，仅为36.6%和48.2%，都没有超过半数。调查表明，那些对孩子了解不够，教育不利的家长，使得孩子的不良心理感受非常明显。例如，有的家长不了解孩子成长中对同龄伙伴的需要，限制孩子交朋友，而导致孩子孤独感强烈。统计分析显示：说"家长限制我交朋友"的孩子中，有65.2%同时表示"我感到很孤独"。而其他孩子虽然同是独生子女，这种感觉就少得多。再例如，有的家长不了解激励对孩子的教育作用，经常是批评多于表扬，尤其是喜欢夸奖别人的孩子。这就使得许多孩子觉得"我处处不如别人"而产生失落感,等等。孩子的这些不良心理感受在很大程度上成为他们成长的障碍。

第三节 独生子女发展的家庭障碍

一、独生子女:家庭中被成人裹胁的童年

有研究表明,从总体上看,独生子女青少年的社会化状况与同龄非独生子女基本一致,二者之间的相同之处远远多于不同之处。在同龄非独生子女的参照系下,可以认为,中国第一代独生子女青少年的社会化发展是正常的,他们身上并不存在与普通儿童大不相同的人格缺陷,他们并非为一代"问题儿童"。在独生子女社会化过程的研究中,风笑天教授提出的"消磨—趋同"与"变异关键年龄"的理论,对我们认识独生子女与非独生子女的异同颇有裨益。他的研究认为,独生子女社会化发展及其与非独生子女之间的差异,随着他们年龄的不同而发生变化。两类儿童在幼年时期所存在的一些明显差异,会随着他们后期接触的社会化环境的变化和他们年龄的增长而逐渐变小、消失。在基本社会化的末期,二者的发展状况趋于一致。研究结果证实,初中时期两类青少年在能干、生活自理能力、文化期望、成人意识等方面所表现出的一些明显差异,都随着他们的成长而逐渐消失(风笑天,2000)。这一分析从青少年社会化结果的角度认识独生子女与非独生子女的差异,得出了"趋同"的结论;而如果从人的社会化过程的角度、站在儿童发展的立场上考察独生子女与非独生子女的差异,那么在产生"环境消磨"和"时间消磨"之前,即在儿童社会化早期,由于两类儿童在家庭生存环境、亲子关系,以及在家庭中的地位等方面明显的不同是客观存在的,因而独生子女在成长中比非独生子女更多地受到成人的影响也是必然的。

独生子女在家庭中没有同龄伙伴,其优越性在于得到长辈的多方关照,可以更多地体会到父母之爱,接受更多的家庭教育,部分有利于其身心健康发展。因为对于儿童来说,伙伴关系是其社会性发展的一个不可缺少的因素。在兄弟姐妹之间的交往活动中,既有手足之情的亲密接触,又有相互制约和帮助教育作用。正是在这种家庭中的同辈交往,使儿童了解了自我与他人的区别,培养起尊重自己、尊重别人、相互协作、相互服务的最初概念。而独生子女在家庭中孤立地存在于成人的包围之中,根本无法由同辈交往而建立自我,学习成长。加之我国改革开放以

来几乎与独生子女大量产生相同步的都市化进程的加速和居民住房的改造和更新，城市单元化住宅空前发展，封闭的住房模式又限制了邻里之间儿童伙伴的交往，使得自然丧失的家庭中的横向伙伴关系在社区环境中难以得到补偿。在家庭中，独生子女所见所闻都是成年人的言行，学到的是一些成人化的知识，得到的多是成人的照顾，这种两代人之间的不对称的互动在一定程度上影响了其客观的自我认知。表面看来，他们知识丰富，能说会道，但因其在日常生活的许多方面缺乏符合其自身年龄特征的亲身体验，以及成年人的过度保护、过多替代和孩子对成年人言行的过多模仿，使孩子的天真烂漫和童年的欢乐减少了，而形成非自然的早熟，变得"少年老成"，甚至"幼年老成"。

尽管作为个体本身，独生子女在生理、心理和行为特征等方面与非独生子女并没有与生俱来的不同，但独生子女与非独生子女家庭环境的差异是客观存在的。在家庭中成年人裹胁之下度过童年的独生子女，由于没有兄弟姐妹这一自然亲情关系的缺憾，使得他们通过同龄伙伴社会化的过程大打折扣。独生子女社会化早期家庭环境的特殊性以及父母对唯一的孩子的特殊影响，提醒我们在思考儿童发展问题时，对独生子女应当给予更多的关注。

二、忽视童年是独生子女家庭教育问题的关键所在

现在家庭教育的一个误区是，孩子的现在只是为了他的将来，而对于孩子自身个性的发展，以及作为孩子的各种需要和应该享有的权利则在很大程度上忽略了。一些儿童在家中成年人的包围之中不得不接受的强迫性"早期教育"，被限制在成年人设计的成长轨道上，父母们在有意无意之中剥夺了孩子按照客观规律和自身特点发展的权利。忽视童年成为独生子女家庭教育问题的关键所在，主要表现是：

一是成人本位，把孩子当大人。在独生子女家庭中，父母、祖辈扮演着孩子的伙伴的角色，总是以成人的眼光来审视儿童世界，精心为孩子设计活动空间、学习内容，却很少考虑是否真正是儿童需要，对儿童的发展有多大的价值。现在，孩子们背负着沉重的课业负担以及父辈和祖辈的期望。只要我们观察一下儿童的生活就不难发现，孩子们在家中自主游戏的时间越来越少、空间越来越小，自由表达自我意愿的机会越来越少。在成年人的陪伴和指挥下，孩子像成人一样忙碌，孩子的表情变得与成人一样焦虑，孩子的语言像成人一样"一本正经"，无拘无束、嬉戏玩耍的儿童已经很难见到。

二是认识偏颇，把特点当缺点。在许多成年人的心目中，规规矩矩、老实巴交的孩子才是好孩子。不少父母对孩子的好动、顽皮、贪玩伤透脑筋。事实上，孩子有自己的思维逻辑，有自我中心、直观性、情绪性等理解特点。例如，孩子

往往按自己的感知来推知其他事物，当他们感到冷，就会往鱼缸里加热水，好让鱼儿"暖和暖和"。遇到类似这样的事，许多父母的第一反应便是孩子淘气，故意搞破坏，甚至会打骂孩子；孩子的语言具有真实性、真诚性的特点，他们的思维方式、推理方式和成人有所不同。当孩子陈述一个自己感知的事实或对某些现象产生疑问的时候，比如有关性的提问，成年人却对此进行道德的判断，觉得是在胡说八道而不让他乱讲，孩子的好奇心、好问、好说的天性就被压抑了；还有的父母把孩子"贪玩"当缺点，一提到孩子的玩，首先想到的是耽误学习。当老师拿着孩子不理想的考试成绩与家长共同分析原因的时候，最主要的原因莫过于"孩子贪玩"了。学习与玩是对立的，已经成为不少成年人的心理定式。其实玩是孩子的天性，是孩子的权利，他们因玩而感到充实，他们也通过玩摆脱孤独，从玩耍中积累解决问题的经验，获得成功的快乐。玩对孩子来说是一种不可缺少的学习，在孩子成长中的作用不可低估。所以当父母们把孩子的特点当缺点总是试图改正的时候，事实上也毁掉了童年阶段最真实、具有发展活力的方面，而使孩子失去了童年的光彩。

三是不允许失败，把过程当结果。天津市妇联与天津市家教研究会 2008 年对天津市 9 个区县 1 054 位未成年人父母进行的问卷调查显示：有 68.1% 的被访者说自己是"失败的家长"（关颖，2010）。多数父母的消极自我评价，在很大程度上折射出他们对孩子过高的期望和认识上的偏差。在父母眼里，孩子总是问题太多，总是失败。小到一次作业出了错，大到一门升学考试没考好，都会引发家长对孩子的不满。不允许孩子失败，以失败为耻，是父母们的普遍心态。实际上，在孩子人生的马拉松当中，考试、升学、甚至跌更大的跟头，都是孩子成长的过程，相信孩子具有超越失败和抵御挫折的能力，在挫折和失败中孩子才能收获更多的东西。可是父母们把某一点失误当做结果，过于看重这个结果，就很有可能让很小的挫折使孩子失去自信，没有了进步的动力。

四是急功近利，把部分当全部。一些父母过于看重知识学习，孩子的奋斗目标就是考高分、上重点名校，把学习好当做评价孩子的全部。在现实生活中，一些"望子成龙"的父母总是担心孩子"输在起跑线上"，在孩子上学前就开始了知识灌输。天津市妇联与天津市家教研究会 2008 年对天津市 9 个区县 1 054 位未成年人父母进行的问卷调查显示：在孩子上学前 88.6% 的父母曾经教孩子识字、算数等知识；28.2% 的父母让孩子学外语；20.3% 的父母让孩子学习小学课程；孩子上学后，担心学校"减负"影响孩子升学分数，自己给孩子"增负"，家庭成了为学校"补漏"的"第二课堂"，自己则成了孩子"学习的拐杖"和学校老师的"助教"。调查显示，中小学生父母中有 49.3% 让孩子上课余学习班，57.6% 给孩子布置课余作业、让孩子超前学习课本或相关文化知识、给孩子请家教。孩子的学习成了家长与孩子互动的中心内容，为了孩子的学习，54.8%的家长陪着孩子写作业，52.3%的家长亲自辅导孩子学习，47.1%的家长检查孩子作业后帮助他改错题，40.7%的家长为孩子整理学习用具……一些父母从孩子暂时的学习成绩提高中尝到了"甜头"，但学习的重压减少了孩子的睡眠、娱乐和运动时间，威胁着孩子的身体健康，限制了孩子的社会交往，形成种种不良行为习惯，给孩子的全面发展和可持续发展制造了障碍。

五是角色错位，把"外力"当"主力"。独生子女家庭提供了满足儿童身心需要的有利条件。孩子因为是独生，与非独生子女相比，在生活上得到父母更多的关心、体贴和更周到的照顾，受到更多的来自父母的教育。但是一些独生子女父母，过于看重自身对孩子照顾、保护的作用，不是从孩子生活的实际需要和生活自立的程度出发，而是把对孩子的付出作为孩子成长的一部分和满足自己精神需要的手段，不管孩子是否需要，对孩子的很多事情，包括孩子力所能及的事情，都由父母包办。把自身本应为孩子创造有利于他们成长条件的"外力"当做了"主力"，这就使得独生子女独立性的发展常常受到成年人的阻碍，表现出一种不真实、不自然的状况。这一方面是由于成年人对儿童的本质缺乏了解，另一方面，也是由于把自身活动的特点强加于孩子身上的结果。代替孩子做他力所能及的事，在很大程度上剥夺了其自我发展的机会，孩子自身潜能得不到很好地开发和释放，不可避免地表现出自我角色认知偏差、自制与自理能力弱等等社会化不完全的问题。

三、独生子女发展权的家庭保护

新修订的《未成年人保护法》中一个最大亮点是明确提出了未成年人的权利，这就是"未成年人享有生存权、发展权、受保护权、参与权等权利"。关于未成年人的权利，是将未成年人作为权利主体提出的。生存与发展是未成年人的最基本的权利，独生子女的家庭教育问题，归根结底就是发展权的保护问题。当我们列举当今独生子女家庭教育中忽视童年发展的种种现象，对身为独生子女的儿童的家庭处境深感忧虑的同时，也应当思考如何帮助和指导承担孩子教育义务的父母，通过自身教育观念和行为的转变捍卫孩子的童年，保障孩子健康发展。

首先，注重全面发展。儿童的发展权是指他们享有充分发展其全部体能和智能的权利，即有权享有促进其身体、心理、精神、道德等全面发展的生活条件[1]。目前，未成年独生子女发展的家庭障碍之一是父母过于注重孩子的才、学

---

[1] 全国人大内务司法委员会未成年人保护法修订起草组，《未成年人保护法学习读本》，中国民主法制出版社2007年版，第42页。

方面的追求，忽视品德、人格的培养，过于注重学习分数，忽视能力和社会性培养。实现儿童发展权应着眼于儿童综合素质提高和发展的全面性，包括身体、智力、道德、情感、社会性等多方面的发展。父母要保障孩子的健康，培养乐观、向上的心理品质；注重良好品德培育，打好做人的基础；培养良好的行为习惯等等，这是儿童发展权的基本内涵，也是可持续发展的前提条件。就独生子女家庭而言，尤其要注重创造孩子与同伴交往的条件，弥补通过同伴群体社会化不足的缺憾；还要注重创造孩子自主游戏的条件，使其在自然、放松的游戏中获得全面发展。

其次，注重发展过程。儿童的全面发展不是一次性或某一个阶段完成的，而是一个不断推进、动态变化的过程。在成年人的包围中成长的独生子女所表现出来的"早熟"、"成人化"问题，是违背儿童自然生长规律的结果。在人的一生中，童年阶段无论在生理、心理还是在社会性上，都是迅速发展的阶段。但是人从不成熟向成熟的转变，又是一个渐进的过程。在这个过程的每一个阶段都有着不同的特点，每个阶段的发展，在人的一生发展中都有其独特的价值。如果孩子成长的每一个阶段都没有自然地成熟，一个发展阶段向另一个发展阶段的过渡没有自然地完成，那么，即使达到了成年人既定的结果，也会由于社会化不完全、人格不完善而给孩子的生存带来困难，孩子长大成人后将难以弥补童年的缺憾。所以独生子女父母要以自然的、平和的心态认识孩子的发展需求和成长规律，让孩子按照自身的需求和规律发展自己，而不是达到父母目标的工具。切忌操之过急或急功近利，否则将给孩子的发展制造障碍，对孩子的成长构成伤害；再者，要尊重儿童发展的不成熟性和发展的可持续性，重视每个阶段的自然充分发展，就像孩子站稳了才能走，会走了才能跑，让每个阶段自然成熟，使之具有全面的、长久的、强劲的发展能力；还有就是不要人为地为孩子设定结果，而是要以良好的心态接纳孩子成长的每一个过程，把孩子的每一个进步都当作成功，这样父母和孩子才能体会到成长的快乐，才具有发展的可持续性。

再其次，注重发展的主体性。儿童可持续发展的关键是儿童的内在动力，这种内在动力突出表现为儿童作为独立个体的主体性。即他们是具有自主性、能动性、创造性的个体。独生子女是家庭中唯一的孩子，父母对孩子的过多关照往往容易忽略或压抑孩子自身发展的能动作用。我国新修订的《未成年人保护法》规定："父母或者其他监护人应当根据未成年人的年龄和智力发展状况，在作出与未成年人权益有关的决定时告知其本人，并听取他们的意见。"这就意味着对于孩子的事"告知"孩子是父母的义务，而"听取孩子的意见"一方面表明发表意见、作出选择是孩子的权利，同时也是对父母教育行为的基本要求，就是要站在儿童的立场关注儿童。一是让孩子自主选择，父母适当放弃自己的权利，把对孩子的每一个"否定"变成给孩子的一个"机会",把选择权和决定权由父母转给孩子,让孩子成为自己的主人,这是对孩子的信任,也可以使孩子特别珍惜这个选择;二是倾听孩子的声音,不断审视成年人对孩子要求的合理性,让孩子自由表达、完整表达自己的意愿,阐述自己的理由,以利于促进孩子语言表达能力和分析能力的发展;三是在家庭中创造儿童参与氛围,通过自主参与,帮助孩子形成自己的意见,在做事中获得独立的判断和行动能力成长。

总之,家庭教育必须顺应独生子女的成长规律,满足孩子的成长需求,尊重孩子的个体差异和独立人格,而不是让孩子被动地去适应父母的教育。

第四节 独生子女犯罪的家庭因素辨析

近年来在青少年犯罪的研究中,独生子女犯罪越来越多地引起研究者和司法实践部门的重视,并作为新时期青少年犯罪的新特征予以特别关注。

一、独生子女犯罪及其研究现状

犯罪,意味着人的社会化失败。独生子女在我国大量出现之初,就有人认为独生子女是家庭中的"小皇帝"、"小太阳",他们素质差,身上有太多的毛病,把独生子女等同于"问题儿童";也有人预言独生子女的发展将不如非独生子女,他们将是"垮掉的一代"等等。所有这些似乎都在暗示:与独生子女的成长相伴随的将是一条不平常的社会化道路和一种不正常、不充分、不完善、不全面的社会化过程;一代独生子女的社会化结果也将是畸形的和令人担忧的(风笑天,2000)。面对那些独生子女走上犯罪道路的现实,人们似乎得到了某些"印证"。

早在1996年,当我国第一代独生子女刚刚进入可以承担刑事责任的年龄时,中国青少年犯罪研究会执行会长郭翔教授在概述我国青少年犯罪状况与特点时,就将"独生子女违法犯罪人数不断上升"作为主要特点之一。他指出:我国政府推行计划生育政策,现在中小学生大都是独生子女,故学生犯罪中多系独生子女犯罪。独生子女的犯罪,给家庭和亲属带来的影响和后果也较为严重。我国青少年犯罪面临的此种动向,也须引起高度注意(郭翔,1996)。犯罪学专家肖建国教授曾撰文指出:像上海这样的大城市,18岁以下的未成年人基本上都是独生子女,我们应当思考和探讨以独生子女为主体的青少年犯罪问题,并制定相应的预防和治理对策。他认为，虽然独生子女是否为"问题儿童"尚有待商榷，因为独生子女有许多好的方面，有利于未成年人的健康成长，但独生子女成长过程中容易形成心理偏差，导致独生子女越轨行为的形成却是一个不争的事实（肖建国，1999；2004）。

且不论究竟是客观上独生子女数量增加而增加了独生子女犯罪的绝对数，还是独生子女是否为与生俱来的"问题儿童"，独生子女犯罪毕竟作为独生子女社会化进程中的一个新问题摆在了我们面前。笔者认为，在人的社会化过程中，就其社会化环境而言，独生子女与非独生子女只有个体生存其中的家庭环境是不同的，即独生子女没有兄弟姐妹，父母与他们的互动、对他们的期望和教育，以及孩子在家庭中的地位等方面表现出不同于非独生子女的新特征。而学校、大众传媒、社会文化、家庭以外的同辈群体等对所有人的影响都是相同的。因此，面对未成年人社会化失败的现实，将独生子女作为特殊群体进行研究，最重要的是回溯他们赖以生存的家庭环境。

我们注意到，从20世纪90年代中后期开始，独生子女犯罪问题逐渐引起了学术界的关注，其中关于家庭因素的影响主要涉及家庭结构残缺、父母素质不高、亲子关系不好、教育方式不良等方面。李康熙、王延海等人通过对在押未成年犯的调查指出：一些独生子女未成年犯家庭发生变故，捕前长期生活在结构破裂家庭的明显偏多（李康熙，1999）；赵会来在谈到家庭环境对未成年独生子女的影响时认为，家庭关系的对抗性是导致独生子女性格内向、孤僻自卑、向攻击敌视方向发展的直接因素之一，家长行为有失风范、道德素质低下对独生子女走上违法犯罪道路具有重要影响，家庭文化环境不良是独生子女误入歧途、走上违法犯罪道路的又一催化剂（赵会来，2006）；他在分析独生子女团伙犯罪的家庭因素时认为，一些家庭对孩子教育不力，方法不妥，有的家庭自然结构受到破坏，有些家长自身品行不端，这是造成一些独生子女结伙犯罪的重要外在客观因素之一。还有学者认为，有的独生子女犯罪团伙成员由于父母离异，无人管教，失掉家庭温暖而感到生活无望，常在社会上混日子，染上不良习性，最终走向犯罪道路（余逸群，1999）等等。

综观有关独生子女犯罪的家庭因素研究有以下几方面的缺陷：一是大多就独生子女谈独生子女，没有非独生子女作为对照组，往往是以定性分析为主加上独生子女个案得出结论；二是定量分析资料多数来自某一机构或某一地区且样本较小，难以据此推论我国独生子女家庭的总体状况；三是个别涉及独生子女与非独生子女比较的调查数据，没有差异显著性检验，仅凭微弱不同的几个百分点不足以说明独生子女和非独生子女的区别；四是一些以独生子女犯罪人为对象的研究所指出的家庭问题，事实上是所有未成年犯家庭的共性问题，而不是独生子女家庭所特有的；五是笼统谈家庭教育问题或过分强调某一方面特征而忽略相关因素的整体分析，比如独生子女家庭父母离婚比例高，那么离婚是否影响到父母对孩子的教育行为、是否必然造成对孩子的不利影响，并没有具有说服力的证明等等。

究竟独生子女犯罪人的家庭背景有什么特殊性？他们的父母素质、家庭结构、家庭关系、家庭教育是否与非独生子女父母存在差异？独生子女家庭是否比非独生子女家庭存在更多的不利于未成年人社会化的问题？只有在独生子女与非独生子女的比较中才有可能加以确切的阐释，也才能对独生子女犯罪的家庭因素的影响以及对独生子女社会化进程中的家庭问题有一个客观的认识。

以下分析的调查数据源于中央综治委预防青少年违法犯罪领导小组办公室和中国青少年研究中心联合在全国范围内实施的未成年犯罪调查中的城市样本。本次调查以全国 2001 年年末全部在押未成年犯（犯罪时年龄为 18 岁以下）为总体，采取多段随机抽样方法在全国 10 个省、自治区、直辖市获得有效样本 2 752 个。其中城市样本 1 291 个（本研究有效样本 1 262 个）。在城市未成年犯样本中，独生子女 531 人，占 42.1%；非独生子女 731 人，占 57.9%；全部城市未成年犯犯罪时平均年龄 15.65 岁，独生子女 15.67 岁，非独生子女 15.64 岁，不存在显著差异（$P > 0.05$）。问卷调查涉及的问题，是城市未成年犯本人对犯罪前家庭生活的回溯。

二、独生子女与非独生子女未成年犯家庭状况比较

（一）家庭成员素质及其影响

本次调查中涉及父母素质的指标主要是父母的文化程度、父母对孩子的正面和负面影响等。在对儿童社会化的家庭因素研究中，父母的文化程度被认为是影响其教养态度、教育方式的重要指标（关颖、刘春芬，1994）。调查结果显示，独生子女父母的文化程度普遍高于非独生子女父母，父亲和母亲两组比较均呈显著差异，详见表 2-1。

表 2-1　独生子女与非独生子女父母的文化程度比较　　　　单位：%

文化程度	父亲		母亲	
	独生子女	非独生子女	独生子女	非独生子女
文盲	7.3	7.0	6.2	17.5
小学	26.1	31.8	25.1	32.9

续表

文化程度	父亲		母亲	
	独生子女	非独生子女	独生子女	非独生子女
初中或技校	33.6	38.2	37.3	31.4
高中或中专	26.1	18.9	27.3	16.1
大专以上	6.9	4.1	4.0	2.2
显著性检验	$\chi^2 = 16.380$, df = 4, P < 0.05		$\chi^2 = 58.898$, df = 4, P < 0.001	

当问到"你的家庭成员和直系亲属有无犯罪记录"时，独生子女和非独生子女回答"有"的比例分别为：24.7%和19.0%，独生子女高于非独生子女，存在较为显著的差异（$\chi^2 = 5.674$, df = 1, P < 0.05）。

调查中我们向未成年犯询问"在生活中对你产生正面影响最大的人"和"在生活中对你不良影响最大的人"，统计中只保留父亲、母亲、祖父母或外祖父母三类家庭成员，将其余指标合并为"其他人"，独生子女和非独生子女比较的结果是不存在显著差异（详见表2-2）。

表2-2　独生子女与非独生子女受家庭成员影响比较（%）　　单位：%

家庭成员	正面影响最大的人		不良影响最大的人	
	独生子女	非独生子女	独生子女	非独生子女
父亲	21.5	23.9	5.1	6.4
母亲	16.8	14.6	4.7	5.5
祖父母或外祖父母	3.8	3.4	2.1	1.1
其他人	58.0	58.0	88.1	87.0
显著性检验	$\chi^2 = 1.816$, df = 3, P > 0.05		$\chi^2 = 3.293$, df = 3, P > 0.05	

注："其他人"在调查中包括兄弟姐妹、老师、朋友、书刊影视人物和其他。

另一组"对于你的犯罪，你认为和以下哪些人有关？"的统计结果中，独生子女和非独生子女回答"父亲"的分别为15.1%和11.9%（$\chi^2 = 2.682$, df = 1, P > 0.05）；回答"母亲"的分别为14.5%和10.7%（$\chi^2 = 4.189$, df = 1, P < 0.05），独生子女犯罪比非独生子女更多地与母亲有关。

(二) 家庭结构

在全部城市未成年犯中，捕前有49.5%的人长期与亲生父母二人共同生活在一起，26.6%的人与亲生父亲或母亲中的一人生活在一起；23.9%的人与亲生父母均不生活在一起。从总体上看，独生子女未成年犯与亲生父母生活情况与非独生子女没有显著差异（$\chi^2 = 2.155$，df = 1，P > 0.05）。

在全部不与亲生父母二人生活在一起的城市未成年犯（n = 652）中，生活在单亲家庭的有 38.8%；生活在主干家庭和隔代家庭的有 21.4%，即三代人或孩子与祖父母、外祖父母一起生活；有 17.2% 的人生活在重组家庭中，即与生父继母、或生母继父、或继父继母一起生活；其余的是与朋友和其他人一起生活。独生子女与非独生子女比较的结果是，生活在主干家庭和隔代家庭的独生子女为 26.1%，明显高于非独生子女 17.7% 的比例（$\chi^2 = 6.446$，df = 1，P < 0.05），生活在其他家庭的独生子女和非独生子女没有显著差异。当问及未成年犯没有和亲生父母长期生活在一起的原因时，调查结果所涉及的 8 个方面中，独生子女与非独生子女略有差异，详见表 2-3。

表 2-3　独生子女与非独生子女"没有和亲生父母长期生活在一起"的原因比较　　单位：%

没有和亲生父母生活的原因	独生子女（n = 280）	非独生子女（n = 355）	显著性检验
父母双亡	5.7	2.0	$\chi^2 = 6.280$，df = 1，P < 0.05
父母感情不好	13.2	18.3	$\chi^2 = 3.015$，df = 1，P > 0.05
父母离异	32.1	16.1	$\chi^2 = 22.769$，df = 1，P < 0.001
父亲再婚	17.1	11.0	$\chi^2 = 5.019$，df = 1，P < 0.05
母亲再婚	14.3	9.9	$\chi^2 = 2.945$，df = 1，P > 0.05
由于工作限制	7.1	7.6	$\chi^2 = 0.049$，df = 1，P > 0.05
丧母	7.9	7.0	$\chi^2 = 0.152$，df = 1，P > 0.05
丧父	5.7	7.9	$\chi^2 = 1.146$，df = 1，P > 0.05

注：问卷中此题为多选题，"父亲再婚"、"母亲再婚"包括父母离异后再婚和丧母、丧父后再婚的情况。

从总体上看，独生子女家庭父母双亡、父母离异、父母再婚的比例明显高于非独生子女，尤为突出的差异是独生子女父母离异的比例比非独生子女父母离异的比例高出将近一倍。

（三）家庭关系

独生子女与非独生子女四种家庭关系比较的结果是，本人与父亲关系、本人与母亲关系、本人与其他家庭成员关系均不存在显著差异（P > 0.05），只有父亲与母亲关系是非独生子女明显好于独生子女（P＜0.05）。为了便于观察，统计中我们将家庭关系"非常好"、"比较好"、"不太好"、"很不好"分别赋予4、3、2、1四个分值，从均值比较中可以更直观地了解独生子女与非独生子女的家庭关系状况，详见表2-4。

表2-4　　　　独生子女与非独生子女家庭关系比较　　　单位：%

家庭关系	独生子女						非独生子女					
	非常好	比较好	不太好	很不好	均值	标准差	非常好	比较好	不太好	很不好	均值	标准差
本人与父亲关系	44.1	30.2	18.7	7.0	3.11	0.948	46.7	26.1	19.3	7.8	3.12	0.980
本人与母亲关系	63.7	23.4	8.0	4.9	3.46	0.839	62.3	24.5	10.1	3.1	3.46	0.797
父亲与母亲关系	39.7	25.8	17.2	17.2	2.88	1.117	41.2	28.4	19.0	11.3	3.00	1.028
本人与其他家庭成员关系	70.6	22.5	4.9	2.0	3.62	0.674	62.2	25.8	8.5	3.5	3.47	0.793

从总体上看，独生子女与非独生子女家庭关系有以下几个特点：（1）独生子女与非独生子女家庭关系均值总和分别为13.07和13.05，表明两类家庭的家庭关系总体状况基本接近，独生子女家庭略好于非独生子女家庭；（2）两类家庭的四种家庭关系由好到差排序一致，依次是：本人与其他家庭成员关系、本人与母亲关系、本人与父亲关系、父亲与母亲关系。其中独生子女父亲与母亲的关系是最差的；（3）父亲与母亲关系都是标准差相对较高，表明这组数据的分布比较分散，这种趋势独生子女更为突出；（4）独生子女家庭四种家庭关系中本人与其他家庭成员的关系明显好于其他三类关系，独生子女回答与其他家庭成员的关系"非常好"的比例高达70.6%，分别高出与父亲、母亲关系26.5个和6.9个百分点，而非独生子女与其他家庭成员的关系则略低于与母亲关系的比例，高出与父亲关系15.5个百分点。

一般来说，未成年人背离家庭离家出走，表明家庭的人际氛围不良而对孩子缺少凝聚力或父母监护职责的缺失。从本次调查中另一组有关离家出走的数据中，我们进一步比较了独生子女与非独生子女状况。在全部城市未成年犯中，有73.5%的人曾经有过离家出走的经历，独生子女74.3%，非独生子女72.8%，（$\chi^2 = 0.337$, df = 1, P＞0.05）。从离家出走的频率上看，一次、二次、三次和经常离家出走的独生子女分别为 19.1%、11.3%、9.2% 和 60.5%，非独生子女分别为 20.5%、14.1%、8.2% 和 57.2%（$\chi^2 = 2.180$，$df = 3$，$P > 0.05$）。从离家出走的首选直接原因上看，独生子女与非独生子女"父母无缘无故打骂"为 9.6% 和 8.0%，"自己犯错误怕父母责备"为 30.0% 和 27.0%，"自己犯错误被父母打骂"为 13.3% 和 13.7%，"受伙伴教唆离家出走"为 17.6% 和 17.9%，"想出去玩或赚钱"为 15.3% 和 19.7%，"家庭生活压抑"为 4.2% 和 4.4%，"一时冲动"为 7.4% 和 6.8%，"其他"原因为 2.5% 和 2.4%（$\chi^2 = 3.683$，$df = 7$，$P > 0.05$）。有关城市未成年犯犯罪前离家出走的三组数据统计结果表明，独生子女和非独生子女均不存在显著差异。

（四）抚养教育行为

在本次调查中，我们通过未成年犯自身的感受，了解他们犯罪前家里人对其抚养教育的行为，即"家里人对你怎么样？"从总体上看，城市未成年犯回答的结果是："娇生惯养" 30.1%；"大部分事情都顺着你" 45.2%；"经常打骂" 15.9%；"不给足够的吃穿，有病不给医治" 2.2%；"赶出家门" 4.7%；"对不良行为不加管教" 9%；"要求非常严格，事事都管" 37.4%；"其他"情况 5.2%。独生子女与非独生子女比较的结果详见表 2-5。

表 2-5　　独生子女与非独生子女家人教育行为比较　　单位：%

家里人对你怎么样	独生子女	非独生子女	显著性检验
娇生惯养	35.2	26.7	$\chi^2 = 10.630$，$df = 1$，$P < 0.01$
大部分事情都顺着你	47.5	43.4	$\chi^2 = 2.081$，$df = 1$，$P > 0.05$
经常打骂	16.0	15.7	$\chi^2 = 0.018$，$df = 1$，$P > 0.05$
不给足够的吃穿，有病不给医治	2.1	2.3	$\chi^2 = 0.091$，$df = 1$，$P > 0.05$
赶出家门	4.3	5.1	$\chi^2 = 0.362$，$df = 1$，$P > 0.05$
对你的不良行为不加管教	7.2	10.5	$\chi^2 = 4.236$，$df = 1$，$P < 0.05$
要求非常严格，事事都管	32.8	40.8	$\chi^2 = 8.403$，$df = 1$，$P < 0.01$

在调查所列七个方面家人教育行为中，两组未成年犯有四个方面不存在显著差异，差异主要表现在：家人对其娇生惯养的比例是独生子女明显高于非独生子女，高出 8.5 个百分点；而对孩子的不良行为不加管教和管教过度都是非独生子女高于独生子女。也就是说，在这两个方面独生子女家人的教育行为相对好于非独生子女。

另一组有关针对未成年犯具体的不良行为，父亲和母亲教育方式的统计结果表明,在"说谎被揭露"、"欺负同学"、"抢别人钱物"、"偷拿别人东西"等问题发生时,独生子女与非独生子女父亲、母亲采取"说服教育"、"打骂"、"不管不问"的教育方式,均不存在显著差异($P > 0.05$)。

未成年犯父母在孩子的教育中看重什么,关心程度如何,是他们在家庭教育中教育价值观的具体体现。在本次调查中,我们列出了未成年犯日常学习生活中涉及的主要方面,即"学习功课(工作)"、"健康"、"体育锻炼"、"与同学交往"、"师生关系"、"业余爱好"、"思想品德"、"吃饭和穿衣"、"花钱"、"心理状况"、"闲暇活动"、"交友"、"其他"等共13项内容,分别考察了父亲和母亲对孩子是否关心、关心的程度,即"非常关心"、"比较关心"、"不太关心"、"很不关心"。从26组统计结果中我们看到,独生子女与非独生子女只有父亲在"学习(工作)"方面($\chi^2 = 13.197$,$df = 3$,$P < 0.01$)和母亲在"体育锻炼"方面($\chi^2 = 9.938$,$df = 3$,$P < 0.05$)存在差异。

为便于分析,在统计中,我们将父母对孩子"非常关心"、"比较关心"、"不太关心"、"很不关心"分别赋予4、3、2、1四个分值,对调查所列13个方面用总和尺度法相加,得出总分(最高分52分,最低分2分),并依分布情况划分为"高分组"(父亲42~52分,母亲43~52分)、"中分组"(父亲31~41分,母亲33~42分)、"低分组"(父亲2~30分,母亲2~32分),结果详见表2-6。

表2-6　　　　独生子女与非独生子女父母关心情况比较　　　　单位:%

分组		独生子女	非独生子女	显著性检验
母亲	高分组	17.8	12.4	$\chi^2 = 17.732$,$df = 2$,$P < 0.001$
	中分组	48.5	42.1	
	低分组	33.7	45.5	
父亲	高分组	12.4	9.9	$\chi^2 = 3.183$,$df = 2$,$P > 0.05$
	中分组	48.3	46.5	
	低分组	39.3	43.6	

从总体上看,独生子女与非独生子女父母对他们的关心情况有三个突出特点:(1)就父母对孩子的关心程度而言,是独生子女父母高于非独生子女父母,母亲一组存在非常显著的差异;(2)从高、中、低分的分布趋向上看基本一致,即都是中分组比例最高、低分组其次、高分组最低;(3)从父亲与母亲对孩子的关心程度比较来看,独生子女与非独生子女都是母亲高于父亲。

(五) 家庭经济状况

调查中向未成年犯询问了"你的家庭经济状况",独生子女和非独生子女自述"很富裕"的分别为1.7%和1.0%,"比较富裕"的为11.2%和10.0%,"一般水平"的为68.2%和73.6%,"比较困难"的为13.7%和11.4%,"非常困难"的为5.1%和4.0%,两类群体没有显著差异($\chi^2 = 5.225$, df = 4, P > 0.05)。另一组有关每个月零花钱的比较结果是:独生子女和非独生子女有50元以下的分别为22.0%和25.0%,50~100元的为23.8和24.1%,100~200元的为21.4%和18.5%,200元以上的为21.8%和19.9%,没有零花钱等其他情况的为10.8%和12.5%,两类群体亦没有显著差异($\chi^2 = 3.543$, df = 4, P > 0.05)。关于零花钱的主要来源,来自父亲、母亲、其他亲属、朋友、自己挣、不正当渠道弄钱和其他渠道,独生子女和非独生子女不存在显著差异,只有爷爷奶奶、姥姥、姥爷给零花钱和压岁钱的是独生子女明显多于非独生子女。

三、独生子女犯罪人的家庭影响因素

通过上述对城市独生子女与非独生子女未成年犯罪人家庭状况的比较,有以下几个发现:

1. 独生子女与非独生子女未成年犯的家庭影响趋同多于不同

将独生子女作为特殊的犯罪群体,应当是基于其与非独生子女的不同,就社会化条件而言,首先是其家庭环境的差异。上述对城市未成年犯中独生子女与非独生子女两类家庭状况的比较发现,趋同的方面远远多于不同,主要表现在:父母对孩子的正面影响和不良影响、与亲生父母一起生活的比例、孩子与父母和其他家庭成员的关系、家庭对孩子的凝聚力、父母对孩子不良行为的教育方式、父亲对孩子的关心内容和程度、家庭经济状况等方面。也就是说,在这些未成年人犯罪前赖以生存的家庭环境方面,独生子女与非独生子女基本相同。存在差异的方面主要是:从整体上看,积极的方面是独生子女父母的受教育程度高于非独生子女,独生子女母亲对孩子关心的程度高于非独生子女,在家人管教孩子态度上独生子女家庭更为理智,这是有利于未成年人社会化的因素;从消极的方面看,独生子女家人对孩子"娇生惯养"的多于非独生子女,在不与亲生父母共同生活的未成年犯中,独生子女与非独生子女的明显差异是父母关系不良和婚姻关系变故。

2. 独生子女父母的婚姻变故

独生子女父母的婚姻变故(离异和再婚)明显多于非独生子女家庭,影响大于非独生子女。以往的研究表明,子女数影响夫妻的离婚意向。徐安琪的研究结论是：每增加 1 个孩子,就会使父母的离婚意向下降 12.3%,这表明在中国人的婚姻生活中,孩子起着举足轻重的稳定夫妻关系的作用。除了作为婚姻的特殊资本增加父母维持婚姻的价值以外,孩子还是十分重要的血缘和感情纽带,凝聚父母之间的亲和力,强化双亲对婚姻与家庭的责任与投入,并自然而然地增加了对父母婚姻离散意向和行为的限制（徐安琪、叶文振,2002）。这种子女对夫妻关系维系的作用从另一个角度来说,也提高了父母对独生子女的重视程度,即把多子女家庭与几个孩子的互动集中到一个孩子身上,反映到教育行为上,既有积极的方面,也有消极的方面。比如全部城市未成年犯中,与亲生父母二人共同生活的孩子,父亲和母亲对其关心程度均高于与一人和不与亲生父母生活的比例,这表明家庭健全对孩子教育是有利的。但是对独生子女未成年犯家人教育行为与是否与亲生父母共同生活的交互分析结果显示：父母二人与孩子共同生活而对孩子"娇生惯养"的比例高达 43.4%,明显高于与一人（34.9%）和不与亲生父母生活（19.8%）的比例（$\chi^2 = 20.985$,df = 2,P < 0.001）；而非独生子女这组数据的比例分别为 25.0%、23.5% 和 29.0%（$\chi^2 = 2.217$,df = 2,P > 0.05）,即不存在这种差异。这是否在一定意义上表明,夫妻婚姻的变故对独生子女教育的影响大于非独生子女？这个问题还有待进一步探讨。

3. 独生子女的家人关注

独生子女比非独生子女更多地受到母亲和家中老人关注。在人的社会化初始阶段母亲对孩子的影响大于父亲已有诸多研究结论。对城市未成年犯的分析结果显示,独生子女比非独生子女更多地受到母亲的教育和影响。比如认为犯罪与母亲有关的独生子女比例高于非独生子女；独生子女母亲对孩子关心的程度明显高于非独生子女,而父亲则不存在这种差异。调查表明,没有兄弟姐妹的独生子女与祖辈一起生活的明显多于非独生子女,独生子女与家庭其他成员的关系（主要是与祖父母、外祖父母等老年人的关系）明显好于本人与父亲、与母亲的关系；独生子女家庭老人给孩子零花钱的比例明显多于非独生子女。那么是否老年人对独生子女的教育影响有更多的不利因素,尚不足以得出结论。例如,与老年人共同生活的城市未成年犯在回答家人是否对其"娇生惯养"时,独生子女和非独生子女不存在显著差异。

4. 夫妻关系对独生子女的影响

夫妻关系优劣对父母关心孩子的程度有较大影响,对非独生子女家人教育行为影响大于独生子女。在近年来关于影响青少年犯罪因素的研究中,家庭结构的不完整,尤其是父母离异而导致破裂的家庭,被司法工作者和犯罪学研究者一致认为更容易产生青少年犯罪。笔者认为,这只是问题的表层原因。事实上,夫妻关系和家庭结构不完整对孩子的影响,在很大程度上是通过父母的教育行为对孩子发生作用的。运用城市未成年犯调查资料中父母对孩子关心程度与父亲与母亲关系的交互分析发现,夫妻关系越不好,对孩子的关心程度越低,无论是父亲还是母亲,也无论是独生子女还是非独生子女整体趋向相同($P>0.05$)。另一组家人教育行为与夫妻关系的交互分析结果显示:从城市未成年犯总体上看,夫妻关系越是不好,对孩子"娇生惯养"、"经常打骂"、"赶出家门"、"对不良行为不加管教"的比例越高($P<0.05$),而夫妻关系对"大部分事情都顺着你"、"要求非常严格,事事都管"没有显著影响($P>0.05$)。独生子女与非独生子女分别统计结果不一致的趋向表现在:对孩子"娇生惯养"、"不给足够的吃穿,有病不给医治"、"赶出家门"等方面,非独生子女家庭比独生子女家庭更多地受到夫妻关系的影响($P<0.05$)。尽管不与父母二人共同生活的独生子女家庭夫妻离异的比例明显高于非独生子女,但从这组夫妻关系对父母教育行为的影响来看,独生子女家庭并未因此有更多的不利于孩子社会化的因素。

不可否认,独生子女走上犯罪道路,是多重因素综合作用的结果,仅从本次调查资料的单变量统计结果来看,或许尚不足以充分说明导致未成年人社会化失败的全部家庭因素及其深层原因。但至少这项研究并没有得出独生子女家庭比非独生子女家庭对孩子社会化过程有更多不利的影响的结论。由此也期望反思我们以往的研究,并对独生子女犯罪是否存在家庭因素的特殊性进行进一步探讨,以便在预防和干预青少年犯罪中更为客观和理智。

第五节 家庭教育的新变化和独生子女家庭教育指导的着力点

随着第一代独生子女的大量出现,广大家长对孩子早期教育的重视程度不断提高。与此相适应,家庭教育指导应运而生。从20世纪80年代初期我国第一所家长学校开始创办至今,家庭教育指导已有30多年的发展历程。据全国妇联统计,到2009年,全国有各级各类家长学校43万余所,家庭教育指导服务机构11万多个(全国妇联儿童工作部等,2009)。2007年6月1日开始实施的全国人大新修订的《未成年人保护法》中明确规定:"父母或者其他监护人应当学习家庭教育知识,正确履行监护职责,抚养教育未成年人。""有关国家机关和社会组织应当为未成年人的父母或者其他监护人提供家庭教育指导。"以法律的形式明确了未成年人的父母或者其他监护人学习家庭教育知识的必要性,确立了家庭教育指导的法律地位。这也表明重视和发展家庭教育，提高家庭教育指导水平是社会发展中的大势所趋。

一、新时期家庭教育的新变化

了解当今的家庭教育在哪些方面发生了新变化，有利于独生子女家长转变观念，也才能使家庭教育指导工作适应新的形势，满足广大家长的需求。

从孩子成长的社会背景来看，现在我们国家正处于现代化进程中，东西方文化的撞击，中国的一些传统道德被否定了；道德取向多元化，评判一件事往往不是是与非、对与错那么简单了；还有知识更新加速和信息"爆炸"，以及由此而产生的生活方式的变革、思想观念的更新等等，在很大程度上改变了孩子们成长的环境，与父母小时候有着明显不同。过去的孩子更多的是接受父母、老师面对面的知识传授，信息来源相对较少；而现在，电视、网络等各种新媒介的普及使他们从小就生活在各种信息的包围之中，受到古今中外各种文化的影响。

从孩子自身的情况来看，他们没有旧观念、旧模式的束缚，虽然阅历不深，缺少实际生活经验，但开放的社会使他们通过各种途径从小接受了许多并非来自长辈的新知识、新观念。他们见识广，开化早，凭着对新文化的敏感，往往是比成年人更快地接受新事物，他们的民主、平等、自主的意识不断增强。他们对生活有自己的理解，并且能够表达自己不同于成人的看法。表现在行为习惯上，他们不循规蹈矩，愿意体现个性，喜欢标新立异，模仿自己心中的偶像，并不顾及成年人的感觉和评价。

从孩子和长辈的互动方式来看，在传统社会中，社会是封闭的，家庭教育也是封闭的，父母对子女的教育往往被限定在父母与家庭生活所涉及的范围之内。在这种情况下，父母作为长者总是比孩子懂得多，孩子对长辈教诲的信任程度很高，往往是父母"居高临下"，孩子接受教育，亲子之间、祖孙之间在教育关系上的互动是单向的。主要是上一代人向下一代人进行教育、传播知识和信息，父母的话毋庸置疑，父母对孩子来说具有绝对的权威。在以前谈到教育者向受教育者传授知识的时候，人们常常用"一桶水"与"一碗水"来作比喻，即要给孩子一碗水，自己就要有一桶水。在现代科学技术迅速发展，知识爆炸的时代，作为教育者的父母，已经远远不能达到这个理想的要求。现在，面对社会的变化，一些事情孩子不懂的，成人也不懂；成人懂的，孩子已经明白了。成年人很难告诉孩子这是什么，那是什么。而且孩子常常比大人更熟练地掌握了计算机、互联网、手机、数码相机这些现代设备。在孩子心目中，家长已经不再是绝对的权威，当成年人和孩子共同面对新事物的时候，是平等的探索者。上一代对下一代的"纵向"教育减弱，两代人的互相影响增强。

从长辈评判孩子的标准来看，比如什么是好孩子？不少人们观念中的好孩子是听大人话、老实、规规矩矩、稳稳当当，大人说什么听什么，大人让干什么干什么。而当今，根据改革时代的要求，新一代人必须适应社会发展的需要，除了品德、智力等基本方面之外，好孩子的标准也被赋予了时代特征：比如要具有较强的应变能力，适应社会不断变化发展的需要；要具有鲜明的个性和特长；要具有创造精神和创造能力，要具有较强的交往能力等等，总而言之，在现代社会，对"好孩子"的认识应当改变，那些大人说一不二、唯唯诺诺、照葫芦画瓢的孩子在过去封闭的社会的确是好孩子，他们完全可以按照长辈的要求在社会上生存。但是在瞬息万变的现代社会，这样的孩子将来就不会有出息。

从家庭教育的内容来看，20世纪80年代以来，是我们国家现代化建设发展最快的时期。随着社会的发展和进步，使本来承担着德、智、体、美、劳等多方面内容的家庭教育，又被赋予了更为丰富和崭新的内涵。家庭教育的内容随着社会的发展而丰富和拓展，心理教育、媒介教育、理财教育、法制教育、科学素养教育、休闲教育等等，这些在传统的家庭教育中不曾涉猎或者涉猎较少的内容，成为现在的家庭教育中不可或缺的内容。

从家庭教育与学校教育的关系来看，现在我们国家全面实施的素质教育，不是单纯的书本教育和知识教育、不是针对少数人的"英才教育"、不是抑制个性发展的"大一统"的封闭教育，而是全面发展的教育、是通识教育、是面向全体学生的教育、是重视个性发展的教育。这种教育思想、教育方式、教育内容的转变，不仅为学校教育改革提出了新的课题，更给家庭的教育功能赋予了新的内容，提供了更广阔的发挥自身优势的空间。素质教育的成功必须有家庭教育的参与，这已成为全社会的共识。家庭作为社会的最基层单位是否与学校教育有机地结合，直接决定着素质教育的效果。在"家校结合"的教育过程中，家庭的教育功能也得到了强化，家长在独生子女教育中的责任更重。

由于这些变化，如果家长依然用传统的眼光看待现在的独生子女，因循过去的方式教育当今的孩子，结果必然难以达到良好的教育效果。因此，要引导家长认识教育对象和自己地位的变化，以有利于孩子成长为出发点和归宿点，主动接受新观念，采取新方法。

二、独生子女家庭教育指导的着力点

近年来，经过各有关方面的努力，随着各类家长学校的普及和各种媒体的广泛参与，广大家长对家庭教育的重视程度已经有了历史性的进步，这一点毋庸置疑。关键的问题是如何提高家长的教育素质，使家长们做出巨大付出的独生子女教育向更加科学化的方向发展，取得更好的教育效益。这就需要强化家长教育的指导，从根本上提高家长素质。针对独生子女家长的问题，在家庭教育指导中应把握以下几个着力点：

（一）帮助家长正确认识独生子女特点

我国计划生育政策的实行之初，在一个时期内的社会舆论上，对独生子女的缺点反映较多。针对独生子女任性、娇气、生活自立能力差、独占欲强的毛病，有人认为由祖父母、外祖父母和父母用全部精力供养起来的孩子，几乎无一例外地患了"四二一综合症"，独生子女是凌驾于家庭成年人之上的"小皇帝"，是祖父母、父母都围着他们转的"小太阳"等等说法广为流传，并成为人们对独生子女的一种心理定式，许多人对独生子女的发展前途和我们国家的未来忧心忡忡。随着研究的深入，逐步否定了独生子女具有先天缺陷，是问题儿童的观点，越发重视家庭因素对独生子女的影响。从 20 世纪 80 年代初期开始，我国许多学者进行了关于独生子女的实证研究，北京大学社会学系陈科文等的结论是，独生子女家庭在教育方式上比非独生子女家庭更溺爱，更多干涉，是形成差异的重要原因。研究者指出，当前的主要问题是，家长对孩子的教育倾注了越来越多的心血，但是由于缺乏科学知识，缺乏理智，出现了对孩子教育过度和失调的倾向，结果对孩子极其不利（陈科文，1985）。风笑天博士于1988年在湖北5个市镇主持进行了大规模的调查（风笑天，1992）。将独生子女和非独生子女进行了多方面的具体指标的比较，进而得出结论：现实社会中存在的"小皇帝"们，并不都是独生子女，其中也有非独生子女；现实社会中的千百万独生子女们，并非都是"小皇帝"。中国目前没有出现，将来也不会出现许多人担心的"家家户户都有一个'小皇帝'"的严酷现实。1996年，"中国城市独生子女人格发展状况与教育调查"结果显示：当今我国的独生子女一代并没有特别严重的问题，就调查所设计的人格特征来看，表现为五大优点和四大弱点。独生子女的五个人格优点是：(1) 重视友谊，富于同情心和恒心；(2) 具有自信心；(3) 具有良好的社会道德素质；(4) 自我提高的需求较高；(5) 具有广泛的兴趣爱好。四个人格缺陷是：(1) 在人格需要中，较多的孩子成就需要较低，但有较强的攻击需要；(2) 部分独生子女在自我接纳方面存在障碍；(3) 在创造性、独立性、勤劳勤俭方面存在一定的缺陷；(4) 学习需要中认知需求较低。

从总体上看，独生子女一代的发展是正常的。大量研究结果表明，独生子女与非独生子女相比，在家庭生存环境、亲子关系，以及在家庭中的地位等方面有着明显的不同，他们享受着比非独生子女更多的父母之爱以及更丰富的物质资源。然而作为个体本身,他们却是与非独生子女相同的受教育者,在心理、性格特征和行为习惯等方面并没有明显的差异。由于只有一个孩子,父母的心理压力加大,加之社会舆论的片面引导,使得父母在教育观念和行为上的不理智情况普遍存在。也就是说,独生子女在成长中表现出来的诸多优点与问题,并不是与"独生"俱来的,而在很大程度上是家庭环境的作用和家庭教育的结果。因此,正确认识独生子女,不断发现并解决自身在教育孩子中的问题,是教育好孩子的必要前提。

(二) 把握家庭教育的根本问题——尊重和保护儿童权利

近年来,父母们对孩子的重视达到了空前的程度,但家庭教育中的一个最基本的问题被忽略了:儿童有什么权利,如何保护他们的权利?在很大程度上并没有进入父母了解、关心孩子的范围。我国加入联合国《儿童权利公约》和实施《未成年人保护法》已有十几个年头,但成人社会远没有把儿童放在应有的权利主体位置上。一方面,一些父母不了解或者根本不去了解儿童的权利,自以为是"为了孩子好"而侵犯了孩子的合法权益却浑然不知的情况普遍存在,即所谓"无知无畏";另一方面,一些父母为了维护长者的权威,不愿意孩子了解自身的权利。这就不可避免地使儿童认识和行使自身权利的可能性大大减少。对广大独生子女的父母来说,尊重和保护孩子的权利,是抚养教育孩子的底线和基本内涵,这是随着社会的发展,在家庭教育中应当强化的新理念。

第一,尊重和保护儿童权利是社会发展的新要求。现代社会坚持以人为本,尊重和保护人权是人类社会进步的重要成果和现代文明社会的重要标志。1989年第44届联合国大会一致通过了《儿童权利公约》,我国政府于1991年批准了这一公约,1992年4月1日该公约对我国生效,从此加入了承诺对儿童承担《儿童权利公约》所规定义务的国家行列。与此同时,1991年我国制定了第一部有关未成年人问题的专门法律《未成年人保护法》,实际上就是一部儿童权利保障法。在改革开放以后制定或修订的《民法通则》、《婚姻法》、《妇女权益保障法》、《预防未成年人犯罪法》、《义务教育法》等多部法律中,都体现了对儿童权利的特殊保护;1992年,我国政府从中国国情出发,由国务院发布了《九十年代中国儿童发展规划纲要》。这是我国第一部以儿童为主体、促进儿童发展、保护儿童权利的国家行动计划;2006年我国政府将依法保障儿童权利首次写进国家经济和社会发展规划;在2006年年末全国人大通过的新修订的《未成年人保护法》中,一个最大亮点就是进一步明确和突出了未成年人的权利,即"未成年人享有生存权、发展权、受保护权、参与权等权利"。与之相联系,"家庭保护"部分在原法的基础上增加了内容,赋予家庭新的责任;2008年,中国政府决定制定《国家人权行动计划》，其中包括保护儿童的特殊权利，以及提高全社会的人权意识等与人权相关的各个方面。这是中国政府贯彻落实"国家尊重和保障人权"的宪法原则和以人为本的科学发展观的重要举措。人权的实质内容和目标是人的生存和发展，对于广大未成年人的父母和家庭教育指导者来说需要认识和面对许多新的问题。

第二，尊重和保护儿童权利是家庭本质功能的体现。人口的繁衍和抚育是家庭的本质功能，决定了父母必须从孩子生命的起始阶段起就给予他们多方面的照料，提供生存和成长所必需的吃、穿、住、医疗、教育等方面的物质条件，保障孩子的生存需要和合法权益不受侵犯。同时，家庭作为儿童成长的第一环境，使其获得的知识、观念、行为习惯及其人格特质，是人的全面发展中的最基本的要素，能够在人的初始阶段打下未来立足社会的能力基础，也是孩子在社会的舞台上实现自身的生命价值的必要条件，这将对其一生产生重要影响。因此从本质上说，尊重和保护未成年人实现自身的权利，是父母作为其监护人应当履行的义务。这种义务随着孩子的出生而产生，在其未成年阶段贯穿在家庭生活的每一个环节之中。

第三，尊重和保护儿童权利是家庭教育的目的决定的。《儿童权利公约》明确规定，教育儿童的目的应是：最充分地发展儿童的个性、才智和身心能力。我国《未成年人保护法》的立法宗旨是：为了保护未成年人的身心健康，保障未成年人的合法权益，促进未成年人在品德、智力、体质等方面全面发展。在当代中国，无论个体家庭在孩子培养的具体目标上有多大的差异，体现社会主流文化价值追求的家庭教育目的与《儿童权利公约》和《未成年人保护法》是一致的，即保障儿童权利的实现，促进其全面发展。父母对未成年子女的教育，在很大程度上影响着孩子在人生道路上能否作出有价值的选择以及其发展权、参与权的实现。因此，强化尊重和保护儿童权利的理念，是取得家庭教育的成功的必要前提。

第四，家庭教育失误的根本原因是漠视儿童权利。把儿童看做积极主动的权利主体，是现代社会教育和保护儿童的基点。只有在充分尊重儿童权利主体地位的前提下，才能使对他们的教育和保护有利于他们的发展，最终达到其独立于社会的目的。现在，一些父母在孩子的教育上下了相当大的工夫，但也伤透了脑筋，遇到了许多问题而百思不得其解：为什么父母对孩子管得越多，孩子身上的毛病越多？为什么孩子总是跟大人"顶牛"？为什么父母为孩子付出了那么多，孩子却"不领情"？其根本原因是把自己放在了与孩子对立的位置上，或把孩子当做自己的附庸，忽视了孩子自身的生存、发展规律和需求，没有把孩子当做一个权利的主体。于是，父母的要求、父母自认为"为了孩子好"的种种行为，并不能得到孩子们的认同。比如过度关注学习，孩子健康受到威胁；粗暴管教，非打即骂，造成心灵的创伤和行为的扭曲；主观臆断，不屑于倾听孩子的声音，不给孩子选择的机会；过多替代，弱化了孩子参与的动力和能力等等。如果站在保护儿童权利的立场上分析，这种种家庭教育中的问题，实际上是父母们对孩子权利的剥夺。结果是扼杀了孩子作为权利主体的自我意识和独立意识，他们由在家庭中缺乏独立的机会开始，逐渐发展为缺少独立成长的内在动力和勇气，弱化了参与自身、家庭和社会事务的能力，甚至不能成为一个完整的、自立于社会的人——这是家庭教育的最大失败。

所以，传播儿童权利应当是家庭教育指导的必修课。尤其要注重对父母的早期教育和基础教育，强化保护儿童权利和依法做父母的意识，提高保护儿童权利的能力。

（三）促进家长主动学习，与孩子共同成长

如何教育孩子是独生子女的父母们最关心的事情，为了孩子绞尽脑汁、费尽心机。但是一些父母一心把眼睛盯在孩子身上，唯独没有考虑自己作为教育者应当学点儿什么，怎样在科学的意义上指导孩子。当孩子出现这样那样问题的时候，也很少从自身分析对孩子的不良影响和教育失误，一味地埋怨孩子。结果是常常与孩子发生冲突，影响孩子的成长和家庭的和睦。也有的父母过于迷信别人的经验和专家的结论，同样达不到良好的教育效果，这其中的关键是缺少必要的学习。

联合国教科文组织《学会生存》一书指出：" 未来的文盲，不再是不识字的人，而是没有学会怎样学习的人。" 学会学习是现代父母的基本功，对独生子女父母而言，抚育孩子是 " 一次性 " 的，没有以往亲身实践的经验。因此，家庭教育指导的关键是要指导家长学会学习、主动学习，自觉地在教育孩子的实践中去发现、去感悟、去探索，以免走弯路。这种学习是广义的，主要包括：

1. 学习作为监护人的基本职责和规范

《未成年人保护法》规定：父母或者其他监护人应当 " 依法履行对未成年人的监护职责和抚养义务 "。这种义务有两个特点：第一，它是一种自觉的行动，不是被强制的；第二，它不是以获得某种相应的权利为前提的，而是或多或少以牺牲个人利益为前提。也就是说，抚养教育子女是每个有子女的公民必须履行的义务，无论将来是否在生活上依靠他们，也不管能不能依靠得上，都必须尽一切可能去抚养教育他们，不允许任何人借故推卸。做一个称职的父亲或母亲，首先要了解自身的义务、权利和履行这个角色的规范是什么。而这些内容不是可以无师自通的，要通过学习相关的法律、规定来了解。

2. 向孩子学习，了解孩子的特点和需求

对独生子女父母来说，没有自己抚育孩子的经验可以借鉴，对处在不同年龄段上的孩子，会出现什么生理特征？会有哪些心理上的变化？孩子怎样看待父母的教育？喜欢怎样的生活方式？或许并不了解。所以父母按照自己对孩子的理解，所做的"为了孩子好"的一切，并不受孩子欢迎的事便时常发生。现在的孩子，所处的社会环境与过去发生了很大的变化，有着许多过去的孩子不曾有的新的特点，他们对新事物的敏感程度和接受能力甚至超过父母。父母要做一个成功的教育者，就要学会站在孩子的立场上思考问题，向孩子学习，了解孩子的特点和真正需求，适应子女的心理、生理及行为特点的变化，以有利于保护孩子的权利、有利于孩子的全面发展为自身教育行为的目的，否则只会适得其反，乃至造成悲剧。

3. 学习家庭教育的基本知识

家庭教育是一门科学，教育子女是父母的一种智力活动，是一种复杂的脑力劳动。过去的家庭教育实践，创造、积累和流传下来许多宝贵的教育孩子的经验，应当继承发扬；家庭教育的特点和规律要熟知，比如家庭教育具有早期性、潜移默化性、鲜明的针对性、全面性、融于日常生活之中等特点；要学习与孩子沟通、培养孩子习惯、处理和解决孩子在成长中的问题的具体方法；同时，还要认识到，随着社会的发展，家庭教育出现了许多新情况、新问题，在内容上也要适应新的形势，需要父母不断地去学习，满足社会发展中孩子对家庭教育的新的需求。

4. 在实践中学习，不断提高教育能力

家长学习教育孩子的知识，肯定不是为了拿文凭的，而是为了指导自己教育孩子的实践。所以我们说的学习，不能为了学而学，不能从书本到书本，不能在实践中搬教条、套框框。而要努力把所学的东西，转化为自身的教育能力，溶化在自己的言行之中。有一些家长往往有良好的愿望，在方法上对孩子也并不是放任不管或者任意打骂，但就是达不到预期的目的。有的家长也看了不少书、听了不少课、找老师找专家咨询，可是在面对孩子的时候，尤其是遇到问题的时候，依然是束手无策。有些家长总有这样的疑惑：为什么别人讲的道理、经验都很好，可怎么用在自己孩子身上就不灵了呢？问题就出在简单照搬、机械地模仿，缺乏教育能力，不能把正确的观念和方法很好地运用在家庭教育的实践中。这家的女孩上了"哈佛"，那家的男孩上了"耶鲁"，就把自己的孩子也定在这样的目标上；有的父母打孩子、逼孩子，有的父母让孩子弃学培养特长，孩子真的成功了，成了著名的音乐家、成了世界冠军，但是这类赌博式的教育方法，是难以复制的。一些父母不顾自己孩子的特点、自身的条件盲目效法，最终必然面临失

败的结局。教育子女是融于日常生活中的，有时候父母不经意的言行对孩子就是一种教育；同时也需要思考、需要智慧，需要在与孩子的互动中总结自己的经验和教训并不断提高，在实践中举一反三，提高了解孩子的能力、协调与孩子关系的能力、评价孩子的能力、保护孩子的能力等等，进而达到教育孩子的新境界。

5. 在家庭中建立学习团队，与孩子共同学习

家庭成员共同学习的关键要素和必要前提是父母与孩子拥有共同时间。亲子之间缺少相聚，必然造成彼此间缺乏了解，缺乏互助，甚至发生情感危机，难以达到教育孩子的目的。首先，家庭成员之间应积极地互动，比如父母和孩子一起游戏、一起做家务，在互动中建立彼此沟通的渠道，切磋交流，相互倾听，彼此接纳，两代人相互支持、相互理解，在家庭中愉快相处，这本身就创造了共同学习的氛围。其次，要在生活中学习，在学习中生活。在家庭中的学习是一种非正式学习，没有功利的目的，没有固定的考核，也没有完全统一的学习内容和学习方式。它是融于家庭生活每一个细节之中的学习，这种学习无时不在、无处不在。对年幼的孩子来说，走路、吃饭、穿衣都有一个学习的过程，对父母来说养育孩子的过程、料理日常家务也包含了大量的学习在其中，学会学习有利于提高生活质量。再其次，应共同营造家庭学习氛围。家庭学习气氛是人与环境互动的结果，家庭学习氛围的内核是家庭每一个成员对知识的追求，对科学的崇尚，人与人之间的相互尊重，家庭中的民主空气，生活中沟通与分享，知识互动，人与人之间情感的支持和理解。这种氛围的营造需要家庭的每一个成员对家庭的一种责任和爱心。

第三章

独生子女青少年的性别角色社会化

独生子女的性别角色社会化是如何受到家庭、学校、媒体这些微观环境和社会历史宏观环境的影响作用的？各种传统的和现代的性别角色观念是如何在独生子女的社会化中产生影响并成为独生子女性别角色观念和行为的组成部分的？这些都是值得我们关注的重要课题。本章围绕这些问题，探讨了独生子女青少年的性别角色社会化。

第一节 独生子女与性别角色社会化

一、问题的提出

中国近代以来，传统的性别角色模式不断地受到批判和否定，而中国政府自1949年以来，特别是在新中国成立后的前30年中，在意识形态、法律、政策等各个领域一直把男女平等作为一项不可动摇的基本国策来贯彻执行。在"男女平等"具有普遍合法性的意识形态保障下，在全社会的动员和参与下，在国家机器行政手段的直接干预下，我们在不到10年的时间内走完了西方妇女200年来未竟的历程。半个世纪以来，中国妇女社会参与的程度之高，范围之广，是西方妇女所不可比拟的。有人认为，中国妇女的解放不是自己争取来的，而是社会主义"赐予"的,这种解放只是表现在社会形式上,女人内心的自我仍然是传统的。不仅妇女没有摆脱传统观念的束缚,男性的男权意识更是根深蒂固,所以才会在改革开放后政府控制力量减弱的情况下,人们的性别角色观念出现了向传统的回归。然而,政府对男女平等几十年的社会动员和社会支持,中国妇女几十年中对自己的政治、经济、教育和婚姻等方面权利的行使,不会在人们的心灵深处不留一丝痕迹。更何况,男女平等作为一股不可抗拒的世界性历史发展潮流,在中国社会中已通过各种途径灌输到人们的头脑中。可以说,"男女平等"作为中国政府一以贯之的国家意志,和当前主张"妇女回家"的社会力量正在形成两股相互抵触和抗衡的势力,而这种抗衡又因经济体制改革给妇女带来的种种不利因素增加了复杂性和曲折性。在这样的社会历史背景下,男女平等未来的发展趋向不能不成为人们关注的问题,这就驱使我们把目光转移到下一代身上。在这一特殊社会背景下成长的一代人,他们的性别角色观念和行为是什么样的?中国社会中的历史、政治、经济和文化因素是如何通过社会化的途径影响到他们的性别角色观念和行为的?

而现在的下一代,又具有和其父辈明显不同的特点,那就是独生子女占相当大的比例,特别是在城市。这一特殊的人口群体给中国社会带来的变革性影响是不容忽视的。它在改变了中国家庭模式的同时也改变了独生子女父母的观念和期望,并改变了亲子关系和家庭生活的重心。独生子女在父母加倍的爱护中得天独厚地享受着家庭资源,其个性也得到了前所未有的张扬。然而作为唯一的孩子,他们身上又背负了父母太多的希望和寄托,他们的发展不仅仅是属于自己的,更是属于父母和家庭的。他们既是物质条件最优越的一代,又是心理负担最沉重的一代。被寄予高度期望的独生子女以其特有的方式成长起来,并对非独生子女起到一种示范的作用。作为社会化的一个重要方面的性别角色社会化,在独生子女身上是否也具有其独有的特点呢?作为社会成员,独生子女的性别角色社会化是如何受到家庭、学校、媒体这些微观环境和社会历史宏观环境的影响作用的?各种传统的和现代的性别角色观念是如何在独生子女的社会化中产生影响并成为其性别角色观念和行为的组成部分的?这些都是值得我们关注的重要课题。

然而,由于中国社会的城乡二元结构,城市和农村的社会发展程度具有很大的差距,城乡的社会环境也具有显著的差别,因此独生子女政策在农村和城市有不同的实施标准。考虑到农村家庭对男性劳动力的需求,在农村大部分地区第一胎为女孩的家庭被允许再生一胎,因此农村的独生子女其实主要是独生子,其所占的比例要远远低于城市。计划生育政策在城市的实施要比农村更严格、更广泛,除非有特殊的情况(如第一个孩子有非遗传性疾病或残疾,夫妻双方都是少数民族、海外归侨或独生子女等),生第二胎的夫妻会受到严厉的制裁,如开除公职。所以，城市家庭是以独生子女家庭为主导形式的。另外，农村社会和城市社会改革开放的进程和遇到的问题具有很大的区别，如对人们性别角色观念和行为有明显影响作用的女性就业、离婚率上升、阶层分化等问题主要出现在城市，对城市居民的影响要远远大于农村，所以对农村和城市的独生子女不能一概而论，本研究将以城市独生子女作为研究对象。

独生子女政策在中国已经实施了30多年，最早的一代独生子女已经进入了婚育期，而新出生的一代仍然是以独生子女为主体的，不同年龄跨度的独生子女都必然会烙上不同的时代印迹。本书将以现阶段城市独生子女中的青少年（12~18岁）作为研究对象，其理由为：（1）这一年龄段的独生子女是在1990年前后出生的，也就是说是在独生子女政策实施了将近10年后出生的，人们的生育观念已经发生了较大的改变（前面介绍的有关生育意愿的研究已经证明了这一点），并且这也是改革开放中社会矛盾开始凸显的时期，这些背景因素可能会对独生子女的社会化产生影响。（2）社会化贯穿人的整个生命历程，性别角色的社会化同样如此，然而不同的阶段有不同的社会化任务，不同阶段的社会化对人的发展也具有不同的意义。其中，青春期（12~18岁）是一个尤为关键的时期。这是一个青少年向成人的过渡期，他们不仅在认知能力上有了质的飞跃，而且由于青春期的生理发育，他们的身体特征也发生了巨大变化，这些变化导致青少年重新认识自己，"性别强化"成为该时期的一个重要特征。青少年在青春期的性别角色社会化为他们作为成年的"男性"或"女性"奠定了基调，因此成为性别角色发展的一个关键时期。所以对处于青春期的独生子女的性别角色社会化进行研究具有尤为重要的意义。

二、研究的方法与过程

本研究采取以问卷调查为主、深度访谈为辅的调查方法。为了对处于青春发育不同阶段的青少年的性别角色社会化状况进行比较，调查对象选取的是处于青春发育初期的初二学生和青春发育晚期的高二学生以及这些学生的家长。由于农村的独生子女基本上都是独生子，与城市独生子女的可比性较差，所以本研究只选取城市的中学生作为调查对象。

（一）基本变量及其测量

（1）性别角色社会化。指个人在与社会环境的互动过程中形成和发展性别角色观念和行为的过程与结果。本研究主要从青少年在两性性别气质、家庭角色和社会角色方面的观念及行为来对其性别角色社会化进行测量。其中社会角色包括职业角色和学生角色两个维度。

（2）性别气质。性别气质是男性和女性在性格和心理方面的特征。本研究对性别气质测量的基础是性别刻板印象，方法是选取性别刻板印象中若干典型的两性性别特征（男女各半），要求调查对象根据不同的问题从中进行选择。主要测量调查对象对两性性别气质的认知、对自身性别气质的评价以及理想中的自己与异性所具备的性别特征。

（3）家庭角色。两性在家庭中承担的角色是其在家庭中地位的重要表现。对家庭角色着重从夫妻在家庭内外事务、家庭事务决策和家务劳动三个方面的性别分工加以测量。

（4）职业角色。职业是体现男女两性社会地位的重要领域。由于青少年尚未涉足职业领域，因此本研究从职业观念的性别定型、职业取向两个方面来测量青少年及其父母对两性职业角色的看法。

（5）学生角色。主要测量青少年在现阶段作为学生所表现出的性别差异，从课程偏好和学历目标两个维度进行测量。

（6）家庭环境。主要指父母的家庭角色分工、性别角色观念、社会经济特征和对子女的期望以及亲子关系等对青少年的性别角色社会化有影响的家庭因素。其中，父母的家庭角色分工指青少年父母在家庭内外事务、家庭事务决策和家务劳动三个方面的分工，父母的性别角色观念主要指其对性别气质、两性家庭角色分工和职业的看法，父母对子女的期望包括其对子女的性格、职业、学历方面的期望，社会经济特征包括年龄、受教育程度和职业。

（7）学校环境。由于青少年在学校生活中的主要接触对象是教师和同辈群体，所以对学校环境主要从教师的言行和同辈交往两个方面进行测量。

（8）媒体环境。指青少年接触的媒体种类、内容和频率，主要包括书籍、报纸杂志、电视和网络等媒体。

（二）调查的实施

在问卷调查的实施过程中，考虑到人力、财力的限制，本研究的调查地点只选取了郑州和开封两个城市。这两个中等发达程度的城市，在一定程度上可以作为我国城市的代表。在抽样上采取多阶段随机抽样方法。在两个城市先各随机抽取一个区，再从这两个区的普通层次的中学（为了避免学习成绩过高和过低对研究结果的影响，本研究只选取了普通层次的中学）各随机抽取一所初中和高中学校，然后在抽中的学校随机抽取初二和高二各四个班。被抽中班级的学生及其家长构成两个调查样本，并且中学生样本与家长样本严格一一对应。

考虑到中学生已具备较强的理解和表达能力，而且城市中学生家长的文化水平相对较高，问卷调查采取自填的方式。调查问卷的发放和填答采取无记名的方式，把每一套问卷装一个信封，然后在每个班里按人头发放，由班主任讲明填答注意事项后，学生问卷由学生分散填答，家长问卷由学生带回家后由家长填答，最后每个学生把填好的学生问卷和家长问卷一起装在原来的信封里交给班主任。本调查共发放问卷650份，回收646份，剔除废卷27份，有效问卷为619份，问卷有效回收率为94%。样本分布见表3-1。

表3-1　　　　　　　　调查样本特征分布

序号	特征类别		频数（次）	百分比（%）
1	城市	郑州	343	55.4
		开封	276	44.6
2	年级	初二	279	45.1
		高二	340	54.9
3	性别	男生	291	47.0
		女生	328	53.0
4	是否独生	独生子女	411	66.4
		非独生子女	208	33.6
5	年龄（岁）	12	1	0.2
		13	26	4.2
		14	151	24.4
		15	91	14.7
		16	45	7.3
		17	239	38.6
		18	55	8.9
		19	1	0.2
6	缺省		10	1.6

访谈的实施分为两个阶段。第一阶段是在问卷设计之前的探索性研究中，其目的是为了了解中学生的学习、生活和思想状况。第二阶段的访谈是在论文的写作过程中进行的，访谈的目的和内容主要是对论文写作中出现的一些疑问加以澄清和说明。前后共访谈12名学生和12位学生家长，其中独生子女和非独生子女、男生和女生、初中生和高中生各占一半，学生家长的职业有低、中、高三个层次，其学历包括从小学到博士各个层次。

第二节　独生子女的性别角色观念与行为

独生子女的性别角色观念和行为,既受传统性别角色观念的影响,又有许多地方突破了传统观念的束缚,同时这种传统与变迁在不同青少年的身上有不同的表现。

一、独生子女对传统性别角色观念的继承与抛弃

独生子女对传统性别角色观念的继承和抛弃表现在性别气质观念、家庭观念和职业观念三个方面。

（一）性别气质观念

性别气质是男性和女性在性格和心理方面的特征,它以两性的第一性征和第二性征为基础,强调一整套稳定的、固化的和两性对立的行为举止及行为的社会意义。传统上,男性气质总是与工具性行为和体能性的能力相关（如独立、主动、有竞争性、自信等）,女性气质总是与表意性行为和亲和能力相关（如被动、情绪化、温柔、有同情心等）,并且男性气质被给予更高的评价。

传统文化把男性气质和女性气质看做有明确边界的两个领域,个人的性别气质应与其生理性别相一致,否则他或她会被视为有心理问题的人。在个人的社会化过程中,相互对立的两性气质成为制约个人个性特征发展和社会角色扮演的主要参考框架。然而随着男女平等的历史发展,两性间的界限趋于模糊,男性和女性的跨性别行为也成为屡见不鲜的事情。而独生子女父母在把对儿子和女儿的期望倾注到唯一的孩子身上的同时,也有意无意地淡化了两性的区分。在这样的历史背景下,独生子女对性别气质的认识是否会偏离传统的性别角色观念？其偏离的程度有多大？偏离的方向是什么？这些都是值得我们探讨的问题。

为了了解独生子女青少年在对性别气质的看法上受传统性别角色观念影响的程度,本研究以贝姆（Bem）的性别角色量表（佟新,2005）、钱铭怡等编制的大学生性别角色量表（钱铭怡,2000）和刘红编制的中学生性别角色量表（刘红,2003）为参考,从中挑选了传统上所认为的男性和女性气质特征各 11 项[①],

---

[①] 11 项男性气质特征为:坚强、胆大、独立、有创造性、有主见、聪明、自信、乐观、理智、积极主动、有事业心;11 项女性气质特征为:细心、温柔、文静、善解人意、善良、有同情心、温顺、爱整洁、有耐心、勤劳、节俭。

让被访的青少年判断这些特征分别是"符合男性"、"符合女性"还是"男女都符合",以此了解青少年对性别气质的看法。

调查结果(见表3-2)显示,从整体上看,无论其性别和是否独生子女,所有的青少年把男性特征看做"符合女性"和把女性特征看做"符合男性"的比例都很小,不同类别青少年对性别气质认识的差异主要表现在选择"男女都符合"的比例大小上。即青少年对性别气质的认识仍然没有脱离性别刻板印象的框架,对传统性别角色观念的偏离主要表现在把传统的男性和女性气质特征看做中性化特征的程度上。总体来看,独生子女和非独生子女的共同之处要远远大于其差异之处。

表3-2　　　　　　　青少年对性别气质的看法

序号	性别气质特征	独生子女	非独生子女	独生子女		非独生子女	
				男孩	女孩	男孩	女孩
1	坚强	双	双	男	双***	男	双***
2	胆大	男	男	男	双***	男	男*
3	独立	双	双	男	双***	男	双***
4	有创造性	双	双*	男	双***	男	双*
5	有主见	双	双	男	双***	男	双***
6	聪明	双	双	双	双***	双	双*
7	自信	双	双	双	双***	双	双**
8	乐观	双	双*	双	双***	双	双***
9	理智	双	双	双	双	双	双
10	积极主动	男	男	双	男	男	男
11	有事业心	男	男	男	双**	男	男
12	细心	女	女	女	女	女	女
13	温柔	女	女	女	女*	女	女*
14	文静	女	女*	女	女	女	女
15	善解人意	女	女	女	女	女	女
16	善良	双	双	双	双**	双	双
17	有同情心	双	双	双	双***	双	双***
18	温顺	女	女	女	女	女	女
19	爱整洁	女	女	女	女	女	女
20	有耐心	双	女*	双	双*	双	双
21	勤劳	双	双	双	双*	双	双**
22	节俭	双	双	双	双*	双	双***

注:* 表示 $P<0.05$,** 表示 $P<0.01$,*** 表示 $P<0.001$;表中只列出了回答比例最高的选项,"男"表示"符合男性","女"表示"符合女性","双"表示"男女都符合"。表中的前11项为男性特征,后11项为女性特征。

具体来说,在对性别气质的看法上独生子女和非独生子女的差异主要表现为:对于"有创造性"、"乐观"这两项男性气质特征,虽然独生子女和非独生子女选择最多的都是"男女都符合",但独生子女选择的比例要略高于非独生子女,非独生子女选择"符合女性"的比例略高于独生子女;对于"文静"这一女性特征,独生子女和非独生子女选择最多的都是"符合女性",但前者选择的比例要低于后者;对于"有耐心"这一女性特征,独生子女选择"男女都符合"者所占的比例最大,而非独生子女中选择"符合女性"的人数最多。对于所列举的性别气质特征,独生子女和非独生子女都认为,最符合男性的三个特征依次为"胆大"、"有事业心"、"积极主动",最符合女性的三个特征依次为"文静"、"温顺"、"温柔"。对于男女都具备的三个最重要的特征,独生子女和非独生子女的看法相同,但在次序上有所不同,即独生子女认为是"乐观"、"聪明"、"自信",非独生子女认为是"自信"、"聪明"、"乐观"。可见在对男性气质和女性气质的认识上,独生子女和非独生子女虽然只有很小的差异,即前者比后者更倾向于把女性特征中性化,但把男性气质特征中性化的现象是较早就得到社会认可的,而把女性气质特征中性化更多地具有性别革命的意义,独生子女在这方面背离传统观念的程度要略高于非独生子女。

同时研究还发现,在对部分性别气质特征的认识上,无论是男孩还是女孩,非独生子女比独生子女更容易走极端,即前者更容易把传统的男性气质特征看做是"符合女性"的,或者把传统的女性气质特征看做是"符合男性"的,而后者更多地把这些特征看做是"男女都符合"的。可见独生子女更容易模糊两性在性别气质上的界限,更多地向两性趋同的方向发展,而非独生子女更多地看到了两性间的差别,对男女平等的理解更倾向于颠覆传统的性别观念。这可能是由于独生子女在家庭中没有兄弟姐妹的对比以及父母更可能把对儿子和女儿的期望寄托在唯一的孩子身上,导致独生子女对两性在性别气质上的区分较少关注。而非独生子女更容易受到父母基于性别的区别对待,在此过程中可能对自身的性别优势和劣势感受较深,因此更倾向于从对立的角度考虑性别平等问题。

但从整体上看,二者的共同之处远远大于其差异,即独生子女和非独生子女虽都仍然深受传统性别观念的影响,但出现了把男性特征中性化的现象,这一趋势表明女性的男性化已被大多数青少年所认可。这一结果与前述的男性气质特征比女性气质特征得到的评价更高这一历史传统相一致,可见女性向男性看齐是当代青少年在性别气质观念上对传统性别角色观念的偏离最为突出的表现。

性别角色的变迁在很大程度上取决于人们性别角色观念的变迁。在中国妇女解放的发展历程中，为男女平等鼓与呼的主要是女性，而男性的沉默与冷漠表明了其与传统性别规范相一致的性别角色态度，这也是中国改革开放后性别角色观念和行为回归传统的一个重要原因。因此，对包括独生子女和非独生子女在内的男孩和女孩群体的性别角色观念进行探讨更有助于我们了解独生子女的性别角色社会化发展状况。

从调查结果可以发现，独生子女中男孩和女孩对性别气质特征认识的差异主要表现在对男性气质特征的看法上，即对于"坚强"、"胆大"、"独立"、"有创造性"、"有主见"、"有事业心"这几项男性特征，男孩中认为"符合男性"的人数最多，而女孩中认为"男女都符合"的人数最多；对于"聪明"、"自信"、"乐观"，虽然男孩和女孩中选择"男女都符合"的比例都最多，但女孩选择的比例明显高于男孩。在对"温柔"这一女性特征的看法上，虽然男孩和女孩认为"符合女性"者所占的比例都最大，但前者选择的人数要多于后者；对于"善良"、"有同情心"、"有耐心"、"勤劳"、"节俭"这几项女性特征，男孩和女孩选择"男女都符合"的人数都最多，但对"善良"、"有同情心"、"节俭"男孩选择"男女都符合"的比例大于女孩，对"有耐心"、"勤劳"男孩选择"符合男性"者所占的比例大于女孩。也就是说，对于男性气质特征，女孩比男孩更倾向于认为女孩也具备这些特征，对于女性特征，男孩比女孩更倾向于认为男孩也具备这些特征，从而表明独生子女越来越倾向于认同异性特征。与此同时，在独生子女中，男孩认为最符合男性的三个特征是"胆大"、"有事业心"、"独立"，最符合女性的三个特征是"文静"、"温柔"、"温顺"，男女都具备的三个最重要的特征是"有同情心"、"善良"、"聪明"；女孩认为最符合男性的三个特征是"胆大"、"积极主动"、"有事业心"，最符合女性的三个特征是"文静"、"温顺"、"细心"，男女都具备的三个最重要的特征是"乐观"、"自信"、"聪明"。从这一角度看，独生子女中男孩和女孩对男性气质和女性气质的看法都表现出与性别刻板印象的高度一致性，但在对中性化特征的认识上，男孩更倾向于把传统的女性特征看做是中性化的，女孩更倾向于把传统的男性特征看做是中性化的，从而表明了独生子女对异性特征的认同和对双性化人格的接纳。

非独生子女中，男孩和女孩对性别气质的看法也有很大的差异。如在对所列举的男性特征的看法上，对"坚强"、"独立"、"有创造性"、"有主见"，男孩中认为"符合男性"的人数最多，而女孩中认为"男女都符合"的人数最多；对于"胆大"这一男性特征，虽然男孩和女孩中选择"符合男性"的人数都最多，但在前者中所占的比例明显大于后者；对于"聪明"、"自信"、"乐观"的看法，男孩和女孩中选择最多的都是"男女都符合"，但女孩选择的比例明显大于男孩。在对所列举的女性特征的看法上，对于"温柔"，男孩和女孩中选择"符合女性"的人数最多，但男孩选择的比例明显大于女孩；对"有同情心"、"勤劳"，男孩选择"男女都符合"和"符合男性"的比例都明显高于女孩；对"节俭"，虽然男孩和女孩中都是选择"男女都符合"者的人数最多，但选择"符合男性"者在男孩中所占的比例明显大于女孩。由此可以看出，在非独生子女中，男孩和女孩对性别气质的看法表现出与独生子女相同的特征，即对于男性气质特征，女孩比男孩更倾向于认为女孩也具备这些特征，对于女性特征，男孩比女孩更倾向于认为男孩也具备这些特征，表明了非独生子女也越来越倾向于认同异性特征。与此同时，调查结果显示，在非独生子女中，男孩认为最符合男性的三个特征是"胆大"、"有事业心"、"坚强"，最符合女性的三个特征是"文静"、"温柔"、"温顺"，男女都具备的三个最重要的特征是"自信"、"乐观"、"聪明"；女孩认为最符合男性的三个特征是"胆大"、"积极主动"、"有事业心"，最符合女性的三个特征是"文静"、"温顺"、"温柔"，男女都具备的三个最重要的特征是"自信"、"聪明"、"乐观"。从这一点看，男孩和女孩对性别气质的看法差异很小，他们对男性气质和女性气质的看法与传统性别角色观念较为一致，但已出现把一部分男性气质特征中性化的现象，表现出非独生子女在性别气质观念上对传统性别观念的突破。

从以上对青少年性别气质观念的性别比较可以看出，无论是独生子女还是非独生子女，虽然男孩和女孩都把传统的男性气质特征看得更为重要，但他们表现出的对异性性别特征的认同趋势表明，具备双性化人格的个体被同性接纳的程度可能会更高。

另外研究还发现，在对性别气质的看法上，独生子女的性别差异要大于非独生子女。即在性别气质观念得分上，独生子女中男孩的均值为 10.00，女孩的均值为 8.76，$F = 8.332^{**}$，表现出显著的性别差异，男孩比女孩的看法更符合传统观念。非独生子女中男孩和女孩的均值分别为 9.86 和 8.82，但并没有达到显著水平，其性别差异并不明显。这是因为男孩中的独生子女比非独生子女的观念较少地偏离传统，而女孩中的独生子女比非独生子女较多地偏离传统，虽然男孩和女孩中的独生子女和非独生子女之间的差异没有达到显著水平，但结果却是独生子女之间的性别差异显著，而非独生子女没有显著的性别差异。这与非独生子女比独生子女更容易走极端的现象在男孩中表现得更为突出有较大的关系。

（二）家庭观念

在传统的"男主外，女主内"的两性角色分工模式下，女性承担全部或大部分的家务劳动被视做天经地义的事情，即使在当今女性大量就业的情况下，夫妻间的家务劳动分工仍然是不平衡的，就业女性背负着家庭与工作的双重负荷，而男性却可以很轻松地置身于家庭事务之外。与此同时，男性又作为"一家之主"掌管着家庭事务的决策权，由此体现出两性在家庭中权力的差异和地位的不平等。本研究把两性的家庭角色分为"家庭内外事务分工"、"家庭事务决策权"和"家务劳动分工"三个方面来探讨独生子女青少年对两性家庭角色的看法。

首先，在家庭内外事务分工上，传统的做法是男性作为养家糊口的人在外奔波，负责家庭的生计，事业成功是其最重要的追求，并以此赢得家长的地位和权威。而女性的角色首先是妻子和母亲，她们必须把家庭和孩子的需要放在第一位，即使外出工作，其主要精力还是应该放在家庭上，其事业上的成功不能超过丈夫，否则夫妻间的平衡就会被打破，人们对女性作为妻子和母亲的角色就会产生非议。本研究根据传统性别角色观念列举了几种关于家庭内外事务分工的看法，请被访者在"非常同意"、"比较同意"、"不太同意"、"很不同意"、"说不清"五种答案选项中进行选择。

调查结果（见表3-3）显示，独生子女和非独生子女对两性家庭内外事务分工的看法没有显著差异。独生子女和非独生子女中赞成和反对"丈夫应为一家之主"的各占将近一半，而对于其他几种强调赚钱、工作、能力和成就对丈夫的重要性高于妻子，而家庭对妻子的重要性高于丈夫的说法，大多数的青少年都表示反对。这一结果表明，把男性的活动空间定位于公共领域、女性的活动空间定位于家庭这一私人领域以及丈夫要强于妻子这些传统性别角色观念，已经被大多数的青少年所摒弃，但"丈夫应为一家之主"这一观念，仍被相对较多的青少年认同。这也许是由于新中国成立以来中国女性长期的高就业率使得女性参与公共领域活动已成为司空见惯的事情，青少年对这一现象已广为接受，然而男性作为家长的地位仍被很多青少年肯定。

表3-3　　　　青少年对两性家庭内外事务分工的看法　　　　　　单位：%

丈夫应为一家之主	独生子女	非独生子女	独生子女		非独生子女	
			男孩	女孩	男孩	女孩
同意	46.6	48.7	58.4	34.6	70.0	35.0
不同意	47.6	45.3	33.3	61.9	22.5	60.2
说不清	5.9	5.9	8.3	3.5	7.5	4.9
(n)	(406)	(203)	(204)	(202)	(80)	(123)
显著性检验	$\chi^2 = 0.283$, df = 2, P > 0.05		$\chi^2 = 33.696$, df = 2, P < 0.001		$\chi^2 = 27.939$, df = 2, P < 0.001	

续表

	独生子女	非独生子女	独生子女		非独生子女	
丈夫的责任是赚钱，妻子的责任是顾家			男孩	女孩	男孩	女孩
同意	25.1	28.3	34.3	15.8	46.3	16.8
不同意	71.0	68.3	59.3	82.7	48.8	80.8
说不清	3.9	3.4	6.4	1.5	5.0	2.4
（n）	（406）	（205）	（204）	（202）	（80）	（125）
显著性检验	$\chi^2 = 0.759$, df = 2, P > 0.05		$\chi^2 = 27.745$, df = 2, P < 0.001		$\chi^2 = 23.256$, df = 2, P < 0.001	
女人做一个不用出去工作的家庭主妇是一种幸福	独生子女	非独生子女	独生子女		非独生子女	
			男孩	女孩	男孩	女孩
同意	13.0	14.6	18.0	7.9	23.5	8.8
不同意	83.1	78.7	76.1	90.1	66.7	86.4
说不清	3.9	6.8	5.9	2.0	9.9	4.8
（n）	（408）	（206）	（205）	（203）	（81）	（125）
显著性检验	$\chi^2 = 2.897$, df = 2, P > 0.05		$\chi^2 = 14.462$, df = 2, P < 0.001		$\chi^2 = 11.548$, df = 2, P < 0.01	
把事业看得比家庭重要的妻子（母亲）不是一个好妻子（母亲）	独生子女	非独生子女	独生子女		非独生子女	
			男孩	女孩	男孩	女孩
同意	29.8	27.6	37.9	21.7	42.0	18.4
不同意	66.2	65.5	57.7	74.9	51.9	74.4
说不清	3.9	6.8	4.4	3.4	6.2	7.2
（n）	（406）	（206）	（203）	（203）	（81）	（125）
显著性检验	$\chi^2 = 2.497$, df = 2, P > 0.05		$\chi^2 = 13.804$, df = 2, P < 0.01		$\chi^2 = 13.762$, df = 2, P < 0.01	
在能力上不如妻子的丈夫很窝囊	独生子女	非独生子女	独生子女		非独生子女	
			男孩	女孩	男孩	女孩
同意	35.4	23.0	37.9	35.0	38.3	29.6
不同意	59.4	60.2	56.3	62.5	55.6	63.2

续表

在能力上不如妻子的丈夫很窝囊	独生子女	非独生子女	独生子女		非独生子女	
			男孩	女孩	男孩	女孩
说不清	5.2	6.8	5.9	4.4	6.2	7.2
(n)	(407)	(206)	(204)	(203)	(81)	(125)
显著性检验	$\chi^2 = 0.876$, df = 2, P > 0.05		$\chi^2 = 1.716$, df = 2, P > 0.05		$\chi^2 = 1.673$, df = 2, P > 0.05	
妻子比丈夫在事业上更有成就的家庭不会幸福	独生子女	非独生子女	独生子女		非独生子女	
			男孩	女孩	男孩	女孩
同意	14.8	18.3	16.1	13.4	25.6	13.6
不同意	78.4	71.4	75.6	81.2	62.2	77.6
说不清	6.9	10.1	8.3	5.4	12.2	8.8
(n)	(407)	(207)	(205)	(202)	(82)	(125)
显著性检验	$\chi^2 = 3.811$, df = 2, P > 0.05		$\chi^2 = 2.118$, df = 2, P > 0.05		$\chi^2 = 6.097$, df = 2, P < 0.05	

注：表中把"非常同意"、"比较同意"合并为"同意"，把"不太同意"、"很不同意"合并为"不同意"。

但是，在对两性家庭内外事务分工的看法上，无论是独生子女还是非独生子女，都存在显著的性别差异，表现为大多数女孩认同的女性是职业女性而不是家庭主妇，而男孩对职业女性的赞同程度要明显低于女孩，并较多地固守着"丈夫为一家之主"的传统观念，而且女孩中有1/3左右的人仍然认为丈夫应比妻子更有能力、丈夫是一家之主。这一结果表明，出于自身的性别利益，在对两性家庭内外事务分工的看法上，男孩比女孩更多地与传统性别角色规范保持一致，然而女孩受传统性别角色观念的影响仍然较深。

其次，在家庭事务决策权方面。家庭事务决策体现的是权力，然而对不同事务的决策体现的权力性质也不相同。西方学者沙菲里阿斯·罗斯柴尔德（Safilyas Rothschild）提出对婚姻权力的研究要区分出谁做重要的与不重要的决定，谁偶尔做决定与谁经常做决定，以及这些方面的交叉。"仅仅做出重要的、偶尔决定的权力不侵犯他们的时间，但可以决定家庭的生活风格以及他们家庭的主要特征和面貌"，这种权力是一种"指挥权力"。具有"指挥权力"的配偶处于有利的地位，他们能够不为决定琐事而消磨时间。"指挥权力"的例子是，做出是否进行较大的开支（如度假、迁居或是买车）的决定。而做出习以为常的、不重要的决定，则被沙菲里阿斯－罗斯柴尔德称为"执行权力"，因为做这类决定的人实际上是在执行先前所做出的决定。如制订饭菜计划（在以前制订的预算内）就属于"执行权力"。具有"指挥权力"的配偶设置了一个界限，在这个界限内让具有"执行权力"的配偶行使处理权（达维逊，1989）。在传统的家庭角色模式中，丈夫一般是拥有"指挥权力"者，而妻子是拥有"执行权力"者。

因此，对于家庭重要事务，本研究通过聚类分析将其分为家庭重大事务（迁居、买房、买车、投资或贷款）、家庭重要事务（子女上学、买大件电器）和家庭日常事务（买日用品）三个维度来加以测量①，前两类家庭事务决策权属于沙菲里阿斯·罗斯柴尔德所说的"指挥权力"，第三类家庭事务决策权属于"执行权力"。

调查结果（见表3-4）显示，对于两性在家庭重大事务和重要事务决策权的分配上，尽管独生子女与非独生子女都倾向于由父亲决策，但二者的看法具有显著的差异，即非独生子女比独生子女具有更强的倾向性，而对于家庭日常事务决策，二者都倾向于由母亲决策，并且在看法上没有显著的差异。即在青少年眼里，从家庭日常事务到家庭重要事务再到家庭重大事务，随着家庭事务重要性的增加，父亲的权力也随之增强，而母亲权力增强的方向与之相反。表明在青少年的心目中，在家庭中男性（父亲）仍然是掌握"指挥权力"者，而女性（母亲）是掌握"执行权力"者，女性在家庭中的地位仍次于男性。但从其均值看，在对家庭重大事务和重要事务决策权上偏向于父亲的绝对值很小，表明在青少年眼中，男性（父亲）的地位只是略高于女性（母亲）。

表3-4　青少年对两性家庭事务决策权看法的方差分析统计结果

家庭重大事务决策	独生子女	非独生子女	独生子女		非独生子女	
			男孩	女孩	男孩	女孩
均值	-0.26	-0.58	-0.30	-0.22	-0.94	-0.34
F值	10.644		0.584		11.691	
显著度	0.001		0.445		0.001	

---

① 答案选项为"父亲"、"母亲"、"父母商量"、"子女"、"父母与子女商量"，在各项家庭事务决策上选择"父亲"的计-1分，选择"母亲"的计1分，选择"父母商量"或"父母与子女商量"的计0分，选择"子女"的为缺省。

续表

家庭重要事务决策	独生子女	非独生子女	独生子女		非独生子女	
			男孩	女孩	男孩	女孩
均值	-0.06	-0.25	-0.05	-0.07	-0.41	-0.14
F值	10.393		0.095		6.695	
显著度	0.001		0.758		0.010	
家庭日常事务决策	独生子女	非独生子女	独生子女		非独生子女	
			男孩	女孩	男孩	女孩
均值	0.65	0.72	0.65	0.64	0.69	0.73
F值	2.613		0.022		0.314	
显著度	0.107		0.883		0.576	

也就是说，无论是独生子女还是非独生子女，在对两性家庭事务决策权的看法上，仍受到性别角色观念的较大影响，认为男性（父亲）在家庭中的权力大于女性（母亲），这一看法与前述的认为"丈夫为一家之主"的青少年人数较多是一致的，表明虽然青少年中认为女性在家庭中的地位与男性平等的人数不少，然而男性在家庭中的权威仍被相当多的青少年所认可。与此同时，这种观念在不同类别的青少年之间存在着程度上的差异，其具体表现为在对两性家庭事务决策权的看法上非独生子女比独生子女、非独生子女中的男孩比女孩具有更强的传统观念。这也许是由于独生子女比非独生子女受到的男女平等的教育和熏陶更多，而非独生子女中的女孩出于自身的性别利益，比男孩更倾向于认为女性在家庭中应拥有"指挥权力"。

再其次，在家务劳动分工方面。家务劳动与家庭事务决策有着本质的区别，后者体现的是权力，而前者体现的是义务。虽然部分需要体力和技术的家务活儿被认为只有男性才能胜任，但这类家务一般是非经常性的，最为经常的是那些琐碎的、不需要太多技术和体力然而又极耗费精力的家务劳动，而此类家务劳动在传统上被看做是妻子和母亲的职责。

在家务劳动的测量上，本研究选取了普通家庭常见的11项家务（包括所谓"男性"的家务活和"女性"的家务活），其中"买菜"、"做饭"、"洗碗"、"日常家庭采购"、"洗衣服"、"打扫卫生"被归为"日常家务"，"辅导子女功课"、"修理"、"家中的力气活儿"被归为"知识技术性、体力性家务"，"照料子女生活"、"照顾老人"被归为"照顾家庭成员家务"，由被访的青少年回答这些家务劳动应该主要由谁承担①。

调查结果（见表3-5）显示，独生子女和非独生子女对两性家务劳动分工的看法较为一致，即对日常家务和照顾家庭成员家务都倾向于主要由母亲承担，而对知识技术性、体力性家务则倾向于认为应主要由父亲承担。对于日常家务劳动分工，独生子女中男孩和女孩的看法表现出显著的差异，即男孩比女孩更倾向于认为应由母亲承担，但对知识技术性、体力性家务和照顾家庭成员家务男孩和女孩的看法较为一致。非独生子女则不存在显著的性别差异。

表3-5 青少年对两性家务劳动分工看法的方差分析统计结果

日常家务分工	独生子女	非独生子女	独生子女		非独生子女	
			男孩	女孩	男孩	女孩
均值	2.34	2.64	2.81	1.85	3.06	2.18
F值	1.079		10.866		3.699	
显著度	0.300		0.001		0.058	
知识技术性、体力性家务分工	独生子女	非独生子女	独生子女		非独生子女	
			男孩	女孩	男孩	女孩
均值	-1.63	-1.69	-1.52	-1.74	-1.63	-1.73
F值	0.366		3.090		0.416	
显著度	0.546		0.080		0.520	
照顾家庭成员家务分工	独生子女	非独生子女	独生子女		非独生子女	
			男孩	女孩	男孩	女孩
均值	0.41	0.40	0.40	0.43	0.50	0.34
F值	0.066		0.215		2.945	
显著度	0.798		0.643		0.088	

也就是说，对于两性家务劳动分工，独生子女和非独生子女都倾向于把琐碎的、难度较小的、经常性的家务劳动视为"女性的家务"，而对知识、技术和体力要求较高、难度较大、非经常性的家务视为"男性的家务"，表现出与传统性别角色观念的一致性。但从其均值看，在日常家务和照顾家庭成员家务分工上的数值与其满分的差距较大，而在知识技术性、体力性家务分工上的数值与其满分

---

① 答案选项为：父亲、母亲、父母共同、子女、父母与子女共同、其他人。在各项家务劳动分工上选择"父亲"的计-1分，选择"母亲"的计1分，选择"父母共同"或"父母与子女共同"的计0分，选择"子女"或"其他人"的为缺省。

的差距较小，表明青少年在对日常家务和照顾家庭成员家务（"女性家务"）分工的看法上与传统性别角色观念的一致性程度低于对知识技术性、体力性家务（"男性家务"）分工的看法。这一结果与前面有关青少年对两性家庭内外事务分工、家庭事务决策权分配的看法是一致的，即男性在家庭中拥有家长地位，其所参与的家庭事务和家务劳动最能体现其能力和优越性，但又不会使其为家庭事务所烦扰，而女性只能拥有"执行权力"和从事较为低等的家务。这种传统性别角色规范仍受到人数众多的青少年的认可。然而，其观念与传统规范相比有明显进步的是，很多青少年认为男性也应承担部分原属于女性的家务。

总体来说，独生子女与非独生子女一样，在对两性家庭角色分工的看法上，尽管男孩比女孩更为保守，但大多数青少年都不再用"男强女弱"、"男外女内"的传统观念来衡量夫妻二人的能力与成就，而是赞同女性外出工作并追求事业成功。在家庭事务决策权上尽管认为男性的地位高于女性，但已在很大程度上偏离了传统性别角色观念，特别是独生子女以及非独生子女中的女孩。对于家务劳动分工，尽管青少年还抱有"男性家务"和"女性家务"的传统看法，但在对"女性家务"的认识上已在一定程度上摆脱了传统观念的影响。同时，分性别考察之后发现，独生子女和非独生子女的差异主要表现在男孩身上。这是由于是否赞同传统的家庭角色性别分工，其实质是是否赞同男性在家庭中的特权地位。由于触及的是男性的利益，女孩（无论是独生子女还是非独生子女）的态度更可能保持一致性，而男孩对家庭中性别平等的接受程度则可能因其所处的环境和所接受的教育而出现差异。

（三）职业观念

自改革开放以来，中国的社会资源分配方式由相对平均化趋于多样化，相对简单的社会结构也变得日趋复杂和多元化，个人所拥有的组织资本、经济资本和文化资本对其在社会结构中的位置起着决定性的作用，并主要以职业的形式表现出来。在职业的分化中，性别是一个重要的影响因素，其影响表现为职业性别隔离现象。

所谓的职业性别隔离，是指劳动力市场中存在"女性职业"和"男性职业"的现象。职业性别隔离表现在三个方面：（1）横向隔离（也叫水平隔离），即男女在某一职业中的构成比例与其在全部劳动力人口中的比例不一致；（2）纵向隔离（也叫垂直隔离），在几乎所有职业（包括"女性职业"）中，在具有较高的技术、责任、地位和收入的职位上，存在着女性所占比例相对于男性不断下降的趋势；（3）工资的性别差异（刘德中，2000）。在职业领域中，有三个原则对等级、职务和职位的性别化起作用：（1）适合妇女的职能属于家庭职能的延伸部分，如教育、护理、服务；（2）妇女不能对男人行使权力；（3）赋予男人操纵技术产品和机器的专利（Pierre Bourdieu，2002）。因此职业性别隔离具体表现为：女性更多的是从事那些职业地位低、服务性或辅助性的工作，男性则更多地从事具有技术要求和有职业等级的工作；在拥有权力和影响力的工作岗位上，男性所占的比例远远高于女性。

本研究对职业观念的探讨侧重于青少年对传统的"男性职业/职位"和"女性职业/职位"的认识，测量方法是选取了14种性别隔离较为明显的社会地位不同的职业/职位①，由被访者判断这些职业是"适合男性"、"适合女性"还是"男女都适合"。

调查结果（见表3-6）显示，从整体上看独生子女和非独生子女的职业观念基本相同。教师和办公室职员被大多数青少年看做是中性化的职业，服务员也被超过半数的人认为是中性化的职业，但把这三种职业仍看做是"女性职业"的人数要远远大于认为只有男性适合从事者的人数；对于美容师这一被认为与女性顾客打交道的职业，被绝大多数的青少年认为是适合女性从事的职业；工程师、保安、卡车司机和建筑工人仍被大多数青少年认为是"男性职业"，尽管认为工程师也适合女性的人数要多于其他三种职业；在秘书、部门经理和总经理这三个等级不同的职位中，秘书仍被大多数青少年看做是适合女性的职位，部门经理和总经理在多数青少年的眼里也成为男女都适合的职位；护士仍被绝大多数青少年看做是"女性职业"，但对于传统上被认为适合男性的医生和医院院长这两个职业/职位，已被多数青少年看做是中性化的职业/职位。可见，对于一些男性参与程度较高的"女性职业"以及属于技术型和管理型的"男性职业"，已被多数青少年（包括独生子女和非独生子女）认为是中性化的职业，但对一些女性从业者占绝对优势的"女性职业"和体力型的"男性职业"，大多数青少年的看法仍与传统观念相一致。职业的纵向性别隔离与横向性别隔离相比较，青少年对前者的看法与传统性别观念的一致性较低，即多数人认为权力和影响力较大的职位不应对女性封闭，并且独生子女和非独生子女的看法基本一致。独生子女和非独生子女的职业观念之所以差异很小，可能是由于职业属于公共领域，更具有社会性和时代性，而两类青少年在这方面的经历是几乎相同的，所以在认识上也没有明显的差别。

---

① 这14种职业中包括8种横向隔离的职业（男女各半，男性职业包括工程师、保安、卡车司机和建筑工人，女性职业包括教师、办公室职员、美容师和服务员）和6种纵向隔离的职业/职位（男性职业/职位包括部门经理、总经理、医生、院长，女性职业/职位包括秘书、护士）。

表 3-6　　青少年对职业/职位的看法

序号	职业/职位类别	独生子女	非独生子女	独生子女 男孩	独生子女 女孩	非独生子女 男孩	非独生子女 女孩
1	教师	双	双	双	双	双	双**
2	办公室职员	双	双	双	双	双	双
3	美容师	女	女	女	女	女	女
4	服务员	双	双	女	双***	双	双
5	工程师	男	男	男	男***	男	男
6	保安	男	男	男	男	男	男
7	卡车司机	男	男	男	男	男	男
8	建筑工人	男	男	男	男	男	男
9	秘书	女	女	女	女*	女	女
10	部门经理	双	双	双	双***	双	双***
11	总经理	双	双	男	双***	男	双***
12	护士	女	女	女	女	女	女
13	医生	双	双	双	双**	男	双***
14	医院院长	双	双*	双	双***	双	双*

注：* 表示 $P<0.05$，** 表示 $P<0.01$，*** 表示 $P<0.001$；表中只列出了回答比例最高的选项，"男"表示"适合男性"，"女"表示"适合女性"，"双"表示"男女都适合"。

在独生子女和非独生子女中，男孩和女孩的职业观念都表现出较大的差异。其差异主要表现在社会地位较低的"女性职业/职位"和社会地位较高的"男性职业/职位"，把社会地位较低以及需要体力的"男性职业"（保安、卡车司机和建筑工人）看做男女都适合的女孩极少，而认为社会地位较高的"男性职业/职位"也适合女性的女孩明显多于男孩，反映出女孩对女性在劳动力市场中的边缘化地位的不满，并渴望脱离低地位的"女性职业"和进入高地位的"男性职业"。但非独生子女在职业观念方面的性别差异要小于独生子女。这可能是因为女孩中的独生子女比非独生子女受到的性别平等熏陶更多，因而对职业领域中女性较低的社会地位更为敏感。

总之，以上结果与我国一些学者对青少年性别角色观念的调查结果是基本一致的，即青少年的性别观念虽然发生了一定的变化，但在很大程度上仍受传统性别观念的影响，其中男性的性别角色观念比女性更为传统。

二、独生子女在行为上对传统性别角色模式的遵循与偏离

独生子女在性别角色行为方面也表现为传统与变迁共存,并且在不同的具体行为上和非独生子女的差异程度不同。

(一) 性别气质

贝姆根据个体所具有的男性气质和女性气质把人分为四种类型:男性化、女性化、双性化和无分化。双性化指男性和女性气质没有明显的分化,男性和女性取长补短,兼具男性和女性的气质特征。无分化则是指男性气质和女性气质都很少。无分化其实是双性化的一种特殊类型。有关研究发现,双性化人格是最佳的人格模式,男性气质次之,女性气质再次之。具有双性化特点的男女没有严格意义上的性别角色的限制,能够更加灵活、有效地应对各种情境,独立性强,自信心高,心理更健康(佟新,2005)。

为了了解独生子女青少年的性别气质特点,本研究借鉴贝姆的性别角色量表,挑选了 10 对有代表性的男性特征和女性特征①编制成一个 7 点分的语义分化量表,请被访的青少年根据每对特征(左端为男性特征,右端为女性特征)对自己的性别气质进行评价②。

结果(见表 3-7)表明,独生子女和非独生子女在性别气质自我评价的得分上没有显著差异,表明青少年的性别气质与其是否为独生子女没有明显的关系。在性别气质上的显著差异表现在不同性别的青少年之间。无论是独生子女还是非独生子女,男孩得分较高的人数都明显高于女孩,而女孩得分较低的比例明显高于男孩,但得分在 0 分以下(即偏向于女性化)的男孩和女孩只分别占 10% 左右和 25% 左右,明显低于偏向于男性化的人数。因此可以说明,虽然可能有量表设计失误因素的部分作用,然而独生子女和非独生子女中的男孩和女孩

---

① 这 10 对性别气质特征为:坚强的—脆弱的、自信的—自卑的、粗放的—温柔的、主动的—被动的、外向的—内向的、好动的—文静的、有创造性的—守旧的、独立的—依赖的、胆大的—胆小的、理智的—冲动的。

② 该表的计分标准为:3 表示"非常符合左端的特征",2 表示"比较符合左端的特征",1 表示"有点符合左端的特征",0 表示介于左端和右端特征之间,-1 表示"有点符合右端的特征",-2 表示"比较符合右端的特征",-3 表示"非常符合右端的特征"。最后将这 10 项的得分相加,0 以上表示属于男性化类型,0 以下表示属于女性化类型。另外,此结果可能会受到量表设计中一些失误的影响。该量表中所列举的女性特征大多为与男性特征对应的消极特征,在计分上选男性特征的为正分,选女性特征的为负分,而且在各对选项的排列上没有把方向错开,这些可能会导致被访者倾向于选择男性特征。

偏向于男性化者占大多数这一结果仍具有较为重要的意义，表明男性特征优于女性特征的传统观念导致无论是男孩还是女孩，都倾向于向男性气质靠拢。

表 3-7　　　　　　　　青少年性别气质自我评价　　　　　单位：%

性别气质自我评价	独生子女	非独生子女	独生子女		非独生子女	
			男孩	女孩	男孩	女孩
0 分以下	17.8	15.9	10.6	25.1	6.0	22.4
1~10 分	27.7	35.6	20.7	35.0	24.1	43.2
11~20 分	37.7	34.6	47.6	27.6	43.4	28.8
21~30 分	16.8	13.9	21.2	12.3	26.5	5.6
(n)	(411)	(208)	(208)	(203)	(83)	(125)
显著性检验	$\chi^2 = 4.153$, df = 3, P > 0.05		$\chi^2 = 35.503$, df = 3, P < 0.001		$\chi^2 = 32.244$, df = 3, P < 0.001	

　　同时我们发现，尽管独生子女和非独生子女对性别气质的看法不尽相同，但在对自身性别气质的要求和性别气质上却具有高度的一致性，即无论是男孩还是女孩，都把传统的男性气质特征视作自己理想的性别气质特征，并且在性别气质上偏向于男性化的占大多数。然而从中我们看到的是传统观念仍在左右着青少年的性别角色行为。首先，尽管男孩和女孩在性别气质上都偏向于男性化，但男孩的男性化程度要高于女孩，两性之间仍存在性别气质上的明显分化。其次，在性别气质上男孩和女孩都向男性方向而不是女性方向靠拢，体现出青少年对两性性别气质特征的价值判断，即男性气质优于女性气质，这种价值判断和传统性别观念对两性气质特征的评价是一致的。

　　值得提出的是，虽然独生子女比非独生子女更倾向于把传统的女性气质特征中性化，但二者的观念差异还不足以使二者在性别气质上出现明显的区分，更何况由于受外界环境的影响，两类青少年的性别角色行为和性别角色观念都表现出较高的不一致性。

（二）职业取向

　　在当代社会中，职业是一个人社会经济地位的主要决定因素，个人的职业取向表现了其对自己未来的发展方向和社会阶层的定位。本研究主要侧重对青少年职业选择的探讨，在职业选择的测量方面，选取了在青少年心目中较为重要的 14 种职业，最后又对其中的部分类似的职业进行了合并，共分为专业技术型职业、企业家、国家干部、交际型职业、体能型职业、文艺职业、其他职业 7 种职业类型①。

调查结果（见表3-8）显示，独生子女在职业取向方面存在显著的性别差异，其差异表现为：男孩选择企业家、国家干部和体能型职业的比例明显超过女孩，女孩选择交际型职业、文艺职业的比例明显超过男孩。对专业技术型职业的选择的性别差异虽然很小，但如果我们把"科学家"分离开来，会发现对"科学家"的选择存在比较明显的性别差异，即男孩选择的比例（13.1%）大于女孩（3.0%）。这些差异与人们的性别刻板印象较为一致，即在男孩选择较多的职业中，企业家是一个充满风险的职业，需要从事者具有较强的冒险精神，国家干部是一个与权力有关的职业，体能型职业中的军人和运动员职业需要较强的体质，而从事科学研究需要较强的抽象思维能力，这些职业被认为更适合男性，并且是由男性占主导地位的职业领域；在女孩选择较多的职业中，交际型职业中的记者和律师是需要与人打交道的职业，需要较强的交际能力和语言表达能力，而文艺职业是需要丰富的情感和细腻的心理的职业，这些职业要求被认为与女孩子的性别气质更一致。由此可见独生子女在职业选择上受传统性别观念的影响较大，然而从女孩选择"企业家"的较高比例，我们可以发现女孩正在突破传统观念的束缚，把职业目标转向传统的男性职业领域。非独生子女在职业选择上表现出了与独生子女相同的性别差异。

表3-8　　　　　　　　青少年职业选择的性别差异　　　　　　　单位：%

职业类别	独生子女		非独生子女	
	男孩	女孩	男孩	女孩
专业技术型职业	26.3	22.9	22.0	22.8
企业家	22.7	14.9	25.6	18.7
国家干部	9.1	2.0	14.6	3.3
交际型职业	6.1	13.9	2.4	16.3
体能型职业	16.2	3.0	17.1	5.7
文艺职业	11.1	25.9	11.0	24.4
其他职业	8.6	17.4	7.3	8.9
(n)	(198)	(201)	(82)	(123)
显著性检验	$\chi^2 = 54.839$，$df = 6$，$P < 0.001$		$\chi^2 = 29.066$，$df = 6$，$P < 0.001$	

---

① "科学家"、"教师"和"医生"被合并为"专业技术型职业"，"记者"和"律师"被合并为"交际型职业"，"军人"、"运动员"被合并为"体能型职业"，"节目主持人"、"艺术家"、"影视演员"、"作家"、"歌唱演员"被合并为"文艺职业"。另外，被认为在青少年心目中较为重要的"工程师"由于疏忽没有列入选项中，但在"其他"中写"工程师"的人较少，因此此疏忽对结果的影响不大。

我们还发现，除了"专业技术人员"，"企业家"是青少年（包括独生子女和非独生子女）职业选择性别差异较小的一种职业，也是女孩选择最多的一种"男性职业"。为什么"企业家"这一职业如此受青少年的青睐？这一点可能更多地与时代特点有关。在市场经济中，经济资本是最有效的通行证，而企业家是与经济资本密切相关的社会地位较高的职业，同时又是最能体现个人能力和品质（如聪明、独立、自信等）的职业之一，而这些品质被青少年（特别是女孩）看做是男女都具备的，因此企业家可能被很多青少年看做是男女都适合的职业，并因其在市场经济中的独特地位而成为很多青少年（包括男孩和女孩）的首选职业。另外，值得注意的是，在当代中国，由于国家在资源配置中发挥着强有力的作用，党和政府掌握着社会中最重要和最大量的资源，个人在国家组织系统中居于什么位置（即个人所拥有的组织资本）对个人的社会经济地位有着重大的影响。从政是获得组织资本的最重要的途径，因而也是提高个人地位的重要方式。然而在当代中国社会，由于"男强女弱"、"男主女从"的性别观念的影响，妇女参政的实际状况是数量少、正职少，重要领导岗位上的女性比例偏低。妇女参政一直是妇女发展的薄弱环节。尽管这一状况与制度上的不完善有关，但不可否认，女性本身的观念和素质也会对此产生一定的影响。从调查结果我们看到，男孩在职业选择中对国家干部较为看重，而女生对此职业的兴趣则远低于男生，这对于改善女性的参政状况是不利的。

也就是说，在职业取向上独生子女与非独生子女表现出高度的相似性，即男孩和女孩的职业目标都表现出与性别刻板印象相一致的性别差异，二者的职业理想与传统观念都具有较高的一致性，男孩选择较多的是和冒险、权力、体能、抽象思维等相联系的职业，而女孩选择较多的是和交际能力、语言表达能力、情感等相联系的职业，这种选择的差异是与传统的两性性别气质相一致的，表明两类青少年的职业理想仍局限在传统性别角色的框架之内。同时我们也可以看到，女孩正在试图突破传统性别观念的束缚，把目前一部分社会地位较高的男性职业（如企业家）作为自己的追求目标，表现出女性希望进入传统的男性职业领域的欲求。

独生子女和非独生子女的职业取向之所以具有较高的一致性，可能是因为在该方面他们更多地基于两性在现实社会中的就业状况以及其理想在现实中实现的可能性，而二者所面对的社会现实是相同的。

（三）学生角色的扮演

个人接受的学校教育是积累人力资本的过程，受教育水平、专业兴趣和专业训练预示着个人将来在劳动力市场的竞争力，并影响个人将来的职业地位和所获得的薪酬，进而影响到个人的社会经济地位。因此，从男孩和女孩在学校中扮演的学生角色可以预测其将来的职业发展和社会地位。本研究对独生子女学生角色扮演的探讨主要侧重于两个方面：课程偏好和学历目标。

首先，在课程偏好方面。从教育领域来看，学校课程通常分为语言学科（语文、外语）、社会科学、人文学科、数学、自然科学、体育等，这些学科被划分为所谓的"男性学科"和"女性学科"，其划分的基础是男女不同的气质特征。一般认为，男性比女性聪明并擅长抽象思维，因此数学和自然科学是男性较占优势的领域，而女性语言能力强，感情丰富，擅长形象思维，因此比较适合学习语言学科、人文学科和社会科学。此外，男性好动、女性文静的传统观念也使得体育成了男性的专长。这种刻板化的性别观念不仅导致了男性和女性在不同专业领域的聚集，而且导致了不同专业的社会声望差异。正是受这种专业性别分化的影响，使得女生在数学、自然科学和计算机方面的自我效能感低于男孩（即使她们在该学科表现很出色），对这些学科的兴趣下降，进而影响到其从事数学、科学和计算机专业的能力。由于科学技术的发展，当代那些收入和社会声望较高的职业大都是和数学、科学和计算机密切相关的，女生在这些学科的准备不足导致其较低的就业层次。所以，了解青少年男孩和女孩在不同学科领域的实际表现，有助于预测其将来的职业发展。

本研究的调查结果（见表3-9）显示，尽管大多数青少年对于"男生擅长理科，女生擅长文科"这一说法表示反对，而且独生子女和非独生子女、男孩和女孩的看法都非常一致，然而在课程偏好方面却表现出显著的性别差异。无论是在独生子女中还是在非独生子女中，偏好语言学科的女孩明显多于男孩，而偏好理科和体育的男孩明显多于女孩，在历史、地理、政治等文科和艺术学科方面男孩和女孩的差别不大。

表3-9　　　　　青少年在课程偏好方面的性别差异　　　　　单位：%

课程类别	独生子女		非独生子女	
	男孩	女孩	男孩	女孩
语言学科	20.7	47.8	20.7	57.1
文科	13.5	14.1	9.8	5.9
艺术学科	0.5	6.0	2.4	2.5
理科	53.4	28.3	50.0	30.3
体育	11.9	3.8	17.1	4.2
(n)	(193)	(184)	(82)	(119)
显著性检验	$\chi^2 = 51.462$, df = 4, $P < 0.001$		$\chi^2 = 29.648$, df = 4, $P < 0.001$	

注：表中的"语言学科"包括语文和英语，"文科"包括历史、地理和政治，"艺术学科"包括音乐和美术，"理科"包括数学、物理、化学、生物和计算机。

青少年在课程偏好方面表现出的性别差异与其对自己在理科方面是否擅长的判断是一致的,即无论是独生子女还是非独生子女,认为自己在理科方面有优势者在男孩中所占的比例明显大于在女孩中的比例,而认为自己没优势者在女孩中所占的比例明显大于在男孩中所占的比例,表明在理科学习方面男孩比女孩表现出更强的自信心。与青少年对自己在理科方面优势的主观认识形成鲜明对照的是,通过χ^2检验发现,在语文成绩方面女孩的学习成绩明显比男孩优秀(这一性别差异分别表现在独生子女和非独生子女中),但在数学成绩方面却没有显著的性别差异,表明青少年对自己在理科方面优势的判断可能更多的是建立在性别刻板印象的基础上,而不是以客观事实为根据的。

总体来看,尽管大多数青少年并不赞同"男生擅长理科,女生擅长文科"的说法,且在数学成绩上女生也不亚于男生,然而在现实中仍不自觉地与传统观念保持一致,即男生更喜欢理科并在学习理科方面比女生更自信,女生更喜欢语言学科和艺术学科,并低估了自己在学习理科方面的能力。这一结果表明,青少年在课程学习上仍在潜移默化地接受着传统性别角色观念的影响。

男孩之所以被认为在理科方面比较擅长,是因为人们普遍认为男孩比女孩更聪明,而理科被看做是对智力因素要求比较高的学科。在评价学生的学习成绩时,有一种较为普遍的倾向是,男孩更多地把学业的成功归因于自己的聪明,把失败归因于不够努力和外部因素,女孩则与之相反。在学业成败归因方面的性别差异成为影响两性自信心和抱负的重要因素。那么在课程偏好和理科优势判断方面所表现出的性别差异是否与不同性别的青少年对自己学习成绩的归因不同有关呢?

从调查结果我们发现,无论是独生子女还是非独生子女、男孩还是女孩以及学习成绩水平是上等、中等还是下等,把自己的学习成绩归因于主观的努力程度、学习兴趣和自信心者所占的比例都最大,可见青少年都倾向于认为自己的学业成功得自于个人的勤奋努力,个人之间的聪明程度并不存在明显差异。这一结果与以上所说的男女学生对学业成败归因存在性别差异的说法的不一致,表明大多数男孩和女孩并不认为在智力方面存在"男强女弱"的现象,他们对自己的智力有同样的自信心。该结果同时说明,男孩偏爱理科而女孩偏爱语言学科,以及男孩比女孩更倾向于认为自己在理科方面有优势,与青少年对自己的智力水平判断没有关系,导致课程学习上的性别差异的原因主要是由于传统观念把课程划分为男性领域和女性领域,使得青少年对不属于本性别领域的课程的学习兴趣和自信心下降。

其次,在学历目标方面。个人的人力资本积累与其受教育水平密切相关,并对个人的就业能力和就业层次产生直接影响。受传统的"女子无才便是德"观念的影响,人们对女性接受高学历教育具有不同程度的偏见,如曾有这样的顺口溜被广为传播:"大专生是赵敏,本科生是黄蓉,硕士生是李莫愁,博士生是灭绝师太,博士后更可怕,是东方不败!"还有人称"世界上有三类人:男人、女人、女博士"。高学历女性在很多人眼里变成了另类。在这种性别偏见的作用下,很多女性对高学历望而生畏,以求过正常人的生活。为了了解这种性别观念对青少年的影响,本研究对其学历目标进行了调查。

调查结果(见表3-10)表明,在独生子女中,男孩和女孩的学历目标没有显著差异,而非独生子女中则存在显著的性别差异,即非独生子女中追求高学历(博士及博士后)的男孩明显多于女孩(分别为19.2%和4.0%),而以本科为学历目标的女孩明显多于男孩(分别为34.9%和52.0%),表现出男孩的学历目标高于女孩。

表3-10 青少年学历目标的性别差异 单位:%

学历目标	独生子女		非独生子女	
	男孩	女孩	男孩	女孩
高中或中专、职高	6.9	7.4	14.5	8.8
大专	12.9	11.3	16.9	19.2
本科	46.0	54.7	34.9	52.0
硕士	18.8	20.2	14.5	16.0
博士及博士后	15.3	6.4	19.2	4.0
(n)	(202)	(203)	(83)	(125)
显著性检验	$\chi^2 = 9.282$,df = 5,P > 0.05		$\chi^2 = 16.413$,df = 5,P < 0.01	

从调查结果我们还可以看出,由于高校扩招及许多行业对学历层次要求的提高,以高中层次为自己的学历目标的青少年已成为极少数,而以本科为学历目标的人数最多,同时硕士学历从高学历层次下降为普通层次,只有博士及博士后才称得上高学历,因而学历目标上的性别差异也主要表现在对博士及博士后学历的追求上。独生子女在学历目标上性别差异不显著而非独生子女中男孩追求高学历的人数明显多于女孩,可能是由于非独生子女比独生子女更多地因性别因素受到区别对待,因而不同性别的非独生子女对未来发展目标的期望也表现出较大的差异。也就是说,在对自己学历的期望方面,独生子女比非独生子女受传统偏见的影响更小一些。

(四) 对性别的自我接纳

在青春发育之前,男孩和女孩的生活基本不受性别因素的打扰,他们的角色是可以互换的,男孩和女孩没有明显的差别。第二性征的出现不仅使男女外貌特征的区别越来越大,而且也是男孩和女孩自我认知的新的起点。因此,青少年期是一个自我探索的时期,也是自我概念发展的一个关键期。对青春期身体特征变化的态度,是青少年自我概念发展过程中的核心要素。对自我特征的积极评价会产生高自尊,并有利于个体的心理健康、人际能力、社会适应、学业成绩和职业发展等。本研究从青少年对第二性征的态度和对自身的性别期望来探讨他们对自身性别的接纳程度。

对第二性征的态度其实意味着对自己作为男性或女性是否接纳。许多研究表明,男孩在青少年期的成长过程中对自己的身体有更多的正面感受,女孩在整个青春期比男孩更为不满自己的身体。这一性别差异有其深厚的文化基础。在以男性为中心的传统文化中,男孩和女孩的第二性征得到的价值评判截然不同。男性在青春期所出现的生理特征,如高大的身材、结实的肌肉、突出的喉结、浑厚的嗓音、浓重的胡须、汗毛以及出现遗精,都是社会所推崇的男子汉的标志,拥有这些特征意味着男孩开始拥有男性在社会中所具有的特权和地位,男子汉的优越心理由此而生。与之相反,女孩的月经来潮、乳房隆起、脂肪增加等女性特征大多具有消极的意义。我们的社会总是把月经和污秽联系在一起,行经的女人被看做是不洁的,在传统习俗中还存在不少月经禁忌,有关月经的别称,如"倒霉",都带有强烈的负面意义,因此很多女性对月经有一种原始的羞耻感和厌恶心理。此外,女性对月经的厌恶还来自于对身体失控的恐惧和羞耻感。由于无法对月经进行控制,特别是月经初潮,使女性面临着在公开场合弄脏衣服的风险,而这种情况的出现对女性来说是莫大的耻辱。而且,月经来潮还会使女性的很多活动受到限制。因此,在很多青春期女孩的眼里,月经来潮意味着给她们套上了一层枷锁。对月经的感觉其实反映的是妇女的社会处境。月经和乳房是与女性的生殖力相联系的,它意味着女孩将要承担成年女性的角色,而传统的女性角色就是为人妻、为人母,做从属于男性的"第二性"。因此,女孩第二性征的出现标志着她们无拘无束的童年的终结和接受各种社会束缚的开始。在这种文化背景下,女孩对第二性征的抵触心理便油然而生。

本研究的调查结果(见表3-11)印证了上述的有关男孩和女孩对第二性征态度的差异。结果显示,喜欢自己的第二性征的男生明显多于女生,而对自己的第二性征表示不喜欢的女生多于男生,而且这一性别差异在独生子女和非独生子女中表现得非常一致。然而随着年龄的增长,独生子女对第二性征的接纳程度明显提高,从对初中生和高中生的比较我们可以发现,男孩喜欢自己第二性征的比例由初中的34.5%上升到高中的54.9%,女孩由13.9%上升到31.7%,而且不喜欢自己的第二性征的男孩和女孩的比例随着年龄的增长都有所下降,尤其是女孩,然而仍存在明显的性别差异。而非独生子女对第二性征的接纳程度不存在显著的年龄差异。因此可以说，在独生子女中，男孩对自己性别的接纳程度比女孩高，青春晚期的青少年比青春早期的青少年更能接纳自己的性别。此外，在同一性别中，独生子女和非独生子女对第二性征的接纳程度不存在显著的差异，但独生子女的性别差异和年龄差异水平都高于非独生子女。

表 3-11　　　　　青少年对第二性征态度的性别差异　　　　　单位：%

对第二性征的态度	独生子女		非独生子女		独生子女				非独生子女			
					初中		高中		初中		高中	
	男孩	女孩	男孩	女孩	男生	女生	男生	女生	男生	女生	男生	女生
喜欢	46.2	25.1	44.9	25.0	34.5	13.9	54.9	31.7	47.4	27.6	42.5	22.4
一般	49.2	60.5	48.7	62.1	58.3	62.5	42.5	59.3	42.1	58.6	55.0	65.5
不喜欢	4.6	14.4	6.4	12.9	7.1	23.6	2.7	8.9	10.5	13.8	2.5	12.1
(n)	(197)	(195)	(78)	(116)	(84)	(72)	(113)	(123)	(38)	(58)	(40)	(58)
显著性检验	$\chi^2=24.398$ df=2 P<0.001		$\chi^2=8.973$ df=2 P<0.05		$\chi^2=13.846$ df=2 P<0.01		$\chi^2=14.577$ df=2 P<0.01		$\chi^2=3.935$ df=2 P>0.05		$\chi^2=6.203$ df=2 P<0.05	

青少年对自己性别接纳的年龄差异，可能同社会比较和心理适应有关。在访谈中有男孩谈到，当刚开始变声、长胡子的时候，因为觉得自己和别人不一样而感觉"不太舒服"、"感觉有点怪"，后来看到别的同学也有这种情况，特别是看到男同学基本都出现了这些情况，自己也习惯了，就感觉"没什么特别了"。青春早期的青少年由于对自己身体的巨大变化一时还难以接受，并且早熟者因与众不同可能会成为大家注意的焦点，导致部分青少年对第二性征的排斥心理。然而随着同龄人都逐步出现青春发育的特征，大家彼此之间没什么差异，青少年对自身性别特征的看法就可能会发生改变。在该方面，非独生子女的年龄差异小于独生子女，可见独生子女在对自身性别的接纳上思想波动较大，这也许是由于独生子女没有兄弟姐妹做比较，在性别角色的扮演上更自由，因此在青春发育初期不得不面对自身的现实性别时，表现出较强的抵触情绪。

从青少年对自己性别的期望（见表 3-12）我们可以更直接地了解到男孩和女孩对自己性别的接纳状况。调查结果表明，在独生子女中，期望性别与自身性别相符的男孩是女孩的 2 倍多，而期望性别为异性的女孩人数是男孩的 4 倍多。在非独生子女中同样存在期望性别与自身性别相符的男孩明显多于女孩，而期望性别为异性的女孩明显多于男孩的现象。总体来看，独生子女和非独生子女不存在显著的差异。

表 3-12　　　　　　青少年性别期望的性别差异　　　　　单位：%

期望性别	独生子女		非独生子女	
	男孩	女孩	男孩	女孩
男孩	64.5	27.7	63.9	28.0
女孩	5.4	28.7	7.2	34.4
男孩女孩都好	30.0	43.6	28.9	37.6
(n)	(203)	(202)	(83)	(125)
显著性检验	$\chi^2 = 66.985$，df = 2，$P < 0.001$		$\chi^2 = 31.891$，df = 2，$P < 0.001$	

对自身性别接纳程度的性别差异与前面有关理想性别气质的调查结果相一致，即女孩的理想性别气质特征主要为传统的男性气质特征，如坚强、独立、有主见和有创造性，从中反映出女孩对自身性别的不满和对超越自身性别局限的渴望。

第三节　独生子女性别角色社会化的社会环境

独生子女的性别角色社会化，既是在家庭、学校和媒体这些具体的微观环境中进行的，又和整个社会的政治、经济与历史文化背景有着千丝万缕的联系，同时这些微观环境也是宏观的社会背景在不同社会领域的具体体现。所以，对于影响独生子女性别角色社会化的环境因素，我们不仅要探讨具体的微观环境，也要同时考虑宏观的社会历史背景所起的作用。

一、独生子女性别角色社会化的宏观环境

与西方的妇女解放运动相比，新中国成立以后，中国的性别平等更多的是在政府的强力推行下实现的。中国政府不仅把男女平等写入各项政策和法律之中，而且还依靠强大的舆论宣传把这一观念普及到社会生活的各个方面，正是由于政府的倡导而使其获得了权威性。尽管改革开放后出现了性别角色向传统的回归，但政府的声音是不变的，男女平等仍然是各项政策和法律法规的指导原则。这种宏观的历史背景在独生子女的性别角色社会化上不可避免地留下了烙印。

例如，中华人民共和国成立之后颁布的三部婚姻法都强调夫妻权利、地位平

等，双方均有选择职业和参加社会活动的自由，反对男尊女卑、男主女从的传统性别分工。在中国的城市家庭中，"男主外、女主内"的状况已有了较大的改变，妻子在家庭事务方面的决策权与丈夫相差较小，而包括独生子女和非独生子女在内的城市青少年也大多不再把女性定位为家庭主妇，而是可以和男性一样在公共领域追求事业和成就的职业女性，并且在家庭重大和重要事务上倾向于由父亲决策的青少年人数只占微弱优势。

在经济活动领域，由于共产党的动员，广大妇女不仅由家庭走向社会，而且还参与到传统的男性职业领域，获得了和男性同工同酬的权利，男性在职业领域的优势地位被动摇。同时，男性也开始进入被认为具有女性特点的职业领域。由以上原因所导致的职业性别隔离程度的减弱，在独生子女和非独生子女的职业观念和职业取向上也反映了出来，尤其明显的是，这两类青少年更为赞同打破职业的纵向性别隔离，即把社会地位较高的男性职业/职位看做也适合女性的。

从新中国成立开始，中国政府就十分重视女性的受教育问题，毛泽东还把女性接受文化教育作为妇女解放的一个必备条件，并由此使女性获得了和男性同等的受教育权利。改革开放之后，尽管出现了女大学生就业难的问题，但在当代这个"文凭社会"中，人们所受的教育（以学校证书来体现）被用来垄断社会和经济领域中报酬优厚的职位（刘精明，2005），受教育程度成为影响社会流动的关键性因素。因此，父母对子女的学历都寄予了较高的期望，在独生子女和非独生子女中，无论男孩还是女孩，绝大多数人所追求的学历都在本科及以上层次，并对父母的期望表现出较高程度的认同，体现了"文凭社会"对人们思想观念的影响作用。

中国共产党在宣传男女平等的过程中，非常强调妇女的独立、自由、自主、自立、自强，尽管改革开放后"女强人"的形象不再被追捧，但当代社会巨大的竞争压力以及人们对不断上升的离婚率的认识，不仅使得父母希望女儿具备坚强、独立、有事业心、有主见等传统的男性性格特征，而且女孩对自己的性格要求与父母的期望具有较高的一致性，体现出当代的青少年女性及其父母对传统的柔弱女性形象的摒弃。

因此可以说，中国政府几十年来对性别平等的社会动员和社会支持，以及中国妇女几十年来对自己的政治、经济、教育、婚姻等方面权利的行使，使得男女平等思想深入人心，虽然改革开放后遭遇到"妇女回家"的逆流，但在青少年的性别角色社会化中，前者是主导性力量，后者的影响并没有明显地表现出来。

与此同时，独生子女政策的实施也在一定程度上有助于摆脱传统性别角色观念的束缚。较明显的表现是在学历目标上独生子女中的男孩和女孩没有显著差异，而非独生子女则存在显著的性别差异。但总体来看，城市中独生子女和非独生子女的差异是很小的，独生子女政策并没有在青少年的性别角色社会化方面表现出较为明显的积极效果。那么是否可以就此否认独生子女政策在该方面的积极作用呢？笔者认为可从另一角度来看待这一问题。独生子女政策的实施，不仅导致了城市中大量独生子女家庭的出现，而且也减少了非独生子女家庭中子女的数量。所以，不只是在独生子女家庭中女孩的社会地位提高，在非独生子女家庭中女孩的地位也高于以前的多子女家庭，而且独生子女家庭中女孩所受到的优厚待遇对非独生子女家庭也起着示范作用。同时，在家庭之外的环境中，独生子女和非独生子女的经历是没有区别的，所以，与非独生子女相比，独生子女在性别角色社会化方面所表现出的优势并不特别突出。

然而，在独生子女的性别角色社会化中也反映出我国在推行性别平等过程中所存在的一些缺陷。

首先，我们所谓的男女平等，实质上是女性向男性看齐，在评判标准上是以男性为参照系。也就是说，男性的气质特征和男性所从事的活动仍然被看做较为高等的，而对女性的气质特征和女性所从事的活动的评价并没有得到相应的提高。于是出现女性向男性方向发展会得到人们的宽容甚至赞扬，而男性向女性学习则会遭到社会的否定和排斥。在独生子女的性别角色发展中，我们可以很明显地看到这一特点。如在对性别气质特征的认识上，把男性气质特征中性化的倾向要明显强于把女性气质特征中性化的倾向，无论男孩还是女孩，理想中的自己所具备的最重要的三项特征都是男性特征。

其次，我们在提倡男女平等的过程中，尽管提出夫妻双方有完全对等的权利和义务，但在实践中却较为重视女性权利的增加，而忽视了女性义务的减少。也就是说，女性获得了一部分原先只属于男性的权利，同时也承担一部分原先由男性承担的义务，而男性分担原属于女性的义务的比例却和前者明显地不对称，结果导致当代的女性比传统的家庭妇女负担更重。然而这一问题并没有受到人们应有的重视，特别是对家务劳动，很多人仍把它看做是女性理所应当承担的义务。从城市青少年的家庭观念中我们也可以看到，他们对"执行权力"和家务劳动分工的看法要比对家庭中"指挥权力"分配的看法更为传统，而且较为认同父母在家务劳动方面较为传统的分工方式。即青少年较为赞同女性在家庭中拥有对家庭事务的决策权，同时多数人又认为那些琐碎的日常家务劳动是女性的义务。

再其次，在公共领域，尽管女性被赋予了与男性同等的政治权利和经济权利，并且其政治地位和经济地位也有了很大程度的提高，但在参政议政方面，女性的参与程度一直偏低，人们（特别是男性）对女性担任领导职务存在较大的偏见和排斥心理，并且现实中拥有实权的女性领导干部很少。这一状况在一定程度上影响了女性从政的兴趣和自信心，并在青少年的职业取向上表现出来，如男孩希望自己将来当国家干部和企业家的人数明显多于女孩。

虽然人们对传统性别角色模式的批判和改造经历了上百年的时间，但我们不得不承认，经过长期积淀的性别文化的影响是根深蒂固的，它通过人们的社会生活和社会化不断地被再生产出来。因此，从独生子女的性别角色观念和行为中我们仍然可以看到浓厚的传统色彩。

二、独生子女性别角色社会化的微观环境

（一）家庭环境

独生子女和非独生子女在社会化环境方面最大的不同之处就是家庭环境。

两类家庭首要的区别表现在家庭规模上。虽然两类家庭都以核心家庭为主，但三口之家的独生子女家庭和多子女的非独生子女家庭所形成的家庭关系是有明显差异的。其中最主要的差异就是非独生子女家庭中兄弟姐妹的存在减轻了父母在教养子女方面的责任和压力，并且兄弟姐妹是儿童和青少年社会化过程中的榜样、性别定型化行为的强化者及社会比较的来源（Susan M. McHale，1999），而独生子女父母却不得不在家庭中同时担当子女的家长、教师和玩伴角色，所以在性别角色社会化的有些方面，独生子女父母所起的作用要大于非独生子女父母，其重要原因在于非独生子女家庭中兄弟姐妹在某些方面取代了父母的角色，或者说是在独生子女家庭中父母在某些方面取代了原先由兄弟姐妹担当的角色。

独生子女家庭和非独生子女家庭的另一重要区别表现在父母的社会经济特征上。独生子女父母在文化水平和职业地位上明显高于非独生子女父母。这虽然是由于我国的独生子女政策对不同的地区和群体严格程度不同以及城乡间的社会流动造成的，然而其结果却是从整体上看城市独生子女家庭和非独生子女家庭在社会阶层上相差一个层次，这一差距使得独生子女和非独生子女在社会化方面的差异很多时候是由于父母本身的原因而非家庭结构的差异。父母的社会经济特征对子女性别角色社会化的直接影响就是在某些方面起着示范的作用。但与西方学者"母亲就业和母亲的职业特征对子女的性别角色态度有显著影响"的结论不同的是，无论是独生子女还是非独生子女，母亲的文化程度对子女的性别角色观念和行为都有明显的影响，而母亲的职业地位影响作用不显著。这可能是因为在西方社会，女性的就业更多地体现了个人的意志、兴趣爱好和能力，而中国女性的就业则受非个人因素的影响较大，所以女性的文化程度比职业地位对子女的影响更大。

除了直接影响，两类家庭的家庭结构和父母的社会经济特征还可能因其对父

母的家庭分工、性别观念和教养子女方式的影响而间接地作用于子女的性别角色社会化。其中最突出地表现在两类父母的家庭角色分工以及其对两性家庭角色分工的看法上，即非独生子女父母比独生子女父母更为传统。这一差异，一方面有可能是由于独生子女父母较高的文化程度和职业地位使其较少受传统性别角色分工的影响；另一方面可能是由于独生子女家庭缺少子女作为家庭帮手以及父亲对唯一的子女较为疼惜而使得父亲较多地参与家务劳动。但正是这一环境差异给两类青少年树立了不同的榜样，并导致二者在家庭观念上的差异。

独生子女父母和非独生子女父母的生育目的也有一定的差异。非独生子女父母中认为生孩子的目的是"传宗接代"、"养儿防老"，并且希望年老时由孩子来赡养自己的人数明显多于独生子女父母，而独生子女父母在生育目的上比非独生子女父母更多地出于"增添生活乐趣"、"孩子是父母生命的延续"的原因，并且更多地希望年老时自己养自己。从生育目的我们可以看出非独生子女父母对子女更可能因性别而区别对待，并且在对子女的培养上更具有功利性，而独生子女父母则可能更多地从孩子的利益考虑问题。所以我们可以推断，尽管独生子女是父母年老时的唯一依靠，但这种依靠更多的是属于精神上的，因此本来应该出现的独生子女父母比非独生子女父母更希望子女出人头地的趋向可能会因二者的生育目的差异而减弱。所以在涉及孩子前途的一些方面（如对孩子学历的期望），两类父母的看法差异很小。

独生子女家庭和非独生子女家庭中的亲子关系也有明显的差别。与非独生子女父母相比，独生子女父母更经常地与孩子交谈，因此对孩子所交的朋友以及所接触的媒体内容更为了解，并且更为关注孩子的第二性征。二者在亲子关系方面的差异，无疑使得独生子女父母比非独生子女父母更充分地发挥其对子女社会化的影响力，这一推论已经在我们的研究结果中显现出来。

（二）学校环境

本研究重点考察的学校环境是教师的言行和中学生交往的同辈群体。

教师对待学生的方式虽然不会因学生是否独生子女而有所不同，但在对教师言行的感受上却可能因人而异，本研究测量的就是中学生的主观感受。总体来看，教师对男生和女生优点的评价与传统性别观念的相符程度较高，并且对女生的评价更为传统。感受到教师认为"男生更有发展潜力"的中学生超过1/3，感受到教师"对男女生发展潜力的评价相同"的中学生有将近2/3，而感受到教师"对女生发展潜力评价更高"的人微乎其微。另外，感受到教师"对男生要求更严格"的中学生超过1/3，认为教师"对男女生要求的严格程度相当"的中学生超过1/2，而认为教师"对女生要求更严格"的中学生只占1/10。可见，教师在对待学生的方式上虽然很大程度地贯彻了男女平等思想,但仍然是偏向于传统的。在教师较为传统的性别角色观念和行为的影响下,中学生要摆脱传统性别观念的束缚当然是比较困难的。

独生子女和非独生子女感受到的教师对男女生优点和潜力的评价基本一致,其差异表现在对于教师对男女生要求严格程度的看法上,即认为教师"对女生要求更严格"的非独生子女多于独生子女,而独生子女中有比非独生子女更多的人认为教师"对男女生要求的严格程度相当",而且这一差异主要表现在女生身上。这一点再次说明了非独生子女比独生子女更极端地看待问题,特别是在对待男女不平等的问题上。

在对教师言行的感受上,独生子女和非独生子女中的性别差异也主要表现在对于教师对男女生要求严格程度的看法上,即认为教师"对男生要求更严格"的男孩多于女孩,而认为教师"对女生要求更严格"和"对男女生要求的严格程度相当"的女孩多于男孩。这一性别差异一方面说明男孩和女孩都更倾向于从对自己有利的方面看待问题,另一方面说明女孩更努力地从性别平等的角度接受周围环境因素的影响。这一点和女孩的性别角色观念和行为更少受传统观念的影响可能是互为因果。

研究还发现,无论是独生子女还是非独生子女,高中生和初中生中虽然都是认为"男女生发展潜力相当"的人数居多,但高中生中认为"男生更有潜力"的人数明显多于初中生,而初中生中认为"男女生发展潜力相当"的人数多于高中生。这一年龄差异可能更多的是中学生在学生角色扮演过程中看到的性别差异的反映。

在与同辈的交往方面,独生子女和非独生子女拥有朋友数量的情况基本一致,即有2/3的人拥有较多的朋友,1/3的人拥有朋友的数量一般,朋友很少和没有朋友的人只是极少数。可见独生子女和非独生子女都非常注重与同辈的交往,并且与朋友的交往较为频繁。同时,在与朋友的交往密度上,男孩和女孩没有明显的差异。因此可以说,同辈交往在青少年(包括独生子女和非独生子女)社会化中起着不可忽视的作用。然而在性别角色社会化中,对青少年影响较大的并不是朋友的多少,而是朋友的性别构成。

总体来看,上中学后独生子女和非独生子女所交朋友的性别构成没有显著差异,但在上中学前独生子女中"拥有较多男性朋友"者多于非独生子女,并且这种差异延续到初中阶段。由此可见独生子女受男孩群体中的亚文化、游戏内容及规则的影响可能会大于非独生子女。

如果分性别比较,独生子女中除了有超过1/5的人拥有的男性朋友和女性朋友数量相当外,拥有同性朋友较多者占大多数,但只拥有同性朋友的男孩数量多于女孩，可见女孩在同辈交往中的性别隔离程度要略低于男孩，因此可能比男孩更多地受异性的观念和行为的影响。非独生子女中的情况类似，但在上中学前和上中学后有一定的差异。上中学前，拥有的同性朋友多于异性朋友的男孩多于女孩，拥有的男性朋友和女性朋友相当的男孩少于女孩，只拥有同性朋友的男孩和女孩数量相差较小。可见在上中学前，男孩在同辈交往中的性别隔离程度要大于女孩。但在上中学后，由于男孩开始更多地与异性交往，男孩和女孩的性别隔离程度大致相当了，即都是除了有1/5的人所结交的男性朋友和女性朋友数量相当外，其余的都是同性朋友多于异性朋友或只拥有同性朋友。因此我们可以说，尽管两类中学生在同辈交往中很少局限于只与同性朋友交往，但仍然是在与同性交往较多的环境中成长的，因此同性比异性更多地对其观念和行为造成影响。

（三）媒体环境

青少年受媒体环境的影响首先与其接触媒体的频繁程度有关，而印刷媒体和电子媒体由于其接触的便利程度不同，青少年接触两类媒体的频率也不同。

在印刷媒体方面，本研究考察了课外书籍和报纸杂志两种媒体。独生子女和非独生子女在接触课外书籍方面是没有明显差异的。即都是只有略超过1/10的人很少看和从不看课外书籍，其中女孩比男孩看课外书籍的频率更高。在所阅读的课外书籍种类上，都表现出与性别刻板印象相一致的爱好，男孩更喜欢看探险、科技和军事、体育方面的书籍，而女孩更偏重思想教育和情感方面的书籍。不同种类的书籍侧重表现的性别角色是有较大差异的，带着不同目的和兴趣阅读课外书籍的男孩和女孩无疑会从不同的课外书籍中习得不同的性别角色观念和行为。两类青少年接触报纸杂志的频繁程度要低于课外书籍，并且独生子女比非独生子女接触的频率更高，独生子女中女孩接触的频率高于男孩。但在阅读报纸杂志的种类上，两类青少年是基本一致的，即都表现出和接触课外书籍类似的性别差异。因此我们可以说，印刷媒体给独生子女和非独生子女创造的社会化环境是基本相同的，而且由于男孩和女孩的爱好和选择不同，独生子女和非独生子女所接触的印刷媒体环境都存在显著的性别差异，而且这一性别差异是和传统性别角色观念较为一致的。

在电子媒体方面，本研究重点考察了电视和网络。独生子女和非独生子女在观看电视的频率和节目内容方面是较为一致的。即由于学习紧张以及住校等原因，有一半多的学生是很少看电视的，其中男孩看电视的频率要高于女孩。在观看节目的种类上，男孩和女孩之间的差异与其接触印刷媒体种类的性别差异相似。因此可以看出，电视给两类青少年创造的社会化环境是有明显的性别差异的。在上网方面，由于家庭的社会经济背景不同，独生子女上网的条件要比非独生子女优越，所以前者接触网络的频率要高于后者（尽管二者接触的频率都不是很高），但这一差异主要表现在女孩身上，这可能是由于男孩比女孩更多地去网吧上网，而女孩更多地在家里上网。与此原因相一致的是在两类青少年中都是男孩比女孩上网的频率更高。在网络活动方面，独生子女和非独生子女表现的性别差异也是一致的，即男孩上网主要是为了娱乐，而女孩除了娱乐之外还经常以网络作为学习工具。因此，独生子女和非独生子女接触的网络环境差异是较小的，特别是在男孩身上，而男孩接触的网络环境比女孩更为单一，更具有娱乐性。

青少年所接触的媒体环境不仅和接触的频率有关，更和媒体中表现的性别角色有关。中外学者的研究揭示了大众媒体中充斥着与传统性别角色观念高度一致的内容，本研究发现，独生子女和非独生子女在媒体中所看到的两性形象基本一致，即都偏向于传统性别角色模式，并且男性形象比女性形象更为传统。而卜卫所说的大众媒体中富含性别角色定型的内容对儿童性别角色社会化的负面影响（卜卫，1997），更多地表现为女性角色对青少年的影响。

然而男孩和女孩的经验却有明显区别，表现为男孩看到的性别角色更为传统（尤其是在女性角色方面差异更大）。可见两类青少年中的男孩和女孩在对媒体中性别角色的主观感觉上有较大区别。一方面可能和其接触各类媒体的频率和内容不同有关，另一方面也有可能是由男孩和女孩对媒体中性别角色的诠释不同而造成的，即女孩可能比男孩更多地从性别平等的角度来分析问题和接受外界环境的影响。

第四节　独生子女性别角色社会化的特点

从对独生子女和非独生子女的性别角色观念和行为及其影响因素的调查分析，我们可以看到独生子女的性别角色社会化具有下述一些特点。

一、独生子女与非独生子女的群际差异与群内差异

在性别角色观念和行为方面，独生子女和非独生子女这两个不同的群体存在一定的差异，表现为独生子女比非独生子女更少受传统性别角色观念的影响。同时，由于两类家庭在家庭关系上的差别，即独生子女没有兄弟姐妹，在独生子女家庭中父母和同辈群体取代了兄弟姐妹的作用，表现出独生子女父母对子女的影

响力大于非独生子女父母，并且独生子女比非独生子女受同辈群体的影响更大一些。而非独生子女家庭中由于父母的社会经济地位普遍较低，非独生子女更多地从家庭之外（即教师和媒体中表现的性别角色）获取性别角色社会化的参考信息。

然而，独生子女和非独生子女之间的差异远远少于其共同之处，在这两个群体身上我们看到更多的是群内差异，并且群内差异要明显大于群际差异。群内差异首先表现为性别差异。即无论是独生子女还是非独生子女，男孩的性别角色观念比女孩更为传统，在性别角色行为上男孩和女孩表现出与传统性别角色观念较为一致的性别分化，并且各种环境因素对男孩和女孩的影响作用不同，特别是在家庭中，父亲和母亲对儿子和女儿起着不同的榜样作用。其次，群内差异还表现为在独生子女和非独生子女群体内部都存在一定的年龄差异。如在性别角色观念和行为方面，初中生比高中生更多地遵循传统性别角色模式，而家庭、学校和媒体等环境因素对初中生和高中生的性别角色社会化影响程度也有明显的差别。

二、性别中性化与男性的参照作用

在独生子女和非独生子女身上，都出现了性别中性化的现象。这种现象首先表现为把传统上所认为的男性气质特征和女性气质特征看做是男女都具备的气质特征，即中性化特征，并且男孩和女孩都比异性更倾向于把异性的性别气质特征看做是中性化的特征，表明两类青少年在观念上对中性化的个体比较接纳（特别是比较中性化的同性个体）。在性别气质上，高度男性化的男孩和高度女性化的女孩都比较少，而女孩中把传统的男性气质特征视为自己的理想性别气质的现象非常普遍。

然而男孩和女孩的中性化程度具有明显的差别：在性别气质观念上，女孩比男孩更趋向于认同异性性别气质特征；在性别气质上，具备较多异性性别气质特征的女孩远远多于男孩；把异性性别气质特征视为理想自我所应具备的性别气质特征的青少年主要是女孩。因此，所谓的中性化其实主要表现为女孩的中性化或者男性化。从中我们可以看出，由于男性在传统上一直居于高于女性的优越地位，在当代城市青少年的性别角色社会化过程中，男性被大多数青少年女性看做自己的参照群体，特别是在性别气质方面。而男孩中虽然也有认同女性气质特征的现象，但对于大多数男孩来说，自己的参照标准仍然是传统的男性。即在独生子女和非独生子女中，无论是男孩还是女孩，传统的男性气质是大多数人在性别气质上的参照标准。

三、性别角色观念与性别角色行为的脱节

按照常理，一个人的行为是受其观念调节的，观念与行为应该是一致的。然而在独生子女的性别角色社会化中，性别角色观念和性别角色行为的脱节现象非常普遍。

这种脱节首先表现为独生子女和非独生子女的性别角色观念和相应的性别角色行为不一致。如在性别气质方面，两类青少年并没有出现性别气质观念越偏离传统者其性别气质越不符合传统性别角色的现象；两类青少年的职业取向都和其职业观念没有显著的相关；在课程学习上，虽然大多数人对"男生擅长理科，女生擅长文科"的说法表示反对，但女孩对于学习理科的自信心仍然明显弱于男孩。可见城市青少年（包括独生子女和非独生子女）在性别角色观念上更倾向于偏离传统，而在性别角色行为上较为保守，即在偏离传统的程度上，青少年的性别角色观念和性别角色行为是不同步的，其性别角色行为不仅受其性别角色观念的调节，更受到观念之外其他因素的影响。

性别角色观念和性别角色行为的脱节还表现为家长的性别角色观念和性别角色行为的影响力不同。如在家庭观念方面，父母对两性家庭角色分工的看法比其实际分工对子女的影响力更大；在学历目标上，独生子女和非独生子女受父母期望的影响大于父母学历的影响。这一现象也是因为家长的性别角色观念和性别角色行为偏离传统的程度不一致，即在观念上偏离传统的程度更高，因而其观念比其行为对子女的影响力更大。这也从一个方面说明了无论是青少年还是其家长，他们对性别角色的价值判断倾向是性别平等，虽然在很多方面他们的行为达不到自己的理想要求。这种理想和现实的差距也反映了实现性别平等过程中的复杂性和曲折性。

四、两性权利与义务的不对等

两性的权利和义务是性别角色规范的重要内容，性别角色的变迁突出反映在两性权利和义务的变迁上。在独生子女和非独生子女的性别角色观念中，两性的权利和义务受到的重视程度具有明显差异。如在对两性家庭角色分工的看法上，对于涉及权利的方面，独生子女和非独生子女中赞同传统性别分工模式的人数只占微弱优势，而对涉及义务的性别分工方面，赞同传统模式的人数占绝对优势。即两类青少年中很多人都非常支持女性在家庭中权利的加强，而对于减少女性在家庭中的义务态度并不积极。反过来就是说，两类青少年中很多人赞同把男性原

先所拥有的一部分家庭权利让渡给女性,却忽视了把女性所承担的一部分家庭义务转让给男性。在对职业性别分工的看法上,两类青少年对职业的纵向性别隔离更为反对,即更为看重女性在职业领域中权力和社会地位的提升。

因此我们可以说,在独生子女和非独生子女的性别角色态度上,两性权利的平等分配受到了较高程度的重视,而两性在承担义务方面的不平等却成为被人忽视的盲区。

第四章

农村独生子女与性别平等（上）

20世纪80年代，我国刚刚强制推行普遍的计划生育政策不久，一些西方学者就敏感地把我国的独生子女政策、独生子女和性别平等联系起来。他们提出了一个很好的问题，那就是独生子女政策推行以后，育龄夫妇的生儿育女是否会影响到性别关系的发展？这种影响是积极的、促进了性别平等，还是消极的、加剧了性别不平等，或者说二者兼而有之？要全方位地、清楚地回答这个问题，非常困难。在本章及接下来的第五章中，我们把要回答的问题设定为：在实行独生子女政策的我国农村地区，生育独生子女能否改善日常生活中的性别平等状况？

性别平等指在具体的社会环境中，男性和女性所获得的权力、机会上的均等，以及共同珍视的价值在两性之间均等的实现程度。我们将从生育选择、家庭地位、教育获得、职业发展四个维度，去检验生育独生子女对子女的性别关系的影响。由于篇幅的限制，本章着重从父母的生育选择和子女在日常生活中的家庭地位两个方面探讨生育独生子女对子女的性别关系的影响。第五章着重从教育获得和职业发展两个维度去检验生育独生子女对子女的性别关系的影响。

第一节　生育独生子女可能改善子女的性别关系

一、独生子女与性别关系

1987 年，时任加利福尼亚州立大学洛杉矶分校社会学系主任的劳伦斯·K·洪（Lawrence K. Hong）博士（1987）提出，中国的独生子女政策对性别平等有潜在的影响。他认为，中国的独生子女政策可能急剧地减少父系血统的规模和重要性，促进从妻居婚姻的流行，鼓励妇女从事非传统的职业，这种潜在的影响可能会让中国在减少性别不平等方面获得前所未有的重大进步。然而，约翰·D·曼德勒（John D. Mandle, 1987）却认为劳伦斯·K·洪在这个问题上过于乐观。政府在生产、就业、升学、生活等诸多方面设置了奖惩措施来推行独生子女政策，遵守生育政策生育可以得到奖励，违背生育政策生育就要受到惩罚。而在严格的生育政策下，违背政策生育的家庭往往是因为生了女儿而没有生儿子，这实际上就将女孩，尤其是多子女家庭中的女孩，在家庭层面和社会政策层面置于更为不利的境地。威廉·R·拉夫利（William R. Lavely, 1988）对上述两位学者的观点进行了进一步的评价。他认为严格的独生子女政策可以使城市地区的女孩享有与男孩相当的对待，而1984年调整后的生育政策迎合了农村家庭的男孩偏好，削弱了女孩的利益。到了20世纪90年代，还有学者在关注这个问题（Greenhalgh, Susan & Jia li Li, 1995）。

虽然国外的学者几乎没有人就独生子女政策、独生子女和性别平等问题进行具体的实证研究并找到肯定或否定的证据，但是他们提出了一个很好的研究问题，即独生子女政策推行以后，育龄夫妇的生儿育女是否会影响到性别关系的发展？时至今日，距离这些西方学者提出这个问题已经近30年，独生子女政策下的一代独生子女也已经逐渐长大成人，我国的计划生育、独生子女和性别平等在这期间都分别得到了国内外相关学科研究人员的密切关注，但令人遗憾的是，这个问题似乎被人遗忘了。

我国在城市实行的是单一的独生子女政策，农村则有独生子女政策、"一孩半"政策和二孩政策。研究与计划生育政策相关的问题需要把城市和农村区分开来。我国实行政府强力推行的计划生育政策已有 30 多年。实行独生子女政策后出生的第一代人已经陆续长大成人，成家立业。独生子女政策下的第二代人也已经开始出现。要研究与独生子女相关的问题，需要把第一代独生子女和第二代独生子女区分开来。要探讨生育现象对性别平等的影响，其研究事实存在于家庭层面，是日常生活中的性别现象。

基于上述理解，我们把要回答的问题设定为：在实行独生子女政策的我国农村地区，生育独生子女能否改善日常生活中的性别平等状况？农村地区的生育观念更为传统，人们的生育意愿更为强烈，独生子女人口在农村的生育传统与文化中显得更为突兀，所能凸显的与性别关系相关的事实和现象更多。独生子女政策提倡一对夫妇只生一个小孩。这种生育数量的限制与农村地区"儿孙满堂"、"人丁兴旺"的生育传统截然相反。因此，独生子女政策在农村地区会遇到更大的阻力，生育独生子女直接挑战了农村夫妇的生育底线，生儿育女的过程中对既有性别关系的消解和建构自然比城镇地区更剧烈。

二、性别关系可能得到改善的维度

在实行独生子女政策的农村地区，生育独生子女是可能改善子女的性别关系的。首先，独生子女父母和非独生子女父母本身可能具有较大差异。边燕杰早在1986年就发现独生子女父母具有较强的经济能力。而且农村地区两类父母之间的差距只有比城镇地区的两类父母之间的差距更大，这种差距既可能表现在经济能力上，也可能表现在对待子女的性别态度上。这种差异意味着这两类子女面临不同的成长环境与发展条件。其次，两类子女的家庭地位会有所差异。独生子女家庭因为只有一个小孩，无论男女都会有较高的家庭地位。生育独生女甚至会改变一些传统的社会性别制度。最后，独生子女父母格外重视对子女的教育和培养。这几乎是独生子女研究的共识。父母选择了生育一个小孩，不管是男孩还是女孩，都会用心培养。女孩很可能获得父母给予的与男孩同等的待遇：同等的教育资源与机会、同等的职业技能训练。相反，非独生子女家庭由于有不止一个小孩，女孩在教育和发展上容易遭受来自父母的性别歧视。如果家庭条件好，父母可能不会在子女的教育、培养上厚此薄彼、重男轻女，但如果家庭共享的子女发展资源有限，这种情况就很可能发生。

我们从生育选择、家庭地位、教育获得、职业发展四个维度，去检验生育独生子女对子女性别平等的影响。

（1）在实行独生子女政策的农村地区，平等程度不同的性别态度是影响育龄夫妇选择是否生育独生子女的根本性因素。具体而言，对子女有较为平等的性别态度是一些夫妇选择生育独生子女的重要原因，较为严重的重男轻女思想是另一些夫妇选择生育非独生子女的重要原因。是否生育独生子女意味着两种不同的性别态度。独生子女父母的子女性别态度更平等,非独生子女父母的重男轻女思想更严重。这两种平等程度不同的性别态度可能对两类子女的成长与发展产生影响。独生女可能获得与独生子一样的成长环境与发展条件,非独生女则可能在成长环境与发展条件上逊色于非独生子。

(2) 生育独生子女能促进子女在家庭地位上的性别平等。家庭中是一个小孩还是几个小孩很可能影响到子女的家庭地位。独生子女政策下,子女的价值和意义在家庭生活中迅速上升。独生子女家庭因为只有一个孩子,无论男女都会有较高的家庭地位。亲子关系更平等,重心向子代倾斜,子女成为家庭中心。生育独生女甚至会改变一些传统的社会制度,削弱被女权主义者视为女性处于从属地位重要原因之一的父权制,比如说打破男系继承的一统天下,确立女儿的家庭继承地位;改变承袭千年的从夫居制度,产生从妻居或其他有利于女性权益的婚后居住方式;改变养儿防老的家庭养老制度,提高女儿在家庭养老中的责任等。这些制度和习俗的改变既扩大了女儿的权力,又使女儿肩负着前所未有的家庭责任,但不管是权力还是责任,都意味着家庭地位的提高。而非独生子女家庭可能不一样。非独生子女家庭往往有儿子的比例比较高[①],而有儿子的家庭保持既有的社会性别制度、沿袭既有的社会性别习俗的可能性远远大于没有儿子的家庭,这不利于非独生女获取家庭权力和责任,改善性别关系。

(3) 生育独生子女可以促进子女在教育资源与机会获取上的性别平等。生育独生子女改变了家庭亲子关系的重心,强化了子女的家庭中心地位。子女的家庭中心地位首先反映在父母对子女的教育态度上。父母对独生子女具有高的期望值,往往把唯一的孩子作为对下一代人(非独生子女家庭通常是几个孩子)的精神寄托。只有一个小孩的事实促使父母在物质和精神上加大对子女的教育投入,以期子女"成龙"、"成凤"。影响父母对子女教育投入的重男轻女因素中,除了在子女的家庭价值上认为女孩不如男孩外,家庭经济条件有限、不允许父母对每个子女进行平均的教育投入也是重要的客观原因,在农村地区尤其如此。如果只有一个孩子,父母的教育投资就不需要在子女之间进行非此即彼的选择。不管是儿子还是女儿,父母都会尽其所能为他们提供最好的学习条件。因为没有兄弟和其竞争来自父母的注意力和教育资源,独生女可以避免父母的性别歧视而获得较多的家庭教育资源。而非独生女既可能遭受来自父母的性别歧视,又要经历来自兄弟的家庭教育资源竞争,这可能会给她们带来不利的影响。

[①] 独生子女政策下,夫妇之所以要违背政策生育多胎,重要原因之一就是前面的胎次生育的是女儿而非儿子,一旦有了儿子,停止生育的可能性就比较大,即"生儿即止"。

(4) 生育独生子女在一定程度上能促进子女在职业发展上的性别平等。虽然独生子女政策下每对夫妇生育的小孩数量都有限,非独生子女父母也重视子女的职业技能培训,但是我们认为独生子女父母可能对子女的将来考虑得更多,对子女的培养会更加重视。独生子女的职业技能状况因此也可能会更好一些,而且独生女可能获得与独生子一样的职业技能。

三、研究资料的收集

本研究采用配额抽样的方式选取样本。我国只有北京、天津、上海、重庆、江苏、四川等6个省市的农村地区实行独生子女政策。北京、上海和天津是老牌的直辖市,其农村的情况和一般省份的农村可能不一样。重庆虽是直辖市,但其农村的情况和四川的农村差不多。考虑到经济社会发展水平的异质性以及研究调查的可行性,我们选取了江苏南部的苏州市相城区、江苏北部的金湖县、四川东部的岳池县、四川西部的名山县作为调查地点。样本来源于2个省、4个县(区)、8个乡镇、16个行政村。

本研究采用问卷调查的方式收集资料。调查的形式是农村入户结构式访谈。调查对象是当地有农业户口、2007年为42~52周岁的已婚已育者。研究对象是独生子女,并以同地区、同年龄段的非独生子女为比较对象,通过对父母的访谈来收集子女的相关资料。独生子女父母和非独生子女父母在各调查点都是配额选取的。调查员由南京大学、苏州科技学院、西南交通大学、成都理工大学4所院校社会学专业或相近专业的研究生、本科生组成,并经过谨慎地挑选和严格的培训。问卷调查在2008年1月5~25日完成。研究样本的分布情况见表4-1。

表4-1　　　　　　　　研究样本分布　　　　　　　　单位:个

区县/乡镇 对象类别	苏南 苏州相城区		苏北 淮安金湖县		川东 广安岳池县		川西 雅安名山县		合计
	渭塘	北岸	黎城	戴楼	苟角	顾县	新店	城东	
独生子	24	31	20	34	33	31	45	15	233
独生女	22	26	26	25	17	19	13	30	178
非独生子	50	31	45	29	53	56	37	36	337
非独生女	60	61	63	55	46	52	53	68	458
合计	156	149	154	143	149	158	148	149	1 206

第二节　性别平等与生育选择

一、两种生育现象与生育选择

1979年，我国在城镇和农村地区同时开始实行普遍的独生子女政策。30余年来，城镇地区一直实行独生子女政策，并且取得了很好的效果。90%以上的城镇居民生育的都是独生子女，违反政策生育非独生子女的城镇居民不到10%（Tsui Ming & Rich Lynne, 2002）。但是农村地区普遍的独生子女政策并没有延续下来。1984年生育政策做出了调整之后，仅有北京、天津、上海、江苏、四川等5个省市的农村地区保留了独生子女政策[①]。而且独生子女政策在农村地区执行的绝对效果也不如城镇地区。在江苏、四川两省的调查发现：苏南苏州相城区和苏北金湖县的独生子女占80%左右，非独生子女占20%左右；川东岳池县的独生子女占30%左右，非独生子女占70%左右；川西名山县的独生子女占40%左右，非独生子女占60%左右。可以说，在实行独生子女政策的农村地区，生育独生子女和生育非独生子女都是正常的现象。

独生子女政策普遍提倡一对夫妇只生育一个小孩。按照政策的要求生育，独生子女应该占到95%以上（冯立天、马瀛通、冷眸，1995）。因此，当地如此高的非独生子女比例绝不是独生子女政策所允许的"例外"，而是部分农村居民违反生育政策、自主选择生育的结果。当然，农村居民违反政策生育非独生子女并不奇怪，农村的生育文化总体上比较传统。农村的子女在日常生产、生活中的价值和效用也比较大。最关键的是，与独生子女政策同时推行的农村改革恢复了农村家庭的生产、生活等功能，改变了农村社会"三级所有，队为基础"的组织形式，国家对农村居民的控制和动员能力迅速下降。这对于农村居民生育多个子女来说，培植了原始动力，提供了选择空间，并且降低了违反生育政策的成本。

但是，当生育独生子女和生育非独生子女作为两种基本的生育现象同时出现的时候，我们就不禁会问：同样是在独生子女政策之下，同样是在农村地区，为什么会有那么多的夫妇选择了生育独生子女，而又有那么多的夫妇选择了生育非独生子女呢？按政策生育独生子女，夫妇和小孩都能享有一定的奖励和照顾，而

---

① 重庆市1997年脱离四川省、设立为直辖市以后也继续实行独生子女政策。

违反政策生育非独生子女,夫妇和小孩都会遭到一定的惩罚。但是生育政策上的奖励和惩罚都不会是农村夫妇选择是否生育独生子女的根本原因。选择生育独生子女的夫妇不仅仅是为了得到奖励和规避惩罚。如果说生育独生子女是为了得到奖励和规避惩罚,那如何解释生育非独生子女的夫妇为什么舍弃奖励,甚至宁愿接受惩罚呢?

我们认为,选择是否生育独生子女涉及一个共同的事实,即对子女的性别平等态度。生儿育女在崇尚生育的儒家文化中是人生之大事。人们希望早生、多生、生男孩,有了男孩还要生女孩,但是如果没有男孩,女孩再多也等于没有完成自己的生育使命。如果没有独生子女政策,人们可以通过增加生育数量来实现生育的性别意愿,但是独生子女政策使生育数量降到了极限,一般的育龄夫妇都无法正常实现其生育数量意愿。压缩生育的数量意愿相对容易一些,但是要改变生育的性别意愿却十分困难,因为前者只是涉及生育的数量问题,后者却涉及生育问题的实质,即是否有男孩。在政策的压力下,育龄夫妇通常会退而求其次,牺牲数量确保男孩。那些按计划生育独生子女的夫妇,或者是其生育男孩的意愿得到了最低限度的满足,或者是对子女具有相对平等的性别态度。那些超计划生育非独生子女的夫妇往往不仅仅是为了多生小孩,更可能是通过多生小孩以获得生男孩的机会。

因此,对子女的性别平等态度可能是内涵在选择是否生育独生子女之中的根本性问题。虽然不能说生育独生子女的夫妇就有绝对平等的性别态度,生育非独生子女的夫妇的性别态度就绝对不平等,但是可以假定:在实行独生子女政策的农村地区,平等程度不同的性别态度是影响育龄夫妇选择是否生育独生子女的根本性因素。对子女有较为平等的性别态度是影响一些夫妇选择生育独生子女的重要因素,较为严重的重男轻女思想则是影响另一些夫妇选择生育非独生子女的重要因素。

二、性别态度差异与生育选择

(一) 两类子女的性别比特征可能隐含着父母的性别态度倾向

作为生育行为的结果,独生子女和非独生子女的性别比在一定程度上能体现出父母对子女的性别态度。通过分析这两类子女的性别比特征,我们可以推测其父母对子女的性别态度。表4-2列举的是这两类子女的性别比以及非独生子女的胎次性别比情况。

表 4-2　　　　　　　　　　两类子女的性别比情况

项目		独生子女	非独生子女*	非独生子女		
				一胎	二胎	三胎**
频次	男	224	344	124	212	8
	女	187	465	275	185	5
性别比		120	75	45	116	160
（n）		（411）	（809）	（399）	（399）	（13）

注：*非独生子女的个案数在性别比和胎次性别比计算中不一致，是由于不同变量的个案缺失值不同造成的。

**生育第三胎的样本偏少，笔者并非以此来得出合理的结论，只是以此来展示性别比上升的趋势。

首先看这两类子女的性别比。独生子女的性别比是 120，非独生子女的性别比只有 75。或者说，每 100 名独生女所对应的独生子是 120 名，而每 100 名非独生女所对应的非独生子只有 75 名。相对于人口学中公认的 102~107 的出生性别比正常值，独生子女的性别比明显偏高，非独生子女的性别比却明显偏低。由于样本的非随机性和样本量比较少，我们不能依据这个性别比得出这两类子女的性别比不正常的结论。但是我们可以依据这个性别比去推测：独生子女父母生育第一胎后选择停止生育可能与他们生育男孩的意愿得到了一定的满足有关，而非独生子女父母生育第一胎后选择继续生育可能与他们生育男孩的意愿没有得到满足有关。不管是选择停止生育还是选择继续生育，都可能体现出不同程度的重男轻女思想。

其次看非独生子女的胎次性别比。在非独生子女中，第一胎的性别比是 45，第二胎的性别比是 115，第三胎的性别比是 160。性别比随着胎次的上升而直线上升。如果把出生胎次性别比看做是独立随机事件，胎次性别比不会受到夫妇已育孩子的性别的影响，那么胎次性别比表现出的这种直线上升趋势是不正常的。如果把出生胎次性别比看做是条件随机事件，胎次性别比会受到夫妇已育孩子的性别的影响，前面胎次中女孩多，则后面的胎次生男孩的概率会上升，那么这种直线上升的胎次性别比也可能是正常的[①]。但是按照把出生胎次性别比看做条件随机事件的学者推算，这种随机事件的条件性所导致胎次性别比的偏离一般不会超过正常值 15 个点（马瀛通、冯立天、陈友华，1997）。因此，这种直线上升的胎次性别比是正常的可能性不大。当然，受样本和数据的条件限制，我们并不能在胎次性别比上得出一个合适的人口学结论，但是我们可以根据这种直线上升的胎次性别

---

① 出生性别比严格来说与现有子女性别比不一样。考虑到现在未成年人的夭折率比较低，笔者在这里把这二者放在一起来类比。

比去推测：正是因为第一胎生育的是女孩，促使部分夫妇选择生育第二胎，如果第二胎还是女孩，部分夫妇甚至会选择生育第三胎。前面胎次的性别是影响一些父母选择是否继续生育的关键因素。这种选择体现出更严重的重男轻女思想。

（二）两类子女的父母具有平等程度不同的生育性别观念

生育的性别观念指的是对于生男孩或生女孩的价值取向，通过一个李克特量表（Likert scale）来测量。量表中的陈述和赋值方法：生儿子是名气，生女儿是福气（同意1；说不准2；不同意3）；女儿同样可以有出息，同样光宗耀祖；时代变了，生男生女都一样；如果没有儿子，会被别人看不起的（同意3；说不准2；不同意1）；儿子能传宗接代，而女儿不行；女儿终究是别人家的，养老靠不住。其中三个陈述强调生育男孩的价值，另三个陈述强调生育女孩的价值。按照强调生育女孩的价值的方向赋值，强调生育男孩的价值的陈述则反向赋值。个案的量表得分越高，说明重男轻女的思想越严重。相反，则说明有比较平等的生育性别观念。

姑且认为上面的推测是合理的，即第一胎生了男孩而选择停止生育是因为生育男孩的意愿得到了一定程度的满足，那怎么解释那些第一胎生了女孩也同样停止生育的情况，以及第一胎生了男孩仍然继续生育的情况呢？我们认为独生子女父母和非独生子女父母可能有平等程度不同的生育性别观念。下面通过比较不同类别父母的生育性别观念来寻找上述两个问题的答案。表4-3和表4-4列举的是不同类别父母的生育性别观念的均值比较情况。

表4-3　四类父母与生育性别观念的独立样本T检验结果

父母分类	样本量	均值	均值差距	T值显著水平
独生子女父母	410	7.9659	-0.4527	-3.269**
非独生子女父母	399	8.4185		
独生子父母	224	7.8036	-0.3577	-1.882
独生女父母	186	8.1613		

注：*** 表示 $P<0.001$，** 表示 $P<0.01$，* 表示 $P<0.05$。

表4-4　三类非独生子女父母与生育性别观念的 One-Way ANOVA 分析

子女性别	总平均数	两个男孩	一儿一女	两个女孩	F值显著水平
性别观念	8.3740	8.1270	8.4577	8.3636	8.3636
(n)	(385)	(63)	(201)	(121)	

注：*** 表示 $P<0.001$，** 表示 $P<0.01$，* 表示 $P<0.05$。

表 4-3 中的分析结果表明，独生子女父母在生育性别观念上的得分平均要低于非独生子女父母，平均数差距为 0.4527，而且 t 检验结果表明两者之间的均值差距是显著的。这说明独生子女父母对子女的性别观念趋于平等，而非独生子女父母对子女的性别观念趋于不平等。表 4-3 中的分析结果还表明，在独生子女父母内部，虽然独生女父母在生育性别观念上的平均得分要高于独生子父母 0.3577，但 t 检验结果表明二者之间并不存在显著差异。同时表 4-4 中的 One-Way ANOVA 分析结果也表明，在非独生子女父母内部，育有 2 个男孩的父母、育有 1 男 1 女的父母和育有 2 女的父母三者之间在生育性别观念的得分上也不存在显著差异①。这就说明独生子女父母的生育性别观念是同质的，非独生子女父母的生育性别观念也是同质的，独生子女父母与非独生子女父母在生育性别观念上的差异不是因为他们内部的某一种父母的特殊性而引起的。

通过对各类父母在生育性别观念上的均值比较，可以确定独生子女父母对子女有更平等的生育性别观念，非独生子女父母对子女有更不平等的生育性别观念。第一胎生女孩也选择停止生育与第一胎生男孩依然选择继续生育，都可能与他们平等程度不同的生育性别观念有关。独生子女父母生育第一胎后停止生育可能不仅仅是因为生育男孩的意愿得到一定程度的满足，而对子女有更平等的生育性别观念更可能是其中的重要原因。

（三）平等程度不同的性别态度是影响育龄夫妇是否生育独生子女的重要因素

前面分析了两类子女的性别比情况，推测认为独生子女父母生育独生子女和非独生子女父母生育非独生子女都可能是基于对子女的性别不平等态度，只不过后者比前者表现得更甚；我们还比较了这两类父母的生育性别观念，发现后者比前者对子女的确有更不平等的生育性别观念，从而佐证了前面的推测。其实，到目前为止拟定的任务尚未完成。已有的论述还只是基于自变量的两个指标去推测自变量与因变量之间的关系。我们还需要把平等程度不同的性别态度（自变量）与是否生育独生子女（因变量）连接起来直接考察二者之间的关系。

采用二元逻辑斯蒂回归方程来分析二者之间的关系。把生育的性别观念、生育意愿中的子女性别结构、怀孕时是否担心胎儿的性别（担心 = 0）、第一胎的性别（女 = 0）、家庭中子女的差数等 5 个关于性别态度的变量，以及生育的数

---

① 在江苏、四川两省的 4 个调查点，生育 3 个及以上子女的家庭很少，样本中也只有 13 个类似个案，因而没有把这种多子女的父母类别纳入方差分析。

量意愿、初育年龄、夫妻的文化水平、夫妻的兄弟姐妹数和地区（川西名山县＝0）等控制变量同时引入回归方程。为排除不能进入方程的变量，以保持数据的简洁清晰，我们采用了逐步向前法选择变量进入回归方程。回归结果没有列举出来的变量表示没有进入回归方程。表4-5摘取的是以"是否生育独生子女"为因变量的二元逻辑斯蒂逐步回归分析结果。

表4-5　　选择是否生育独生子女的 Logistic 逐步回归分析结果

影响因素	B	Wald	Sig.	Exp（B）
1. 生育的性别观念	0.105	6.115	0.013	1.110
2. 合意的子女性别结构	—			
3. 是否担心胎儿的性别	—			
4. 第一胎的性别	-1.426	26.805	0.000	0.240
5. 家庭中子女差数	0.272	6.052	0.014	1.313
6. 初育年龄	-0.095	11.732	0.001	0.910
7. 生育的数量意愿	0.577	9.608	0.002	1.780
8. 丈夫受教育年限	-0.065	5.923	0.015	0.942
9. 妻子受教育年限	—			
10. 自己的兄弟姐妹数	—			
11. 配偶的兄弟姐妹数	-0.137	7.880	0.005	0.872
12. 地区	—			
常数项	2.356	6.855	0.009	10.551
-2 Log Likelihood	921.132		Chi-square	99.094***
正确预测率（%）	64.5		n	736

注：(1) *** 表示 $P<0.001$，** 表示 $P<0.01$，* 表示 $P<0.05$；(2) 因变量的取值以生育独生子女＝0，生育非独生子女＝1；(3) 未列出结果的变量表示未进入回归模型。

从回归的结果看，与性别平等态度相关的5个变量中有3个（生育的性别观念、第一胎的性别、家庭的子女差数）与是否生育独生子女之间存在显著的相关性，而有2个（是否担心胎儿不是男孩、生育的性别结构意愿）与是否生育独生子女之间并不存在显著的相关性。具体来说，个人在生育的性别观念量表上的得分每增加1分，生育非独生子女的发生比就会提高11.0%。在生育的性别观念量表上的得分越高，意味着重男轻女的思想越严重。这说明平等程度不同的生育性别观念是影响夫妇是否选择生育独生子女的重要因素。重男轻女思想较严重的夫妇更可能选择生育非独生子女，而对子女有更平等的生育性别观念的夫妇更可能选择生育独生子女。

第一胎的性别如果是男孩，夫妇生育非独生子女的发生比是第一胎如果是女孩时夫妇生育非独生子女的发生比的 0.24 倍。或者说第一胎是女孩时夫妇生育非独生子女的发生比是第一胎是男孩时夫妇生育非独生子女的发生比的 4.17 倍。可见第一胎的子女性别是夫妇决定是否生育独生子女的关键因素。如果第一胎生的是男孩，他们更可能停止生育，如果第一胎生的是女孩，他们更可能会选择继续生育。这充分体现了独生子女政策下是否生育独生子女的背后隐含着不平等的性别态度与重男轻女思想。

一个家庭中如果男孩比女孩多 1 个，这个家庭为非独生子女家庭的发生比就会提高 31.3%。这个结果印证了前面对两类子女的性别比分析中的结论。一般的非独生子女家庭前面的子女性别比例较低，男孩少，女孩多。父母生育女孩后可能继续生育，而生育男孩后很可能停止生育，结果使一般的非独生子女家庭中男孩女孩相当或者女孩比男孩多。

从表 4-5 的 Wald 卡方值排序来看，第一胎的性别为 26.805，远远超过其他自变量的 Wald 卡方值。这说明第一胎的性别是育龄夫妇选择是否生育独生子女的最为关键的影响因素，它对因变量的影响远远超过其他自变量。而且这个因素是生育行为的结果，既不存在测量上的偏差，又最能折射出育龄夫妇对子女的性别态度。生育的性别观念和家庭的子女差数这两个变量的 Wald 卡方值处于中等水平。这说明它们不是影响育龄夫妇是否生育独生子女的关键因素，但也绝不可忽视。

需要提出的是，是否担心胎儿不是男孩、生育的性别结构意愿这两个变量并没有进入回归方程，但我们认为不能就此否认这两个变量与是否生育独生子女之间不存在相关性。我们更愿意相信是没有测量出调查对象的真实态度。这两个变量的问题是直接询问对方"子女的性别最好如何搭配？"和"怀孕时是否担心胎儿是女孩而不是男孩？"这种直截了当的提问方式很可能使对方隐瞒其真实态度，给出言不由衷的"正确"答案。老百姓都知道，公开承认"男女平等"、"生男生女都一样"具有政治上的正确性，而公开表达"重男轻女"、"生女不如生男"的思想则意味着思想上封建和落后。如果我们直接询问这样的问题，尤其是有他人在场的情况下，他们给出"正确的"答案的可能性更大。统计分析这两个问题的答案也可以佐证上述解释。95.4% 的人无所谓子女的性别或没有表现出重男轻女思想。92.6% 的人都不担心怀孕时胎儿是女孩而不是男孩。这个比例与他们在生育性别观念和生育结果中所体现的性别态度是不一致的。

回归分析显示，育龄夫妇的生育性别观念、第一胎子女的性别和现有子女的差数与他们是否选择生育独生子女之间存在显著的相关关系。因此我们认为，平等程度不同的性别态度是影响育龄夫妇是否生育独生子女的根本性因素。拥有较为平等的性别态度的夫妇更可能选择生育独生子女，而重男轻女思想较为严重的夫妇更可能选择生育非独生子女。

三、家庭性别态度的环境差异可能影响子女的成长发展

通过分析独生子女和非独生子女的性别比以及非独生子女的胎次性别比，比较独生子女父母和非独生子女父母的生育性别观念，尤其是对性别态度与是否生育独生子女之间的相关性考察，我们得出了基本的结论：平等程度不同的性别态度是影响育龄夫妇是否生育独生子女的根本性因素；对子女有较为平等的性别态度是一些夫妇选择生育独生子女的重要因素，较为严重的重男轻女观念是一些夫妇选择生育非独生子女的重要因素。或者倒过来说，拥有较为平等的性别态度的夫妇更可能选择生育独生子女，而重男轻女思想较为严重的夫妇更可能选择生育非独生子女。

如果我们的结论是正确的，那么是否生育独生子女就不仅仅是父母的生育选择问题。这直接涉及独生子女和非独生子女的发展和成长。是独生子女，还是非独生子女，这背后意味着父母对子女的两种平等程度不一样的性别态度。父母更为平等的性别态度可能使独生子女，尤其是使独生女获得更多、更好的成长与发展资源。父母相对严重的重男轻女思想可能会使非独生子女中的女孩在成长与发展中所应享有的资源遭到剥夺，而非独生子女中的男孩则可能获得相对的资源优势。但是在家庭资源有限的情况下，非独生子女家庭中男孩很可能只是相对于其同胞姐妹享有资源优势，而相比较于独生子女，他们在成长与发展的资源享有方面可能仍然会受到多子女这一生育事实的挤压而处于劣势。

当然，上面的这些结果只是笔者凭着常人思维的一种推测。这两种源自父母的、与生俱来的性别平等态度对独生子女和非独生子女究竟意味着什么？这会使独生子女获得比非独生子女更多、更好的成长与发展资源吗？这有利于改善独生女与独生子以及非独生子之间的性别发展差距吗？这会使非独生女与非独生子以及独生子之间的性别发展差距继续恶化，甚至使非独生女与独生女之间也产生同性分化吗？现有的研究并没有给我们详细的答案。

第三节 独生子女与家庭地位平等

一、生育独生子女可能促进子女在家庭地位上的性别平等

一个家庭中是养育一个小孩还是几个小孩很可能会影响到子女在家庭中的地位。独生子女政策下，子女的价值和意义在家庭生活中迅速上升。在独生子女家庭，因为只有一个孩子，无论男女都会有较高的家庭地位。亲子关系更平等，重心向子代倾斜，子女成为家庭中心。生育独生女甚至会改变一些传统的社会制度，削弱被女权主义者视为女性处于从属地位重要原因之一的父权制，比如说打破男系继承的一统天下，确立女儿的家庭继承地位；改变承袭千年的从夫居制度，产生从妻居或其他有利于女性权益的婚后居住方式；改变养儿防老的家庭养老制度，提高女儿在家庭养老中的责任等。这些制度和习俗的改变既有利于增加女儿的权力，又使女儿肩负着前所未有的家庭责任，但不管是权力还是责任，都意味着家庭地位的提高。而非独生子女家庭可能不一样。非独生子女家庭往往有儿子的比例比较高，而有儿子的家庭保持既有的社会性别制度、沿袭既有的社会性别习俗的可能性远远大于没有儿子的家庭，这不利于非独生女获取家庭权力和责任，改善子女的性别关系。而且非独生子女家庭，因为子女数量比较多，在家庭资源有限的情况下，父母在家庭资源分配过程中很可能会偏向儿子而轻视女儿。这种情况在经济不发达的农村地区经常出现。

当然，以上阐述只是根据经验和逻辑的一种推理。实际情况是否如此，有待实证检验。广义上的家庭地位概念内涵丰富，涉及婚姻、生育、经济、自我发展、劳动分工、性别规范等内容（沙吉才，1995），本节的论述远不能及。我们只能在狭义上去讨论家庭地位，即子女在日常家庭生活中所体现出的地位关系。

我们选择父母的"子女的家庭效用"和"对子女婚事的重视程度"两个维度。前者采用量表测量。量表包括10个问题：有劳动力、能干活挣钱、传宗接代、继承家产、在村里有势力、在当地有面子、避免邻里说闲话、养老有依靠、孝顺照顾父母、操心烦恼少。每个问题有三个选项：儿子作用大、说不清楚、女儿作用大，按1、2、3赋值。个案的量表得分越高，表明在该父母看来女儿的作用越大。相反，就意味着该父母眼中儿子的作用大。

农村父母一般都把子女的婚嫁视为自己的应尽职责，当成养育子女的最后一

个环节,因而父母对子女婚事的重视程度可以体现子女的家庭地位。我们用"子女结婚的花费"作为测量父母对子女婚事重视程度的指标。子女结婚的花费包括婚宴、彩礼、嫁妆等在结婚过程中可能发生的费用问题,由已婚子女的父母回答。

二、子女的家庭地位状况

(一) 独生子女父母的子女家庭效用态度

农村地区的独生子女政策在执行上有一定的弹性,育龄夫妇在生育数量上有一定的选择余地。在一部分夫妇选择生育非独生子女的同时,却有另一部分夫妇选择了生育独生子女。这两种不同的选择在一定程度上说明这两类夫妇的生育观念不尽一样。他们能够放弃"人丁兴旺"、"儿女双全",甚至连起码的"传承血脉"、"延续香火"都放弃了。独生子女父母是怎么看待子女的呢?

首先来看独生子女父母在子女家庭效用量表上的总体得分情况。独生子父母($n=223$)的量表平均得分是 19.085,独生女父母($n=186$)的量表平均得分是 18.710,两者之间的均值相差 0.376,不存在显著差异(Sig. = 0.089)。这说明独生子父母和独生女父母的子女家庭效用态度基本一致。子女家庭效用量表的得分区间是 10~30,家庭效用子女平等的量表得分理想值是 20,而独生子父母和独生女父母的实际得分在 19 左右,都只略微低于 20。这说明独生子女父母在子女的家庭效用上表现出了相当的性别平等态度。

其次来看独生子女父母在子女家庭效用态度上的具体情况。独生子父母和独生女父母在子女家庭效用的具体指标上是否也表现出一致性呢?统计结果见表 4-6。

表 4-6 独生子女父母与子女家庭效用的交互分类

家庭效用指标	父母的子女家庭效用态度(%)			卡方值	P 值
	儿子大	儿女相当	女儿大		
1. 有劳动力	51.8/64.2	46.9/34.8	1.3/1.1	6.401	0.041
2. 干活挣钱	18.3/26.7	77.2/71.1	4.5/2.1	5.403	0.067
3. 传宗接代	19.6/22.5	7.7/75.4	2.7/2.1	0.577	0.749
4. 继承家产	15.2/12.3	83.0/86.6	1.8/1.1	1.162	0.559
5. 在村里有势力	16.5/21.9	80.8/77.5	2.7/0.5	4.457	0.108

续表

家庭效用指标	父母的子女家庭效用态度（%）			卡方值	P值
	儿子大	儿女相当	女儿大		
6. 在当地有面子	18.8/24.6	78.6/74.9	2.7/0.5	4.561	0.102
7. 避免邻里闲话	15.6/24.1	81.7/75.4	2.7/0.5	6.992	0.030
8. 养老有依靠	12.9/12.4	80.4/73.1	6.7/14.5	6.784	0.034
9. 孝顺照顾父母	6.7/2.7	62.9/59.9	30.4/37.4	5.063	0.080
10. 操心烦恼少	11.2/15.5	46.9/45.5	42.0/39.0	1.725	0.442

注：独生子父母/独生女父母；独生子父母=224，独生女父母=187。

从表4-6可以看出，无论是在独生子父母眼中还是在独生女父母眼中，儿子和女儿在家庭中的效用相当、地位平等都是占主流的。在所有的10项指标中，只有在"有劳动力"和"操心烦恼少"两项指标上认为子女效用相当的比例在46.0%左右（独生女父母选择此项的比例偏低），认为"孝顺照顾父母"子女效用相当的比例在60.0%上下，其余各项指标认为子女效用相当的比例都在70.0%以上，甚至超过80.0%。可见，大多数独生子女父母对于子女的性别没有表现出明显的偏见。但就整体情况来看，儿子的效用还是大于女儿。两类父母只在"孝顺照顾父母"和"操心烦恼少"两项指标上认为女儿效用大于儿子，在"养老有依靠"指标上认为子女的效用差不多，在其他所有指标上都认为儿子的效用大于女儿。

在"有劳动力"、"养老有依靠"和"避免邻里说闲话"三项指标上，独生子父母和独生女父母的态度存在明显的分歧，在"干活挣钱"和"孝顺照顾父母"两项指标上，两类父母的态度也表现出了较大的差异。

"有劳动力"、"干活挣钱"属于反映子女的家庭经济效用的指标。两类父母都认为在为家庭提供劳动力方面儿子的作用远在女儿之上，但是独生女父母似乎有更深刻的体会。有64.2%的独生女父母认为儿子的劳动力效用大，比相应的独生子父母的比例高12.4%；而只有34.8%的独生女父母认为儿子和女儿的劳动力效用相当，比相应的独生子父母的比例低12.1%。二者之间差异显著。同样，26.7%的独生女父母认为儿子比女儿更能干活挣钱，比相应的独生子父母的比例高8.4%；71.1%的独生女父母认为儿子和女儿在干活挣钱上效用相当，比相应的独生子父母的比例低6.1%。二者之间也存在较大差异。总体来说，两类父母都认为女儿的家庭经济效用不如儿子，而独生女父母的这种态度更为强烈一些。这和男女在生理体能方面的差异有关，女性的劳动体能一般不如男性。同时也可能与从夫居的婚俗有关，女儿一旦出嫁，就属于夫家的劳动力。

在"养老有依靠"和"孝顺照顾父母"两项有关养老的指标上，独生子和独生女父母也表现出了较大差异，但这种差异与子女在经济效用方面的差异的方向相反：独生女父母比独生子父母更认为儿子的经济效用大于女儿，而独生子父母更认为女儿的养老效用大于儿子。73.1%的独生女父母认为子女的养老可靠性相当，比相应比例的独生子父母少7.3%；而有14.5%的独生女父母认为女儿比儿子更具备养老可靠性，比相应的独生子父母的比例高7.8%。二者之间差距明显。37.4%的独生女父母认为女儿比儿子更能孝顺照顾父母，比相应的独生子父母高7.0%；而认为儿子比女儿更能孝顺照顾父母或者子女孝顺照顾父母相当的独生女父母的比例是2.7%和59.9%，比相应的独生子父母分别少4.0%和3.0%。二者之间也存在较大差异。这两项指标表明，独生女父母比独生子父母更认可女儿的养老效用。24.1%的独生女父母认为生儿子能避免邻里说闲话，比相应的独生子父母的比例高8.5%；而认为儿子和女儿在避免邻里说闲话的效用相当或女儿作用更大的独生女父母的比例分别是75.4%和0.5%，比相应的独生子父母的比例分别低6.3%和2.2%。二者之间差异显著。这说明独生女父母在生活中所感受到的闲言碎语明显要比独生子父母多一些，他们也因此会承担更大的压力。

上述分析表明，在独生子女家庭中，儿子和女儿的家庭效用表现出了相当程度的性别平等。两类父母都认为儿子的经济效用大一些，女儿的养老效用大一些，在其他指标上表现出了明显的效用性别平等倾向。但是两类父母在这两类指标上的态度也表现出了比较明显的差异，而且这些差异都来源于独生女父母的态度偏差。独生女父母比独生子父母更认可儿子的家庭经济效用和女儿的家庭养老效用。

（二）独生子女与非独生子女父母的子女家庭效用态度

独生子女父母在子女家庭效用上表现出了较高的性别平等态度，只在局部指标上存在明显差异。而独生子女父母和非独生子女父母在生育的性别态度上是不一样的：后者比前者更重男轻女。这两类父母是怎么看待子女在家庭中的效用的呢？

首先来看独生子女父母和非独生子女父母在子女家庭效用量表上的总体得分情况。统计发现，两类父母在子女家庭效用量表中的得分上不存在明显差异。独生子女父母（n=409）的平均得分是18.914，非独生子女父母（n=397）的平均得分是18.639，二者的得分均值差距为0.275，差距不明显（Sig. =0.113）。两类父母的量表得分介于18.0和19.0之间，离平等的子女家庭效用理想值20都只有略微的差距。这表明，两类父母的子女家庭效用态度都表现出了相当程度的子女平等。不仅独生子女家庭能平等地对待子女,非独生子女家庭也能平等地对待子女。

其次来看独生子女父母和非独生子女父母在子女家庭效用态度上的具体情况。本章前面的结论认为,非独生子女父母比独生子女父母有更强的重男轻女倾向,但这种子女的性别态度差异为什么没有在子女的家庭效用上体现出来呢?为了进一步探求这两类父母的子女家庭效用态度,我们把量表中的具体指标拿出来在两类父母之间比较。表4-7是相关统计结果。

表4-7　　　独生、非独生子女父母与子女家庭效用的交互分类

家庭效用指标	父母的子女家庭效用态度(%)			卡方值	P值
	儿子大	儿女相当	女儿大		
1. 有劳动力	57.4/54.1	41.4/43.4	1.2/2.5	2.401	0.301
2. 干活挣钱	22.1/22.8	74.5/72.7	3.4/4.5	0.752	0.687
3. 传宗接代	20.9/26.3	76.6/71.7	2.4/2.0	3.335	0.189
4. 继承家产	14.1/26.4	84.4/71.1	1.5/2.5	20.837	0.000
5. 在村里有势力	19.0/22.3	79.3/75.7	1.7/2.0	1.531	0.465
6. 在当地有面子	21.4/24.1	76.9/74.2	1.7/1.8	0.824	0.662
7. 避免邻里闲话	19.5/25.3	78.8/72.2	1.7/2.5	4.907	0.086
8. 养老有依靠	12.7/21.6	77.1/67.7	10.2/10.8	12.424	0.006
9. 孝顺照顾父母	4.9/4.5	61.6/60.9	33.6/34.6	0.129	0.937
10. 操心烦恼少	13.1/15.8	46.2/40.1	40.6/44.1	3.323	0.190

注:独生子女父母/非独生子女父母;独生子女父母=411,非独生子女父母=399。

从表4-7可以看出,独生子女父母和非独生子女父母在子女家庭的效用态度上具有相同的结构性特征:儿子和女儿的家庭效用以性别平等为主流;认同儿子家庭效用大的父母比认同女儿家庭效用大的父母多一些;两类父母都比较认同儿子的家庭经济效用和女儿的家庭养老效用。具体来说,在所有的10项指标中,两类父母在"有劳动力"、"干活挣钱"、"传宗接代"、"在村里有势力"、"在当地有面子"、"孝顺照顾父母"和"操心烦恼少"等7项指标上都没有显著差别。认同儿子的家庭经济效用的父母比例比较高,尤其是在劳动力方面。同时,两类父母更认同女儿对父母的孝顺照顾和操心烦恼少。按照常理,非独生子女父母在传宗接代、家庭(家族)势力和舆论颜面等涉及社区文化的指标上,可能更重视儿子的效用。但出人意料的是,两类父母在这些指标上表现出了高度的一致性:男女效用相当。

两类父母在子女的"继承家产"和"家庭养老"效用上存在显著差异。认同儿子在继承家产方面效用大的独生子女父母占 14.1%，比相应的非独生子女父母的比例少 12.3%；而认同子女继承家产效用相当的独生子女父母的比例是 84.4%，比相应的非独生子女父母的比例高 13.2%。二者之间差异显著。独生子女父母更认同女儿在继承家产方面的作用，而非独生子女父母则更认同儿子在这方面的作用。认同儿子家庭养老效用更大的独生子女父母只占 12.7%，比相应的非独生子女父母的比例低 8.9%；而认同子女家庭养老相当的独生子女父母的比例是 77.1%，比相应的非独生子女父母的比例高 9.4%。显示二者差异显著。独生子女父母更认同女儿的家庭养老效用，而非独生子女父母则更加认同儿子的家庭养老效用。

两类在"避免邻里说闲话"指标上存在一定差异。独生子女父母认为生儿子可以避免邻里说闲话的比例是 19.3%，比相应的非独生子女父母的比例低 5.8%；而认为在避免邻里说闲话方面子女效用相当的独生子女父母的比例是 78.8%，比相应的非独生子女父母的比例高 6.2%。二者之间存在较大差异（$P=0.086$）。独生子女父母对生儿子的避免闲话效用的认可度相对低一点，而对生女儿的避免闲话效用的认同度相对高一点。这和他们相对平等的子女性别态度一致。

（三）独生子女和非独生子女父母对子女婚事的重视程度

在农村地区，子女结婚成家是父母养育孩子过程中的一件大事，也是子女成年的标志性事件之一。子女结婚成家意味着父母的养育责任暂告一段落。子女婚后分家另过的家庭，父母通过筹办子女的婚事为子女的新家庭生活奠定一个基础。对于那些子女婚后不分家另过的家庭，父母对子女婚事的重视程度也体现了子女在父母心中的地位。

本研究选择子女结婚的花费来作为父母重视子女婚事程度的指标。结婚费用的具体数额是通过父母的回忆得来的大概数字。由于我们只需要去比较各类子女的结婚费用是否具有差异，且并不需要描述子女结婚费用的数额，因而这种不精确的数据也可以说明问题。对结婚费用的考察，其对象只能是已婚子女。研究样本中已婚子女只有 331 人。统计结果见表 4-8。

从表 4-8 可以看出，独生子女的结婚费用明显多于非独生子女。独生子女的结婚费用平均是 43 946.2 元，而非独生子女的结婚费用平均只有 28 983.6 元，前者比后者平均多出 14 962.8 元，二者之间差异显著。两类子女结婚费用的显著差异主要源自非独生女的结婚费用太低。独生子和非独生子的结婚费用并没有显著差异，独生女也获得了与非独生子同等的结婚费用。但非独生女的结婚费用最低,与其他类型的子女差距明显:比独生子平均少 36 839.7 元,比非独生子平均少 28 607.6 元,甚至比同性的独生女都少 13 820.4 元。

表 4-8　　各类子女与结婚费用的独立样本 T 检验结果分析

子女类别	样本量	均值	均值差距	T 值显著水平
独子女/非独子女	106/225	43 946.2/28 983.6	14 962.8	2.779**
独子/独女	48/58	56 541.7/33 522.4	23 019.3	2.486*
非独子/非独女	73/152	48 309.6/19 702.0	28 607.6	4.120***
独子/非独子	48/73	56 541.7/48 309.6	8 232.1	0.810
独子/非独女	48/152	56 541.7/19 702.0	36 839.7	4.601***
独女/非独子	58/73	33 522.4/48 309.6	-14 787.2	-1.769
独女/非独女	58/152	33 522.4/19 702.0	13 820.4	2.414*

注:*** 表示 P<0.001,** 表示 P<0.01,* 表示 P<0.05。

结婚费用在性别之间也存在很大的差距。独生子的结婚费用比独生女平均高出 23 019.3 元,比非独生女更是平均高出了 36 839.7 元,存在显著差异。非独生子的结婚费用比非独生女平均要高 28 607.6 元,也存在显著差异。非独生子的结婚费用比独生女平均也要高 14 787.2 元,差距比较大(Sig. =0.079)。

上述分析可以得出两点结论。其一,独生子女父母比非独生子女父母更重视子女的婚姻。独生子女父母更愿意在自己儿女的结婚成家上花费更多的钱财。在家庭经济条件和婚嫁习俗相当的情况下,父母在子女婚嫁上花费的多少能代表父母对子女的重视程度,体现子女在家庭中的地位。除了婚嫁仪式性的花费,婚嫁花费可以看做父母对子女新的婚姻家庭生活的一种馈赠,因为无论是男方的花费还是女方的花费,最终都归两位新人所有,这就是他们新的婚姻家庭生活的基础性积累。其二,两类父母都更重视儿子的婚姻,而相对轻视女儿的婚姻,表现出明显的重男轻女。这也是生活中常见的现实,哪怕是城市里的父母都是如此。这种差异与我们社会的婚姻习俗一致,本身并不难理解。从夫居婚俗意味着男方增口添丁,男婚女嫁在各方面都会表现出男婚远比女嫁重要。但是需要注意的是,独生女获得了与非独生子同等的结婚花费,却把非独生女远远甩在了后头。可以说独生女的婚姻获得了父母较高的重视,非独生女的婚姻却被父母相对忽视了。

三、"是否生育独生子女"与子女的家庭地位

家庭的性别关系格局在某种程度上折射着社会的性别关系格局,甚至是社会

经济文化发展的晴雨表。能对家庭的性别地位产生影响的因素来自不同层次和不同方面。我们要探讨的是是否生育独生子女与子女的家庭地位之间的关系，凸显出自变量"是否生育独生子女"对因变量"子女的家庭地位"的影响，这就需要把可能影响到因变量的其他相关因素控制起来，做回归分析。

回归分析的自变量是"是否生育独生子女"。回归分析的因变量是两类父母之间存在显著差异的具体指标。独生子女父母和非独生子女父母在子女家庭效用量表上的总体得分不存在显著差异，只在子女的"继承家产"、"避免邻里说闲话"和"养老有依靠"三项具体指标上存在显著差异。这三个指标属于定类变量，各有三种效用情况：儿子作用大、子女作用相当和女儿作用大。我们把"子女作用相当"和"女儿作用大"合并为一类，即子女作用相当或女儿更大，与"儿子作用大"项相对立，由此就产生了三个新的二分变量。两类父母在给已婚子女的结婚花费上也存在显著差异。子女结婚的费用是定距变量。

可能对家庭地位产生影响的因素既有研究对象的个人因素、家庭因素，也有地域因素。研究设计时我们考虑到的个人因素有性别、年龄、受教育年限、生育性别观念、是否掌握技能、是否非农就业、经济收入等；家庭因素有家庭人口数、经济条件、夫妻年收入差、夫妻受教育年限差、夫妻年非农就业时间差等；还有就是地域因素也可能带来影响。把这些因素作为控制变量一并引入回归分析。回归结果见表 4-9。

表 4-9　子女家庭效用的二元逻辑斯蒂逐步回归结果分析 [Exp(B)]

自变量	模型 I 继承家产	模型 II 养老依靠	模型 III 避免闲话	模型 IV 结婚费用（Beta）
(Constant)	43.889***	22.169***	181.876***	
个人特征：				
1. 性别（女=0）			1.579*	
2. 年龄				
3. 受教育年限		1.094**		
4. 生育性别态度	0.864**	0.817***	0.671***	
5. 是否非农就业（非=0）				
家庭特征：				
6. 人口数				
7. 是否独生（否=0）	0.441***	0.473*		0.160***

续表

自变量	模型Ⅰ 继承家产	模型Ⅱ 养老依靠	模型Ⅲ 避免闲话	模型Ⅳ 结婚费用（Beta）
8. 夫妇年收入（千元）				0.157**
9. 地区（金湖=0）				
川西名山县				-0.301***
川东岳池县	0.344**		0.254***	-0.292**
苏州相城区	0.273***		0.401**	0.311**
-2 Log Likelihood	626.931	597.650	591.718	0.512
Chi-square	70.039***	37.591***	130.201***	51.706***
正确预测率（%）	80.8	82.8	81.7	2.187
(n)	(692)	(692)	(694)	(331)

注：(1) *表示 $P<0.05$，**表示 $P<0.01$，***表示 $P<0.001$；(2) 前三个模型为逻辑斯蒂回归模型，夫妻年收入以千元为单位；模型Ⅳ为线性回归模型，夫妻年收入以元为单位；(3) 模型Ⅳ表格最后4行的值分别为 Adjusted R Square、F、Durbin-Watson、n；(4) 本表只列出了回归模型的冪值 Exp（B）或 Beta 值，未列出相应值的变量表明未进入回归方程。

从表4-9可以看出，在控制了与子女家庭地位相关的父母个人因素、家庭因素和地域因素以后，非独生子女父母认为子女在继承家产上作用相当或女儿更大的发生比是独生子女父母相应的发生比的0.441倍，或者说后者是前者的2.268倍；认为在养老依靠上子女作用相当或女儿更大的发生比是独生子女父母相应的发生比的0.473倍，或者说后者是前者的2.114倍；独生子女的结婚花费比非独生子女的相应花费要高0.160个标准单位。显然，独生子女父母比非独生子女父母更认同女儿的家庭财产继承作用，比非独生子女父母更认同女儿的家庭养老价值，比非独生子女父母更重视女儿的婚姻大事。

回归分析发现，"是否生育独生子女"变量是导致子女的家庭效用在继承财产、家庭养老和结婚费用等指标上产生明显差异的重要因素。"生育独生子女"这一事实可以使女儿在继承家产、家庭养老方面获得父母更高的认可，也可以获得更高的结婚费用馈赠，从而增进女儿和儿子在上述家庭效用指标上的平等。而"生育非独生子女"这一事实则不利于父母认可女儿在继承家产、家庭养老方面的价值，也不利于女儿获得更高的婚姻费用馈赠，从而不利于女儿和儿子在上述家庭效用指标上达成平等。如果子女家庭效用和结婚花费是效度较好的测量子女家庭性别地位的指标的话，我们就可以认为，生育独生子女能提高女儿的性别地位，改善子女在家庭中的性别关系。

四、独生子女与家庭地位平等

（一）独生女在家庭地位上的突破

独生子女父母与非独生子女父母虽然在子女家庭效用量表的得分上没有明显差异，都表现出了一致的子女家庭效用态度，但在"继承家产"、"养老有依靠"两项指标上却表现出了明显差异。虽然多数父母都认为子女在继承家产和家庭养老方面的效用是相当的，但独生子女父母相对更认同女儿在上述两项指标上的作用，而非独生子女父母则相对更认同儿子在上述两项指标上的作用。

继承家产是一种家庭权利，赡养父母则是一种家庭责任。按照我国传统文化中的继承制度，儿子是家庭财产理所当然的继承者，也是赡养父母的主要责任人，而女儿在这方面既不享有权利，也不承担主要责任。尽管现代意义上的相关法律承认儿子和女儿在继承家庭财产和赡养父母上具有同等的权利与义务，但现实生活中的习惯法（农村尤其如此）一般还是践行儒家文化所奉行的由儿子继承家庭财产和养老送终的传统。儿子承载着家族、父母的血脉，是永久的家庭成员，女儿却是暂时的家庭成员，迟早要属于另外一个家庭。

但是上述统计事实告诉我们，独生女的出现使性别不平等的财产继承和父母赡养传统逐渐得到改变。独生子女父母，尤其是独生女父母，在子女的继承权利和赡养责任的态度上朝着有利于女儿的方向发生了实质性转变，逐渐认同了女儿继承家产的权利和赡养父母的责任。"男性继嗣"和"养儿防老"一直是儒家父系传统文化的基本内容。继承家产和奉养父母一贯是儿子的权利与责任领地，与女儿关系不大。而今，独生子女父母，尤其是独生女父母的这一态度转变无疑意味着女儿家庭地位的实质性提高，意味着女儿的家庭地位在传统的男性领域实现了突破。

或许有人会说，独生子女父母更加认可女儿的继承权利和赡养责任，是一种没有选择的无奈，因为只有一个孩子，甚至只有一个女儿，而非独生子女父母有更多的机会去选择儿子继承家庭财产和承担赡养责任，他们的态度符合传统文化的要求就是自然而然的。或许这种说法有道理，但是独生子女父母更认可女儿继承家庭财产的权利和赡养父母的责任这一事实是不可否认的。再者，如果这种说法是合理的，那么独生女父母就会比独生子父母更加认同女儿的家产继承和家庭养老效用，因为在这两个指标上没有选择余地的实际上只是独生女父母，但是为什么独生女父母和独生子父母在子女继承效用的认同上没有区别呢？所以说这种推论不完全成立。

独生女的家庭地位提高还体现在父母花在她身上的结婚费用上。虽然父母花在独生女身上的结婚费用没有花在独生子身上的结婚费用那么多，但是这种差异主要是由社会婚姻习俗导致的，反映的并不是父母对子女婚姻的重视程度问题。在男婚女嫁的婚嫁传统中，男婚通常要比女嫁更重要。这种重要性会体现在男婚女嫁的仪式繁简、重视程度高低、花费多少等多个方面。男婚的费用通常会明显高于女嫁的费用。正因为这样，非独生女的结婚费用明显低于非独生子也是正常的。尽管男婚的费用会高于女嫁的费用，但独生女还是获得了与非独生子同等的结婚费用，并且比非独生女的结婚费用明显要多。如果结婚费用这个指标能反映父母对子女婚姻的重视程度，相关的统计结论就说明独生女父母像非独生子父母重视儿子的婚姻一样重视自己女儿的婚姻。

或许有人会说，独生女父母像非独生子女父母重视儿子的婚姻一样重视自己女儿的婚姻是别无选择的结果，因为只生育了一个女儿。这种说法也不无道理，但独生女的婚姻获得了父母的高度重视这个事实是客观的，独生女的家庭地位确实提高了。或许还会有人说，独生女获得了父母给予的较高的结婚费用是因为独生女的家庭经济条件较好。独生女的家庭经济条件比非独生子女家庭要好一些，独生女的结婚费用也高一些。但是家庭经济条件好是子女结婚费用高的必要条件，而不是充分条件。为什么非独生子获得了与独生女、独生子同等的结婚费用，而非独生女的结婚费用却明显低于上面三类子女呢？如果家庭经济条件会影响子女的结婚费用，为什么较差的家庭经济条件影响到了非独生女的结婚费用却对其兄弟的结婚费用没有影响呢？所以，父母对子女的婚姻重视程度还是存在一个性别态度问题。

（二）独生子女的家庭地位平等

独生子女父母在子女的家庭效用上表现出了相当的性别平等态度。虽然就整体情况而言，独生子女父母认为儿子的效用还是大于女儿，但是他们当中的大多数对于子女的性别并没有表现出明显的偏见。独生子女父母都认为女儿的家庭经济效用不如儿子，而且独生女父母的这种态度更为强烈一些。独生子女父母都比较认同女儿的家庭养老效用，独生女父母表现得更为明显。当然，独生女父母在生活中所感受到的闲言碎语明显要比独生子父母多一些。子女的家庭经济效用男高女低在农村地区可能是一个事实，农业生产劳动对体力的要求比较高，而男女两性在体能上是有差异的。当然这更可能是一个刻板印象，对于多数都从事非农职业的农村青年男女来说，体能上的差异已经不像两性参加农业生产劳动那样具有明显的分层意义。而且我们也发现独生子和独生女的就业技能以及目前的经济收入能力并不存在明显差异。独生女父母在生育问题上感受到更多的闲言碎语，这种压力主要根源于社会、社区的性别文化，尽管这对独生子女父母会有影响，但并没有影响到父母对独生女的教育、培养和家庭地位认可。而且独生女的结婚费用与独生子没有明显差异，独生女的家庭养老效用还明显超过了独生子。

相比较非独生女，独生女的家庭地位优势表现得更明显。独生子女父母更认可女儿继承家产、家庭养老和避免邻里闲话的效用，独生女在婚姻中获得了父母更多的馈赠。这意味着独生女家庭权力的增加，同时也意味着家庭责任的扩大。但是不管是权力的增加还是责任的扩大，都意味着独生女家庭地位的提高。与此相反，非独生子女家庭中的子女家庭地位依然表现出传统的性别格局：父母更认可儿子的继承家产、家庭养老和避免邻里闲话的价值，给儿子更多的婚姻馈赠，而忽视女儿的继承家产权利和家庭养老责任，给女儿较少的婚姻馈赠。如果把两类家庭的四类子女一起比较的话，独生女的家庭地位获得了明显的提高，而非独生女的家庭地位不仅低于儿子，也要低于与自己同性的独生女。

我们不能说非独生子女家庭中子女的性别地位没有改善。相比较上一代人，这一代子女的家庭性别地位获得了较大改善。统计事实也证明，哪怕是在非独生子女家庭，认可儿子和女儿家庭效用相当的父母占大多数。我们也不能说独生女家庭中子女的性别地位就完全是等同的。统计事实也显示，不管是独生女父母还是独生子父母，认可儿子作用大的比例还是高于认可女儿作用大的比例。但是独生女家庭地位的较大提高，甚至是实质性的突破，缩短了与儿子的家庭地位之间的差距，改善了子女家庭地位的性别关系状况。

第五章

农村独生子女与性别平等（下）

第四章明确提到，性别平等指在具体的社会中，男性和女性所获得的权力、机会上的均等，以及共同珍视的价值在两性间均等的实现程度。要从生育选择、家庭地位、教育获得、职业发展四个维度，去检验生育独生子女对子女性别平等的影响。而且已经对前两个维度进行了检验。在第四章提出的研究问题和研究思路的基础上，本章将从子女的教育获得和职业发展两个维度，继续探讨生育独生子女对性别平等的影响。研究资料的来源与第四章相同。

第一节　农村独生子女与教育获得性别平等

教育是现代社会尤其珍视的资源。对于个人来说，接受教育既是目的，又是工具，具有价值和手段的双重性质。但是教育发展的性别不平等是我国社会性别不平等的重要体现。在我国的历史上，女性接受教育的机会和享有的教育资源一直少于男性。新中国建立后，女性享有与男性同等的受教育权力，女性教育，特别是城市女性的学校教育得到了很大发展。女性与男性在接受教育上的差距逐渐缩小，但绝对差距依然很大。教育发展的性别不平等在农村地区体现得尤为明显。农村地区教育资源不足，家庭经济条件有限，性别观念更传统。当家庭资源不足以支持所有小孩接受教育的情况下，牺牲女孩的教育机会、保全男孩的学业便成为常规的选择。

虽然生育独生子女改变了家庭亲子关系的重心，强化了子女的家庭中心地位，但农村独生子女在教育资源与机会获取上是否真的实现了性别平等呢？这还有待检验。我们用教育花费、受教育年限、是否上过重点学校、是否接受过继续教育、停学原因等五个指标来测量教育资源与机会获取情况。描述独生子女与非独生子女以及两类子女性别间的受教育状况。解释两类子女在教育获得上的差异，以检验自变量"是否独生子女"对因变量"教育获得状况"的影响。

一、独生子女与非独生子女的受教育状况

独生子女政策下，一般家庭的生育数量急剧减少，父母更重视对子女的教育和培养。有研究证实城市独生女与独生子获得了同等的教育机会和教育资源。但是在实行独生子女政策的农村地区，女性和男性在教育机会和教育资源的获得上会发生什么样的改变呢？

（一）两类子女的教育花费

子女的教育花费既能使父母的教育期望和教育态度体现在具体的教育支持上，也能体现家庭教育资源在子女中的分配格局。不同家庭的子女获取的教育经济资源如何呢？父母对子女教育花费投入会有性别倾向性吗？

我们要求接受访谈的父母估计每个小孩学校教育各阶段的大致花费。教育花费包括各教育阶段的学杂费、择校费、议价费、生活费等。子女的教育花费只是父母的一个估计数字。我们只是想了解各类子女的教育花费是否具有显著差异，没有教育花费的准确数字也是可行的。统计结果见表5-1。

表5-1　各类子女教育花费的独立样本 T 检验结果

子女类别	样本量	均值（元）	均值差距（元）	T值显著水平
独子女/非独子女	411/781	43 582.0/28 583.9	14 998.1	6.477***
独子/独女	224/187	41 871.3/45 631.0	-3 759.7	-0.859
非独子/非独女	329/451	29 780.2/27 774.5	2 005.7	0.806
独子/非独子	224/329	41 871.3/29 780.2	12 091.1	3.321**
独子/非独女	224/451	41 871.3/27 774.5	14 096.8	4.065***
独女/非独子	187/329	45 631.0/29 780.2	15 850.8	4.388***
独女/非独女	187/451	45 631.0/27 774.5	17 856.5	5.194***

注：*** 表示 $P<0.001$，** 表示 $P<0.01$，* 表示 $P<0.05$。

从表 5-1 可以看出，独生子女的教育花费平均是 43 582.0 元，非独生子女的教育花费平均是 28 583.9 元，前者比后者平均多 14 998.1 元，二者之间存在显著差异。独生子女的学校教育花费远远超过非独生子女。不仅独生子的教育花费远多于非独生子和非独生女，独生女的教育花费也远多于非独生子和非独生女。独生子和独生女获得了较多的家庭教育经济资源，非独生子和非独生女获得的家庭教育经济资源则明显要少。

但是独生子女父母对子女的教育投入相当。独生子的教育花费平均是 41 871.3 元，独生女的教育花费平均是 45 631.0 元，尽管前者比后者平均少 3 759.7 元，但独立样本的 T 检验显示二者之间的这种差距并不显著。非独生子女父母对子女的教育投入也是相当的。非独生子的教育花费平均是 29 780.2 元，非独生女的教育花费平均是 27 774.5 元，二者均值相差 2 005.7 元，也不存在显著差异。非独生子女父母对子女的教育投入不存在性别倾向性。显然，教育花费在独生子与独生女、非独生子与非独生女身上没有表现出明显的性别差异。

(二) 两类子女的受教育年限

男女两性的受教育程度是衡量性别平等状况的重要指标。联合国采用的性别发展指标主要有三个，其中就包括男女两性的受教育程度（其余两个指标为分性别的平均预期寿命和收入水平）。表 5-2 列举的是各类子女受教育年限的均值比较情况。

表 5-2　　各类子女与受教育年限的独立样本 T 检验结果

子女类别	样本量	均值（年）	均值差距（年）	T 值显著水平
独子女/非独子女	409/779	11.2/9.8	1.4	6.845***
独子/独女	223/186	11.0/11.4	-0.4	-1.141
非独子/非独女	325/453	9.8/9.9	-0.1	-0.220
独子/非独子	223/325	11.0/9.8	1.2	4.167***
独子/非独女	223/453	11.0/9.9	1.1	4.499***
独女/非独子	186/325	11.4/9.8	1.6	5.114***
独女/非独女	186/453	11.4/9.9	1.5	5.554***

注：*** 表示 $P<0.001$，** 表示 $P<0.01$，* 表示 $P<0.05$。

从表 5-2 可以看出，独生子女的平均受教育年限是 11.2 年，非独生子女的平均受教育年限是 9.8 年，前者比后者高 1.4 年，二者之间差异显著。独生子女的文化水平明显高于非独生子女。而且独生子女的这种文化水平优势既体现在男孩身上，也体现在女孩身上。独生子的文化水平明显高于非独生子女，获得了更多的受教育机会。独生女在文化水平上既超越了非独生女，产生了同性分化，又超越了非独生子，获得了异性优势。

但是在独生子女内部和非独生子女内部，接受教育的机会分配在男女之间是平等的。独生子的平均受教育年限比独生女低0.4年，但并不存在显著差异。独生子没有获得比独生女更多的教育机会，独生女实现了与独生子同等的教育权利。非独生子的平均受教育年限比非独生女低0.1年，也不存在显著差异。按照经验中的刻板印象，非独生女的受教育机会更可能少于儿子，但是上述结论却与此相反：非独生女与非独生子的文化水平是相同的。

（三）两类子女是否上重点学校

在我国教育设置的各级学校中普遍存在重点学校和普通学校的分野。不管教育行政部分是否主张设置重点学校，也不管社会对这种学校的重点与普通的分化设置如何争议与质疑，这种现象本身是普遍存在的。重点学校意味着政府和教育行政部门更多的投入和关注、更好的师资力量和硬件设施配备、更大的区位优势，也意味着更优质的生源。普通学校的情况则恰恰相反。学生能否进入重点学校学习，意味着能否享有更优质的教育资源，能否获得更好的知识技能素质训练，能否拥有更多的继续学习深造的机会。因此，是否上过重点学校是衡量教育资源和机会在子女中分配平等状况的重要指标。表5-3列举的是子女是否上过重点学校的交互分类情况。

表5-3　　　　　子女与是否上过重点学校的交互分类

子女类别	是否上过重点学校（%）		样本量（n）	卡方值	P值
	是	否			
独子女/非独子女	20.2/13.1	79.8/86.9	411/770	10.206	0.001
独子/独女	18.3/22.5	81.7/77.5	224/187	1.092	0.296
非独子/非独女	14.9/11.9	85.1/88.1	323/446	1.608	0.447
独子/非独子	18.3/14.9	81.7/85.1	224/323	1.151	0.283
独子/非独女	18.3/11.9	81.7/88.1	224/446	5.096	0.024
独女/非独子	22.5/14.9	77.5/85.1	187/323	4.706	0.030
独女/非独女	22.5/11.9	77.5/88.1	187/446	11.555	0.001

注：*** 表示 P<0.001，** 表示 P<0.01，* 表示 P<0.05。

从表5-3可以看出，独生子女有20.2%上过重点学校，非独生子女有13.1%

上过重点学校，前者比后者高 7.1%，二者之间存在显著差异。独生子女上过重点学校的更多，非独生子女在普通学校就读的可能性更大。

但是在独生子与独生女之间，在非独生子与非独生女之间，这种差异并不存在。独生子上过重点学校的比例比独生女低 4.2%。非独生子上过重点学校的比例比非独生女高 3.0%。显著性检验显示这两种差异都不具有统计上的显著意义。这说明，优质的教育资源在独生子女之间、在非独生子女之间的分配并不存在性别差异。

虽然上过重点学校的独生子的比例只是略高于非独生子的相应比例，却明显高于非独生女的相应比例。上过重点学校的独生女的比例比非独生子和非独生女则明显要高。这说明在优质的教育资源享有上，非独生子和独生子之间并不存在明显的同性分化，但是在非独生女与独生子之间却出现了显著的性别不平等。而且独生女在非独生子和非独生女面前具有显著优势。

独生子女比非独生子女更可能进入重点学校学习，享有更优质的教育资源，获得更好的知识技能素质训练。在优质的教育资源分配上，男孩保持了其基本的地位，但获益和受损最大的都是女孩。获益最大的是独生女，她们获得了与独生子同等质量的教育资源，在非独生子女面前奠定了明显的优势地位。受损最大的是非独生女，她们虽然与其兄弟之间没有大的区别，但是与独生子女却有明显差距，被异性的独生子拉开了距离，被同性的独生女拉开了更大的距离。

（四）两类子女的停学原因

本研究所涉及的子女中，平均年龄为 21.3 岁（Std. D = 5.059），而这些子女的平均受教育年限为 10.3 年（Std. D = 3.250），这个平均年龄和平均受教育年限说明这些子女绝大多数都已经结束了学校教育。她们是因为什么原因停止学业的呢？

不同的停学原因能体现父母对子女教育投入的态度。尤其是当家庭经济条件有限的情况下，父母很难对每个子女都进行平等的教育投入，通常会在子女间有所选择地送部分小孩去接受教育，而让其他的小孩停止学业、参加劳动。在经济发展水平低、家庭资源总量有限的农村，这种情况是可能出现的。我们在问卷中列举了 9 种可能的停学原因：成绩差，自己不想读书；考不上；读书无用；家庭经济困难；想早点就业挣钱；要照顾弟妹；上学不方便；已经大学毕业；其他（包括在读）。根据研究的需要，我们把上述原因合并为 3 种：成绩不好（成绩不好、不愿意读书和考不上学校）、经济困难（家庭经济条件不好和需要尽早就业）和客观因素（与本研究无关的因素，少数在读的子女也归为此类）。表 5 - 4 列举的是各类子女停学原因的交互分类情况。

表 5-4　　　　　　　　子女与停学原因的交互分类

子女类别	停学原因（%）			样本量（n）	卡方值	P 值
	成绩不好	经济困难	客观因素			
独子女/非独子女	42.6/38.7	11.3/18.2	46.1/43.1	408/780	9.710	0.008
独子/独女	46.6/37.8	10.8/11.9	42.6/50.3	223/185	3.241	0.198
非独子/非独女	43.0/35.7	13.1/21.7	43.9/42.6	328/451	14.933	0.005
独子/非独子	46.6/43.0	10.8/13.1	42.6/43.9	223/328	1.051	0.591
独子/非独女	46.6/35.7	10.8/21.7	42.6/42.6	223/451	14.456	0.001
独女/非独子	37.8/43.0	11.9/13.1	50.3/43.9	185/328	1.939	0.379
独女/非独女	37.8/35.7	11.9/21.7	50.3/42.6	185/451	8.629	0.013

注：*** 表示 $P<0.001$，** 表示 $P<0.01$，* 表示 $P<0.05$。

从表 5-4 可以看出，独生子女与非独生子女在停学的原因上有显著差异。因学习成绩不好停止学业的独生子女比非独生子女高 3.9%，因家庭经济困难而停止学业的独生子女比非独生子女低 6.9%。或者说，独生子女更多地因为自己学习成绩不好而无法升学，或者不愿继续读书而停止学业，而非独生子女更可能因为家庭经济困难不得已而辍学。

独生子和独生女在停止学业的原因上不存在显著差异，但非独生子和非独生女在停止学业的原因上却存在显著差异。因为学习成绩不好停止学业的非独生子比非独生女高 7.7%，而因为家庭经济困难而停止学业的非独生子却比非独生女低 8.6%，二者因为客观因素而停止学业的比例则相差无几。非独生子更多的是因为学习成绩不好而停止学业，非独生女则更多的是因为家庭经济困难而停止学业。

不管是独生子女还是非独生子女，男孩因为学习成绩不好而停止学业的比例要高于女孩，女孩因为经济困难而停止学业的比例则要高于男孩。在独生子和独生女之间存在这种倾向，但不是很明显，在非独生子和非独生女之间这种差异却非常显著。因经济原因停学的非独生女比独生子女高，这还可以用非独生子女家庭的经济条件不如独生子女家庭来解释。但如何解释因经济原因停学的非独生女的比例明显高于非独生子，而非独生子在停学原因上却和独生子、独生女没有显著差异呢？可见，在非独生子女家庭，父母在子女的教育投入上存在一定程度的重男轻女现象。在家庭经济资源有限的条件下，父母更可能让女孩辍学而保全男孩的学业。

但是，既然非独生女比其兄弟更可能因为经济原因而停止学业，为什么非独生子女在受教育年限上不存在性别差异呢。主要原因可能在于学习成绩好的非独生女比例要高于非独生子。更多的非独生子学习成绩不佳而不能或不愿继续学业，父母对男孩的教育投入意愿即使再强也没有办法。当女孩的学习成绩比较好，能够考上高一级的学校，愿意继续读书，父母还是会把机会给女孩的。如果学习成绩不佳的非独生女也比较多，那么非独生女就很难获得与独生子同等的受教育机会。

（五）两类子女是否受继续教育

除了正式的学校教育以外，继续教育也是现代教育中的重要组成部分。本研究所涉及的子女来自农村地区，文化水平总体上不是太高，多数都只有初中、高中文化，因而有机会接受继续教育对于他们来说也是获得知识技能、提高文化水平的重要途径。因此，我们把是否参与了继续教育也作为考察各类子女受教育情况的一项指标。这里的继续教育包括各类短期培训班、成人中专、技校、自学考试、函授、夜大、网络远程教育等。统计结果见表 5-5。

表 5-5　　　　子女与是否受继续教育的交互分类

子女类别	是否受过继续教育（%）		样本量（n）	卡方值	P 值
	是	否			
独子女/非独子女	14.8/8.5	85.2/91.5	372/681	9.867	0.002
独子/独女	14.4/15.2	85.6/84.8	208/164	0.049	0.825
非独子/非独女	8.6/8.5	91.4/91.5	280/400	0.094	0.954
独子/非独子	14.4/8.6	85.6/91.4	208/280	4.153	0.042
独子/非独女	14.4/8.5	85.6/91.5	208/400	5.097	0.024
独女/非独子	15.2/8.6	84.8/91.4	164/280	4.690	0.030
独女/非独女	15.2/8.5	84.8/91.5	164/400	5.648	0.017

注：*** 表示 $P<0.001$，** 表示 $P<0.01$，* 表示 $P<0.05$。

从表 5-5 可以看出，有 14.8% 的独生子女接受过继续教育，而接受过继续教育的非独生子女只有 8.5%，前者比后者多 6.3%，二者之间存在显著差异。独生子女接受继续教育的可能性比非独生子女更大。但是在独子子和独生女之间却几乎没有差异，都在 15.0% 左右；非独生子与非独生女之间也几乎没有差异，都在 8.5% 左右。

接受过继续教育的独生子的比例明显高于非独生子女。接受过继续教育的独生女的比例更明显高于非独生子女。可以说，在接受继续教育上，非独生子女全方位落后于独生子女，不仅明显落后于独生子，更明显落后于独生女。

二、"是否独生子女"与教育获得

上述的统计分析发现，独生子女在教育花费、受教育年限、受教育层次、上重点学校、继续教育、停学原因等指标上都获得了明显优势；而且独生女和独生子在所有指标上都实现了平等。除了在停学原因上父母表现出重男轻女外，非独生女和非独生子在其他指标上也实现了平等。那么，各类子女的这种教育获得状况与他们是否具有"独生子女"身份有直接关联吗？要考察"是否独生子女"与教育获得各指标之间的关系，一个合适的分析工具就是回归分析。

回归分析的自变量是"是否独生子女"。回归分析的因变量是子女教育获得的各项指标，即教育花费、受教育年限、是否上重点学校、是否接受继续教育和停学原因。其中，教育花费、受教育年限是定距变量，采用线性回归分析；是否上过重点学校、是否接受继续教育是二分类别变量，采用二元逻辑斯蒂回归分析；停学原因是三分类变量，采用多元逻辑斯蒂回归分析。

可能对子女的教育获得产生影响的因素可能还有子女的年龄、父母教育态度、父母教育期望、父亲受教育年限、母亲受教育年限、父母年收入、地区和子女受教育年限等。为凸显自变量对因变量的作用，把这些因素作为控制变量一并引入回归分析。

从表5-6可以看出，在控制了子女的年龄、父母教育态度、父母教育期望、父亲受教育年限、母亲受教育年限、父母年收入、地区和子女受教育年限等变量后，是否独生子女能引起子女受教育年限0.117个标准单位的变化，或者说独生子女的受教育年限比非独生子女要高0.117个标准单位；是否独生子女能引起子女的受教育花费0.056个标准单位的变化，或者说独生子女的教育花费比非独生子女要高0.056个标准单位；独生子女接受继续教育的可能性明显大于非独生子女，独生子女接受继续教育的发生比要比非独生子女相应的发生比高73.8%；经济原因与客观原因相比，独生子女比非独生子女更可能因为客观原因而不是经济原因而停止学业，独生子女因为经济原因而失学的发生比是非独生子女相应的发生比的55.0%；女孩比男孩更可能是因为经济原因而不是客观原因而停止学业，女孩因为经济原因失学的发生比比男孩相应的发生比高55.9%。

回归分析发现，"是否独生子女"是影响农村子女教育获得的重要因素。当其他变量保持不变时，"独生子女"身份能让独生子女比非独生子女获得更长的受教育时间，获得更多的家庭教育经济资源，享有更多的继续教育机会，并且减少了因为经济因素而停止学业的可能性；但是否进入重点学校，是因为成绩原因而停学，还是因为客观原因而停学，与"独生子女"身份没有明显关联。独生子女和非独生子女在这两项指标上的差异需要由其他因素来解释。

表5-6　　　　　子女教育各指标的逐步回归结果分析

自变量	线性回归		二元逻辑斯蒂回归		多元逻辑斯蒂回归	
	模型Ⅰ	模型Ⅱ	模型Ⅲ	模型Ⅳ	模型Ⅴ	模型Ⅵ
	教育年限	教育花费	重点学校	继续教育	成绩/客观	经济/客观
(Constant)			0.001***	0.015***		
1. 是否独生子女（否=0）	0.117***	0.056*		1.738*		0.550*
2. 性别（男=0）						1.599*
3. 年龄	0.367***	-0.132***		1.077**	1.224***	1.276***
4. 父母教育态度	0.059*		1.106*		0.915**	0.892*
5. 父母教育期望	0.149***	0.068**	2.351***		0.614***	0.464***
6. 父亲教育年限	0.190***	-0.067**	1.116**			
7. 母亲教育年限	0.142**		1.067*	1.095**		0.915*
8. 父母年收入	0.091**		1.008**			0.947***
9. 地区（金湖=0）						
苏州相城区			0.129***		0.420**	
川东岳池县	-0.180***	-0.109***		0.351**		
川西名山县	-0.188***	-0.100**	0.477**	0.569**		2.040*
10. 子女教育年限		0.621***				
Adjusted R Square	0.284	0.510	832.590	613.130	1 767.504	
F	47.856***	118.767***	106.244***	46.398***	390.463***	
Durbin-Watson	1.980	1.904	84.2	89.0	0.353	
(n)	(1 055)	(1 023)	(1 206)	(1 206)	(1 067)	

注：(1) *表示P<0.05，**表示P<0.01，***表示P<0.001；(2) 模型Ⅰ、模型Ⅱ是线性回归模型，列出的是Beta值，模型Ⅲ、模型Ⅳ、模型Ⅴ、模型Ⅵ是逻辑斯蒂回归模型，列出的是冥值Exp（B）；(3) 分类因变量比较对象：是否上重点学校，否=0；是否受继续教育，否=0；停学原因，客观原因=0；(4) 模型Ⅲ、模型Ⅳ、模型Ⅴ、模型Ⅵ最后4行的值分别是-2 Log Likelihood、Chi-square、正确预测率（%）、n（模型Ⅴ倒数第2行的值0.353为Pseudo R-Square 值）；(5) 父母年收入在后4个模型中以1 000元为单位；(6) 变量10只纳入了模型Ⅱ。

值得注意的是，性别并非影响子女教育获得的重要因素。性别除了对子女的停学原因能产生明显影响外（女孩比男孩更可能因为经济原因而停止学业），对其他所有的教育获得指标都没有实质性的影响，或者说这些农村青年读多少年书、父母给他们多少教育投入、是否上重点学校、是否接受继续教育等都与他们的性别没有关系。

三、独生子女与教育性别平等

1. 独生子女的教育发展优势

与同龄的非独生子女相比，独生子女获得了明显的教育发展优势。前面的描述统计证实，独生子女在教育花费、受教育年限、受教育层次、上重点学校的比例、接受继续教育的比例、停学原因等所有教育发展指标上都明显超越了非独生子女。而且回归分析还证实，独生子女在教育发展上的这种全方位的优势既与其家庭背景有关，又可以直接归因于他们是"独生子女"这一生育事实。独生子女父母更高的文化水平和更好的家庭经济条件有利于子女的教育发展，独生子女家庭中生育一个孩子的事实也直接促进了子女的教育发展。同时，本研究样本中独生子女的年龄明显大于非独生子女，[①] 而年龄的大小与受教育状况是正相关的。

2. 独生子女与教育性别平等

独生子和独生女在教育花费、受教育年限、受教育层次、上重点学校的比例、接受继续教育的比例、停学原因等所有的教育发展指标上都实现了性别平等。非独生子和非独生女除了在停学原因上有性别差异外，在其余指标上也都实现了性别平等。可以说，不管是独生子女还是非独生子女，都在教育发展上实现了相当程度上的性别平等。

两类子女在教育上实现的明显进步与相当程度的性别平等，其根本原因在于改革开放背景下的社会经济发展。20世纪80年代出生的第一代独生子女及其同龄的非独生子女生活在一个加速走向现代化、更稳定、更有序的社会之中。另外，与改革开放几乎同时推行的独生子女政策也是重要原因。独生子女政策降低了家庭生育数量，增加了家庭投资子女教育的能力，也提高了子女在家庭关系中的地位。

独生子女的教育发展相对于非独生子女实现了更彻底的性别平等。独生子女在所有的教育发展指标上都实现了性别平等。不管是父母对子女的教育投入，还

---

① 在研究样本中，独生子女的平均年龄为 21.625 岁，非独生子女的平均年龄为 21.073 岁，前者比后者大 0.552 岁，独立样本的 T 检验显示二者年龄差异显著（t = 1.992，Sig. = 0.047）。

是子女的受教育结果，独生子和独生女都没有表现出明显的性别差异。崔明和琳内·里奇（Ming Tsui and Lynne Rich，2002）的研究认为，中国城市独生子女在教育上实现了性别平等。本研究则发现，农村地区的独生子女在教育上也实现了性别平等。

但是相对于独生子女，非独生子女在教育发展上的性别平等是不彻底的。非独生子上重点学校的比例与独生子并驾齐驱，而非独生女却与独生子差距甚远。非独生子在停学原因上与独生子女没有区别，而在非独生子和非独生女之间，前者因为成绩原因停止学业的可能性大，后者却更可能因为家庭经济困难而辍学。如果说农村子女入读重点学校主要靠成绩的话，那么是非独生子的学习成绩比其姐妹好吗？我们没掌握相关的资料来证实二者学习成绩的好坏，但是按照常理，这种推论应该是不成立的。如果非独生女因为家庭经济困难辍学而导致比例较高，那么这种困难为什么又没有在其兄弟的求学过程中表现出来呢？事实是非独生子辍学往往是因为成绩不好、不想读书、考不上学校等原因，而非经济困难。非独生子和非独生女同样的家庭不同的停学原因直接体现出父母投入子女教育的性别态度。

非独生女因为家庭经济困难而辍学的比例较高，与非独生子女的家庭经济条件相对不足有关，但也与父母在教育投入上重男轻女有关。当家庭经济条件有限，不足以给每个子女以平等的受教育机会的时候，父母往往会在子女之间进行选择，有针对性地让部分子女继续学业，而让其他子女停止学业。在重男轻女思想较重的家庭，这种选择的结果往往是让女孩停学而保全儿子的学业。

第二节　农村独生子女与职业发展平等

一、农村独生子女可能实现职业发展上的性别平等

独生子女政策大大缩短了妇女的生育周期，改变了她们的生命周期，为她们参与社会劳动和职业发展提供了条件。当妇女不再为长年累月的生儿育女所拖累，其用来学习劳动技能、参与社会就业的时间和机会就可能增多。这有利于提高妇女地位，改善性别关系。但同在独生子女政策下生育的妇女，生育的小孩数量相差不会太大，非独生子女母亲通常只比独生子女母亲多生一到两个小孩。并不太大的生育数量差距很可能不会对妇女的社会劳动参与和职业发展造成明显差

异。独生子女政策下,是否生育独生子女给妇女的职业发展所带来的影响不足以影响到夫妻在职业发展上的性别关系格局。

但是这个问题放在子女身上就可能不一样。虽然独生子女政策下每对夫妇生育的小孩数量都有限,非独生子女父母也重视子女的教育和职业技能培训,但是我们认为独生子女父母可能对子女的将来考虑得更多,对子女的教育和培养会更加重视。独生子女的教育和职业技能状况因此也可能会更好一些,而且独生女可能获得与独生子一样的教育成就和职业技能。因而我们认为,生育独生子女在一定程度上能促进子女在职业发展上的性别平等。

农村独生子女在职业发展上是否真的实现了性别平等呢?这还有待检验。这里自变量是"是否独生子女",因变量是"职业发展状况"。"职业发展状况"用4个指标来描述:是否掌握职业技能、就业类型、非农就业时间、年经济收入。是否掌握职业技能为新生成变量。问卷中设问接受调查的子女是否具有某种技能。问题所提供的答案选项包括专业种植养殖、建筑施工装修、机械电器维修、驾驶、纺织印染编织、基础医疗、电脑、营销、财会、企业产品和工艺设计、工农业产品加工制作、厨艺、企业经营管理、中高等专业教育、其他、没有技能。根据研究需要,笔者把所有的具体技能(包括其他项)合并为"有技能",这样这个问题就合并成为一个二分变量,即是否掌握职业技能。

就业类型也是新生成变量。问卷中询问接受调查的子女2007年主要从事何种工作。问题所提供的答案选项包括做家务,传统的种植养殖,经营性的种植养殖,打工,个体经营或做生意,办企业,行政、企事业单位的员工和其他职业。为便于分析,笔者把前三种归类为务农,后四种归类为其他非农职业,"打工"这一类不变。子女的就业类型是一个三分变量。

非农就业时间以月为单位,指的是2007年打工或从事其他非农职业的时间。

能够影响到子女的职业发展状况的因素是复杂的。因此,要检验"是否生育独生子女"对子女职业发展的性别平等的影响,还必须控制可能影响到子女的职业发展的相关因素,以在实现统计控制的条件下检验自变量对因变量的影响。个人、家庭、社区、时代等因素都可能影响到人们的职业发展。不同的个人、家庭、地区和时代,人们的职业发展状况可能不一样。

共同影响子女这一代人职业发展的因素可能有:性别、年龄、受教育年限、家庭人口数和地区。这些因素还可能相互影响。年龄用来控制不同时期的就业环境与要求对职业发展的影响。地区变量用来控制社会经济发展水平、文化习惯等因素对职业发展的影响。同时,户口也可能是影响子女这一代人职业发展的重要因素。城镇户口和农村户口对一个人的职业发展具有较大影响。目前,我国多数省份的城乡户籍尚未取消，即使这项制度取消了，城乡户籍长期分离对人们所造成的巨大影响在短时间里也难以消除。因此，分析子女的职业发展时需要引入了户口这一控制变量。

二、独生子女与非独生子女的职业发展状况[①]

（一）两类子女的职业技能

本研究所涉及的独生子女及其同龄非独生子女的平均年龄分别是21.63岁（Std. Deviation = 3.97）和21.07岁（Std. Deviation = 5.53）。他们大多数出生在20世纪80年代和90年代初，是伴随着改革开放成长起来的一代人。他们所能获得的社会流动空间，无论是社会空间还是地理空间，都要比其父辈开阔得多，但是他们所遇到的困难和挑战也比其父辈大得多。社会经济领域的市场化机制既使他们能够拥有丰富多彩的机会去改变自己的生活轨迹，又对他们自身的能力与素养提出了更高的要求。掌握某种职业技能是他们借以改变自己、实现向上流动的重要依据，也是他们谋取较好的职业与获得较高经济收入的重要依赖。

独生子女父母比非独生子女父母更注重对子女的培养。本章第一节已经证明独生子女所获得的教育机会、教育资源明显好于非独生子女。那么独生子女在职业技能上与非独生子女是否存在差别呢？两类子女的职业技能在同性之间和异性之间是否会存在显著分化呢？表5-7列举的就是两类子女职业技能状况的交互分类比较结果。需要说明的是，我们把少数未成年、尚在接受中小学教育的小孩作缺失值处理，但视正在接受高等教育的小孩具有职业技能，纳入分析。

从表5-7可以看出，掌握某种职业技能的独生子女的比例为62.8%，而相应的非独生子女比例为49.4%，前者比后者高出13.4%，二者之间差距明显。独生子女的职业技能状况整体上好于非独生子女。而且，独生子女这种明显的职业技能优势同时体现在独生子和独生女身上。掌握职业技能的独生子和独生女都占62.0%，而在非独生子女中，掌握职业技能的非独生子只占50.8%，掌握职业技能的非独生女则更少，只占45.3%。但是独生子和独生女的职业技能状况几乎不存在差别。同样，非独生子与非独生女的职业技能状况也不存在大的差

[①] 出于考察职业和收入情况的需要，我们在统计分析时排除了年龄低于16岁的（126名）、正在接受教育的、没有就业的子女个案，导致了一部分缺失值，因而有效的子女样本只有899。

别。这说明,"是否独生子女"这一变量可能是影响子女职业技能发展的重要因素,而"性别"变量则可能不是影响子女职业技能获得的重要因素。

表5-7　　　　　　　　子女与有无职业技能的交互分类

子女类别	有无职业技能（%）		样本量（n）	卡方值	P值
	是	否			
独子女/非独子女	62.8/49.4	37.2/50.6	320/579	14.944	0.000
独子/独女	62.0/62.0	38.0/38.0	179/150	0.000	0.998
非独子/非独女	50.8/45.3	49.2/54.7	264/364	1.807	0.179
独子/非独子	62.0/50.8	38.0/49.2	179/264	5.465	0.019
独子/非独女	62.0/45.3	38.0/54.7	179/364	13.360	0.000
独女/非独子	62.0/50.8	38.0/49.2	150/264	4.881	0.027
独女/非独女	62.0/45.3	38.0/54.7	150/364	11.808	0.001

注：*** 表示 $P<0.001$, ** 表示 $P<0.01$, * 表示 $P<0.05$。

（二）两类子女的就业类别

独生子女和非独生子女在职业技能发展上具有显著差异,这些差异是否会体现在他们的就业上呢?为增强资料的可比性和研究的可操作性,我们只比较各类子女在就业类别上是否存在差异。就业类别主要分为务农、打工和其他非农就业三类。打工也属于非农就业,考虑到"打工"这一类占较大比重,我们单独把它作为一类。表5-8列举的就是各类子女就业类别的交互分类情况。

表5-8　　　　　　　　子女与职业类别的交互分类

子女类别	职业类别（%）			样本量（n）	卡方值	P值
	务农	打工	其他非农就业			
独子女/非独子女	5.6/12.2	54.6/50.1	39.7/37.7	302/591	9.626	0.008
独子/独女	5.4/5.9	56.6/52.2	38.0/41.9	166/136	0.591	0.744
非独子/非独女	5.7/16.8	51.2/49.3	43.1/33.9	246/345	17.890	0.000
独子/非独子	5.4/5.7	56.6/51.2	38.0/43.1	166/246	1.193	0.551
独子/非独女	5.4/16.8	56.6/49.3	38.0/33.9	166/345	12.780	0.002
独女/非独子	5.9/5.7	52.2/51.2	41.9/43.1	136/246	0.051	0.975
独女/非独女	5.9/16.8	52.2/49.3	41.9/33.9	136/345	10.384	0.006

注：*** 表示 $P<0.001$, ** 表示 $P<0.01$, * 表示 $P<0.05$。

从表5-8可以看出,从事非农职业的独生子女明显多于非独生子女。务农的独生子女只占5.6%,打工和从事其他非农职业的独生子女分别占到54.6%和

39.7%，而务农的非独生子女占 12.2%，打工和从事其他非农职业的非独生子女分别占 50.1% 和 37.7%。务农的非独生子女比独生子女多 6.6%，而从事非农职业的独生子女却比非独生子女多 6.6%。二者之间存在明显差距。更多的非独生子女务农，更多的独生子女从事非农职业。

独生子、独生女和非独生子三者的就业类别没有显著差异。三类子女中，务农的只占各自的 5.6% 左右，各自都有超过半数的人在打工，大约 40.0% 的人从事其他非农职业。独生女获得了与男孩同等的非农就业机会，但是显著性检验显示，非独生女的就业类别却与上述三类子女存在显著差异。有 16.8% 的非独生女务农，打工和从事其他非农职业的非独生女分别是 49.3% 和 33.9%。务农的非独生女明显多于上述三类子女，从事非农职业的非独生女明显少于上述三类子女。非独生女的职业地位在所有的子女中是最低的。独生子女与非独生子女之所以在就业类别上存在显著差异，前者务农的更少，非农就业的更多，这种差异就是由非独生女的就业情况造成的。

（三）两类子女的非农就业时间

改革开放以后出生的农村子女绝大部分都没有在第一产业就业，而是流动到第二、第三产业里面就业。他们的职业流动比其父辈更早、更彻底，甚至根本就没务过农，也没有像父辈那样表现出明显的性别差异。独生子、独生女和非独生子的非农就业比例相当，只是非独生女的非农就业比例低一些。我们再用 2007 年的非农就业时间来考察两类子女的非农就业情况。

从表 5-9 可以看出，2007 年的非农就业时间在独生子女和非独生子女以及两类子女的同性之间、异性之间都不存在显著差异。各类子女在 2007 年的非农就业时间平均都在 7.5 个月左右。各类子女之间、子女的同性、异性之间都不存

表 5-9　2007 年子女非农就业时间的均值比较结果分析

子女类别	样本量	均值（月）	均值差距（月）	T 值显著水平
独子女/非独子女	311/582	7.6/7.4	0.2	0.341
独子/独女	176/135	7.6/7.5	0.1	0.281
非独子/非独女	243/339	7.7/7.3	0.4	0.846
独子/非独子	176/243	7.6/7.7	-0.1	-0.060
独子/非独女	176/339	7.6/7.3	0.3	0.729
独女/非独子	135/243	7.5/7.7	-0.2	-0.332
独女/非独女	135/399	7.5/7.3	0.2	0.349

注：*** 表示 P<0.001，** 表示 P<0.01，* 表示 P<0.05。

在明显差异。我们在分析子女的就业类别时知道，因为非独生女的非农就业比例较低，导致非独生子女的非农就业比例明显低于独生子女。但是在这里，各类子女的非农就业时间并没有表现出这种特征。非独生女和独生子女、非独生子在非农就业时间上相差无几。导致这种情况的原因可能是，非独生女尽管非农就业比例低，但她们的工作时间比较长。

（四）两类子女的年经济收入

比较了各类子女就业情况以后，我们再来比较各类子女在 2007 年的人均经济收入情况。经济收入是反映就业能力、就业水平的重要指标之一。表 5-10 列举的是各类子女 2007 年人均毛收入的均值比较情况。

表 5-10　　2007 年子女人均收入的均值比较结果分析

子女类别	样本量	均值（元）	均值差距（元）	T 值显著水平
独子女/非独子女	158/267	10 965.2/9 652.8	1 312.4	1.382
独子/独女	88/70	12 025.0/9 632.9	2 392.1	1.416
非独子/非独女	106/161	9 113.2/10 008.1	-894.9	-0.819
独子/非独子	88/106	12 025.0/9 113.2	2 911.8	1.978
独子/非独女	88/161	12 025.0/10 008.1	2 016.9	1.432
独女/非独子	70/106	9 632.9/9 113.2	519.6	0.451
独女/非独女	70/161	9 632.9/10 008.1	-375.2	-0.285

注：*** 表示 $P<0.001$，** 表示 $P<0.01$，* 表示 $P<0.05$。

从表 5-10 可以看出，如各类子女在 2007 年的非农就业时间不存在显著差异一样，各类子女在 2007 年的人均收入也不存在显著差异。独生子女的年人均收入虽然比非独生子女多 1 312.4 元，但独立样本的 T 检验显示这种差异并不显著。而且独生子、独生女、非独生子、非独生女四类子女相互之间的年人均收入都不具有显著差异。

需要注意的是，独生子和非独生子的年人均收入具有较大差异。前者的年人均收入比后者多出 2 911.8 元，独立样本 T 检验的显著度为 0.050，处在二者有显著差异的临界点上。还需要去辨别二者之间这种较大的差异到底归因于什么因素，以确定这种同性之间的收入分化是否由"是否独生子女"所引起。

需要说明的是，因为样本的缺失值较多，年人均收入指标在此未能很好地体现子女的就业能力和水平。在经济收入上纳入分析的子女个案应该在 800 个左右，但我们实际纳入分析的子女个案只有 425 个，有效个案只占应采集总样本的

53.0%左右。导致子女个案在该指标上缺失值较大的原因主要有两个：关键原因是我们访谈的对象是父母，通过父母去了解子女的收入情况，而一些父母对在外地就业的子女的收入情况并不了解。其次是这一代农村青年刚走向社会，就业的时间短，很多父母不太关心他们挣了多少钱，而是更关心他们能否在外面就业。当然，就仅有个案的年人均收入情况，在一定程度上也可以反映出子辈的经济能力与就业水平。这也是笔者在明知个案缺失值比较大而没有放弃对该指标进行统计分析的重要原因。

三、"是否独生子女"与职业发展

上述分析发现独生子女和非独生子女在职业发展上存在一定的差异。虽然两类子女在非农就业时间和年经济收入两项指标上不存在显著差异，但在职业技能和就业类别两项指标上却差异显著。独生子女的职业技能状况明显好于非独生子女，就业层次也高于非独生子女。因此，是否为独生子女可能是影响子女职业发展的重要因素。独生子女和非独生子女在职业发展上的差异能否从"是否独生子女"变量获得部分解释呢？我们采用多元的回归分析来解决这个问题。

回归分析的自变量是"是否独生子女"，因变量是用来描述子女职业发展状况的四项指标："是否有职业技能"、"就业类别"、"非农就业时间"和"年经济收入"。"是否有职业技能"是二分类变量，我们采用二元逻辑斯蒂回归分析。对子女的就业类别采用多元的逻辑斯蒂回归分析。"非农就业时间"和"年经济收入"，采用线性回归分析。把可能影响子女职业发展的因素：年龄、受教育年限、户口、就业类别、家庭人口数和地区等变量作为控制变量一并引入方程。回归分析结果见表5–11。

从表5–11可以看出，在控制了年龄、受教育年限、户口、就业类别、家庭人口数和地区等变量后，"是否独生子女"与"是否掌握职业技能"、"就业类别"存在明显的关联性。独生子女掌握职业技能的发生比是非独生子女相应的发生比的1.525倍。或者说，独生子女掌握某种职业技能的可能性比非独生子女要高52.5%。显然，是否独生子女是影响子女这一代人职业技能状况的重要因素。打工与务农相比，独生子女比非独生子女更可能打工而不是务农，独生子女打工的可能性是非独生子女的2.174倍；从事其他非农职业与务农相比，独生子女比非独生子女更可能从事其他非农职业而不是务农，独生子女从事其他非农职业的发生比是非独生子女相应的发生比的1.897倍。

表 5-11　　子女职业发展各指标的逐步回归结果分析

自变量	二元逻辑斯蒂回归 模型Ⅰ 职业技能	多元逻辑斯蒂回归 模型Ⅱ 务农/打工	多元逻辑斯蒂回归 模型Ⅲ 务农/非农	线性回归 模型Ⅳ 非农时间	线性回归 模型Ⅴ 年收入
(Constant)	0.061***				
1. 是否独生子女（否 = 0）	1.525**	2.174*	1.897*		
2. 性别（女 = 0）		2.563**	2.548**		
3. 年龄	1.035*		0.841***	0.116**	0.151***
4. 受教育年限	1.205***		1.219***	0.110**	0.118**
5. 户口（农村 = 0）	2.524**		4.397*		
6. 家庭人口数					
7. 地区（金湖 = 0）					
苏州相城区				0.206***	0.043***
川东岳池县				0.171***	
川西名山县		0.284***	0.107***		-0.096*
8. 就业类别（务农 = 0）					
打工					
其他非农就业					0.212***
-2 Log Likelihood	1 173.065	1 377.887	0.093	0.334	
Chi-square	120.114***	200.373***	20.444***	41.689***	
正确预测率（%）	63.2	0.241	1.884	1.896	
(n)	(935)	(877)	(861)	(410)	

注：(1) * 表示 P < 0.05，** 表示 P < 0.01，*** 表示 P < 0.001；(2) 模型Ⅰ为二元逻辑回归模型，模型Ⅱ、模型Ⅲ为多元逻辑回归模型，模型Ⅳ、模型Ⅴ为线性回归模型；(3) 模型Ⅰ的因变量取值以无技能 = 0，有技能 = 1；模型Ⅱ、模型Ⅲ的因变量取值以务农 = 0，打工或其他非农就业 = 1；(4) 逻辑回归模型只列出冥值 Exp（B），线性回归模型只列出 Beta 值；(5) 模型Ⅱ、模型Ⅲ倒数第二行的值为 Pseudo R-Square；模型Ⅳ、模型Ⅴ表格最后 4 行的值分别为 Adjusted R Square、F、Durbin-Watson、n；(6) 变量 8 只引入了模型Ⅴ，没有引入前 4 个模型。

回归分析发现，"是否独生子女"是影响子女获得职业技能、实现非农就业，尤其是层次较高的非农就业的重要因素。独生子女获得职业技能的可能性明显要大于非独生子女。独生子女实现非农职业转移，获得较高层次的非农职业的可能性也明显大于非独生子女。值得注意的是，两类子女在非农就业时间和经济收入上没有表现出明显差异，"是否独生子女"也与这两个职业发展指标没有明显的相关性，但随着时间的推移，独生子女在这两个指标，尤其是在经济收入指标上的优势可能就会表现出来。

四、独生子女与职业性别平等

（一）独生子女的职业发展优势

相对于与自己同龄的非独生子女，独生子女在职业发展上表现出了较大优势。前面的统计分析发现，独生子女和非独生子女在职业技能和就业类别（层次）上存在显著差异，在非农就业时间和年经济收入上不存在显著差异。独生子女的职业技能状况明显好于非独生子女，就业层次也明显高于非独生子女。这说明独生子女和非独生子女在职业发展上表现出了一定的差距。回归分析结果表明，"是否独生子女"是影响子女职业技能发展和就业类型的重要因素。或者说子女的职业技能发展差异和就业类别差异可以在他们是否为独生子女这一身份中获得一定程度的解释。如果是独生子女，其掌握职业技能的可能性就会上升，其从事非农职业，尤其是层次比较高的非农职业的可能性就会增大。

职业技能是农村子女谋生的基础，掌握某种职业技能就意味着有更多的机会就业，就意味着有更强的经济能力，甚至意味着有更好的生活前景。独生子女打工或从事其他非农职业的比例明显要高于非独生子女，而非独生子女、尤其是非独生女的务农比例相对要高。打工这个就业层次虽然并不是很高，但相对于传统意义上的务农来说是较高层次的就业，至少是完成了由务农向非农就业的转移。本研究所说的其他非农职业指的是个体经营或者做生意、办企业、行政或事业单位的正式员工等。笔者认为，这一类非农职业在层次上不仅高于打工，更高于务农。这里体现了独生子女相对于非独生子女在就业层次上的优势。这种优势既体现在由务农向非农职业的转移上，又体现为在非农职业里获得更高层次的就业机会上。

独生子女的文化水平更高，职业技能状况更好，非农就业比例更高，就业层次也更高，但是这些优势为什么没有在非农就业时间，尤其是年经济收入上得到一定的体现呢？按照常理来说，"是否独生子女"通过文化水平、就业技能、就业层次这些中介变量会影响到子女的非农就业时间和经济收入，但是回归分析结果并没有表明这种影响的存在。笔者认为，"是否独生子女"变量对非农就业时间，尤其是对经济收入的影响只是个时间问题，迟早会表露出来。

这两类子女目前在非农就业时间上不存在显著差异是可以理解的。严格来说，非农就业时间并不是一个考察当前农村青年职业发展的理想指标。从事非农职业是当今农村青年的职业选择的主流。两类子女目前的平均年龄才二十出头，父母年龄不大，自身没有家庭负担，社会也为这个年龄段的他们提供了大量的非农就业机会，所以不管你文化水平如何、技能状况如何，农村青年谋取一份非农职业问题不大，非农就业时间也可以得到保证。这可能是两类子女在非农就业时间上没有区别的原因之一。

同时，独生子女显现出较强的经济收入能力很可能是个时间问题。"是否独生子女"对子女在这个年龄段的经济收入没有显著影响，并不能就此认定该因素对子女在今后漫长的职业生涯中的经济收入能力没有意义。对于本研究所涉及的子女来说，他们刚刚结束学校教育，就业的时间都不是很长。独生子女在文化水平、就业技能和就业层次上的优势还不能及时地累积为经济收入上的优势。如果假以时日，这种优势就很可能会出现。

（二）独生子女的职业性别平等

在上述职业发展指标上，独生子女实现了性别平等。独生子和独生女在是否掌握职业技能、就业类型（层次）、非农就业时间和年经济收入四项指标上都表现出了一致性。独生子并没有因为是男性而获得更好的职业发展，独生女也没有因为是女性而丧失职业发展的机会与条件。

独生子和独生女在所有的职业发展指标上都表现出了彻底的一致性。虽然非独生子女在职业发展上也表现出了一定程度的性别平等，但没有表现得像独生子与独生女之间那样彻底。非独生子和非独生女在职业技能状况、非农就业时间和经济收入上表现出了一致，但在就业类别上却差异显著。务农的非独生女明显多于非独生子，而从事非农职业的非独生女却明显少于非独生子。或者说，非独生女的非农职业转移明显落后于非独生子。

第三节 农村独生子女性别平等的社会建构

一、农村独生子女的优势

1. 家庭优势

相比较非独生子女，农村独生子女的家庭条件要优越一些。这种家庭条件的优越性主要体现在父母身上。相比较非独生子女父母，独生子女父母的优势主要体现在三个方面。其一，独生子女父母有更现代的婚育观念。主要表现为独生子女父母结婚更晚、生育更晚、生育性别态度更平等。其二，独生子女家庭也更具现代特征。主要表现为独生子女家庭的规模更小，父母的家庭地位更平等一些。其三，独生子女父母有更好的自身素质。主要表现为独生子女父母年纪更轻、文化水平更高、经济能力更强，而且父亲的职业技能状况更好。独生子女父母的这些特征多数是在生育之前就具备的，即使是在生育之后才获得的特征也不能归因于他们生育独生子女，相反，这些特征是他们选择生育独生子女的重要原因。或者说，独生子女父母和非独生子女父母本身就是两类不同的人，前者比后者更具有现代的婚育观念、性别态度和更好的自身条件。独生子女父母和家庭的这些特征或者优势为独生子女的成长和发展奠立了较好的基础。

2. 自身优势

相比较非独生子女，农村独生子女的成长与发展具有明显优势。农村独生子女的优势主要体现在三个方面。

其一，独生子女的家庭地位更平等。独生子女在某种程度上体现父母平等的生育性别态度。拥有较为平等的性别态度的夫妇更可能选择生育独生子女，而重男轻女思想较为严重的夫妇更可能选择生育非独生子女。独生子女父母更认可女儿在继承家产、家庭养老方面的价值，已婚独生子女也获得了父母更高的结婚费用馈赠，增进了女儿和儿子在上述指标上的平等。相反，非独生子女父母在上述指标上依然维持比较传统的子女家庭性别地位模式。

其二，独生子女的受教育状况更好。独生子女在学校教育费用投入、受教育年限、受教育层次、上重点学校的比例、接受继续教育的比例等方面都明显多于或高于与其同龄的非独生子女；独生子女更多的是因为成绩不佳而停止学业，而非独生子女更多的是因为经济困难而停止学业。独生子女享有更多、更优质的教育资源，享有更多的教育机会，也有更高的文化水平。停学原因上的显著差异不代表独生子女的成绩差于非独生子女，只能说明独生子女的教育更受父母重视，而非独生子女的学业更容易受制于经济条件。

其三，独生子女的职业发展更具潜力。独生子女的职业技能状况更好，非农就业的比例更高。虽然独生子女在非农就业时间和年经济收入上没能体现出优势，但笔者认为这只是暂时现象。两类子女年龄小，多数都还没有婚姻家庭负担，非农就业的比例都很高；两类子女一般都刚进入社会、刚开始就业，缺乏职业经验积累。年龄小和职业经历缺乏致使独生子女的职业发展潜能在非农就业时间和经济收入能力上尚未体现出来，但随着两类子女的年龄增大和职业生涯的延伸，独生子女在这两方面、尤其是经济收入方面应该会体现出优势。因为掌握职业技能是获取非农就业机会的重要条件，而文化水平更是获取非农就业机会、提高经济收入的重要因素。

相对于非独生子女，独生子女在上述方面却享有明显的优势。如果不是把比较对象局限于独生子女或非独生子女内部的性别之间，而是贯穿到独生子女和非独生子女之间，独生子女的上述优势就表现为农村地区第一代独生子女及其同龄的非独生子女之间的性别分化。相比较而言，独生女实现了与独生子同等的发展权利，而且在一般的指标上明显超越了非独子。生育非独生子女这一事实既抑制了儿子的成长与发展，更限制了女儿的成长与发展。

3. 独生子女获取优势的解释

独生子女的家庭优势是解释其自身优势的关键因素。生育独生子女、父母更平等的生育性别态度、更高的文化水平是解释独生子女相对平等的家庭地位的重要因素；生育独生子女、父母更高的文化水平、更好的家庭经济条件是独生子女获得更多教育机会、享有更优质教育资源的重要原因；生育独生子女、子女的教育优势是独生子女实现职业发展优势的重要原因。

二、独生子女与性别平等

农村独生子女在成长与发展过程中表现出了相当的性别平等。农村独生子女在一定程度上是父母基于相对平等的子女性别态度而做出的生育选择的结果。独生子女家庭中女儿的家庭地位也得到了明显改善。虽然有更多的独生子女父母认可儿子家庭价值大于女儿，但大多数独生子女父母都认为子女的家庭价值相当。并且独生女的出现使传统的、男高女低的子女家庭地位模式得到改观：独生子女父母更认可女儿继承家产、家庭养老等价值。传统性别文化中一直由儿子掌管的领地出现了女儿的身影。这种家庭权力和家庭责任的增大，意味着女儿家庭地位的实质性提高。独生子和独生女在教育获得、职业发展的各项指标上也都实现了平等。

非独生子和非独生女在成长和发展过程中也表现出了较好的性别平等,但比较独生子女而言,非独生子女的这种平等状况并不是完全和彻底的:非独生女的出生在某种程度上就意味着父母对女儿的一种性别歧视;非独生子女家庭的子女地位依然维持传统性别文化中的男高女低模式;非独生女在求学过程中更可能遭受到父母对子女进行教育投入的重男轻女观念的影响;非独生女的非农职业转移也明显落后于其兄弟。虽然是否生育独生子女体现着父母的平等程度不同的性别态度,但是"性别"并不是影响子女在家庭地位、教育获得和职业发展的主要因素。值得注意的是,"是否独生子女"变量是影响子女这一代人成长与发展的关键变量。"独生子女"这一生养和抚育事实是解释独生子女在家庭地位、教育获得和职业发展等方面获得优势并实现性别平等的重要因素。

三、独生子女、独生子女政策与性别平等的社会建构

通过调查研究,我们得出的结论是生育独生子女能明显地促进子女在日常生活中的性别平等。农村独生子女本身就是父母基于相对平等的性别态度而进行生育选择的产物。女儿的地位在独生子女家庭获得了实质性提高,一些过去不容置疑地属于儿子的家庭价值,比如家产继承、家庭养老等,现在在女儿身上获得了认可,并且独生子和独生女在教育获得、职业发展方面也实现了平等。相对于非独生子女,独生子女自身的成长与发展状况实现了超越,性别关系也获得了彻底的平等。

但是作为研究独生子女性别平等的参照对象——非独生子女的性别关系状况值得我们注意。虽然非独生子女的出生在一定程度上是父母基于重男轻女观念而进行生育选择的结果,但非独生子女在成长与发展过程中,非独生子女父母在子女的养育过程中没有表现出明显的性别歧视。非独生子女家庭虽然在男嗣继承、养儿防老等方面延续了传统的子女性别关系格局,但女儿的家庭地位已经得到了很大提高。非独生子女父母在子女教育投入上表现出重男轻女,非独生子女家庭中女儿更可能因为经济困难而停止学业,而这一困难并没有给儿子带来同等的影响,但儿子和女儿在父母的教育态度、教育期望、教育花费、受教育年限、受教育层次、上重点学校的比例、接受继续教育的比例等指标上都表现出了一致性。非独生女在非农就业比例(就业层次)上明显落后于非独生子,务农的非独生女比例明显高于非独生子,打工和其他非农就业的非独生女比例则明显低于非独生子,但非独生子女在职业技能状况、非农就业时间和年经济收入等指标上没有

明显差异。这个结果出乎笔者的意料。在研究之初，笔者曾想当然地假定：独生子女的性别关系是平等的，而非独生子女的性别关系是不平等的。这种假定也是笔者在研究设计中选择非独生子女作为参照对象去探讨独生子女的性别关系的重要原因之一。

为什么会出现这种局面呢？原因当然是复杂的。

其一，社会对劳动力的知识文化素质和职业技能提出了更高的要求，也为劳动力获取知识文化和职业技能提供了较好条件。第一代独生子女及其同龄的非独生子女成长的社会环境是其父辈所不可比拟的。他们的成长与我国的改革开放同步；改革开放、体制转型、经济社会快速发展是这一代人成长与发展的大背景。奉行效率原则、提倡竞争精神的社会经济运行机制对这一代人提出了更高的要求，而宽松、稳定、自由、务实的社会环境也为这一代人的成长与发展提供了优厚的条件。

其二，开化的社会性别文化打破了父母培养子女过程中的重男轻女桎梏。打破男尊女卑、女权诉求一直是我国文化、观念现代化过程中的重要内容。新中国成立以后，"男女平等"一直是各项法律、政策的价值诉求，也一直被主流意识形态所提倡，甚至成为一项基本国策。第一代独生子女及其同龄非独生子女父母大都出生在20世纪50年代中后期到60年代中期，在60~70年代接受教育和长大成人。这一代人的性别观念已经相对开化，重男轻女思想已经不再根深蒂固，与传统的旧式农民有很大差别。他们不但"望子成龙"，而且还"望女成凤"。

其三，家庭经济生活条件的改善为子女的教育和培养奠立了较好的物质基础。我国的改革肇始于农村。农民是这场堪称"第二次革命"的改革的主要受益者之一。他们能在自由宽松的社会环境中选择职业、产业，能在自由的社会流动中选择、发现发家致富的机会与途径，能自由地支配自己的劳动时间和劳动成果。改革开放以来，农村家庭的经济条件和生活水平有了较大提高。在子女的教育、培养主要还是由家庭来承担成本的情况下，家庭经济、生活条件的改善无疑为子女的成长与发展提供了必要的条件。

上述原因为新形势下子女的成长与发展以及性别平等的达成奠立了良好的基础，但还有一个根本的，也是最直接的原因，那就是独生子女政策。笔者认为，起到关键作用的就是独生子女政策。

不管是独生子女，还是非独生子女，都是独生子女政策下的生育事实。独生子女政策下的生育事实与没有计划生育政策下的生育事实是不一样的。我国的计划生育政策首要出发点就是控制生育数量。这种生育事实的不一样也主要表现为生育数量的不一样。调查发现，独生子女的祖辈生育数为4.1人，生七八个子女的也为数不少。而独生子女及其同龄的非独生子女父母平均才生育1.51个小孩。

由没有计划生育政策时期平均生育 4 个以上的小孩,到独生子女政策时期平均生育 1.5 个左右的小孩,生育数量在代际之间明显地大幅下降。当然,生育数量在代际之间出现下降也有社会经济发展的原因 (Zhang Weiguo, 1999; Moore Trent Wade, 1998),但独生子女政策是这种生育数量在代际之间大幅下降的主要原因 (Greenalgh, Susan, 1990; Schultz, T. Paul, Zeng Yi, 1995)。没有独生子女政策,独生子女父母一般不会只生一个小孩,非独生子女父母一般也不会只生两到三个小孩。

独生子女政策下,一部分夫妇生育的是独生子女,另一部分夫妇尽管生育的是非独生子女,但其绝对子女数量并不多。就笔者在江苏、四川两省的 4 个区县的调查情况看,生育非独生子女的父母绝大多数是两个小孩,生 3 个及其以上小孩的很少。调查员在各调查点刻意去寻找生育多子女的父母,为此费尽周折。为了寻找多子女父母而延长调查时间、增加调查点是常有的事,而最终我们在 4 个区县总共才调查到 14 位生育有 3 个子女的父母,生育 4 个及其以上子女的父母更是一个都没有。也就是说,独生子女家庭和非独生子女家庭在子女数量上通常就是一个小孩的差别,极少相差 2 个小孩或 2 个以上的。

独生子女家庭和非独生子女家庭的子女数量差别不大很可能是两类子女在家庭地位、教育获得和职业发展上实现较好的性别平等的重要原因。"望子成龙"、"望女成凤"是一般父母的愿望。不管是独生子女父母还是非独生子女父母,都会着意教育和培养自己的子女。在子女的教育和培养上,通常只有在子女数量较多,家庭的发展资源不足以满足每个子女的成长与发展要求的时候,重男轻女的倾向性行为才可能出现。这个时候父母通常会剥夺女儿所应享有的发展资源和机会,成就儿子的发展。父母通常只有在家庭发展资源确实有限,在不得已的情况下才可能做出这种非此即彼、厚此薄彼的选择,但是当子女数量并不多的情况下,父母一般也不会在子女间进行倾向性投资,哪怕牺牲一些儿子的发展资源与机会,也会尽量保证女儿不受歧视。独生子女家庭就一个小孩,女儿获得与儿子同等的家庭地位、教育资源和发展机会并不难理解。绝大多数非独生子女家庭也就比独生子女家庭多一个小孩,父母并没有非要在儿子和女儿的家庭地位、教育和培养上做出牺牲女儿、成就儿子的倾向性选择。在子女数量不多的情况下,儿子和女儿获取相当的家庭地位、共享教育、发展资源,是完全可能的。

生育独生子女能够促进子女间的性别平等,这是本研究的重要结论之一。如果笔者的上述分析是正确的,那么本研究的结论就可以做一次延伸:独生子女政策可以促进子女这一代人的性别平等。独生子女政策促进性别平等的关键在于该政策降低了家庭生育数量,从而提高了子女平均享有家庭发展资源的数量和机会,在某种程度上避免了性别歧视的发生。可以说,在 20 世纪 80~90 年代,独生子女政策是我国农村社会的性别关系平等化的一项重要建构机制。尽管独生子女政策一直存在一些争议，但本研究的结论为独生子女政策在减少生育数量、建构平等的性别关系方面提供了一个积极的证据。当然本研究只是提供了一个有限的结果，独生子女政策的性别关系平等化的建构机制究竟如何，这个问题尚未深入涉及，还有待继续研究。

如果这种结论延伸的条件和结果是合适的，本研究的结论甚至还可以再进一步延伸：计划生育政策可以促进子女这一代人的性别平等。独生子女政策是计划生育政策的一种。除了独生子女政策外，我国当前的计划生育政策主要还包括"一胎半"政策和二胎政策。不管计划生育政策多么复杂，涉及面多么广，最终都要体现在对育龄夫妇生育数量的限制上，不同的生育政策最大的差别仅在于生育数量的限制幅度不一样而已。不管执行哪一种计划生育政策，一致的结果是生育数量的明显下降。遵循上述分析中的逻辑，生育数量的明显下降会促进子女在家庭地位、教育获得、职业发展上的性别平等。

笔者在第四章提到，20世纪80年代中期，即我国刚推行普遍强力的计划生育政策不久，一些西方学者就我国的计划生育政策能否改善子女这一代人的性别关系这一问题做过讨论。一些学者持肯定态度，而另一些学者则持怀疑态度，但是他们都没有就这个问题做过具体的研究。只有特伦特·韦德·穆尔（Trent Wade Moore，1998）的研究发现生育政策下的生育率下降能促进子女的教育性别平等，为持肯定态度的学者提供了一个证据。本研究的结论可以为这个讨论提供一个正面的证据。

我国强制性的计划生育政策在20世纪70年代末一经推行，就立即遭到西方社会各界几乎是异口同声的质疑（Bonggaarts, John & Greenhalgh, Susan；1985），甚至有人认为该项政策的制定本身就是缺乏准备、不谨慎和草率的（Greenhalgh, Susan；2003）。西方学术界对我国计划生育政策的相关研究通常也是得出负面的结论（Tu Ping & Smith, Herbert L；1995），还有一些学者认为该项政策挑战了中国人重男轻女的生育文化与观念（Jia li Li & Cooney, Rosemary Santana, 1993；Murphy, Rachel, 2003）。

强制性的计划生育政策执行之初，国内外的学者就开始关注该项政策的社会意义或者效应（Wong Siu-lun, 1984）。时至今日，我国的计划生育政策已经执行了30多年，而且还将继续执行下去。作为一项基本国策，计划生育直接涉及几乎所有的家庭，也间接牵扯到社会多个层面，因此要全面研究、评价该项政策的社会效应几乎是一项不可能的工作。就本研究的结论来看，独生子女政策有利于实现其"少生、优生"的目标，也有利于改善子女这一代人在成长与发展过程中的性别关系。"少生、优生"是计划生育政策的基本目标，独生子女的成长与发展明显优于非独生子女的事实证明,在我国当前的社会经济条件下,"少生"是"优生"的重要条件。促进性别平等并不是计划生育政策的目标,但是独生子女之间、非独生子女之间的平等状况证明,独生子女政策有利于改善子女这一代人的性别关系,促进子女这一代人的性别平等。对于以"控制人口增长,提高人口素质"为直接目标的计划生育政策来说,促进性别平等是其意外的收获。

四、子女的性别平等是暂时的吗

本研究发现,子女这一代人的性别关系,不管是独生子女还是非独生子女,都基本上实现了平等;是否独生子女是子女这一代人成长与发展的重要影响因素。但是,随着年龄的增长,子女这一代人到了其父母这个年龄还能维持家庭地位、职业发展等方面的性别平等吗?现在要给出一个确切的答案当然是不可能的,因为子女正值青春年少,事情远未到发生的时候,但是我们可以依据常理去推测与分析。父母这一代人所处的特定生命阶段很可能影响到他们在家庭地位、职业发展上的性别关系。家庭的责任与义务、众多社会角色的期待与要求需要母亲操持家务、侍奉长辈、养育(孙)子女,也需要父亲养家糊口、发家致富、光耀门庭。这种角色要求与期待的性别差异很可能束缚母亲的职业发展(Ridgeway, Cecilia L.; 1997),促进父亲的职业发展,引起、加剧职业发展上的性别鸿沟。而子女这一代人正值青年,多数尚未结婚成家,家庭的责任、义务不重,扮演的社会角色少而简单,而且现代社会的青年文化崇尚就业、创业,追求职业上的成就,这些条件和环境有利于男性、女性的职业发展,促进职业发展上的性别平等。但是随着子女这一代人年龄的增大,逐渐进入父母目前这个生命阶段,其职业发展的性别平等状况还能否保持现在的这种优势呢?

独生子女政策的贯彻减少了一般家庭的生育数量,这有利于父母以更平等的态度去培养子女,但父母养育子女的性别平等态度难以在短时间内改变社会性别文化的规范要求。家庭中子女的性别关系是朝平等的方向前进了一大步,但社会性别文化变迁的滞后在一定程度上会消解家庭在子女培养上的性别平等。在现实的性别文化中,婚姻家庭、生儿育女对父亲和母亲所提出的要求是不一样的,社会劳动力市场对男性和女性所提出的要求也是不一样的。在这些不同的要求中,女性通常会丧失更多的机会,作出更大的牺牲。随着这一代子女的年龄增大,逐步走向婚姻家庭、生儿育女、融入社会,社会性别文化的结构力量会在他们身上逐渐体现出来,性别间的职业发展差距会逐渐增大:女性的非农就业机会和时间会进一步减少,经济收入也会降低,而男性在就业机会、就业层次、经济收入上的优势会逐渐体现出来。

  但是笔者认为，相对于父母这一代人，子女这一代人的性别关系优势绝不是暂时的，而是会保持下去，因为这一代人在成长阶段实现了教育和职业技能训练上的平等，这为职业生涯、家庭生活中的性别平等奠立了良好基础。但是，期待子女这一代人在职业生涯和家庭生活中也实现他们在教育、职业发展潜能上一样的平等程度则几乎是不可能的，因为社会既有的性别文化与观念要在一代人身上发生颠覆性的改变几乎是不可能的。虽然性别关系状况可能随着年龄的变化、生命阶段的不同而发生变化，但这并不影响生育独生子女能够改善子女的性别关系这一结论，也不影响独生子女政策、计划生育政策有利于改善子女这一代人的性别关系这一推论。

第二篇

婚姻、生育与
家庭关系

第六章

青年独生子女的婚姻家庭角色

第一节 进入婚姻的独生子女

20世纪70年代末80年代初出生的第一批政策性独生子女,有不少已经男婚女嫁、生儿育女了,而且今后一段时间内,在结婚登记的人群中独生子女所占的比例还会越来越大。人们普遍认为独生子女正在用他们自己的方式使中国传统的婚恋观念和家庭模式发生改变。对于这些已经步入或即将步入婚姻殿堂的独生子女,媒体和社会给予了相当多的关注。

一、对独生子女婚姻的关注倾向

从婚姻方面来看,这种关注主要有三种倾向:

第一种倾向是认为独生子女的婚姻具有特殊性,对其表现出过多的忧虑,认为独生子女婚姻存在较多问题与缺陷。比如有媒体预言:"独生子女自我、任性、依赖性强又不愿受束缚的性格,势必影响着他们对婚姻的态度";"他们缺乏责任心,独立性差,从小'独'惯了,处理问题和化解矛盾的能力不强,婚后只要稍有冲突,就会草率离婚";"独生子女的婚姻有'草结草离'的趋势"(吴京,2004)。一些媒体将这种现象称作"昙花婚姻"(潘彦等,

2004)。还有媒体将独生子女的结合描述为"松散联盟式的自由家庭","他们更愿意将婚姻看做一种生活方式的选择,他们可以根据自己的经济实力、感情需要等选择自己的婚期与伴侣,婚姻的内容与形式也发生了变化"(张泽伟等,2003a)。

第二种倾向是否认独生子女婚姻是问题婚姻,认为独生子女婚姻与非独生子女婚姻并不存在实质性差异,这种倾向主要以风笑天的观点为代表。风笑天的研究表明,与20年前人们的担心和偏见相反,独生子女的婚姻在恋爱、家庭关系、家务表现、人际交往、自我评价等方面,与非独生子女的差别很小。针对一些媒体宣称的"独生子女婚姻呈现'草结草离'趋势"的现象时,他认为"从整体看,草率的婚姻并非独生子女婚姻的主流"(潘彦等,2004)。

第三种倾向是认为独生子女婚姻有利有弊。天津社会科学院汪洁专门对独生子女婚姻中的一种特殊情形——"双独"婚姻的利弊进行了分析。她认为,与非独生子女婚姻相比,独生子女婚姻存在四"忧"、四"喜"。独生子女婚姻令人担忧之处表现在:一忧:夫妻双方的摩擦性。与非独生子女相比,独生子女一般在家里都比较娇惯、任性,自制能力差,缺少关心、体谅、尊重他人的习惯,往往事事以我为中心。这些昔日的"小皇帝"、"小公主"、"小太阳"长大以后一旦成婚,这种性格和习惯自然要带到婚姻关系中去,所以独生子女婚姻中的夫妻相融性差、摩擦性强。二忧:对子女抚育的薄弱性。本身为独生子女的夫妇缺少带弟弟、妹妹的经历,在抚育子女方面往往手足无措。三忧:赡养老人的局限性。一个独生子女家庭往往需要赡养包括双方父母在内的四位老人,即使他们有足够的资金、物质帮助老人度过晚年,也很难尽生活陪伴与精神慰藉之孝道。四忧:双方父母对子女婚姻的干扰性。独生子女的父母与非独生子女的父母相比,前者对子女择偶的期望值偏高,这种过分盼望子女婚姻美满的心理往往自觉不自觉地变成了越俎代庖的行动。独生子女婚姻的可喜之处表现在:一喜:独生子女婚姻的互补性强。这里包括了小夫妻的互补和独生子女双方父母的互补。独生子女小夫妻各自从小到大无兄弟姐妹,这是一个无法弥补的缺憾,这种孤独感伴随他们从幼年到青年。正是由于婚姻的缔结,使独生子女的心理得到了补偿,使他们有了夫妻加手足的情感。他们的父母由于响应号召,终身只生一个孩子,但他们中的大多数人内心还是希望儿女双全,而子女的婚姻间接地实现了独生子女父母的愿望。二喜:独生子女婚姻财力比较雄厚。独生子女父母会为子女未来的婚姻家庭生活准备和积累一些物质和经济财富,这无疑为独生子女婚姻生活的美好幸福奠定了一定的物质基础。三喜:独生子女婚姻家庭的简单化。这里包含了家庭结构的简单化和家庭矛盾的简单化。四喜:独生子女教育的完备性。心理学认为,在婴幼儿时期被剥夺或忽视了智力刺激的儿童,将永远达不到他们原来应能达到的智力水平。独生子女父母对其智力的培养和教育的重视比非独生子女有明显的增加，所以有更多的机会和条件刺激幼儿智力的发育（张泽伟等，2003b）。

二、成为父母的独生子女

从父母角色的承担状况来看，这可能是目前媒体和大众在关注第一代独生子女时非议较多的方面。例如，认为目前成为父母的独生子女当中，生了孩子却不懂养育孩子的现象十分普遍，不少独生子女做了爸爸、妈妈后仍然缺乏责任心，依赖性较强（李伟平，2003）。目前这一代"独生父母"，尽管经济独立，但相当多的人生了孩子还是选择转移和逃避，让祖辈去承担本该由自己承担的责任。广州市穗港澳青少年研究所一份调查表明，他们中75%以上家庭结构为祖孙三代同在一个屋檐下，祖辈的"育孙率"高达70%以上（余颖等，2004）。很多人担心，第一代独生子女身上最初所表现出来的种种性格和行为弱点，会不会"遗传"给他们的下一代？他们能培养出合格的21世纪新人吗？（杨步月，2004）

针对人们的普遍疑问，一些学者明确表示，与父辈相比，"独生父母"们教育下一代不会逊色，甚至在某些方面更有优势。比如从育儿心态来看，计划生育政策下的父辈们将自己的唯一宝贝看成是"私有财产"，对孩子严加控制，同时希望自己从小没享过的福，能在孩子身上得到补偿，导致过度溺爱；"独生父母"希望汲取父辈们的经验教训，教育好自己的下一代。从育儿理念来看，父辈们围绕着教育指挥棒，对孩子多采取重智力轻德育的功利主义教育方式，认为孩子只要学习好就会有好前途；追求个性和自由的"独生父母"们喜欢把孩子当做一个独立个体来尊重和对待，希望孩子将来能够成为一个人格完善、自食其力的人。从育儿方法来看，在传统家庭中，父辈们的形象多为居高临下的照料者、管理者、教育者，亲子两代之间的角色距离十分明显；"永远也长不大"的"独生父母"们更愿意扮演孩子的"兄弟姐妹"、"同龄伙伴"，两代人之间的关系会向着更加亲密、平等的方向发展（杨步月，2004）。

与媒体的高度关注相比，学术界的相关研究成果则相对较少，其中比较相近的研究主要有两项：一项是2004年陈建强等人在上海市对1800多位被访者所进行的调查，其内容涉及独生子女的恋爱、婚姻、育儿。该研究得到了下列五点结论：已为人父母的独生子女的"家庭结构以三代同堂为主、子系小家庭的经济依赖性更强、育儿模式上更依赖新兴媒体网络的力量、恋爱观念更开放、育儿观念上个人取向更为明显"（陈建强、包蕾萍，2004）。但是该项研究并没有对已婚独生子女在"父母角色"上的表现进行深入探讨。

另一项是风笑天根据全国12个城市青年的调查资料所进行的独生子女社会

适应性研究。尽管这项研究也涉及恋爱婚姻的内容，但是研究者仅仅只从适应性的角度选取了五个指标："未婚者有对象的比例"、"未婚者第一次谈恋爱的年龄"、"未婚者感觉找朋友是否困难"、"已婚者结婚的年龄"以及"分年龄的已婚者的比例"等。研究发现"未婚独生子女在独立生活适应方面明显弱于非独生子女，但已婚独生子女在这方面的表现却与非独生子女完全一样"，于是认为在独生子女与非独生子女的趋同性中，"婚姻状况是一个关键变量"（风笑天，2005）。但是这种趋同性究竟是由婚姻状况的不同所导致的，还是由父母角色所导致的？由于该研究仅仅只是区分了已婚与未婚的差别，没有进一步区分已婚未育和已婚生育的情况，也就是说，没有考虑父母角色这个变量，因此这一结论也是值得进一步商榷的。

从上面的分析来看，尽管这两项研究都包含有第一代独生子女婚姻家庭的内容，但都远远不能满足我们系统全面地了解第一代独生子女婚姻家庭生活状况，尤其是了解其婚姻家庭角色表现的需要。

虽然媒体和社会舆论对独生子女婚姻家庭角色大多持有负面看法，但是只要对这些报道稍加分析，我们就可以看出媒体的结论要么是空发议论、泛泛而谈；要么是来自于某些个别的甚至是极端的事例。即使是一些专家的观点和看法，大多也不是建立在经验研究基础上得出的结论。但由于大众媒体的独特影响力，一些典型个案往往被放大为一类人的代表，公众也似乎乐意接受这样的结果。"对于每一个个体来说，给他们贴上分类的标签比观察其个体本身要容易得多。大多数人持有对独生子女的偏见，是因为接受这种观念既快又方便"（Susan B. Neuman，2004）。因此，我们有理由提出质疑：媒体的这些观点和结论对独生子女而言是普遍现象吗？是独生子女所特有的吗？其实面对成千上万的独生子女，无论是"成功的"个案、还是"问题的"个案，我们都很容易在现实社会中找到足够的例证，但若以此来说明独生子女的一般状况，显然是不科学的。与此同时，国内学术界在这方面的研究又显得有些滞后，特别是对青年独生子女婚姻家庭角色较为全面的调查和分析比较少见。那么第一代独生子女的婚姻和家庭生活状况究竟如何？他们能否扮演好各种婚姻家庭角色？他们在婚姻家庭方面的角色表现是否会呈现出与非独生子女不同的规律和特点？这些问题的答案，对于我们全面认识和评价第一代独生子女的成长和发展无疑具有重要意义。

三、研究方法与数据

本研究的资料来源于对武汉市的一次定额抽样调查，样本包括18～30岁的年轻人600名，其中独生子女300名（未婚、已婚未育、已婚生育，每类各100

名），非独生子女 300 名（类别、人数与独生子女相同）。本章中所有独生子女的分析，都是以非独生子女作为参照的。样本基本情况见表 6-1。

表 6-1　　　　　　研究样本基本情况分布　　　　　　单位：%

变量类别		独生子女	非独生子女
性别（n=600）	男	49.0	50.3
	女	51.0	49.7
年龄（n=600）	18～22 岁	14.0	7.3
	23～26 岁	43.3	35.3
	27～30 岁	42.7	57.3
文化程度（n=594）	高中及以下	6.8	12.7
	大专	27.1	16.7
	本科	55.3	51.2
	硕士及以上	10.8	19.4
职业状况（n=586）	有稳定工作	86.6	82.7
	临时工	6.8	6.8
	在校学生	4.1	7.1
	无工作	2.4	3.4
单位类型（n=541）	国有企事业	69.8	66.9
	外企	5.8	4.6
	民营企业	21.2	23.2
	个体	3.2	5.3
18 岁以前的生活地（n=597）	城市	74.7	51.2
	城镇	18.7	25.3
	农村	6.7	25.3

根据研究的目标以及不同的变量类别，本研究主要采用交互分析、单因素方差分析以及多元线性回归分析等方法进行探讨。

第二节 独生子女的夫妻角色

一、独生子女夫妻角色的进入

（一）结婚年龄——进入夫妻角色的时间

1996年，徐安琪等人曾在上海、甘肃、广东、哈尔滨4个地区（其中上海、哈尔滨为城市调查点，广东、甘肃为农村调查点）选取65岁以下的已婚妇女和她们的丈夫共6 410人进行调查。其中，上海男性结婚的平均年龄是28.2岁，女性是25.44岁；哈尔滨男性结婚的平均年龄是25.99岁，女性是24.07岁（徐安琪等，1999：41）。

对目前我国青年结婚的年龄，风笑天在2004年曾对全国12个城市的1 786名18~28岁的在职青年（包括未婚和已婚）进行过调查，结果显示未婚女青年期望的结婚年龄的均值为26岁，已婚女青年实际的结婚年龄的均值为24岁，实际结婚年龄低于期望值2岁；未婚男青年期望的结婚年龄的均值为28岁，已婚男青年实际的结婚年龄的均值为24.6岁，已婚男青年实际的结婚年龄不仅大大低于未婚男青年的期望婚龄均值，也低于未婚女青年的期望婚龄均值。与已婚女青年实际的婚龄均值相比，也只是略高出半岁左右（风笑天，2006）。

也有机构专门对独生子女结婚年龄的特点进行过分析。有媒体报道，上海社会科学院青少年研究所曾通过对1 800个家庭的问卷调查得出了一个结论：中国第一代独生子女所具备的共同特点是"恋爱不迟、结婚不早、生育不急"（李伟平，2003）。

（二）理想婚龄与实际婚龄

我们所关心的问题是，伴随着中国改革开放成长起来的第一批独生子女在婚龄问题上真的具有与非独生子女不同的特点吗？在这里，我们主要从理想婚龄与实际婚龄两方面来考察青年的婚龄问题。

理想婚龄是指青年主观认为的合适婚龄，它是青年继续社会化的产物；而青年的实际婚龄则是综合考虑各种主客观因素之后的实际行为，它受国家政策、经济发展水平、传统习惯、文化观念及自身因素的制约,是对理想婚龄的实施或调整。

从表6-2可以看出,独生子女认为男性理想婚龄的均值是26.97岁,女性理想婚龄的均值是24.64岁,虽然都比非独生子女要小,但是单因方差分析表明两者并没有显著差异。

表6-2　　两类青年理想婚龄均值比较与检验(ANOVA)

类别		n	平均值(岁)	标准差	P
男性	独生子女	294	26.97	2.247	0.132
	非独生子女	295	27.24	2.120	
女性	独生子女	292	24.64	1.823	0.858
	非独生子女	296	24.67	2.016	

(三)理想婚龄的影响因素

那么理想婚龄究竟受哪些因素的影响呢?我们分别以理想的男性婚龄、理想的女性婚龄为因变量,将年龄、性别、是否独生子女、文化程度、月收入、单位类型作为自变量,其中性别、是否独生子女、单位类型作了虚拟处理,然后纳入回归方程进行分析。

从表6-3可以看出,理想婚龄主要受性别和文化程度的影响,其中无论是理想的男性婚龄,还是理想的女性婚龄,都受到性别因素的影响:相对于女性而

表6-3　　　　　　　　　理想婚龄的回归分析结果

解释变量	标准化回归系数	
	理想的男性婚龄	理想的女性婚龄
年龄	-0.073	-0.081
性别(男=1)	-0.096*	-0.139**
是否独生子女(独=1)	-0.77	-0.035
文化程度	0.118*	0.086
月收入	-0.052	0.021
单位类型(国有=1)	-0.108	-0.159
单位类型(中外和外资=1)	-0.057	-0.114
单位类型(民营=1)	-0.126	-0.144
R^2	0.034	0.035
F	2.201*	2.278*

注:** 表示 $P<0.01$,* 表示 $P<0.05$。

言，男性认为的合适婚龄（无论男性还是女性）要小。除此以外，理想的男性婚龄还受到文化程度的影响，文化程度越高的青年认为的男性适婚年龄也越大，但理想的女性婚龄没有受到文化程度的影响。

（四）实际婚龄及其影响因素

实际婚龄是青年男女的实际结婚年龄，从表6-4可以看出，独生子实际婚龄的均值是25.35岁，比非独生子实际婚龄的均值小半岁左右，单因方差分析表明两者存在显著差异。而独生女实际婚龄的均值是24.37岁，尽管也比非独生女实际婚龄的均值要小，但是两者只相差0.08岁，单因方差分析表明两者不存在显著差异。

表6-4 两类青年实际婚龄均值比较与检验（ANOVA）

	类别	n	平均值（岁）	标准差	P
男性	独生子女	97	25.35	1.720	0.034
	非独生子女	94	25.93	1.985	
女性	独生子女	102	24.37	1.535	0.754
	非独生子女	101	24.45	1.775	

实际婚龄又受到哪些因素的影响呢？由于实际婚龄不仅牵涉被访者本人，可能还与其配偶的特征有关，因此我们将这两方面的因素都纳入回归方程之中，具体来说包括性别、是否独生子女、文化程度、月收入、理想婚龄；配偶是否独生子女、配偶的文化程度、配偶的月收入等因素，其中性别、是否独生子女、配偶是否独生子女等变量做了虚拟处理。

表6-5的多元回归分析表明，实际婚龄的影响因素与理想婚龄的影响因素基本一致，主要受调查对象性别、文化程度的影响：相对于女性、文化程度较低者而言，男性、文化程度较高者的实际婚龄更大，而包括是否独生子女在内的其他因素对实际婚龄没有影响。

表6-5 实际婚龄的回归分析结果

因素	非标准回归系数 B	标准差	标准回归系数 Beta	检验值 t	显著度
(Constant)	20.199	1.411		14.314	0.000
性别（男=1）	0.948	0.242	0.261	3.916	0.000
是否独生子女（独=1）	-0.323	0.209	-0.089	-1.549	0.123

续表

因素	非标准回归系数 B	标准差	标准回归系数 Beta	检验值 t	显著度
文化程度	0.434	0.151	0.215	2.878	0.004
月收入	0.000	0.000	-0.088	-1.389	0.166
理想的男性结婚年龄	0.092	0.072	0.108	1.278	0.202
理想的女性结婚年龄	0.059	0.083	0.060	0.712	0.477
配偶是否独生子女（独=1）	0.040	0.229	0.010	0.175	0.861
配偶文化程度	-0.175	0.145	-0.092	-1.206	0.229
配偶月收入	-2.864E-05	0.000	-0.022	-0.305	0.761
决定系数及统计检验	\multicolumn{5}{l}{$R=0.382$，$R^2=0.146$，$AdjR^2=0.120$ $F=5.495$，$Sig.=0.000$}

（五）婚龄差

在考察了理想婚龄和实际婚龄之后，我们继续考察青年男女的婚龄差问题。尽管一个人能"自由"地同年龄相当大或相当小的人结婚，但大多数未婚者还是会从与自己年龄接近的人中，选择异性伴侣。中国的文化传统一般盛行男大女小的婚配模式。1982年我国五城市调查显示，丈夫比妻子小3岁以上的占2.96%，小1~3岁的占8.79%；在小1岁到大1岁之间的占11.16%；大1~3岁的占23.97%，大3~6岁的占27.43%，大6~10岁的占18.28%，大10岁以上的占7.4%。男比女大的情况占总数的80%以上。妻子的平均结婚年龄是23岁，丈夫的平均结婚年龄是26.4岁，男大于女平均3.4岁（潘允康，2002：78、81）。为什么会有这种男比女普遍大2~3岁的现象存在呢？有人认为是因为女性一般比男性早熟2~3年；也有人认为是男子有负担家庭经济的传统责任，因此需要有更长的准备时间。这些说法在早婚时代以及男主外女主内的社会应该是具有一定的解释力的。但是现代社会，当人们达到法定婚龄的时候，无论男女其身体发育过程都已基本完成，而且目前在我国尤其是城市不只是男方而是男女双方共同承担家庭经济的责任，那么婚龄差是否还会存在呢？

我们研究发现，在理想婚龄中选择男比女大的人占绝大多数，达67.0%；其次是"无所谓"，达27.8%；选择女比男大的极少，只占0.7%。两类青年在理想婚龄差上表现了比较高的一致性（见表6-6）。数据分析表明，在选择男比女大的人中，大1岁的占5.3%，大2岁占29.0%，大3岁的占34.1%，大4岁的占16.4%，大5岁以上的占15.2%。

表 6-6　　　　　两类青年理想婚龄差比较　　　　　单位：%

选项	独生子女	非独生子女	全体
男比女大	66.3	67.7	67.0
女比男大	1.0	0.3	0.7
男女年龄相同	5.1	4.0	4.5
无所谓	27.6	28.0	27.8
(n)	(294)	(300)	(594)
显著性检验	$\chi^2 = 1.488$，df = 3，P > 0.05		

从实际婚龄差来看，男比女大仍然占绝大多数，达75.6%，两类青年在实际婚龄差上也没有显著差异（见表6-7）。在选择男比女大的人中，大1岁的占29.3%，大2岁的占22.7%，大3岁的占20.3%，大4岁的占10.7%，大5岁以上的占17.0%，最大值为10岁，其中男比女大1~3岁的合计达72.3%。

表 6-7　　　　　两类青年实际婚龄差比较　　　　　单位：%

选项	独生子女	非独生子女	全体
男比女大	73.9	77.3	75.6
女比男大	13.1	7.1	10.1
男女年龄相同	13.1	15.7	14.4
(n)	(199)	(198)	(397)
显著性检验	$\chi^2 = 4.156$，df = 3，P > 0.05		

从结婚年龄来看，虽然青年的实际婚龄普遍小于理想婚龄，但是仍然在晚婚年龄以上，男性平均婚龄在25.63岁，女性平均婚龄在24.41岁，这一结果与风笑天的结论以及徐安琪调查中哈尔滨居民的情况基本相同，且男比女大仍然是目前青年婚配中最普遍的模式。尽管从客观上我们认为婚龄差已经没有存在的必要，但是从调查的结果来看，男大于女的婚配模式作为一种习惯和传统仍然沿袭下来了。在结婚年龄的问题上，除了独生子的实际婚龄比非独生子略小一点外，其余方面独生子女并没有表现出与非独生子女不同的特点。

二、独生子女对夫妻角色分工的认知与实践

（一）对夫妻角色分工的认知

传统的夫妻角色通常是男主外女主内，男人出外工作、挣钱养家，女人生儿

育女、操持家务。尽管在现代社会女性在受教育、就业和参加社会活动方面有了与男子平等的权利，人们已经接受并逐渐习惯了男女共同就业，共同养育子女，操持家务的观念。然而，传统观念并未完全退出历史舞台，在一些男人的思想中，仍然留恋"大男子主义"的好时光，表面上承认妇女解放的事实，内心深处仍固守着传统角色分工的期待。在一些女性的心里，也依稀保留着传统角色的痕迹：期望嫁一个"靠得住"的丈夫，即使自己离职在家也不在乎。如果男女双方对丈夫和妻子的角色有截然不同的期待，那就很难成为合适的配偶，即使勉强结合，也会在婚后的生活中不断发生角色冲突，损害婚姻生活的和谐幸福。

在这里我们关心的问题是，独生子女是否会因为父母在子女性别上的无可选择而接受一些中性化的教育，从而在夫妻角色的认知上具有与非独生子女不同的特点呢？

从表6-8可以看出，尽管认同"夫妻共同养家、共同持家是理想的家庭模式"的比例大大高于认同"丈夫挣钱养活家人，妻子在家操持家务是理想的家庭模式"的比例；女性应该外出工作以及男性应该做家务的意识也得到了大多数人的认可，但同时仍有一半以上的人赞同"男主外，女主内"。统计分析显示，在所有列出的关于夫妻角色分工认知的项目中，独生子女与非独生子女均无显著差异，但性别差异显著。具体而言，男性比女性更认可"男主外，女主内"、"丈夫挣钱养活家人，妻子在家操持家务是理想的家庭模式"以及"如果丈夫的收入足够养家，妻子可以不出去工作"；而女性比男性更认可"夫妻共同

表6-8　　　　　　　　夫妻角色分工认知的比较

夫妻角色分工选项	独生子女	非独生子女	男	女	全体
男主外，女主内	54.7	53.7	60.6	48.0***	54.2
丈夫挣钱养活家人，妻子在家操持家务是理想的家庭模式	34.0	30.0	41.4	22.7***	32
夫妻共同养家、共同持家是理想的家庭模式	87.1	89.5	84.1	91.9*	88.3
女人只有工作，才能赢得自己独立的地位	75.1	76.8	62.5	89.3***	76
如果丈夫的收入足够养家，妻子可以不出去工作	38.9	36.5	48.3	27.3***	37.7
男人也应该做家务	91.2	91.9	86.4	96.7***	91.6

注：*** 表示 $P < 0.001$。

养家、共同持家是理想的家庭模式"、"女人只有工作，才能赢得自己独立的地位"以及"男人也应该做家务"。由此看来，女性主义尽管经历了一个世纪的发展，但男权意识在相当程度上仍然根深蒂固。男女平等更多的只是得到了女性的认同，并没有得到男性的完全认可。

（二）夫妻角色实践

与对夫妻角色的认知相适应，在这里夫妻角色实践也主要从家庭经济来源和家务劳动两方面来考察。

关于家庭经济来源，我们研究发现，无论独生子女还是非独生子女，其家庭经济来源的排序是一致的：排在第一位的是"丈夫较多"，其次是"夫妻差不多"，而"妻子较多"的比例最小。统计检验显示，独生子女与非独生子女没有显著差异（见表6-9）。

表6-9　　　　　　两类家庭经济来源比较　　　　　　单位：%

选项	独生子女	非独生子女	全体
丈夫较多	49.5	51.3	50.4
夫妻差不多	45.0	43.7	44.4
妻子较多	5.5	5.0	5.3
(n)	(200)	(199)	(399)
显著性检验	\multicolumn{3}{c}{$\chi^2 = 0.141$, df = 2, $P > 0.05$}		

而且我们从表6-10中也可以看到，男性月平均收入确实高于女性的月平均收入，女性的收入水平只是男性的2/3。可以说，丈夫的收入是家庭经济的主要来源，妻子的收入是家庭经济的重要补充，夫妻共同养家的模式正在形成。

表6-10　　　　夫妻月收入均值比较与检验（ANOVA）

被访者		n	平均值（元）	标准差	P
被访者本人	男性	185	2 257.80	1 305.297	0.000
	女性	179	1 823.73	956.240	
被访者配偶	男性	189	2 782.00	1 640.203	0.000
	女性	167	1 596.49	815.355	

从承担家务的情况来看，认为"妻子较多"的占一半以上，其次是"夫妻差不多"，认为"丈夫较多"的比例最少。不难发现，这一排序与家庭经济来源

的排序刚好相反,似乎仍然呈现一种"男主外,女主内"的格局。统计分析显示,独生子女与非独生子女没有差异(见表6-11)。

表6-11　　两类家庭中夫妻承担家务的定性比较　　单位:%

选项	独生子女	非独生子女	全体
丈夫较多	8.0	11.0	9.5
夫妻差不多	37.0	54.0	36.0
妻子较多	55.0	54.1	54.5
(n)	(200)	(200)	(400)
显著性检验	$\chi^2 = 1.077$,df = 2,P > 0.05		

为了更具体地比较夫妻做家务的情况,我们列举了家庭生活中的几项日常事务,排除了父母、保姆、钟点工以及其他人承担的情形,仅将夫妻承担的挑选出来,并进行比较。

从表6-12可以看出,无论是独生子女家庭还是非独生子女家庭,在所列举的几项家庭事务中,由妻子承担的比例都远远高于丈夫。

表6-12　　两类家庭中夫妻承担家务的定量比较

家务分项	独生子女			非独生子女		
	丈夫	妻子	人数(n)	丈夫	妻子	人数(n)
洗衣服	7.3	82.7	168	15.6	84.4	154
买菜做饭	7.7	72.3	141	28	72	150
打扫卫生	4.2	65.8	155	28.8	71.2	153
照顾小孩	9.2	90.8	65	10.3	89.7	68

从家庭经济来源以及家务劳动的承担情况,我们可以看出,女性的收入虽然不及男性,但是作为家庭经济的重要组成部分,已经成为家庭经济不可或缺的来源。而与此相对应地,男性参与家务劳动的情形并不普遍,女性仍然是家务劳动的主要承担者,由此出现了女性与男性共同养家,但男性并没有与女性一起持家的局面。而且这种情形与是否为独生子女并不相关。

(三)对夫妻家务分工公平性的评价

从前面的分析我们发现,妻子在对家庭经济作出较大贡献的同时,也较多地承担着家务劳动。对这种情形,现代青年是否认可呢?

从表 6-13 的最后一列数据来看，绝大多数青年都认可目前的家务分工，有 83% 的人觉得目前的分工很公平或比较公平。统计分析显示，独生子女与非独生子女没有差异。从性别角度来看，尽管女性认为妻子承担较多家务的状况"不太公平"或"很不公平"的比例比男性多 10.2 个百分点，而且统计分析也显示，性别在家务分工是否公平的问题上存在显著差异，但同时我们也看到，认为"比较公平"和"很公平"的比例，男性为 88%，女性为 78%，都占绝大多数，也就是说，大多数女性自身也是认同这种"不合理"的家务分工状况的。

表 6-13　　不同身份的青年对家务分工公平性的判断　　　　　　单位：%

选项	是否独生子女		性别		全体
	独生子女	非独生子女	男	女	
很公平	6.5	11.7	12.4	5.9	9.1
比较公平	76.5	71.1	75.6	72.1	73.8
不太公平	13.5	16.2	9.3	20.1	14.9
很不公平	3.5	1	2.6	2	2.3
(n)	(200)	(197)	(193)	(204)	(397)
显著性检验	$\chi^2 = 6.534$, df = 3, P > 0.05		$\chi^2 = 12.786$, df = 3, P < 0.01		

（四）对夫妻角色的主观评价

夫妻角色评价是指被访者对自己与配偶各自所扮演的丈夫或妻子的角色分别进行主观评价，通过打分的方式进行，最低为 1 分，最高为 7 分，结果见表 6-14。

表 6-14　　两类青年对夫妻角色主观评价的均值比较与检验（ANOVA）

被访者		n	平均值（分）	标准差	P
自己	独生子女	197	5.64	0.967	0.919
	非独生子女	194	5.65	0.960	
配偶	独生子女	197	5.92	0.971	0.245
	非独生子女	195	5.80	1.048	

从平均值来看，无论是独生子女还是非独生子女对自己所扮演的丈夫或妻子角色的评价都比较高，达 5.6 分左右。单因方差分析表明，两类青年没有显著差异。对自己配偶所扮演的丈夫或妻子的角色评价，其平均值甚至还略高于自己，达 5.9 分，两类青年没有显著差异。

三、独生子女的夫妻关系

谈到独生子女的夫妻关系，从目前媒体的相关报道以及人们关注的焦点来看，主要集中在独生子女夫妻的角色适应问题上。比如有媒体报道天津市家庭教育研究会的一项研究成果表明，有32%的独生子女婚后经常争吵，处理家庭关系的能力较差（刘延军等，2004）。还有人认为"与非独生子女相比，独生子女一般在家里都比较娇气、任性、自制能力差，缺少关心、体谅、尊重他人的习惯，往往事事以我为中心。这种性格和习惯自然要带到婚姻关系中去，所以独生子女婚姻中的夫妻相融性差、容易发生摩擦"（张泽伟等，2003b）。而且"由于独生子女多数成长在几近溺爱的关怀中，应对挫折的能力相对较弱"（金柱，2004），因此，婚姻中一旦冲突出现，如何调解、如何维系正常家庭秩序就成为人们较为关心的问题。尤其是对于"双独"婚姻所组成的家庭，人们表示出了更多的担忧。那么现实生活中，独生子女在夫妻之间的角色适应状况究竟如何呢？他们是否比非独生子女夫妻更容易发生冲突？发生冲突之后是否更难于调解？下面我们拟从不同的婚姻组合来对独生子女的夫妻关系进行描述和分析。

（一）夫妻冲突的状况及其原因

我们来看一下三种不同类型婚姻组合的家庭中夫妻冲突的状况。从表6-15可以看出，无论是双独婚姻、单独婚姻，还是双非婚姻，都是"偶尔争吵"的比例最大，达60%左右，其次是"有时争吵"，再次是"从不争吵"，而"经常争吵"的比例最小。统计分析显示，三种不同类型的家庭之间并无显著性差异，独生子女婚姻中的冲突并不比非独生子女多。

表6-15　　　　　　　是否经常和爱人争吵　　　　　　　单位：%

选项	双独夫妻	单独夫妻	双非夫妻
经常争吵	1.3	2.7	5.0
有时争吵	26.7	30.4	28.0
偶尔争吵	61.3	57.4	60.2
从不争吵	10.7	9.5	6.8
(n)	(75)	(148)	(161)
显著性检验	$\chi^2 = 3.867$, df = 6, P > 0.05		

从表6-16可以看出，夫妻争吵的原因主要集中在生活习惯、家务劳动、经

济方面、兴趣爱好、教育孩子等方面,其中生活习惯的差异是最主要的原因。我们知道,两个来自不同家庭背景的异性由于其个人成长经历、成长环境、受教育水平、职业生活等方面的不同会形成不同的生活习惯,又由于婚姻关系需要朝夕相处生活在一起,因此不可避免地会引发一些冲突,这是情理之中的事。数据也显示,尽管双独夫妻和单独夫妻因为生活习惯的原因导致夫妻争吵的比例比双非夫妻高,但χ^2检验显示三种类型的夫妻之间并没有显著性差异。同时独生子女也并没有如前所述的一些专家所分析的那样,因为不会做家务而引发更多的家庭冲突。总之,在我们列举的所有八个可能导致冲突的原因方面,三种类型的夫妻之间都没有显著性差异。

表 6-16　　　　　　　　　夫妻争吵的原因比较　　　　　　　　单位: %

争吵原因选项	双独夫妻	单独夫妻	双非夫妻
养育孩子	16.0	16.9	26.7
家务劳动	25.3	23.6	26.1
经济方面	22.7	25.7	21.7
生活习惯	49.3	46.6	40.4
兴趣爱好	24.0	29.1	25.5
婚外恋	2.7	0.7	0.0
赡养老人	1.3	6.8	6.8
性生活不和谐	2.7	2.0	1.9

注：本题是多选题,因此纵向百分比总和大于100%。

夫妻争吵的原因主要集中在生活习惯方面,家务劳动、经济方面、兴趣爱好、教育孩子等也是较常见的冲突原因,三种类型的夫妻之间都没有显著性差异。

(二) 冲突后谁先妥协

有人说"独生女对独生子"是最麻烦的一对儿,理由是作为家中说一不二的人物,他们很少对别人屈服,因而矛盾和争吵不可避免;双方都在索求对方给爱多一些,结果发现对方都太自我了(方勤,2004)。

从表6-17可以看出,冲突发生之后,三种类型的家庭中都以"丈夫较多"让步居第一位,"夫妻差不多"居第二位;而"妻子较多"让步的比例较少,"双方都不让步"的情况非常少见。我们并没有发现独生子与独生女所组成的双独夫妻之间冲突尤为激烈以及冲突后互不让步的情形,其表现与单独夫妻、双非夫妻并没有显著差别。

表 6-17　争吵后谁先让步　　　　　　　　　　　单位：%

选项	双独夫妻	单独夫妻	双非夫妻
丈夫较多	52.2	54.4	48.0
夫妻差不多	32.8	33.8	42.6
妻子较多	13.4	10.3	6.8
都不让步	1.5	1.5	2.7
(n)	(67)	(136)	(148)
显著性检验	$\chi^2=5.505$，df=6，P>0.05		

有学者曾指出，"固守传统型的性别角色规范，如丈夫拥有实权或总是以妻子的大度、退让来缓解冲突的婚姻质量相对较低"（徐安琪等，1999），而我们的调查表明，现代青年通常是以丈夫更为大度或是夫妻的相互妥协来解决夫妻冲突，也就是说，男强女弱的传统性别角色规范已有所改变，而这种改变无疑有助于提升现代青年的婚姻质量。

（三）夫妻权力及影响因素

夫妻权力在一定意义上可以反映夫妻关系的性质到底是一种主从型的还是平权型的关系。有研究者曾经从重大事务决定权、日常事务决定权、子女事务决定权三个方面来测量夫妻权力（雷洁琼等，1994）。由于在我们调查时，一些独生子女结婚后还没有生育子女，或者是即使生育了但其子女也还比较小，一些比较重大的子女事务（如升学、择业等）还没有涉及，因此我们仅测量了前2项指标。

这里所说的重大事情主要指买房、买车和换工作等。从表 6-18 可以看出，"夫妻共同商量决定"的比例占大多数，其次是丈夫，由妻子决定的比例较少。也就是说，在重大事情的决定权上，不同类型的家庭都表现出一种"夫妻平权"

表 6-18　　　不同类型的家庭夫妻权力的比较　　　　　单位：%

选项	重大事情谁说了算			日常事务谁做决定		
	双独夫妻	单独夫妻	双非夫妻	双独夫妻	单独夫妻	双非夫妻
丈夫	25.3	14.9	18.1	9.3	7.5	6.8
妻子	4.0	3.4	3.8	48.0	50.3	49.1
夫妻共同商量决定	69.3	79.1	75.6	42.7	39.5	42.2
其他	1.3	2.7	2.5	0.0	2.7	1.9
(n)	(75)	(148)	(160)	(75)	(147)	(161)
显著性检验	$\chi^2=4.092$，df=6，P>0.05			$\chi^2=2.688$，df=6，P>0.05		

的模式，三类家庭没有显著性差异。

日常事务的决定权与重大事情的决定权则有所不同：尽管"夫妻共同商量决定"的比例仍然较大，但是由妻子决定的比例在三类家庭中都上升到了第一位，而由丈夫决定的比例较小。也就是说，在日常事务的决定权上，主要呈现一种"女主男从"的模式。χ^2检验显示，三类家庭也没有显著性差异。

关于夫妻权力影响因素的解释，最常被采用的理论是资源假说，即个人资源较雄厚者，在家庭决策中有更大的力量优势。比如布拉德（Blood）和沃尔夫（Wolfe）就认为，婚姻中个人所拥有的权力是和他/她带进婚姻及提供给配偶的资源相一致的，权威和权力来源于配偶双方占有资源的比较：权力的对比要看哪方配偶占有较雄厚的资源（J. R. Eshleman, 1991）。当然这里资源的含义是很广的，可以定义为"任何促进个人的能力去影响他人或一群人的特征、环境及财产"，其中特征大致包括年龄、性别、种族、健康状况及精力状况；环境包括地域、亲朋好友、活动范围及信息渠道；财产包括金钱、土地、家产、商品等等（J. R. Eshleman, 1991）。而文化规范分析更强调文化和亚文化对权威认同、性别规范、宗教信仰和一般社会准则及其对夫妻权力的影响（徐安琪，2005）。还有学者提出，由于家本位社会中的家庭决策权带有为全家服务的"操心"的成分，城市妻子家庭决策权高于丈夫的现象有时会掩盖某些丈夫逃避"操心"的自由权和妻子被迫"独揽"大权的辛劳。所以，夫妻平等与否不应完全按照家庭权力的大小来划分，而应看它是主动权还是被动权（左际平，2002）。

根据相关理论和前人的研究，本研究中的"资源"用经济收入和个人能力表示，用传统习惯（主要是指传统家庭角色分工模式）表示文化规范，用是否因为"其他人主动放弃"代表决定权的主动性，调查结果见表6-19。

表6-19　　　　　夫妻权力的影响因素比较　　　　　单位：%

选项	重大事情决定权			日常事务决定权		
	双独夫妻	单独夫妻	双非夫妻	双独夫妻	单独夫妻	双非夫妻
经济收入	18.9	17.9	21.9	5.4	5.5	9.5
个人能力	63.5	52.4	48.8	41.9	36.6	44.3
传统习惯	6.8	13.8	15.6	35.1	46.9	36.1
其他人主动放弃	2.7	7.6	5.6	12.2	11.0	6.3
其他	8.1	8.3	8.1	5.4	0.0	3.8
(n)	(74)	(145)	(160)	(74)	(145)	(158)
显著性检验	$\chi^2 = 7.841$, $df = 8$, $P > 0.05$			$\chi^2 = 15.335$, $df = 8$, $P > 0.05$		

从表6-19可以看出，重大事情决定权的影响因素主要是"个人能力"，即谁有能力听谁的，其次是经济收入，传统习惯的影响力相对较弱，因为"其他人主动放弃"而自己被迫做主的情形比较少见。也就是说，在"重大事情决定权"影响因素中，资源理论具有较强的解释力。

在日常事务决定权的影响因素中，尽管"个人能力"仍然比较重要，但是"经济收入"的作用大大减小了，而"传统习惯"的作用显著增强，"被迫做主"的比例在三类家庭中也都有程度不同的上升。可以说，在"日常事务的决定权"的影响因素中，文化规范的作用差不多与资源理论平分秋色，而且妻子在日常事务中较多地拥有决定权，有一部分其实是丈夫"拱手相送"的。也就是说，妻子拥有较多的日常事务决定权，并不意味妻子的家庭地位就高，相反它可能意味着在男主外女主内的传统角色分工模式下，妻子对家庭事务必须更为操心，必须承担更多的责任。

不管是重大事情决定权，还是日常事务决定权，在其影响因素中，三类家庭都没有显著性差异，无论是在双独婚姻中还是在单独婚姻中，独生子女在夫妻权力关系中的表现与非独生子女是一样的。

(四) 夫妻关系维系的纽带

杨善华认为，与计划经济体制下的家庭制度相比，与市场经济相适应的新型家庭制度更强调家庭生活与社会生活的分离，把家庭看做私人生活领域。这种新型家庭制度下的家庭生活注重家庭成员特别是夫妻双方的个人幸福和情感满足，城市家庭的情感功能将大大加强。在我国城市家庭中"如果说道德、责任和义务是维系以往家庭的主要纽带，那么在21世纪初情感将取而代之，成为维系家庭的主要纽带"（杨善华，2006）。而从21世纪初开始，第一代独生子女将会陆续进入婚育年龄。随着独生子女开始组建家庭，在夫妻关系的维系因素中是否会发生一些改变呢？

从表6-20可以看出，尽管子女、道德良心、经济等因素在夫妻关系的维系中仍然起着作用，但是感情因素的主导地位是毋庸置疑的，这一点并没有因为独生子女进入丈夫或妻子角色而改变。在所列的六个选项中，有三项不存在显著性差异：其中感情因素无论在哪一种组合的夫妻关系中都占绝对的主导地位；而社会舆论的作用越来越小。在有显著性差异的三个选项中，"双独"夫妻更强调"经济"和"性生活"，"双非"夫妻则更看重"子女"。至于为什么会有这样的差异，是因为双独夫妻家庭在经济上的投入更多因而更现实一些，还是双非夫妻更传统因而更重视子女？还需要今后进一步的实证研究加以验证。

表6-20　　　　　　　　　　夫妻关系维系的纽带　　　　　　　　　单位：%

选项	双独夫妻	单独夫妻	双非夫妻
子女	20.0	21.6	32.3*
道德、良心	18.7	27.7	23.0
经济	18.7	12.8	3.7***
感情	88.0	91.9	91.9
性生活	12.0	3.4	3.1**
社会舆论	1.3	2.7	1.2

注：此题为多选题，因此百分比之和大于100%；*** 表示 $P<0.001$，** 表示 $P<0.01$，* 表示 $P<0.05$。

（五）父母对夫妻关系的影响

有学者认为，与非独生子女的父母相比，独生子女的父母对子女择偶的期望值偏高，这种过分盼望子女婚姻美满的心理往往自觉不自觉地变成了越俎代庖的行动。父母的婚前干预易使独生子女的婚姻缺少自主权，而婚后干预则可能使独生子女婚姻生活难以和谐（张泽伟等，2003b）。那么独生子女的家庭生活尤其是夫妻关系是否真的更多地受父母的影响或干扰呢？

从表6-21可以看出，三种类型的夫妻关系受父母影响的程度都不太大或没有影响，有影响的比例较小，三类夫妻并无显著差异。

表6-21　　　青年夫妻关系受双方父母影响或干涉的程度　　　　单位：%

影响程度选项	双独夫妻	单独夫妻	双非夫妻
影响很大	2.7	3.4	4.4
影响较大	13.5	16.3	12.5
影响不太大	64.9	53.1	46.3
没有影响	18.9	27.2	36.9
(n)	(74)	(147)	(160)
显著性检验	\multicolumn{3}{c}{$\chi^2=10.592$, $df=6$, $P>0.05$}		

（六）对婚姻与家庭生活满意度的自我评价

前面我们曾提到过，一些媒体对独生子女婚姻有不少担忧或负面的评价。那独生子女自己对其婚姻和家庭生活的满意度是怎样的呢？我们仍然运用打分的形式从感情生活、物质生活、余暇生活、性生活等几个方面以及总的婚姻满意度让被访青年进行了自我评价，每项分数最低为1分，最高为7分。

从表6-22中第3列的平均值我们可以看出，总体上感情生活的分值是较高的,其次是性生活、物质生活,最低的闲暇生活,也在一般水平以上,达 4.5 分。在每一项指标上,双独夫妻的分值都高于单独夫妻和双非夫妻,尽管方差分析显示,这种差异只在余暇生活中具有统计学意义。表中最后一行对总体婚姻满意度的评价,双独夫妻达 6 分,双非夫妻最低,但也有 5.8 分,而且三类家庭并无显著性差异。这说明双独夫妻对婚姻家庭生活诸方面满意度以及总体婚姻满意度的自我评价都是较高的,与单独夫妻和双非夫妻没有什么差别,人们对独生子女婚姻生活方面的一些担忧并没有充分的理由。

表 6-22　　三类家庭中婚姻与家庭生活满意度自我评价均值比较与检验(ANOVA)

满意度分项		人数	平均值(分)	标准差	P
感情生活	双独夫妻	75	6.09	1.105	0.101
	单独夫妻	145	5.9	1.009	
	双非夫妻	160	5.76	1.2	
物质生活	双独夫妻	75	5.2	1.294	0.113
	单独夫妻	145	4.86	1.285	
	双非夫妻	159	4.82	1.417	
余暇生活	双独夫妻	75	4.92	1.549	0.018
	单独夫妻	145	4.34	1.556	
	双非夫妻	159	4.35	1.592	
性生活	双独夫妻	75	5.75	1.152	0.196
	单独夫妻	140	5.54	1.166	
	双非夫妻	153	5.44	1.276	
总体婚姻满意度	双独夫妻	72	6.01	0.986	0.362
	单独夫妻	135	5.93	0.959	
	双非夫妻	152	5.82	1.076	

第三节　独生子女的父母角色

一、已婚独生子女父母角色的进入

已婚独生子女父母角色的进入主要是指他们什么年龄做父母、期望生育的子女数以及对子女的性别偏好。经典的社会学角色理论认为，当人们选择进入或者是离开某个特定的角色时，人们的态度和行为方式会根据文化预期进行相应的调整（David Cheal，2005）。

上海的调查结果显示，"独生父母"在生育意愿上，两个孩子最理想；性别偏好上，儿女都一样；最佳育龄上，28岁做父亲和25岁做母亲的最好。"独生父母的育儿方式"为：对互联网等新媒体的使用与借鉴上，独生父母先行一步；托儿方式以隔代教养为主；育儿风格以宽松为主。研究还发现，相比较非独生父母，独生父母更重视个人的发展，为了事业宁愿放弃要孩子或暂时不要孩子（陈建强，2004）。

（一）生育年龄

生育意味着个人承担的社会角色的变化，而生育年龄则预示着这种角色转变在时间上的早晚。上海的研究显示，"和非独生父母相比，独生父母的年龄偏轻，30岁以下的年轻父母占到36.9%，在非独生父母中这一比例只有22.9%。这一特点反映出独生父母比同龄非独生父母更早步入为人父母的生命阶段"（陈建强、包蕾萍，2004）。独生子女果真比非独生子女要更早地为人父母吗？在我们的调查中，两类青年的生育年龄状况见表6-23。

表6-23　　　　已婚独生子女与非独生子女生育年龄比较

类别	有效个案数	平均值（岁）	标准差	最小值（岁）	最大值（岁）
独生子女	100	26.34	1.616	22	30
非独生子女	100	26.03	1.956	20	30
总计	200	26.19	1.796	20	30

从表6-23可以看出，独生子女与非独生子女生育年龄的平均差异值很小，都在26岁以上，两者仅相差0.31岁。表6-24单因方差分析的结果也表明，两类青年之间的组间差异远小于组内差异，F检验结果不显著。这说明在生育年龄方面，独生子女与非独生子女没有显著差别，两类青年几乎同时进入人生生命周期中的新阶段。很显然，这一结果与上海的研究结论是不同的。其中很重要的原因在于，上海的研究是用百分比的大小来推论的，而本研究用的是平均值。笔者认为，在这里用百分比进行推论是不恰当的，因为尽管30岁以内独生子女生育的比例比非独生子女大，但并不能以此得出独生子女开始做父母的年龄就比非独生子女小。

表 6-24　　　　　　　单因方差分析结果（ANOVA）

差异	Sum of Squares	df	Mean Square	F	Sig.
组间差异	4.805	1	4.805	1.493	0.223
组内差异	637.350	198	3.219		
总计	642.155	199			

另外，我们还对已婚被访者在事业和生育发生矛盾时的态度进行了测量，结果见表 6-25。

表 6-25　　　两类青年在事业和生育发生矛盾时的态度　　　　　　单位：%

选项	独生子女	非独生子女	全体
放弃事业生孩子	23.7	30.3	26.9
为了事业暂时不生孩子	76.3	69.7	73.1
(n)	(198)	(188)	(386)
显著性检验	$\chi^2 = 2.122$, df = 1, P > 0.05		

从表 6-25 可以看出，大部分（73%）被访者在要事业还是要孩子的问题上，都选择"为了事业暂时不生孩子"，虽然独生子女在这一选项上的比例比非独生子女高出 6.6 个百分点，但是两类青年并无显著性差异。这说明相比较父母角色而言，大多数年轻人都更看重个人事业的发展，为了事业可以暂时推迟做父母。因为在这个激烈竞争的社会，事业发展的机会稍纵即逝，有很多外部因素都不是由个人所能掌控的，而且我们的调查对象最大的只有 30 岁，正处在事业发展的关键时期，为了事业在生育问题上暂时缓一缓，既有必要也有可能，因为在这个年龄段上推迟生育还是有一定余地的。

（二）生育意愿

首先，我们考察独生子女夫妇的期望子女数。子女的多少对于人们在父母角色上所花的时间和精力多少是有不同影响的。国外有研究表明，是否独生子女对生育数量有影响：少子女家庭的孩子成婚以后也想少生孩子，本人是独生子女的绝大多数想建立一个独生子女家庭（Blake Judith, 1981）。那么在我国是否也存在独生子女与期望子女数的这种相关关系呢？

从表 6-26 可以看出，从总体来看，有 48.9% 的青年（其中独生子女为 50.2%，非独生子女为 47.6%）希望生一个孩子，同时，希望生两个的比例也较高，达 45.6%，与希望只生一个孩子的比例非常接近，而希望生三个及以上孩子的比例则非常小。统计检验表明,两类青年在期望子女数方面没有显著差异,国外的研究结论在中国并不成立。进一步的分析表明,在生育意愿上,调查对象的人均期望子女数为 1.49,其中独生子女期望的孩子数平均为 1.47,非独生子女为 1.51,两者差异不大。

表 6-26　　　独生子女与非独生子女期望子女数比较　　　单位:%

期望子女数	独生子女	非独生子女	全体
0	2.8	2.8	2.8
1	50.2	47.6	48.9
2	44.5	46.6	45.6
3	2.4	3.1	2.8
(n)	(287)	(290)	(577)
显著性检验	$\chi^2 = 0.548$,df = 3,$P > 0.05$		

由于"双独"家庭的生育意愿对现实生育率的影响可能更为直接,一是计划生育政策允许他们生育二胎;二是他们已组成家庭,面临实际的生育选择,他们的生育意愿是否会不同于单独家庭以及双非家庭呢?我们将不同婚姻组合家庭的期望子女数也进行了比较。

从表 6-27 可以看出,双独家庭期望生育一个的比例为 48.6%,生育两个的为 44.4%,与单独家庭和双非家庭相比,并没有太大的差异。从期望子女平均数来看,双独家庭为 1.56,单独家庭为 1.46,双非家庭为 1.54,三类家庭的意愿生育水平都较低,并且不存在显著差异。

表 6-27　　　　三类家庭期望子女数比较　　　　单位:%

期望子女数(个)	双独家庭	单独家庭	双非家庭
0	1.4	1.4	2.5
1	48.6	53.2	44.6
2	44.4	43.9	50.3
3$^+$	5.6	1.4	2.5
(n)	(72)	(139)	(157)
期望子女数平均值(个)	1.56	1.46	1.54
显著性检验	$\chi^2 = 5.476$,df = 6,$P > 0.05$		

接着,我们考察独生子女夫妇对子女的性别偏好。

从表 6-28 可以看出，从总体上看，有性别偏好的青年占 53.4%，比没有性别偏好的高近 7 个百分点。而且无论是独生子女还是非独生子女，有性别偏好的比例都多于无性别偏好者，两类青年没有显著差异。

表 6-28　　　　两类青年对孩子的性别偏好比较　　　　　单位：%

性别偏好	独生子女	非独生子女	全体
无性别偏好	49.8	43.5	46.6
有性别偏好	50.2	56.5	53.4
（n）	（273）	（278）	（551）
显著性检验	$\chi^2=2.191$, df=1, P>0.05		

进一步分析发现，在期望生一个孩子的人中，80% 的独生子女和 87.9% 的非独生子女没有性别偏好；而在希望生两个孩子的人中，80.1% 的独生子女和 89.1% 的非独生子女都表现出了性别偏好，希望生育"一男一女"，性别偏好与生育子女数有非常强的相关关系（G=0.836）。也就是说，在只有一个孩子的情况下，大多数父母都无奈地放弃了自己的性别偏好，而一旦可以生两个的时候，大多数父母都希望儿女双全。

二、已婚独生子女对父母角色的准备和角色扮演

在现代社会，生育子女已经从重数量向重质量的方向转变，对孩子的养育要求也越来越高。因此，人们在进入父母角色之前，一定要有一些必要的准备，这种准备包括心理准备、知识准备和物质准备等方面。本研究重点考察了其中的知识准备，主要测量已生育子女的两类青年是否具有养育孩子的知识。而父母角色的扮演主要测量父母如何养育孩子，养育孩子的过程中是否依赖父母，是否有困难。

（一）是否具有养育孩子的知识

为人父母者，不仅要照料孩子的生活，而且作为孩子的第一任老师，还要对孩子进行必要的教育。这就要求做父母的必须具备相关的知识。美国教育家陶森（Towsen）曾经指出："生育和抚育是两回事，生了孩子并不意味着自然地具有了抚育子女的智慧和本领，要尽到为人父母的职责，必须彻底地了解儿童的成长过程。许多父母只是从经验中用许多错误换来这份了解，其实如果事先就对儿童发展下工夫，有许多的错误都是可以避免的"（陈钟林，2000）。那么第一代已婚生育的独生子女是否具有养育孩子的知识呢？从表 6-29 可以看出两类父母大

多都"有一些"养育孩子的知识,"完全没有"的比例很小,但是"有很多"的比例也不高,在这方面两类父母没有显著差异。

表 6-29　　　　　　　是否具有养育孩子的知识　　　　　单位:%

养育孩子的知识	独生子女	非独生子女	全体
有很多	10.0	13.1	11.6
有一些	86.0	78.8	82.4
没有	4.0	8.1	6.0
(n)	(100)	(99)	(199)
显著性检验	$\chi^2 = 2.110$, df = 2, P > 0.05		

(二) 育儿知识的来源

上海的调查曾表明,独生父母在"育儿模式上更依赖新兴媒体网络的力量"(包蕾萍等,2005)。但是从我们的调查结果来看(见表 6-30),报纸杂志或书籍、父母是两类青年育儿知识的首要来源,其次是生活经验以及广播电视,网络只不过是众多知识来源中的一种,并且不占主流。在所列举的 7 个方面,两类青年都没有显著差异。这里特别说明一点,我们原本设想,非独生子女中的哥哥姐姐有带弟弟妹妹的经验,或是作为弟弟妹妹可能有帮哥哥姐姐带小孩的经验,因此他们会有比较丰富的育儿生活经验;而独生子女因为缺乏兄弟姐妹,所以此类经验会比较欠缺。但是我们的调查并没有显示出二者的差异,可能的原因是,独生子女会从其自身的成长经历中吸取经验或教训,比如有报道说,不少第一代独生子女感受到,上一代人对他们的教育过于宠爱。因此,在他们做了父母之后,在养育孩子的过程中,他们正有意识地将自己作为参照物,避免自己的缺点在孩子身上再现(吴秋娜,2006)。

表 6-30　　　　　　　育儿知识的来源比较　　　　　　单位:%

知识来源	独生子女	非独生子女
报纸杂志或书籍	71.0	71.0
电视或广播	40.0	33.0
父母长辈	67.0	54.0
同事、朋友	38.0	42.0
互联网	28.0	24.0
生活经验	41.0	43.0
医生	31.0	38.0

(三) 养育小孩的困难

根据我们的调查，在养育孩子、扮演父母角色的过程中，近 2/3 的青年（65% 的独生子女、66% 的非独生子女）都觉得有困难，而且从表 6-31 所显示的具体困难类型看，他们所面临的既有时间的紧张、教育的困惑，又有经验的欠缺、经济的困难，其中排在前两位的是"时间上忙不过来"和"不知道如何教育"。在这个问题上两类青年没有显著性差异。

表 6-31　　两类青年养育孩子具体困难类型比较　　单位：%

困难类型	独生子女	非独生子女	全体
经济上的困难	10.8	17.5	14.1
生活上不会照料	15.4	19	17.2
不知道如何教育	23.1	30.2	26.6
时间上忙不过来	49.2	31.7	40.6
其他	1.5	1.6	1.6
(n)	(65)	(63)	(128)
显著性检验	$\chi^2 = 4.280$，df = 4，$P > 0.05$		

首先是"时间上忙不过来"。在我们的调查对象中，已婚生育的青年 98% 都有工作或者正在继续学业。工作、学习的压力，激烈的竞争，各种社会角色的扮演已占去了他们大部分时间，留给孩子的时间自然相当有限了，这就不可避免地会产生角色紧张，而这种角色紧张无疑又会影响到他们"父母角色"的扮演。

其次是"不知道如何教育"。现在的孩子与他们的父母当初所面临的环境有太大的不同，人们对父母角色的期待也在不断发生变化，加上电视、网络等媒体的普及，价值观念的变化，也使得当今的父母们不能用小时候他们父母对待他们的方式来对待他们的孩子，面对孩子的教育，新一代的父母们经常变得无所适从。

总之，新一代的父母们在扮演父母角色的过程中，既有时间、精力的紧张，也有知识和经验的不足，还有少部分人面临经济上的困难。

(四) 孩子由谁带

独生子女结婚生子成为父母后，孩子由谁带？自己还是长辈？有调查显示，近一半（45.7%）已成为父母的独生子女把孩子交给长辈照料，非独生子女中这一比例为 28.1%。有了孩子后选择三代同堂的独生子女有 50.5%，非独生子女为42.5%（包蕾萍等，2005）。

不少关于独生子女父母的报道，似乎也都是众口一词，认为独生子女从小依赖性强，自理能力差，不会带孩子，因此有了孩子以后与父母一起居住的比例较大。但是我们的调查结果没有支持这一说法。

从表6-32可以看出，生育前后居住状况确实发生了一些变化：生育以前，与父母一起居住的比例，独生子女与非独生子女分别是19%和22%；生育之后，这一比例分别上升到31%和28%，也就是说，有了孩子之后，选择三代同堂的比例在两类青年中都有程度不同的上升，但是家庭结构仍然以核心家庭为主而不是以三代同堂为主，自己的小家单独居住的比例分别为69%和72%，而且两类青年没有显著性差异。

表6-32　　　　　控制生育状况后两类青年的居住情况　　　　　单位：%

居住方式	已婚未育		已婚生育	
	独生子女	非独生子女	独生子女	非独生子女
自己的小家单独居住	81.0	78.0	69.0	72.0
与男方父母或女方父母一起居住	19.0	22.0	31.0	28.0
（n）	(100)	(100)	(100)	(100)
显著性检验	$\chi^2=0.276$, df=1, P>0.05		$\chi^2=0.216$, df=1, P>0.05	

由于与父母一起居住，无论是对住房还是对代际之间的关系，都提出了更高的要求，因此也不是想住在一起或需要住在一起，就一定能住在一起的。而且是否一起居住，不一定与是否照顾小孩完全等同。有些父母虽然没有和小家庭住在一起，但一样在尽照顾孙辈的义务。我们的问题是，已婚生育的独生子女是否更多地将孩子交给祖辈照料呢？

从表6-33可以看出，由自己或配偶带孩子的比例在两类青年群体中都是最大的，独生子女和非独生子女分别为49.5%和64.0%；由祖辈照料孩子的比例独生子女为41.4%，非独生子女为30%。从百分比来看，二者的差异比较大，似乎独生子女自己带孩子的比例要远远低于非独生子女，而依赖祖辈带孩子的又大大高于非独生子女。但实际上，这种百分比的差异是由于个案人数较少，导致方差变动相对较大所引起的，其检验结果不显著，说明这些差异只是一种随机误差。另外，表中数据显示，在已婚生子的青年中由祖辈带孩子的情况已占有一定比例，说明隔代抚养的问题不仅存在于已婚生子的独生子女群体中，同龄的非独生子女也一样存在，隔代抚养成为这一代年轻父母共同的选择之一。

表6-33　　　　　　　　　孩子主要由谁带　　　　　　　　　单位：%

抚养者	独生子女	非独生子女	全体
自己或配偶	49.5	64.0	56.8
祖辈	41.4	30.0	35.7
保姆或其他人	9.1	6.0	7.5
(n)	(99)	(100)	(199)
显著性检验	$\chi^2 = 4.290$，df = 2，P > 0.05		

在表6-33中由于仅仅只考察了调查对象本人是否独生子女，而没有考虑配偶是否独生子女，因此还不能全面了解已婚生育的独生子女家庭中孩子抚养的情况。为了更准确地了解独生子女家庭与非独生子女家庭在抚养孩子的问题上是否存在差异，我们考察了不同婚姻组合的家庭中孩子抚养人的情况。

从表6-34可以看出，尽管双独家庭和单独家庭中孩子由祖辈抚养的比例要高于双非家庭，但是统计检验的结果显示，三类家庭并不存在显著差异。

表6-34　　　　　　　三类家庭中孩子的照顾人比较　　　　　　　单位：%

抚养者	双独家庭	单独家庭	双非家庭
自己或配偶	50	50	63
祖辈	43.8	39.4	30.4
保姆或其他人	6.3	10.6	6.5
(n)	(32)	(66)	(92)
显著性检验	$\chi^2 = 3.921$，df = 4，P > 0.05		

（五）做家务的情况

据有关部门对100对新婚独生子女的跟踪调查显示，这些家庭中有20%聘用了计时工做家务，80%的家庭不开火且在双方父母家"蹭饭"，30%的夫妇把脏衣服拿到父母家里洗，50%的家庭因家务问题闹过矛盾。有专家甚至认为："不会做家务将成为影响中国独生子女婚姻家庭不和谐的重要因素。与非独生子女相比，独生子女夫妇生活自理能力相对较弱，婚姻生活的锅碗瓢勺在他们的婚姻中往往不是演绎出温馨和谐的交响曲，而是两相抱怨的变奏曲"（张泽伟，2004；代小琳，2004）。那么，独生子女真的如媒体报道的那样不做家务吗？

我们列举了买菜做饭、打扫卫生等10项家务，测量独生子女做家务的情况。

从表6-35可以看出，独生子女在家做家务事的数量比非独生子女平均少

0.84 件。方差分析显示,这种差别是显著的。也就是说,总体上看,独生子女确实比非独生子女更少地承担家务劳动。那么这种情况是否会随着独生子女结婚生子而有所改变呢?我们将青年按婚育状况分成三类进行比较,结果见表 6-36。

表 6-35　　两类青年做家务事均值比较与检验(ANOVA)

类别	n	平均值(件)	标准差	P
独生子女	300	3.84	2.637	0.000
非独生子女	300	4.68	2.776	

表 6-36　　控制婚育状况后两类青年做家务事的均值比较与检验(ANOVA)

类别		n	平均值(件)	标准差	P
未婚	独生子女	100	3.36	2.989	0.000
	非独生子女	100	4.82	3.305	
已婚未育	独生子女	100	3.92	2.273	0.026
	非独生子女	100	4.70	2.412	
已婚生育	独生子女	100	4.23	2.658	0.468
	非独生子女	100	4.51	2.765	

当我们控制了婚育状况后,情况发生了变化:在未婚以及已婚未育青年中,独生子女做家务事的均值依然明显少于非独生子女;但是,在已婚生育的青年中,独生子女与非独生子女之间在做家务方面已不存在明显差异。这也就是说,独生子女在承担父母角色之后,他们与非独生子女在做家务方面的差异消失了,父母角色的承担是这一变化发生的关键。

(六) 对长辈的依赖性

依赖性强,独立性差,是人们非议独生子女时较多提及的问题之一。笔者曾在一项对中学独生子女的研究中发现,"当中学生在生活上遇到困难的时候,在求助对象上,独生子女依赖父母的比例更多一些"(郝玉章、风笑天,1997)。那么随着年龄的增长,独生子女的这种依赖性是否发生了变化呢?在本研究中我们从六个方面测量了两类青年对其长辈的依赖性,其中"照料小孩"的测量对象仅限已婚有小孩者,结果见表 6-37:

表6-37　　　　　　两类青年对长辈依赖性的比较　　　　　　单位：%

依赖性指标	独生子女	非独生子女
经济方面	22.1	14.2*
做饭	44.5	31.2***
洗衣	26.1	20.1
收拾房间	22.1	11.7***
购买衣物	11.4	6.0*
照料小孩	55.2	55.7

注：*** 表示 $P<0.001$，* 表示 $P<0.05$。

从表6-37可以看出，用于比较的六个方面中有四个方面存在显著差异，包括经济方面、做饭、收拾房间、购买衣物。而且在这四个方面中，无一例外的都是独生子女比非独生子女的依赖性要强。可以说在依赖性方面，独生子女在其成长过程中确实表现出了某种程度的惯性。那么这种依赖性是否会随着青年所承担角色的变化而发生改变呢？为了进一步分析两类青年在"依赖性"上的差异，我们控制了婚育状况（见表6-38）。

表6-38　　　控制婚育状况后两类青年对长辈依赖性的比较　　　单位：%

依赖性指标	未婚		已婚未育		已婚生育	
	独生子女	非独生子女	独生子女	非独生子女	独生子女	非独生子女
经济方面	39.8	19.2**	20.0	10.0*	7.0	13.1
做饭	65.7	42.4***	38.0	19.0**	30.0	32.3
洗衣	39.4	27.3	24.0	16.0	15.0	17.2
收拾房间	29.3	13.1**	24.0	10.0**	13.0	12.1
购买衣物	20.2	11.1	8.0	3.0	6.0	4.0
照料小孩	—	—	—	—	55.2	55.7

注：*** 表示 $P<0.001$，** 表示 $P<0.01$，* 表示 $P<0.05$。

研究结果发现，在"未婚"和"已婚未育"两组样本中，在"购买衣物"方面，两类青年的差异消失了，而经济方面、做饭、收拾房间等方面的差异仍然存在。但是这种对父母依赖的惯性在独生子女生育小孩之后发生了巨大的变化：从表6-38"已婚生育"这一栏中，我们可以看到原来有差异的方面在这里全部消失了，所有六个指标独生子女与非独生子女全都没有显著性差异；只是在照料小孩方面，两类青年对长辈的依赖性都较强，百分比分别为55.2%和55.7%，也就是说，在承担父母角色时，两类青年中都有超过半数的人要依赖长辈的帮助才能最终完成。

从这里我们可以看出，独生子女对父母的依赖性虽然表现了一定程度的惯性，即使到他们结婚成家也没有发生什么改变，但是随着独生子女开始承担父母角色，除了在照料小孩方面仍然需要依赖父母以外，在经济方面、做饭等家务方面的依赖性则逐渐减弱了，他们的表现与非独生子女已没有什么差别。而在照料孩子方面的依赖性，不仅独生子女具有，非独生子女也一样。这一结果向我们揭示出这样的规律：两类青年在依赖性上原来有差异的方面，随着角色的改变逐渐变为无差异，而父母角色的获得（或承担）则是其依赖性发生根本变化的转折点。

三、已婚独生子女对父母角色扮演的自我评价

对角色扮演效果的测量，我们使用的是角色承担者自身的主观评价。从调查结果来看（见表6-39），两类青年对自己所扮演的父母角色都有较高的评价，平均分都在5.6分左右（最低1分，最高7分）。表6-40的方差分析表明，两类青年的自我评价没有显著差异。

表6-39　　独生子女与非独生子女对扮演父母角色自我评价的比较

类别	有效个案数	平均值（分）	标准差	最小值（分）	最大值（分）
独生子女	100	5.59	0.93	3	7
非独生子女	98	5.66	1.08	1	7
总计	198	5.63	1.01	1	7

表6-40　　　　　　　　单因方差分析结果 ANOVA

类别	Sum of Squares	df	Mean Square	F	Sig.
组间差异	0.266	196	0.266	0.260	0.611
组内差异	200.078	197	1.021		
总计	200.343				

既然一半以上的父母在照料孩子时要依赖长辈，65%的人在扮演父母角色时，又存在这样或那样的困难，那为什么自我评价还这么高呢？

可能的解释是，新一代的父母在育儿方面对自己长辈的依赖是一种高度参与的依赖。即这种依赖只是在具体事务上的依赖，主要是在孩子的日常生活照料中

依赖父母,因为他们在时间上忙不过来,或者是经验上欠缺。但在养育方式、培养孩子的习惯等方面,他们都会有自己的想法和主张,我们的调查资料就显示,70%以上的被访者在教育孩子的事情上受父母影响不大。由于新一代父母的文化水平普遍比父辈们高,接受的新知识、新观念也比父辈们多,因此在孩子的养育问题上可能比父辈们要表现得更科学、更民主、更人性化。也就是说,新一代父母虽然较少从事具体的照顾孩子的事务,但他们仍然会提出自己的意见和主张,并希望父母能按照他们个性化的想法和要求去做,从而体现出他们在养育孩子问题上的责任感和参与度,或许正是这些原因导致了上面看似矛盾的结果。

第四节 本章小结

一、两类青年在"夫妻角色"和"父母角色"认知与行为方面的一致性和趋同性

无论是理想婚龄还是实际婚龄,独生子女与非独生子女都没有显著差异。在对夫妻角色分工的认知上,认同"夫妻共同养家、共同持家是理想的家庭模式"这一现代观念的青年超过了88%,在所有测量夫妻角色分工认知的项目中,独生子女与非独生子女均无显著差异。在夫妻角色实践中,从家庭经济来源来看,无论独生子女还是非独生子女,尽管其家庭经济来源"较多来自丈夫"的比例居首位,但"夫妻差不多"的情形也较多,说明夫妻共同养家的模式正在形成。从家务劳动的承担状况来看,无论是独生子女家庭还是非独生子女家庭,由妻子承担的比例都远远高于丈夫,也就是说并没有出现男性与女性一起持家的局面。

关于夫妻角色的主观评价,无论是独生子女还是非独生子女对自己所扮演的丈夫角色或妻子角色的评价都比较高,两类青年没有显著差异,对其配偶所扮演的丈夫或妻子的角色评价也与此类似。在独生子女的夫妻关系中,发生冲突的情形较少,"偶尔争吵"的比例最大,争吵的原因主要集中在生活习惯方面。除此之外,家务劳动、经济方面、兴趣爱好、教育孩子等也是较常见的冲突原因。双独婚姻、单独婚姻以及双非婚姻之间不存在显著差异,也就是说,独生子女婚姻中的冲突并不比非独生子女多,争吵的原因也没有特殊性。冲突发生之后,三种类型的家庭中都以"丈夫较多"让步居第一位,"双方都不让步"的情况非常少见。我们没有发现独生子与独生女所组成的双独夫妻之间冲突尤为激烈以及冲突后互不让步的情形,其表现与单独夫妻、双非夫妻并没有显著差别。

在重大事情的决定权上,"夫妻共同商量决定"的比例占大多数,而日常事务的决定权则主要在妻子手中,三类家庭也没有显著性差异。在夫妻关系的维系中,无论是哪一种组合的夫妻关系,感情因素都占绝对的主导地位,道德良心起着一定的作用,社会舆论的影响式微。父母对子女的夫妻关系影响并不大,三种类型的家庭之间也无显著差异。曾有学者担忧"独生子女的父母会因为过分盼望子女婚姻美满,而自觉不自觉地采取越俎代庖的行动、过多干预,从而使独生子女婚姻生活难以和谐",这种担忧并没有成为现实。在婚姻与家庭生活满意度方面的自我评价,除了在余暇生活方面的打分相对较低且有显著差异外,在感情生活、物质生活、性生活等几个方面得分都较高,且三类家庭没有显著性差异。

独生子女的平均生育年龄为26.34岁,与非独生子女不存在显著差异。在生育意愿上,独生子女期望子女数平均为1.47,非独生子女为1.51;在性别偏好上,一半左右的独生子女存在性别偏好,统计检验表明,两类青年在期望子女数、性别偏好上都没有显著差异。绝大多数已婚生育的独生子女都"有一些"养育孩子的知识,这些知识主要来源于报纸杂志或书籍、父母长辈,其次是生活经验以及广播电视,网络虽然也是其中的一个来源,但并不占主流;在养育孩子的过程中,近2/3的独生子女觉得有困难,这些困难主要是时间紧张、不懂教育方法,其次是缺乏照料经验以及经济困难,两类青年在这些方面都没有显著差异。

与已婚未育的独生子女相比,独生子女在结婚生子之后,选择三代同堂的比例有所上升,但是家庭结构仍然以核心家庭为主,这一趋势在已婚生子的非独生子女家庭中同样存在。独生子女在有了孩子以后,主要是自己或配偶带,由祖辈带的情况也占有一定的比例,同时调查发现,隔代抚养的问题不仅存在于已婚生育的独生子女群体中,也同样存在于已婚生育的非独生子女群体中,说明隔代抚养已成为这一代年轻父母共同的选择之一。

在承担家务方面,未婚以及已婚未育的独生子女做家务事的均值明显少于同类的非独生子女;但在已婚生育的青年中,独生子女与非独生子女之间已不存在显著差异。在对长辈的依赖性上,在未婚、已婚未育两种状态下,独生子女对长辈的依赖性仍然比非独生子女强,但是这种依赖性随着他们结婚尤其是生子等一系列角色的转换而大幅度下降,在进入结婚生子阶段以后两者的差异就完全消失了。也就是说,父母角色的承担是独生子女依赖性发生根本变化的转折点,这是本研究的一个重要发现。两类青年对自己所扮演的父母角色的自我评价都较高,方差分析表明,两类青年的自我评价没有显著差异。通过对独生子女在父母角色的准备和扮演、对父母角色扮演的自我评价等方面的分析发现,已婚生育的独生子女与同类的非独生子女都不存在显著差异。大众传媒和一些专家学者对已婚生育的独生子女在父母角色问题上的非议并不是普遍的现实。

二、讨论

（一）"消磨—趋同"理论、"变异关键角色"与两类青年的趋同性

风笑天在解释两类青年总体在社会适应方面不存在差异时，曾运用社会化理论以及他提出的"消磨—趋同"理论。他指出"当青年成年并进入社会时，也就开始了他们的继续社会化过程。他们所面临的社会化任务和遇到的问题是相同的，他们需要学习并承担的社会角色是相同的，他们在继续社会化过程中所受到的宏观社会结构的影响、社会文化和社会心理的影响以及各种社会化因素的影响也都是相同的。正是在这种大的背景下，在相同的社会化任务、相同的社会化过程、相同的社会化因素的共同'消磨'下，两类青年之间在社会适应各方面的行为表现和心理状况的差异越来越少，相似点越来越多"（风笑天，2005）。

尽管风笑天在这里讨论的主要是社会领域方面的适应性，但是在笔者的研究中，独生子女和非独生子女在家庭这个相对私人化的领域中所表现出的一致性，社会化理论和"消磨—趋同"理论一样具有解释力。在家庭中，当青年扮演未成年子女的角色时，相对来讲他们具有较少的责任，社会对其要求也较少，其角色更多地表现为一种被动性，是其父母施加影响的结果，其差异主要体现了家庭尤其是父母的影响。而当青年开始扮演夫妻、父母角色时，由于这些角色大多具有主动性、是需要承担责任的角色，尽管在这些角色表现过程中会有一些家庭因素影响的痕迹，但是社会结构、社会规范、社会文化等因素的影响作用明显加大，比如最低婚龄、夫妻角色分工、生育子女数量等等，无一不体现了社会因素的强大作用，而生活在同一时期的同龄群体所面对的社会因素是一样的，正是因为相同社会背景下的相同社会化因素的影响，逐渐"消磨"掉了家庭作用所导致的一些差异，所以使得独生子女与非独生子女继续社会化的结果趋于相似，当然这种相似并不排除个体之间的差异性。

风笑天也曾提出用"变异关键年龄"的理论来解释和概括青少年独生子女在成长过程中的特点。这一理论解释的含义是：在某些特定的年龄上，独生子女社会化的某些方面会发生较大的变化，表现出明显的阶段性和突变性特点，他们与同龄非独生子女之间的差别也特别突出。风笑天在研究中发现，小学生在生活自理上具有这样的规律：低年级时普遍不做，高年级时普遍做，差异都不显著；只是在中年级时有的做有的不做，差异明显。10岁左右的独生与非独生儿童，在生活自理能力上会出现很大的差别。因此他认为，或许10岁左右正是一个人

从儿童到少年的转折点，是儿童在生活技能学习和培养上最不稳定、变化最大的时期，而此时的两类家长在培养和教育孩子上的心态、方法以及评价孩子的标准等方面，差别也最大。因此，处于"独生"与"非独生"两种不同家庭环境的儿童在这方面会产生十分显著的差别（风笑天，2000）。"变异关键年龄"对青少年时期的独生子女社会化无疑是具有一定解释力的。

风笑天在研究青年独生子女独立生活能力时发现，无论是在做饭、做家务事方面，还是在独立生活能力方面，已结婚成家的独生子女们与同龄的已婚非独生子女们的表现相差无几。与已婚独生子女的这种无差别形成鲜明对照的是，未婚独生子女在上述各个方面的表现明显不如同龄的非独生子女。因此，他认为结婚成家对于独生子女的劳动习惯和独立生活能力培养来说，具有十分重要的意义，"婚姻是一所特殊的学校"（风笑天，2005）。但由于风笑天在研究中只考虑了未婚与已婚的区别，没有进一步区分已婚未育和已婚生育的情况，因此很难说独生子女的这种变化究竟是由婚姻导致的呢，还是由父母角色导致的。

笔者在研究青年独生子女婚姻家庭角色的过程中发现，确实，某些角色的承担会使独生子女的性格和行为发生巨大改变，改变的方向是与非独生子女趋同，但这种角色不是婚姻角色而是父母角色。数据显示，在承担家务方面，未婚以及已婚未育的独生子女做家务事的均值明显少于同类的非独生子女；但在已婚生育的青年中，独生子女与非独生子女之间已不存在显著差异。在对长辈的依赖性上，在未婚、已婚未育两种状态下，独生子女对长辈的依赖性仍然比非独生子女强，但是结婚生子以后的独生子女与同类的非独生子女的差异就完全消失了，对长辈的依赖性随着他们结婚尤其是生子等一系列角色的转换而大幅度下降。因此笔者认为，父母角色是青年独生子女依赖性发生改变的关键角色，也是独生子女与非独生子女趋同的关键角色。笔者用"变异关键角色"的概念来补充和拓展"变异关键年龄"的内涵：如果说"变异关键年龄"的概念解释的是"年龄"在青少年独生子女基本社会化过程中的独特影响，那么"变异关键角色"的概念则进一步揭示出"角色"在独生子女继续社会化过程中的独特作用。

为什么父母角色的承担会使独生子女在依赖性方面发生如此大的变化呢？首先，父母身份的获得使成人具有更完整的意义。人们"从成为父母开始，就被赋予一种新的社会身份，并且具有跨入成人行列的意义"，"父母身份比走出校门、开始工作甚至结婚都更能确立一种成熟的、稳固的和能被接受的社会成员的地位"，"人们或者通过生育一个孩子，或者通过创造性地应付养育孩子的挑战和在工作中取得较好的成绩所获得的自豪感，才被认为有了个人的成就"（丽莎·斯冈茨尼、约翰·斯冈茨尼，1988）。其次，父母角色意味着要承担更多的社会责任、家庭责任：他们要对社会尽责，向社会输送合格的社会成员；要对孩子尽责,在子女未成年时,做他们的抚养者、保护者和教育者。而且父母角色不同于夫妻角色,夫妻关系是后天缔结的,感情不和可以离婚、脱离关系,但是父母和子女的关系是先天的、终身的,不可选择的。正如阿赖斯·洛瑟(Arraiz Loser)所说,一个人可以摆脱不满意的工作和不幸的婚姻,但不能从已在承担的父母角色那里折回来。而成人地位、不可逃避性也都是与责任紧密相连的。可以说正是这种责任感使独生子女的独立性增强了,依赖性减弱了。再其次,有研究表明,个性本身也会因生命周期的不同而发生变化,而父母角色的承担在成人社会化过程中又是至关重要的一个阶段,对个性的变化有很大的影响。子女通过唤醒父母从未开发的个性,而帮助父母丰富自我概念(罗斯·埃什尔曼,1991)。从某种意义上说,父母角色的承担对独生子女的成长具有特别的意义,它让独生子女的性格特征有所改变,变得更加独立、更加成熟了。

(二) 生命历程理论与两类青年的一致性

瑞德尔(Ryder)在论文《社会变迁研究中的同期群概念》中明确提出要使用"同期群"(cohort指的是在同一时期出生和共同成长的一群人)的概念来研究生命历程。他认为,同时期出生的人由于经历了相同的历史事件和成长环境,这种相似的经历会给一个"同期群"留下深刻的历史印记,让他们具有某些共同点,比如政治倾向、生活习惯、意识形态观念等等(Ryder,1965)。

在我国出现的第一批政策性独生子女与其同龄的非独生子女作为一个"同期群",他们共同经历了我国改革开放的发展过程。几乎在独生子女政策出台的同时,中国社会的意识形态、思想观念、经济水平乃至整个社会结构都发生了翻天覆地的变革。曾有学者总结道:"他们成长的这二十年,正是中国社会急剧变革的二十年,是中国经济建设发展最快、中国社会结构转型最为激烈、科学技术发展最为迅速、人们思想观念最为解放、价值观也最为多元化的二十年。波澜壮阔的改革开放洪流,汹涌澎湃的市场经济大潮,以及全球化、信息化浪潮,构成了这代人成长与发展的社会大背景"(王勤,2005)。"这一代人的成长与整个中国社会的现代化进程相伴随。从他们来到中国社会的那一天开始,就乘上了社会现代化的高速列车,就享受着现代物质文明的丰硕成果。他们直接面对的是'电视、冰箱、洗衣机'时代,并很快就进入了'电话、电脑、英特网'的时代","他们的成长与社会观念的急剧变化相伴随。他们面对的是一个价值观多元化的时代,比如婚姻观、家庭观,都出现了多种不同的标准,多种不同的模式、多种不同的声音","他们的成长与社会结构转型、社会流动加剧、社会分化明显、社会制度变革、社会问题增加相伴随,他们也遇到了许多他们的父辈所不曾遇到的一些不利的成长环境:比如与国家高考制度的恢复和全社会重知识、重人才、重科学也重文凭相对应的是，他们的中小学是在重升学率、重考试成绩、重名次的体制下度过的；他们肩负着父辈的高期望、没日没夜、没完没了地在那场早已偏离方向的教育竞争中拼杀。他们中的一部分虽然伴随着国家高等教育的扩招而进入了大学，但是，当他们经过四年学习，顺利地从大学毕业，刚刚站在就业市场的面前，就面临激烈的市场竞争，以及国有企业亏损、职工下岗所带来的严峻的就业形势"（风笑天，2006）。

改革开放所带来的巨大变化，不仅是第一代独生子女成长的背景，同时也是同龄的非独生子女成长的背景。正是由于共同的成长环境，独生子女与非独生子女在许多观念与行为上都表现出了高度的一致性。其实在如何认识第一代独生子女及其相关问题的时候，早有学者提醒道，"要注意区分'独生子女一代的特征或表现'与'改革开放下成长起来的一代人的整体特征或表现'。不能不加区别地把改革开放一代人的整体特点，特别是弱点，都推到一代独生子女的身上，把一切帽子都扣在独生子女的头上。因为众多被认为是属于独生子女的特点、现象和问题，实际上是整个改革开放条件下成长起来的一代新人的特征、现象和问题"（风笑天，2006）。独生子女作为改革开放后一代人的一部分，他们的优点与弱点更多地来自于时代的变迁，很多都是这一代人所共有的，并不是因为"独生"所带来的。只是人们常常会将这一代人所具有的特点赋予独生子女，尤其是一些与传统规范不太一致的、人们倾向于给予负面评价的观念与行为，往往会不假思索地定义给独生子女，造成独生子女是一种另类的假象。

第七章

城市第一代独生子女的生育意愿

1979年开始实施的以"提倡一对夫妇生育一个孩子"为主要内容的计划生育政策已经30多年了。政策实施之初所产生的第一批独生子女目前已进入婚育年龄,开始结婚成家、生儿育女。从目前情况看,全国除河南省以外的绝大多数省、市、自治区的计划生育政策都规定,两个独生子女结婚可以生育两个孩子。因此,当进入婚育年龄的独生子女人口越来越多的时候,符合这一生育条件的独生子女也会越来越多。因此,独生子女生育二胎的问题以及与此密切相关的第一代独生子女的生育意愿问题也就开始成为各级政府和学术界共同关注的焦点。正是在这种背景下,本章希望对第一代独生子女生育意愿问题进行探讨。

第一节 第一代独生子女生育意愿的现状

关于第一代独生子女的生育意愿,有研究者曾明确指出:"如果以1978年作为独生子女出现的起点,按照平均初婚年龄24岁计算,直到2002年,第一代独生子女才大规模进入婚育年龄,开始建立家庭,生儿育女。也只有2002年之后的相关调查数据才能更为准确地分析生育政策调整、独生子女婚育选择对未来人口发展的影响"(姜玉等,2009)。实际上,在1979年国家第一次正式统计的独生子女人口数量610万人中,不仅有1979年当年出生的人口,同时还有大量出生于20世纪70年代中晚期(主要是1975年以后)的人口。因此,我们可以将独生子女出现的起点放得更早一些,比如说,放到1975年。这样,如果以1975~

1985 年出生的独生子女作为第一代独生子女的话,那么,在 2000 年以前,第一代独生子女的年龄基本上都在 25 岁以下,即基本上都没有进入婚育年龄。而从 2000 年开始到 2010 年的这 10 年,则正是第一代独生子女开始逐渐进入婚育期的年代。因此,本章将文献回顾的视野放到 2000 年以后,即主要查阅和选取 2000 年以来各地进行的青年生育意愿调查结果,以反映第一代独生子女及其同龄非独生子女的生育意愿状况。

文献查阅结果表明,与第一代独生子女相关的生育意愿调查也基本上出现在 2000 年以后。截至目前,全国学术期刊上共发表了以第一代独生子女为调查对象的生育意愿研究报告 12 篇,同时,重要报刊上也发表了 2 篇这方面的调查报道。这 12 篇论文和 2 篇报道所依据的数据总共来自于 12 项大规模调查。这 12 项调查分别是:风笑天 2000 年在湖北 4 个城市及上海市、2002 年在湖北相同的 4 个城市的两次调查;北京市人口研究所 2002 年在北京城乡 18 个区县、2006 年在北京市 4 个城区的两次调查;上海计生委 2003 年和 2006 年在上海城乡的两次调查;南京人口干部管理学院 2002 年在南京市、2004 年在常州市的调查;华东师范大学人口所 2006 年在苏州市的调查;中国社科院人口与劳动经济研究所 2007 年在江苏 6 县市进行的调查,风笑天 2004 年在全国 12 个城市的调查,以及风笑天 2007 年在全国同样的 12 个城市进行的在职青年生育意愿调查等。这 12 项较大规模的调查为我们描绘了第一代独生子女生育意愿的现状。

本节希望通过对这 12 项调查的结果进行认真的解析和比较,弄清楚它们实际所反映的对象和范围,期望更准确地认识目前我们对第一代独生子女生育意愿的实际了解状况。简单地说,本研究希望回答:关于我国第一代独生子女的生育意愿,我们目前已得到哪些结果?这些结果为我们描绘的是一幅怎样的图画?现有的调查结果究竟能告诉我们什么样的信息?或者说,从这些结果中,我们对第一代独生子女的生育意愿究竟知道多少?只有真正弄清楚这些问题,才能更好地为国家调整和制定相关的生育政策提供科学的依据及参考。

需要说明的是,生育意愿一般包含意愿生育数量、意愿生育性别以及意愿生育时间等几个方面的内容,但其中意愿生育数量是最基本、同时也是与人口规模的增长最为相关的方面。由于篇幅的限制,本节也将注意力主要集中在这一方面。在实际调查中,研究者通常是通过询问被调查者在不考虑计划生育政策的限制条件下"理想的子女数目"是多少,来达到对意愿生育数量的测量的。

一、现有调查结果所描绘的图像

我们将这 12 项调查的结果整理成表 7-1,既便于从总体上了解现有研究的整体状况,也便于对不同调查结果进行比较分析(表中意愿生育数量2个+和3个+分别表示希望生育2个及以上和3个及以上)。

表7-1　　　　12项调查的基本情况及其结果统计

调查地点	调查时间（年）	调查对象	样本规模（人）	身份	意愿生育数量分布（%）及差异检验					平均期望生育数量（个）
					0个	1个	2个+	3个+	P	
湖北四城市及上海	2000	18~26岁城市在职青年	749	独生子女	5.8	56.3	37.2	0.7	>0.05	1.33
				非独生子女	4.1	60.0	35.1	0.9		1.33
湖北四城市	2002	18~26岁城市在职青年	638	独生子女	7.7	52.7	38.3	1.4	>0.05	1.34
				非独生子女	7.0	58.2	33.9	1.0		1.29
北京市	2002	20~30岁城乡青年	1 604	独生子女	16.6	63.5	19.9		>0.05	1.03
				非独生子女	12.6	68.8	18.6			1.06
北京市	2006	20~34岁城市独生子女	2 068	独生子女	15.7	51.2	33.1			1.18
上海市	2003	18~30岁城乡青年	20 649	独生子女	5.2	79.9	14.5	0.4		1.10
				非独生子女	3.6	83.1	12.8	0.2		1.10
上海市	2006	20~30岁城乡独生子女	4 800	独生子女	4.3	45.7	50.1			1.46
南京市	2002	15~40岁城乡育龄人群	1 793	独生子女	6.4	69.3	23.0	1.2	>0.05	1.19
				非独生子女	2.7	71.4	23.9	2.1		1.25

续表

调查地点	调查时间（年）	调查对象	样本规模（人）	身份	意愿生育数量分布（%）及差异检验					平均期望生育数量（个）
					0个	1个	2个+	3个+	P	
常州市	2004	15~40岁城乡育龄人群	3 670	独生子女	3.5	62.8	33.3	0.4	<0.000	1.31
				非独生子女	3.1	54.4	41.4	1.1		1.40
苏州市	2006	20~29岁城乡青年	2 237	独生子女	0.4	49.3	49.9	0.3	>0.05	1.50
				非独生子女	0.7	52.9	46.4	0.0		1.46
江苏6县市	2007	15~29岁城乡女青年	7 451	独生子女	0.0	62.4	36.8	0.9	>0.05	1.39
				非独生子女	0.0	60.4	38.8	0.9		1.41
全国12城市	2004	18~28岁城市在职青年	1 786	独生子女	10.1	52.3	36.0	1.5	<0.05	1.29
				非独生子女	6.1	53.6	38.2	2.1		1.37
全国12城市	2007	18~31岁城市在职青年	2 318	独生子女	6.5	49.9	41.5	2.1	<0.000	1.39
				非独生子女	3.2	56.2	38.6	2.1		1.40

资料来源：湖北2000年和2002年两次调查数据见风笑天，2004；北京2002年调查数据见李嘉岩，2003，该差异显著性检验结果系笔者根据其数据计算得到的；北京2006年调查数据见马小红等，2008；上海2003年调查数据见上海计生委，2003。因无两类青年的具体数字，故无法进行差异的显著性检验；上海2006年调查数据见陈青，2006；南京2002年调查数据见尹勤等，2005。该差异显著性检验结果系笔者根据其数据计算得到的；常州2004年调查数据见尹勤等，2006；苏州2006年调查数据见丁仁船等，2007。此数据为去掉原表格中"说不清"答案人数后重新计算的结果，该差异显著性检验的结果是笔者利用其数据计算得到的；江苏2007年调查数据见孟轲，2008；全国12城市2004年调查数据见风笑天，2009；全国12城市2007年调查数据为笔者首次发表。

从表7-1可以看出，总体上，第一代独生子女与同龄的非独生子女在意愿生育数量方面，基本上不存在大的差别。在有两类青年结果比较的10项调查中，6项结果的差异检验为不显著；一项没有统计检验的结果中（上海2006），不同子女数的分布上仅有微小的差别，平均意愿生育数量则完全一样；三项统计检验有显著差异的结果中，除常州调查的差异比较明显外（与其样本构成有关），笔者2004年和2007年的调查结果不仅在不同子女数的分布上差别很小，平均意愿生育数量上的差别也不大。

从表7-1还可以看出，这12项大规模调查结果之间，无论是在独生子女的平均意愿生育数量上，还是在独生子女期望生育不同数量子女比例的具体分布上，均存在较大差异。换句话说，众多调查结果为我们所描绘的第一代独生子女生育意愿的画面是杂乱无章的。例如，12项调查结果中，第一代独生子女期望生育一个孩子的比例从最低的45%到最高的80%；期望生育两个孩子的比例从最低的15%到最高的50%；平均意愿生育数量也几乎是从1.00到1.50。所有这些变化的范围实在有些过大，导致我们很难从总体上对第一代独生子女的意愿生育数量进行把握。我们究竟该相信哪些调查结果？或者说，哪些调查结果更有可能反映第一代独生子女的生育意愿？我们只有认真解析这12项调查的调查对象、调查方法特别是样本结构，才有可能从中做出判断。

二、对现有调查结果的解析

为了说明每一项调查结果实际描述的对象范围以及对第一代独生子女这一总体的代表性，我们需要逐一对它们的调查对象、样本特征等内容进行解析。只有弄清楚每一项调查结果与其样本特征之间的关系，我们才能更准确地了解这些调查结果究竟告诉了我们什么，也才能判断我们目前对第一代独生子女的生育意愿究竟了解多少。

1. 2000年和2002年的两次调查结果

笔者这两次调查的对象是18～26岁的"城市在职青年"，样本特征的优点是涉及包括省会城市、大城市、中等城市和小城市在内的多种城市类型。但其只包含9种主要职业的在职青年。同时，由于"考虑到实际调查的可行性，笔者又进一步将研究对象限定为国有和集体企事业单位中的在职青年，从事个体经营者则未包括在内"。调查对象的职业也是从"比重最大的九种行业中选取样本"，且"各种职业抽取的人数比例相当"（风笑天，2004）。因此，这种只包含若干主要职业、同时调查对象的抽取又没有按照职业比例的做法，使得所得到的样本对总体的代表性大打折扣。这两次调查的另一个不足是，由于这两次调查的时间相对较早，当时第一代独生子女的年龄相对年轻。因而样本中已婚独生子女的比例偏小（已婚独生子女分别只占样本中独生子女人数的 11.1% 和 18.5%）。因此，总体来看，这两项调查的结果实际上主要反映的只是"我国中部地区城市主要行业中在职青年独生子女、特别是未婚的青年独生子女的生育意愿状况"。

2. 北京 2002 年和 2006 年的两次调查结果

北京 2002 年调查的对象是"拥有北京市户口的 20～30 岁青年"（侯亚非，2003），样本是在所抽中的 47 个居委会、58 个村委会中按照年龄、性别、婚姻状况、城乡等配额抽取的。"样本结构比例为：20～25 岁与 26～29 岁的年龄结构比例为 7∶3；男女性别比例为 5∶5；未婚已婚比例为 7∶3；城乡比例为 8∶2"（李嘉岩，2003）。北京 2006 年的调查对象则为"具有北京市城市户口、居住在北京市城八区的 20～34 岁独生子女"（马小红等，2008）样本同样采用按年龄、婚否等指标进行配额的方法抽取。

这两次调查样本的最大问题在于：我们无法了解这种人为确定的各种比例与总体中实际的比例之间究竟有多大差距？如果某些重要变量（特别是与生育意愿关系密切的城乡变量、婚姻状况变量等）的比例之间相差较大，则调查结果的偏差就会比较大。如果在假设两次调查的样本结构中各种变量的比例与实际总体中的比例偏差不大的前提下，调查结果则反映出北京市第一代独生子女生育意愿的两个突出特征：一是平均意愿生育数量非常低。2002 年的结果几乎接近 1.00，即使是 2006 年 1.18 的结果，也比其他大部分调查结果明显偏低；二是希望不生育子女的比例非常高。在所有 12 项调查中，只有北京的两次调查结果中独生子女希望不生育子女的比例超过了 15%。而上述的第一个特征也主要是由这第二个特征影响的结果。应该看到，在这种假设前提下的结果终究只是一种假设的结果，从这样的结果中我们无法有把握地判断它对北京市第一代独生子女生育意愿的代表性大小。

3. 上海 2003 年和 2006 年的两次调查结果

在这 12 项调查中，上海的两次调查相对比较特殊。这种特殊性一方面体现在这两项调查都是由当地计划生育部门进行的，调查的结果也都没有发表在学术刊物上，而是作为新闻报道由记者发表在报纸上；另一方面则是体现在两次调查都没有详细介绍抽样方式和调查的具体方法，也没有详细描述样本的各种特征。这就为我们解析这两次调查所得结果的代表性以及评价两次调查的质量带来了一定的障碍。仅从这两次调查的结果看，反差比较大，而且似乎也有些矛盾。2003 年调查时，期望生育两个及以上孩子的比例还不到 15%，可到了 2006 年，这一比例一下子提高到 50%。与此相应地，2003 年调查时平均意愿生育数量只有 1.10，而到了 2006 年，平均意愿生育数量一下子提高到 1.46。这种明显的、不合常理的并且变化相当大的原因很难进行解释。因此，可以说这是两项可靠性程度最小的调查。其结果只能作为我们了解上海这样的直辖市中青年独生子女生育意愿的一种非常有限的参考。

4. 南京 2002 年的调查结果

南京调查的对象没有具体的年龄范围，只有相对模糊的"育龄人群"。实际报告的结果表明，调查对象的年龄范围在 15~40 岁之间。该调查在南京"原十个城、郊区调查城市人口，且调查对象均为独生子女"，在"五县区调查农业人口，调查对象中独生子女与非独生子女各占 50%"，同时"组织学生在大学校园、街头采用偶遇抽样的方式对独生子女进行调查"（尹勤等，2005）。这样的抽样设计和抽样方法既不科学也不不严格，由这样的抽样所构成的样本无论是在城乡对象的比例上，还是在未婚和已婚等其他变量的比例上，与实际总体的比例之间都处于一种未知的状态。其具体的生育意愿结果分析中，也存在由样本结构不清所带来的问题。例如，该研究结果中对独生子女与非独生子女意愿生育数量的比较，实际上在很大程度上是城区独生子女与农村非独生子女之间的比较（因为其样本中的非独生子女全部来自农村）。因此，该调查的结果无法从总体上反映南京第一代独生子女的状况，充其量只能是对这一部分样本中的独生子女生育意愿状况的了解。

5. 常州 2004 年的调查结果

常州调查的对象同样没有具体的年龄范围，也是模糊的"育龄人群"。样本抽取采取的是非随机的判断抽样的方法，且研究者没有介绍实际的抽样过程，只说明"考虑了常州市各区县行政级别、经济发展水平及人口密度"。从其样本的实际结构来看，既包括常州户籍人口，也包括相当大比例的外来人口（占 1/4）；既包括非农人口，也包括农业人口。样本中性别构成也不尽合理，男性只占 1/3。可以说，该调查样本的结构不能说明其代表的、或者说希望反映的是一个什么样的对象总体，因而该调查的各种结果基本上只能作为这一特定样本人口的生育意愿，而不能推广到常州市育龄人口这一总体，也不能很好地反映常州市第一代独生子女的生育意愿状况。

6. 苏州 2007 年的调查结果

苏州调查的对象为 20~29 岁的适婚人口，样本规模为 2 237 人。尽管研究者给出了样本中独生子女与非独生子女的比例分别为 65.2% 和 34.8%、未婚与已婚者的比例分别为 29.7% 和 70.3%。但是，由于研究者没有介绍其具体的抽样设计和调查实施过程，因而我们无法了解其样本中是否包含城乡两部分对象、无法知道这两部分对象的抽取比例、也就无法判断其样本中所具有的上述结构特征在多大程度上能够反映总体的状况。因此，该调查所得到的"独生子女的平均理想子女数为 1.50，非独生子女的平均理想子女数为 1.46"的结果，以及两类青年选择一个孩子、两个孩子、不生孩子的各种比例分布，也仅仅只是"这一特定调查样本"的结果，只能作为我们了解苏州市城乡适龄青年生育意愿的一种十分有限的参考。因为，如果苏州 20～29 岁适龄人口总体中独生子女的比例实际上更高或者更低、或者未婚与已婚人口的比例不是 30% 和 70%。那么，总体中适龄青年生育意愿的平均水平就会有所变化（笔者认为，实际总体中未婚者的比例有可能明显高于 30%，而已婚者的比例则有可能明显低于 70%。因为假设每一年龄段的人口数都相同且青年都是 25 岁左右结婚，那么，未婚者和已婚者的比例应基本相当。而一旦未婚和已婚青年的比例都为 50% 左右，那么，由于未婚者的意愿相对偏低，总体的平均理想子女数就会明显低于 1.50）。

7. 江苏 6 县市 2006 年的调查结果

江苏 6 县市的调查对象是"有当地户籍的 18～40 岁育龄妇女"，研究者描述第一代独生子女生育意愿时选取的是其中 18～29 岁的对象。因此，该调查结果所依据的调查对象样本具有下列一些特定的社会特征：首先，调查地点全部为县级市和县，特别是样本中农村人口比例接近 60%。因此，虽然同样是包含城乡两类青年的调查，但是其调查样本的特征与在北京、上海这样的直辖市调查的样本特征，以及与在苏州这样的大城市调查的样本特征之间，显然是有着较大差别的。其次，该项调查的对象全部为女性，这一特征是该调查样本与其他调查样本差别最大的一个方面。因此，该项调查的结果实际上反映的只是我国"经济相对发达的东部小城市特别是农村中青年女性以及青年独生女的生育意愿"。

8. 笔者 2004 年和 2007 年的两次调查结果

笔者这两次调查的对象依然是"城市在职青年"。2004 年的调查相对于 2000 年和 2002 年的调查来说，有了很大改进：一是城市样本除了考虑到直辖市、省会城市、大城市、中小城市的差别外，同时还考虑到东部、中部和西部三种不同经济发达程度的地区差别；调查涉及全国 12 个省、直辖市和自治区中的城市的特点，使得其城市的代表性大大优于原来仅湖北一个省内城市的样本特点。二是在职青年的职业类型上也扩大到 15 种，覆盖的范围更广泛。但所得样本存在的不足，一方面是每种职业调查对象的抽取数量没有按照该职业在总体中的比例来分配，而是无论什么职业都统一抽取 10 人。另一方面是每个城市中所抽取的样本数量也相对偏小（只有 150 人）。此外，最后阶段对调查对象的抽取也没有完全做到随机。因此，该调查的结果也只能在一定程度上反映全国城市中在职青年独生子女的生育意愿状况。

笔者 2007 年的调查则更进了一步：除了保持 2004 年样本在城市抽取上的优点外，还通过按照全国城市总体中 14 类行业人员的实际比例来确定样本中不同职业调查对象的抽取数目（即不同职业抽取的人数不同）、同时采取进一步扩大每个城市样本规模（200人）的方法，使得调查样本的代表性进一步提高。但由于抽样的最后阶段（即从单位中抽取个人）同样没能做到完全严格的随机，因此，该调查样本虽然比2004年的样本有较大改进，代表性程度大大提高，但仍不足以构成全面反映城市在职青年独生子女这一总体的高质量的样本。

三、第一代独生子女生育意愿现状的总结与讨论

通过对现有调查研究结果的系统整理和解析，我们可以得到下列结论：到目前为止的有关第一代独生子女生育意愿的调查结果，给我们所描述的是一幅杂乱的图像：他们的平均意愿生育子女数目从1.00到1.50，希望生育一孩的比例从最低的45%到最高的80%；期望生育两个孩子的比例从最低的15%到最高的50%；不同调查结果相互之间的差别较大。同时，通过对每一项调查的调查对象和样本结构进行解析，可以看出，现有研究都没有做到完全反映第一代独生子女这一总体所具有的生育意愿的整体状况。或者说，这些调查结果都只是在有限的程度上、描述了这一总体中的一部分对象的生育意愿状况。

概括起来，可以将现有12项调查结果大体分成以下三类：

第一类是北京市的两次调查以及上海市的两次调查。这四项调查结果可以看做是对我国这两个极端特殊的城市中的第一代独生子女所具有的生育意愿的部分反映。之所以说只是部分的反映，是因为一方面我们无法了解北京的两次调查样本结构中人为确定的各种比例与总体中实际的比例之间究竟相差多少，因此无法有把握地判断它对北京市第一代独生子女生育意愿的代表性大小。另一方面则是因为我们同样无法了解上海的两次调查的样本抽取情况及其样本结构，作为两项可靠程度最小的调查，其结果只能作为我们了解上海这样的直辖市青年生育意愿的一种非常有限的参考。

第二类是江苏地区（包括南京、常州、苏州及江苏6县市）的4项调查结果。这4项调查结果在一定程度上可以看做是对我国经济较发达的东部地区的城乡育龄独生子女所具有的生育意愿的部分反映。由于抽样方法不随机、样本结构不合理、不清楚等原因，4项调查的结果中除了6县市调查可以在一定程度上反映"小城市特别是农村中青年女性以及青年独生女的生育意愿"外，其他几项调查的结果往往只能反映该调查样本的情况，很难推广到更大范围。

第三类是笔者2000年、2002年、2004年和2007年分别在湖北4城市以及在全国12城市的4次调查。这四项调查的对象都是城市在职青年，因而只能反映城市在职独生子女的生育意愿。但同样由于抽样方法的限制，它们也只能在一

定程度上分别反映"中部地区城市主要行业在职青年独生子女、特别是未婚青年独生子女的生育意愿状况",以及"全国城市在职独生子女的生育意愿状况"。之所以说只是在一定程度上反映,是因为四次抽样也都没能做到完全严格的、彻底的随机抽取。当然,相对而言,2007年全国12城市的调查结果的代表性会更大一些。

在对现有调查研究进行解析的基础上,笔者提出下列几个值得进一步讨论的问题:

1. "第一代独生子女"的年龄范围

尽管目前这12项调查研究所针对的和希望描述的都是"第一代独生子女",但应该认识到,"第一代独生子女"不是只有"终身无兄弟姐妹"这一种社会特征的一代人,它实际上是一个包含着多种不同的社会和人口特征的整体性概念。也可以说,它是一个在许多方面需要进一步明确界定的概念。而其中最重要也最需要界定的一个方面,是他们的年龄范围。

所谓第一代独生子女的年龄范围,即出生在什么时期中的独生子女才是第一代独生子女?一种可接受的看法是,第一代独生子女指的是1976~1985年这10年间出生的独生子女。因为独生子女政策虽然最早开始于1979年,但考虑到上海、北京等大城市在70年代中期实施以"一个不少,两个正好,三个多了"为内容的计划生育工作时,就产生了一定数量的独生子女,故可将这一概念的划定时间提前三年。有了这种明确的界定,实际调查和研究中就不会产生混乱。无论研究者在哪个时间点开展调查研究,第一代独生子女却始终对应的是出生在这一时期之间的人。因此,如果研究者在2002年进行调查,此时合适的对象范围就应该是17~26岁左右的年轻人;而如果研究者在2006年进行调查,此时合适的对象范围就应该是21~30岁左右的年轻人了。正是因为现有一些调查研究只注意到对象当时的年龄,而忽视了第一代独生子女当时所实际对应的年龄段,导致调查对象并不完全处于这一时期中,因而其调查的结果自然也就会有所不同了。

2. 看待具体调查结果时应特别关注的两个变量

根据对前述12项调查的分析结果,笔者认为,在看待和解读青年独生子女生育意愿调查结果时,应该特别关注城乡背景和婚姻状况这两个重要变量。

第一代独生子女这一整体概念中既包含城市独生子女,也包含农村独生子女。一个客观的事实是,城市独生子女与农村独生子女在家庭结构、生活方式、社区文化等方面相差很大,他们的生育意愿也有明显的不同。因此,在讨论与第一代独生子女相关的问题时,最好对城乡独生子女进行区分和分别讨论。如果要全面反映包含城乡两类独生子女在内的第一代独生子女整体的生育意愿,就要有符合总体中城乡独生子女比例分布的随机样本。否则,调查结果就会形成很大的偏差。同时，已有的研究结果表明，独生子女的婚姻状况也是与他们的生育意愿密切相关的一个因素。相对来说，已婚青年的生育意愿明显比未婚青年要高（风笑天，2009；侯亚非等，2008）。因此，在看待有关独生子女生育意愿的调查结果时，还要特别注意这一变量的分布情况。

由于城乡变量和婚姻状况变量对调查结果有显著的影响，因此，在看待具体调查结果时，至少要对样本中这两个变量的分布是否与总体中的比例一致给予充分的关注。例如，包含城乡两类对象的调查结果中，如果样本中城乡两部分独生子女人口的比例与实际总体中二者的比例相差较大的话，就会扭曲总体中独生子女实际的生育意愿状况。一般的规律是：如果样本中城市独生子女比例偏大，农村独生子女比例偏小，则结果有可能低估总体中独生子女实际的生育意愿；反之，若样本中农村独生子女比例偏大，城市独生子女比例偏小，则结果有可能高估总体中独生子女实际的生育意愿。同样，在包含未婚独生子女与已婚独生子女的调查结果中，如果样本中两部分青年的比例与实际总体中二者的比例相差较大的话，也会扭曲总体中青年实际的生育意愿状况。这方面的一般规律是：如果样本中未婚青年比例偏大，已婚青年比例偏小，则结果有可能低估总体中青年实际的生育意愿；反之，若样本中已婚青年比例偏大，未婚青年比例偏小，则结果有可能高估总体中青年实际的生育意愿。

例如，北京 2002 年、上海 2003 年和 2006 年、南京 2002 年、常州 2004 年、江苏 2006 年，以及苏州 2007 年[①]这 7 项调查都包含城乡两部分对象；而北京 2006 年、湖北 2000 年和 2002 年、全国 12 城市 2004 年和 2007 年这 5 项调查则只包含城市在职独生子女。这两类不同的样本特征带来了意愿生育数量的差别：城乡独生子女样本调查结果中，平均意愿生育数量的变化范围从 1.00～1.50（进一步区分可以发现，早期北京、上海和南京的调查，其结果集中在 1.00～1.20 之间，近期江苏和苏州的调查结果却集中在 1.40～1.50 之间，呈现出两个极端的现象）。而城市在职独生子女调查结果中，所有的平均意愿生育数量大体都处于 1.20～1.40 之间，即处于中间状态。为什么会如此呢？

笔者认为，北京、上海、南京三市调查结果处在 1.00～1.20 之间，在一定程度上反映出北京、上海、南京这样的现代化大都市中独生子女的生育意愿非常低；其中北京第二次调查结果高于第一次，主要原因是第二次调查样本中加大了已婚对象的结果（上海市第二次调查结果为什么会显著高于第一次，目前则无法判断和解释。因为上海调查只是简单地在报纸上作为新闻报道发表，缺乏学术

[①] 苏州调查报告中并没有明确说明调查对象是否包含城乡人口，但从其全文其他部分的分析和讨论来看，以及从其平均理想子女数目的较高水平来看，笔者判断其样本中是包括城乡两部分对象的。

研究中对调查方法和样本基本情况的详细介绍，因而难以解析和评价其结果所反映的范围）。至于近期江苏和苏州调查结果为什么高于以城市在职青年为对象的调查结果，笔者分析主要是城乡变量在起作用：一般来说，农村对象的生育意愿普遍高于城市对象。因而包含农村独生子女在内的生育意愿调查，其结果往往会比仅包含城市独生子女的调查结果要高。

　　这种样本结构变化导致调查结果变化的现象也可以从两次调查结果的不一致甚至是矛盾中看到。例如，北京2002年调查包含农村青年，其平均意愿生育数量照说应该相对较高，而北京2006年调查仅包含城区青年，其平均意愿生育数量应该相对较低。但调查结果恰恰相反：2006年调查中，期望生育一孩的比例低于2002年调查的12%左右，而期望生育二孩及以上的比例则反过来高于2002年调查的13%左右。如何来解读这种看似不合逻辑的结果呢？究竟是青年的意愿生育数量提高了，还是存在其他的原因？

　　实际上，当我们仔细分析两次调查的样本构成，这种看似矛盾的结果就不奇怪了。2002年调查中，样本年龄结构相对年轻，未婚者比例很大（68.6%），而在2006年调查中，由于研究者"加大了已婚独生子女的样本比例，这使得2006年调查样本中25岁以上高年龄段独生子女增多、已婚者增多、双独家庭增多"（侯亚非等，2008）。此时未婚者的比例仅为46.1%，比2002年下降了22.5%。因此，2006年调查的结果更多地偏向于反映已婚独生子女的生育意愿，而不是正常结构的独生子女总体的生育意愿。由于已婚者的意愿生育数量普遍高于未婚者，因此，当2006年调查样本增加了已婚对象，其结果中期望生两个及以上孩子的比例就提高了，平均意愿生育数量也提高了。正是由于婚姻状况变量上的变化，两次调查得出了不同的结果。

3. 不同调查结果比较的前提

　　对同一现象的研究所产生的多个不同的结果，往往会成为研究者进行比较的对象。一般来说，无论是结果之间的一致性，还是结果之间的差异性，都有助于研究者发现这一现象的一般性规律。但是，值得注意的是，在对有关第一代独生子女生育意愿的不同调查结果进行这种比较时，一个基本的前提是不同研究中的调查对象和样本之间具有可比性。如果缺乏这种前提，不同结果之间的比较不仅不利于发现一般规律，相反还会误导研究者。就本研究所讨论的这12项调查来说，就存在这样的问题。由于12项调查的对象和样本特征各不相同，不具备可比性，因此，要在总体上对它们得到的结果进行比较是不妥当的。即使是对其中具有纵贯特征的北京两次调查、上海两次调查以及笔者的四次调查分别进行比较，实际上也存在问题。一种可能是，会由于前后两次（或几次）调查对象和样本结构的差异的大小而可行或不可行。

例如，北京两次调查的对象不完全相同：前者包含独生子女与非独生子女，后者仅包含独生子女；即使都只用独生子女对象，两次调查的样本结构也有较大差异：前者包含城区、郊县、农村三部分独生子女，而后者仅包含城区的独生子女。同时，前者以未婚青年为主，后者以已婚青年为主。所以，二者基本上不能进行比较；上海两次调查的对象也不一样：前者为城乡青年，后者为城乡独生子女；同时，由于其样本结构不详而无法了解还有哪些差异。笔者四次调查的对象虽然都相同，但前面两次调查的地点与后面两次调查的地点相差较大，样本的结构（主要是不同职业调查对象的比例以及对象的年龄结构）也相差较大，不好进行比较；只有前面两次调查之间以及后面两次调查之间进行比较的可行性相对大一些。但即使如此，也应该注意到两次调查样本之间的各种差别及其对结果的影响。

笔者最后认为，由于"第一代独生子女"这一特定总体在定义和边界划分上的困难性，特别是由于实际调查中抽样框的不可得性，使得现实中的每一项具体调查都只能是对这一总体中的"一部分对象"的反映。因此，只有弄清楚每一项调查所真正反映的对象及其范围，才能避免以偏概全和产生误解，获得对第一代独生子女生育意愿的实际了解。而从现有的调查来看，不同的调查在调查对象和抽样方法等方面相差很大，所以其得到的结果相互之间差别也很大，因此，我们实际上对这一代独生子女所具有的生育意愿的整体了解还很不全面。要真正弄清楚他们生育意愿的状况，显然还需要更为严格、更为广泛的调查研究。

第二节 青年个体特征与生育意愿

一、相同社会背景中的青年个体差异

在涉及我国人口发展、生育率变化等领域的研究中，人们的生育意愿一直是研究者普遍关注的问题之一。因为"一个社会整体的生育水平直接受到两个方面因素的影响：一是国家的生育政策，二是人们的生育意愿"（风笑天，2004）。特别是由于当前我国人口发展和人口政策的调整、制定都处于十分关键的时期，因此，了解和分析人们的生育意愿就更是一项重要的任务。正如有学者所指出的："我们现在的任务不仅是要搞清目前的真实生育水平，我们更要实时地检测群众的生育意愿，从而使我们不至于错过政策调整的最佳时机"（乔晓春等，

2006）。

生育意愿是人们对自身生育目标或生育行为的主观愿望。这种主观愿望一方面受整个社会的政治制度、经济结构、价值观念以及文化传统等各种宏观因素的影响和制约，表现出一定的规律性。另一方面它也会受各种个体因素的影响。即由于不同的人在社会结构中所处的位置不同，所经历的社会生活环境不同，所具有的价值观念和社会心理的差异，而在生育意愿上表现出一定的差别和特殊性。了解和认识这种在相同宏观结构背景中所存在的不同个体之间的差别，不仅有利于提高计划生育工作的针对性，同时也可以为人口政策的制定提供一定的参考依据，而这正是本研究的主要目标。

20世纪80年代以来，国内关于生育意愿的调查研究已有许多的成果（风笑天、张青松，2002）。综合来看，这些研究表现出以下几个方面的特点：

首先，现有生育意愿的研究中，研究者往往比较重视考察女性对象、特别是育龄妇女的生育意愿（孙瑛，1988；林富德，1992；陈彩霞等，2003；郑真真，2004；江苏生育意愿和生育行为研究课题组，2008），而相对忽视了男性和丈夫在决定生育行为和生育结果中的重要影响。这是目前研究中一个较大的缺陷。尽管育龄妇女是子女生产过程的实际承担者，但却不是这一生产过程发动和执行的唯一参与者和决定者。事实上，生育决策与生育行为往往是由夫妻双方共同参与、共同决定的。男女双方所具有的生育意愿都会对最终的生育行为和生育结果产生影响。

其次，现有生育意愿研究中，研究对象常常是包括各个年龄段的普通城乡居民（尹勤，2006；梁宏，2007；周福林，2005；黄廷权等，2007；陈胜利等，2003），或者是某些特定人口群体，比如农村人口的生育意愿（尤丹珍等，2002；陈彩霞等，2003）、流动人口的生育意愿（庄渝霞，2008）等等。相比之下，专门针对青年人口进行的生育意愿调查结果则比较少。笔者认为这也是一种较大的缺陷。因为在国家现行计划生育政策条件下来探讨和研究人们的生育意愿，最重要的对象应该是青年，特别是未婚的以及虽已结婚但仍然处于生育高峰期的青年。因为只有这些青年才是将生育意愿转变为生育行为的潜在人群。而对其他年龄段的成人、特别是35岁以上人口所进行的生育意愿调查的结果，并不具有对未来生育状况和生育水平的预测力，因而也不具有相应的政策意义。在一定程度上可以认为，只有处于婚育年龄的青年群体的生育意愿才具有对现实生育结果的影响力和对生育状况发展趋势的预测意义。这也正是我们关注青年人群生育意愿的价值所在。

再其次，在现有的以青年为对象的生育意愿研究中，调查对象的范围基本上又都只是局限在某一个城市或一个地区（李嘉岩，2003；侯亚非，2003；尹勤，

2005；黄廷权等，2007），即使是笔者 2000 年和 2002 年的同类调查也只是局限在湖北省内的四个城市（风笑天，2004），目前还没有全国范围的青年生育意愿调查结果。

最后，从研究内容上看，现有的研究多为对各种人群生育意愿现状的测量和描述，以及人们生育意愿的特点和变化过程，而相对较少探讨与生育意愿相关的各种因素。一些研究中，研究者往往将生育意愿作为自变量来探讨其对人们生育行为以及生育率的影响，而将生育意愿作为因变量来研究，特别是探讨影响人们生育意愿的各种因素的研究仅仅只有很少的四篇。一是王化波通过抽样调查，对延边朝鲜族育龄妇女生育意愿的影响因素所进行的分析。他得出的结论是："延边朝鲜族育龄妇女生育意愿的影响因素主要在三个方面，即传统文化因素、育龄妇女自身因素和社会经济因素。"而其中，"朝鲜族独特的传统文化起了决定性的作用"（王化波，2005）。二是陈宇等人利用 2004 年中国健康与营养调查的数据，对当前影响中国适龄女性生育意愿的各种因素所进行的分析。其研究结果表明，"收入和生育成本仍然是影响人们生育意愿的最重要因素"，"人们在生育率的选择问题上有着比较强烈的利他性考虑"（陈宇、邓昌荣，2007）。三是尹勤等人依据对常州市 3 670 位居民的调查数据，对育龄人群生育意愿的影响因素所进行的分析。其研究结果表明，"户口性质、性别、年龄、婚姻状况、文化程度、收入水平和是否独生子女对理想子女数均有显著影响"（尹勤等，2006）。四是梁宏利用对广东省四个地区 2 370 位城乡居民的调查资料，分析了个人因素、政策因素和生育目的对人们生育意愿的影响。其研究表明，生育意愿与个人特征具有一定的相关性。"具体来说，男性意愿生育数量略多于女性；低龄群体的意愿生育数量明显少于高龄群体；受教育程度越高，意愿生育数量越少；高收入群体的意愿生育数量明显少于低收入群体"（梁宏，2007）。

这四项研究的对象同样是集中在育龄女性和各种年龄的城乡居民上，而专门以青年为对象，探讨他们的个体特征与其生育意愿间关系的研究目前尚未见到。

正是针对现有研究的上述不足，本研究利用取自全国范围的青年样本，对城市在职青年生育意愿进行调查描述，并探讨和分析与青年生育意愿相关的各种个人特征。本研究所要探讨的主要问题是，除了宏观社会结构及其生育政策等因素外，青年的生育意愿还与哪些个体的因素相关联？换句话说，青年的各种不同特征与他们的生育意愿之间具有什么样的联系？

需要说明的是，一般认为，生育意愿包括三个方面的内涵，即生的数量、时间和性别（顾宝昌，1992；侯亚非，2003）。其中，期望生育的子女数目，或者说意愿生育数量，是最为重要的生育意愿测量指标。限于篇幅，本研究的探讨也主要集中在青年的意愿生育数量这一方面，而没有涉及生育意愿的其他内涵。

二、研究的样本与数据

（一）样本设计

本研究所用资料来源于笔者 2004 年 3～6 月在全国 12 个城市进行的在职青年抽样调查。调查的样本设计考虑到不同地区、不同类型、不同规模、不同发达程度的城市，以及具有不同职业的青年等因素。具体抽样过程的详细介绍，可见笔者的另一篇论文[①]。此处限于篇幅只作简单介绍：

首先是城市的抽取，为了尽可能地增加样本的代表性，抽样设计中考虑到两种标准，一是空间上分为东部、中部、西部三类发达程度不同的地区；二是从城市性质和规模上分为直辖市、省会城市、大城市、中小城市。最终抽取的 12 个城市见表 7-2。

表 7-2　　　　　　　　　调查城市的类型

城市	东部	中部	西部
直辖市	上海市	北京市	重庆市
省会城市（100 万以上人口）	南京市（江苏）	长春市（吉林）	兰州市（甘肃）
大城市（50 万～100 万人口）	厦门市（福建）	新乡市（河南）	桂林市（广西）
中小城市（50 万以下人口）	金华市（浙江）	鄂州市（湖北）	安顺市（贵州）

其次是单位的抽取，调查单位的抽取采用系统抽样方法，根据目前城市中主要职业的分布状况，调查选取了工业企业、行政机关、教育、卫生、商业、服务业、交通、建筑、邮电、金融、大众传媒、公司、公检法、市政等 15 类单位。抽样方法是：从本市的电话黄页中，按照 15 种职业类型，从每一职业类型的全部单位名单中等距抽取 3 个单位；调查第一个单位，后两个单位做候补。

最后是调查对象的抽取，调查对象的抽取由被调查单位协助完成。联系时仅告知被调查单位：所进行的是"全国 12 城市青年发展状况调查，需抽取 10 名年龄在 1976 年及其以后出生的青年职工，尽可能兼顾到性别平衡"。由于取样要求中仅提出年龄与性别的要求，而没有涉及任何与研究内容和主题相关的信息。因此，这一步尽管不是严格的随机抽样，但被调查单位在不知调查意图的情况下提

---

① 风笑天：《第一代独生子女婚后居住方式：一项 12 城市的调查分析》，载《人口研究》2006 年第 5 期。

供对象的方式,可以近似地看做是随机的(前提必须是单位的抽取方式不存在某种系统偏差情况)。

(二) 变量测量

如前所述,生育意愿包括意愿生育数量、意愿生育性别和意愿生育时间。本研究中主要涉及第一个方面,即意愿生育数量。问卷中具体的测量问题是:

"如果完全按个人意愿,你希望生几个孩子?_____个。"

由于希望生育3个及以上子女的人数很少(1 768名青年中,希望生育3个的只有25人,希望生育更多的仅5人),为简化统计表,在大部分表中都将这一部分对象的意愿生育数量作为2个统计。

青年特征的测量变量主要包括性别、年龄、文化程度、婚姻状况、职业、收入、是否独生子女等。

(三) 资料收集

各地调查均由社会学专业的教师和经过培训的学生实施。资料收集采取"集中填答问卷,当场完成,当场检查,当场回收"的方式进行。填答问卷的时间约为20~30分钟。不能集中填答的单位,则分别进行,但都在同一个半天内完成。本次调查共发出问卷1 860份,收回有效问卷1 786份。有效回收率为96%。样本基本构成情况见表7-3。

表7-3　　　　　调查样本基本情况 (n = 1 786)　　　　　单位:%

性别	男	46.9	婚姻状况	未婚	73.0
	女	53.1		已婚	27.0
是否独生子女	非独生	65.4	文化程度	初中	7.0
	独生	34.6		高中及中专	27.9
收入水平	800元以下	34.1		大专	29.6
	801~1 400元	34.5		本科	33.4
	1 401元以上	31.4		研究生	2.0

三、调查结果与分析

(一) 青年的性别与意愿生育数量

我们首先关心的是不同性别的青年在意愿生育数量方面是否存在差别。考虑到男女两性在生理、心理等方面存在着显著的差异,而生育行为又主要由女性承担的客观现实,在期望生育几个孩子方面,二者似乎应该有所不同。前述陈胜利等主编的全国2002年城乡居民生育意愿调查以及广东省和重庆市对一般城乡居民生育意愿的研究结论中也都指出,男性的意愿生育数量略多于女性。对于城市在职青年来说,这种状况是否也存在呢?本次调查的结果统计见表7-4。

表7-4　　　　　　　不同性别青年的意愿生育数量　　　　　单位:%

意愿生育数量(个)	男青年	女青年	总体
0	7.8	7.3	7.5
1	52.7	53.7	53.3
≥2	39.5	39.0	39.3
平均值(个)	(1.32)	(1.32)	(1.32)
显著性检验		$P = 0.878$	

从表7-4可以看出,不同性别的青年在期望生育的孩子数量上并不存在显著差别,各种期望数量的分布比例非常接近。二者的平均值也基本相同。这一结果反映出在意愿生育数量方面,青年作为一个整体所共有的时代特征和其他特征的影响大于其性别特征所具有的影响。

(二) 青年的年龄与意愿生育数量

本次调查样本中的青年虽然总体上看年龄十分接近,但毕竟其最年轻者与最年长者之间还是存在10岁左右的差距。为了更好地了解不同年龄段的青年在生育意愿方面的具体状况,我们还是将样本中的青年分为相对年轻的一组(18~24岁)和相对年长的一组(25~28岁)进行对比统计。结果见表7-5。

表7-5　　　　　　　不同年龄青年的意愿生育数量　　　　　单位:%

意愿生育数量(个)	18~24岁	25~28岁	总体
0	7.5	7.5	7.5
1	57.5	50.2	53.3
≥2	35.0	42.3	39.2
平均值(个)	(1.28)	(1.35)	(1.32)
显著性检验		$P = 0.007$	

结果表明,相对年长的一组中,希望生育两个孩子的比例高于相对年轻的一

组 7 个百分点；与此对应的是希望生育一个孩子的比例则低了大约 7 个百分点。二者的平均值也表明，年长一组相对较高。统计检验则表明，二者之间的差异是显著的。考虑到年长的一组中结婚的比例可能高于年轻的一组，会不会是婚姻状况导致二者之间的差别呢？我们先看看不同婚姻状况的青年的生育意愿，如果二者之间差别明显，我们就进一步控制住婚姻状况再来看年龄段的影响。

（三）青年的婚姻状况与意愿生育数量

生育意愿更多地与婚姻有关，而青年是否已经进入婚姻，其所面临的生育问题的现实处境是不一样的。这或许会在一定的程度上造成青年生育意愿和期望的不同。实际状况详见表 7-6。

表 7-6　　　　　不同婚姻状况青年的意愿生育数量　　　　单位：%

意愿生育数量（个）	未婚青年	已婚青年	总体
0	8.6	4.5	7.5
1	55.0	48.6	53.3
≥2	36.4	46.9	39.3
平均值（个）	(1.28)	(1.42)	(1.32)
显著性检验	P = 0.000		

从表 7-6 可以看出，已婚青年意愿生育数量的平均值显著高于未婚青年，这种差别主要是由于已婚青年中期望生育两个孩子的比例明显高出未婚青年 10% 所形成的。它向我们揭示出青年的婚姻状况不同，期望生育的孩子数量也明显不同的现实。由于婚姻状况的影响明显，我们必须控制住青年的婚姻状况，再来看看不同年龄段青年的意愿生育数量的分布，结果见表 7-7。

表 7-7　控制青年的婚姻状况后不同年龄段青年的意愿生育数量　单位：%

意愿生育数量（个）	未婚青年		已婚青年	
	18～24 岁	25～28 岁	18～24 岁	25～28 岁
0	7.9	9.6	0	4.9
1	57.8	51.4	51.4	48.6
2	34.3	39.0	48.6	46.5
平均值（个）	(1.26)	(1.29)	(1.49)	(1.42)
显著性检验	$P_{未婚}$ = 0.076		$P_{已婚}$ = 0.408	

从表 7-7 可以看出，当我们控制住青年的婚姻状况后，年龄的影响就消失了。无论是在未婚青年中，还是在已婚青年中，不同年龄段的青年在意愿生育数量上的差别就不显著了。这说明，对于意愿生育数量来说，青年的婚姻状况是比青年的年龄更为重要的影响因素。

（四）青年的收入与意愿生育数量

收入是反映青年经济状况的主要指标。长期以来的观点认为，经济水平与人们的意愿生育数量成反比关系，即经济水平越高，人们的意愿生育数量越低。实际情况如何呢？本次青年调查的结果详见表 7-8。

表 7-8　　　　　不同收入青年的意愿生育数量　　　　　单位：%

意愿生育数量（个）	800 元及以下	801~1 400 元	1 401 元以上	总体
0	5.7	8.5	8.3	7.5
1	61.2	55.1	43.0	53.4
≥2	33.1	36.4	48.7	39.1
平均值（个）	(1.27)	(1.28)	(1.40)	(1.32)
显著性检验	P = 0.000			

从表 7-8 可以看出，与传统观点有所不同，青年的意愿生育数量并没有随着青年收入的提高而下降。相反，收入越高、经济条件越好的青年，他们的意愿生育数量比中低收入的青年明显更高。这是本研究的一个重要发现，同时这也是一个值得注意的现象。

（五）青年的文化程度与意愿生育数量

文化程度是青年最重要的人力资本。它不仅会影响到青年的收入，同时也是决定和影响其价值观念、生活方式的重要因素。传统的观点通常认为，人们的文化程度与人们的意愿生育数量之间，也有着人们的收入与意愿生育数量之间那样的负相关关系。即文化程度越高的人，其意愿生育数量往往越低。本次调查的结果如何呢？详见表 7-9。

表 7-9　　　　不同文化程度青年的意愿生育数量　　　　单位：%

意愿生育数量（个）	初中	高中或中专	大专	本科以上	总体
0	2.6	6.6	6.7	9.6	7.4
1	56.4	61.4	53.4	46.0	53.2

续表

意愿生育数量（个）	初中	高中或中专	大专	本科以上	总体
≥2	41.0	32.0	39.9	44.4	39.4
平均值（个）	(1.38)	(1.25)	(1.33)	(1.35)	(1.32)
显著性检验	\multicolumn{5}{c}{P = 0.000}

从表 7-9 可以看出，青年文化程度与他们的意愿生育数量之间并不是一种线性的负相关关系，而是呈现出一种 U 字形的相关状态。即文化程度最低者与文化程度最高者的意愿生育数量都明显高于中等文化程度者。这同样是一个值得注意的发现。在近期的一些调查结果中我们也看到类似的现象（尹勤等，2005、2006），但似乎都没有本次调查这么明显。当然，虽然同样是趋向于多生育，初中文化程度者与本科以上文化程度者的具体分布仍有较大差别：后者中倾向于不生和生两个者明显更多。

（六）青年的职业与意愿生育数量

对于在职青年来说，职业是其作为社会成员参与社会生活的主要途径和方式，同时也是影响其生活方式和价值观念的重要因素。样本中具有不同职业的在职青年在意愿生育数量上有无不同呢？

从表 7-10 可以看出，从职业来看，大致上可分为这样几类：一类是整体上倾向于生两个的，即生两个与生一个的比例相当甚至多于生一个的比例，主要是建筑业人员、媒体人员、公检法人员、行政人员以及医护人员。其平均生育意愿（除医护人员外）是最高的（1.36~1.45）。进一步分析表明，建筑业人员多为农村背景（18 岁以前生活在农村的比例为 31.6%，远高于样本平均 18.8% 的比例），而媒体人员、公检法人员、行政人员以及医护人员则是 15 类职业中文化程度和收入相对最高的；其中医护人员和行政人员还表现出两端型特点，即生两个的和不生的都比较多；二是严格一胎型的，即生两个和不生的都较少，2/3 左右都只生一个。比如，交通运输人员、商业人员、企业人员以及公司人员，他们的平均意愿生育子女数是三类中最低的（1.26 以下）。处于这两类之间的第三类人员在三种生育数量上的比例基本处于总体平均数周围，只有小学教师和银行保险业人员由于不生的比例较大而导致平均数略低于总体水平。

表 7-10　　　　　不同职业青年的生育数量偏好　　　　　单位：%

职业	0 个	1 个	2 个	平均值（个）
建筑业人员	3.4	47.9	48.7	(1.45)
媒体人员	7.9	40.4	51.8	(1.44)
公检法人员	7.7	47.0	45.3	(1.38)
中学教师	4.4	54.4	41.2	(1.37)
行政机关人员	9.3	45.8	44.9	(1.36)
市政部门人员	8.8	47.4	43.9	(1.35)
服务业人员	6.0	52.6	41.4	(1.35)
总体平均线	—	—	—	(1.32)
医护人员	14.7	41.4	44.0	(1.29)
小学教师	10.3	50.9	38.8	(1.29)
邮电通讯业人员	7.8	56.0	36.2	(1.28)
银行保险人员	10.1	54.6	35.3	(1.25)
企业人员	4.4	64.9	30.7	(1.25)
公司人员	5.8	63.3	30.8	(1.25)
商业人员	5.4	66.1	28.6	(1.24)
交通运输人员	6.1	66.7	27.2	(1.21)
总体	7.5	53.3	39.3	(1.32)
显著性检验		P = 0.000		

（七）青年独生子女身份与意愿生育数量

这是笔者关注的另一个重点。国家政策规定，双方都是独生子女的夫妻可以生育两胎，这一政策是否会对独生子女青年的意愿生育数量产生一定影响呢？特别的，会不会出现独生子女青年的生育意愿比非独生子女青年的生育意愿更高的结果呢？

对于这一问题，笔者曾利用 2000 年和 2002 年两次对在职青年生育意愿的调查数据进行过分析，结果表明，独生子女在生育意愿上与非独生子女之间并不存在显著差别（风笑天，2004）。但考虑到那两次调查的地区局限在湖北省，且样本规模相对较小，因而这里运用全国 12 城市的数据再次对二者的状况进行比较和检验，以弄清独生子女的身份对青年生育意愿的影响究竟如何，结果见表 7-11。

表7-11　独生子女青年与非独生子女青年的意愿生育数量　　　单位：%

意愿生育数量（个）	独生子女	非独生子女	总体
0	10.1	6.1	7.5
1	52.3	53.7	53.3
≥2	37.5	40.2	39.3
平均值（个）	(1.27)	(1.34)	(1.32)
显著性检验	P = 0.009		

从表7-11可以看出，本次结果与笔者2004年的研究结果有一定的不同，独生子女青年与非独生子女青年之间，在意愿生育数量方面存在一定差异。独生子女平均意愿生育数量低于非独生子女大约0.07。从交互分类结果中可以看出，这种差异主要表现在独生子女青年中，不希望生育的比例略高于非独生子女，而希望生育两个孩子的比例略低于非独生子女。

对于独生子女青年总体上比非独生子女青年的意愿生育数量要少的结果，笔者分析主要原因可能是样本中独生子女总体上比非独生子女年轻，未婚的比重也相对更大所导致。前面的结果已表明婚姻状况与意愿生育数量密切相关，因而有必要在控制婚姻状况的前提下再来分析独生子女身份与意愿生育数量之间的关系。分析结果见表7-12。

表7-12　控制青年的婚姻状况后不同身份青年的意愿生育数量　　　单位：%

意愿生育数量（个）	未婚青年		已婚青年	
	独生子女	非独生子女	独生子女	非独生子女
0	11.4	6.9	5.1	4.3
1	53.5	55.9	47.5	49.0
2	35.1	37.2	47.5	46.7
平均值（个）	(1.24)	(1.30)	(1.43)	(1.42)
显著性检验	$P_{未婚}$ = 0.022		$P_{已婚}$ = 0.912	

从表7-12可以看出，当控制青年的婚姻状况后，两类青年之间的差异发生了变化：未婚青年中，两类青年的意愿生育数量依然存在0.06的差别。从百分比分布可以看出，这种差别主要是由于独生子女青年中不要孩子的比例明显高于非独生子女青年所造成的；而已婚青年中，两类青年之间的差异则消失了。这一结果再次提示我们，婚姻状况是影响青年意愿生育数量的重要因素，而是否独生子女的影响并不大。或者说，独生子女与非独生子女两类青年共同作为伴随着我

国改革开放成长起来的一代新人,具有基本相同的生育意愿。这一结果与笔者以往研究的结果是一致的（风笑天,2004）。

四、研究结论与讨论

（一）主要结论

根据现有的生育理论,本研究中主要考察了青年个体的性别、年龄、文化程度、婚姻状况、收入、职业,以及是否独生子女等因素与他们的意愿生育数量之间的关系。结果表明：（1）不同性别的青年在期望生育的孩子数量上并不存在显著差别；（2）已婚青年意愿生育数量的平均值显著高于未婚青年；（3）年龄因素与青年意愿生育数量之间所表现出的正相关现象,实际上受到了青年婚姻状况的影响,当控制住青年的婚姻状况后,年龄的影响就消失了；（4）收入越高、经济条件越好的青年,他们的意愿生育数量比收入低的青年明显更高；（5）青年文化程度与他们的意愿生育数量之间呈现出一种 U 字形的相关状态,即文化程度最低者与文化程度最高者的意愿生育数量都明显高于中等文化程度者；（6）所调查的 15 类职业中,农村来源比例较大的建筑业人员、文化程度相对较低的服务业人员,以及文化程度和收入都相对较高的媒体人员、公检法人员、行政人员以及医护人员的意愿生育数量最高,而交通运输人员、商业人员、企业人员以及公司人员的意愿生育子女数是最低的；（7）是否独生子女对青年的意愿生育数量影响不大,两类青年作为伴随着我国改革开放成长起来的一代新人,具有基本相同的生育意愿。总之,研究结果表明,青年的性别、年龄、是否独生子女等因素与其意愿生育数量间关系不大；青年的婚姻状况、收入、文化程度、职业等因素则与之关系密切。

（二）若干问题的讨论

首先是关于经济收入变量与意愿生育数量之间的关系问题。在这方面,传统观点和研究结果是,人们的经济收入越高,其意愿生育数量就会越低。但本次研究结果表明,青年的经济收入与他们的意愿生育数量之间存在着一种与以往认识和研究结果相反的关系。高收入者的意愿生育数量不仅不比低收入者低,相反比他们明显更高。如何来看待这种结果呢？笔者分析,这里有一个关键的因素,就是二者所基于的生育现实是不同的。以往有关经济收入与意愿生育数量之间关系的理论,所基于的往往是高生育数量的现实,或者说这种理论在总体生育水平较高的情形下是正确的。对于生育水平非常低的情形则并不成立。更具体地说，当普遍的生育水平是在3个、4个、5个甚至更高的情况下，人们的经济水平与意愿生育数量之间的确存在着明显的负相关关系；但是，当普遍的生育水平只是在2个以下，甚至只有1个多的时候，经济水平与意愿生育数量之间的这种关系就不复存在，甚至可能出现相反的趋势。

其次是关于文化程度变量与意愿生育数量之间的关系问题。在这方面，传统观点和研究结果是，人们的文化程度越高，其意愿生育数量就会越低。即二者之间同样存在着负相关关系。但本次研究结果表明，青年的文化程度与他们的意愿生育数量之间的关系并不是一种简单的线性关系，而是一种 U 形的关系。文化程度较低的青年，意愿生育数量较高；文化程度中等的青年，意愿生育数量明显下降；但文化程度较高的青年，意愿生育数量并没有进一步降低，并反而有了明显的提高。这一结果在其他几项研究中也有类似发现（尹勤等，2005；尹勤等，2006）。对于这种结果，我们是否可以将其看成是在低生育水平下人们的意愿生育数量向生育率的更替水平回归的一个反映？

再其次是关于改革开放一代人共同的人生经历对其生育意愿影响的问题。我们知道，青年首先是一个年龄群体，或者说，年龄是构成青年群体的最基本特征，而相同的年龄实际上意味着相同的人生经历和生命历程。本研究结果中青年的年龄、性别、是否独生子女等因素与青年意愿生育数量无关的现实在一定程度上启示我们，或许在生育意愿方面，如同在择偶标准等方面一样，青年作为同质性相对较强的群体在共同的社会结构和社会文化的影响和制约下，具有相对一致的想法和意愿。换个角度也可以认为，正是这一代青年所经历的、所面临的改革开放以来我国社会的某些共同的时代特征，形成和造就了他们所具有的共同的价值观念和行为方式。虽然性别和独生子女身份似乎也都是与意愿生育数量密切相关的因素，但由于在总体上，青年更多的是作为一个特定的年龄群体存在的，他们的共性更为突出，因而在作为同一代人意愿生育数量上的一致性大于作为个体的具体个人的差异。

最后是本研究的不足和有待进一步探讨的问题。由于抽样方式的原因，研究的样本并不是一个自然分布的在职青年样本。所以研究结果对在职青年整体的代表性受到较大限制。这是在看待本研究结果时应注意的一个方面。同时，本研究中只分析了青年的几个主要特征，而对于其他一些与生育数量偏好同样具有一定关系的个体变量，比如青年生活的地域（东中西）、所在城市的规模（大中小），以及青年各种特征之间的交互作用等等都未能深入探讨。统计分析上也还缺乏多变量的统计控制。此外，研究结果表明，婚姻状况是一个重要的影响因素。因此，今后还可以进一步将已婚者区分为已生育者和尚未生育者展开分析，或许还会有新的发现。

第三节 "双独夫妇"的二胎生育意愿

一、"双独夫妇"的出现与二胎生育

30年前，国家开始实行以"提倡一对夫妇只生育一个孩子"为主要内容的计划生育政策。在这一生育政策实施的同时，全国除河南省外，各省、市、自治区均规定了"双独夫妇"（即夫妻双方均为独生子女的夫妇）可以生育第二胎的相关内容。由于在独生子女政策实施之初，"双独夫妇"还远没有成为社会现实。因此，在20世纪末的20年中，人们似乎已将这种"双独夫妇"生育二胎的政策遗忘。只是到了21世纪初，当第一批独生子女开始逐渐进入婚育年龄后，"双独夫妇"开始出现，其二胎生育的问题才逐渐显露出来。并且很快成为学术界特别是人口学者十分关注的重要问题。

人口学者往往是从二胎生育对整个社会的生育率变动所具有的影响的角度来关注和探讨这一问题的。"由于将来一段时间结婚人群中独生子女比例的升高，符合生育二孩的家庭逐渐增多，政策所允许的生育率将不断提高"（丁仁船等，2007）。"随着独生子女进入婚育期，未来政策生育率上升幅度有多大？是否会影响我国既定人口发展战略目标的实现？"（杨书章、郭震威，2000）"独生子女在同龄人中的比例越大，政策生育率越高，未来生育水平升高，可能会导致生育水平反弹的情况"（姜玉等，2009）。而他们所关注的二胎生育问题可以简单表述为：在相当长的一段时期中，我国社会中潜在的、符合计划生育政策条件的二胎生育者（即"双独夫妇"）的规模会有多大？这些符合计划生育条件的二胎生育者实际上又具有什么样的生育意愿？不难理解，如果这种"双独夫妇"的规模很大，如果这些"双独夫妇"普遍都希望生育第二个孩子。那么，他们的生育行为将会对我国目前的生育率水平和人口发展态势带来明显的影响，甚至还可能会形成新的生育小高峰。因此，已有一些人口学者在不断努力地利用人口普查和人口抽样调查的数据资料，去分析和预测未来不同时期中，符合二胎生育条件的"双独夫妇"的可能规模（刘鸿雁、柳玉芝，1996；杨书章、郭震威，2000；郭志刚，2001；丁仁船等，2007）；然而，对于与此密切相关的另一个重要问题，即这些潜在的、符合计划生育政策条件的二胎生育者是否都愿意生育第二胎的问题，则很少有人关注。

现行的计划生育政策实行之初，各地政府就规定"双独夫妇"可以生育第二胎。这种二胎生育政策的制定似乎具有一定程度的补偿含义：由于父母这一辈只能生育一个孩子，到了子女这一辈时，父母受到生育限制的两个独生子女结婚，就可以享受到生育两个孩子的政策优惠。实际上，这种带有补偿含义的政策优惠同时还意味着这样一种潜在的前提：即当独生子女父母这一代人的生育受到限制后，等到他们的孩子，即独生子女这一代人进入婚育年龄、结婚成家时，社会中的人们（包括独生子女本人以及他们的父母）都普遍愿意、并且普遍都希望生育第二胎。然而，值得注意的是，这种潜在的前提可能并不一定成立。这种二胎生育优惠政策的作用，也并不一定能够促进社会中那些符合政策条件者生育第二胎的行为。我们应该思考：当独生子女一代人进入婚育年龄、结婚成家时，当"双独夫妇"在社会中大批出现时，这些可以享受二胎生育政策的当事者们（即"双独夫妇"们）真的都愿意、并且都希望生育第二胎吗？他们的生育意愿与那些不能享受这一优惠政策的非双独夫妇之间存在着明显的差别吗？又有哪些因素与"双独夫妇"们生育或者不生育二胎的意愿有关？这些正是本研究希望探讨和回答的主要问题。

二、"双独夫妇"生育意愿的研究回顾

目前有关二胎生育问题的文献主要集中在农村生育二胎的问题上。这是因为全国大部分省区的农村实行的都是"一个半"的生育政策，即如果第一胎生的是女孩的话，间隔一定时间可以生育第二胎。因此，大部分农村中生育二胎的现象十分普遍，相关问题的探讨也更多一些。全国城市中由于一直严格实施一胎政策，生育二胎则是极为少见的现象。因此，学术界几乎没有城市二胎生育方面的研究。只是进入21世纪后，随着第一代独生子女逐渐进入婚育年龄，城市社会中开始出现了"双独夫妇"，他们的二胎生育问题才进入到学者的视野中。文献搜索表明，目前虽然有少量研究在探讨独生子女家庭结构、"四二一"家庭、独生子女婚配类型等方面问题时，涉及"双独夫妇"家庭的二胎生育问题，但真正通过经验调查来专门探讨"双独夫妇"（主要是城市双独夫妇）二胎生育问题的研究却仅有马小红、侯亚非等人分别依据对北京"双独夫妇"生育意愿的同一项调查所发表的三项调查结果（马小红、侯亚非，2008；侯亚非、马小红，2008；侯亚非等，2008）。

该项调查选择北京东城、宣武、海淀、西城四个城区（侯亚非的一项研究仅使用了其中东城、海淀两个区的数据，另一项研究仅讨论了女性对象的生育意愿），采用等距抽样方法，随机抽取了127个社区，在每个社区按照独生子女的

年龄、婚否、是否"双独"等指标进行配额,调查的对象为"具有北京市城市户口、居住在北京市城八区的 20～34 岁的独生子女"。研究重点探讨在"一孩政策"和"双独政策"的双重影响下,"独生子女尤其是'双独'家庭在生育孩子数量、生育性别偏好和生育时间等方面的意愿,影响其生育意愿的因素,生育意愿和行为选择对北京市未来人口变动趋势产生的影响和问题等。调查的时间为 2006 年 8～11 月,共计回收有效问卷 2 608 份","本次调查共获得 642 个'双独'家庭的样本,其中已生育样本为 192 个"(马小红、侯亚非,2008)。

该研究结果表明,"'双独'政策适用群体没有显示明显的二孩生育意愿。与 2002 年的调查统计比较,城市'双独'家庭虽然'理想二孩'和'愿意生育二孩'的统计比例明显高于 2002 年调查的统计水平,但'双独'家庭特别是已生育的家庭,'愿意生育二孩'的比例却从 26.9% 下降到 24%,与本次调查全部独生子女样本这一比例 25% 比较,未显示明显的普遍计划生育二孩的愿望,与 2002 年调查的统计结果基本一致,即明确表示愿意生育二孩的'双独'家庭约占 1/4"(马小红、侯亚非,2008)。

该研究所描述的"双独夫妇"二胎生育意愿的状况为我们了解和分析这一问题提供了帮助。但该研究结果也还存在着若干局限性。首先,该研究所调查的城市是相对比较特殊的首都北京,导致其调查所得到的结果对于反映全国其他城市的状况来说,可能相对缺乏代表性;其次,该研究在调查和了解"双独夫妇"的生育意愿时,没有同时了解同一城市、同一年龄段的非双独夫妇的生育意愿,这样,我们就无法知道"双独夫妇"的生育意愿与其他青年夫妇的生育意愿之间是否存在着明显的差别;最后,该调查仅给出了"双独夫妇"意愿生育数量以及二胎生育意愿的现状,对于哪些因素可能与"双独夫妇"的二胎生育意愿有关系的问题则没有进行探讨。因此,要更好地分析和探讨城市"双独夫妇"二胎生育的现状、相关因素以及可能趋势,还需要开展进一步的研究。

三、研究设计

根据本研究的目标,同时针对现有研究的局限,笔者于 2008 年在全国五大城市对 1 200 多名已婚青年进行了一项抽样调查。该调查的样本设计首先考虑到目前第一代独生子女结婚的比例在中心大城市中相对较高,而在普通中小城市相对较低的现实,为保证实际抽样中有足够的符合要求的调查对象,研究选取了北京、上海、南京、武汉、成都五大中心城市作为调查地点。其次,根据研究的目标,同时兼顾到第一代独生子女的出生年代,本研究将调查对象界定在"夫妻双方至少一方是在 1975 年及其以后出生"的青年夫妇的范围内。最后,样本抽取采用多段分层抽样的方法。具体抽样程序是：在每一城市中，简单随机抽取两个城区；每个城区中简单随抽取机抽取一个街道；每个街道中再简单随机抽取两个社区；在每个社区中根据社区和计生部门的相关登记资料，按照青年夫妻双方身份，分成"双独夫妇"、"男独女非夫妇"、"男非女独夫妇"、以及"双非夫妇"四类，分别从各类对象中随机抽取 20 个个案（每类实际调查 15 个，多抽取 5 个作为备用）；这样，每个城市总计抽取 320 个个案，5 个城市总计抽取 1 600 个个案。

调查采用自填问卷的方式进行，在每对抽中的青年夫妇中，调查员采用轮换抽取丈夫和妻子的方法进行调查对象的抽取，即若前一对夫妻中调查的是丈夫的话，下一对夫妻中尽量调查妻子。调查实际成功完成已婚青年的有效问卷 1 216 份，有效回答率为 76%。本次调查样本的基本情况见表 7 – 13。

表 7 – 13　　五大城市已婚青年调查样本基本情况（n = 1 216）

变量	类别	数量（人）	占比（%）
性别	男	557	45.8
	女	659	54.2
身份	独生子女	697	57.3
	非独生子女	519	42.7
出生年代	1979 年以前	731	60.2
	1980 年以后	484	39.8
文化程度	高中及以下	419	34.7
	大专	401	33.2
	本科及以上	388	32.1
婚姻类型	双独夫妇	326	26.8
	男独女非夫妇	278	22.9
	男非女独夫妇	303	24.9
	双非夫妇	309	25.4

生育意愿的概念通常包括三个方面的内涵，即生育的数量、时间和性别。（顾宝昌，1992）其中，期望生育的子女数目（理想子女数目），或者说意愿生育数量，是最为重要的生育意愿测量指标。根据研究目的，本研究的探讨也主要集中在"双独夫妇"以及同龄的其他青年夫妇的意愿生育数量、特别是"双独夫妇"的二胎生育意愿方面，而不涉及生育意愿概念的其他方面内涵。在实际的调查中，我们一方面按照传统的方式询问被调查对象目前的意愿生育数量，问

卷中所用的具体测量问题是："如果完全按照个人的意愿，你希望生几个孩子？"另一方面，我们又有针对性地直接询问"双独夫妇"的二胎生育意愿，问卷中所用的具体测量问题是："国家规定，两个独生子女结婚可以生两个孩子。如果你们符合条件，你们会生两个孩子吗？"

此外，在分析思路上，本研究与北京的同类研究有所不同。一方面，本研究中不是仅仅对"双独夫妇"的生育意愿以及二胎生育意愿进行调查和分析，而是在调查和了解"双独夫妇"生育意愿的同时，也了解同一社区、相同年龄的其他非双独夫妇（包括单独夫妇和双非夫妇）的生育意愿。这样就可以在非双独夫妇的参照下，在与非双独夫妇生育意愿的比较中，更好地分析和理解"双独夫妇"的生育意愿。另一方面，本研究在对"双独夫妇"生育意愿进行描述的基础上，还对与其二胎生育意愿可能相关的若干个人背景变量（比如性别、文化程度、年龄、生育状况、所在城市等等）进行了初步分析，以加深对"双独夫妇"二胎生育意愿影响因素的理解。

四、研究结果与分析

（一）"双独夫妇"的二胎生育意愿及其与其他类型夫妇的比较

我们先对"双独夫妇"的生育意愿分布状况进行描述统计，同时将其他非双独夫妇（即单独夫妇和双非夫妇）的生育意愿与其进行比较。这样一方面可以了解"双独夫妇"所具有的生育意愿状况，另一方面也可以在与同年龄的其他类型夫妇的生育意愿比较中发现其特点。具体的调查统计结果见表7-14。

表7-14　"双独夫妇"与其他青年夫妇意愿生育数量的比较及统计检验

单位：%

意愿生育数量（个）	双独夫妇	单独夫妇	双非夫妇
0	2.5	1.9	2.3
1	60.9	61.1	58.1
2	36.0	36.1	37.6
3	0.6	0.9	2.0
平均数（个）	(1.35)	(1.36)	(1.39)
(n)	(325)	(579)	(303)
显著性检验	Chi-square = 4.021, df = 6, P = 0.674		

从表 7-14 可以看出，目前"双独夫妇"的生育意愿状况是：60% 左右的人希望只生一个，接近 40% 的人则希望生育两个，希望生育三个以及希望一个都不生的比例都非常小。与"单独夫妇"以及"双非夫妇"比较来看，他们之间在各种不同意愿生育数量上的比例分布都非常接近，总体平均的意愿生育个数也几乎完全相同。统计显著性检验的结果表明，三者之间不存在明显的差异。因此，我们可以说，目前城市"双独夫妇"及其同龄的其他青年夫妇具有几乎完全一样的生育意愿。而生育两个孩子，只是他们中间三到四成人的意愿和选择。

（二）"双独夫妇"的生育意愿与北京调查结果的比较

由于目前文献中只有北京的研究具有"双独夫妇"生育意愿、特别是二胎生育意愿的经验调查结果，我们这里将本研究的结果与他们的结果进行比较和分析。表 7-15 是两项研究结果中"双独夫妇"以及"双独"已育夫妇意愿生育数量的分布情况。

表 7-15　"双独夫妇"及双独已育夫妇意愿生育数量的比较　　单位：%

调查样本分类	样本规模（个）	0 个	1 个	2 个	3 个 +	平均数（个）
北京"双独"样本	(642)	15.9	49.5	34.1	0.5	(1.19)
五城市"双独"样本	(325)	2.5	60.9	36.0	0.6	(1.35)
北京"双独"已育样本	(192)	0	60.8	36.6	0	(1.34)
五城市"双独"已育样本	(164)	0.6	58.5	39.6	1.2	(1.41)

从表 7-15 可以看出，本次调查的结果与北京调查的结果大体上比较接近。"双独夫妇"整体样本中，除了北京"双独"样本中不希望生育孩子（即生育意愿为 0 个）的比例明显高出五城市调查的结果、希望生一个的比例明显低于五城市调查的结果外，其他的百分比分布都不存在大的差别。与五城市"双独夫妇"整体样本的平均生育个数 1.35 有较明显差别的是，北京"双独夫妇"整体样本的平均生育个数仅为 1.2 左右，这实际上也主要是其中不希望生育孩子的比例相对较大所导致。而在"双独"已育样本中，两项调查之间在各项百分比上的差别更小。两次调查样本的平均生育个数也基本上处于 1.3~1.4 之间。特别是在本研究最为关注的二胎生育意愿上，两项调查的四个样本结果之间差异都非常小。无论是在"双独夫妇"整体样本之间比较，还是在"双独"已育夫妇之间比较，两项调查结果之间的差别都仅在 3% 以内。

为了进一步考察"双独夫妇"二胎生育的可能性，我们又将两项调查中被调查对象对于是否准备生育第二胎的回答情况进行了统计和比较，结果见表 7-16。

表7-16　　　"双独夫妇"二孩生育意愿的比较　　　　　　单位:%

调查样本分类	样本规模（个）	愿意生二胎	不愿意生二胎	没想好（不一致）
北京"双独"样本	(642)	26.9	42.9	26.9
五城市"双独"样本	(314)	27.1	62.1	10.8
北京"双独"已育样本	(192)	24.0	43.8	32.3
五城市"双独"已育样本	(156)	28.2	59.6	12.2

从表7-16可以看出，在四个不同的样本中，虽然由于不同调查列出的第三个具体答案的表述方式不同①导致了总体百分比的分布不尽相同。但本研究所特别关注的"愿意生育第二胎"的比例却非常接近。即各种样本的对象中，都有接近30%的人明确表示愿意生育第二胎。

如果将表7-16中"愿意生育第二胎"的结果与前面表7-15中"希望生育两个孩子"的百分比结果相比较，不难发现，表7-16中的这一比例普遍略低于表7-15中"希望生育两个孩子"的比例。北京调查的结果同样表明，"'政策2孩'选择比例大大低于'理想2孩'选择比例"，"有35.5%的双独家庭女性调查对象认为2个或更多孩子为最理想，然而仅有23.9%的人选择希望生育'政策2孩'"（侯亚非等，2008）。那么，哪一个统计表中的百分比更有可能接近现实呢？笔者分析，对于"理想子女个数"的提问来说，被调查者考虑更多的可能是其好的方面、有利的方面，理想化的色彩较浓；而对于"政策条件下"的生育意愿提问来说，被调查者的考虑可能更为现实，除了好的方面、有利的方面外，还会考虑到不好的、不利的方面。正是由于表7-16中的这一问题相比于表7-15中的那个以假设条件为前提的问题来说更具有现实含义，被调查者对这一问题的回答与其实际的行为之间的联系也更为紧密。因而，被调查者对这一问题的回答更有可能接近现实生活中被调查者的真实意愿和将来的行为。所以相对来说，接近30%的"双独夫妇"愿意生育第二胎的结果更为可靠，因而也更为重要。

---

① 北京调查中采用的第三个答案是"没想好"，笔者进行的五城市调查中采用的则是"丈夫愿意妻子不愿意"和"丈夫不愿意妻子愿意"两个答案，故在上表中用"不一致"来表示。表中这一栏的百分比是将这两项答案的百分比合并后得到的结果。相对来说，"没想好"可能更符合一部分调查对象的实际情况，而笔者的答案由于十分明确具体，可能会在一定程度上形成强迫回答的现象。当然，也还有另一种可能，就是"没想好"的答案在一定程度上可以掩饰被调查者的真实想法，对于有些不太愿意把自己真实想法告诉陌生人的被调查者来说，他们就选择了"没想好"，因而导致这一回答的比例提高。

（三）"双独夫妇"二胎生育意愿的相关因素分析

为了了解与"双独夫妇"二胎生育意愿相关的各种因素，笔者将样本中"双独夫妇"的若干个体背景变量与他们的二胎生育意愿进行了交互分析，表7-17就是交互分析的结果。

从表7-17可以看出，第一代"双独夫妇"的二胎生育意愿与他们自身的性别、年龄（1979年前出生或1980年后出生）、目前有无孩子以及自身文化程度等因素都没有关系，但与他们目前所生活的城市有一定关系。表中最右边一列的显著性检验结果表明，除他们目前所在城市变量与他们的二胎生育意愿变量之间的差异检验结果显著外（P值小于0.05），其他几个背景变量与其二胎生育意愿变量之间的差异检验结果都呈不显著状态（P值均大于0.05）。换句话说，无论样本中的第一代"双独夫妇"是男是女、年龄是大是小、文化程度如何，以及目前是否已生育，他们所具有的二胎生育意愿几乎都是相同的。只是生活在不同城市的"双独夫妇"之间存在一定差别，地处中西部的武汉、成都两市的"双独夫妇"具有比上海、南京等东部城市的"双独夫妇"相对更高的二胎生育意愿。而生活在北京的"双独夫妇"则具有相对最低的二胎生育意愿。

表7-17　　"双独夫妇"个人背景变量与其二胎生育意愿的交互分析

单位：%

相关变量	类别	二胎生育意愿			差异显著性检验
		只生一个	会生两个	意见不一致	
性别	男	63.7	28.8	7.5	P = 0.208
	女	60.7	25.6	13.7	
文化程度	高中及以下	65.2	27.3	7.6	P = 0.216
	大专	67.0	25.7	7.3	
	本科及以上	56.6	27.9	15.4	
出生年代	1979年以前	63.6	27.3	9.1	P = 0.731
	1980年以后	61.1	26.9	11.9	
生育状况	已生育一孩	59.6	28.2	12.2	P = 0.613
	尚未生育	64.6	25.9	9.5	
所在城市	北京	80.7	17.5	1.8	P = 0.035
	上海	60.5	26.3	13.2	
	南京	55.9	25.4	18.6	
	武汉	53.2	35.5	11.3	
	成都	61.7	30.0	8.3	

五、研究结论的政策意义

(一) 研究结论

本研究采用对全国五大城市 1 200 位已婚青年的调查数据,以相同城市、相同年龄段的非双独夫妇作为参照,对目前城市第一代"双独夫妇"的二胎生育意愿进行了描述和比较。并对"双独夫妇"的若干个人背景变量与其二胎生育意愿之间的关系进行了交互统计分析。研究结果表明,超过 60% 的"双独夫妇"依旧只希望生育一个孩子,希望生育二胎的"双独夫妇"比例大约在 30%~40%,并且实际生育二胎的比例更有可能是在 30% 左右。同时,"双独夫妇"的生育意愿与同龄的非双独夫妇的生育意愿之间也不存在明显差别。而且,本研究的结果与现有文献中北京同类调查的结果相差也不大,二者具有较大的一致性。通过将样本中"双独夫妇"的若干个体背景变量与他们的二胎生育意愿进行交互分析,发现除了不同城市之间的结果有所不同外,"双独夫妇"的性别、出生年代、文化程度、有无孩子等因素均与其二胎生育意愿没有明显相关关系。

(二) 若干问题的讨论

第一,本研究结果对生育率变化趋势的分析和预测所具有的意义。本书导言部分指出,在现行政策条件下,符合二胎生育条件的"双独夫妇"的规模以及他们所具有的二胎生育意愿,是影响我国生育率水平变化的两个重要因素。目前,对于"双独夫妇"的规模问题,学者们可以利用全国人口普查数据以及人口抽样调查数据去进行计算和预测。但对于"双独夫妇"生育意愿、特别是二胎生育意愿究竟如何的问题,则鲜有经验调查结果。正是由于目前实地调查数据的缺乏,因而在有关未来生育率变动问题的探讨中,学者们通常都是先对符合政策条件的"双独夫妇"的二胎生育意愿采用某种假定,然后利用现有统计数据来进行模拟和计算的。例如,有的学者是在假定"双独夫妇"普遍生育二孩的前提下(即按政策生育率)来进行统计模拟的(尹文耀,2002);有的是在假定"双独夫妇"中有 53%(中方案)和 88%(高方案)的比例生育第二胎的前提下来进行计算和预测的(姜玉等,2009)。但问题是,如果这些假定不成立,或者这些假定的比例与现实的情况相差很远,那么,所有的生育率推算和模拟结果就会与现实情况发生巨大的偏差。因此,本研究的结果以及同类的北京调查的结果所得出的"双独夫妇"二胎生育意愿大约只在30%～40%的结论，为学者们进行未来生育率变动状况的计算和结果的预测，无疑提供了新的、同时也可能是更为符合客观现实情况的参考依据。这正是本研究结果最重要的现实意义所在。

第二，本研究结果所揭示的"一代人"整体的生育意愿问题。本研究结果表明，第一代城市"双独夫妇"们所具有的生育意愿与同龄的其他类型夫妇所具有的生育意愿几乎完全相同。这一结果启示我们，这种十分相近的生育意愿，更多的是作为出生在20世纪70年代中期至80年代中期的城市已婚青年这"一代人"的整体特征，而非仅仅是"双独夫妇"这"一类人"的特征。笔者以往对城市在职青年（包括未婚和已婚）的研究曾表明，"独生子女与非独生子女两类青年共同作为伴随着我国改革开放成长起来的一代新人，具有基本相同的生育意愿"（风笑天，2009）。而本研究的结果则再次说明，目前城市中那些具有政策优惠条件而不受二胎生育限制的"双独夫妇"们，与同龄的其他类型已婚青年夫妇们在二胎生育的意愿上也同样不存在明显的差别，他们同样更多的是作为同一代人而具有类似的生育意愿。因此，在具体分析和看待与他们相关的生育问题以及其他类似问题时，应该特别注意到这种由共同的生活经历、共同的社会背景的影响所形成的共同特征所具有的作用。

第三，"双独夫妇"的个人背景因素与其二胎生育意愿的关系问题。个人的各种背景因素常常是我们分析人们具有不同态度和行为的解释变量。但本研究结果却表明，除了不同城市之间的结果有所不同外，"双独夫妇"的性别、出生年代、文化程度、有无孩子等因素均与其二胎生育意愿没有明显的相关关系。为什么会如此呢？笔者认为，这同样可以用上述"一代人"与"一类人"的观点来解释。这里的关键变量是年龄。本研究样本的对象基本上都出生在1975～1984年这10年中，即使在分析中我们将他们分为1979年以前出生和1980年以后出生的两类，但实际上两类对象整体之间的年龄差距却只有五六岁，基本上属于同一代人，属于在生活经历、思想观念等各方面都十分接近、同质性相对较高的年龄群体。而"作为同质性相对较强的群体在共同的社会结构和社会文化的影响和制约下，具有相对一致的想法和意愿"（风笑天，2009）。这在一定程度上揭示出社会整体结构因素与个体因素与人们的行为、观念之间的关系问题。他们作为具有相同人生经历和生命历程的一代人，在改革开放以来我国社会结构转型和文化变迁的影响下，形成了相对一致的价值观念和行为方式。尽管他们在各种个体因素上依然有所差别，但这种个体因素的差别对其生育意愿的影响力已无法和他们作为一代人所具有的共同特征的影响力相比。正是由于后者更为突出、更为强大的一致性，淹没了这种个体之间的微小差异。

第四，本研究存在的局限性。首先是样本的问题。虽然相比于北京调查，本研究在调查城市上具有一定的优势，但一方面本研究所反映的主要还是中心大城市"双独夫妇"的生育意愿状况，对于数量众多的中小城市的"双独夫妇"以及已婚青年来说，本研究样本的代表性有所不足；另一方面，由于本研究在描述"双独夫妇"生育意愿的同时，还关注到不同类型的青年夫妇之间的比较，因而对于本研究的主要对象"双独夫妇"来说，其样本的规模就显得偏小了一些，这一缺陷也会影响到研究结果的代表性程度。其次，本研究中只分析了与"双独夫妇"二胎生育意愿相关的几个主要个体特征，对于其他一些可能与其二胎生育意愿有关系的变量，比如"双独夫妇"的经济条件、他们父母的年龄、他们所在城市的规模（大中小），以及各种相关变量之间的交互作用等等，本研究中都未能深入探讨。最后，本研究结果只是对第一代（更准确地说，是实行独生子女政策以来的第一批）城市"双独夫妇"二胎生育意愿的研究。这一批"双独夫妇"基本上出生在20世纪70年代中后期至80年代中期。他们所具有的生育意愿是他们所经历的社会和时代留下的烙印。对于出生于20世纪80年代后期到90年代后期的第二代独生子女，以及对于出生于21世纪的第三代独生子女来说，当他们进入婚育年龄后，一方面这种"双独夫妇"的比例或许会发生较大的变化；另一方面他们所经历的社会现实和面对的社会价值观念或许也会发生变化。因而，他们的二胎生育意愿或许又会有新的变化。这种变化的特点和趋势如何，将是今后独生子女研究领域以及人口和计划生育研究领域中的一个新的、重要的研究方向。

第八章

青年独生子女的家庭关系与婚姻稳定

随着第一代独生子女结婚成家、生儿育女，他们开始一步步完成从子女向为人父母的过渡。与此同时，他们在家庭中一方面继续保持着与父母之间的亲子关系，另一方面他们还要开始面对和处理作为夫妻所具有的权力关系。更为重要的是，与婚姻适应和婚姻冲突相伴随的婚姻稳定性问题也开始显现。本章将集中探讨与这些方面有关的问题。

第一节 青年独生子女的亲子关系

一、青年的成长与亲子关系

青年进入社会、参加工作，往往意味着他们生命周期中一个新的阶段的开始。随着青年离家开始独立生活，他们与父母之间的关系也随之发生变化。特别是随着青年结婚成家、生儿育女，"家庭"对他们来说也十分自然地由其"出生家庭"转变到了其"定位家庭"。各种涉及青年家庭生活、家庭关系的研究也随之转向新的家庭。然而，作为中间一代的青年夫妇此时具有两种亲子关系：一方面，他们与其年幼的孩子之间构成新家庭中的亲子关系；另一方面，他们依然与其中老年父母之间保持着原有的亲子关系。正如有的学者所指出的："在亲子关系中，除了未成年子女与担负着养育责任的父母之间的关系之外，还包括老年父母与已经成年的子女之间的关系。虽然从父母与子女的关系上看没有什么区别，但实际上其关系的具体内容已经完全不同了。在后者的情况下，父母已经是被扶养的角色，这一点毋庸置疑。"（望月嵩，2002）两种亲子关系虽然基于两个不同的家庭，但却又同时与青年夫妇发生着密不可分的联系。可以说，正是这两种本质相同，但具体内容有所差异的亲子关系构成了家庭中代际替换和延续的纽带。

目前，在我国社会中，主要由计划生育政策所造就的第一代独生子女已经长大成人。独生子女家庭所具有的"三口之家"的特征使得走向社会的青年独生子女与他们父母之间的关系显得更加突出。当原有的"三口之家"由于青年参加工作而可能形成新的分解时，无兄弟姐妹的特征是否会使在职青年独生子女在其作为子女与父母所构成的亲子关系方面具有与普通多子女所不同的特点？特别是由于家庭中独生子女所具有的性别唯一性特点，他们与父母所构成的不同类型的亲子关系（父子关系、父女关系、母子关系、母女关系）之间有无明显差异？相对于未成年的中学生与父母之间的关系，已成年的青年独生子女与父母之间的关系又有哪些不同？与成年独生子女密切相关的婚姻状况、居住状况等因素，对青年与父母之间的关系又具有什么样的影响？这些就是本节希望探讨的主要问题。

二、亲子关系研究回顾

现有的亲子关系研究中，研究视角基本上都是从父母的角度出发、从成人的角度出发，其焦点基本上都集中在探讨亲子关系对子女成长的影响上。心理学、教育学对亲子关系的界定也往往倾向于父母对子女的教养的内涵。这些学科中通常将亲子关系分成溺爱型、控制型、期待型、不安型等等，就是这种视角的一种突出表现。有的学者在介绍国外现代"亲子关系"理论观点时，首先介绍的就是"鲍姆林德关于父母教养方式的研究"（辛浩力，1997）。无论是亲子关系的测量的出发点，还是亲子关系测量中所用的语言，也都是从家长的角度，从父母抚育子女、父母教育子女、父母指导子女、父母控制子女、父母管理子女的视角来设计的。常见的一些亲子关系量表也是以父母的角度来对亲子关系进行操作化的。

例如，为我国心理学研究者所广泛采用的日本东京学艺大学名誉教授、田中教育研究所品川不二郎等编制，经华东师大心理学系周步成、方真修订的《亲子关系诊断测验（PCRT）手册》就是这种视角的一个例子。亲子关系诊断测验中是以父母对孩子管教态度中的问题类型和程度来衡量亲子关系的，父母管教态度分为五类，每类又包含两个亚类，总共 10 个类型，每一个类型有 10 道题，每种类型满分为 100，得分 <50 被认为可能存在某种不良好的亲子关系。不良好亲子关系 10 个类型是：消极的拒绝型、积极的拒绝型、严格型、期待型、干涉型、不安型、溺爱型、盲从型、矛盾型、不一致型（刘金明等，1997；李强，2003；吴念阳等，2004）。

又比如陈欣银等人的研究中"应用罗纳（Rohner）的'亲子关系量表'对母亲和儿童之间的关系进行了测量。这一量表包括 36 个有关母亲行为和亲子关系的项目（如，'我以一种温柔、亲切的态度和我的孩子说话'，'我喜欢我的孩子'）。操作时，要求母亲根据每个项目和自己的符合程度，按 1~4 个等级加以评定。按照标准程序，我们计算了这一量表的总分，这一总分则表示亲子关系的亲密和融洽程度"（陈欣银等，1995）。

还有一些研究则将"父母的管教态度和教育方式、父母文化程度和职业、父母意识"作为亲子关系的几个主要方面（叶一舵等，2002；刘海鹰，2006）。有的研究选取 PBI 量表将亲子关系分为 4 种类型，即多关心多管束、少关心多管束、少关心少管束和多关心少管束（吴柯，1990）。也有人从子女对父母控制的满意度、子女与父母沟通的倾向，以及子女与父母互相信任的情况等方面建立亲子关系量表，来对青少年与父母的关系进行测量并对上海与香港的状况进行比较（石丹理等，2006，2007）。

现有文献回顾表明，上述绝大部分具有心理学、教育学意味的亲子关系测量，实际上是将父母对子女的教养方式、管理方式、控制方式等同于亲子关系。这种意义上的亲子关系更多的只是做父母的方式。以至于在亲子关系的内涵上，现有研究基本上聚焦于父母与未成年子女的关系，而没有涉及成年子女与中老年父母之间的关系；或者说，较多的研究通常关注的都是作为养育者和教育者的父母与未成年的子女之间的亲子关系，而较少关注到已成年（以及已成家）的子女和他们的中老年父母之间的亲子关系；尽管后一种亲子关系同样很重要，但对此的直接研究却几乎没有。

由于心理学、教育学甚至包括社会学等学科在研究亲子关系时，基本上都只把注意力集中在成年父母与幼年子女上。因此，在研究内容上，现有研究较多地关注亲子关系对儿童心理特征和社会化发展的影响，即主要把亲子关系作为自变量来研究，而将亲子关系本身作为对象来研究的很少，对与亲子关系相关的因素的探讨就更为缺乏；从研究对象的角度看，现有研究更多关注的是"作为父母的青年"与他们"年幼的孩子"之间的关系，而较少关注"作为子女的青年"与他们"中老年父母"之间的关系。因此，在论述儿童成长和青少年发展的领域中，已经积累了大量有关亲子关系的文献，有相当多的文献论及父母对子女的影响，论及亲子关系对青少年健康成长的影响。而与此相对应的另一个方面——成年子女与他们父母的关系——却几乎无人问津。其结果是，有关成年的子女与中老年父母之间的关系状况我们依然知之甚少。本节的目标正是希望在一定程度上弥补这方面的不足。

三、数据来源与变量测量

本节所用数据来自笔者 2004 年对全国 12 个城市 1 786 名在职青年的抽样调查。有关该项调查的样本抽取方法及其调查资料的收集过程，可参见第七章中的相关介绍。

关于亲子关系的测量，已有研究指出应包含理解、信任、互动、冲突等侧面的内涵。本节中，主要从四个方面对城市在职青年与父母之间的关系进行了测量。这四个方面是：亲子之间交谈沟通的情况、亲子之间相互理解的情况、亲子之间发生冲突的情况，以及青年对亲子之间关系的主观评价。我们设计了李克特形式的亲子关系量表，该量表总共包含 12 条陈述。其中 6 条陈述构成父子（女）关系量表，另外 6 条陈述构成母子（女）关系量表。这三个量表的内在一致性系数 α 分别为 0.83、0.75 和 0.73，均具有较好的信度。量表得分的分值越小，代表亲子关系越密切。

四、青年独生子女亲子关系的结果与分析

（一）青年独生子女与非独生子女亲子关系比较

人们一般认为，独生子女由于没有兄弟姐妹，因而他们与父母之间的关系可能会比非独生子女与父母之间的关系更为紧密。笔者 1998 年在全国 14 个城市对 1 855 名中学生的调查[①]结果也表明，中学独生子女与父母的关系，的确比中学非独生子女与父母的关系要相对紧密（见表 8-1）。那么，在职青年这方面的状况是否也是如此呢？表 8-2 是对两类在职青年亲子关系得分的单因方差分析结果。

---

① 有关调查城市、抽样过程、抽样方法等方面的情况，请参见：风笑天，《中国独生子女青少年的社会化过程及其结果》，载《中国社会科学》2000 年第 6 期。

表 8 – 1　　　　　两类中学生亲子关系的单因方差分析结果

中学生身份	n	均值（分）	标准差（分）	F 检验
独生子女	1 139	12.08	2.99	Sig. = 0.008
非独生子女	432	12.52	2.86	

表 8 – 2　　　　　两类青年亲子关系的单因方差分析结果

青年身份	n	均值（分）	标准差（分）	F 检验
独生子女	597	24.76	6.50	Sig. = 0.671
非独生子女	1 125	24.61	6.10	

从表 8 – 2 可以看出，青年独生子女与非独生子女亲子关系的得分均值之间相差非常小（0.15 分），F 检验的结果也表明，二者之间的差异不显著。说明两类青年在与父母的关系上表现得相差无几，他们与父母之间的关系状况不存在显著差别。

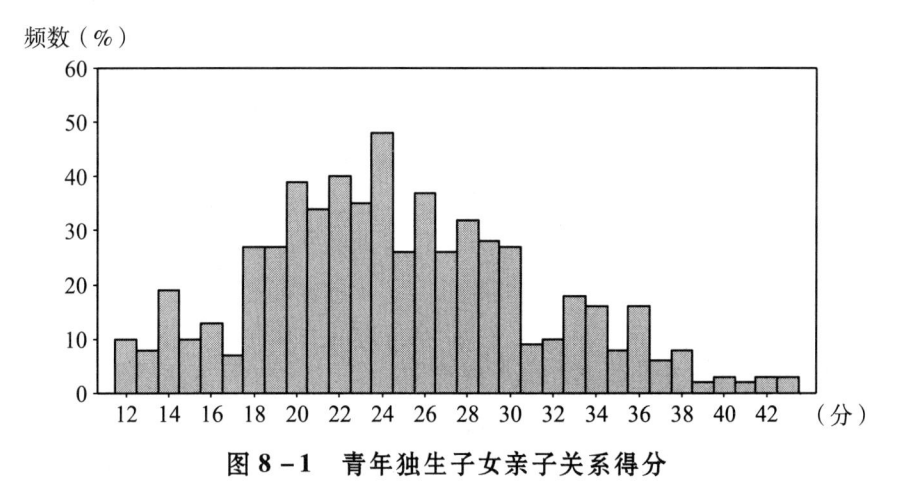

但表 8 – 2 中的结果也显示出，与非独生子女相比，青年独生子女亲子关系得分的标准差相对较大。说明尽管两类青年的亲子关系总体水平相差不大，但青年独生子女相互之间在这方面的差异却比非独生子女相互之间的差异要大一些。如图 8 – 1 和图 8 – 2 所示，两类青年的亲子关系得分频数总体的分布虽然基本相似，都呈正态分布形状，但非独生子女青年的得分分布更为平滑，而独生子女的得分分布则在 14 分、17 分、25 分、27 分、31 分和 36 分等多处出现不协调的缺口或高峰（非独生子女仅在 18 分、22 分和 25 分几处出现），反映出独生子女在亲子关系方面的分布差异比非独生子女更不规则。

图 8 – 1　青年独生子女亲子关系得分

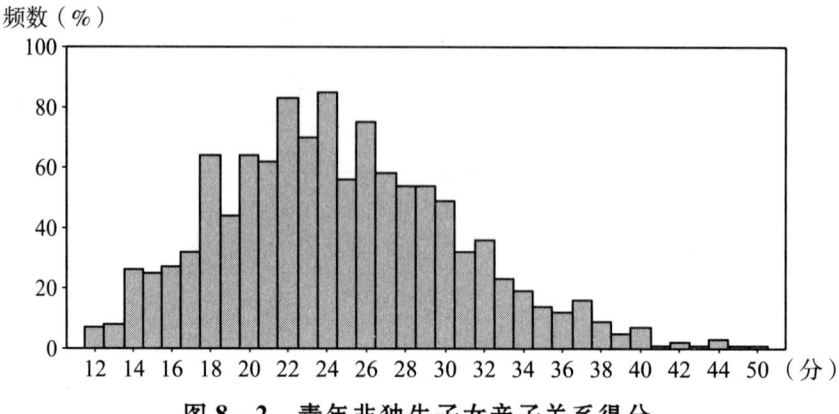

图 8-2　青年非独生子女亲子关系得分

亲子之间的交往和互动是描述亲子关系的一个重要指标。因此，除了比较两类青年总体得分的均值外，我们还专门对样本中未与父母一起居住的两类青年在生活中探望父母的频率进行了统计比较，结果见表 8-3。

表 8-3　未与父母一起居住的两类青年看望父母的频率比较　　单位：%

一般情况下多长时间看望父母一次	独生子女	非独生子女
每周一两次	24.4	20.0
每月两三次	12.9	10.9
每月一次	11.1	14.2
三个月一次	15.6	15.7
半年一次	20.9	19.7
一年或更长时间一次	15.1	19.4
(n)	(225)	(695)
显著性检验	$\chi^2 = 5.24$，df = 5，P = 0.387	

从表 8-3 可以看出，尽管从样本百分比统计上来看，独生子女探望父母的频率分布与非独生子女的频率分布略有差别，但显著性检验表明，这种差别并不显著。说明不与父母同住的两类青年在回家看望父母方面的情况也不存在差别。

综合上面的结果，可以看出，青年独生子女与非独生子女在亲子关系方面的总体水平不存在明显差别。换句话说，在与父母的关系方面，第一代独生子女青年与同龄的非独生子女青年是基本相似的同一类人。人们一般所认为的独生子女的特殊性，在青年与父母的关系方面没有得到证实。

（二）青年的性别与亲子关系

上述亲子关系的分析是将青年与父母双方的关系合在一起进行统计的。然而，青年在实际生活的很多时候所面对和形成的却是更为具体的与父亲的关系（父子关系或父女关系）和与母亲的关系（母子关系或母女关系）。不同性别的子女与父母之间的关系是否会存在不同呢？哪一种亲子关系相对更为紧密一些呢？笔者对中学生的研究曾表明：青少年与父亲的关系不同于他们与母亲的关系，他们很明显地表现出与母亲关系更紧密的特点（风笑天，2002）；另外，国外也有文献表明，"女生与父母比男生与父母更为接近，也有更多的沟通，并且不论男生、女生，与母亲的关系比与父亲的关系都更亲近"（石伟等，2004）。因此，我们希望探讨，在青少年亲子关系中所存在的规律是否会在在职青年的亲子关系中存在？首先，我们来看看总体上青年与父亲的关系是否不同于他们与母亲的关系（见表8-4）。

表8-4　　在职青年与父亲的关系以及与母亲的关系描述分析结果

关系	n	均值（分）	标准差（分）
与父亲的关系	1 743	13.05	3.62
与母亲的关系	1 747	11.65	3.36

从表8-4可以看出，青年与母亲的关系得分均值明显小于青年与父亲关系得分的均值。二者标准差的比较结果也是如此。这一结果说明，与中学生的研究结果相似，在职青年总体上与母亲的关系比他们与父亲的关系更为密切。

为了进一步分析不同性别的青年与父母之间关系的差别，我们进行了不同性别青年亲子关系的单因方差分析，结果见表8-5。

表8-5　　男女青年与父母关系的单因方差分析结果

关系	青年性别	n	均值（分）	标准差（分）	F检验
与父母的关系	男青年	804	24.95	3.53	Sig. = 0.070
	女青年	916	24.41	3.69	
与父亲的关系	男青年	814	13.02	3.53	Sig. = 0.715
	女青年	929	13.08	3.69	
与母亲的关系	男青年	816	11.93	3.24	Sig. = 0.001
	女青年	931	11.40	3.44	

从表 8-5 上部分的结果显示，虽然在职男青年与父母的关系得分均值比在职女青年与父母的关系得分均值大 0.5 分，但 F 检验结果则显示，二者之间并不存在显著差别。说明男女青年与父母的关系总体上差不多。表 8-5 中间部分的结果显示出，在单独与父亲的关系方面，男青年与女青年的得分均值之间也不存在明显差异。这就是说，在职青年的"父子关系"和"父女关系"状况差不多。表 8-5 下部分的单因方差分析结果则显示，在单独与母亲的关系方面，女青年与母亲关系（母女关系）的得分均值比男青年与母亲关系（母子关系）的得分均值更小，F 检验的结果也表明，这种差异是十分显著的。这说明，相比之下，在职青年中的"母女关系"比"母子关系"更为密切一些。

从调查中关于亲子之间交谈内容以及青年心情不好时向谁诉说的统计结果中，我们可以进一步认识父母在与青年子女关系上的某些特点（见表 8-6 和表 8-7）。

表 8-6　　　　　　　青年与父母谈得最多的内容　　　　　单位：%

内容	与父亲谈得最多的内容	与母亲谈得最多的内容
工作方面的事	27.3	9.8
自己的前途和发展	21.6	9.4
单位的事	7.1	4.7
家里的事	25.5	43.9
个人心情	5.5	18.6
自己的婚姻问题	1.6	10.4
社会新闻、时事消息	7.7	0.7
其他	3.7	2.4
(n)	(1 720)	(1 747)

表 8-7　　　　　　　　父母最关注的事情　　　　　　　单位：%

事情分类	父亲最关注的事情	母亲最关注的事情
工作情况	44.8	6.5
将来的前途和发展	21.4	8.6
结交朋友待人处事	7.6	12.3
婚姻恋爱	4.3	29.5
身体健康和安全	17.0	41.9
其他	0.8	1.2
(n)	(1 714)	(1 718)

从表 8-6 可以看出，工作、前途和发展是青年与父亲交谈最多的内容，其比例接近 60%；与母亲谈这方面内容的比例则只有 24%。而家庭、个人婚姻、个人心情等等则是青年与母亲交谈最多的内容，其比例超过 70%；相比之下他们与父亲谈这方面内容的比例只有 33%，不到母亲比例的一半。从表 8-7 同样可以看出，父亲关注青年子女工作、前途和发展的比例达到 66%，母亲关注这方面事情的比例仅为 15%。而母亲关注青年子女婚姻恋爱、健康安全的比例同样超过 70%，父亲关注这方面事情的比例也只有 21%。两个表的结果具有十分高的一致性，它们表明，在与成年子女所构成的亲子关系中，父母实际上有着非常明确的"任务分工"：与子女的工作和前途有关的"大事"往往归父亲分管，而与子女的生活、婚姻、个人心情有关的"小事"则更多地是由母亲负责。"生活的烦恼向妈妈说说，工作的事情向爸爸谈谈。"父母亲的角色分工在与青年子女的亲子关系中再次明显地体现出来。

（三）青年的婚姻状况、居住状况与亲子关系

结婚成家对青年来说有着重要的人生意义。这种由依赖、依恋走向自立、独立的转折往往是青年成长和发展的一个重要里程碑。青年家庭意义的变化、生活环境的变化，不可避免地会影响到他们与父母关系的变化。对于我国第一代独生子女及其同龄非独生子女青年来说，在亲子关系方面，他们是像美国著名家庭社会学家古德（Gooder）曾经指出的那样"多数年轻人在结婚后与父母的关系会更合得来一些"（古德，1986），即更紧密一些；还是会相反，更加疏远一些？为此，我们对样本中已婚和未婚两类青年的亲子关系状况进行了单因方差分析，结果见表 8-8。

表 8-8　不同婚姻状况青年的亲子关系单因方差分析结果

青年类别	n	均值（分）	标准差（分）	F 检验
未婚青年	1 256	24.94	6.34	Sig. = 0.002
已婚青年	466	23.92	5.90	

从表 8-8 可以看出，已婚青年与父母的关系得分均值明显小于未婚青年与父母关系的得分均值。说明已婚青年与父母的关系比未婚青年与父母的关系更紧密一些。标准差比较的结果则表明，已婚青年相互之间在亲子关系上的差别比起未婚青年来也相对较小。尽管要严格检验古德的观点需要使用纵向的数据，但本章研究的结果仍然可以为我们认识在职青年亲子关系的这种转变提供一定的帮助和启示。

另外，在职青年的亲子关系与青少年时期的亲子关系有一个重要的差别，这就是这一时期往往是青年离开父母、开始独立生活的时期。实际上，相当一部分在职青年已经和父母分开居住。然而，无论是亲子交谈、亲子互动还是亲子冲突，在一定程度上都与子女和父母是否居住在一起有关。子女与父母住在一起既具有便于亲子交谈和亲子互动的客观条件，但同时也可能具有更多的形成亲子冲突的环境。究竟是同住的亲子之间关系更好呢，还是相反，分住的亲子之间关系更好？为此，我们对不同居住方式的两类青年的亲子关系进行了单因方差分析，结果见表8-9。

表8-9 不同居住状况青年与父母关系的单因方差分析结果

居住状况	n	均值（分）	标准差（分）	F检验
与父母分住	926	24.09	5.97	Sig. = 0.000
与父母同住	790	25.35	6.46	

从表8-9可以看出，与父母分住的青年亲子关系得分均值明显小于与父母同住青年的亲子关系的得分均值。说明与父母分住的青年亲子关系比与父母同住的青年亲子关系更紧密一些。标准差比较的结果则表明，与父母分住的青年相互之间在亲子关系上的差别比起与父母同住的青年来也相对较小。

考虑到样本中独生子女与非独生子女青年在婚姻状况、居住状况等方面均存在显著差别（独生子女中已婚的只占19.6%，而非独生子女中已婚的则达到30.9%；与父母同住的独生子女比例达到62.5%，而非独生子女中只有37.9%），为了进一步探明青年的居住状况、婚姻状况，以及是否独生子女三者与亲子关系之间的关系，笔者将三个变量同时纳入多因素方差分析中，结果见表8-10。

从表8-10可以看出，所有的二阶和三阶交互效应均不显著；三个主效应中，是否独生子女的影响也不显著。这些结果表明：第一，在对其他变量及其交互作用进行控制的情况下，青年是否与父母同住，对青年亲子关系具有独立的影响，而与是否独生子女无关。与父母一起居住的青年，其亲子关系状况差于与父母分开居住的青年。第二，在对其他变量及其交互作用进行控制的情况下，青年结婚与否，对其亲子关系具有独立的影响，而与是否独生子女无关；未婚青年亲子关系状况差于已婚青年。第三，青年的独生子女身份对亲子关系没有影响。

表 8-10　　青年亲子关系状况的多因素方差分析结果

Source	Type Ⅲ Sum of Squares	df	Mean Square	F	Sig
Corrected Modle	965.003[a]	7	137.858	3.590	0.001
Intercept	592 019.530	1	592 019.530	15 417.928	0.000
A9（是否与父母同住）	326.403	1	326.403	8.500	0.004
A6（婚姻状况）	230.378	1	230.378	6.000	0.014
A7（是否独生子女）	10.751	1	10.751	0.280	0.597
A9 * A6	5.558	1	5.558	0.145	0.704
A9 * A7	27.623	1	27.623	0.719	0.396
A6 * A7	1.170	1	1.170	0.030	0.861
A9 * A6 * A7	32.220	1	32.220	0.839	0.360
Error	65 583.997	1 708	38.398	—	—
Total	1 110 689.000	1 716	—	—	—
Corrected Total	66 548.999	1 715	—	—	—

注：a 为 R Squared = 0.015（Adjusted R Squared = 0.010）。

五、小结与讨论

针对目前研究所存在的不足，笔者采用 2004 年全国 12 个城市 1 786 名在职青年的调查数据，探讨了在职青年与父母之间的关系状况及其相关因素。研究结果表明：(1) 青年独生子女与同龄非独生子女在与父母的关系方面不存在显著差别。(2) 从子女性别与父母关系角度看，在职青年总体上与母亲的关系比他们与父亲的关系要更密切；男女青年与父亲的关系基本相同，与母亲的关系则有明显的差别，女青年与母亲的关系比男青年与母亲的关系更为密切一些。(3) 青年的婚姻状况和居住状况都与亲子关系密切相关。其特点是，已婚青年比未婚青年、与父母分开居住的青年比与父母共同居住的青年在亲子关系方面都更加紧密。

研究所得出的独生子女青年与非独生子女青年在亲子关系方面不存在差别的结果，对于正确认识独生子女的特点、认识独生子女的家庭关系等现象具有一定的启发意义。与人们通常认为独生子女由于没有兄弟姐妹，因而与父母的关系往往更加密切的看法所不同的是，在职独生子女青年在这方面与在职非独生子女青年之间并不存在显著差别。这一结果暗示出：青年独生子女更多地是作为与同龄非独生子女相同或相似的一代人而与他们的父母一代相联系和相区别的。有无兄弟姐妹对他们在青年时期的亲子关系并未形成明显的影响。同时，这一结果也从亲子关系的角度间接地为笔者前期关于两类青年社会化发展状况基本相似、社会适应状况基本相似的研究结论（风笑天，2000；风笑天，2005）提供了一定的支持。

本节的研究中有关不同性别的子女与父母之间关系的各种结论，与现有研究对不同性别的青少年与父母关系的结论基本相同。例如，笔者在对中学生亲子关系的研究中通过分析和比较父子交谈与母子交谈的主要内容，得出了父母在孩子成长过程中所扮演的角色不同的结论。"父亲更多地具有职业的、社会的、外部的角色特征，而母亲则更多地具有生活的、家庭的、内部的角色特征。母亲与孩子间的交谈内容更广泛、也更生活化、朋友化"（风笑天，2002）。本节的研究结果同样表明了这一特点。说明在职青年虽然在年龄、社会生活内容等方面与中学生有很大的不同，有些方面甚至可以说是发生了质的改变，而且从表面看来，他们似乎也的确具有更大的独立性，但实际上他们与父母所构成的亲子关系的重心并未发生改变，其实质依旧是以父母为主体，依旧是以父母关心子女、父母指导子女为主要内容。

研究中所得到的青年婚姻状况和居住状况分别与青年亲子关系相关的结论则启示我们：一方面，随着青年结婚成家，他们会变得更加成熟，他们与父母之间的关系可能会变得比结婚前更加紧密，就像美国社会学家古德所指出的那样。另一方面，成年子女与父母分开居住，不但不会减弱两代人之间的关系，相反会使这种关系更加紧密。当然，正如上面所指出的，这种密切的亲子关系的重心在青年阶段主要还是以父母为主体的，在职青年的亲子关系要真正转变到以子女为主体，转变到以子女关照父母、子女赡养父母为主要内容，可能还要等到子女进入中年、父母进入老年以后。

本节对在职青年亲子关系所进行的描述和分析，只是为深入探讨青年期亲子关系提供了一种基础。研究中还存在两个方面的不足：

一是对亲子关系的概念测量还有待改进。亲子关系是一种既包含客观行为表现、又包含主观认知和感受的双向的互动关系。其维度应该包括理解、沟通、信任、互动、冲突、评价等多方面内容。本节的研究中对亲子之间互动以及信任等维度的测量还不充分，特别是事实性的测量指标相对较少，评价性的测量指标相对较多，这可能在一定程度上会影响研究的结果。

二是研究对象选取的欠缺。由于亲子关系是父母和子女之间的一种双向的互动关系，所以，如果在以子女作为调查对象的同时，将他们的父母也作为对象进行调查（就像笔者对中学生调查时所做的那样），并且如果两种视角中的图像十分一致，那么研究所得结果的说服力就会更强一些。当然，这样的要求与笔者对中学生调查时的情况有较大差别，中学生一般都与父母居住在一起，而在职青年大部分与父母分开居住，如何抽取与在职青年样本一一对应的父母样本，无疑是实际操作中所面临的一个难题。

最后，笔者想指出的是，成年子女与父母之间的亲子关系，与幼年子女和成年父母之间亲子关系有一个重要的区别：这就是二者的关系内涵不太一样。如果说后者中最重要的内涵是子女的教育、成长和发展问题，那么前者中最重要的内涵则应该是父母的赡养和老年保障问题。因此，对于本节尚未探讨的这方面问题，将是今后有关成年子女与老年父母亲子关系的研究中一个十分重要的内容。

第二节 已婚独生子女的夫妻权力

一、问题与背景

夫妻权力（conjugal power）不仅是家庭社会学领域中一个重要的研究主题，同时也是性别社会学、特别是有关妇女家庭地位研究中的一个重要议题。有关夫妻权力的研究从美国学者布拉德等人1960年对底特律700多位妻子的调查开始，至今已有50多年的历史。这一领域的研究主要围绕着夫妻权力的概念及其测量、影响夫妻权力的因素、夫妻权力与婚姻满意度的关系、夫妻权力与妇女家庭地位关系等内容进行。由于女性长期以来在社会生活中处于弱势地位，特别是随着女性主义研究范式和研究视角的引入，使得众多的夫妻权力研究更加关注于家庭中相对于男性而言的女性的权力。同时，夫妻权力研究也更多地与妇女的社会地位、特别是妇女的家庭地位相联系。国内外学者在经验研究的基础上，先后提出了决定夫妻权力大小和结构的各种理论解释，如"资源论"、"文化规范论"，以及"交换—权力"论等等（徐安琪，2004；张丽梅，2008）。

20世纪70年代末实行的以"提倡一对夫妻只生育一个孩子"为主要内容的计划生育政策，已经在我国社会中促成了数以亿计的独生子女。30多年过去了，最早的一批独生子女已经进入婚育年龄。他们开始结婚成家、生儿育女。随之而来的一个客观现实是，在目前我国社会、特别是城市社会的年轻家庭中，除了有传统的、夫妻双方均为非独生子女的"双非家庭"之外，还出现了大量一方为独生子女、另一方为非独生子女的"单独家庭"，以及夫妻双方均为独生子女的"双独家庭"。而且随着时间的推移，前者的数量会相对减少，后两种形式的家庭则会相对增加。

这一代独生子女在其成长的各个阶段注定都要成为全社会关注的焦点。与幼年独生子女的成长和教育问题一直牵动社会的神经一样，成年独生子女的婚姻问题同样引起了社会和舆论的广泛关注。由于社会中对独生子女的刻板印象的影响，大众媒介及其所反映的社会舆论对于独生子女的婚姻也往往持有负面的评价（风笑天，2005）。特别是对于成年独生子女的生活自理能力、婚姻稳定性、抚育子女状况、个性特征等等，大众媒介更是表现出某种"妖魔化"倾向（风笑天，2010），形成了对第一代已婚独生子女的负面社会舆论。而与此相对照的是，国内学术界目前却尚未将已婚独生子女及其相关现象纳入研究的视野。对于第一代已婚独生子女在婚姻生活中的夫妻关系以及与此相关的夫妻权力等问题也尚未进行探讨。

正是在这种背景下，本节希望探讨下列问题：现实社会生活中的已婚独生子女们在夫妻权力方面的现状如何？相比于传统意义上的"双非家庭"，目前"单独家庭"中的夫妻权力是否会向独生子女一方发生明显的倾斜？"双独家庭"中的夫妻权力又会表现出哪些新的、不同的特点？更概括地说，第一代已婚独生子女所具有的独生子女身份是否会对他们的夫妻权力状况产生影响？而利用大规模抽样调查所得到的数据资料对上述问题进行初步探讨，以增进社会对第一代已婚独生子女夫妻权力状况及其特征的认识和理解，就是本节研究的目标。

二、相关文献回顾

国内专门探讨夫妻权力的经验研究相对较少，目前主要有徐安琪、郑丹丹、潘鸿雁、尹旦萍、赵瑞芳等人的研究。

徐安琪利用中国妇女社会地位第二期调查的数据，主要探讨了城乡家庭中夫妻权力与女性家庭地位满意度之间的关系。其研究结果表明，"资源假说、文化规范论、相对的爱和需要理论都在夫妻权力影响因素的回归模型中有一定解释力的。但个人拥有实权仅对妻子的有一定解释力的家庭地位满意度有微弱影响，而被访者对家务分工和婚姻是否满意是最重要的家庭地位满意度的预测指标"（徐安琪，2004）。作者对夫妻权力中的个人事务决定权与家庭事务决定权进行的区分富有新意。

郑丹丹同样利用中国妇女社会地位第二期调查的数据，并结合自己的个案访问，探讨了城市家庭的夫妻权力关系及其影响因素。其研究结果表明，"在家庭事务决策领域，以丈夫和妻子共同决策为主，且丈夫和妻子各自侧重不同领域的决策事务。""在家庭日常事务方面妻子比较能决策，而在家庭重大事务方面则更多地依靠丈夫拿主意"（郑丹丹，2001）。除了得出上述研究结论外，作者在研究方法上将客观测量指标与主观评价指标结合分析的做法,以及在传统实证研究基础上运用现象学范式所进行的大胆尝试,也是对夫妻权力研究中的一种有益探讨。

潘鸿雁等人的研究紧密结合我国现阶段社会的实际,聚焦于农村外出打工家庭中的夫妻权力变化。他们2006年在河北省翟城村对非常规核心家庭开展问卷调查,考察非常规核心家庭的夫妻权力地位关系。调查结果显示,"无论是日常家庭事务,还是重大家庭事务,丈夫外出打工后较外出打工前","在'日常生活开支'、'储蓄和投资'、'从事什么生产'三项指标上,由妻子做决策的家庭占到了50%以上";"只有在'盖房买房'、'孩子升学就业'这两项指标上,由妻子做决策的家庭较少,不超过10%",绝大部分家庭都是夫妻共同决定。因此,作者认为,"妻子的家庭决策能力较以前已大大增强,权力领域扩大,地位提高"。其结论是,随着外出打工家庭策略的制定,夫妻双方的权力分配适应了外出打工的策略安排,适应了双方的性别分工模式,体现了家庭整体利益至上的原则(潘鸿雁等,2006)。

与上述夫妻权力研究的关注点所不同的是,尹旦萍注意到"在众多的少数民族社会,夫妻权力呈现出完全不同的关系格局"。因此,她以土家族地区的田野调查为数据,考察当代土家族夫妻权力格局的变化,探讨这种变化的原因。其研究表明,"2000年前,土家族夫妻权力由资源决定,促进婚姻收益最大化的一方往往握有实权;2000年以后,土家族夫妻权力逐渐向女性倾斜,妻子往往掌握了更多的家庭实权。"对于这种变化,她选择土家族的性别关系作为分析夫妻权力格局的自变量,通过分析土家族地区的婚姻市场,说明这些妻子们在家庭事务的权力博弈中如此霸气十足的原因是性别比例的严重失调所导致。作者指出,"夫妻权力向女性倾斜是土家族婚姻市场上失衡的性别比直接导致的,'女少男多'的性别格局使得男性对婚姻的需要和依赖远超过女性,因而作出了以让权姿态保住婚姻的策略"(尹旦萍,2010)。其研究结论虽然在推论对象方面可能存在一定的局限,但给人以新的启发。

赵瑞芳等人则基于对烟台市245位老年人生活状况的问卷调查资料,对烟台老年人在家庭事务中的分工和决策状况进行了研究,试图了解城市老年夫妻在家庭事务中的权力分配以及不同的夫妻权力模式对老年夫妻关系存在怎样的影响。研究结果表明:传统的"男主外,女主内"的家庭分工模式在城市老年人家庭中基本上没有改变,但家庭决策出现了由"丈夫决定"的控制型权力模式向"夫妻共同协商"的平等型权力模式过渡。家庭事务的分工及决策状况对夫妻关系并没有直接的影响(赵瑞芳等,2007)。

文献回顾表明,现有研究之间的最大差别是所涉及的研究对象各不相同:有的针对全国城乡各个年龄段的夫妻,有的则专门针对某一局部地区的农村打工家庭、少数民族家庭,或者是老年人夫妻。目前学术界尚未见到以第一代已婚独生子女为对象,专门探讨青年的独生子女身份与其夫妻权力之间关系的研究。

三、研究设计

本节研究的主要目标是探讨第一代已婚独生子女所具有的独生子女身份与其夫妻权力之间的关系。根据这一目标以及现实社会中第一代独生子女的年龄分布状况,研究将调查的对象确定为"夫妻双方中至少一方是在1975年及其以后出生"的青年夫妻。为了更好突出独生子女身份的因素对夫妻权力的影响,同时考虑到独生子女身份因素与丈夫或妻子角色身份的交互作用,笔者对调查对象的婚姻类型进行了区分,确定了四种与夫妻独生子女身份有关的婚姻类型:即双独婚姻、男独女非婚姻、男非女独婚姻、双非婚姻。

研究采用抽样调查的方式收集数据资料。调查时间是2008年,考虑到目前已婚第一代独生子女的比例在中心大城市中相对较高,而在普通中小城市相对较低的现实,为保证实际抽样中有足够符合要求的抽样对象,研究选取了北京、上海、南京、武汉、成都五大中心城市作为调查地点。

具体的抽样程序是:在每一城市中,简单随机抽取两个城区,每个城区简单随机抽取一个街道;每个街道简单随机抽取两个社区,每个社区中根据社区和计生部门的相关登记资料,按照青年夫妻的年龄和身份,分别抽取"双独夫妻"、"男独女非夫妻"、"男非女独夫妻",以及"双非夫妻"各20对。每个城市总计抽取320对夫妻,五个城市总计抽取1 600对夫妻。调查采用自填问卷方式进行,每对抽中的夫妻中,采用轮换抽取丈夫和妻子进行调查的方法,即若前一对夫妻中调查的是丈夫的话,下一对夫妻中尽量调查妻子。调查实际成功完成有效问卷1 216份,有效回答率为76%,样本基本情况见表8-11。

表8-11　　　　调查样本基本情况统计(n=1 216)　　　　单位:%

性别	男	45.8	身份	独生子女	57.3
	女	54.2		非独生子女	42.7
婚姻类型	双独	26.8	文化程度	初中及以下	8.1
	男独女非	22.9		高中或中专	26.6
	男非女独	24.9		大专	33.2
	双非	25.4		本科及以上	32.2

关于夫妻权力的概念，众多的研究都将其界定和操作化为夫妻在家庭中对各种家庭事务所具有的决策（决定）能力（Blood and Wolfe, 1960; Centers, et al., 1971; 雷洁琼，1994；徐安琪，2005；郑丹丹，2004；潘鸿雁等，2006）。从最早由布拉德等人基于美国社会文化提出的有关家庭决策的8条指标，到森特斯（Centers）等人在此基础上补充构成的14条指标，一直到我国台湾地区学者和大陆学者在此基础上结合各自社会文化特征所构成的其他指标，基本上都是采取多维度的方式，并且大都涉及相同或相似的几个方面。笔者在本节的研究中也沿用学术界对夫妻权力的这一界定和操作化方法。首先按照这种方式，建立了10个题项的多维度家庭权力指标。但在对指标的处理方式上，本节的研究与有些学者将这种多维度指标综合成一个变量或通过因子分析综合成几个变量的做法有所不同。笔者认为，将多维度的若干指标综合成一个变量的做法，无论是分数的简单累加，还是通过加权后相加，或是通过因子分析，夫妻比较的结果都会受到具体分量指标的数量、构成以及主观判定等因素的影响。同时，正如有的学者所指出的："由于男女在家庭生活不同领域的分工和影响力具有性别差异，所设置的多元、分项权力变量仍会受到是丈夫还是妻子关注或擅长范畴的质疑，而且不同项目的重要程度存在差异，如何加权也是个难题"（徐安琪，2001）。所以，笔者在本节采取的是直接比较和分析每一具体指标的方法。

此外，本节的研究中除了沿用传统的指标外，还增加了另外三个方面的指标作为一种补充，即通过询问"谁管钱？家务事谁做得比较多？过年去谁的父母家吃年饭？"来进行另一些侧面的测量。首先，夫妻经济收入的管理权对于现阶段中国社会中的普通夫妻来说，应该是一个相对重的衡量指标。或者说，财权在夫妻权力中占有相对重的分量。因此，笔者单独将其作为一个指标。其次，很多研究将夫妻做家务事的状况也作为夫妻权力的一个指标。本节的研究也考虑到这一因素。但不同的是，本节并没有去统计夫妻在具体家务事类别上的多少。因为如果将家务事分别列出进行统计的话，也会像家庭事务决策权那样，容易受到具体家务事项的内容、数量以及中国社会传统规范等因素的影响。因此，在本节的研究中笔者改为直接询问："你们夫妻两人相比较而言，谁承担的家务更多一些？"即采用概括方式进行测量。同时需要说明的是，即便如此，分析的焦点也不是看丈夫和妻子谁承担家务事更多或更少，而是着眼于将夫妻的独生子女身份与承担家务事多少的状况进行比较。最后，"过年去谁的父母家吃年饭"是以往研究中所没有、本节专门增设的一个新指标。从表面上看，这一问题似乎与夫妻权力不太相关。但实际上，每年面对这一客观的难题，夫妻之间在心理上总会有很大的纠结。对这一问题的具体回答除了有传统文化因素的影响外，夫妻之间权力的大小也可能具有一定的影响。

在数据分析方面，本节没有像现有研究那样把注意力放在夫妻之间的比较上，而是将注意力放在青年的独生子女身份上，主要对双独夫妻、单独夫妻、双非夫妻的权力状况进行比较。同时，考虑到各种测量夫妻权力大小的指标，无论是在家庭事务决策、家务事承担，还是在其他家庭分工方面，背后都包含着强大的传统文化的内涵，即它所体现的不仅是夫妻权力大小的影响，同时还是传统文化影响下夫妻权力规范的影响结果。比如，同样的一件家务事，不同时代、不同社会中，社会文化规范所定义的"应该由谁承担"是不同的。因此，在探讨独生子女身份与夫妻权力的关系时，本节注意以双非夫妻作为参照，以便分离出（或控制住）传统文化对夫妻权力的规定的影响。

四、调查结果与分析

（一）家庭事务决策权

这是夫妻权力研究中最常见的测量指标。我们首先对四种类型的夫妻在 10 项家庭事务决策上的分布状况进行了交互统计，并对样本结果进行了差异的显著性检验，具体结果见表 8-12。

表 8-12　　　　　　夫妻具有家庭事务决定权的比例　　　　　　单位：%

家庭事务	以谁的意见为主	婚姻类型				调查对象总体	统计检验的显著度 P
		双独	男独	女独	双非		
家庭日常生活消费	丈夫	14.5	15.9	11.6	14.5	14.1	0.488
	妻子	85.5	84.1	88.4	85.5	85.9	
购买家电等大件商品	丈夫	64.5	67.4	60.8	59.2	62.9	0.168
	妻子	35.5	32.6	39.2	40.8	37.1	
孩子学校的选择	丈夫	52.6	49.7	48.1	45.9	48.8	0.637
	妻子	47.4	50.3	51.9	54.1	51.2	
买房	丈夫	77.6	77.6	73.4	75.0	75.9	0.563
	妻子	22.4	22.4	26.6	25.0	24.1	
储蓄投资	丈夫	69.3	65.9	64.9	63.7	66.0	0.499
	妻子	30.7	34.1	35.1	36.3	34.0	

续表

家庭事务	以谁的意见为主	婚姻类型				调查对象总体	统计检验的显著度 P
		双独	男独	女独	双非		
丈夫工作的选择	丈夫	91.6	90.5	88.7	94.0	91.2	0.135
	妻子	8.4	9.5	11.3	6.0	8.8	
妻子工作的选择	丈夫	19.6	16.8	15.3	14.4	16.6	0.325
	妻子	80.4	83.2	84.7	85.6	83.4	
家庭布置	丈夫	12.1	12.4	9.6	10.7	11.2	0.684
	妻子	87.9	87.6	90.4	89.3	88.8	
请客送礼	丈夫	43.1	37.7	36.5	39.5	39.3	0.369
	妻子	56.9	62.3	63.5	60.5	60.7	
旅游休闲娱乐安排	丈夫	32.0	38.1	30.0	40.0	34.9	0.029
	妻子	68.0	61.9	70.0	60.0	65.1	

表 8-12 最后一列的统计显著性检验结果表明，不同婚姻类型的夫妻之间，除了在旅游休闲娱乐安排这一项上有显著差别外，其他 9 项指标都不存在显著的差别。说明在各种家庭事务的决定上，无论是双独家庭、单独家庭，还是双非家庭，青年夫妻之间的权力分布几乎完全一样。或者说，青年夫妻的婚姻类型与他们在各项家庭事务的决定权之间不存在关系。这一结果说明，已婚青年的独生子女身份与其夫妻权力的分布状况之间不存在相关关系。

另外，表 8-12 右边第二列（即调查对象总体一列）中，10 项指标的夫妻比较结果表明，目前城市已婚青年夫妻中，妻子主要在家庭布置、日常生活消费、妻子的工作选择、旅游休闲娱乐安排，以及请客送礼等相对更属于家庭内部的、相对微观的、相对不太重要的一些家庭事务上有明显更多的决定权；而丈夫则主要在自己的工作选择、买房、储蓄投资，以及购买家电等大件商品等对家庭来说相对重要的、相对宏观的方面有明显较多的决定权。只有在孩子上什么学校方面，夫妻二者之间比例相当。这一结果虽然与本节关注的独生子女身份问题关系不大，但却与夫妻权力测量指标的问题密切相关，笔者将在结论部分对此进行讨论。

（二）家庭收入管理权

家庭作为一个基本的社会生活单位，经济生活是其重要的职能和构成条件之一。而在夫妻权力的具体表现方面，家庭中的经济权力自然也是一个十分重要的测量指标，本次调查的结果见表 8-13。

表 8-13 家庭收入管理与婚姻类型的交互统计 单位：%

家庭收入管理方式	婚姻类型				调查对象总体
	双独	男独	女独	双非	
丈夫管理	7.1	6.1	7.6	7.8	7.2
妻子管理	32.7	37.5	33.7	39.2	35.7
各自管理	11.7	11.6	15.5	11.8	12.6
放在一起共同管理	47.2	42.6	42.9	41.2	43.6
其他	1.2	2.2	0.3	0	0.9
(n)	(324)	(277)	(303)	(306)	(1 210)
显著性检验	Pearson Chi-Square = 16.374, df = 12, Sig. = 0.175				

表 8-13 的结果首先表明，尽管在样本统计的具体结果中，四类夫妻之间存在着一些小的百分比差异，但显著性检验结果显示，这种差别并不显著。换句话说，总体中的四种类型夫妻之间在"谁管钱"这方面并不存在明显差别。这一结果揭示出，本节所关注的青年独生子女身份变量在青年家庭的收入管理权方面依旧不存在影响。

表 8-13 最后一列的结果则表明，在前述家庭事务决策权中对相对重要、相对宏观的家庭事务具有较多决定权的丈夫们，在掌握家庭收入的管理权方面却远比妻子逊色，完全由丈夫管理的比例不足 10%，与妻子之间的比例也相差将近 30%。而将收入放在一起由两人共同管理的方式，则成为现代青年夫妻管理家庭收入的主流模式。

总之，如果将管理家庭收入作为重要的经济权力指标的话，本调查结果则表明，城市青年夫妻中，一方面，妻子掌握经济权力的比例相对更大；另一方面，夫妻一方或双方是不是独生子女，对目前城市青年家庭中这种男弱女强的经济权力模式没有影响。

（三）家务事的承担

严格地说，夫妻对家务事的承担状况与夫妻在家庭生活中的权力大小之间并不是一种完全对应的关系。因为社会的传统文化和规范对夫妻承担家务事的状况具有某种规定性。本节也将分析的重点放在青年的独生子女身份与承担家务事比例的比较上，具体结果见表 8-14。

表 8 – 14　　　　　　家务事承担与婚姻类型的交互统计　　　　　单位：%

谁承担的家务事更多些	婚姻类型				总体
	双独	男独	女独	双非	
丈夫较多	15.2	10.8	9.6	11.7	11.9
夫妻差不多	40.2	31.8	38.4	25.7	34.2
妻子较多	44.6	57.4	52.0	62.5	53.9
(n)	(323)	(277)	(302)	(307)	(1 209)
显著性检验	Pearson Chi-Square = 26.744，df = 6，Sig. = 0.000				

显著性检验结果表明，四种类型夫妻在家务事承担方面的比例分布之间存在显著差异。而且，这种差异的特点值得注意。以双非夫妻的分布状况作为对照的标准，从表 8 – 14 可以看出，双非夫妻中妻子承担家务较多的比例高于丈夫承担较多的比例 50% 左右。如果以此作为传统文化的规范影响的结果，那么，双独夫妻一方面丈夫的比例增加，另一方面妻子承担的比例减少，二者之间的差别只有 30% 左右。说明在双独家庭中，夫妻之间在承担家务方面的差别比双非夫妻家庭小得多。而夫妻共同承担的比例则高得多。单独夫妻中，男独夫妻与双非夫妻的情况接近，女独夫妻的分布则居其中，二者相差 40% 左右。虽然我们可以将双独夫妻的这种结果作为其丈夫权力相对更小、妻子权力相对更大的一种反映，但笔者更愿意将这一结果理解为双独夫妻在做家务方面比双非夫妻以及单独夫妻表现得更为平等（或平衡）一些。

考虑到对于年轻夫妻来说，有无孩子可能对其家务事的承担状况有一定影响，故控制有无孩子这一变量后再进行交互分析，得到表 8 – 15。

表 8 – 15 的结果表明，当控制住目前有无孩子这一变量后，情况发生了变化：目前还没有孩子的各类青年夫妻，在承担家务事方面的比例分布几乎完全一样。显著性检验结果表明，他们之间不存在显著差别。而目前有孩子的四类青年夫妻在承担家务事的比例分布上依然有显著差异。换句话说，表 8 – 4 中的差别主要是由于目前已经有孩子的青年夫妻之间的差别所导致。这种差别的特点是：妻子承担较多的比例在双非夫妻中最高，将近 70%；在双独夫妻中最低，仅为 50%，单独夫妻居中，约为 60%；丈夫承担较多的比例在四种家庭中相差不大；夫妻承担差不多的比例则是双独夫妻中最高，单独夫妻中次之，双非夫妻中最低。如果同样以双非夫妻中的比例分布作为夫妻权力在这方面的"正常的"分布，那么，从这一结果中，我们依旧可以得出的结论是，独生子女身份在夫妻承担家务事方面只会更加促进夫妻双方的平等或平衡。

表 8-15　　　　　　家务事承担与婚姻类型的交互统计　　　　　　单位：%

目前有无孩子	谁承担的家务事更多些	婚姻类型				总体
		双独	男独	女独	双非	
无孩子	丈夫较多	19.9	15.8	16.3	19.4	18.1
	夫妻差不多	40.4	33.7	43.9	36.1	39.0
	妻子较多	39.8	50.5	39.8	44.4	43.0
	(n)	(161)	(95)	(98)	(72)	(426)
	显著性检验	Pearson Chi-Square = 4.240, df = 6, Sig. = 0.644				
有孩子	丈夫较多	10.5	8.2	6.4	9.4	8.6
	夫妻差不多	40.1	30.8	35.8	22.6	31.5
	妻子较多	49.4	61.0	57.8	68.1	59.9
	(n)	(162)	(182)	(204)	(235)	(783)
	显著性检验	Pearson Ch-Square = 18.846, df = 6, Sig. = 0.004				

（四）春节去谁的父母家吃年饭

春节是中国社会中的一个特别的节日，回家过年是千百年来中国人的文化传统和心理归属。尽管对于所有年轻夫妻来说，都存在着回谁的父母家过年的问题，但这一问题对于已婚独生子女，特别是双独夫妻来说，似乎显得更加突出。这一点从每年春节前后大众媒介的热点话题中往往都有体现。可以说，每年的春节对双独夫妻来说总是一种矛盾、纠结和考验。显然，我们不能把春节回谁家过年完全地看作夫妻权力大小的一个指标，因为在这种现象的背后有着强大的传统文化因素的影响（即风俗习惯上春节应该回谁家过年）。但是，我们同样可以在双非夫妻作为参照的前提下，分离出传统文化的影响，来分析独生子女的因素以及夫妻角色因素的影响。笔者的思路是，作为同一代人，双非夫妻在这一问题上的行为只受到传统文化因素和夫妻角色因素的影响。将双独夫妻、单独夫妻的实际行为与之对照，就可看出独生子女因素的影响，具体统计结果见表 8-16。

表 8-16　　　春节去谁父母家吃饭与婚姻类型的交互统计　　　　　单位：%

春节年饭在哪里吃的	婚姻类型				总体
	双独	男独	女独	双非	
在男方父母家吃的	48.5	61.2	48.6	55.5	53.2
在女方父母家吃的	9.6	11.9	23.8	18.5	16.0
在双方父母家吃的	34.7	19.2	19.2	19.5	23.4

续表

春节年饭在哪里吃的	婚姻类型				总体
	双独	男独	女独	双非	
其他方式吃的	7.3	7.7	8.4	6.5	7.4
(n)	(303)	(260)	(286)	(292)	(1 141)
显著性检验	Pearson Chi-Square = 51.359，df = 9，Sig. = 0.000				

注：表中"在男方父母家吃"包括和男方父母在餐馆吃、和男方父母在自己小家吃等情况；"在女方父母家吃"包括和女方父母在餐馆吃、和女方父母在自己小家吃等情况；"在双方父母家吃"则指的是中午在一方父母家吃、下午在另一方父母家吃，或者年三十在一方父母家吃、年初一在另一方父母家吃，以及与双方父母一起在餐馆或一起在自己小家吃等情况。

按照上述思路，我们先看双非夫妻的情况。从表 8-16 可以看出，双非夫妻中，在男方父母家吃年饭的比例最大，为 55% 左右。在女方父母家吃年饭的比例则只有 18% 左右，二者相差 37%。如果以此比例作为传统文化影响以及夫妻角色影响的自然结果（或者叫正常结果）来进行对照，那么，双独夫妻二者的比例之间相差 39%，和双非夫妻情况相当，即并没有显示出明显与传统情况不同的倾向。同时，他们在双方父母家吃年饭的比例在四类夫妻中最大，这也从另一个侧面反映出这种夫妻之间在春节吃年饭问题上的平等（或平衡）倾向。而男独女非夫妻二者之间的比例相差最大，达到 49%，女独男非夫妻二者之间相差最小，只有 25%。这两种差别都说明了同一个问题：独生子女的因素在单独夫妻中有明显的体现，它会导致传统社会规范影响下的正常的比例分布向独生子女一方发生 6% 左右的移动（独生子女一方增加 6%，非独生子女一方减少 6%）。换句话说，独生子女身份的因素在双独夫妻中没有影响，但在单独夫妻中具有一定影响。但对于这种影响，我们应该从现实出发来看待和分析。笔者认为，与其将它归因为夫妻权力大小的一种体现，还不如归因为"单独家庭"面对这一现实问题所能够采取的最合理解决方式的一种体现。因为对于非独生子女一方来说，他们不回父母家吃年饭，还可能有其兄弟姐妹作为他们的"备用者"或"替代者"；但对于独生子女一方来说，他们若不回去，则是没有任何可以选用的"备用者"或"替代者"的。在这种条件下夫妻之间略微向无替换者一方倾斜，应该是可以理解和接受的。

五、研究结论和相关讨论

本书利用全国五大城市 1 216 名已婚青年的调查数据，比较分析了已婚青年的独生子女身份与其夫妻权力之间的关系。研究结果表明，在各种家庭事务的决定上，无论是双独家庭、单独家庭，还是双非家庭，夫妻之间的权力分布几乎完全一样。或者说，青年夫妻的婚姻类型与他们各项家庭事务的决定之间不存在关系；在家庭经济收入的管理方面，女性的经济权力相对更大；而一方或双方是不是独生子女，对目前城市青年家庭中这种男弱女强的经济权力模式没有影响；在承担家务事方面，不同婚姻类型的青年夫妻之间存在一定差别。双独夫妻在做家务方面比双非夫妻以及单独夫妻表现得更为平等（或平衡）一些；在春节去谁的父母家吃年饭的问题上，独生子女身份的因素在双独夫妻中没有影响，但在单独夫妻中具有一定影响。总的研究结果表明，已婚青年的独生子女身份与其夫妻权力之间不存在明显的相关关系。

本节的上述研究结果为我们正确认识第一代独生子女的夫妻关系和婚姻生活提供了一些新的启示。

首先，如果已婚青年的夫妻权力与青年的独生子女身份并无关系，那么，涉及已婚青年在婚姻与家庭生活中的许多矛盾与冲突现象及问题也不能简单归结到第一代已婚独生子女的身上。这些现象和问题或许更多的是属于包含第一代独生子女在内的"改革开放一代"人的整体现象和整体问题。所以，"我们要注意区分'独生子女一代'与'改革开放一代'。因为众多被认为是属于独生子女的特点、现象和问题，实际上是整个改革开放条件下成长起来的一代新人的特征、现象和问题"（风笑天，2005）。同时，本节关于青年独生子女身份与其夫妻权力之间不存在相关关系的结果也间接地支持了这样一种看法，即目前大众媒介和社会舆论关于独生子女自我中心、独生子女婚姻矛盾多、独生子女夫妻互不相让等观点和看法有可能并不符合社会实际。当然，更为严格的证据还需要进一步的经验研究来提供。

其次，本节关于夫妻之间家庭决策权的结果再次提醒我们，在采用家庭决策权作为夫妻权力测量指标时应特别慎重。与以往研究的结果十分一致的是，本节的研究结果同样表明，妻子在相对更属于家庭内部的、相对微观的、相对不太重要的一些家庭事务上有明显更多的决定权；而丈夫则主要在对家庭来说相对重要的、相对宏观的方面有明显较多的决定权。因此，如果仅仅用"家庭事务决策权"作为夫妻权力的指标的话，具体家庭事务项目的选择就成为决定夫妻权力大小的关键——如果将社会规范中本来就属于妻子权力范围的家庭事务项目更多地选择进指标体系中，则测量的结果自然就会更多地偏向妻子一方；反之，如果将社会规范中本来就属于丈夫权力范围的家庭事务项目更多地添加进指标体系，则测量结果就会更多地偏向丈夫一方。这或许就是我们不能过分依赖家庭事务决策权测量结果的原因。另外，正如潘鸿雁等人在其研究中所指出的，承担家务多本身并不能完全反映夫妻权力的状况，因为社会的传统规范在这方面所起的作用往往会导致女性较多承担家务的客观现实。"传统的东西是很难去除的，社会性别观念深植于一个人的内心，这不是资源、交换的理论所能代替的。妻子承担家务劳动的观念在农村家庭中依然盛行，此外妻子还要抚养孩子、照顾生病的老人，这在进入而立之年的家庭中尤其明显。但这并不像一般观点所认为的，家务劳动承担多的一方在家庭中应是处于相对无权的地位"（潘鸿雁等，2006）。

再其次，本节的研究结果在一定程度上支持了有关夫妻权力的文化规范理论。这种理论认为，夫妻之间的权力分配不再取决于单一的资源，而是取决于资源与规范的相互作用。除了资源以外，社会文化和亚文化中普遍盛行的夫妻权力规范具有十分重要的影响（张丽梅，2008）。这也即是说，夫妻所处的文化环境，特别是性别角色规范及其相关的社会准则决定着夫妻权力的结构和关系。本节的研究结果与目前国内各项现有研究的结果相比，无论是在各项家庭事务的决策，还是在家务事承担，或是在家庭经济收入管理方面都十分一致，不同研究之间所体现的夫妻之间权力分布结构甚至具体比例都十分接近。比如，本节的研究结果与全国城乡调查的结果（徐安琪，2004）在家庭事务决策方面，都表现出丈夫较多决定买房、投资、购买大件商品等"相对宏观"的家庭事务，而妻子较多决定家庭日常开支等"相对微观"的家庭事务的特征；而农村外出打工家庭调查（潘鸿雁等，2006）以及老年夫妇调查（赵瑞芳等，2007）的结果是：在家庭经济管理权方面以及在承担家务事方面，都表现出妻子所占比例更大的特征。这一事实揭示出，身处中国社会的人们，在夫妻权力方面所受到的文化规范的影响十分强大。因而本节中的独生子女身份因素在这种更为强大的社会文化规范面前，也基本没有作用。

最后，本节在方法上所存在的一些局限和不足，提示我们在看待本节的研究结果时需保持应有的谨慎。从概念测量来看，本节未能在选取测量夫妻权力相关客观指标的同时，去测量被访对象对自身夫妻权力状况的主观评价，这是一个较大的缺陷。因为对于夫妻权力这样的概念，当事者的主观评价可能会在一定程度上更概括地反映其真实的结构状况。如果有这样的主观评价资料，并将其与上述客观测量的结果进行对比分析，则可能更有利于我们了解和认识青年独生子女身份与其夫妻权力关系的现状和影响因素。从样本结构上看，尽管调查者调查时均按照同样的标准和要求去抽取对象，但由于调查对象的年龄范围相对较大（20～33岁），导致在样本的年龄结构分布上，独生子女的年龄相对较小（平均年龄小1岁半左右），文化程度相对较高（大专以上比例高于非独生子女16%），这些因素或许也会在一定程度上影响到研究的结果。

第三节　第一代独生子女的婚姻稳定性

随着我国第一代独生子女开始进入婚育年龄，他们的婚姻问题也越来越多地引起了社会的关注。有关独生子女婚姻不稳定，离婚比例高，独生子女"闪婚"、"草结草离"等内容的报道也常见之于报端和网络。相对于大众媒介和社会舆论对这一问题的高度关注，学术界目前在这个方面的研究结果则相对偏少。其中一个重要的原因，或许是经验资料的欠缺。因为要对独生子女的婚姻稳定性进行探讨，最直接的方式是进行独生子女及其同龄非独生子女离婚状况的抽样调查，然后比较调查结果中独生子女和同龄非独生子女离婚的比例。即在同龄非独生子女的参照下，来衡量独生子女婚姻的稳定性程度。遗憾的是，由于现有的各种关注离婚现象的调查和统计中，都没有加入离婚者"是否独生子女"这一变量，即没有区分离婚者是不是独生子女。因此，目前尚没有能直接回答独生子女婚姻稳定性问题的调查结果。

正是在这种背景下，吴瑞君等学者选择了另一种途径，他们利用2000年全国人口普查数据和2005年上海市1%人口抽样调查数据，通过定义并统计已婚人口的婚姻稳定率，对我国独生子女群体的婚姻稳定性状况以及相关因素进行了分析。研究者得出了独生子女总体的婚姻较为稳定，但与非独生子女群体相比，独生子女尤其是第一代低龄独生女性婚姻不稳定的比例较高，独生子女的婚姻稳定程度与就业状况、受教育程度等个人特征密切相关，与父母婚姻的稳定性等家庭背景也有一定的联系等一系列有价值的结论（吴瑞君、汪小勤，2009），为人们了解和认识这一现象，提供了重要的参考和帮助。

在阅读了吴瑞君、汪小勤题为《我国独生子女群体的婚姻稳定性分析》的论文后，笔者感到论文作者对某些数据统计结果的表达方式以及相应的结果分析存在一定的不妥之处，导致该研究的某些结论不够准确。因此，笔者希望在该论文所得出的统计结果的基础上，提出自己的分析结论及其理由，以此与论文作者进行讨论，希望对论文的结论有所补充和完善，以促进对这一问题的进一步认识。

一、关于独生子女总体的婚姻稳定性

该论文主要呈现了三个方面的结果：一是关于独生子女总体的婚姻稳定性分析；二是对城镇第一代独生子女的婚姻稳定性分析；三是对独生子女婚姻稳定性

的影响因素探讨。作者在其研究的第一个结果"独生子女总体的婚姻稳定性分析"中指出,独生子女"初婚有配偶的比例占89.9%,离婚或离婚后再婚等婚姻不稳定的比例占10.1%,而非独生子女的相应比例分别为95.4%和4.6%。上述分析结果在一定程度上表明,与非独生子女群体相比,独生子女婚姻不稳定的比例较高,整体婚姻稳定性较低"(吴瑞君、汪小勤,2009)。在论文的结论部分,作者也再次指出:"独生子女群体的婚姻稳定性低于非独生子女"(吴瑞君、汪小勤,2009)。

对于作者的上述结论,笔者有些不同的看法。在具体分析该论文的这一结论之前,有必要对"独生子女总体"的概念作一点讨论。

笔者注意到,论文作者是"将调查时点没有兄弟姐妹的人口统称为独生子女"。而将"20世纪70年代末、80年代初出生的独生子女,就上海而言,即为2005年人口抽样调查时年龄为20~30岁的适婚年龄人口"界定为"第一代独生子女"(吴瑞君、汪小勤,2009)。客观地说,其界定是明确的。然而,正是根据这种界定,导致笔者对上述统计结果产生了不同的看法和解释。如果仅从百分比上看,独生子女与非独生子女二者之间的确存在着5%左右的差别。但是,我们应该注意到,上述差异的出现有一个重要的前提条件,那就是论文在其数据与方法部分所强调的:"限于资料的可得性,对2000年全国独生子女与非独生子女婚姻稳定性的比较分析,仅限于与父母同住的已婚独生子女和非独生子女中的长子或长女"(吴瑞君、汪小勤,2009)。正是由于这一前提中的限定,给上述结论带来了两个值得进一步探讨的问题:一是独生子女的概念及年龄范围的影响;二是与父母同住的限定以及非独生子女中长子或长女的限定带来的影响。

首先是独生子女的概念及其年龄范围。从本意上来看,"独生子女"一词,可以定义为"没有兄弟姐妹的人口"。但更合适的定义或理解或许应该是在其前面加上"20世纪70年代末我国实行以控制人口数量为主要目标的计划生育政策以来所产生的"这样的限定(更严格的限定还可以加上"领取了独生子女光荣证的人口")。这也就是说,"独生子女"的概念本身包含着明显的政策内涵。我们知道,在计划生育政策实施之前,我国每个时期的人口中都有一些"终生没有兄弟姐妹的人",他们虽然也可以被称做"独生子女",但实际上他们与20世纪70年代末以来所产生的计划生育政策意义下的"独生子女"却有着本质的不同。这种不同体现在以前的独生子女都是其父母"由于各种主客观原因的限制自然形成的。他们在各个时期的幼年人口中,都只是极个别、极少见的现象"(风笑天,1992)。而20世纪70年代末以来所产生的独生子女则主要是其父母"执行计划生育政策的产物。并且,他们是在同一时期中成批出现的。他们在幼年人口中的比例从一开始就十分可观,而且随着时间的推移其比例越来越大,已逐渐形成了我国社会中一类十分特殊的人口"（风笑天，1992）。"'独生子女'的概念是特定时代、特定社会的产物，其内涵除了具备字面上的内容外，还具备某些更深刻的社会内容"（吴瑞君、汪小勤，2009）。简单地说，此"独生子女"非彼"独生子女"，二者实际上并不是同一类人。"独生子女"的概念实际上仅仅只是计划生育政策下产生的特殊一代的代名词。

当我们区分了两种不同的独生子女，也就能够明白，真正有意义的比较，不应该发生在前一种意义上的独生子女身上，而应该发生在计划生育政策下产生的独生子女身上。即我们进行独生子女与非独生子女的比较时，应该充分考虑到对象的年龄范围。从2000年人口普查的时点来看，政策意义上的独生子女的年龄范围应该在25岁以下（即在1975年及以后出生）。而作者的比较却是在"已婚独生子女的年龄跨度从20岁到68岁不等"的范围中进行的。在这样的总体中，绝大部分对象（从28岁到68岁的对象）实际上并非我们所关心的"独生子女"。换句话说，这样的总体并不能凸显出政策意义下的独生子女人口的实际状况。因此，这样的比较结果一方面失去了论文背景中所关注的对象意义，另一方面又对读者产生了一定的误导。而一旦我们将计划生育政策条件下产生的独生子女与非政策条件下自然产生的独生子女区分开来，统计数据所具有的含义或许就会揭示出不同的结果，由此得到的研究结论或许也就会有重要的变化。

让我们用这样的观点来再次分析原文图2（见图8-3）中的数据结果。

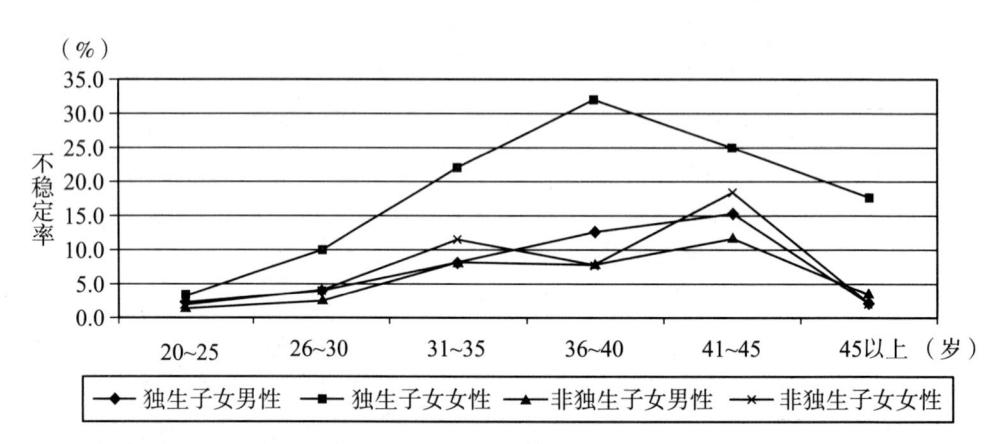

图8-3 全国不同年龄的独生子女与非独生子女的婚姻不稳定比较

资料来源：2000年全国0.95%人口普查资料。

根据该文作者关于2005年时"第一代独生子女的年龄在20～30岁"的界定，那么，2000年人口普查数据中，第一代独生子女仅仅只会出现在20～25岁的年龄组中（26～68岁的独生子女均是非政策条件下的独生子女）。当我们把关注的焦点仅仅放在20～25岁这个年龄组时，我们可以清楚地看到，图8-3中四条曲线在 20~25 岁这一年龄组中的比例几乎完全重叠。即四组不同的对象之间的差异几乎可以忽略不计。它实际上表明，第一代独生子女与同龄非独生子女的婚姻稳定性之间并不存在明显的差别。因此，该文关于"独生子女总体的婚姻稳定性不高"这一结论中所反映的总体，实际上只是政策条件下产生的第一代独生子女出现以前的独生子女总体。或者说，该文在得出"与非独生子女群体相比，独生子女婚姻不稳定的比例较高，整体婚姻稳定性较低"的结论时所依据的那个 5% 的统计差别，基本上反映的是存在于 26 岁以上年龄组的两类人群之间的差别，而不是计划生育政策条件下的独生子女与同龄非独生子女之间的差别。一旦我们的研究所关注的并不是这种计划生育政策以前产生的独生子女时，这一数据统计的结果及其结论自然也就失去了意义。

其次是"与父母同住"的限定以及"非独生子女中长子或长女"的限定带来的影响。在 26 岁以上的年龄段中，之所以会出现非政策条件下产生的独生女的婚姻不稳定性的比例明显高于其他几类对象的结果，笔者分析，一个重要的原因很可能是研究者所使用的数据的限制条件所导致。由于研究者所使用的数据仅限于与父母同住的对象，而子女婚后是否与父母同住、特别是子女离婚后是否与父母同住，一方面可能与子女的性别有关，另一方面也与子女的数目有关。特别是由于用作比较的对象是非独生子女中的长子或长女，这就更有可能导致结果出现偏差。笔者认为，对于上述统计结果的正确理解不应该是"独生女婚姻不稳定的比例高于其他几类对象"，而应该是"'与父母同住'的独生女婚姻不稳定的比例高于'与父母同住'的独生子婚姻不稳定的比例"；以及"'与父母同住'的独生女婚姻不稳定的比例高于'与父母同住'的非独生长子或长女婚姻不稳定的比例"。

"与父母同住"的独生女婚姻不稳定的比例明显高于"与父母同住"的独生子婚姻不稳定的比例，揭示出在"与父母同住"的条件下，独生子女婚姻的不稳定性与其性别因素密切相关；而"与父母同住"的独生女婚姻不稳定的比例高于"与父母同住"的非独生长子或长女婚姻不稳定的比例，则主要揭示出独生女离婚后相对更有可能与父母同住，而非独生子女中的长子或长女离婚后则相对较少地与父母同住。重要的是，我们可以反过来思考这一结论：如果将非独生子女中的长子或长女换成幼子或幼女（即最小的孩子），或许其离婚后与父母同住的比例就会高一些。这样一来，非独生子女与父母同住者中离婚者的比例也会相应高一些。那样的话，独生子女与非独生子女的婚姻稳定性或许就不会有什么差别了。

二、关于城市第一代独生子女的婚姻稳定性

该作者在论文中,利用 2005 年上海市 1% 人口抽样调查资料,得到了有关城市第一代独生子女婚姻稳定性的第二个结论,"现阶段我国城镇第一代独生子女的婚姻较为稳定,但低龄独生女性婚姻不稳定的比例高于其他群体"(吴瑞君、汪小勤,2009)。而其论文得出这一结论的依据主要是原文图 3 的结果(见图 8-4)。

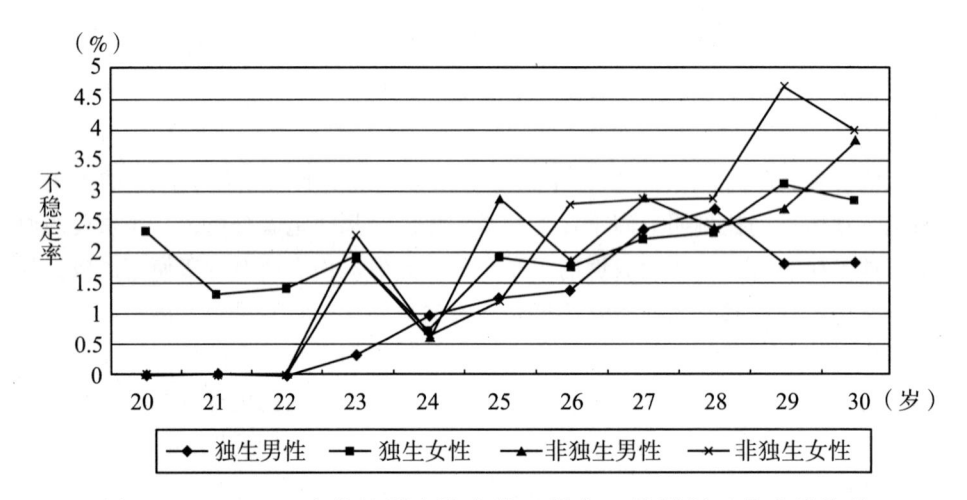

图 8-4 20~30 岁分性别上海户籍已婚人口的婚姻不稳定性比较

资料来源:2005 年上海 1% 人口抽样调查资料。

笔者同意其研究结论的前面一半,而对后一半结论则有不同看法。笔者认为,报告中依据上述统计图 8-4 得出"25 岁及以下的低龄独生女性,尤其是 20~22 周岁的独生女性的婚姻稳定性较同龄非独生女性低"的结论并不恰当。因为从图 8-4 来看,真正比较明显的差异只是体现在 20~22 岁的独生女性与其他几类对象的比较上。在 23 岁时,非独生女性、独生女性、非独生男性的婚姻稳定性程度几乎完全相同,而独生男性的婚姻稳定性高于上述三者 1.5% 左右;24 岁时,四组对象的婚姻稳定性程度几乎相同;25 岁时,非独生男性的不稳定性比例最高,其次才是独生女性,并且独生女性的婚姻稳定性低于同龄非独生女性的比例还不到 1%。而 26~30 岁之间,情况则是相反,都是非独生女性的婚姻稳定性低于独生女性。所以,上述结论对于 23~25 岁年龄段的对象并不成立。

对于 20~22 岁之间的四组对象来说,独生女性与其他几类对象之间的差异,也仅仅只是在 1.5%~2.5% 之间,总体上看还是非常小的;况且,这种很小的百分比差异,还很可能是由于已婚者特别是离婚和再婚者(即婚姻不稳定者)

群体的规模较小，因而统计偏差相对较大所造成的。因为像上海这样的现代大都市中，年轻人 20~22 岁结婚的比例应该是非常低的，其中离婚和再婚的比例则会更低。事实上，2005 年全国 1% 人口抽样调查数据显示，全国城市样本中 20~22 岁人口为 206 809 人，其中未婚 185 318 人，占该年龄段全部人口的 89.61%，已婚 21 365 人，占全部人口的 10.33%，而离婚、再婚、丧偶共计只有 126 人，仅占该年龄段全部人口的 0.05%（吴瑞君、汪小勤，2009）。全国城市总体中该年龄段人口已婚的比例尚且只有 10% 左右，那么，像上海这样的现代化程度较高的特大城市中，这个比例很可能会更低。

更为重要的是，对统计结果的表达方式也是一个值得注意的问题。原文图 3 的结果（见图 8-4）实际上是将本来很小的差异不恰当地放大了来表现的。其纵轴的总比例仅为 5%，而刻度标准则仅为 0.5%。如果真的将统计结果放到纵轴为 100% 的图中，以 5% 或者 10% 作为刻度标准，那么，这四组对象的数据所形成的四条曲线则几乎完全重合。这也在一定程度上启示我们，要十分注意统计结果的表达方式，最好直接用数据表格将统计结果呈现出来，而不要仅仅为了直观，过分依赖统计图。特别是不要使用不恰当的统计图。因为那样很容易形成某种特定的统计陷阱，使读者形成错误的印象，对统计结果产生误解。

三、如何看待百分比的差异

上一个问题引出了与百分比差异相关的问题。在描述统计的基本比较中，百分比是人们最熟悉、也是最普遍使用的一个指标。在采用百分比进行交互分析和比较时，除了要注意对较小样本的结果进行差异的统计显著性检验外，同时也要注意百分比差异值的绝对大小。应该意识到，过小的百分比差异的实际意义并不大。而从过小的百分比差异中得出不同对象之间存在差别的结论时，往往会在一定程度上导致对现实的误解。

例如，上述第二点中所提到的 20~22 岁年龄段的差别就是一例。又比如，在对个人教育程度与婚姻稳定性的相关分析中，该文指出，"对 2005 年上海 1% 人口抽样调查数据的分析结果，不仅证实了受教育程度与婚姻稳定性存在反向变动的关系，而且也证实了高文化程度的独生子女婚姻不稳定率较高的结论。由图 8-5 可知，在大专及以上的已婚群体中，独生男性和独生女性的婚姻不稳定率分别为 1.10% 和 0.82%，均略高于非独生男性和非独生女性"（吴瑞君、汪小勤，2009）。[①]

[①] 此段原文有两处表述有误，一处应为"不仅证实了受教育程度与婚姻稳定性存在同向变动的关系"；另一处应为"独生女性和独生男性的婚姻不稳定率分别为 1.10% 和 0.82%"。

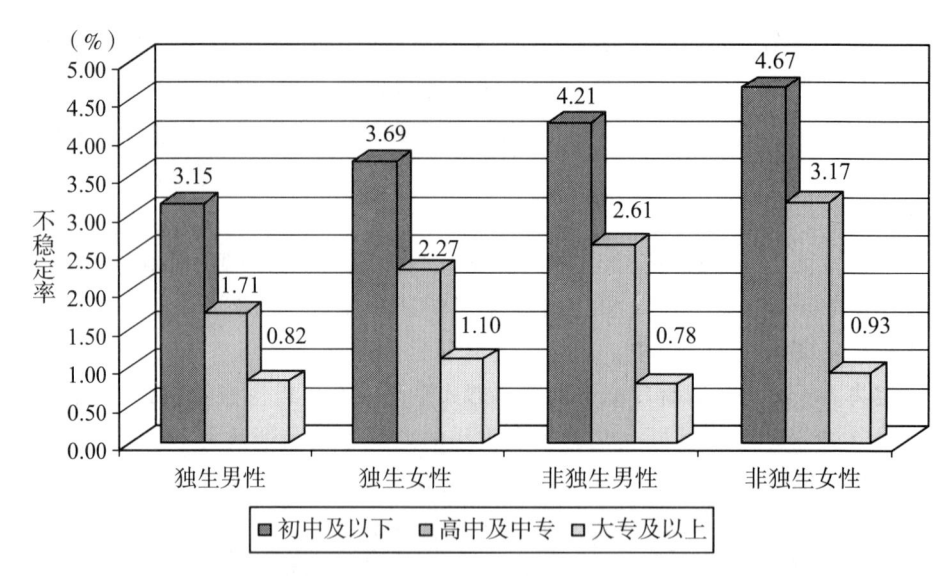

图 8-5 上海户籍 20~30 岁独生子女和非独生子女
教育与婚姻不稳定率对比

资料来源：2005 年上海 1% 人口抽样调查资料。

实际上，仅从图 8-5 直观地来看，图中所显示的趋势只是相对较好地支持了其前一半结论。而对其后一半结论则相对缺少说服力。如果我们直接用图 8-5 中的数据进行比较，结果就会明显不同。根据图 8-5 中的数据，在大专及以上的已婚群体中，独生女性和独生男性的婚姻不稳定率分别为 1.1% 和 0.82%，相对应的非独生女性和非独生男性的婚姻不稳定率则分别为 0.93% 与 0.78%，他们与独生子女之间的差别仅仅只有 0.17% 和 0.04%，即二者之间连 0.2% 的差别都没有达到。用这样小的百分比差别作为得出"高文化程度的独生子女婚姻不稳定率较高"，"高文化程度群体中，独生女性的婚姻稳定性要低于非独生女性，也低于独生男性"的结论的依据，笔者认为不太合适。同理，如果同样将这一统计结果放到标准刻度为 5% 甚至 1% 的图中，那么，这四组大专以上文化程度对象的数据所形成的四条矩形的高度差别就会几乎看不出来。

四、重新看待独生子女的婚姻稳定性

独生子女是一个具有时代特征和特定政策含义的概念，讨论独生子女的婚姻稳定性问题时，应将政策条件下产生的大规模的独生子女与政策实施以前自然形成的非常小规模的独生子女区别开来。注意了这一点，在利用相关统计数据进行分析时，就可以较好地把握数据的有效范围。也可以更好地认识和讨论研究所关注的主要对象和问题。

将上述两类不同含义的独生子女区分开以后,无论是 2000 年人口普查数据的统计结果,还是 2005 年上海 1% 人口抽样调查数据的统计结果,都一致地表明,第一代独生子女的婚姻稳定性与同龄非独生子女之间不存在明显差别。原文所提到的若干差别主要是非政策条件下产生的独生子女与其同龄非独生子女之间的差异。并且,这种差异的出现,可能在一定程度上还是由于统计分析所使用的数据"仅限于与父母同住的已婚独生子女和非独生子女中的长子或长女"的缘故。

最后,在统计数据的百分比比较中,要特别注意百分比差异值的绝对大小。过小的百分比差异的实际意义并不大。而从过小的百分比差异中得出不同对象之间存在差别的结论时,则往往会在一定程度上导致对现实的误解。

五、有关独生子女离婚比例高不高的讨论

目前的大众媒介和社会舆论不仅对独生子女的婚姻不稳定表现出担心,更为突出的是常常认为独生子女的离婚比例很高。独生子女的离婚比例高吗?回答这一问题的最直接方式是调查或统计目前每年的离婚者中独生子女所占的比例。但由于现有的各种离婚调查和统计中,都没有加入离婚者"是否独生子女"这一变量,因此,目前尚没有能直接回答这一问题的调查结果。笔者尝试利用相关调查和统计数据从逻辑上来对此进行一定程度的推断和证明。

目前进入婚姻的第一代独生子女(即出生在 1976～1985 年之间的独生子女)只是同龄人口中的一部分。因此,如果说在成年人口中,独生子女离婚的比例明显高于其他人口(包括同龄非独生子女人口)的离婚比例,那么,应该有下列两种逻辑结果:一是第一代独生子女所在的年龄段人口的离婚比例应高于(至少不低于)同一时期中总体的离婚比例;二是第一代独生子女所在年龄段人口的离婚比例还应该高于(至少不低于)独生子女人口出现以前相同年龄段人口的离婚比例。实际情况究竟如何呢?

(一)全国调查的结果

2007 年全国人口变动情况抽样调查给出了下列统计结果:2007 年城市样本中,22～31 岁(即 1976～1985 年出生者,也即第一代独生子女所在年龄段)的人口为 46 635 人,其中离婚者为 319 人,占该年龄段人口的 0.68%;而样本中 32 岁以上总人口为 197 433 人,其中离婚者为 4 363 人,占城市 32 岁以上人口的 2.2%(国家统计局人口和就业统计司,2008)。这一结果表明,从总体上来

看，第一代独生子女所在年龄段人口的离婚比例远低于当时其他人口的离婚比例（不到其水平的 1/3）。即使是按每年平均来计算，该年龄段人口的离婚比例也与 32 岁以上人口的比例相当。换句话说，相比于城市其他年龄段人口的离婚比例，城市第一代独生子女所在的年龄段人口的离婚比例并不高。如果该年龄段人口中独生子女与非独生子女离婚的比例相差不太大的话，显然是得不出独生子女离婚比例高的结论的。这样，媒体关于"独生子女离婚比例高"的第一个逻辑结果就没有被证实。

虽然从横截面数据的比较来看，得不出独生子女离婚比例高的结论。但是，如果在独生子女一代人出生之前，这个年龄段的人离婚的比例更低，而现在这个年龄段的人离婚比例相对上升，那么，还有可能得出独生子女离婚比例高的结论。因为正是由于独生子女的离婚比例高，才使得目前这一年龄段的离婚比例高于以前同一年龄段的离婚比例。当然，如果以前这一年龄段的离婚比例与目前相同，甚至比现在更高，那么显然就不能说目前包含第一代独生子女在内的这一批人离婚比例更高了。现实究竟是哪一种情况呢？

我们以上述 2007 年数据作为目前的情况，同时找来了比 2007 年早 12 年的统计，即 1995 年全国 1% 人口抽样调查数据（国家统计局人口和就业统计司，1996）。由于时间提前了 12 年，因此，2007 年时 22～31 岁的青年（第一代独生子女所在的年龄段），1995 年时就只有 10～19 岁。这也就是说，在当时超过 20 岁的已婚人口中，基本上不可能出现已婚独生子女的情况。或者说，那个时候 22～31 岁人口的离婚统计中，完全不存在独生子女因素的影响。那么，那时该年龄段人口的离婚比例又是如何呢？表 8-17 是 2007 年与 1995 年两次全国调查数据显示的结果。

表 8-17　　　　　　城市离婚人口数量及其比例

调查年份	32岁以上总人口（人）	32岁以上离婚人口（人）	占总人口比例（%）	22～31岁人口（人）	22～31岁离婚人口（人）	占22～31岁人口比例（%）
1995	1 242 469	16 311	1.3	516 996	4 169	0.81
2007	197 433	4 363	2.2	46 635	319	0.68

从表 8-17 可以看出：1995 年当独生子女人口没有进入婚育年龄时，22～31 岁人口的离婚比例与 32 岁以上人口的离婚比例相差不大（0.81% 与 1.3%），基本处在同一水平上；当独生子女人口进入婚育年龄后，人口总体中的离婚者比例提高了近 1 倍（从 1995 年的 1.3%，提高到 2007 年的 2.2%）；如果仅依据这一点，就想当然地认为这正是独生子女离婚比例提高的后果和体现，那就大错特

错了。因为与独生子女人口进入婚育年龄之前相比，目前 22~31 岁人口中离婚者的比例不但没有上升，相反还有所下降（从 1995 年的 0.81%，下降到 2007 年的 0.68%）。这也就是说，目前人口总体中离婚比例的上升，并不是第一代独生子女所在的 20~32 岁人口的离婚比例提高所导致，而是其他年龄段人口的离婚比例提高所致。

（二）部分地区实地调查结果

与上述全国调查结果十分一致的是，现有文献中各地调查的结果也同样给我们提供了类似的证据：

上海市宝山区妇联对上海宝山区 2000 年和 2004 年各 500 份、共计 1 000 份离婚案件进行了统计分析，结果发现，离婚者的年龄在 20~29 岁的占 33.8%（上海市宝山区妇联，2008）；根据年代计算，这一部分离婚者是在 1971~1984 年之间出生的。即他们中的大部分人已经进入到独生子女出生的年代；金美子等对吉林省延吉市 2001~2003 年 4 776 份离婚案件进行了统计分析，发现离婚者中年龄在 20~29 岁的占 30.5%（金美子等，2006）。根据年代计算，这一部分离婚者是在 1972~1983 年出生的。他们中的大部分人同样进入了独生子女出生的年代。而上海市民政局最近的一项统计数据则显示出更为直接的证据①：2008 年在市民政部门办理离婚登记的有 36 811 对。从年龄结构看，30 岁以下办理离婚登记的有 17 412 人，30~40 岁之间办理离婚登记的有 22 135 人，40~50 岁的有 20 729 人，50~60 岁之间的有 11 405 人（周其俊，2009）。根据该统计数据计算，30 岁以下离婚者的比例为 23.7%，而 30~40 岁、40~50 岁离婚者的比例则分别为 30.1% 和 28.2%，均高于 30 岁以下离婚者的比例。30 岁以下的这部分人的出生年代全部是在 1978 年以后，即他们全部进入了独生子女出生的年代。这也即是说，2008 年时上海独生子女人口所在年龄段的离婚者比例低于 30~40 岁、40~50 岁两个年龄段的离婚者比例。

那么，在独生子女人口进入婚姻阶段以前相同年龄段人口的离婚者比例又是如何呢？吴丽敏等对山东威海、荣成、曲阜、海阳四个城市 1994~1996 年 4 709 件离婚案件的统计分析表明，"离婚当事人在 35 岁以下者占 80%"（吴丽敏等，1998）。如果以 1995 年为时间点计算，这 80% 的离婚者（20~35 岁）的出生时间处于 1960~1975 年之间，即他们都没有进入独生子女出生的年代。张布对江苏南通市青年离婚情况的调查表明，"该市 1982 年离婚数为 113 对，226 人。其

---

① 前述统计中使用的是调查当年"婚姻状况"为离婚的人口数，而不是调查当年"发生"离婚的人口数。此处上海的数据则是 2008 年"发生"离婚的人口数。

中35岁以下的青年140名，占离婚总人数的61.9%"（张布，1984）。倪金仲等对北京市宣武区法院1983~1984年7月所审理的1 075件离婚案件进行了调查研究，结果表明，离婚者中，20~35岁的占65.4%（倪金仲等，1986）。李伟民对邯郸市邯山区青年离婚案件的抽样调查结果也表明，"1984年，发生离婚纠纷案件174起，其中35岁以下的129对，258人。青年离婚案件占全区离婚案件的74%"（李伟民，1985）。上述这些20世纪80年代调查中青年离婚者的出生时间都在1960年以前，都没有进入独生子女出生的年代。

这些离婚调查统计的结果告诉我们的共同事实是：在已婚独生子女人口出现以前，离婚者中年龄在20~35岁的人的比例很高（占到了60%~80%）；而当已婚独生子女人口出现以后，离婚者中20~29岁（即包含独生子女人口的部分）的比例却大大下降了（只占到了30%左右）。尽管不同调查的年龄统计口径不完全一致，但即使将目前独生子女所在年龄段的离婚人口按调查统计数据推算到35岁，其比例也只在45%左右，还是要明显低于独生子女出生以前的离婚比例。

从上述1995年与2007年全国统计数据以及各地调查结果的比较中，都无法推导出独生子女离婚比例提高的结论。因此，媒体关于"独生子女离婚比例高"的第二个逻辑结果也没有被证实。

(三) 有待证明的命题

无论是横向的比较还是纵向的比较，也无论是全国调查结果还是各地调查结果，都显示出一个事实：第一代独生子女所在年龄段人口的离婚比例相对来说并不高。因此，如果能够证明第一代独生子女的离婚比例与同龄非独生子女离婚比例相差不大的话，我们就可以得出独生子女离婚比例并不高的结论。正好最近吴瑞君等人利用上海市2005年1%人口抽样调查的数据，对第一代独生子女的婚姻稳定性状况进行了分析。该研究结果表明，"2005年20~30岁上海户籍的已婚独生子女人口中，离婚与再婚人口占全部已婚人口的比例，男性为1.68%，女性为2.04%，均略低于非独男性与非独女性。说明迄今为止，第一代独生子女与同时代的非独生子女之间的婚姻稳定性并未表现出明显的差异性"（吴瑞君等，2009）。其研究所得的结论，为上述逻辑推断的结果提供了明确的支持。因此，媒介新闻对独生子女离婚比例高的负面宣传，将他们描绘成婚姻不稳定的负面形象是不符合客观现实的。当然，要将上海的结果推广到全国范围，还需要利用全国的数据进行统计分析。同时，也应该看到，更为直接，也更为有力的证据（分年龄和独生子女身份的年度离婚数据）显然还需要进行专门的抽样调查来获得，这将是今后独生子女研究领域中一个值得注意的方面。

第三篇

居住方式与
养老保障

第九章

独生子女父母的居住方式与家庭结构

随着我国社会老年人口数量以及在总人口中所占比例的不断增加,养老问题越来越成为需要探讨和解决的重大社会问题之一。特别是随着我国第一代独生子女的父母开始进入老年,他们的养老问题更是当前迫切需要关注的一个重要方面(风笑天,2006)。已有的众多研究都表明,家庭养老是目前我国最重要的养老形式(杜鹏,1998;姚远,2001;姜向群,1997;周丽苹等,1996;周皓,1998),而老年人与子女的居住方式则是家庭养老得以实现的重要影响因素(鄢盛明等,2001;风笑天,1992)。本章集中讨论已婚独生子女及其父母的居住方式。

第一节 青年独生子女与父母的居住方式

一、成年子女与父母的居住方式现状

从现有统计结果看,目前我国社会的老年人中,与子女共同居住的占了大部分,老年人独自一人居住或者老两口单独居住的只占很少的一部分。"1982、1990和2000年普查数据表明,大部分老年人与其子女同住"(曾毅等,2005)。1982年人口普查结果中,老年人独自一人以及老年夫妇两人单独居住的比例为

22.8%，1990年人口普查时这一比例为25.3%，2000年人口普查时这一比例又为22.8%。2000年人口普查的数据还表明，即使是在城市中，这一比例也只有26.9%。所以从总体上来看，老年人独自一人以及老年夫妇两人单独居住的比例大约只占到1/4，而与子女共同居住的比例大约为3/4。

现有的一些抽样调查也显示出同样的结果。比如，1987年全国60岁以上老年人抽样调查显示，老年人单独居住的占26.1%，与子女共同居住的占73.1%（风笑天，1992）。1998年广州市老龄委进行的"广州市老年人生活状况调查"显示，目前老年人独居以及老年夫妻单独居住的比例共为23%，75%左右的老人与子女住在一起（林琳，2000）。虽然在北京、上海这样的城市中，老年人独居以及老年夫妻单独居住的比例相对较高，例如北京市20世纪90年代末的一项调查结果表明，老年人单独居住的比例为33.3%，与子女及其他人一起居住的比例为66.7%。在上海，1982年时老年人单独居住的比例为22.5%，1990年时为28.3%，1992年则达到了37.1%（老人课题组，2000）；但是总的分布依然是大部分老年人都与子女共同居住。

对于现有调查与统计的结果，有两点值得特别注意：

一是目前所得到的这种老年人与子女共同居住的较高比例是在一对老年夫妇平均有四个多子女的基础上实现的（风笑天，1992）。当第一代独生子女结婚成家，独生子女父母的养老问题开始成为目前的现实时，我们不难意识到，目前的情况与上述结果之间可能存在一个重要的差别：独生子女家庭的养老并不具备中国传统多子女家庭养老所具有的客观现实基础（风笑天，2006），特别是当独生子女的婚配对象也是独生子女时，这种由于子女数目原因所导致的家庭养老的困难就会更为突出。

二是目前的各种涉及居住方式与养老问题的调查研究，基本上都是从老年人的角度进行的，即都是以老年人为对象，调查他们的居住方式和养老状况。很少有从子女的角度进行的调查。作为家庭中的年轻一代以及在家庭养老中具有重要影响的子女一方，似乎还没有引起研究者的足够重视。这种从老年人的角度来探讨养老问题的视角，可以说是在一对老年夫妇有多个子女的基础上形成的。无论是在微观的家庭层面，还是在宏观的社会结构层面，老年人总数少于子女总数的客观现实，使人们有理由以这样的一种视角来看待问题。然而，应该注意的是，随着第一代独生子女结婚成家，以及独生子女的父母成为老年人，这种客观现实正在城市人口的范围内发生巨大的改变——从子女总数多于父母总数向子女总数少于父母总数转变。由此带来的也应该是我们看待问题、思考问题的视角的转变——从以需要保障的老年人为中心向以提供这种保障的青年人为中心转变。

上述两点给我们以启示：要特别关注传统多子女的基础不存在时的养老问题，要以提供保障的年轻一代为视角来探讨养老问题。本章正是在这两种思想指导下进行的初步探索。由于前面所述的居住方式与家庭养老之间的密切联系，我们首先面临的一个基本问题是：已经结婚生育的第一代独生子女们，他们婚后的居住方式是怎样安排的？

现有的研究中，仅有上海一项调查对此提供了下列结果：在已结婚生子的第一代独生子女中，一半左右为小家单独居住，一半左右是与一方的父母同住（包蕾萍等，2005）；但该研究得出这样的结论时，在对数据的统计上存在一定的错误。因为该研究中的"独生父母家庭"指的是"父母双方中至少有一方是独生子女"的家庭。所以，对于那些父母中一方为独生子女、另一方为非独生子女的三代户家庭来说，既可以将其算作独生子女一方，也可以将其算作非独生子女一方。这也就是说，该研究所得到的"独生父母"的三代户中，有相当一部分（即父母双方中有一方为非独生子女的）实际上也可以算作是"非独生父母"的三代户！另外，对于探讨本章的问题来说，该研究还存在以下两方面的不足：一方面，该研究没有进一步将这些家庭区分为双独家庭、单独家庭和双非家庭进行比较，这或许是从子女角度探讨独生子女家庭养老问题的一个关键环节；另一方面，该研究也没有对子女的性别进行进一步的控制，因为在中国长期的传统文化中，儿子与女儿在养老责任、特别是在与老年父母居住方面的规范和习惯是明显不同的。

正是在这样的背景下，中国第一代独生子女结婚成家后与其父母的居住方式无疑成为了问题的焦点。本节希望探讨的问题是：结婚成家后的独生子女们是如何居住的？他们与其父母在居住方面是分是合？他们的居住方式与同龄的非独生子女之间有无不同？或者有哪些不同？这种不同对其家庭结构、家庭关系以及家庭养老具有什么样的影响？同时又具有什么样的文化内涵？

关于第一代独生子女的概念，需要稍作说明。这里的"代"并非指的是人口再生产意义上的严格的代，而主要是用来指称我国最早的一批独生子女人口。我们知道，政策性的独生子女人口是在1979年正式出现的，虽然国家统计的"领取独生子女证"的数据开始于1979年，但实际上1979年的领证统计数据中还包含了那些出生于1976年、1977年、1978年的独生子女人口。因此，本书将第一代独生子女界定为"1976～1986年出生的独生子女"。本节所用数据来自笔者2004年对全国12个城市1 786名在职青年的抽样调查。有关该项调查的样本抽取方法及其调查资料的收集过程，可参见第七章中的相关介绍。此处主要利用该数据中482位已婚青年的资料进行分析讨论。

二、研究结果与分析

（一）青年婚后居住状况及其比较

独生与非独生子女婚后居住情况见表 9-1。

表 9-1　　　　　　两类青年婚后居住情况　　　　　　单位：%

目前居住情况	独生子女	非独生子女	总体
小家单独居住	65.8	62.2	63.1
与男方父母同住	16.7	30.7	27.1
与女方父母同住	14.2	4.0	6.6
其他	3.3	3.2	3.2
(n)	(120)	(349)	(469)
显著性检验	\multicolumn{3}{c}{$\chi^2 = 20.587$, df = 3, P = 0.000}

从表 9-1 可以看出，无论独生子女，还是非独生子女，在婚后居住方式安排上所呈现的总的趋势是：接近 2/3 的年轻夫妇是小家单独居住，1/3 左右的年轻夫妇与一方的老人一起居住。但在与老人居住的青年夫妇中，独生子女的情况与非独生子女的情况有明显的不同：非独生子女中，基本上都是与男方父母一起居住。而独生子女中，与男方父母共同居住的比例和与女方父母共同居住的比例差不多相同。这是一个值得注意的现象。我们希望进一步弄清楚，究竟是哪些独生子女和女方父母一起居住呢？由于表 9-1 的结果只能反映出对象本人是独生子女或非独生子女的情况，而无法清楚地反映出这些独生子女是男还是女，也无法反映出这些独生子女或者非独生子女的配偶的身份。因而，我们还需要作进一步的分析。

（二）不同家庭类型的已婚青年目前居住情况

我们先讨论青年夫妇双方是否独生子女这一身份问题。因为一般来说，在其他条件相同的情况下，不同身份的青年夫妇在客观上所面临的与老年父母共同居住的可能性是不一样的。夫妻双方都是非独生子女的青年家庭（简称双非家庭）所面临的与老年父母共同居住的可能性要小于夫妻一方是独生子女、另一方是非独生子女的青年家庭（简称单独家庭）；而后者所面临的这种可能性又小于夫妻双方都是独生子女的青年家庭（简称双独家庭）。因此，在讨论青年夫妇与老年父母居住状况时，应该区分年轻夫妇双方的身份。那么，在现实生活中，这三种类型的青年家庭在与老年父母居住方面的分布情况又是怎样的呢？我们询问了样本中青年夫妇双方的身份，并将他们的身份与他们的居住方式进行交互分析，详见表9-2。

表9-2　　　　不同类型的已婚青年目前居住情况统计　　　　单位：%

居住状况	双独家庭	单独家庭	双非家庭	总体
小家单独居住	73.7	57.8	64.3	63.1
与男方父母一起居住	21.1	23.0	29.6	26.9
与女方父母一起居住	5.3	14.8	3.1	6.7
其他	0	4.4	3.1	3.2
(n)	(38)	(135)	(291)	(464)
显著性检验	$\chi^2 = 24.311$，$df = 6$，$P = 0.000$			

从表9-2可以看出，尽管在总的分布上，三类已婚青年的居住方式同样具有相同的趋势——即都是以小家单独居住为主，以与男方父母共同居住为辅，与女方父母共同居住的比例非常少。但是，在这种大的相同趋势中，三类家庭之间依然存在着十分明显的差别——双独家庭的突出特点是小家单独居住的比例最高（超过了73%，其比例高出另两类家庭9.4%~15.9%）；单独家庭的突出特点则是单独居住的比例最低（不到60%），而与老年父母共同居住的比例较高（接近40%），特别是与女方父母共同居住的比例最高（高出另两类家庭10%左右）；双非家庭的突出特点则是与男方父母共同居住的比例最高（高出另两类家庭6.6%~8.5%）。

这种不同的家庭类型在居住方式上的不同分布向我们揭示出一定的社会含义：它似乎在预示着一种新的变迁趋势，即随着独生子女结婚成家，他们正在不知不觉中慢慢改变着传统的婚后居住方式。即由传统的以小家单独居住和从夫居为主，变为以小家单独居住为主，同时与双方父母共同居住的比例相当的格局。

（三）性别因素的影响

表9-2的结果表明，单独家庭中小家单独居住的比例最低，特别是与女方父母共同居住的比例最大。我们猜测，是不是这些与女方父母居住的单独家庭中主要是女方为独生子女的家庭？为了验证我们的猜想，同时更进一步揭示这种居住方式的内在特征，我们对样本中的单独家庭作了进一步的分析。我们控制住性

别变量，然后再进行交互统计，即比较男方是独生子女、女方是非独生子女的青年夫妇，与女方是独生子女、男方是非独生子女的青年夫妇在婚后的居住方式状况。比较结果见表9-3。

表9-3　　　控制性别后单独家庭青年夫妇婚后居住情况　　　单位：%

目前居住情况	男方为独生子女 女方为非独生子女	女方为独生子女 男方为非独生子女	总体
小家单独居住	51.8	62.0	57.8
与男方父母同住	41.1	10.1	23.0
与女方父母同住	7.1	20.3	14.8
其他	0	7.6	4.4
(n)	(56)	(79)	(135)
显著性检验	\multicolumn{3}{c}{$\chi^2=20.057$, df = 3, P = 0.000}

表9-3的结果证实了我们的猜想：单独家庭青年夫妇的婚后居住方式明显受到性别因素的影响。当男方为独生子女，女方为非独生子女时，基本上为"小家单独居住"和"与男方父母同住"两种居住方式，二者合计比例超过90%，且二者之间十分接近；而"与女方父母同住"的比例则显得微不足道。当女方是独生子女，男方是非独生子女时，青年夫妇婚后居住方式的分布则表现出明显的不同，其主要差别在于："与男方父母同住"的比例急剧下降（减少30%以上），而"与女方父母同住"的比例明显上升（增加13%）。此外，"小家单独居住"的比例也提高了10%，其他居住方式也占一定的比例。统计检验显示，两类青年家庭之间的这些差别非常显著。

（四）不同文化程度的差别

青年婚后的居住方式作为其生活方式的一个重要方面，除了受到夫妻双方的独生子女身份和性别因素的影响外，还可能与青年的文化程度有关。表9-4是我们对文化程度进行控制后所得到的结果。

从表9-4可以看出，不论是在大专及以下文化程度的青年中，还是在本科及以上文化程度的青年中，独生子女与非独生子女之间在婚后居住方式上都存在明显差别。在文化程度相对较低的青年中，非独生子女与男方父母居住的比例明显多于独生子女，而在文化程度相对较高的青年中，非独生子女小家单独居住的比例明显多于独生子女。与前面的分析完全一致的是，独生子女中，与女方父母同住的比例始终明显高于非独生子女。

表9-4　　　　控制文化程度后两类青年婚后居住情况　　　　单位：%

文化程度	婚后居住方式	独生子女	非独生子女	总体
大专及以下	小家单独居住	66.2	56.0	58.3
	与男方父母同住	17.6	36.3	32.1
	与女方父母同住	14.7	4.7	7.0
	其他	1.5	3.0	2.6
	(n)	(68)	(234)	(302)
显著性检验	$\chi^2 = 14.707$, df = 3, P = 0.002			
本科及以上	小家单独居住	64.6	75.7	72.3
	与男方父母同住	14.6	18.0	17.0
	与女方父母同住	14.6	2.7	6.3
	其他	6.3	3.6	4.4
	(n)	(48)	(111)	(159)
显著性检验	$\chi^2 = 8.856$, df = 3, P = 0.031			

注：独生子女：$\chi^2 = 2.036$, df = 3, P = 0.565；非独生子女：$\chi^2 = 13.805$, df = 3, P = 0.003。

另外，将表9-4中上下两部分的结果进行比较，我们不难发现，在独生子女青年中，文化程度的因素对其婚后居住方式的分布不起作用：无论是大专以下的青年，还是本科以上的青年，他们婚后居住方式的分布基本一致，不存在明显差别（参见表9-4括号中的检验结果）。而在非独生子女青年中，文化程度不同，居住方式的分布则明显不同：文化程度相对较低者中，小家单独居住的比例相对较低，而与男方父母同住的比例相对较高（参见表9-4括号中的检验结果）。

综合上述两方面的结果，可以看出，独生子女青年婚后居住方式与非独生子女青年之间的差异是主要的，而在不同文化程度的独生子女之间则不存在明显差异。

三、基本结论及其讨论

本节的研究结果表明，第一代独生子女在婚后居住方式的分布上，与同龄的非独生子女既有相同的地方，也有不一致的地方。他们婚后小家单独居住的比例高达2/3，而与老年父母共同居住的比例只有1/3左右。因此可以说，小家单独居住目前还是第一代独生子女婚后居住方式的主流。这也是他们与同龄非独生子女相同的地方。但是，在与老年父母共同居住的那一部分青年中，独生子女相对平均地一半与男方父母同住，另一半与女方父母同住；而非独生子女则基本上都是与男方父母共同居住。这是他们与同龄非独生子女在婚后居住方式上所不同的地方。

研究结果还表明，按青年夫妇的身份划分的三种类型家庭在居住方式上也存在一定差别：青年夫妻双方都是独生子女时，他们与老年父母共同居住的比例在三者中最小，小家单独居住的比例在三者中最大；当青年夫妻双方都是非独生子女时，他们与男方父母共同居住的比例在三者中最大。当青年夫妻一方是独生子女时，他们与老年父母、特别是与女方父母共同居住的比例在三者中最大；进一步控制单独家庭中青年的性别时发现，当男方为独生子女，女方为非独生子女时，基本上为"小家单独居住"和"与男方父母同住"两种居住方式，"与女方父母同住"的比例很小。而当女方是独生子女，男方是非独生子女时，"与男方父母同住"的比例急剧下降，而"与女方父母同住"的比例以及"小家单独居住"的比例则明显上升。

上述研究结果在以下两个方面具有重要的意义，并带给我们一些新的启示：

其一，居住方式与家庭养老。在独生子女家庭的养老问题越来越成为我国社会中急需解决的现实问题的今天，青年独生子女婚后居住方式与独生子女父母的养老问题紧密相连。从宏观上来看，本研究所展现的这种居住方式的分布，在一定程度上意味着广大独生子女父母在老年生活中出现空巢现象的规模和比例将明显扩大。无论因为什么样的客观原因或者主观原因，更多的独生子女父母更早地进入空巢阶段、更长时间地处于空巢阶段，将会是今后相当长的时期中我国城市社会的一种现实。从微观上来看，第一代独生子女婚后居住方式的这些特点，对独生子女家庭的家庭关系和家庭生活方式将会带来一定的影响。无论是子女与老年父母之间的互动、子女在经济支持、生活照料、精神慰藉等方面对老年父母的"反哺"，还是老年父母在这些方面对子女的依赖等等，都将在这种居住方式分布的影响下发生改变。这些宏观的和微观的改变或许就是我们在面临"子女数少于父母数"的现实时，提出变"依赖养老"为"独立养老"的内在前提和客观依据。

其二，从妻居与文化变迁。本节研究结果的一个主要发现是，随着第一代独生子女结婚成家，组成自己的新家时，他们的居住方式与传统的居住方式发生了一定程度的改变：这种改变的突出特点，一是小家单独居住的比例更高；二是婚后与女方父母同住的比例和与男方父母同住的比例基本相当，显示出一种在婚后居住方式上的"男女平等"现象，或"从夫居和从妻居相对平衡"的现象。小家单独居住比例的进一步提高，或许可以看做是整个社会在迈向现代化的过程中一种必然的产物，是一种随着社会流动性增加、代际差异性增加、个人自主性增加而产生的现象。然而，婚后与男女双方父母居住比例相当的现实，则更多地暗含着某种文化的元素。我们知道，一种文化的形成和变迁需要大量的个体行动，并且需要经历相当长的一段时间。只有在这两方面的作用下经过巨大的量变之后，一种内在的质的变化才会出现。正是从这个意义上，我们似乎看到了本节研究结果中这些简单数据背后的重要内涵。不难想象，如果在今后的研究中这种趋势越来越明显的话，那么它将逐步打破传统的居住方式及其这种方式所依据的男性为主的文化理念，形成一种淡化了性别、淡化了从夫居规范和习俗的新的文化理念，这正是这种居住方式变化最重要的社会意义。

最后需要指出的是，本节的样本特征会对研究结论的推广范围具有一定的限制作用。从家庭生命周期的角度来看，本节所展现的可能只是年轻家庭建立初期的居住安排，至于在其家庭生命周期的不同阶段中这种状况会不会依然如此，还有待于今后研究的证实。换句话说，本节的研究结论对处于家庭生命周期初始阶段的年轻家庭来说，代表性可能较大，而对处于家庭生命周期中其他阶段的家庭的代表性则还需进一步研究的验证。另外，对于回答本节的中心问题来说，本节的样本规模也还稍微小了一点，这一缺陷也会在一定程度上影响到结论的推广性。

第二节 独生子女的婚姻类型与父母的居住方式

一、独生子女婚姻状况与父母家庭结构的变化

老年人的居住方式与其养老保障，特别是与其采取家庭养老的方式密切相关。有研究表明，子女与父母之间的居住安排对子女在料理家务等日常活动、给予父母经济支持，以及给予父母情感支持三个方面提供赡养的可能性有显著的影响（鄢盛明等，2001）。"无论是老年父母的日常生活照料、社会交往，还是情感慰藉以及生病、残疾等特殊情况的料理，都与老人与子女的居住形式密切相关"（风笑天，1993）。对于我国第一代独生子女父母来说，当他们进入老年的时候，由于其受到子女数目的特定限制，他们的养老保障与居住方式之间的这种相关性就会显得更加突出。

文献回顾表明，与本章研究主题相关的研究大体可以分为两大部分：一部分研究主要集中探讨的是普通城市老年人的居住意愿、居住方式及其影响因素等问题（如郭志刚，2002；陆杰华等，2008；韦璞，2009）；另一部分研究则集中于第一代独生子女父母的养老保障、养老方式、养老支持、养老观念以及养老意愿等问题（如王树新等，2008；原新，2004；张戈，2008；风笑天，2006b）。而将这两方面内容结合起来，集中探讨与第一代独生子女父母家庭养老密切相关的居住方式问题的研究却只有以下四项：

（1）王树新等以2006年对北京市独生子女父母家庭养老保障的调查为基础，主要描述和分析了具有不同人口特征的独生子女父母对于居家养老和机构养老的意愿分布状况。虽然其调查表明，"独生子女父母与子女同住的占78.9%"，但该研究同时也指出："独生子女与父母同住的比例如此之高是因为有76.7%的独生子女是未婚的"（王树新等，2007）。这就是说，一方面，该研究样本中75%以上是未婚独生子女父母，另一方面该研究的样本规模又非常小（仅270人），因此，该研究结果对于反映目前第一代独生子女的父母、特别是反映已婚独生子女父母的居住方式来说显然缺乏足够的代表性。

（2）尹志刚同样对北京市两个区1 789户第一代独生子女家庭进行了调查，但其研究的内容主要集中在描述独生子女父母对不同家庭结构和自理情景养老方式的选择情况，而不是去探讨独生子女父母目前的居住状况。文中所提供的唯一有关的数据是独生子女父母与子女（包括与未婚子女或者与已婚子女）居住的比例为65.9%（尹志刚，2008）。由于该研究只是把居住方式作为自变量来分析，并且同样没有区分出父母与未婚子女居住以及与已婚子女居住的比例，也没有与同龄非独生子女父母的居住状况进行比较，因而其结果对于我们了解和分析第一代独生子女父母目前实际的居住方式及其相关因素的帮助不大。

（3）笔者曾利用2004年全国12个城市在职青年的调查数据，从子女的角度探讨了独生子女婚后的居住方式问题。但其立足点是子女，回答的是"已婚独生子女"如何居住的问题，而没有从父母角度来探讨独生子女父母的居住状态。即没有回答"已婚独生子女的父母们"是如何居住的问题（风笑天，2006a）。同时，在该调查样本中，已婚独生子女的比例很小（仅占样本的6.7%），因而对于反映已婚独生子女的父母总体居住方式来说，偏差相对较大。

（4）笔者2008年对全国五大城市48～60岁中年人的抽样调查在一定程度上弥补了上述研究的不足。该研究对我国城市第一代独生子女父母家庭结构的现状及其相关因素、独生子女父母进入空巢期的年龄等问题进行了探讨。结果表明，我国城市第一代独生子女父母目前的家庭结构以核心家庭为主。即第一代独生子女父母中的大部分人目前是与他们的未婚子女住在一起、共同生活的。同时，该研究又表明，子女的婚姻状况与父母的家庭结构密切相关。"独生子女在结婚后大约会有超过50%的人离开父母家庭"，导致父母家庭的结构成为二老单独居住的空巢家庭（风笑天，2009）。这是该研究最为重要的发现。然而，与前述王树新等人的研究相似的是，该研究样本中67.1%的独生子女父母是与未婚子女居住在一起的。这也构成了该研究分析已婚独生子女父母居住状况的最主要的不足。

笔者上述研究所得到的"独生子女结婚是影响父母家庭结构发生变化主要原因"的结论，成为本节得以开展的主要动因。在一定意义上可以认为，只有当独生子女结婚后，父母才会形成老年生活中相对稳定，也相对长期的居住方式。本节正是根据这一研究发现，将研究的注意力集中在了已婚独生子女的父母居住方式上。具体来说，本节关注的主要问题是：既然子女结婚是导致独生子女父母家庭结构变化的主要原因，那么，对于那些子女已经结婚的独生子女父母们来说，他们目前在居住方式（单独居住或是与子女居住）上的分布又是怎样的呢？他们的这种居住分布状况与同龄的非独生子女父母的居住分布状况之间有没有什么差异？更为重要的是，由于每一对独生子女父母都只有一种性别的子女，而我国长期以来以男系为主的传统文化往往倾向于子女婚后与男方父母居住。因此，会不会出现已婚独生子的父母更多地与子女小家居住，而已婚独生女的父母则相对较少地与子女小家居住的状况呢？再进一步考虑到独生子女的婚配对象既可能是独生子女，也可能是非独生子女，那么这种子女婚姻的不同类型与他们父母的居住方式之间是否也存在着一定的关系？如果存在，这种关系的特点又是什么呢？本节希望利用笔者2008年对北京、上海、南京、武汉、成都五大城市已婚青年夫妻的专题调查所得的数据，对上述问题进行初步探讨。

二、经验研究方案设计

（一）基本概念

（1）第一代已婚独生子女。本书所指的第一代并非人口学意义上的一代，而主要是指我国社会中由计划生育政策所产生的第一批已婚独生子女。根据第一批独生子女的出生年代，本书将第一代已婚独生子女界定为"1975年及其以后出生的已婚独生子女"。

（2）子女婚姻类型。本节中的子女婚姻类型指的是青年夫妻双方是否具有独生子女身份。之所以探讨子女婚姻类型，是因为独生子女婚配对象的身份不同，会导致父母在居住方式的选择上所面临的客观基础和现实条件有较大的不同。作为独生子女父母,其子女结婚后配偶的身份有两种可能:一是独生子女,此时其子女的婚姻类型我们称为"双独婚姻"(即青年夫妻双方都是独生子女);二是非独生子女,此时其子女的婚姻类型我们称为"单独婚姻"(即青年夫妻只有一方是独生子女)。同时,由于独生子女父母只有一个孩子(独生子或者独生女),因而"单独婚姻"中又可以进一步分为两种情况:一种是独生子与非独生女的婚姻,我们称为"男独女非婚姻";另一种是独生女与非独生子的婚姻,我们称为"男非女独婚姻"。此外,为更好地揭示独生子女婚姻类型与父母居住方式之间的关系特征,我们还将两个非独生子女的婚姻,即"双非婚姻"作为参照与比较的对象。这样,本节中子女的婚姻类型一共有四种,即双独婚姻、男独女非婚姻、男非女独婚姻以及双非婚姻。

已婚独生子女父母的居住方式只有两种,即单独居住以及与子女小家共同居住。而已婚非独生子女父母的居住方式则有多种情况。在调查问卷中我们分为以下六种:(1)单独居住;(2)与被调查的子女小家居住;(3)与其他已婚儿子居住;(4)与未婚儿子居住;(5)与其他已婚女儿居住;(6)与未婚女儿居住。但统计中根据需要有时会将上述六种答案合并为两种:(1)父母单独居住;(2)与子女居住。以便与独生子女父母的居住情况一并进行统计分析和比较。

(二) 样本设计

首先,考虑到目前第一代独生子女结婚的比例在中心大城市中相对较高,而在普通中小城市相对较低的现实,为保证实际抽样中有足够符合要求的抽样对象,本节选取了北京、上海、南京、武汉、成都五大中心城市作为调查地点。

其次,根据本节的研究目标,兼顾到第一代独生子女的出生年代,本节将调查对象界定为"夫妻双方至少一方是在 1975 年及其以后出生"的青年夫妇。

再其次,由于本节的关注点是子女婚姻的不同类型与双方父母的居住方式之间的关系,因而样本的设计采用的是多段分层抽样的方法。具体抽样程序是:在每一个城市中,简单随机抽取两个城区;每个城区简单随机抽取一个街道;每个街道简单随机抽取两个社区;每个社区中根据社区和计生部门的相关登记资料,按照青年夫妻身份的构成,分层抽取"双独婚姻"、"男独女非婚姻"、"男非女独婚姻"以及"双非婚姻"的个案各 20 个(每类实际调查 15 个,多抽取 5 个作为备用);这样,每个城市总计抽取 320 个个案,五个城市总计抽取 1 600 个个案。

调查采用自填方式进行,每对抽中的青年夫妻中,采用轮换抽取丈夫和妻子进行调查的方法,即若前一对夫妻中调查的是丈夫的话,下一对夫妻中尽量调查妻子。调查实际成功完成已婚青年的有效问卷 1 216 份,有效回答率为 76%。已婚青年样本的基本情况见表9-5。

表9-5　　　　　已婚青年样本基本情况（n=1 216）　　　　单位：%

性别	男	45.8	身份	独生子女	57.3
	女	54.2		非独生子女	42.7
婚姻类型	双独	26.8	文化程度	初中及以下	8.1
	男独女非	22.9		高中或中专	26.6
	男非女独	24.9		大专	33.2
	双非	25.4		本科及以上	32.2

为了尽可能多地了解已婚独生子女父母的居住情况，在问卷中，我们不仅询问了被调查对象的父母情况，同时也询问了其配偶的父母情况。这样，从本节所调查的1 216对已婚青年夫妇的问卷中我们共获得了2 272对双方父母的资料（由于有些调查对象没有填答、还有少数调查对象的父母去世等原因，父母样本的规模略少于2 432人），其中，独生子女父母1 146对，同龄非独生子女父母1 126对，男方父母1 135对，女方父母1 137对。这2 272对父母就构成本节第一代已婚独生子女的父母及同龄非独生子女父母的样本。

三、研究结果与分析

（一）已婚独生子女的父母居住方式及其与同龄非独生子女父母的比较

我们首先关心的是第一代已婚独生子女的父母们在居住方式上的总体分布状况，以及他们与同龄非独生子女的父母之间在居住方式分布上的差别。表9-6是样本统计结果。

表9-6　　　　　　两类父母的居住方式比较　　　　　　单位：%

居住方式	独生子女父母	非独生子女父母	总体
单独居住	64.7	39.4	52.2
与子女居住	35.3	60.6	47.8
(n)	(1 146)	(1 126)	(2 272)
显著性检验	P<0.000		

从表 9-6 可以看出，总体上，已婚独生子女的父母们单独居住的比例接近 65%，明显高于同龄非独生子女父母的比例，二者之间的差距达到 25%。由于样本中两类父母的总体比例是基本相当的，因此这是一个很大的差别。造成这种明显差别的客观原因应该说主要是两类父母所拥有的子女数目的不同所致。这一统计结果也从经验上支持了笔者有关独生子女父母的家庭养老不具备多子女父母那样的客观基础的论述（风笑天，2006b）。当然，除了子女数目的因素以外，或许还会有其他因素的影响。

（二）已婚子女的性别与父母的居住方式

由于传统文化中长期形成的父母更多地与已婚儿子居住的取向，因而已婚子女的性别也可能会是影响到父母居住方式的一个重要因素。在进行更为深入的分析之前，我们先将被调查的 2 272 对父母的居住方式按其已婚子女的性别进行交互分类，以了解父母居住方式与已婚子女性别之间的关系。结果详见表 9-7 和表 9-8。

表 9-7　已婚子女性别与父母的居住方式交互统计　　　　单位：%

父母居住方式	男方	女方	总体
单独居住	47.8	56.6	52.2
与该青年小家居住	37.2	17.4	27.3
与其他已婚儿子居住	7.1	12.9	10.0
与未婚儿子居住	2.2	5.8	4.0
与其他已婚女儿居住	4.1	4.2	4.1
与未婚女儿居住	1.6	3.1	2.3
(n)	(1 135)	(1 137)	(2 272)
显著性检验	P<0.000		

表 9-8　已婚子女性别与父母的居住方式交互统计归类　　　　单位：%

父母居住方式	男方	女方	总体
单独居住	47.8	56.6	52.2
与儿子居住	46.5	18.7	32.6
与女儿居住	5.7	24.7	15.2
(n)	(1 135)	(1 137)	(2 272)
显著性检验	P<0.000		

从表 9-7 可以看出，总体上，2 272 对父母中，男女双方父母单独居住的比例都在 50% 左右，都是最主要的居住方式，表现出第一代已婚独生子女的父母及其同龄非独生子女父母在居住方式上的突出特点。但尽管如此，男方父母单独居住的比例依旧比女方父母低约 10%。同时，男方父母与儿子居住的比例（46.5%）明显高于女方父母与儿子居住的比例（18.7%），二者相差近 30%；而女方父母与女儿居住的比例则明显高于男方父母与女儿居住的比例，二者相差近 20%。将表 9-7 中的居住方式归类成表 9-8，二者的差别就更为清楚。

（三）子女的独生子女身份、性别与父母的居住方式

表 9-7 和表 9-8 的结果说明，总体上看，当已婚子女的性别不同时，父母的居住方式也有所不同。或者说，已婚子女的性别与父母的居住方式相关。我们更希望了解的是，这种子女性别不同导致父母居住方式也不同的关系在独生子女家庭和非独生子女家庭中的表现相同吗？或者说，在只有一个子女的独生子女家庭中，会因为子女性别不同而导致父母居住方式有明显不同吗？我们先看看两类不同身份青年的父母居住分布的交互统计，结果见表 9-9。

表 9-9　　子女的独生子女身份与父母的居住方式交互统计　　单位：%

父母居住方式	独生子女	非独生子女
单独居住	64.7	39.4
与儿子居住	22.1	43.3
与女儿居住	13.2	17.2
（n）	（1 146）	（1 126）
显著性检验	P < 0.000	

从表 9-9 可以看出，非独生子女父母与儿子居住的比例明显高于与女儿居住的比例（二者比例相差超过 25%）。而相比较而言，独生子女父母在居住方式上因子女性别所产生的差异虽然同样存在，但却要小得多（相差不到 10%）。造成这一结果的原因一方面是由于独生子女父母更多地单独居住（高于非独生子女父母 25%），另一方面或许也是由于非独生子女的父母具有更大的与儿子居住的客观基础和现实条件的缘故。

在上述结果的基础上我们再进一步，将已婚子女的独生子女身份以及他们的性别因素都考虑进来，看看父母的居住方式又会呈现出什么样的特征，交互统计的结果见表 9-10。

表9-10　　子女的身份、性别与父母的居住方式的交互统计　　单位：%

父母居住方式	独生子女		非独生子女	
	男方	女方	男方	女方
单独居住	55.5	73.9	40.2	38.6
与子女居住	44.5	26.1	59.8	61.4
(n)	(568)	(578)	(567)	(559)
显著性检验	$P_{独}<0.000$		$P_{非}>0.05$	

从表9-10可以看出，已婚独生子女的父母们随着子女性别的不同其居住方式也有着明显的不同。这种不同的特征是：已婚独生子（即男方）的父母单独居住的比例只是略高于与子女小家居住的比例（仅相差10%左右）；而已婚独生女（即女方）的父母单独居住的比例则远高于与子女小家居住的比例（相差接近50%）；但是，与独生子女父母的这种差别有所不同的是，已婚非独生子女的父母们的居住方式却并不与子女的性别相关。即无论是男方的父母，还是女方的父母，他们单独居住的比例都基本相同，与子女共同居住的比例也基本相同。从这里我们可以看到独生子女父母所面临的不同于非独生子女父母的居住分布现状及其特点。

（四）子女婚姻类型与双方父母居住方式比较分析

子女不同的婚姻类型（双独婚姻、男独女非婚姻、男非女独婚姻、双非婚姻）反映的不仅是子女婚姻的构成特点，它同时也可能在一定程度上决定着他们及其父母的居住安排。因此，我们进一步依据已婚子女的婚姻类型以及子女的性别这两个维度，将这2 272对老年父母目前的居住状况进行分类比较，并进行差异的统计显著性检验，以深入探讨子女婚姻类型与父母居住方式之间的关系，交互分类结果见表9-11。

表9-11　　控制子女不同婚姻类型后子女性别与父母居住方式的交互统计　　单位：%

父母的居住方式	双独		男独女非		男非女独		双非	
	男方	女方	男方	女方	男方	女方	男方	女方
单独居住	63.1	79.5	46.3	39.2	44.1	67.8	36.4	38.1
与子女居住	36.9	20.5	53.7	60.8	55.9	32.2	63.6	61.9
(n)	(309)	(302)	(259)	(268)	(281)	(276)	(286)	(291)
显著性检验	$P<0.000$		$P>0.05$		$P<0.000$		$P>0.05$	

从表 9-11 中四类婚姻类型的家庭比较来看，双独家庭中父母单独居住的比例最高，且男女双方父母差异明显；双非家庭中父母单独居住的比例最低（大约只有双独家庭比例的一半），但男女双方差异不显著；男独女非家庭中双方父母单独居住的比例也相对较低（40%左右），且不存在显著差异；男非女独家庭中，男方父母单独居住的比例在 45% 左右，但女方父母（独生女父母）单独居住的比例却接近 70%，二者之间差异显著。

双独家庭的父母居住方式有两个明显特征：一是与子女小家分开、老两口单独居住明显是主流趋势，总的比例超过 70%，说明双独家庭中，双方父母处于空巢状态的比例相当高。二是相对而言，独生女的父母单独居住的比例更高，接近 80%，比独生子的父母单独居住的比例高出近 20%。这也在一定程度上反映出第一代独生子女父母中，与已婚儿子居住者依然多于与已婚女儿居住者。这一状况启示我们，从夫居的传统依然在一定程度上存在。

男非女独家庭中双方父母居住方式分布上的显著差异，主要是由于独生女的父母单独居住的高比例所造成的。这也就是说，虽然是与非独生子女的男青年结婚，独生女的父母中 56% 的人还是采取了单独居住的方式，而采取与女儿一家居住方式的只有 44%。其单独居住的比例虽然相对于双独家庭来说降低了大约 10%，但依然没有下降到双非家庭或者男独女非家庭中 40% 左右的水平。看来只有一个女儿的因素并没有明显抵御住传统文化中从夫居习俗的影响。

对于男独女非家庭和双非家庭的双方父母居住方式之间都没有显著差异的结果，需要略作解释。如果仅就统计检验的结果来看，似乎双方父母居住方式不存在差别。但是有一点应该特别注意：即表中"与子女居住"在不同的婚姻类型中对于双方父母来说，实际上包含着不同的含义：在双独家庭中，它实际上意味着男方父母与独生儿子一起居住的比例，以及女方父母与独生女儿居住的比例；在男独女非家庭中，它意味着男方父母与儿子居住的比例，以及女方父母与儿子或女儿居住的比例；在男非女独家庭中，则相反，它意味着男方父母与儿子或女儿居住的比例，以及女方父母与女儿居住的比例；只有在双非家庭中，无论是男方父母还是女方父母，他们与子女居住才具有其本来的含义——与儿子或女儿居住。当我们将这些不同的含义进行区别对待时，其结果或许就会有所不同了。从下列原始的（没有合并不同答案类别的）交互统计表（表 9-12）中，我们可以清楚地看到这一点。

表 9-12　　控制子女不同婚姻类型后子女性别与父母居住方式的交互统计　　单位：%

父母居住方式	双独		男独女非		男非女独		双非	
	男方	女方	男方	女方	男方	女方	男方	女方
单独居住	63.1	79.5	46.2	39.2	44.1	67.8	36.4	38.1
与被调查青年小家居住	36.9	20.5	53.8	5.2	23.5	32.2	36.0	11.3
与其他已婚儿子居住	—	—	—	29.5	13.9	—	14.7	23.4
与未婚儿子居住	—	—	—	13.1	6.0	—	2.8	10.7
与其他已婚女儿居住	—	—	—	6.0	8.2	—	8.0	11.0
与未婚女儿居住	—	—	—	7.1	4.3	—	2.1	5.5
(n)	(309)	(302)	(259)	(268)	(281)	(276)	(286)	(291)
显著性检验	P < 0.000		—		—		P < 0.001	

从表 9-12 可以看出，男独女非家庭中，女方父母与子女居住的高比例并非是与女儿居住的比例（18.3%）造成的，而是与其他儿子居住的高比例（42.6%）造成的。即使在双非家庭中，男方父母与儿子居住的比例（53.5%）也明显高于女方父母与儿子居住的比例（34.1%）。

综合这些结果，可以认为，不仅已婚子女是否独生子女对父母居住方式的影响非常大，而且已婚子女的性别以及子女婚配的对象是不是独生子女同样对父母的居住方式有显著的影响。

四、研究的主要结论及其讨论

（一）主要结论

通过对样本数据的初步统计分析，本节得到下列主要结论：

第一，目前已婚的独生子女的父母在居住方式的总体分布上与同龄非独生子女父母明显不同。独生子女的父母单独居住的比例在 65% 左右，高于同龄非独生子女父母单独居住的比例 25%。

第二，已婚独生子女的性别不同时，父母的居住方式也有所不同。男方父母单独居住的比例比女方父母低约 10%。同时，男方父母与儿子居住的比例明显高于女方父母与儿子居住的比例，二者相差近 30%；女方父母与女儿居住的比例则明显高于男方父母与女儿居住的比例，二者相差近 20%。

第三，子女的独生子女身份与子女的性别对父母的居住方式具有综合影响。已婚独生子的父母单独居住的比例略高于与子女居住的比例，而已婚独生女的父母单独居住的比例则远高于与子女居住的比例；与独生子女父母的这种差别有所不同的是，已婚非独生子女的父母的居住方式却并不与子女的性别相关。

第四，子女婚配对象的不同对父母的居住方式也有显著的影响。双独家庭中父母单独居住的比例最高，且男女双方父母居住状况差异明显；双非家庭中父母单独居住的比例最低（大约只有双独家庭比例的一半），但男女双方父母之间的差异不显著；男独女非家庭中双方父母单独居住的比例也相对较低，且不存在显著差异；男非女独家庭中，男方父母单独居住的比例也在45%左右，但女方父母（独生女父母）单独居住的比例却接近70%，二者之间差异显著。分析结果说明，不仅已婚子女是否独生子女对父母居住方式的影响非常大，而且已婚子女的性别，以及子女婚配的对象是不是独生子女等因素同样对父母的居住方式有着显著的影响。

（二）相关讨论

第一，关于本节研究结果与同类结果的比较。本节得出已婚独生子女的父母与子女居住的比例在35%左右，它与前述现有研究的结果有较大差别。如果用王树新等关于"独生子女父母与子女同住的占78.9%"的结果，或者尹志刚等"比例为65.9%"的结果来反映已婚独生子女的父母居住状况的话，就会明显高估这一现实。所以，王树新等对结果所作的分析和说明（样本中有76.7%的独生子女是未婚的）是十分中肯和重要的。这也从一个侧面说明了已婚独生子女与未婚独生子女的父母在居住方式上存在的巨大差别。同时也再次体现了本节所具有的认识意义。

第二，关于第一代独生子女父母居住方式的理想与现实。笔者在20多年前（1988年）曾对第一代独生子女的父母及同龄非独生子女父母做过一项有关子女教育和家庭生活的调查，其中询问过他们将来当孩子结婚成家后，他们希望怎样居住的问题。当时他们的孩子正在上小学，他们自己的年龄也只有三四十岁。如果可以把那时的愿望看作是他们理想的居住方式的话，那么我们可以将目前他们实际的居住现状作为现实与其进行比较。当时调查的结果表明，"与子女同住是广大父母的最集中意愿。特别是在独生子女父母中，希望未来与子女住在一起的比例接近半数"（49.7%）（风笑天，1993）。而目前他们与子女居住的比例只有35%左右，其中独生子的父母与子女共同居住的比例（44.5%）比较接近当时的愿望，而独生女的父母与子女共同居住的比例则只有当时愿望的一半（26.1%）。当然，由于两次调查样本所覆盖的范围、样本本身的结构并不完全相同，因而这种比较只能作为一种参考。

第三，关于独生子女婚后居住方式的从夫居或从妻居倾向问题。笔者 2006 年的研究曾从子女的角度，探讨他们婚后与哪方父母居住的问题。结果表明，第一代独生子女"婚后与女方父母同住的比例和与男方父母同住的比例基本相当，显示出一种在婚后居住方式上的'男女平等'现象，或'从夫居和从妻居相对平衡'的现象"（风笑天，2006a）。本节通过区分子女婚姻类型和子女性别，从父母如何居住的角度进行探讨，结果表明，在双独家庭中，男方父母与子女居住的比例高于女方父母与子女居住的比例 15% 左右；在单独家庭中，独生子的父母与子女小家一起居住的比例高于独生女的父母与孩子小家一起居住比例 20% 左右。这一结果说明，中国传统文化中相对于青年子女而言的从夫居或者相对于老年父母而言的从子居现象，在第一代独生子女家庭中依然是主要的，依然相对多于从妻居或从女居的倾向。

第四，关于已婚子女所处的不同抚育阶段问题。本节虽然已经关注到已婚子女，并注意区分了已婚子女的性别、子女婚配对象的独生子女身份等因素与父母居住方式之间的关系，但是，对于已婚子女中实际存在的是否生育了孩子、孩子处于什么年龄段等不同情况本节却未能涉及。笔者认为，既然第一代独生子女是否结婚会对他们父母的居住方式产生重大影响，那么，对于第一代已婚独生子女来说，他们目前已经生育了或者尚未生育孩子，或者他们的孩子目前处于 0~3 岁、3~6 岁或者 6 岁以上等不同年龄段，是否也会对他们父母的居住方式产生影响？这同样是值得进一步探讨的重要问题，也是本节尚未涉及的因素，今后需要进一步用经验数据来回答。

第三节 第一代独生子女父母的家庭结构

一、家庭结构问题及相关研究回顾

30 年前开始实施的计划生育政策造就了目前数以亿计的中国独生子女人口，也带来了与这一代特殊人口密切相关的各种社会现象。长期以来，学术界对这一代特殊人口及其相关现象的关注主要集中在从幼年到青年的这一代孩子身上，大量的研究基本上没有顾及这一代独生子女的父母们。然而，进入 21 世纪后，随着我国第一代独生子女逐渐步入成年，他们的父母也即将进入老年阶段。与第一代独生子女父母相关的现象和问题也开始进入社会学、人口学等学科的学术视野,成为近年来独生子女研究领域中一个新的关注焦点。

现有的研究主要集中在两个方面:一是从社会保障角度探讨日益迫切的独生子女父母的养老问题,其内容主要包括独生子女父母的养老方式、家庭养老中存在的客观困难以及解决的思路等等(原新,2004;乐章等,2000;风笑天,2006a;风笑天,2006b;穆光宗,2007);二是从家庭生命周期或家庭生命历程的角度,探讨由第一批独生子女父母所形成的中年空巢家庭的形态及其特征等等(谭琳,2002;陈晓敏,2003;潘金洪,2006;赵莉莉,2006)。

值得注意的是,对上述两方面问题的探讨客观上都与第一代独生子女父母目前的家庭结构紧密相关。即与第一代独生子女父母日常生活中与哪些人一起居住和生活密切相关。而其中他们的空巢问题更是与他们是否和子女一起居住和生活有关。这是我们首先应该了解的基础问题。如果不清楚这一基本情况,我们关于独生子女父母养老问题、空巢问题的众多讨论都将缺乏令人信服的经验基础。然而,对相关文献的回顾发现,这一点恰恰是目前研究所欠缺的地方。上述两方面的研究文献中,较多研究主要是从理论上进行的探讨,少数具有经验数据的研究(包括笔者以前的研究)又都是以独生子女为调查对象,即主要是通过调查子女来间接了解父母的状况。到目前为止,直接以第一代独生子女父母为调查对象的研究仅有以下四项:

(1)尹志刚2006年在北京调查了1 789个年龄在50岁以上的独生子女父母的家庭,其研究结果主要描述和分析了具有不同特征的第一代独生子女父母对不同家庭结构和假设的9种不同养老方式的选择状况(尹志刚,2007);(2)王树新等同样在北京调查了270个独生子女父母家庭,对第一代独生子女父母的养老保障问题进行探讨,分析了具有不同特征的独生子女父母对于居家养老和机构养老这两种不同的养老方式的选择状况(王树新等,2007);(3)张戈2006年在北京市、山东省和吉林省的若干城区进行了"城市第一代独生子女家庭养老保障需求状况"的问卷调查,其研究结果主要描述了独生子女父母养老焦虑的总体状况,分析了具有不同特征的独生子女父母在养老焦虑方面的差别(张戈,2008);(4)王庆荣则在上海闵行区调查了844个独生子女父母家庭,该研究主要关注的是独生子女父母的生活基本情况,特别是他们的经济保障问题。研究通过对独生子女父母养老的情况分析,总结出他们的一些特点,并结合我国的实际情况,提出一些解决独生子女父母养老问题的思路(王庆荣,2007)。

对于研究第一代独生子女父母的家庭结构和空巢问题来说,上述四项研究具有两点共同的缺陷:一方面,他们在调查中都没有对独生子女父母目前的家庭结构现状以及是否进入空巢的情况进行了解,即都没有提供有关这一基本情况的经验数据和调查结果;另一方面,他们也都没有注意到将同龄非独生子女父母作为参照对象来与独生子女父母进行比较。因此,对于第一代独生子女父母目前的家庭结构究竟是怎样的,他们中的大部分人目前与谁居住和生活在一起等问题,这四项研究的结果都没有提供有效的答案。换句话说,目前我们对第一代独生子女父母的家庭结构、他们进入空巢的状况等等,基本上还是一无所知。

本节研究的第一个目标正是针对目前研究所存在的不足,利用以父母而不是以子女为对象的大规模社会调查所获得的经验数据,在与同龄非独生子女父母的比较中,对我国第一代独生子女父母的家庭结构进行考察,探讨独生子女父母家庭结构的主要特征及其相关的空巢问题。具体来说,本节希望探讨的主要问题是:我国城市第一代独生子女父母目前的家庭结构是怎样的?他们的家庭结构与同龄非独生子女父母的家庭结构相比是否有所不同?哪些因素与独生子女父母的家庭结构变化有关?从父母调查中得到的第一代独生子女父母空巢期开始时间的结论与笔者原来从子女调查所得出的结论之间有无差别?

二、研究设计

(一) 基本概念

(1) 第一代独生子女父母。这一概念实际上涉及"第一代独生子女"的概念。笔者以往的研究中,将出生在 1976~1985 年之间的独生子女作为第一代独生子女。同时笔者也指出,这里的"代"并不是人口学意义上"人口再生产"中的"代",而主要指的是独生子女政策所产生的"第一批"独生子女人口。根据这种定义,第一代独生子女父母实际上指的就是生育这些"第一批独生子女"的父母们。虽然这一概念从字面上进行定义并不困难,但在社会生活的现实中要准确地界定这一批父母却不是一件容易的事情。因为孩子虽然都是在这一时期中出生,但他们的父母的年龄却可能会差别很大,因而其范围可能难以确定。

从目前已有研究来看,对第一代独生子女父母进行具体界定的方法有一定差别。2006 年"北京城市独生子女家庭风险和制度性规避"课题组将第一代独生子女父母操作化为"夫妇双方年龄在 50 岁以上,且夫妇至少有一方退休"的独生子女家庭(尹志刚,2008);而同年也是对北京首批独生子女父母的调查则将其界定为"其子女为 1984 年以前出生且领取了独生子女证的父母"(王树新等,2007),也有人将其界定为"出生于 1952~1959 年的独生子女父母"(赵莉莉,2006)。笔者曾对我国第一代城市在职青年独生子女进行过考察(风笑天,2006),根据实际调查结果,发现他们的父母基本上出生于 1948~1960 年之间,因此,本节从具体操作的角度,将我国城市第一代独生子女父母的范围界定为

"1948~1960年出生且只生育了一个子女的夫妇"。

（2）家庭结构。社会学中家庭结构的概念指的是家庭的成员构成状况，或者说是组成家庭的成员的类型。而家庭结构与家庭成员的居住状况密切相关，一般社会学者最常使用的方法就是用哪些家庭成员同住、进而从这些同住的家庭成员的属性（例如哪一代、什么关系等）来决定属于哪一种家庭结构（伊庆春，2008）。本节也采用这一界定，即用独生子女父母与谁居住和生活在一起来反映独生子女父母的家庭结构的类型。根据研究的目标和研究对象的特点，我们将独生子女父母以及同龄非独生子女父母的家庭结构类型分为以下四种：核心家庭（即父母与未婚子女一起生活的家庭）；主干家庭（即父母与已婚子女一起生活的家庭）；空巢家庭（即仅由父母两人一起生活的家庭）；其他家庭（即父母与祖父母或其他人一起生活的家庭）。

（二）样本与数据

本节所用数据来自笔者2008年在北京、上海、南京、武汉、成都五个城市所进行的一项抽样调查；调查的对象是1948~1960年出生的城市已婚中老年人；每个城市的抽样规模为240人。具体的抽样方式是：

先在每个城市的全部城区中按简单随机抽样的方法抽取两个城区；然后在每个抽选到的城区中简单随机抽取一个街道；然后再从抽取到的街道中简单随机抽取两个社区；最后在抽取到的每个社区中简单随机抽取60个符合年龄要求的已婚中老年家庭；在所抽到的每个样本家庭中，选取丈夫或者妻子进行调查。

调查采取调查员入户进行结构式访问的方法，由社会学专业的教师和受过培训的学生完成。实际调查中我们告知调查员，尽可能采用丈夫和妻子轮换调查的方法，即若前一个调查的是丈夫的话，下一个就尽可能调查妻子。以保证调查样本中男女比例大体相当。本次调查在五个城市共抽取1 200户家庭，完成调查访问1 015份，剔除48岁之前的个案2个、60岁之后的个案3个，年龄未填的个案1个，以及无子女的4个，分析中用到样本规模为1 005个。有效回收率为82.9%，表9-13是样本的基本情况。

表9-13　　　　　调查样本的基本情况（n=1 005）　　　　　单位：%

性别	男	45.1
	女	54.9
年龄	48~53岁	50.0
	54~60岁	50.0

续表

教育程度	小学及以下	7.7
	初中	40.2
	高中或中专	43.2
	大专及以上	9.0
工作情况	在职上班	24.1
	离、退休	58.6
	下岗失业	14.1
	其他	3.1
子女数目	1个	84.4
	2个及以上	15.6

三、研究结果与分析

（一）独生子女父母的家庭结构及其与非独生子女父母的比较

由于本次调查对象的年龄都在 48~60 岁之间，因而一般来说，他们子女的年龄大部分都会处在 20~30 岁之间。这个年龄段的子女基本上已经上了大学或参加了工作，甚至已经结婚，因此，根据现有研究的看法，此时的独生子女大部分应该已经离开父母，独立生活了。这样，他们父母的家庭结构分布中，似乎应该是空巢家庭的比例较大，而核心家庭的比例应该较小。实际状况如何呢？调查的结果见表 9-14。

表 9-14　独生子女父母与非独生子女父母的家庭结构比较　　单位：%

家庭结构	独生子女父母	非独生子女父母	总体
空巢家庭	19.0	28.7	20.5
核心家庭	67.1	35.0	62.1
主干家庭	8.4	28.0	11.4
其他家庭	5.5	8.3	6.0
(n)	(848)	(157)	(1 005)
显著性检验	$\chi^2 = 74.369$, df = 3, P = 0.000		

从表 9-14 可以看出，独生子女父母的家庭结构的分布状况与我们的估计相

差甚远。独生子女父母目前家庭结构为核心家庭的占了绝大部分，其比例达到了67.1%。而空巢家庭的比例却只有19.0%。这一结果说明，第一代独生子女父母的大部分人目前是与他们的未婚子女住在一起、共同生活的。这是目前第一代独生子女父母家庭结构的主流趋势。至于形成这一结果的原因，我们将在后面专门进行分析。

从表9-14还可以看出，独生子女父母的家庭结构与同龄非独生子女父母的家庭结构之间存在着明显的差异。独生子女父母家庭结构分布中比例最高的是核心家庭，其次是空巢家庭，主干家庭和其他家庭所占比例都不高。而在同龄非独生子女父母家庭中，核心家庭的比例明显下降，只占35.0%，其比例只有独生子女父母比例的一半。而其空巢家庭和主干家庭的比例则明显上升，都接近了30%。这也就是说，在非独生子女父母家庭结构的分布中，这三类家庭的比例相对比较平均。

导致两类父母家庭结构出现上述差异的原因，是否与独生子女父母总体上比非独生子女父母相对年轻有关呢？虽然两类父母总体上都处于48~60岁之间，但如果独生子女父母相对年轻，那么他们的子女总体上也会相对年轻。这样，核心家庭比例就会相对较高，而空巢家庭和主干家庭的比例就会相对较低。而如果父母的年龄越大，其子女的年龄也相对越大，子女离家和结婚的比例也会增加，核心家庭比例就会相对降低，空巢家庭和主干家庭的比例就会提高。为了探讨这一因素的影响，我们统计了两类父母的年龄情况，详见表9-15。

表9-15　　　　　　两类父母年龄统计　　　　　　单位：岁

统计量	独生子女父母	非独生子女父母
年龄均值	53.3	55.0
年龄中位值	53	55
年龄众值	50	58
（n）	（848）	（157）

从表9-15可以看出，两类父母的年龄的确存在一定的差异，独生子女父母总体上比非独生子女父母年轻1~2岁。那么，两类父母在家庭结构之间的上述差异会不会是由于二者之间的这种年龄差异造成的呢？为排除年龄因素的影响，同时也为了更清晰地了解不同年龄段的独生子女父母与非独生子女父母的家庭结构分布差异，我们对父母年龄这一变量进行了控制，控制后的交互分析结果见表9-16。

表9-16下面注中的两个显著性检验结果表明，无论是在独生子女父母中，还是在非独生子女父母中，随着他们年龄的变化，他们的家庭结构也会发生明显

的变化。这种变化的规律是：核心家庭比例明显减少，空巢家庭和主干家庭的比例明显上升。这一状况与我们上面的分析相一致。而表9－16中的两个显著性检验结果则表明，当我们控制了父母的年龄后，无论是在相对年轻的两类父母中，还是在相对年长的两类父母中，他们在家庭结构上依然存在显著差异。说明相对较小的年龄差别对两类父母之间存在的这种家庭结构差异不具有影响。或者说，在相同年龄段的两类父母中，家庭结构的分布依然存在着显著差异，而且这种家庭结构分布的差异与表9－14中的分布差异在结构上完全相似。

表9－16　　　　　控制年龄后两类父母的家庭结构比较　　　　　单位：%

年龄	家庭结构	独生子女父母	非独生子女父母	总体
53岁及以下	空巢家庭	12.3	20.8	13.1
	核心家庭	80.0	52.1	77.3
	主干家庭	4.0	22.9	5.8
	其他家庭	3.7	4.2	3.8
	(n)	(455)	(48)	(503)
显著性检验		$\chi^2 = 33.877$, df = 3, P = 0.000		
54岁及以上	空巢家庭	26.7	32.1	27.9
	核心家庭	51.7	27.5	46.4
	主干家庭	14.0	30.3	17.5
	其他家庭	7.6	10.1	8.2
	(n)	(393)	(109)	(502)
显著性检验		$\chi^2 = 25.129$, df = 3, P = 0.000		

注：独生子女父母：$\chi^2 = 9.273$，df = 3，P = 0.026；非独生子女父母：$\chi^2 = 78.867$，df = 3，P = 0.000。

（二）独生子女父母的家庭结构与子女上大学、参加工作、结婚的关系

由于父母的家庭结构与子女的离家情况密切相关，因此我们需要探讨若干与子女有关的因素。一般情况下，未成年子女往往和父母一起居住。当子女成年后，由于上大学、参加工作以及结婚成家等原因，往往会有一部分子女离开父母，从而导致这一部分父母的家庭结构由核心家庭向主干家庭或空巢家庭转变。因此，我们先对子女目前所处的不同状况与父母的家庭结构进行交互分析，考察子女上大学、就业或待业的状况与父母的家庭结构之间的关系（由于篇幅原因，这里仅列出本节所关心的独生子女父母的统计结果）。统计分析结果见表9－17。

表 9-17　　独生子女父母家庭结构与子女求学、
　　　　　　就业状况的交互分析　　　　　　　　单位：%

父母家庭结构	子女目前求学	子女目前在职	子女目前待业	总体
空巢家庭	6.2	23.5	12.9	18.8
核心家庭	88.6	59.8	69.4	67.1
主干家庭	1.0	11.0	11.3	8.7
其他家庭	4.1	5.7	6.5	5.4
（n）	(193)	(582)	(62)	(837)
显著性检验	$\chi^2 = 60.134$，df = 6，P = 0.000			

从表 9-17 可以看出，子女目前的求学、就业状况与父母家庭结构之间存在着一定的关系。子女求学、就业情况不同，其父母的家庭结构状况也不一样。总的趋势是，在子女目前上大学的独生子女父母中，家庭结构基本上都是核心家庭，其比例接近 90%。而在子女目前已就业或待业的独生子女父母中，家庭结构虽然也是以核心家庭为主，但比例则只有 60%~70%，明显低于前一类父母；其空巢家庭和主干家庭的比例则明显高于前一类父母。考虑到在读与在职的青年之间有可能存在年龄、特别是结婚与否的差异，所以，目前其父母家庭结构之间的这种差别尚不能完全肯定与子女的在读或就业状况相关。我们下面先分析子女婚姻与父母家庭结构之间的相关性如何，如果二者密切相关，我们再控制子女婚姻状况重新考察子女在读、就业状况与父母家庭结构之间的关系。

笔者曾在研究我国第一代已婚独生子女的居住方式时指出，第一代独生子女的婚后居住方式总体上不同于同龄非独生子女（风笑天，2006）；而独生子女婚后的居住方式可能是影响其父母家庭结构的重要因素。因此，独生子女父母的家庭结构也可能与非独生子女父母的家庭结构有所不同。我们对独生子女的婚姻状况与他们父母的家庭结构进行了交互分析，结果见表 9-18。

表 9-18　　独生子女婚姻状况与父母家庭结构的交互统计　　单位：%

父母家庭结构	未婚独生子女	已婚独生子女	总体
空巢家庭	7.0	56.4	18.9
核心家庭	88.2	—	66.9
主干家庭	—	35.8	8.6
其他家庭	4.8	7.8	5.5
（n）	(643)	(204)	(847)
显著性检验	$\chi^2 = 612.387$，df = 3，P = 0.000		$\lambda = 0.533$

从表 9-18 可以看出，子女婚姻状况不同时，父母的家庭结构分布也大不一样。其差异非常显著，子女未婚的独生子女父母中，接近 90% 的家庭结构是核心家庭；子女已婚的独生子女父母中，则是空巢家庭和主干家庭二者之和的比例超过 90%。我们也可以说，独生子女婚后相对于婚前而言，离开父母家庭的比例增加了大约 50%，使得父母家庭结构变成空巢家庭的比例接近 60%。而表中相关系数 $\lambda = 0.533$，也说明子女婚姻状况与父母家庭结构这二者之间的关系很强。

表 9-18 的结果启示我们，子女的婚姻状况是与独生子女父母家庭结构关系最密切的因素。那么，当我们将子女婚姻状况控制起来后，子女上学或就业状况与父母家庭结构之间的关系又会发生什么变化呢？分析结果详见表 9-19。

表 9-19　控制子女婚姻状况后子女求学、就业状况与独生子女父母的家庭结构　　单位：%

子女婚姻状况	父母家庭结构	子女求学	子女在职	子女待业	总体
未婚	空巢家庭	5.8	8.0	2.2	6.9
	核心家庭	90.0	87.0	93.5	88.4
	主干家庭	—	—	—	—
	其他家庭	4.2	5.0	4.3	4.7
	(n)	(190)	(400)	(46)	(636)
显著性检验	$\chi^2 = 2.986$，df = 4，P = 0.560				
已婚	空巢家庭	33.3	57.5	43.8	56.0
	核心家庭	—	—	—	—
	主干家庭	66.7	35.4	43.8	36.5
	其他家庭	0.0	7.2	12.5	7.5
	(n)	(3)	(181)	(16)	(200)
显著性检验	$\chi^2 = 2.598$，df = 6，P = 0.627				

表 9-19 中的显著性检验结果表明，当我们将子女婚姻状况控制起来后，子女在读、就业状况与父母家庭结构之间的差异就消失了。即在子女未婚的独生子女父母中，无论子女目前在读、就业或是待业，他们的家庭结构基本一样；同样，在子女已婚的独生子女父母中，子女目前在读、就业或待业的状况也与他们的家庭结构无关。这也就是说，真正影响到父母家庭结构变化的因素是子女的婚姻状况，而非他们的在读或就业状况，这是本节的一个重要发现。

（三）独生子女父母进入空巢期的年龄

关于独生子女父母与同龄非独生子女父母进入空巢期的平均年龄，笔者以往的研究结果是：城市第一代独生子女父母"平均在 49 岁和 47 岁左右进入空巢期，而同龄的非独生子女的父母则平均是在 52 岁和 50 岁左右进入空巢期。或者说，独生子女的父母们大约在 48 岁左右进入空巢期，而同龄非独生子女的父母们大约在 51 岁左右进入空巢期。"在得出这一调查结果的同时，笔者曾指出，"如果将来有直接以两类青年父母作为调查对象的研究结果的进一步佐证，本文的结论才会具有更大的可靠性"（风笑天，2009）。而本次调查的对象正是这一批青年的父母，因此，本次调查的结果可以用来与原有调查结果进行比较，表 9-20 就是本次调查所得到的结果。

表 9-20　　　　两类父母进入空巢期的平均年龄及其差异检验

对象类别	（n）	平均年龄（岁）	标准差（分）	均值标准误差（分）
独生子女父母	（138）	50.34	5.331	0.454
非独生子女父母	（38）	50.53	4.235	0.687
差异性检验	F = 0.039，P = 0.843			

从表 9-20 可以看出，独生子女父母和同龄非独生子女父母进入空巢期时的平均年龄分别为 50.34 岁和 50.53 岁，F 检验的结果表明：两者之间不存在显著差异。这也就是说，现阶段第一代独生子女父母进入空巢期的时间实际上并不早于非独生子女父母。这一结果与笔者对在职青年调查中所得到的结果虽不相同，但比较接近；它同时也再次否定了以往其他研究中有关独生子女父母比非独生子女父母更早（10 年或更长）进入空巢期的判断。当然，由于本节的研究样本中空巢家庭（特别是非独生子女父母空巢家庭）的数量比较小，调查城市也主要是几个中心大城市，因而调查结果在推广上可能还存在一定的局限性。

四、结论与讨论

（一）研究的主要结论

本节依据全国五大城市的抽样调查资料，对我国城市第一代独生子女父母家庭结构的现状及其相关因素、独生子女父母进入空巢期的年龄等问题进行了探讨。

首先，我国城市第一代独生子女父母目前的家庭结构以核心家庭为主。即第一代独生子女父母中的大部分人目前是与他们的未婚子女住在一起、共同生活的。他们的家庭结构与同龄非独生子女父母的家庭结构之间存在着明显的差异。独生子女父母家庭结构分布中比例最高的是核心家庭，另外是空巢家庭，主干家庭和其他家庭所占比例都不高。而在同龄非独生子女父母家庭中，核心家庭、空巢家庭和主干家庭这三类家庭的比例相对比较平均，都在1/3左右。

其次，统计分析结果还表明，子女在读、就业和待业状况与独生子女父母家庭结构的关系不明显，而子女的婚姻状况，则与他们的家庭结构密切相关。换句话说，独生子女更多地是因为结婚而不是因为求学、就业或待业等离开父母。独生子女在结婚后大约会有超过50%的人离开父母家庭，导致父母家庭的结构成为空巢家庭的比例接近60%。

最后，第一代独生子女父母进入空巢期时的平均年龄与同龄非独生子女父母之间不存在显著差异。也就是说，现阶段第一代独生子女父母并不比同龄非独生子女父母更早进入空巢期。这一结果与笔者以前对在职青年调查的结果虽不相同，但比较接近。另外，本节的研究表明，第一代独生子女父母目前处于空巢期的比例大约为20%，同龄非独生子女父母处于空巢期的比例大约为30%。这一调查结果一方面提示我们，以往一些理论研究中对独生子女父母空巢比例问题所做的主观推测，很可能与实际情况不符。同时，这一结果也提示出需要对它明显低于笔者以往研究结果中空巢比例的原因进行分析和说明。

（二）本次调查结果与前述在职青年调查结果的差异及其原因探讨

笔者前述2007年对全国12个城市在职青年的调查结果表明，"目前进入空巢期的城市第一代独生子女父母的比例大约在40%上下，而同龄非独生子女父母进入空巢的比例则大约在30%上下"（风笑天，2009）。这与本次调查结果中独生子女父母进入空巢的比例大约为20%有明显的差异（见表9-14）。

与此相联系的另一个有差别的结果是，2007年在职青年调查中，20%左右的青年是在上高中（中专）时离开父母的，40%的青年是在上大学时离开父母的，而参加工作和结婚时离开父母的比例都低于20%。因此，笔者当时得出结论说"上大学是独生子女离家的主要时期"，因而也是独生子女父母进入空巢期的主要原因（风笑天，2009）。但是，本次对独生子女父母的调查结果却显示出，二者的比例刚好相反：子女因结婚而离开父母家庭使得父母家庭结构进入空巢家庭的比例达到了50%，而因上大学离家的比例则只有20%。子女结婚成为父母家庭结构变化的最重要的影响因素。

如何看待和解释这两种不一致的结果呢？笔者分析，导致二者差别的原因可能有这几个方面：一是两次调查的城市类型不同。本次调查是北京、上海、南京、武汉、成都五大城市（都是直辖市和省会城市），而前次调查的12个城市中除了有6个直辖市和省会城市外，还有一半（6个）是非直辖市和省会城市的普通大中小城市；另一个更重要的原因则可能是调查对象的不同所导致。即本次调查的对象是父母，而前次调查的对象是子女。这种调查对象的不同导致了他们在回答与父母家庭结构和父母空巢密切相关的"子女离开家"的问题时有不同的理解。

我们知道，父母的家庭结构是空巢家庭，指的是所有子女离开父母家以后只剩父母两人一起生活的家庭。但是，什么叫"子女离开家"呢？从实际生活中的情况看，有些时候答案是比较清楚的。比如，当子女到外地上学或工作；或者子女结婚成家后小家独立居住等。但有一种情况可能会比较模糊：即当子女在本市中学住读或者子女考上了位于本市的大学，平常在学校，周末回到父母家。这种情况既有可能被看做是子女离开家，也有可能被看做是子女没有离开家；关键是，这种情况在父母和子女的心目中，含义是不同的。父母更多地将这种情况看做是子女没有离开家，这样他们的回答就会导致他们还没有进入空巢家庭的结果；而子女则更多地将这种情况看做是已经离开父母，因而他们的回答就会导致其父母已经进入空巢家庭的结果。正是因为这种理解上的差别，导致了以前来自子女的调查结果中，父母空巢的比例明显高于本次调查父母所得到的比例的现实。

（三）如何看待两次调查结果的差异

任何一项具体的经验调查都只能从某种特定的侧面去探索和接近现实。因此，我们可以将这两次调查看做接近和认识客观现实的两种不同角度。二者都有其特定的优势，同时也有其特定的不足。比如，笔者前次调查的优点是，样本所涵盖的城市类型比较全面，样本规模相对较大；因而在进行推论时结果的代表性相对较大。而前次调查中的局限是，样本中"缺乏一些在1976年后出生、但目前在大学读书的青年"；换句话说，调查结果中缺少了这一部分父母的家庭结构、他们进入空巢的时间等信息。因而也可能会给样本整体带来系统的偏差。本次调查的优点是直接以父母为对象，避免了前次调查中缺少有在大学读书的子女的对象的不足，能够较好地反映这一代父母的整体情况；但本次调查由于只在5个大城市进行，所以很多结果并不能反映一般城市的情况，因而也就更不能用来反映全国城市总体的情况。举例来说，表9-17的结果中，我们得到"子女在上大学的独生子女父母中，家庭结构基本上都是核心家庭，其比例接近90%"

的结果。如果以这一结果去反映全国城市的情况,就会产生很大的偏差。因为这一结果显然与本次的城市样本性质有关。本次所调查的五个城市都是全国最大的几个城市,特别是北京、上海、武汉、南京四个城市更是全国高等院校最多的几个城市。因而,相对来说,形成在当地读大学的可能性和实际比例会高一些。如果换成是那些一般性的、本市没有高等院校的中小城市,估计这一比例会大大降低,而相应的"空巢"家庭的比例则会明显提高。所以说,本次所调查城市的特殊性是读者在看待本节研究结果时应特别注意的一个方面。

第十章

城市独生子女父母的养老问题

以"提倡一对夫妇只生育一个孩子"为主要内容的计划生育政策已经实施了30多年。当这一政策条件下所产生的第一代独生子女开始进入而立之年时,他们的父母也即将进入人生的老年阶段。"与第一代独生子女父母相关的现象和问题开始进入社会学、人口学等学科的学术视野,成为近年来独生子女研究领域中一个新的关注焦点"(风笑天,2009)。面对只生育一个子女这个事实,城市独生子女父母有着怎样的养老心态?他们又该怎样调整养老观念?本章将对这两方面内容展开论述。

第一节 城市独生子女父母的空巢期

"空巢期"或"空巢阶段"指的是在家庭生命周期中,当所有子女都已长大离家,家庭中只剩下父母两人一起生活的阶段。这一阶段既涉及家庭的结构变化,同时也影响到父母生命周期中老年阶段的生活和保障。从20世纪90年代中期开始,随着我国老龄化趋势的日益加重,国内学者逐渐开始关注对空巢现象的研究。从目前情况看,现有研究的主题主要集中在以下几个方面:一是提出空巢家庭的问题、分析和探讨空巢现象的成因、趋势以及空巢老人的基本特征等。这类研究更多的是在提出问题,而非经验地探讨问题,其引起人们重视该问题的意义大于对该问题研究的意义。二是有关空巢老人生活状况、养老模式以及社会支持的实地调查和研究。三是有关空巢老人身心健康、社区卫生服务等方面的调查和研究。四是有关农村空巢家庭及其养老问题的研究。所有这些研究有一个共同的特点，就是关注的对象主要是社会中的老年人，探讨的也主要是传统多子女家庭中的空巢现象和空巢问题。

本节关心的问题是，相对于传统的多子女家庭，我国城市第一代独生子女家庭的空巢现象具有什么样的特征？特别是独生子女父母的"空巢期"是否会更加提前？他们的"空巢期"是否会比同龄的多子女父母更长？

一、空巢现象研究的文献回顾

笔者对中国学术期刊网（CNKI）的检索结果表明，近十几年来，尽管学术界发表的有关空巢现象的研究论文有40余篇，但与独生子女空巢家庭有关的研究却只是在21世纪开始后的最近几年中才出现的，并且数量上也只有很少的几篇。

谭琳最早在论文中提出要关注由第一代独生子女父母构成的"新空巢家庭"。她同时对这种新空巢家庭的若干特征进行了描述："对于独生子女家庭，家庭规模和家庭关系长期处于基本稳定的状态，唯一的孩子长大成人离开父母时，家庭骤然间变成'空巢'。"我国城市第一代独生子女父母中的"许多人还不到50岁就进入'空巢'家庭生活，考虑到平均预期寿命不断提高的因素，他们可能将在'空巢'家庭中生活20～30年，甚至更长。""与以往非独生子女'空巢'家庭相比，新'空巢'家庭的成员一般比较年轻，按20世纪80年代较高的城镇平均初婚年龄女性25岁、男性27岁计算，假设平均初婚初育间隔为2年，如果独生子女18岁离家时，进入'空巢'家庭生活的父母的平均年龄在45～47岁之间。一般来说，城市独生子女的父母将在'空巢'家庭中生活15年左右才进入老年生活阶段。如果城市人口的平均预期寿命为70岁，这些独生子女的父母可能将在'空巢'家庭中生活25年左右"（谭琳，2002）。作者关于这类"新空巢家庭"特征的上述论述，具有一定的经验基础，只是由于其用以比较的对象是"以往的非独生子女'空巢'家庭"，因此，我们依然无法了解和区分城市这些独生子女空巢家庭与"目前的"、"和他们同龄的"非独生子女空巢家庭之间的差别。

赵莉莉在论文中概述了第一代独生子女父母的生命历程及这一生命历程对他们生活各方面的影响（赵莉莉，2006）。其研究中虽然具有一定的通过调查得到的经验材料，但遗憾的是，其经验调查的内容却只涉及了子女的教育和对子女的职业期望两个方面，完全没有涉及与父母空巢期相关的问题。

潘金洪从风险的角度对独生子女家庭的空巢问题进行了探讨。他认为，独生子女空巢家庭是"一种全新的空巢现象，即随着独生子女的长大离家，越来越多的父母开始提前进入空巢期，并将度过人类历史上罕见的漫长空巢期，他们在空巢期面临诸多的养老和精神健康损失风险，需要引起社会的关注和重视。"他同时指出，独生子女家庭必然较早进入空巢期。按他的说法，独生子女父母要比非独生子女父母"提前 10 年进入空巢期"，甚至"要提前 10～20 年进入空巢期。独生子女父母比非独生子女父母要度过更长的空巢期"（潘金洪，2006）。只是作者的所有结论基本上都是建立在若干假定条件基础之上的分析结果，论文同样没有来自经验材料的佐证。

石燕则通过将独生子女家庭空巢期划分为"子女依赖期"、"子女独立期"、"父母依赖期"三个阶段（对应阶段的父母年龄分别为 45～55 岁、55～74 岁以及 75 岁以上），有针对性地分析了不同阶段中独生子女家庭在经济供给、情感交流和生活照料三方面的特点和问题。但是，作者做出这种划分的依据同样不是来自具体的经验资料，因而，其三阶段的年龄划分是否能够反映客观现实、是否合适等等，依然是值得讨论的问题（石燕，2008）。

文献回顾表明，与对独生子女空巢现象的关注相比，研究者运用经验数据和资料来进行描述和分析则显得不足。现有的几项探讨独生子女家庭空巢现象的研究对这类家庭的特征及其可能产生的社会影响等进行了一定的分析，为人们认识和了解这种新的空巢现象提供了较好的思路。但是，由于这些讨论和分析缺乏相应的经验数据支撑，因而，他们关于新空巢家庭的特征、新空巢家庭成员的年龄、性别特征，以及新空巢家庭与传统空巢家庭之间在进入空巢时间的早晚、空巢期的长短等方面的差异等结论，更多的只是建立在某些假定条件基础之上的理论推断。这些假定的数据虽然都具有一定的经验基础，但是，他们毕竟还不是现实。那么，现实与假定的这些数据之间究竟有多大的差别？我们尚不清楚。换句话说，有关第一代独生子女父母的空巢期问题，目前还缺乏具体的经验研究的结果。我们目前依然无法了解和回答诸如"独生子女空巢家庭的比例究竟有多大"、"相比于同龄的非独生子女父母，中年独生子女父母进入空巢期的时间究竟会提前多少"、"他们在空巢家庭中生活的时间究竟会有多长"等一系列现实问题。而弥补现有研究的这种缺陷、用经验的数据回答上述问题正是本节的目标。弄清楚现实中的这些数据，我们关于独生子女家庭结构、独生子女家庭养老等问题的讨论将会具有更为客观的基础。

二、研究方法和资料

本节采取通过调查城市在职青年的方式，收集有关他们父母目前的年龄、居住状况、单独居住的时间等与空巢期有关的资料。选取在职青年而不是直接选取他们的父母,原因之一是为了更好地反映城市第一代独生子女与同龄非独生子女的实际比例以及进行其他方面的比较;原因之二是对在职青年进行抽样时比对他们的父母进行抽样相对容易界定总体;原因之三则是在单位对在职青年进行自填问卷调查比起入户对他们的父母进行访问调查更容易进行。

本项研究的调查对象是1976年及其以后出生的城市在职青年。样本采用按比例分层的抽样方法进行抽取。调查城市依旧沿用笔者2004年设计抽取的12个不同区域、不同类型、不同规模、不同社会经济发达程度的城市。① 每个城市采用统一的分层定比抽样的方法抽取200位各个行业的在职青年。具体抽样步骤是:

首先,计算出每个城市所要抽取的各类在职青年的人数。为提高样本的代表性,笔者根据《中国劳动统计年鉴(2005)》中城镇就业人员分年龄的行业构成统计②,计算出各行业20~29岁人员所占的比例(未计算农林牧渔业等不适用的五类行业),得到表10-1中的结果1;然后根据这14种行业人员的合计百分比(87.7%)重新计算出每一类人员的实际百分比(即将87.7%作为100%来计算),得到表中的结果2;再对结果2中的数据乘以2(样本规模为200),得到表中的结果3;最后对少数几个人数过少的行业做了一点小小微调,得到表中的结果4。各城市实际抽样时所依据的不同行业人数就是表10-1中的结果4。

表10-1　　　　　　　按行业的分层及其各行业所占比例

行　业	结果1(%)	结果2(%)	结果3(人)	结果4(人)
合　计	87.7	100	200	200
制造业	18.6	21.2	42	42
电力、燃气及水的生产	2.2	2.5	5	6
建筑业	3.9	4.4	9	9
交通运输、仓储和邮政业	7.0	8.0	16	16
信息传输、计算机服务和软件业	4.2	4.8	10	10
批发和零售业	12.4	14.1	28	25

---

① 风笑天:《第一代独生子女婚后居住方式:一项12城市的调查分析》,载《人口研究》2006年第5期。

② 国家统计局人口和就业统计司、劳动和社会保障部规划财务司编:《中国劳动统计年鉴(2005)》,中国统计出版社2005年版,第86~88页。

续表

行　业	结果1（%）	结果2（%）	结果3（人）	结果4（人）
住宿和餐饮业	6.7	7.6	15	15
金融业	1.8	2.0	4	6
租赁和商务服务业	4.0	4.6	9	9
居民服务和其他服务业	11.4	13.0	26	22
教育	5.2	5.9	12	12
卫生、社会保障和社会福利业	3.5	4.0	8	10
文化、体育和娱乐业	1.6	1.8	4	6
公共管理和社会组织	5.1	5.8	12	12

其次，在每个城市抽取单位。具体方法是：从本市的电话黄页中，按照14种职业类型，从每一职业类型的全部单位名单中等距抽取3~9个单位（虽然实际调查可能只会用到1~3个单位，但考虑到有些单位规模较小，可能没有足够的符合要求的青年职工，以及其他一些不适合调查的特殊情况，故抽3倍的单位，将后面的单位作为候补）；实际调查时，如果所抽的第一个单位可以提供足够的调查对象，就只在第一个单位调查；如果不够，则再到第二个单位调查；如果还不够，再到第三个单位调查。

最后，从单位中抽取在职青年。具体方法是，如果能得到单位青年职工的名单，且符合要求的青年职工人数比较多时，则采取间隔抽样的方法进行抽取；如果符合要求的青年职工人数较少时，采取整群抽样的方法抽取；如果无法得到单位职工名单，则由被调查单位按调查的要求协助进行对象的抽取。此环节由于受客观条件限制，没有做到严格的随机抽样，仅当被调查单位的抽取不存在系统偏差的前提下，可近似地看做随机抽取。

调查采取自填问卷的方式进行，由调查员将问卷发到被调查对象手中，尽可能按"集中填答、当场完成、当场检查、当场回收"的方式完成。不能集中调查的单位，可以分批进行或个别进行，但都尽量在同一天内完成。调查共发出问卷2 460份，收回问卷2 412份，剔除因填答不全、有逻辑错误等原因造成的无效问卷55份，最后获得有效问卷2 357份，有效回收率为95.8%。其中，生长在城市的在职青年为1 245位（排除了生长在农村、目前在城市工作的在职青年问卷共1 112份），他们构成了本节分析的样本，样本的基本结构见表10-2。

表 10-2　　　　　样本基本情况（n = 1 245）　　　　　单位：%

性别	男性	44.5
	女性	55.5
年龄	17~23 岁	30.0
	24~26 岁	31.9
	27~31 岁	38.2
文化程度	初中	4.4
	高中或中专	24.7
	大专	29.5
	本科	37.9
	研究生	3.5
婚姻状况	未婚	67.0
	已婚	32.0
	离婚	1.0
出生顺序	独生	56.0
	老大	16.2
	中间	5.9
	老幺	21.9

三、研究结果与分析

（一）城市第一代独生子女父母进入空巢期的比例

现有的研究往往笼统地论述和探讨独生子女父母的空巢问题，这种论述和探讨容易给人一种"所有独生子女父母都会进入、甚至都已进入空巢期"的印象。但现实情况是，并非所有的独生子女父母都会进入空巢期，即总是有一部分父母会和孩子一直生活在一起。那么，目前城市社会中真正进入空巢期的独生子女父母的比例有多大？他们与同龄的非独生子女父母进入空巢期的比例之间有无大的差别？表 10-3 是本次调查的具体结果。

表 10-3　　　　两类父母目前处于空巢期的比例　　　　　单位：%

状　态	独生子女父母	非独生子女父母	合计
目前空巢	35.8	28.9	32.8
目前非空巢	64.2	71.1	67.2
(n)	(695)	(550)	(1 245)
显著性检验		$\chi^2=6.67$，df=1，P=0.01	

从表 10-3 可以看出，目前处于空巢期的城市第一代独生子女父母的比例大约在 36%，而同龄非独生子女父母处于空巢期的比例则大约在 29%。独生子女父母处于空巢期的比例高于同龄非独生子女父母的比例大约 7%。这一结果表明，第一，并非所有的独生子女父母都进入了空巢期，目前处于空巢期的城市第一代独生子女父母不到 40%；第二，独生子女父母处于空巢期的比例与同龄非独生子女父母处于空巢期的比例相差也不太大；第三，由于本调查样本中的城市青年目前都已经参加了工作，并且其中接近 80% 的人年龄都超过了 22 岁，即超过了在中学和大学读书的年龄。所以，调查结果较好地反映出目前已成年的城市在职青年（包括独生子女和非独生子女）的父母目前处于空巢期的总体比例。

考虑到父母年龄与其是否处于空巢期可能有一定的关系，而样本中两类青年的父母年龄又存在差别。故将父母年龄进行控制后再进行比较，结果见表 10-4。

表 10-4　　不同年龄的两类父母处于空巢期的比例统计及检验　　单位：%

父母年龄		独生子女父母空巢比例	非独生子女父母空巢比例	差异显著度
父亲年龄	54 岁及以下	33.7	21.5	P=0.001
	55 岁及以上	39.6	34.3	P=0.222
母亲年龄	52 岁及以下	33.5	21.2	P=0.001
	53 岁及以上	39.4	35.3	P=0.339

从表 10-4 可以看出，将父亲和母亲的年龄分别分为相对年轻的和相对年老的两组（每组比例均为 50% 左右）再进行比较时，年龄较高的两组中，两类父母处于空巢期的比例都不存在显著差别；而年龄相对年轻的两组中，两类父母处于空巢期的比例则有着显著差别，独生子女父母处于空巢期的比例高于同年龄的

非独生子女父母 12% 左右。前一方面的结果说明，无论是独生子女父母，还是非独生子女父母，当他们即将进入老年期时（此时他们的子女基本上已经结婚），他们处于空巢状况的总体比例是差不多的；而后一方面的结果或许说明，独生子女父母中，相对较早地进入空巢期的人数比同龄的非独生子女父母要多。

（二）子女离家时期的分布状况

目前的研究一致表明，子女上学读书、参加工作、结婚成家是导致父母进入空巢期的几个主要因素（谭琳，2002；陈晓敏等，2003；潘金洪，2006；石燕，2008）。但是，在子女变动的这几个时期，父母进入空巢期的实际分布状况究竟如何呢？换句话说，在子女变动的这些因素中，哪些是相对更为重要的影响因素呢？本次调查的结果见表 10-5。

表 10-5　父母目前空巢的两类青年不同时期离家的比例　　单位：%

子女变动因素分类	独生子女	非独生子女	合计
上高中或中专时	8.5	28.0	16.1
上大学时	44.1	17.8	33.9
参加工作时	18.2	20.4	19.1
结婚时	25.1	29.9	27.0
其他情况	4.0	3.8	4.0
(n)	(247)	(157)	(404)
显著性检验	\multicolumn{3}{c}{$\chi^2 = 43.392$，df = 4，P = 0.000}

从表 10-5 可以看出，父母目前空巢的两类青年在离家的时期分布上差别很大。独生子女中，离家比例最高的时期是上大学，其次是结婚，二者占了总比例的 70%。但非独生子女中，各个时期离家的比例基本相当；相对集中的是结婚和上高中两个时期，二者占了总比例的 60%。造成这一结果的原因，或许与两类青年教育程度上的差别有一定关系。那么，是否独生子女中大学毕业的比例高、而非独生子女中高中或中专毕业的比例高呢？调查统计的结果见表 10-6。

表10-6 父母目前空巢的两类青年的教育程度　　　　　　　　单位：%

受教育程度	独生子女	非独生子女	合计
初中毕业	3.6	7.0	5.0
高中或中专毕业	11.3	29.3	18.3
大专毕业	27.5	25.5	26.7
本科毕业	50.6	35.7	44.8
研究生毕业	6.9	2.5	5.2
(n)	(247)	(157)	(404)
显著性检验		$\chi^2 = 27.505$, df = 4, P = 0.000	

从表10-6可以看出，父母处于空巢期的独生子女青年中，大专毕业以上的比例高达85.0%，而非独生子女的同一比例只有63.7%，独生子女高于非独生子女20%以上；独生子女青年中，高中或中专毕业的比例则低于非独生子女20%左右。这或许可以对上述表10-5的结果作一定的解释。当然，或许还有其他方面的原因值得进一步探讨。

（三）城市第一代独生子女父母进入空巢期的年龄分布

对于目前处于空巢期的独生子女父母来说，他们进入空巢期时的年龄是多大呢？现有研究一般都认为独生子女上大学、参加工作或者结婚就会形成空巢。那样的话，独生子女父母进入空巢期的年龄分布应该具有某些明显的特征。实际情况究竟如何呢？调查统计的结果见表10-7。

从表10-7可以看出，独生子女父母进入空巢的年龄分布并没有出现明显的跳跃性特征，而是呈现出比较明显的正态分布的特征。尽管从前面的表10-5中可以看出，子女在上大学时离家的比例明显多于其他时期，但这种特定时期所具有的影响显然被父母的生育年龄各不相同、子女与父母之间的年龄差各不相同等因素所消减，并没所有形成大部分独生子女父母都在同样的年龄进入空巢期的局面。同时，从表10-7中我们还可以看出，大约80%的独生子女父亲是在43~55岁之间进入空巢期的，而大约80%的独生子女母亲则是在41~53岁之间进入空巢期的。

表 10-7　　　　独生子女父母空巢期开始时的年龄分布

进入空巢的年龄（岁）	父亲 百分比（%）	父亲 累计百分比（%）	80%左右的年龄区间	母亲 百分比（%）	母亲 累计百分比（%）	80%左右的年龄区间
37 以下	1.3	1.3		3.0	3.0	
38	0.4	1.7		1.7	4.6	
39	0.8	2.5		2.5	7.2	
40	0.8	3.4		3.4	10.5	
41	1.7	5.1		3.4	13.9	←─
42	3.8	8.9		3.4	17.3	
43	5.5	14.4	←─	7.2	24.5	
44	4.7	19.1		5.1	29.5	
45	8.5	27.5		9.3	38.8	
46	6.4	33.9		7.2	46.0	
47	8.9	42.8		8.9	54.9	79.4%
48	5.1	47.9		5.5	60.3	
49	5.1	53.0	80.1%	7.6	67.9	
50	5.5	58.5		3.8	71.7	
51	5.9	64.4		6.8	78.5	
52	5.9	70.3		5.5	84.0	
53	6.8	77.1		5.9	89.9	←─
54	5.5	82.6		3.0	92.8	
55	6.4	89.0	←─	2.1	94.9	
56	3.0	91.9		1.7	96.6	
57	3.8	95.8		1.7	98.3	
58 以上	4.2	100.0		1.7	100.0	
(n)	(236)			(237)		

（四）独生子女父母进入空巢期的平均年龄及其与非独生子女父母的比较

关于独生子女母进入空巢的早晚和空巢时间的长短问题，现有研究的结论是：独生子女父母进入空巢期的年龄提前，他们的空巢期延长（陈晓敏等，

2003；潘金洪，2006）。研究者们甚至还指出了进入空巢提前的时间和空巢期延长的时间。

"在多子女的家庭中，家庭的空巢时期来得较晚。假如母亲从 25 岁开始生育，如果她一生生育四个孩子，生育孩子的间隔是三年，那么这个母亲将在 34 岁结束生育，如果孩子都是在 20 岁上大学离开母亲，那么母亲将在 54 岁进入空巢家庭。同样，如果这个母亲只生育一个孩子，该孩子也是在 25 岁生育，那么这个母亲可能 45 岁就进入空巢家庭，比前者提前 10 年进入空巢期"（潘金洪，2006）。

"以往，生育率较高时，当所有子女均离家后，进入'空巢'阶段的父母已基本接近或已进入老年阶段，进入'空巢'期比较晚，年龄比较大。按照城市人口的平均预期寿命为 70 岁来算，'空巢'期一般为 15 年。因此，传统意义上的'空巢'家庭多指老年'空巢'。但是在我国实行较严格的计划生育政策的 20 多年后，第一代独生子女的逐渐离家求学、就业和结婚，一批值得关注的中年'空巢'家庭便已经出现。这些新'空巢'家庭的成员一般比较年轻，按 20 世纪 80 年代较高的城镇平均初婚年龄女性 25 岁、男性 27 岁计算，假设平均初婚初育间隔为 2 年，如果独生子女 18 岁离家时，进入'空巢'家庭生活的父母平均年龄在 45~47 岁之间。这样，使'空巢'期的到来提前了将近 15 年，这些父母将在'空巢'家庭中生活 15 年才进入老年生活阶段。如果按人的预期寿命为 70 岁计算，这些父母将在'空巢'家庭中生活 25 年左右，'空巢'期延长了 10 年"（陈晓敏等，2003）。

但值得注意的是，独生子女父母比非独生子女父母"提前 10 年进入空巢期"的结论，是在"假设非独生子女父母有 4 个孩子、生育孩子的间隔是三年"的前提下得到的。如果非独生子女的父母一生生育的孩子个数不是 4 个，或者生育孩子的间隔不是三年，那么，这一结论就很可能不成立。

同样值得注意的是，独生子女父母的空巢期"延长了 10 年"的结论，实际上是在"非独生子女父母 55 岁进入空巢期"的前提下得到的（70 − 15 = 55）。如果非独生子女的父母不是在 55 岁进入空巢期，这一结论同样也不成立。

现在的问题是：与第一代独生子女父母同龄的非独生子女父母平均生育了几个孩子呢？他们生育这几个孩子的总间隔又是多长呢？他们真的是 55 岁才进入空巢期的吗？

先来看看与第一代独生子女同龄的非独生子女平均有几个兄弟姐妹。表 10 − 8 分别统计了样本中全部非独生子女的兄弟姐妹数（频数 1、合计数目 1）、父母进入空巢的非独生子女的兄弟姐妹数（频数 2、合计数目 2），以及生长在城市且父母进入空巢的非独生子女的兄弟姐妹数（频数 3、合计数目 3）。

表 10-8　按不同标准统计的非独生子女的兄弟姐妹数目

兄弟姐妹数（个）	全部非独生子女		父母进入空巢的非独生子女		生长在城市且父母进入空巢的非独生子女	
	频数1	合计数目1（个）	频数2	合计数目2（个）	频数3	合计数目3（个）
2	808	1 616	256	512	83	166
3	402	1 206	119	357	32	96
4	137	548	41	164	9	36
5	53	265	13	65	6	30
6	9	54	2	12		
7	3	21				
8	1	8				
合计	1 413	3 718	431	1 110	130	328
平均兄弟姐妹数（个）	2.63		2.58		2.52	

表 10-8 的结果显示，无论按哪种方式计算，非独生子女家庭的子女数目平均只有 2.6 个左右，比独生子女家庭只多 1.6 个。比起现有研究中一般假定的 4 个孩子要少得多。因此，我们有理由相信，现有研究关于独生子女父母比非独生子女父母"提前 10 年进入空巢期"的结论将不成立。调查的实际结果如何呢？

表 10-9 和表 10-10 是样本中两类父母进入空巢时平均年龄及其差异的显著性检验结果。

表 10-9　两类父母进入空巢期时平均年龄的描述统计

父母		(n)	均值（岁）	标准差	均值95%的置信区间	最小值（岁）	最大值（岁）
父亲	独生子女	(233)	49.3004	5.14571	48.6362~49.9646	37.00	66.00
	非独生子女	(130)	52.2077	6.96580	50.9989~53.4165	39.00	74.00
母亲	独生子女	(233)	47.2446	5.10031	46.5863~47.9030	36.00	66.00
	非独生子女	(130)	49.8538	6.44128	48.7361~50.9716	36.00	70.00

表 10 – 10　　　　　两类父母进入空巢期时平均年龄的方差分析结果

父母		平方和	自由度	均值平方	F 值	显著度
父亲	组间	705.280	1	705.280	20.529	0.000
	组内	12 402.362	361	34.356		
	合计	13 107.642	362			
母亲	组间	568.082	1	568.082	18.009	0.000
	组内	11 387.279	361	31.544		
	合计	11 955.361	362			

从表 10 – 9 和表 10 – 10 可以看出，独生子女父亲平均在 49 岁、母亲平均在 47 岁左右进入空巢期；而同龄的非独生子女的父母则平均是在 52 岁和 50 岁左右进入空巢期。非独生子女父母进入空巢期的时间分别比独生子女父母平均只晚了 3 年。换句话说，城市第一代独生子女父母在空巢期开始时的平均年龄，比处于同一时期的非独生子女父母在空巢期开始时的平均年龄只提前了 3 年。将两类父母进入空巢时的平均年龄合起来统计，我们可以得出结论：独生子女父母平均在 48 岁左右进入空巢期，而同龄的非独生子女的父母则平均在 51 岁左右进入空巢期。因此，独生子女父母进入空巢期的平均年龄并不像现有研究所预计的那样早（即 45 岁），而与他们同龄的非独生子女父母进入空巢期的平均年龄，也不像现有研究所预计的那么晚（即 55 岁），所以，二者之间的差距也并不像现有研究所预计的那么大（即提前了 10 年）。同时，根据上述结果，我们也有理由相信，独生子女父母的空巢期比非独生子女父母的空巢期 "延长了 10 年" 的结论同样也不成立。

（五）两类父母抚育期与空巢期的直观比较

为了更好地对两类父母的生命周期进行比较，我们在统计他们各自的空巢期的同时，也统计了他们的抚育期（具体统计表略）。抚育期的起点是第一个孩子的出生，而其终点则是最后一个孩子离家。空巢期紧接在抚育期之后，它的起点是最后一个子女离家，而终点则是父母一方去世。因而空巢期的长短即是父母一方去世的年龄减去最后一个子女离家时的年龄（即进入空巢时的年龄）。为了更直观地进行比较，我们将统计结果转化为图 10 – 1。其中作为空巢期终点的平均期望寿命采用联合国秘书处经济和社会事务部人口局数据中 2005 ~ 2010 年男女两性数字中的较小者，即中国男性为 71.3 岁（Population Division of the Department of Economic and Social Affairs of the United Nations Secretariat，2007）。

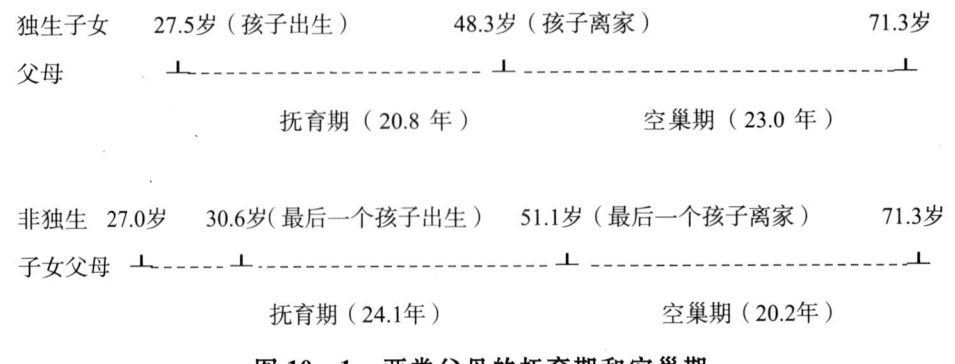

```
独生子女     27.5岁（孩子出生）      48.3岁（孩子离家）           71.3岁
父母        ┴----------------┴----------------------┴
                    抚育期（20.8年）         空巢期（23.0年）


非独生   27.0岁  30.6岁(最后一个孩子出生)  51.1岁(最后一个孩子离家)   71.3岁
子女父母  ┴----┴----------------------┴----------------------┴
                    抚育期（24.1年）         空巢期（20.2年）
```

图 10-1　两类父母的抚育期和空巢期

从图 10-1 可以看出，独生子女父母的生育年龄并不早，平均超过了 27 岁，抚育期大约为 21 年。子女离家时，他们的平均年龄约为 48 岁。他们的空巢期大约为 23 年。相比之下，非独生子女父母由于比独生子女父母多生育了 1.6 个孩子，他们生育最后一个子女的平均年龄超过了 30 岁。导致其抚育期相应延长了 3 年左右的时间，达到 24 年左右。而他们进入空巢的年龄也相应推后了 3 年时间。这样，当最后一个子女离家时，他们的平均年龄也比独生子女父母大了 3 岁，达到 51 岁。因而他们的空巢期只有大约 20 年。由于独生子女父母进入空巢期时的平均年龄比非独生子女父母提前了 3 年，因而在相同的平均预期寿命条件下，他们在空巢期生活的时间也比非独生子女父母长了 3 年。调查统计的结果清楚地表明，城市第一代独生子女父母的空巢期比起同龄的非独生子女父母来，仅仅延长了 3 年时间，而不是像现有研究所预计的"延长了 10 年"时间。

四、结论与相关讨论

（一）研究的主要结论

本节依据对全国 12 个城市 1 245 位在职青年的调查结果，得出下列主要结论：目前城市第一代独生子女父母进入空巢期的比例大约在 35% ~ 40%。相比较而言，独生子女上大学是造成父母进入空巢期的最重要因素，大约 45% 的独生子女父母是在子女上大学时进入空巢期的。子女结婚也是一个重要的影响因素，大约有 25% 的独生子女父母是在子女结婚时进入空巢期的。独生子女父母进入空巢期时的平均年龄在 48 岁左右，而同龄的非独生子女父母的空巢期则平均在 51 岁左右开始；如果采用同样的父亲 71.3 岁的平均预期寿命作为空巢期的终点，则城市第一代独生子女父母的空巢期平均为 23 年左右。而同龄非独生子女父母的空巢期则平均为 20 年左右。两类父母的空巢期相差 3 年左右的时间。总之，独生子女父母空巢期的开始时间只比同龄的非独生子女父母空巢期的开始时间提前了 3 年左右，他们的空巢期的长度也只比同龄的非独生子女父母空巢期的长度延长了 3 年左右。

（二）关于比较的对象与研究的结论

目前一些研究者之所以会得出独生子女家庭的空巢期"提前了 10 年"、持续的时间也"延长了 10 年"的结论，一个关键的原因是他们用来比较的参照对象选取得不够恰当。现有研究在这方面的一个共同特点是通过将"目前的独生子女父母"与"以往的非独生子女父母"进行比较，而不是与"同龄的非独生子女父母"进行比较，从而得出有关独生子女父母空巢期特征的结论，特别是将"中年空巢"作为独生子女父母的专利（谭琳，2002；陈晓敏等，2003；潘金洪，2006）。而本研究最大的不同则是通过将目前的独生子女父母与同龄的非独生子女父母进行比较。正是由于比较对象的这种变化，使我们一方面清楚地认识到现有研究中关于独生子女家庭的空巢期"提前了 10 年"、持续的时间也"延长了 10 年"的结论的不严谨性；同时也使我们认识到，不仅是独生子女父母进入空巢的年龄比以往的非独生子女父母要早，目前的非独生子女父母进入空巢的年龄也比以往的非独生子女父母要早。所以，"新空巢家庭"不应该仅仅只是指中年独生子女父母，也应该包括同龄的非独生子女父母。换句话说，"中年空巢"并非只是第一代城市独生子女父母的专利，城市同龄的非独生子女父母同样也遭遇到"中年空巢"问题。

（三）关于空巢期的阶段划分与生活内容

现有研究中有研究者注意到目前的空巢家庭在许多方面并不一样，比如"有些是中年家庭，有些是老年家庭。这些家庭在生活方式、亲子联系、家庭成员的身心状态方面都存在极大的差异。因而对'空巢家庭'进行阶段的划分是有必要的"（石燕，2008）。这种看法是值得肯定的。但作者按照年龄将空巢期划分为三个阶段，即 45～54 岁为第一阶段、55～74 岁为第二阶段、75 岁以上为第三阶段的看法，笔者则认为有两点不妥：一是根据本节的研究结果，在 45～54 岁这个时期，有些人还没有进入空巢期、许多人则只是刚刚进入空巢期。因而大部分人在上述第一阶段的时间十分短暂；二是根据目前人们的平均预期寿命，大部分人又都进入不了第三阶段。因此，笔者认为，根据空巢家庭成员的年龄、身体状况、生活内容等多种因素，将空巢期分为空巢前期（65 岁以前）和空巢后期（65 岁以后）两个阶段进行研究比较合适。空巢前期的时间相对较长，一般会有 15～20 年时间。这一时期中，夫妻二人最初几年尚未退休，并且身体相对较好，日常生活不用他人照料，因此，此时更为重要的生活内容是重返二人世界后所带来的心理适应和抚育期结束后夫妻生活内容的转变和调整问题。空巢后期的时间则相对较短，通常在5~10年之间，这一时期夫妻二人早已从工作岗位退出，身体也逐步衰老，日常生活照料逐渐变得相对困难，此时的重要生活内容才是养老支持和保障问题。

最后需要说明的是，由于本节的调查对象是"1976年以及后出生、目前在城市工作的在职青年"，它与"城市第一代独生子女及其同龄的非独生子女"的概念之间存在一定的差别。这种差别主要体现在：调查对象中可能会缺乏一些在1976年后出生、但目前仍在大学读书的青年。这是读者在看待本节的研究结果时应该注意的。如果将来有直接以两类青年父母作为调查对象的研究结果的进一步佐证，本结论才会具有更大的可靠性。同时，上述结果主要反映的只是出生在1976~1989年之间的城市独生子女及其父母的情况，而对于20世纪90年代以后出生的独生子女及其父母来说，情况是否如此也还有待探讨。

第二节　城市独生子女父母的养老心态与认识

一、问题与背景

独生子女父母的养老问题与传统多子女父母养老问题之间的一个最大差别，就在于他们只有一个孩子。这一差别的本质是："独生子女家庭不具有传统中国家庭养老模式的客观基础"，"无论是经济来源、生活照料，还是亲子交往、精神慰藉，他们能从这个唯一的孩子身上得到的都将非常的有限"（风笑天，2006）。因此，当独生子女父母进入老年阶段时，只有一个孩子的客观限制，将使得他们的老年生活保障不可避免地会与传统多子女父母有很大的不同。在这样一种现实面前，虽然我们可以通过不断提高我国社会中老年保障的整体水平，或者通过广泛开展"孝顺父母"、"赡养老人"等方面的宣传教育来帮助解决，但这只是问题的一个方面。另一个同样十分重要但却常常被人忽视的方面，则是独生子女父母本身要提高对未来养老所面临的客观现实的认识，特别是要转变传统的养老观念。"养老观念的变化势必将影响老年人对养老居住方式的选择和对目前养老模式的满意程度"（崔丽娟等，2000），同时还会影响到老年人对其养老生活质量的感受、看法和评价。

人们老年阶段的生活与保障实际上涉及两个大的方面：一是客观的（或外在的）方面，它主要包括国家和地区的老年保障制度、老年人日常生活的物质条件和保障水平，以及与老年人日常生活密切相关的家庭结构、居住方式状况等因素；二是主观的（或内在的）方面，它主要包括老年人对老年生活的心理准备和心理预期、老年人对养老方式的选择意愿、老年人对老年生活及保障所具有的认识等等。从目前的情况看，"大量的养老研究论文往往把探讨和提出实际的解决养老问题的措施作为主要任务之一，而所提出的这些措施又主要集中在解决家庭养老所面临的各种具体困难上。虽然，这些措施都是必要的，但同时也应该注意到，现有的各种措施往往是只注重了制度、规范、政策等建设，而忽视了对养老问题的主体——老年人的某种思考"（风笑天，2006）。正是在这样一种背景下，本节将关注的焦点集中在有关第一代独生子女父母老年阶段生活和保障的主观方面，即集中在第一代独生子女父母的养老心态和养老认识上。本节试图探讨的具体问题是：即将进入老年阶段的第一代独生子女父母们对自己的养老生活有着什么样的心态？对于只有一个孩子这种特殊条件下的养老方式和养老保障问题，他们在心理上是否有相应的准备？他们对自己未来的老年生活有什么样的预期？他们在主观上对养老生活的认识如何？运用大规模调查所得到的经验数据对这些方面的现实状况进行描述和分析，以便为更深入地探讨独生子女父母的养老问题打下一定的基础，则是本节研究的主要目标。

二、文献回顾

自 21 世纪以来，国内学术界开始了对独生子女父母养老问题的探讨。这方面的研究"主要集中在两个方面：一是从社会保障角度探讨日益迫切的独生子女父母的养老问题，其内容主要包括独生子女父母的养老方式、家庭养老中存在的客观困难以及解决的思路等等；二是从家庭生命周期或家庭生命历程的角度，探讨由第一批独生子女父母所形成的中年'空巢'家庭的形态及其特征等等"（风笑天，2009）。文献检索表明，到目前为止，国内学术期刊所发表的论文中，真正以即将进入老年的第一代独生子女父母为调查对象，通过收集第一手数据，并在此基础上对独生子女父母养老问题展开分析探讨的经验研究仅有 7 篇。

尹志刚基于其 2006 年在北京两个城区对 1 789 位"夫妇一方年龄在 50 岁以上"的独生子女家庭所进行的调查，发表了两篇经验研究的论文（其中 2008 年发表的论文实际上是其 2009 年发表的论文的简写版）。作者运用同一项调查数据，主要描述了首批独生子女父母"对不同生活自理情境和不同家庭结构"所简约组合成的 9 种不同养老方式的选择状况；并在描述这种选择状况的基础上，着重探讨了独生子女父母养老模型的建构问题。研究中没有涉及独生子女父母的养老心态以及对养老问题的认识等方面的内容（尹志刚；2008，2009）。

王庆荣 2005 年在上海闵行区对 844 位年龄在 55 岁以上独生子女父母的家庭进行了调查。在研究论文中，作者十分简要地对独生子女父母的经济来源、养老保险、身体健康、子女照顾、与子女互动等方面的情况进行了了解，并据此提出了一些解决独生子女父母养老问题的思路。由于该研究的实际内容比较少，同时，该研究中同样也没有涉及独生子女父母对老年生活的主观感受或对养老的认识等问题，因此，该研究对探讨本节所关注的问题也不具有参考作用（王庆荣，2007）。

笔者曾利用 2008 年对全国五大城市 1 005 位"1948～1960 年出生的城市已婚中老年人"（其中独生子女父母 848 人，非独生子女父母 157 人）的抽样调查，对我国城市第一代独生子女父母的家庭结构现状及其相关因素、独生子女父母进入空巢期的年龄等问题进行了探讨。结果表明，我国城市第一代独生子女父母目前的家庭结构以核心家庭为主，他们的家庭结构与同龄非独生子女父母相比差异明显，而子女的婚姻状况是影响他们家庭结构变化的主要因素（风笑天，2009）。虽然该论文所讨论的问题可以作为探讨独生子女父母养老问题的一种基础，但该研究本身并没有直接对独生子女父母养老问题进行经验探讨，也没有涉及独生子女父母的养老心态与养老认识等方面内容。所以，该研究的结果也没有为回答本节研究的问题提供具体答案。

王树新等基于他们 2006 年在北京、山东、吉林三个地区对 888 个独生子女父母家庭的调查，共发表了三篇论文。他们调查的对象是"其子女在 1984 年以前（含 1984 年）出生的城市独生子女父母"。其中一篇论文仅以北京市 270 位独生子女父母的数据为样本，围绕第一代独生子女父母选择居家养老或机构养老的影响因素及其子女对父母家庭养老的支持等内容展开分析。结果表明，独生子女父母的收入、职业、年龄对他们选择何种养老方式具有重要影响，至于独生子女父母对养老的认识或心态问题，该文中则没有涉及（王树新等，2007）。另两篇运用三个地区样本的论文分别描述了独生子女父母养老担心度（一文中称为养老焦虑）的总体状况，分析了具有不同特征的独生子女父母在养老担心度方面的差别，"得出了家庭经济状况、医疗保险、养老保险、身体健康的自评水平及有无配偶对独生子女父母的养老担心度都有显著影响的结论"（王树新等，2008；张戈，2008）[①]。相对来说，这两篇论文的内容与本节研究的问题最为相关。但是，一方面，这两篇论文中的"养老的担心度"只是独生子女父母养老心态和养老认识中的一个侧面（并且在一定程度上，主要是消极的方面），它不

[①] 这两篇论文所探讨的内容基本相同。

足以反映独生子女父母养老观念的各个方面；另一方面，该研究主要根据对自建的"养老担心度"量表的总体得分来进行统计分析，缺少对被调查者养老心态和养老认识的不同方面的相对直观的分析结果。同时，该研究在分析中还缺少与同龄非独生子女父母之间的比较，因而不便于了解哪些心态或认识是所有对象共同具有的，哪些是独生子女父母所特有的。

三、数据与方法

本节所用数据来自于笔者 2008 年在北京、上海、南京、武汉、成都五大城市所进行的一项城市已婚中老年人抽样调查。调查对象是 1948～1960 年出生（即 48～60 岁）的城市已婚中老年人。① 他们中既有独生子女父母，也有非独生子女父母。② 调查的抽样方式是：先在每个城市的全部城区中按简单随机抽样的方法抽取两个城区，然后在每个抽选到的城区中简单随机抽取一个街道，然后再在抽取到的街道中简单随机抽取两个社区，最后在抽取到的每个社区中简单随机抽取 60 个符合年龄要求的已婚中老年家庭（无论其有几个子女），在所抽到的每个样本家庭中，选取丈夫或者妻子进行调查。

调查采取调查员入户进行结构式访问的方法进行。各城市实地调查都由社会学专业的教师带领受过培训的大学生完成。实际调查中我们告知调查员，尽可能采用丈夫和妻子轮换调查的方法，即若前一户调查的是丈夫的话，下一户就尽可能调查妻子。以保证调查样本中男女比例大体相当。本次调查在每个城市的抽样规模为 240 人，五大城市共抽取 1 200 户家庭。实际完成调查访问 1 015 份，剔除 48 岁之前的个案 2 个、60 岁之后的个案 3 个，年龄未填的个案 1 个，以及无子女的个案 4 个，本节分析中用到的样本规模为 1 005 个，调查的有效回收率为 82.9%，样本的基本情况见表 10-11。

表 10-11　　　　调查样本的基本情况（n=1005）　　　　　　单位：%

性别	男	45.1	工作情况	在职上班	24.1
	女	54.9		离、退休	58.6
年龄	48～53 岁	50.0		下岗失业	14.1
	54～60 岁	50.0		其他	3.1

---

① 需要说明的是，由于研究经费与能力所限，本节主要探讨城市独生子女父母的养老心态与认识问题，而不涉及农村独生子女父母。

② 有关城市第一代独生子女父母的界定，笔者曾作过专门的探讨（风笑天，2009）。在本节中，笔者依旧将我国城市的第一代独生子女父母界定为"1948～1960 年出生且只生育了一个子女的夫妇"。

续表

子女数目	1个	84.4	教育程度	小学及以下	7.7
				初中	40.2
	2个及以上	15.6		高中或中专	43.2
				大专及以上	9.0

针对目前研究中所存在的不足，本节在调查内容以及分析方式上都进行了相应的改进。首先，在调查内容上，本节着重了解独生子女父母对养老的心态和认识。在操作化过程中，笔者一方面考虑到对于独生子女父母来说，养老中的最大挑战或许是与子女分离的因素；另一方面也特别考虑到作为家庭养老、社区养老补充的机构养老或许将成为独生子女父母（特别是高龄父母、丧偶的父母）未来养老的重要方式和趋势的因素，选择了四个不同侧面的指标来进行测量：一是总体性、概括性的主观指标（指标1和指标2）；二是与传统养老观念相异的针对性指标（指标3和指标4）；三是与独生子女家庭特征相关的指标（指标5和指标6）；四是直接针对独立养老观念的指标（指标7）。这些指标的具体内容是：（1）对年老后面临的最主要困难的认识；（2）对将来养老问题的担心程度；（3）对将来年纪大了是否进养老院的考虑；（4）对子女送父母到养老院养老的看法；（5）对子女看望父母的看法；（6）对子女是否应该留在父母身边的看法；（7）对依靠子女养老和依靠自己养老观点的看法等。其次，在资料分析方式上，主要采用交互分析的方法，通过与同龄非独生子女父母进行比较来揭示独生子女父母在上述各方面所具有的特点，并对统计结果进行显著性检验。

四、结果与分析

（一）对老年生活面临的最主要困难的认识

调查对象对自己老年阶段生活所面临的主要困难的认识，可以说是他们对养老所具有的各种心态和认识的最基础反映。在调查中，笔者除了根据常见的"经济支持、生活照料、精神慰藉"三方面对其担心的内容进行划分外，还根据试调查得到的结果，在经济支持和生活照料两方面进一步具体细分出生病照料、生大病费用等项目，两类父母的调查结果见表10-12。

表 10-12　　　　　年老后面临的最主要困难　　　　　单位：%

选项	独生子女父母	非独生子女父母	总体
生病照料	43.9	35.4	42.4
日常生活照料	25.2	24.2	25.0
生大病的费用	13.1	15.2	13.4
经济生活来源	7.6	18.2	9.4
精神慰藉	8.2	4.0	7.6
其他方面	2.0	3.0	2.2
显著性检验	Chi-Square = 13.783，df = 5，Sig. = 0.017		

从表 10-12 可以看出，总体上，日常生活照料、特别是生病照料是两类父母对自己年老后生活的最大担忧。超过 2/3 的父母将这两方面的问题放在首位；其次是生大病的费用以及经济生活来源；而精神慰藉则被放在了相对不重要的位置。交互统计的结果则显示出，对于老年阶段生活中的最大困难，独生子女父母和同龄的非独生子女父母的认识具有明显的不同。独生子女父母中，对生病照料和精神慰藉的担心比例明显高于非独生子女父母；而非独生子女父母中，则是对将来经济生活来源的担心比例显著高于独生子女父母。这一结果在一定程度上揭示出独生子女父母由于只有一个孩子，因此，尽管在家庭经济方面相对有保障，但在生病照料和精神慰藉上则相对会有更多困难的窘境。

（二）对将来养老的担心程度

对养老的担心程度，既是两类父母对即将到来的老年阶段的生活状况和各方面保障状况的一种主观的、总体的感受，它同时也是对即将进入老年阶段的两类父母所具有的养老心态的一种概括和综合的反映，实际调查的结果见表 10-13。

表 10-13　　　　　是否担心将来自己的养老问题　　　　　单位：%

选项	独生子女父母	非独生子女父母	总体
非常担心	7.5	5.1	7.2
比较担心	15.9	13.4	15.5
不太担心	36.4	48.4	38.3
根本不担心	29.6	26.1	29.1
没考虑过	10.5	7.0	10.0
显著性检验	Chi-Square = 8.792，df = 4，Sig. = 0.067		

从表 10-13 可以看出，总体上，两类父母中对未来养老生活有所担心的比例并不高。如果除掉没有考虑此问题的对象，那么，总体中对未来养老问题有所担心的比例大约为 1/4，而不担心的比例则达到 3/4。尽管从百分比看，两类父母之间在不同担心程度的人数分布上有所不同，但显著性检验的结果表明，二者之间并不存在明显的差别。这也就是说，总体上，两类父母对未来养老生活的担心状况基本相同。

（三）对将来年纪大了是否进养老院的考虑

现有统计表明，随着我国社会保障事业的发展，各种类型的养老机构迅速发展。一方面在某种程度上反映出目前城市家庭养老中所面临的客观困境，另一方面也反映出机构养老形式所具有的市场需求。然而，由于传统文化观念的影响，人们对将老人送到养老机构中养老的做法还存在着不同的看法。例如，程远等人曾对上海市中老年人进行抽样调查，结果表明，"家人对老人决定入养老机构的态度"中，支持的 30%，反对的 9%，无所谓的 20%，其他的 41%（程远等，1999）。调查结果中高达 61% 的家人对老人进入养老机构养老不发表明确意见，反映出人们对机构养老这一新生事物所持有的保留态度。而这种看法和观念有可能会影响到人们的养老行为。那么，第一代独生子女父母怎么看待去养老机构养老的方式呢？他们的认识和看法与同龄非独生子女父母之间有什么样的差别呢？表 10-14 是本次调查的交互统计结果。

表 10-14　　年纪大了是否会考虑到敬老院、养老院养老　　单位：%

选项	独生子女父母	非独生子女父母	总体
肯定会	19.9	10.3	18.4
可能会	40.8	30.1	39.1
说不好	19.7	19.2	19.7
可能不会	7.1	13.5	8.1
肯定不会	12.5	26.9	14.8
显著性检验	Chi-Square = 35.534，df = 4，Sig. = 0.000		

从表 10-14 可以看出，对于当自己年纪大了，需要人照顾，是否会考虑到养老机构养老的问题，独生子女父母与非独生子女父母的回答之间存在着非常明显的差别。独生子女父母中，60% 的人具有这种心理准备，而非独生子女父母中这一比例只有 40%。反过来，独生子女父母中，不会和可能不会到养老机构养老的比例只有 20%，而非独生子女父母中则有 40%。这一统计结果很好的显示

出第一代独生子女父母在只有一个孩子的现实面前，相对来说有较大的比例做好了自己到养老院养老，不拖累子女的心理准备。

（四）对子女送父母到养老机构养老的看法

独生子女父母所具有的上述这种心理准备主要是一种迫不得已的选择呢（即在只有一个孩子的现实面前不得不做的准备）还是在思想上已经有了一些不同的认识？为此，我们进一步对子女送老年人到养老院养老的三种不同看法进行了了解，并对调查结果进行了交互分析和差异的显著性检验，结果见表10-15。

表10-15 　　　　对于子女将老人送到养老院养老的看法　　　　单位：%

看法	这是对老人不孝顺的表现		这是推卸赡养父母责任的行为		这可能是最现实的解决养老的办法	
选项	独生子女父母	非独生子女父母	独生子女父母	非独生子女父母	独生子女父母	非独生子女父母
同意	6.0	8.3	7.1	9.6	43.7	26.1
比较同意	6.6	12.2	7.0	12.2	33.2	33.8
不太同意	29.5	32.1	28.0	26.9	10.9	8.9
不同意	51.2	36.5	53.1	40.4	7.7	19.1
说不清	6.7	10.9	4.9	10.9	4.5	12.1
显著性检验	Chi-Square = 15.876, df = 4, Sig. = 0.003		Chi-Square = 17.906, df = 4, Sig. = 0.001		Chi-Square = 41.953, df = 4, Sig. = 0.000	

表10-15中的前两种看法，相对来说带有较多的传统养老观念的内容。调查结果显示出，一方面，总的来看，这样的观念在目前城市的中老年人中已经不占主要地位了（同意这种观点的比例大约在10%~20%，而不同意的比例则达到了60%~80%）。另一方面，相比之下独生子女父母比非独生子女父母持有这样看法的比例更小（二者相差约10%）。显著性检验结果也表明，二者在这方面认识上的差别是显著的。这一结果说明独生子女父母更多地表现出对子女赡养自己所面临的客观困难的理解。对于第三种看法，独生子女父母同意的比例明显高于非独生子女父母（二者相差接近20%），显著性检验结果也十分显著。这些统计结果在一定程度上揭示出，独生子女父母之所以对年老时去养老机构养老的情形有一定的心理准备，与他们在思想认识上对将来所面临的这种现实处境以及可行的解决方法有较多地认识密不可分。应该说，他们在思想认识上的这种转变是一件值得庆幸的好事。

（五）对子女看望父母问题的态度

亲子关系是影响老年生活质量的重要因素。老人与子女之间的交流和互动也是老年人精神慰藉的重要来源。正因为如此，子女"常回家看看"老年父母，自然就成为传统养老观念中一个十分重要的方面。同时，它也成为了现今社会中有关成年子女对待老年父母的一种行为规范和要求。然而，独生子女家庭只有一个孩子的现实，客观上造成了子女在满足社会这个方面要求上的困难和不足。我们关心的是，作为父母的独生子女父母们是怎样来看待这一现实矛盾的？他们是怎样来要求他们的孩子呢？他们的看法与非独生子女父母的看法之间是否存在差别呢？表10-16是本次调查的结果。

表10-16　　　对子女看望老年父母看法的交互统计　　　单位：%

选　项	独生子女父母	非独生子女父母	总　体
做子女的无论工作多忙都应该经常回家看望父母	38.3	34.0	37.7
孩子因工作学习忙不能经常回来看望父母应该被理解	57.2	60.8	57.7
说不清	4.5	5.2	4.6
显著性检验	Chi-Square = 1.082, df = 2, Sig. = 0.582		

从表10-16可以看出，在只有一个孩子的现实面前，独生子女父母并没有表现出特别的心态。他们的心态和看法与同龄非独生子女父母相似，二者之间不存在明显差别。说明他们与非独生子女父母一样，作为普通的父母，他们中的大部分人都非常能够体谅孩子的难处，对孩子回家看望自己并没有过分的要求。这在一定程度上也反映出大部分独生子女父母都具有一定的面对"空巢"生活的思想准备。

（六）对子女是否应该留在父母身边的看法

与子女看望父母问题相关的另一个问题是对子女离开父母或留在父母身边的看法。尽管传统文化中"父母在，不远游"的观念在年轻人中早已没有什么影响，但从父母角度来看，在自己即将进入老年阶段时，子女是否离开自己，依旧是一个必须考虑和面对的现实问题。特别是对于独生子女父母来说，老年时期是否在空巢中生活，也直接与唯一的孩子是否离开密切相关。因此，父母对这一问题的看法也在一定程度上反映出其所具有的养老心态和认识，表 10 - 17 是这方面的调查结果。

表 10 - 17　　　对子女是否应该留在父母身边的看法　　　单位：%

选　项	独生子女父母	非独生子女父母	总体
父母健在时子女应该留在父母身边，不要到外地工作	13.7	12.2	13.5
为了孩子的前途应该让孩子去更好的地方，不要限制孩子留在父母身边	79.8	77.6	79.4
说不清	6.5	10.3	7.1
显著性检验	Chi-Square = 2.933，df = 2，Sig. = 0.231		

从表 10 - 17 可以看出，独生子女父母并没有因为只有一个孩子，就只为自己养老着想，不希望孩子离开自己。他们在这方面的心态和认识与同龄的非独生子女父母基本一致。大约 80% 的父母都认为，为了孩子的前途，应该让他们去更好的地方。中国的一句俗话"人往高处走，水往低处流"，或许可以很好地概括这一结果所体现的那种父母时时处处为孩子着想，为孩子可以放弃自己的一切的心态和感情。同时，它也反映出，包括独生子女父母在内的当今的父母们，能够更理智地为孩子考虑，更清楚怎样才是对孩子好。

（七）对依靠子女养老和依靠自己养老的看法

笔者在探讨独生子女父母养老问题时曾经提出，广大独生子女父母在观念上要变"依赖养老"为"独立养老"。"'独立养老'强调的是老年人要在思想上、精神上树立起不依赖子女的观念，在行动上养成、形成一种相信自己、依靠自己来完成老年生活中的各项任务的习惯"，"老年父母应当把经济上不依靠子女、生活上尽量自我照料、精神上依旧保持和开创自己的世界作为理所当然的事情。不再将养老的全部希望都寄托在子女身上"（风笑天，2006）。但是，这毕竟只是笔者的一种主观看法或一种期望。而在独生子女父母养老生活中真正起作用的因素则是他们在现实中所具有的养老观念和认识。那么，现实中的独生子女父母们对"依赖养老"或"独立养老"两种观念的认同状况究竟如何呢？他们的观念与同龄非独生子女父母之间有无差别呢？表 10 - 18 就是本次调查的结果。

表 10-18　两类父母"独立养老"或"依赖养老"观念的交互统计

单位：%

选　项	独生子女父母	非独生子女父母	总体
我们年老时，还是主要依靠子女的关心和照顾来养老	9.3	14.2	10.1
今后我们年纪大了，将主要依靠自己来照顾自己，要尽量减少子女的压力和负担	85.3	79.4	84.4
说不清	5.3	6.5	5.5
显著性检验	Chi-Square = 3.923，df = 2，Sig. = 0.141		

与前面表 10-16 和表 10-17 的结果十分相似，两类父母中 80% 以上的人都表示了年老时将主要依靠自己养老，而不是依赖子女来养老的看法。显著性检验表明，二者之间也不存在明显差别。笔者认为，这是一个非常值得重视的结果。如果本调查结果的真实性具有较好的保证的话，那我们可以说，我国第一代独生子女父母以及同龄非独生子女父母在养老观念上，已经发生了有利于提高老年生活保障和老年生活质量的巨大改变。这种观念的改变为这一代老年人今后正确地看待自己的老年生活、正确地评价自己老年生活的质量和幸福程度奠定了新的基础。

五、小结与讨论

本节利用对全国五大城市 1 005 位准老年人的调查资料，对第一代独生子女父母的养老心态和养老认识进行了定量描述，并与同龄非独生子女父母进行了对比分析。研究结果表明：第一，总体上两类父母对未来养老生活的担心状况基本相同。对未来养老问题有所担心的比例大约为 25%，而不担心的比例则达到 75%。第二，在对老年生活中最大困难的认识上，两类父母都将生病照料和日常生活照料看做老年生活中的最大担忧，但独生子女父母对生病照料以及精神慰藉的担心比例明显高于非独生子女父母。而非独生子女父母则对将来经济生活来源的担心比例显著高于独生子女父母。第三，对于到养老机构养老的问题，独生子女父母与非独生子女父母之间存在着非常明显的差别。独生子女父母中，60% 的人已具有自己到养老院养老，不拖累子女的心理准备，其比例高于非独生子女父母 20% 左右。第四，独生子女父母更多地表现出对子女赡养自己所面临的客观困难的理解。同时，独生子女父母之所以对年老时去养老机构养老的情形有一定的心理准备，是与他们在思想上对将来所面临的这种现实处境及可行的解决方法有较多地认识密切相关的。第五，作为普通的父母，第一代独生子女父母中的大部分人都非常能够体谅孩子的难处，对孩子回家看望自己并没有过分的要求。这在一定程度上也反映出大部分独生子女父母都具有一定的面对空巢生活的思想准备。第六，大约80%的两类父母都认为，为了孩子的前途，应该让他们去更好的地方。同样的，在依赖养老与独立养老的观念方面，两类父母中80%以上的人都表示了年老时将主要依靠自己养老的看法，二者之间也不存在明显差别。

  本节的研究结果表明，从总体上来看，第一代独生子女父母所具有的养老心态和养老认识是积极的，令人乐观的。它在一定程度上表明，面临养老，第一代独生子女父母们已经开始了养老观念的转变过程，尽管这种转变中可能包含着由客观条件的限制所造成的某种无奈或者无意识，但这种转变的结果无疑会对第一代独生子女父母的老年生活预期、特别是他们对老年生活质量的评价产生积极的影响。当然，目前第一代独生子女父母在本次调查中所展示的心态和认识，与在未来真实的养老生活中他们所展现的具体行为之间，可能还会存在一定的差别。但目前这种心态和认识至少是一个很好的信号，它不仅意味着第一代独生子女父母们的养老保障具有较好的主观基础和条件，同时它或许还预示着，从第一代独生子女父母开始，我国城市中人们的养老观念将会发生一定的改变，中国传统的依赖子女养老的观念也会逐渐发生变化。"而当大量的老年人和准老年人改变了传统的观念，正确地看待和认识自己的养老问题时，未来独生子女家庭的养老问题才会展现出一种新的前景"（风笑天，2006）。

  客观上养老保障制度的完善、老年人物质生活条件的改善与主观上人们养老观念的改变，是保证独生子女父母老年生活幸福的两大支柱。尽管独生子女父母养老观念的改变并不能代替客观的养老保障制度完善与物质生活条件改善所发挥的作用。但是，它却是这种客观的老年保障的重要补充。这是因为，对于同样一种保障状态，或者同样一种生活条件，当人们的观念不同时，他们所具有的认识和感受是不一样的。而当人们的主观认识和感受不同时，这种客观状况和条件对他们生活质量的影响也是不同的。比如，在传统养老观念影响下的人们眼里，老年时期与子女的分离，将是第一代独生子女父母在老年生活中所面临的最大挑战，也是影响第一代独生子女父母老年生活幸福的最大障碍。这种看法本身并不错，这一事实似乎也是不言而喻的。但是，如果当事者们的心态发生改变，认识发生改变，观念发生改变，那么，当他们面对这种现实时，就不一定会感到沉重和悲观。一旦独生子女父母将子女与自己的分离看做老年生活中的一种常态，从而将自己的养老主要建立在自我养老和老伴养老的基础上，那么，或许问题就好解决得多，老年生活的质量也会高得多。而这也正是我们关注第一代独生子女父母养老心态和养老认识的主要原因。

本节的研究结果同时还在一定程度上传达出另一个重要的信息：在未来的中国城市社会中，当家庭养老以及社区养老的方式不能完全覆盖全体老年人的养老生活，特别是当它们不能满足特定老年人群体养老需求的情况下，机构养老或许会有一个较大的发展空间。如果社会中的老年人普遍做好了到机构养老的心理准备，再加上养老机构在基础条件、服务规范上和工作实效上逐步完善并逐步走上正轨，那么，机构养老或许会成为与家庭养老和社区养老同样重要的一种养老方式，养老机构也会在解决我国社会的养老问题中发挥同样重要的作用。而当社会中的人们普遍接受机构养老的方式时，我国社会中的养老文化也会逐渐向现代化方向前进一步。

最后需要说明的是，由于本节的研究样本仅来自于全国五个中心大城市，因而对全国众多的普通大、中、小城市的代表性存在局限。样本中非独生子女父母的比例过低或许是本节的研究样本存在一定偏差的一种反映，也是本节的研究样本存在的一个较大问题。它使得本节的研究结论在全国普通大、中、小城市中的推广受到一定限制。笔者初步分析认为，造成这一状况的原因可能是笔者最初确定"第一代独生子女父母"的年龄标准时，所依据的是2007年在全国12个大、中、小城市的样本调查结果，而不是中心大城市的样本结果（风笑天，2009）。而相对来说，中心大城市的计划生育工作在政策实施之初总体上要比普通大、中、小城市更加严格，所以导致在研究所界定的年龄区间内，独生子女父母的比例相对较高，非独生子女父母的比例相对较低，这是读者在看待本节的研究结果时应注意的一个方面。

第三节　独生子女父母养老观念的变革

20世纪70年代末，当中国刚刚开始实行"一对夫妻只生育一个孩子"的生育政策时，许多人口学家就在提醒社会要关注由这一生育政策所带来的人口老龄化现象以及相关的老年保障问题。现在，当1/4多世纪在不知不觉中消逝，"一对夫妇只生育一个孩子"的政策早已成为中国社会、特别是城市社会中的普遍现实以后，政策实施之初所指的"将来"离我们的距离也正在一点点缩短，而当初人口学家们所提出的各种问题也正在一步步地变成今天中国社会的现实。在与这一生育政策相关的各种现实问题中，独生子女家庭的养老问题尤为突出。根据国家计划生育部门的统计，目前中国大约有超过1亿的独生子女。养老的困境已经开始临近最早的一批独生子女及其父母和家庭。独生子女家庭养老面临的现实困境究竟是什么？数以千万计独生子女父母将如何养老？这是一个迫切需要进行探讨、迫切需要给予回答的问题。

一、正视独生子女家庭养老面临的现实困境

独生子女家庭养老问题与普通多子女家庭养老问题的主要差别是什么？笔者认为，最大的差别就在于独生子女家庭不具备传统中国家庭养老模式所具有的客观基础。缺乏这种客观基础正是独生子女家庭养老所面临的现实困境的实质。

我们知道，家庭养老是中国社会长期以来最主要的养老模式，中国传统文化中"养儿防老"的思想正是这种养老模式的一种客观反映。"中国家庭仍是目前赡养老年人的主要场所"（袁方，1987）。因此，在一定的意义上我们可以说，今天我国社会中的老年人是幸福的——他们的养老生活和养老保障都建立在平均有大约4个孩子的基础之上。无论是经济来源、生活照料，还是亲子交往、精神慰藉，有多个子女的现实为他们的老年生活提供了某种客观的保障。

但是对于独生子女家庭来说，这种家庭养老模式的客观基础被抽掉了。只有一个孩子的现实，不仅常常导致独生子女父母更早地步入并且更长时间地经历着人生"空巢"阶段的生活，同时也将他们置于一种更为脆弱的家庭养老基础之上。无论是经济来源、生活照料，还是亲子交往，精神慰藉，他们能够从这个唯一的孩子身上得到的都非常有限。这种客观的现实表明，独生子女政策的实施所带来的一个重要的影响，就是它最大限度地削弱了中国传统社会中"家文化"的基础。也正是由于这种削弱，使得众多在家庭养老方面的对应措施黯然失色。长期以来我国社会中建立在多子女基础上的养老实践，或许会在许多重要的方面不能为独生子女的家庭的养老问题提供参考依据。比如，与子女共同居住，是家庭养老得以实现的基本前提和关键条件之一。1987年中国社会科学院对全国60岁以上老年人口的抽样调查表明，城市60岁以上老年人口单独居住的比例为25%左右，而与子女共同居住的比例超过70%（田雪原，1988）。中国老龄研究中心1992年中国老年人供养体系调查以及1992年天津、杭州、无锡三个城市老年人日常生活调查的结果也表明，"目前中国城市54.8%的老年人与子女同居，37.9%以老夫妇二人户或单独一人户形式居住"（周丽苹等，1996）。这些调查结果都表明，目前老年人与子女共同居住的比例都是相当高的。

应该注意到，这种老年人与子女共同居住的较高比例，是在一对夫妇平均有4个多孩子的条件下形成的。显然，当这一代独生子女的父母成为老年人时，他们不再具有这种条件。或者说，中国的独生子女父母们在老年时绝不可能有那么高

的比例与其子女共同居住。笔者于 2004 年对全国 12 个城市 1 800 位年龄在 18~28 岁的在职青年的调查结果表明,目前已婚的青年夫妻中,共有独生子女 211 人, 38 对由独生子女组成的夫妻,可简称为双独夫妻,135 对单独夫妻,即夫妻中一方为独生子女,另一方为非独生子女。这些已婚独生子女中,父母单独居住的 156 人,占 73.9%,而与子女共同居住的只有 49 人,占 23.3%。这一比例大大低于上述调查结果中老人与子女共同居住的比例,基本上正好和 1987 年老年人口抽样调查中的比例倒了过来。况且,这还是对第一批成年的已婚独生子女的调查结果,等到第二批和第三批独生子女结婚成家后,这种与子女共同居住的比例有可能还会进一步降低。换句话说,独生子女父母老年时面临与子女分开居住和生活的比例可能会比目前还要有所提高。这一状况启示我们,有关多子女条件下普通老年人家庭养老的各种结论,在独生子女条件下或许需要重新考虑。

当然,不是所有独生子女家庭所面临的养老困境都是相同的。"当独生子女无暇顾及他们的老人,甚至不得不远离父母的时候,独生子女家庭中的经济供养、生活照料和精神慰藉才会面临真正的挑战"(原新,2004)。对于独生子女父母来说,他们面临家庭养老困境的严重性在一定程度上将与他们的孩子与哪一类人结婚有关:如果他们的孩子与非独生子女结婚,则他们所面临的家庭养老的难度将有所减小;如果其子女是与同类的独生子女结婚,则其所面临的家庭养老难度会增加。简单地说,独生子女与独生子女的联姻(可简称为"双独婚姻")将会使双方的父母面临严重的家庭养老困境。或者说,这种"双独婚姻"所面临的家庭养老困难最大。

那么,我国社会中这种"双独婚姻"的比例会有多大呢?换句话说,目前或者将来究竟会有多大比例的独生子女父母将面临这种困境呢?

笔者 2004 年对全国 12 个城市 1 800 位在职青年的调查表明,在目前已婚的城市在职青年中,"双独婚姻"的比例接近 10%,"单独婚姻"(一方为独生子女,另一方为非独生子女)的比例接近 30%,"双非婚姻"(双方均为非独生子女)的比例约为 60%;当然,这只是最早的一批独生子女的情况,随着时间的推移,进入婚恋年龄的独生子女的人数将增多,因此,这种"双独婚姻"的比例显然会增大,但会增大到什么样的程度呢?

人口学者郭志刚等人利用 1990 年人口普查的数据,推算了 2011~2060 年间,城乡三种类型婚姻的期望概率,其中"双独婚姻"基本上处于 10%~35% 之间,其最高概率约为 34%,时间是在 2030 年,而"单独婚姻"则基本上处于 40%~50% 之间(郭志刚等,2004)。这是一种基本的、客观的婚配结构,正是这种结构决定着、同时也影响着独生子女家庭的养老实践。

二、对一种观念的反思

"家庭作为目前养老主要场所和机构的现实,以及传统观念的巨大惯性,仍然使得人们在思考老年生活时,往往总把相当大的一部分指望放在自己的子女身上。有子女在自己身边,是年老生病时有人照顾的重要条件,也是老年生活其他方面有依靠、有保障的重要条件"(风笑天,1992)。对于广大独生子女父母来说,他们正在走向老年,养老是他们所面临的头等大事。在不具有多个子女的客观情况下,他们该怎样面对?他们的养老问题又该如何解决?或许我们可以从几年前的一项调查结果中得到一些启示。

由中国社会科学院出版的《2005年社会蓝皮书》中所公布的调查结果表明目前农村人的幸福感强于城里人。这是一个让许多人困惑不解的结论。客观地说,农村人的物质生活条件怎么也不会比城里人好,整体的生活水平也肯定比城里人差。可农村人的幸福感怎么就高于城里人呢?其实细细想来,也不难理解。这里有一个很重要的因素在起作用这就是被调查者对客观生活条件的主观感受。正是这种受着参照标准影响的主观感受让物质生活条件相对较差的农村人感到幸福,也让物质生活条件相对富裕的城里人感到不幸福。

同样的,我们也还可以设问:在西方发达国家、西方福利社会中享受着较高物质生活水平,但却缺少子女的赡养的老年人生活幸福吗?提出这样的问题,并非要去寻找一种正确的答案,而是希望从对这个问题的深入思考中受到某种启示。笔者认为,这个问题的答案可能会根据回答者的不同而有所不同。关键要看用一种什么样的眼光来看待,用一种什么样的标准来衡量。或许在大多数中国老年人的眼里,或者用中国人传统的标准和眼光来看,缺少了子女的赡养,老年人显然是不幸福的。但在西方老年人的眼里,或者说用西方人的观点来看,没有子女的赡养,却可能是一件十分正常的事情,他们并不会因此而觉得多么的悲惨。这个例子也同样启示我们人的生活观念是衡量幸福与否的一个重要的因素。评价或看待同一件事物的好坏优劣时,具有不同的观念就可能会得出完全不同的结论。

目前,有关老年保障以及家庭养老的研究文献中,无论研究者的结论如何,有一点往往是共同的,即都认为家庭养老依然是中国社会中养老的主要形式,但这种养老形式已面临严重挑战。众多学者所指的挑战之一,就是独生子女人口的产生。只有一个子女,对于家庭养老来说,无疑是一种比多子女要差得多的客观条件,而且是一种无法改变的客观条件。针对这种挑战,许多学者提出了各种对策和建议。其中,几乎无一例外地都提到了要发扬中国文化中"尊老"、"爱老"、"养老"的传统,要提倡和宣传"孝"的传统,并制定有关养老、尊老、敬老等法律及政策,形成社会风范,造成社会舆论。但是,值得令人思考的问题是有了尊老、敬老、养老的优良传统就能解决独生子女父母的养老问题吗?子女孝顺就能解决独生子女父母的养老问题吗?客观的现实是就算有了尊老、敬老、养老的优良传统、就算独生子女们个个都孝顺,也不可能完全解决独生子女父母的养老问题。

多年来,我们的社会一直是在强调并注意了对子女的教育、对青少年的教育——要尊敬老人、照顾老人、赡养老人。毫无疑问,这种正面的宣传和教育是正确的,也是必要的。但是我们也应该看到问题的另一面,实际上,这种宣传和教育同时也在不知不觉中、在潜移默化中,反复地、持续地强化着老年人对子女的某种依赖性,强化着老年人对获得子女照顾和赡养的某种期盼性。这种宣传和教育也在无形之中促使许多老年人放弃了、至少是冲淡了他们"自我养老"的观念。同时,这种宣传也在一定程度上加重了独生子女的心理负担,它实际上是让广大独生子女们去完成一件他们在客观上根本无法全面胜任的任务。

在这样一种现实面前,笔者的看法是在积极、广泛地开展对青年和子女进行尊老、爱老、养老教育的同时,也要积极开展对独生子女父母的宣传和教育工作,要花大力气帮助他们转变传统的养老观念。简单地说,就是要为更好地养老而教育这一代独生子女父母——就像当年为教育好独生子女而教育这批父母一样。

三、转变观念,主动对应独生子女家庭养老的挑战

大量的养老研究论文往往把探讨和提出实际的解决养老问题的措施作为主要任务之一,而所提出的这些措施又主要集中在解决家庭养老所面临的各种具体困难上。虽然,这些措施都是必要的,但同时也应该注意到,现有的各种措施往往是只注重了制度、规范、政策等建设,而忽视了对养老问题的主体——老年人的某种思考。作为对目前研究的一种补充,笔者提出要重视老年人以及准老年人自身的观念转变,要以新的、基于独生子女家庭现实的养老观念来迎接未来中国社会中养老问题的挑战。

有研究者在谈到目前养老问题上所存在的社会养老与家庭养老的争论时指出,这种争论"忽视了两个重要的前提条件。第一,我们往往在研究中将老年人默认为需要他人给予资助或照料,即假定老年群体是个弱势群体,其中的每个成员在进入老年阶段的每时每刻都需要社会帮助,但实际情形可能是,对于大多数老年人来说,他们可以不依靠他人的帮助而走完自己的一生。第二,老年人在

需要他人帮助时，就一定会让子女或其他人给予帮助，而这没有考虑到我国传统的代际关系中相互的责任对家庭养老的影响。实际上，在这样的关系中存在一种可以称之为'责任伦理'的机制，使老年人到了需要帮助的时候，出于尽量减轻子代负担的责任感，他们也会通过降低生活标准，减少需求等途径，达到减轻家庭的养老负担的目的"（杨善华等，2004）。笔者认为，这里被忽视的第一个前提对于理解本节的观点有着重要的帮助。

长期以来，老年人对子女赡养的依赖、依靠和期望，或许一直是天经地义的事。但对于只有一个孩子的这一代独生子女父母来说，他们的养老保障中最重要的一个方面就是要转变这种天经地义的观念。广大独生子女父母要有意识地、主动地从思想上变"依靠子女"为"依靠自己"，积极地在现实生活中做到从"依赖养老"到"独立养老"的转变。这种"独立养老"的实质，就是要使老年人从主观上减少对子女的期待。因为没有期望就没有失望，降低期望就会减少失望。因此，笔者认为，对于大部分独生子女父母来说，转变养老的观念或许是解决养老问题的一个关键环节——独生子女父母要树立一种"独立养老"的观念和意识，它可以在一定程度上为独生子女父母的养老生活提供有益的帮助，特别是在独生子女父母成为高龄老人之前。

人口学界曾提出过一种"自我养老"的概念，"自我养老的概念有两种表述。第一种，自我养老是指既不靠子女和亲属（或无从依靠），又没有离退休金的社会保障而主要靠储蓄或劳动收入或其他收入（如租金、股金）来维持生计的养老模式。第二种，自我养老是指自力养老（不靠子女，退而不休）为主，外力养老（老年夫妻助养、老年产业助养、老年保障助养、社会公益事业助养、政府政策助养）为辅的养老模式。这两种表述的共同点是，老年人自我提供经济支持"（穆光宗等，1999）。笔者提出的"独立养老"的概念与"自我养老"的概念既有某些相似，但又有一些不同。"独立"是相对于"依赖"而言的。它和"自我"相对于"他人"有相类似的含义。但"独立养老"的概念与"自我养老"概念所不同的是，它不仅指老年父母在经济方面的自立，同时也包含着老年父母要在生活照顾、精神慰藉方面的具有自主、自立和独立的意识。概括地说，"独立养老"强调的是老年人要在思想上、精神上树立起不依赖子女的观念，在行动上养成、形成一种相信自己、依靠自己来完成老年生活中的各项任务的习惯。

从这一思想基础出发，广大独生子女父母从现在起就应该树立一些新的观念。比如：

观念一，老年父母和子女分开生活是正常的。老年父母和子女可以不住在一起，也可以不生活在同一个城市。不将子女是否与自己共同居住作为评价自己老年生活是否幸福圆满的主要标准，老年生活中不与子女共同居住同样可以创造幸福。同时，不再将子女是否愿意与自己共同生活，以及实际上是否与自己住在一起作为评价子女是否孝顺的主要标准。

观念二，老年人的自我养老、独立养老以及老年夫妇的互助养老是最主要的养老形式，也是最正常的养老形式。老年父母应当把经济上不依靠子女、生活上尽量自我照料、精神上依旧保持和开创自己的世界作为理所当然的事情，不再将养老的全部希望都寄托在子女身上。当然，对于那些高龄的老人、生活不能自理的老人则另当别论。

观念三，老年人到各种老年公寓、敬老院、托老所等机构养老也是一种正常的养老方式，也是老年生活方式的一种正常的和合理的选择。不要将家庭养老作为一种不可变更的养老模式，同时也不能将老年人到养老机构养老看做是子女不孝顺的表现。

观念四，子女不经常回家看望老年父母是正常的。老年人不只是子女的父母，首先还是独立的社会成员。老年父母的生活世界里，除了子女，还应该有其他人。"常回家看看"虽然是社会对子女的期望和要求，但老年人自己却应该学会不用"常回家看看"来要求子女。其实，作为子女的广大独生子女的心理负担可能很重，作为父母要尽量理解子女。当然，对于年轻的独生子女来说，则要主动考虑父母的养老问题，要养成"常回家看看"的习惯。

事实上，对于独生子女父母来说，变"依赖养老"为"独立养老"，不仅在观念上是重要的和必须的，同时在生活中也是现实的和可能的。有研究者对北京市家庭养老问题的调查表明，无论是在经济来源方面，还是在生活照顾方面，以上的老年人基本上都是在依靠自己。"通过对与家庭养老有关的三个主要组成部分的资料的分析，我们可以清楚地看到，北京城区的老年人，在生活来源方面主要依赖于他们相对微薄的离退休金，在收入有限的情况下，他们通过降低生活标准、量入为出来克服自己生活中遇到的困难从而减少子女的付出，在生活照顾这一方面，虽然有健康情况改善的因素，但老年人还是尽量争取哪怕是在自己十分困难的条件下生活自理，不给或少给子女添麻烦。反过来看，子女在这两方面对父母的帮助都是很有限的"（杨善华等，2004）。

费孝通在概括东西方社会中的亲子关系时，将西方社会的模式概括为"接力模式"，即祖辈抚育父辈，父辈抚育子辈，子辈抚育孙辈而将中国社会的模式概括为"反馈模式"，即祖辈抚育父辈，父辈在抚育子辈的同时，还要反过来赡养祖辈，子辈在抚育孙辈的同时，还要反过来赡养父辈。他认为，"亲子关系的反馈模式可以说是中国文化的一项特点。这个模式不仅有相当悠久的历史，很早就有许多维持它的伦理观念。儒家所提倡的孝道可以认为是这种在社会上通行的模式的反映，转而起着从意识形态上巩固这种模式的作用"（费孝通，1983）。其实，费孝通先生所概括的"反馈模式"可以说只是多子女情况下的一种现实。在独生子女条件下，这种现实可能会发生某些带有本质特征的变化。因此，当我们从另一个角度来看待西方的"接力模式"时，也应该看到并思考这种模式及其背后的伦理价值观念。尽管我们不一定赞同这种模式及其所代表的伦理价值观念，但不可否认的是，正是这种伦理价值观念客观上为西方老年人从主观上树立"自我养老"、"独立养老"的思想奠定了坚实的基础。我们在关注和讨论独生子女父母的养老问题时，或许可以从这种伦理价值观念中吸收一些有益的和有用的东西。就像我们学习和借鉴西方先进的老年保障政策与养老措施一样，同样可以学习和借鉴西方伦理价值观念中对我们改变养老模式有益的东西。总之，除了现有的各种解决老年人晚年生活的政策和措施外，转变独生子女老年父母和准老年父母的思想观念也是一项极其重要的工作。要通过教育和宣传，让他们逐步从"依靠子女"转变到"依靠自己"，从依赖或期望子女的"反哺"到依靠老年人的"自养"和老伴间的"互养"。这可以在一定程度上为解决城市独生子女家庭养老问题提供一条新的途径。当然，与此相配套的是，全社会要努力创造条件，为提高老年人自养以及他们与配偶互养的能力提供各种物质的、制度的以及舆论的社会化服务。

第十一章

农村第一代独生子女家庭研究

随着我国人口老龄化程度的不断提高,以养老为中心的老年社会保障问题日趋凸显,其中独生子女家庭的养老问题也越来越为学术界和整个社会所关注,但农村独生子女父母所面临的养老问题却未受到足够的重视。事实上,在中国农村这样一个主要依靠子女、依赖家庭养老的社会里,独生子女家庭的居住方式与其父母的养老保障紧密相关,亟待关注和研究。因此,本章将对第一代农村独生子女家庭的居住现状及其父母的养老保障展开探讨和分析。

第一节 农村第一代独生子女的居住方式

一、问题的提出

我国社会长期以来形成的城乡二元结构的现实,导致养老问题以及更广泛意义上的老年社会保障问题在城市社会和农村社会中所面临的处境与困难有着明显的不同。众所周知,中国农村不仅在经济上比城市落后,同时它比起城市来,还是一个受传统文化影响更大且各种传统文化的观念、风俗、习惯沉淀也更深的社会。长期以来,不仅"养儿防老"、"多子多福"等观念根深蒂固,而且,农村老人没有退休金,经济生活来源和养老保障更多地依赖于子女、依赖于家庭也一直是农村社会中的普遍现实。

与此同时，20世纪70年代末我国开始实行的以"提倡一对夫妇只生育一个孩子"为主要内容的计划生育政策，客观上第一次大规模地、强制性地限制了农民多生多育的传统惯性，破天荒地使得相当大的一批农村家庭成为仅有一个孩子的独生子女家庭。据有关学者统计和推算，目前我国农村中的独生子女家庭大约在3 000万户以上（宋健，2005）。如此庞大的独生子女家庭，在中国农村这样一个主要依靠子女、依赖家庭养老的社会里，其所提出的养老问题无疑十分重大。因此，当第一代农村独生子女的父母们开始逐渐进入老年的时候，他们的养老问题以及与他们老年生活密切相关的各种社会保障问题显然是当前迫切需要学术界和社会关注的一个重要方面。

已有相当多的研究结果表明，目前我国社会中最普遍，也是最重要的养老方式是家庭养老（杜鹏，1998；姚远，2001；姜向群，1997；周丽苹等，1996）。而家庭养老的方式往往与老年人的家庭结构密切相关。更具体地说，与老年人及其子女之间的居住方式相关（鄢盛明等，2001；风笑天，2009）。"对于家庭养老来说，成年子女与老年父母的居住状况具有十分重要的意义。无论是老年父母的日常生活照料、社会交往，还是情感慰藉，以及生病、残疾等特殊情况的料理，都与子女和老人的居住形式密切相关。""在某种意义上，我们可以说，未来独生子女与其父母在居住方面是分是合，是共处还是分离，是影响独生子女父母老年生活的关键因素"（风笑天，1993）。

对于城市独生子女家庭中成年子女与中老年父母的居住状况，风笑天曾于2006年利用对全国12个城市的调查资料进行了考察和分析，比较了城市第一代独生子女婚后在居住方式上与非独生子女之间的差别。研究结果表明，城市青年独生子女婚后小家单独居住的比例高达2/3，成为城市第一代独生子女婚后居住方式的主流。在与父母同住的青年中，独生子女与双方父母同住的比例相当；而非独生子女则基本上都是与男方父母同住（风笑天，2006b）。那么，目前已成年的农村第一代独生子女是怎样居住的（是与他们的父母一起居住，还是自己独立居住）？哪些因素与农村第一代独生子女的居住方式相关？弄清楚这些问题对于探讨农村独生子女家庭的养老现状与困境无疑具有十分重要的意义。而本节的主要目标就是希望利用大规模实地调查所得到的经验资料来探索和回答上述问题。

二、现有研究回顾

尽管目前学术界有关养老问题或者农村养老问题的文献很多，但其中涉及农村独生子女家庭养老问题的文献却很少。笔者对中国学术期刊网的检索结果表明，目前文献中涉及农村第一代独生子女家庭养老问题的研究只有6篇。其中，李建民在《建立农村计划生育夫妇社会养老保障制度是重大的民生问题》一文中，主要论述了建立农村计划生育夫妇（包括独生子女夫妇以及双女夫妇）社会养老保障制度的重要性和急迫性。作者指出："根据2005年全国1%人口抽样调查的数据推算，2000年我国农村5~30岁的独生子女已经超过4 400万人，独生子女父母人数已经接近9 000万人，其中40岁以上只有一个孩子的父母人数已经超过1 500万人。农村双女户有1 000多万户。这预示着，我国农村计划生育夫妇，特别是独生子女和双女父母养老需求的大潮将至"（李建民，2008）。但对于农村独生子女家庭的养老现状等问题，论文则没有涉及。

在另一篇探讨农村计划生育夫妇养老问题及其社会养老保障机制等方面内容的论文中，作者分析了在养老需求迅速增长，而资源供给又相对短缺的双重压力下，"农村传统的家庭养老制度将不堪重负，甚至失灵，首当其冲的是计划生育夫妇"的现实，并在此基础上讨论了针对农村计划生育夫妇的社会养老保障制度的性质和功能，特别提出了在这方面政府所负有的责任。作者指出，"目前中国农村居民的养老资源仍然主要靠子女的供给"。他列举了国家人口和计划生育委员会"农村计划生育家庭的养老问题与对策研究"课题组2002年在四川、湖北、甘肃和黑龙江四省农村进行的"农村计划生育夫妇养老问题抽样调查"结果，说明农村老年人的平均生活费中，由子女提供的比例为58.3%，而老年人自己劳动和经营收入的比例为36.36%（李建民，2004）。该研究的主要遗憾在于，一方面，其所利用的经验调查结果中，只有独生子女家庭的数据，而没有作为参照对象的非独生子女家庭的数据；另一方面，该研究主要探讨的是老人生活的经济来源问题，对与老人生活保障同样重要的居住方式问题则没有涉及。

于长永从风险角度分析了农村独生子女家庭养老风险的成因，指出了其面临的主要风险形式，并从国家、社会、家庭和个人四个层面提出了化解这种风险的建议。但文中除引用一些宏观统计数据和少数相关调查结果外，基本上没有关于农村独生子女家庭基本状况的经验材料（于长永，2009）。因而，我们从中仍然无法了解到目前农村独生子女家庭的基本结构以及父母与子女的居住状况。

段世江等也主要从理论上分析了农村独生子女家庭存在的养老风险。作者虽然提出了"子女的唯一性弱化了养老风险的分散功能，子女的流动、生命存活风险以及因人格缺陷而产生的道德风险都会直接导致赡养风险的发生，老年父母自我养老能力的不足将使其晚年生活更加困难"等一系列观点（段世江等，2007），但由于该文除了引用一个关于城乡老年人主要生活来源的统计表作为论述的背景外，同样没有任何相关的经验材料和证据。因此，一方面其研究结果无法具体地展示农村独生子女家庭养老所存在的风险现状，另一方面其结论的正确性也还有待经验材料的证明。

现有研究中真正通过开展实地调查，用经验资料来探讨农村第一代独生子女家庭养老问题的，只有任银睦等人对青岛市郊区农村所作的调查研究以及崔树义对山东三个县市所作的调查研究。

任银睦等人2008年对青岛市郊区6个乡镇、9个村的181位第一代独生子女进行了调查。调查对象年龄处于22~30岁之间。研究主要描述了农村第一代独生子女的性别、文化程度、婚姻状况、职业等背景特征。结果表明，"第一代独生子女中绝大多数为男性，女性占的比例很低，只有5%，性别比为19∶1，呈严重失调状态。"这种情况的出现，是"因为自1984年调整计划生育政策以来，青岛农村一直执行'一孩半'政策，即如果第一胎是女孩，育龄夫妇可以申请生育第二胎。而从调查结果可以推断出，农村绝大多数第一胎是女孩的育龄夫妇都要了第二胎"；该调查同时也统计了调查对象的家庭结构。结果表明，"从家庭代数来看，64.1%的独生子女生活在三代家庭中，居于首位；生活在四代家庭的25人，占13.8%；在两代家庭中生活的为40人，占22.1%"，而"独生子女父母的年龄大多集中在45~55岁之间"（任银睦等，2009）。尽管该研究提供了许多经验的数据资料，但对于本节所探讨的问题来说，该研究也存在以下几个方面的不足。一是同样缺乏同龄非独生子女作为参照对象；二是样本规模比较小，仅181人；三是调查对象中独生子的比例过大（占95%），独生女的人数太少（不到10人），不便于了解子女的性别因素对父母养老保障的影响；四是在内容上同样只从经济支持方面进行了了解和分析，没有涉及居住问题。

崔树义2008年在山东三个县市对900位50岁以上的农村中老年人进行的调查研究，虽然从经济收入、自我养老资金储备、参加养老保险、生活费用子女资助比例、得到子女照料比例、对目前生活满意度、对未来养老担心程度等方面，探讨了农村独生子女父母养老存在的问题，并针对性地提出了完善农村计划生育家庭养老保障的若干对策建议（崔树义，2009）。但由于该研究在描述分析中仅仅列举了非常有限的几组百分比数据，缺少进一步的相关因素分析；同时，其研究内容也没有涉及独生子女父母与其子女的居住状况，因而其研究结果对于我们从经验上讨论独生子女父母的养老问题仍然帮助不大。

文献回顾表明：一方面，目前学术界对于农村独生子女家庭养老密切相关的农村第一代独生子女的居状况较少关注；另一方面，虽然一些研究都指出农村独生子女家庭的养老面临更大的风险、困难和挑战，但真正通过实地调查来描述和分析农村第一代独生子女及其家庭状况的经验研究却十分缺乏。因此，目前关于农村第一代独生子女的居住现状及其相关因素，我们依然一无所知。这种状况对于探讨农村独生子女家庭养老问题来说，无疑是一个很大的障碍。

三、资料与方法

（一）调查地点选择

本节所用的数据来自笔者 2008 年在江苏和四川两省 4 个县对 810 位农村居民的抽样调查。选取江苏、四川两省农村作为调查地点的原因主要是因为这两个省所实行的计划生育政策与全国其他省、自治区农村之间的差别。1979～1984 年，我国城乡普遍实行独生子女政策。1984 年后计划生育政策进行了较大调整，全国只有城镇地区和北京、天津、上海、重庆四个直辖市，以及江苏、四川两个省的农村地区依然实行独生子女政策，其他省、自治区的农村地区实行的不再是独生子女政策。这样一来，这两个省农村的独生子女比例普遍更大。根据 2005 年全国 1% 人口抽样调查数据，江苏省 0～30 岁农村独生子女占同龄人口的比例达到 41.07%，在全国 31 个省、直辖市、自治区中排名第二，仅次于上海市。而四川省农村 0～30 岁独生子女不仅占同龄人口比例达到了 30.40%，其绝对数量更是位列全国第一，占全国农村 0～30 岁独生子女人口的 1/10 以上（国家统计局，2005）。因此，对于反映农村独生子女及其家庭来说，选取这两个省的代表性也相应更大。

（二）调查对象抽取

本次调查的对象是第一代农村独生子女父母和同龄的非独生子女父母，具体界定为"有当地农村户口，出生在 1955～1965 年的已婚已育者"。考虑到研究目标的需要，调查对象抽取主要采用多阶段配额抽样的方法①。为了增加样本的代表性，笔者先根据社会经济发展水平，在苏南、苏北、川东、川西四个地区各选择一个县，再在每个县选取经济发展较好的和较落后的乡镇各一个，每个乡镇再选择经济相对较好和较差的两个村。这样，共选择了两省四县 8 个乡镇中的 16 个行政村。计划在每个村配额抽取 50 户家庭，其中独生子女家庭和非独生子女家庭各半，共计计划抽取 800 户家庭。在实地抽取过程中，在满足样本配额方面遇到了一些困难，比如江苏生育两个以上子女的调查对象相对较少，而四川生育独生子女，尤其是独生女的调查对象相对较少。面对这些困难，我们确定的原则是，保证实现县层次的配额要求，尽量实现乡镇、行政村层次的配额要求。如果某个行政村实在完成不了配额要求，可以在同一个乡镇的两个村相互调剂，或

---

① 由于各个地区计划生育政策执行力度有差异，独生子女家庭与非独生子女家庭的比例差异比较大，为了比较研究需要，采取多阶段配额抽样。

者增加行政村。如果某个乡镇实在完成不了配额要求，可以在同一个县的两个乡镇相互调剂。最终在县层次上完成了样本配额要求，在乡镇、行政村层次上也大体实现了样本配额要求，实际完成的调查对象样本构成情况见表 11-1。

表 11-1 　　　　　　完成的调查对象样本构成情况　　　　　　单位：人

区县/乡镇 对象类别	苏南		苏北		川东		川西		合计
	苏州相城区		淮安金南县		广安岳池县		雅安名山县		
	渭塘	北岸	黎城	戴楼	苟角	顾县	新店	城东	
独生子女父亲	23	25	26	31	21	27	14	26	193
独生子女母亲	34	21	20	28	29	23	43	19	217
非独生子女父亲	17	26	28	15	28	26	22	22	184
非独生子女母亲	29	29	26	27	22	29	24	30	216
合　　计	103	101	100	101	100	105	103	97	810

（三）资料收集方法

考虑到调查对象的文化水平，本次调查的资料收集方法是入户结构式访谈。笔者组织南京大学、苏州科技学院、西南交通大学、成都理工学院四所院校社会学专业或相近专业的老师，带领研究生、本科生组成调查组，在当地计生部门工作人员及村干部的协助下，深入各乡、镇、村进行入户访问。

（四）本节分析样本的构成

由于本节的分析单位是第一代独生子女及同龄非独生子女，所以利用调查样本中的子女数据进行分析。考虑到本次调查的400户非独生子女家庭中，绝大部分为两个孩子，有3个孩子的只有14户。为便于分析，本节主要利用386户两子女家庭的子女资料与独生子女进行对比。而表11-2及图11-1、图11-2的结果表明，两子女家庭中的长子女在年龄分布上与独生子女比较接近（相差不到2岁），而幼子女在年龄分布上与独生子女相差较大（相差超过3岁），标准差也相对较大，因此，本节主要用两子女家庭中的长子女作为参照系来与独生子女进行对比分析。

表 11-2　　独生子女与非独生长子女、非独生幼子女的年龄统计结果

子女类别		样本数量（户）	均值（岁）	标准差（岁）
独生子女		410	21.61	3.968
两子女	长子女	386	23.51	4.115
	幼子女	384	18.46	5.564

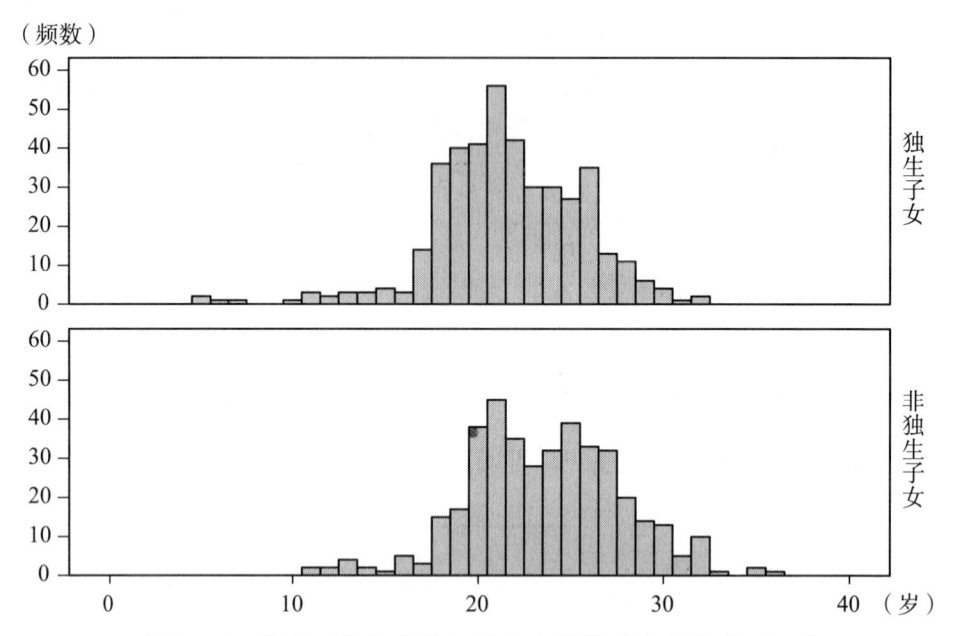

图 11-1　独生子女与非独生子女中的长子女年龄分布比较

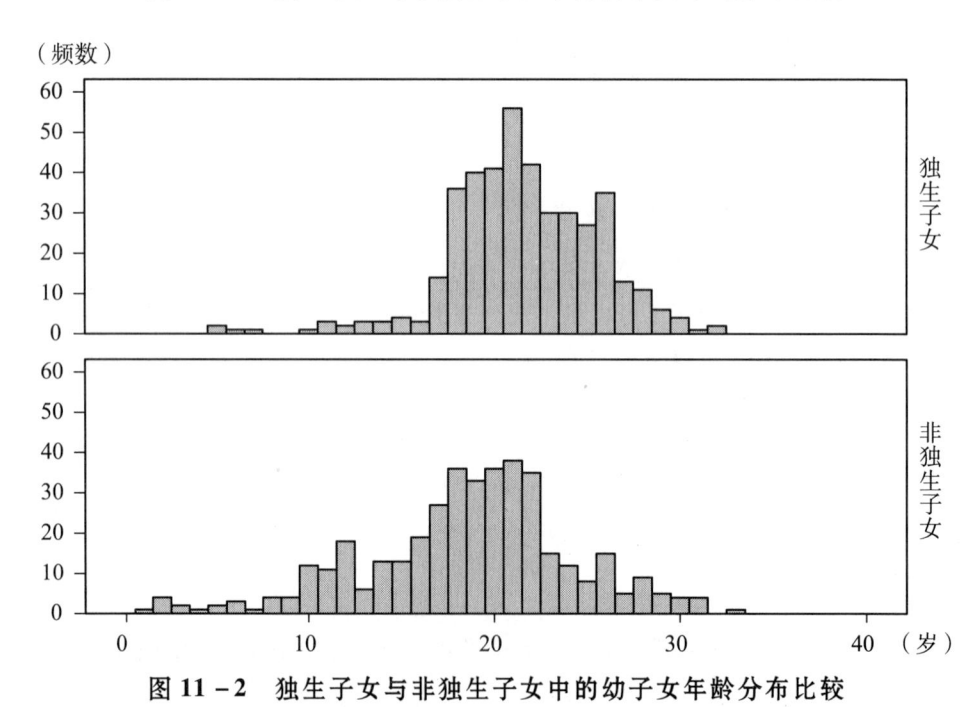

图 11-2　独生子女与非独生子女中的幼子女年龄分布比较

在总共 410 户独生子女家庭中，年龄在 21~31 岁之间（即 1976~1986 年出生）的第一代农村独生子女共 242 人，而 386 户农村两子女家庭中的长子女年龄处于 21~31 岁之间的共有 287 人，二者合计共 529 人。这 529 人就构成了本节分析的样本。

当然，由于本节的研究是从子女的角度来统计和分析他们与父母之间的居住方式，因此，对于独生子女来说，他们与父母在居住方面是分是合是十分明确的（子女调查的结果完全等同于父母调查的结果）；但对于非独生子女家庭中的长子女来说，虽然他们在居住方面与父母是分是合也同样清楚，但却并不能完全反映父母的居住状况。因为那些与长子女分开居住的非独生子女父母还有可能与他们的幼子女居住在一起。这是我们在看待本节研究的某些结果与分析时应注意的一个方面。

四、结果与分析

（一）两类青年总体居住方式的分布

研究中，我们对两类农村青年与父母之间居住状况的总体分布情况进行了统计，结果见表 11-3。

表 11-3　　　　独生子女与非独生子女（长子女）
目前居住情况统计及检验　　　　　单位：%

居住状况	独生子女	非独生子女（长子女）
与父母分开住	32.6	34.8
与父母同住	67.4	65.2
（n）	(242)	(287)
显著性检验	Chi-square = 0.283，df = 1，P = 0.594	

从表 11-3 可以看出，总体上，农村第一代独生子女与同龄非独生子女中的长子女在居住方式上的分布基本相同，都是 1/3 左右单独居住，2/3 左右与父母一起居住。二者之间不存在明显的差别。当然，正如上面所指出的，尽管从子女角度看，两类子女比较的结果基本相同，但如果从父母角度来考虑，这一结果可能会包含着某些不同的内涵。对于独生子女父母来说，与子女分开居住实际上就十分确切地意味着自己已经进入空巢状态；而对于非独生子女父母来说，与长子女（特别是与长女）分开居住，却并不一定就意味着自己已经进入空巢状态，因为实际上他们还可能与幼子女居住在一起。因此，从表 11-3 的结果中，我们不能得出"独生子女父母空巢的比例与非独生子女父母空巢的比例相当"的结论，而只能得出"非独生子女父母与长子女一起居住的比例同独生子女父母与子女一起居住的比例相当"的结论。

（二）子女的不同性别与居住方式

独生子女家庭仅有一个孩子的现实，同时也意味着他们只会有一种性别的子女。而非独生子女家庭中则可能有相当大的部分具有两种性别的子女。长期以来，在中国农村，传统文化往往把父母将来的养老保障更多地寄托在儿子身上。"养儿防老"正是这种传统文化的集中反映。这种传统似乎预示着，不同性别的子女成年后与父母居住的状况可能会不一样。那么对于农村第一代独生子女及其同龄非独生子女来说，他们的情况是不是如此呢？表12-4给出了调查样本中子女性别与其居住方式之间的交互统计结果。

表11-4　子女性别与其目前居住情况的交互统计及检验　　　　单位：%

居住状况	儿子	女儿
与父母分开住	34.2	33.6
与父母同住	65.8	66.4
（n）	（225）	（304）
显著性检验	Chi-square = 0.026，df = 1，P = 0.872	

十分奇怪的是，数据统计的结果与我们预先的估计并不一样。交互分析的结果表明，不论是儿子还是女儿，他们与父母共同居住的比例都在2/3左右。统计检验结果则表明，二者之间并不存在显著性的差别。换句话说，子女的性别与他们的居住方式之间并不存在相关关系！或者说，子女的性别对他们的居住方式没有影响。

如果我们进一步区分子女的独生子女身份，情况会有变化吗？或者说在独生子女中与在非独生子女中这种情况依然相同吗？为此，我们控制住两类青年的身份变量（是否独生子女），再来看他们与父母的居住分布状况。统计及检验结果见表11-5。

表11-5　控制独生子女身份因素后不同性别子女目前居住情况的统计及检验　　　　单位：%

居住状况	独生子女		非独生子女	
	独生子	独生女	长子	长女
与父母分开住	34.8	30.0	33.3	35.6
与父母同住	65.2	70.0	66.7	64.4
（n）	（132）	（110）	（93）	（194）
显著性检验	Chi-square = 0.641，df = 1，P = 0.423		Chi-square = 0.138，df = 1，P = 0.710	

从表 11-5 可以看出，即使进一步区分子女的独生子女身份，情况也并无变化。无论是独生子女家庭中的独生子与独生女之间，还是非独生子女家庭中的长子与长女之间，他们与父母共同居住的比例依然都在 2/3 左右。统计检验的结果则表明，控制子女的独生子女身份后，子女的性别因素与子女的居住方式之间依然不相关。那么，还有什么因素可能会与青年子女的居住方式有关呢？考虑到样本中子女的年龄范围是在 21~31 岁之间，而与这一年龄段密切相关的一个重要现象是子女的婚姻状况。那么，子女的婚姻状况会不会是决定他们居住方式的关键因素呢？

（三）子女的婚姻状况与居住方式

我们先对样本中的全体对象按婚姻状况和居住状况进行交互分析，并进行显著性检验，结果见表 11-6。

表 11-6　子女婚姻状况与其目前居住情况的交互统计及检验　　单位：%

居住状况	未　婚	已　婚
与父母分开住	44.4	25.3
与父母同住	55.6	74.7
(n)	(239)	(289)
显著性检验	Chi-square = 21.279, df = 1, P = 0.000	

表 11-6 的结果证实了我们的猜想，青年子女的婚姻状况与其居住方式之间存在着明显的相关。未婚青年与父母同住的比例在 55% 左右，而已婚青年与父母居住的比例则高达 75% 左右，明显高于未婚青年 20 个百分点左右。

既然青年的婚姻状况与青年的居住方式明显相关，那么当我们控制住青年婚姻状况的影响，独生子女与非独生子女在居住方式上是否还会有所不同呢？为此，我们在控制住子女婚姻状况变量的条件下，再对两类子女的居住状况分布进行比较，结果见表 11-7。

表 11-7　控制婚姻状况因素后两类子女居住情况的统计及检验　　单位：%

居住状况	未　婚		已　婚	
	独生子女	非独生长子女	独生子女	非独生长子女
与父母分开住	47.7	40.4	15.2	31.6
与父母同住	52.3	59.6	84.8	68.4
(n)	(130)	(109)	(112)	(177)
显著性检验	Chi-square = 1.289, P = 0.256		Chi-square = 9.844, P = 0.002	

从表 11-7 可以看出，未婚独生子女与未婚非独生子女的长子女在居住方式上不存在差别，他们与父母同住的比例相当。而已婚独生子女与父母同住的比例则明显高于已婚的非独生子女的长子女，二者之间的差异达到 15% 以上，显著性检验结果表明，二者之间的差异十分显著。这说明，在未婚青年中，独生子女的身份与居住方式之间没有关系；而在已婚青年中，独生子女的身份与居住方式明显相关。

既然已婚青年中的独生子女身份与居住方式有关，而传统文化中有关女儿离开父母的一个重要前提也是其结婚出嫁，即女儿往往是在结婚成家后才离开自己的父母，进入丈夫家中与公婆一起居住和生活。因此，在已婚情况下，性别因素是否也会与居住方式相关呢？为了弄清楚这一点，我们同时将婚姻因素和性别因素控制起来，再来看看独生子女与非独生子女之间在居住方式上的差别如何，结果见表 11-8。

表 11-8　　　　同时控制婚姻状况和性别因素后两类
子女居住情况的统计及检验　　　　　单位：%

居住状况	未婚				已婚			
	男性		女性		男性		女性	
	独生子	长子	独生女	长女	独生子	长子	独生女	长女
与父母分开住	51.3	43.5	42.6	38.1	12.5	23.4	17.9	34.6
与父母同住	48.7	56.5	57.4	61.9	87.5	76.6	82.1	65.4
(n)	(76)	(46)	(54)	(63)	(56)	(47)	(56)	(130)
显著性检验	P = 0.401		P = 0.621		P = 0.147		P = 0.022	

从表 11-8 可以看出，在未婚农村青年中，无论是独生子还是非独生子女中的长子，也无论是独生女还是非独生子女中的长女，他们的居住方式基本相同：大约 60% 的人与父母同住，40% 左右的人与父母分开居住。说明在未婚青年中，居住方式与青年的性别和子女身份变量依旧无关；而已婚农村青年中，两类男性青年的居住方式相差不大，都是 80% 左右与父母同住；但两类女性青年的居住方式就大不相同了：已婚独生女与父母同住的比例依旧在 80% 左右，但非独生长女的这一比例就只有 65% 左右；显著性检验也表明，在已婚女青年中，青年的不同身份与他们的居住方式之间存在着显著的差别。换句话说，已婚青年中独生子女与非独生子女在居住方式上的差别，主要是两类女青年之间的差别所导致。

五、研究结论与问题讨论

（一）研究的主要结论

本节的研究基于江苏、四川两省四县 810 户农村家庭中 529 位农村青年的调查数据，对农村第一代独生子女目前的居住状况及其相关因素进行了分析。调查结果表明，目前已成年的农村第一代独生子女 2/3 左右与他们的父母一起居住，与父母分开居住的只有 1/3；农村青年的独生子女身份及其性别与其目前的居住方式并不相关，而对青年居住方式真正有影响的因素主要是青年的婚姻状况。在未婚农村青年中，无论是男青年或是女青年，也无论是独生子女或是非独生子女，他们在居住方式上不存在明显差别。但在已婚青年中，性别和独生子女身份因素与青年居住方式之间则存在一定关系。其突出表现是，已婚独生子与同龄已婚非独生子女长子在这方面不存在差别，而已婚独生女与父母同住的比例则明显高于同龄的已婚非独生子女长女。

（二）若干问题的讨论

首先是城乡青年之间在居住方式上的差别及其所导致的养老模式问题。笔者对城市第一代独生子女婚后居住方式的调查结果表明，城市第一代独生子女"婚后小家单独居住的比例高达 2/3，而与老年父母共同居住的比例只有 1/3 左右。因此可以说，小家单独居住目前还是第一代独生子女婚后居住方式的主流。这也是他们与同龄非独生子女相同的地方"（风笑天，2006b）。而本节的研究结果则表明，农村第一代独生子女婚后与父母一起居住的比例高达 85% 左右，同龄非独生子女的长子女婚后与父母同住的比例也接近 70%。这一特征显然与城市调查的结果完全相反。说明目前农村已婚青年中，与父母同住是他们婚后居住方式的主流。这是本节的一个十分重要的发现。

这种差别所反映的内在实质是什么？笔者认为，这实际上是目前我国城乡两种具有巨大差异的养老模式的外在表现。在城市中，一方面传统文化的影响大大减弱，社会的观念、规范、习俗和社会心理都对子女婚后离开父母单独居住体现出极大的宽容；另一方面父母经济上相对独立，在养老方面对子女的依赖性相对较低也是子女与父母分开居住的客观基础。与此相反，我国广大农村目前依然还是处在传统文化的影响及其所推崇的"子女养老"等观念、规范和习俗的束缚下，这种传统文化的影响加上父母缺乏养老的经济来源和相关保障等现实，将已婚子女和老年父母紧紧地联系在一起。而这一结果的意义则在于提醒我们，要明确区分城乡两类家庭养老问题所具有的经济基础和文化基础，要依据子女与父母居住方式的不同现实，有针对性地给出不同的养老政策和养老策略。

其次是农村不同生育政策地区的第一代独生子女之间在居住方式上的可能差别及其相关的养老方式问题。从前面的文献回顾中可以看到，现有研究中通过开展实地调查，用经验资料来探讨农村第一代独生子女家庭养老问题的两项研究有一个共同的特征：他们所调查的都是执行"一孩半"生育政策的农村地区。在这种农村地区中，如果第一胎是女孩，育龄夫妇可以申请生育第二胎。"而从调查结果可以推断出，农村绝大多数第一胎是女孩的育龄夫妇都要了第二胎"；因而"第一代独生子女中绝大多数为男性，女性占的比例很低，只有5%，性别比为19:1，呈严重失调状态"（任银睦等，2009）。而本节调查的则是"一胎化"政策的农村地区。因此，一个十分明显的问题是，本节的研究结果能推广到更为众多的"一孩半"地区中的第一代独生子女中去吗？换句话说，笔者上述研究结论在广大的"一孩半"地区同样成立吗？

笔者分析认为，由于目前农村地区影响到青年与父母之间居住方式的主要因素是青年的婚姻状况，而与青年的独生子女身份以及性别的关系不大。因此，对于广大实行"一孩半"政策的农村地区来说，即使其独生子女家庭都与上述调查结果一样，普遍存在着独生子远多于独生女的情况，也不会影响到本节研究结论的推广。因为根据本节的研究结果（见表11-8），未婚独生子和未婚独生女与父母同住的比例大约都在50%左右（Chi-square = 0.963，P = 0.326），已婚独生子和已婚独生女与父母同住的比例则都在85%左右（Chi-square = 0.624，P = 0.430）；显著性检验的结果表明，无论是未婚状态还是已婚状态，独生子与独生女之间的与父母同住的百分比分布都是完全相当的，二者之间不存在显著差异。这一推论的意义在于它似乎暗示着这样一种可能：对于农村第一代独生子女家庭来说，不仅绝大部分儿子婚后将会与父母一起居住，而且绝大部分女儿婚后也会与父母一起居住。如果现实果真如此的话，那么，农村独生子女家庭的养老模式就不仅仅只是"养儿防老"，同时也是"养女防老"了。而这种养老模式的大量实践还将对中国农村长期以来形成的青年婚后"从夫居"以及老年父母"从子居"的传统文化产生影响。

最后需要说明的是，由于受资料的局限，本节仅使用了两子女家庭中的长子女资料作为独生子女的参照，其结果并不能完全反映非独生子女家庭中不同子女的居住状况。这是读者在阅读本节的研究结果时应该注意的一个方面。同时，从本节的分析和讨论中笔者也感觉到，如果采用父母（而不是子女）作为分析单位，那么将会更加有利于本节问题的讨论。这将是该领域后续研究的一个探讨方向。当然，在这样的研究中如何确定和选取农村第一代独生子女父母样本，则是有效开展这一研究的关键环节。

第二节 农村第一代独生子女父母的养老意愿

伴随着计划生育政策的实施，独生子女父母的养老问题一直是政府和公众担心的问题。相比较而言，农村独生子女父母的养老问题更令人忧心忡忡。城市里的独生子女父母，大多数退休后有退休金、养老金，社保和医保制度相对完善，而农村居民没有退休金，农村社会养老保险体制还处于起步摸索阶段，除了少数经济比较发达地区的农村已由地方政府建立了农村社会养老保障制度外，我国绝大部分农村居民主要依靠传统的家庭养老。农村家庭养老保障是一种依靠土地和子女防范老人养老风险的私人安排，在市场经济、社会转型和人口流动的社会背景下，传统家庭养老风险防范机制的社会、经济和人口基础正在瓦解。传统的家庭养老主要是建立在多子女的客观基础上，对于独生子女家庭，面对高风险的现代转型社会，将面临着比一般多子女家庭更大的养老风险。

农村社会养老保障机制尚未全面建立，传统家庭养老机制的基础受到冲击，家庭养老功能日渐弱化，这是摆在即将进入老龄阶段的农村第一代独生子女父母面前的养老困境。上节对农村第一代独生子女家庭的居住方式的讨论表明，子女与父母的居住方式的差别可能会导致其父母养老模式的差异。本节则将通过对农村独生子女父母和非独生子女父母两类群体的比较，更进一步探讨可能会影响养老模式的养老意愿方面的差异。主要考察农村第一代独生子女父母是否担心将来的养老问题。对于养老，他们有何打算；在经济上，老了靠谁；在居住方式上，是否也具有不同于农村同龄非独生子女父母的特征。

一、现有文献回顾

从现有的研究来看，对独生子女父母养老问题的研究一直是独生子女研究关注的一个热点。人口学家们早就提出要关注计划生育政策所带来的人口老龄化现象和相关的老年保障问题。近几年，随着第一代独生子女父母进入中年后期，尹志刚（2008）、张戈（2008）等学者陆续对独生子女父母养老进行了一系列的实证调研；也有学者对第一代独生子女的父母养老进行了调研（风笑天，2006a、2006b；包蕾萍等，2005）。这些调研集中探讨了第一代独生子女父母的养老担心度、养老焦虑、养老压力、养老居住安排等，不过以上对第一代独生子女或者独生子女父母的调研都是针对城市独生子女群体。在城乡二元化结构背景下，社会养老保障制度在农村和城镇的覆盖面、保障水平等都存在天壤之别，农村居民和城市居民的养老模式截然不同，可以说，第一代农村独生子女父母所面临的养老困境，比城市独生子女父母所面临的要艰难和复杂得多。

独生子女父母养老难，农村独生子女父母养老更难。不少人口研究专家和计划生育工笔者都对农村独生子女父母的养老风险充满了担忧。李建明（2008）指出，农村的计划生育政策在家庭和社会两个层面"埋"下了计划生育夫妇[①]老年时期的养老危机。计划生育政策是对农民养老资源的一种制度性剥夺，而建立计划生育夫妇社会养老保障机制是对计划生育夫妇养老资源损失的最好代偿方式。张汉湘（2002）、陶鹰（2003）等人根据不同地区的实践经验，总结了部分地区"农村计划生育家庭养老保障制度"的试点模式和经验。穆光宗（2002）在总结山东潍坊市农村计划生育家庭的"补充养老保险"试点经验基础上，提出了养老保险的制度效用和保险效用问题。制度效用实际上是人们对保险制度本身的信任问题，而保险效用则是养老保险究竟对养老能起到多大保障作用？这些问题的追问，道出了人们对农村养老保险制度的疑虑。2008年2月，国家人口计生委在广东省举办了"人口与计划生育利益导向机制暨农村计划生育家庭养老保险"论坛。农村计划生育家庭的养老问题已经是政府和专家学者共同关注的重大民生问题。

上述关于农村计划生育家庭养老保险的研究，主要依据部分地区的试点经验，从政策维度自上而下探讨养老保险制度对于农村计划生育家庭的影响和效果。而作为需要养老保障的主体，第一代农村独生子女父母对自身即将面临的养老问题如何看待，养老保险是否影响或者能够转变他们的养老观念，是否能够增强养老信心，减少养老焦虑，对于这些问题的探讨，现有研究是匮乏的。下面将主要从养老经济打算、养老居住打算和养老担心度三个维度来考察现阶段第一代农村独生子女父母的养老意愿。

二、样本与资料

本节所用的数据资料与上节的数据资料来源相同，调查对象是第一代农村独生子女父母和同时代的非独生子女父母，具体操作界定为"有当地农村户口，出生在1955~1965年的已婚已育者"。所有调查对象结婚生育时期正逢中国计划

---

① 农村计划生育家庭包括独生子女户和双女户。

生育政策实施的第一个10年，现在开始逐步迈入老年期，养老也是他们自身面临和关注的一个现实问题。调查的有效样本量为810个，实际调查样本的结构与事先设计的配额抽样表基本吻合，详见表11-9。

表11-9　　　　　　调查样本的构成（n=810）　　　　　　单位：%

性　别	男（父亲）	46.5	家庭类型	独子家庭	27.7
	女（母亲）	53.5		独女家庭	23.0
地　区	苏　南	25.2		双女家庭	14.9
	苏　北	24.8		一男一女家庭	24.7
	川　东	25.3		双男家庭	8.0
	川　西	24.7		三子女家庭	1.7

三、调查的结果与分析

（一）农村第一代独生子女父母的养老经济打算

由于城乡社会保障制度和家庭经济来源渠道的差异，农村独生子女父母与城市独生子女父母在养老需求上存在较大差异。城市独生子女父母一般退休后有退休金或养老金，足够维持老年的基本生活，养老的经济来源不是主要问题，他们的养老需求更多来自于生活照料和精神慰藉。而农村独生子女父母和其他农村居民一样，没有"退休"一说，也没有固定的"退休金"。目前，农村社会基本养老保险还处于试点阶段，无论是覆盖面，还是保障水平都远不能满足老年的基本生活。即使少数发达农村地区农村养老保险覆盖面和水平有所提高，但农保还是只能作为养老经济来源的一个补充。

虽然生活照料和精神慰藉是直接关系养老质量的问题，但现阶段农村独生子女父母的养老问题，首当其冲的还是养老的经济来源问题。养老的经济来源依然是农村居民养老的核心问题，表11-10统计了两类父母对自己将来养老经济来源的打算。

表11-10　　　　两类父母养老经济来源的打算　　　　　　单位：%

选　项	独生子女父母	非独生子女父母	总　体
主要靠自己	42.3	33.0	37.7
自己和子女	23.6	20.2	21.9

续表

选 项	独生子女父母	非独生子女父母	总 体
主要靠子女	27.8	40.8	34.2
说不清	6.4	6.0	6.2
（n）	（407）	（397）	（804）
显著性检验	$\chi^2 = 15.691$，df = 3，P = 0.001		

养老经济来源根据不同的维度，有不同的划分方式。比如自己劳动（打零工、农副业）养老、土地养老、储蓄养老、子女养老、养老金养老等等，本节选取的角度是养老经济来源的主体是自己还是子女，考察第一代农村独生子女父母在养老经济上对子女的依赖度。

从表 11-10 可以看出，独生子女父母与非独生子女父母在养老经济来源上有显著差异（P<0.05）。独生子女父母养老靠自己的比例比非独生子女父母高约 10%，在养老主要靠子女选项上低 13%。可见，独生子女父母对子女的养老经济依赖期望相比较非独生子女父母要低。

虽然农村的社会养老保险无论从覆盖面还是养老金支付额度上都与城市无法相比，目前农村的社会养老保险不是养老经济的主要来源，但是，是否参加养老保险，关系到养老经济来源的渠道。这实际上是关于养老保险的两个层面：第一个层面是是否参加养老保险；第二个层面是养老保障的水平。鉴于目前农村社会养老保险参差不齐的现状，本节重点从第一个层面即是否参加养老保险的角度，考察农村社会养老保险是否影响第一代农村独生子女父母对子女的经济依赖程度。

表 11-10 的数据结果表明，若不考虑其他因素，农村独生子女父母比非独生子女父母在养老经济来源上，对子女的依赖性要低。当我们引入"是否有养老保险"控制因素后，发现两类父母对子女的养老经济依赖性的差异发生了变化（详见表 11-11）。

表 11-11 控制养老保险因素后两类父母的养老经济打算　　　　单位：%

是否有养老保险	养老经济打算	独生子女父母	非独生子女父母	总 体
有	主要靠自己	49.0	47.4	48.3
	自己和子女	22.1	26.3	23.9
	主要靠子女	15.9	18.4	17.0
	说不清	13.1	7.9	10.8
	（n）	（145）	（114）	（259）
显著性检验		$\chi^2 = 2.363$，df = 3，P = 0.501		

续表

是否有养老保险	养老经济打算	独生子女父母	非独生子女父母	总体
无	主要靠自己	38.7	27.0	32.7
	自己和子女	30.7	46.6	38.9
	主要靠子女	28.0	21.0	24.4
	说不清	2.7	5.3	4.1
	(n)	(261)	(281)	(542)
显著性检验	$\chi^2 = 19.541$,df = 3,P = 0.000			

从表 11-11 可以看出，在参加农村社会养老保险的农村居民中，独生子女父母和非独生子女父母在养老经济上对子女的依赖差异性消失，两类父母不存在显著差异（P>0.05）。大约一半的农村居民表示养老经济主要靠自己。而在没有参加农村社会养老保险的农村居民中，两类父母在养老经济打算上的差异显著（P<0.05）。独生子女父母在对子女养老经济依赖上呈"两极化趋势"，独生子女父母表示"主要靠自己"的比例比非独生子女父母高11.7%，同时，在养老经济"主要靠子女"选项上，独生子女父母比非独生子女父母也高7.0%。而非独生子女父母对养老经济依赖上呈"中间化趋势"，选择养老经济靠"自己和子女"的比例最高（46.6%），远高于同类群体选"主要靠子女"和"主要靠自己"的比例。在没有农村社会养老保险作为养老经济来源补充的情况下，农村居民的养老经济来源渠道就更加单一化：自己或子女。独生子女父母养老经济依赖的"两极化趋势"一定程度上反映了独生子女"唯一性"的双向效应。一方面"唯一性"意味着风险性，子女数太少，子女负担养老经济的压力就相对大，子女提供经济赡养的风险也大，因此子女靠不住，还是靠自己。另一方面"唯一性"意味着"确定性"，中国农村养老纠纷中，很大比例是老人的多个子女互相推脱赡养老人的责任和义务，"三个和尚没水吃"的谚语经常悲情上演。而独生子女家庭这个问题就不存在，赡养责任无可推脱，因此，这种"不可推脱"的赡养责任使得一部分独生子女父母将养老的经济来源寄托在子女身上。农村独生子女父母和非独生子女父母在社会保险参加与否的不同情况下，表现出不同的差异，恰恰反映了农村社会养老保险对农村居民养老经济打算的显著影响。

当我们换个方向对表 11-11 数据进行上下两部分比较时会发现，无论是独生子女父母还是非独生子女父母，参加养老保险的农村居民在养老经济上主要靠自己的比例都明显高于未参加养老保险的农村居民，这表明农村社会养老保险降低了农村居民对子女的养老经济依赖性。

(二) 农村第一代独生子女父母的养老居住打算

养老需求除了基本的经济需求外，还有生活照料和精神慰藉。在家庭养老的模式下，生活照料和精神慰藉需求的满足很大程度上取决于父母与成年子女的居住模式。不同的居住安排对子女赡养父母的可能性有着显著影响。与父母同住的子女提供赡养，尤其是生活照料和精神慰藉的可能性最大（鄢盛名等，2001）。父母对子女婚后居住期望很大程度上可以体现父母对子女的心理依赖。接下来考察农村独生子女父母和非独生子女父母在养老居住打算上是否有差异，并进一步检验养老保险除了发挥养老经济效用外，是否还可以减少父母对子女的心理依赖，统计结果见表11-12。

表11-12　　　　两类父母养老居住打算　　　　单位：%

选项	独生子女父母	非独生子女父母	总体
和子女合住	49.1	42.5	45.8
单独居住	18.5	20.1	19.3
子女双方父母家轮流居住	10.1	8.8	9.5
说不清	22.2	28.6	25.4
(n)	(405)	(398)	(803)
显著性检验	$\chi^2=5.844$，df=3，P=0.119		

从表11-12可以看出，第一代农村独生子女父母与非独生子女父母在养老居住打算上没有显著差别（P>0.05）。大约一半的父母都希望年老后和子女一起居住。不到20%的父母赞成子女单独居住。10%左右的父母认同一种新的居住方式，即子女结婚后，在男方父母和女方父母家轮流居住。在部分地区，这种居住方式也称为"两家合一家"。这种居住方式往往是结婚双方都是独生子女，或者一方是独生子女的家庭。当然选择这种居住模式有一个前提条件，即双方父母两家相隔不远，住在一个村或住在相邻的村庄。数据显示，还有不少比例的父母说不清或者不愿说自己的养老居住期望。其实，在家庭关系越来越平等的当代社会，关于子女的居住安排，父母的期望与实际情况会有距离，因为子女居住安排除了考虑双方父母的想法外，还有子女自己的想法，此外还有经济条件、工作地点等因素影响。不过，这并不影响本节的研究意图，本节只是通过调查农村父母对自己和成年子女的居住打算，来考察父母对子女的养老心理依赖。

在不考虑其他因素影响的情况下，第一代农村独生子女父母和非独生子女父母一样，一半的父母还是期望与子女合住。前面引入养老保险因素控制作用后，数据表明养老保险因素对独生子女父母的养老经济打算有显著影响。接下来，我们同样控制养老保险因素，考察养老保险是否会影响两类父母的养老居住打算。

从表11-13可以看出，养老保险因素对两类农村父母没有显著影响。无论是否参加养老保险，独生子女父母和非独生子女父母在养老居住打算上都没有显著差异（P>0.05）。这说明农村社会养老保险并没有改变农村父母与子女合住的养老居住打算，第一代农村独生子女父母和同时代的非独生子女父母一样，大部分还是希望家庭养老，对子女养老具有较强的心理依赖。

表11-13　控制养老保险因素后两类父母的养老居住打算　　单位：%

是否有养老保险	养老居住安排	独生子女父母	非独生子女父母	总体
有	与子女合住	56.3	43.9	50.8
	单独居住	17.4	21.9	19.4
	子女双方父母家轮流住	6.9	5.3	6.2
	说不清	19.4	28.9	23.6
	(n)	(144)	(114)	(258)
显著性检验	$\chi^2 = 5.329$，df = 3，P = 0.149			
无	与子女合住	45.4	42.0	43.6
	单独居住	19.2	19.4	19.3
	子女双方父母家轮流住	11.9	10.2	11.0
	说不清	23.5	28.3	26.0
	(n)	(260)	(283)	(543)
显著性检验	$\chi^2 = 1.898$，df = 3，P = 0.594			

表11-13提到的养老居住安排，居住地点主要是家庭。实际上，养老的居住安排除了家庭以外，还有一个是逐渐发展中的养老机构，这可能高龄老人养老居住安排的一个更为现实的选择。老年可分为两个阶段：低龄和高龄。在农村，相当多的低龄老人还在劳作，种庄稼或从事农副业，可以自己照顾自己，也可以照顾家庭。但随着年龄增长，按照生命的自然规律，一般在75岁以后，老人的身体和精力都明显下降，生活自理能力逐渐降低。高龄老人面临的养老，日常生活照料尤其是患病后的照料是更主要的养老需求。对于独生子女父母，由于诸多客观原因，完全依靠子女来照顾生活的可能性不大。因此，机构养老可能是独生子女父母进入高龄养老阶段后所面临的一个现实。

调查中，我们询问了这样一个问题："当您年纪大了，需要有人照顾日常生活，而您的孩子有自己的工作和小家庭，您是否会考虑到养老院养老"，统计结果见表 11-14。

表 11-14　　　　两类父母年老后是否考虑去养老院养老　　　　单位：%

选　项	独生子女父母	非独生女父母	总　体
肯定会	5.2	4.0	4.6
可能会	23.6	16.8	20.2
说不好	17.4	19.1	18.3
可能不会	12.8	14.8	13.8
肯定不会	41.0	45.2	43.1
（n）	（407）	（398）	（805）
显著性检验	\multicolumn{3}{c}{$\chi^2 = 6.834$, df = 4, P = 0.145}		

从表 11-14 可以看出，即使在特定情境选择下，仍然有接近一半的农村独生子女父母表明肯定不会去养老院养老。不到 30% 的独生子女父母表示肯定会或可能会去养老院养老。在对养老机构养老的问题上，独生子女父母和非独生子女父母未表现出显著差异（$P>0.05$），对养老机构的养老接受度都相对偏低。当然，我们也应该看到，毕竟已经有一部分农村居民开始接受养老院养老这种养老方式。机构养老接受度的提高同样受制于养老机构自身的发展。

（三）农村第一代独生子女父母的养老担心度

伴随着计划生育政策的实施，独生子女父母的养老问题就一直是政府和独生子女父母所担心的问题。相比较而言，农村独生子女父母的养老问题更令人忧心忡忡。作为即将面临养老问题的主体——第一代农村独生子女父母，他们自己对自身养老的担心度如何呢？下面的分析主要围绕农村独生子女父母的养老担心度问题。

目前，家庭养老仍然是农村最主要的养老安排，而子女是集经济赡养资源、生活照料资源和精神慰藉资源于一身的供给者。非独生子女（多子女）的农村家庭在养老资源上比独生子女家庭多，独生子女家庭的养老风险大于非独生子女家庭。由此，我们自然会假设：第一代农村独生子女父母对养老的担心比同时代农村非独生子女父母更强。为验证这个假设，表 11-15 对两类父母的养老担心度进行了交互统计分析。

表 11-15　　　　　两类父母对养老的担心度　　　　　　单位：%

选项	独生子女父母	非独生子女父母	总体
非常担心	10.8	7.5	9.2
比较担心	28.9	27.3	28.1
不太担心	40.8	40.4	40.6
根本不担心	19.6	24.8	22.2
(n)	(409)	(399)	(808)
显著性检验	$\chi^2 = 5.009$, df = 3, P = 0.171		

从表 11-15 可以看出，在所有调查对象中，大约 1/3 的人担心自己的养老问题，一半以上的人不太担心或根本不担心。这个结果正如有学者指出的那样，相对于现实生活的压力和对疾病风险的担心来说，农民在自己的养老问题上并未像许多学者那样表现出强烈的忧虑（乐章，2005）。但是，数据结果还显示了，农村独生子女父母和非独生子女父母在养老担心度上并没有表现出显著性差异（P > 0.05），独生子女父母对养老并没有比非独生子女父母表现出更强的担心。这与常理推导的假设是不同的，是什么因素有效减少了独生子女父母对未来养老风险的估计，并没有表现出假设中的高担心度？作为规避养老风险制度性安排的农村养老保险，是否是影响农村独生子女父母养老担心度的一个显著性因素呢？表 11-16 是引入养老保险控制因素后的进一步分析。

表 11-16　　　控制养老保险因素后两类父母的养老担心度　　　单位：%

是否有养老保险	养老担心度	独生子女父母	非独生子女父母	总体
有	非常担心	4.1	4.4	4.3
	比较担心	19.3	22.1	20.5
	不太担心	44.8	44.2	44.6
	根本不担心	31.7	29.2	30.6
	(n)	(145)	(113)	(258)
显著性检验	$\chi^2 = 0.394$, df = 3, P = 0.942			
无	非常担心	14.4	8.8	11.5
	比较担心	34.2	29.2	31.6
	不太担心	38.4	39.1	38.8
	根本不担心	12.9	22.9	18.1
	(n)	(263)	(284)	(547)
显著性检验	$\chi^2 = 12.357$, df = 3, P = 0.006			

当我们控制养老保险因素后,进一步考察不同养老保障下两类父母的担心度。其中,在参加养老保险的调查对象中,独生子女父母和非独生子女父母对养老担心度的差异并不显著,检验值（$P>0.05$）未通过显著性检验。而在没有参加养老保险的调查对象中,独生子女父母和非独生子女父母的养老担心度差异显著（$P<0.05$）,独生子女父母对养老担心的比例比非独生子女父母要高10.8%,这意味着同在缺乏社会养老保险的条件下,独生子女父母比非独生子女父母更担心养老问题。此外,从另一个角度比较也可以看出养老保险对独生子女父母养老担心度的影响。当我们对参加养老保险的独生子女父母和未缴纳养老保险的独生子女父母进行比较后会发现,缴纳养老保险的独生子女父母对养老的担心度远远低于未缴纳养老保险的独生子女父母,两者整整相差25.2%。

结合表11-15和表11-16考虑,当我们直接比较两类父母时,发现他们之间对养老的担心度没有显著差异。但进一步控制养老保险因素后,二者的差异立刻显现出来。在缺乏养老保险的保障条件下,独生子女父母对养老的担心度高于非独生子女父母。而购买养老保险的独生子女父母养老担心度远远低于未购买养老保险的独生子女父母。由此可见,农村养老保险可以有效降低农村独生子女父母的养老担心度,增强他们应对养老的信心。

四、小结与讨论

研究结果表明:当直接比较两类群体时,第一代农村独生子女父母在养老经济打算上和同时代的非独生子女父母有显著差异,独生子女父母的养老经济自立性更强。而两类父母在养老居住打算和养老担心度上均未发现显著差异。无论独生子女父母还是非独生子女父母,大部分都表现出对和子女合住的期望,对子女养老具有较强的心理依赖。而养老担心度似乎并没有学者们所估计的那么严重,不过也有1/3的农村居民表示对自己将来的养老非常担心或比较担心。

当进一步引入养老保险控制因素后,两类父母的差异发生变化,一些被遮蔽的差异被揭示出来。首先,农村社会养老保险对农村居民养老经济打算和养老担心度都具有显著影响。参加养老保险的农村居民比未参加养老保险的农村居民对子女养老依赖性更低,对养老更有信心。其次,对参加养老保险的两类父母来说,在养老经济打算、养老居住安排、养老担心度上都不具有显著性差异,也就是说参加养老保险的第一代独生子女父母与非独生子女父母在这三个方面没有显著差别。而对未参加养老保险的两类父母来说,二者在养老经济打算、养老担心度上都存在显著差异。具体表现为,独生子女父母在养老经济打算上呈"两极化趋势",主张养老经济主要靠自己和主张养老经济主要靠子女的两类选项都明显高于非独生子女父母,而非独生子女父母养老经济打算呈"中间化趋势",大部分父母选择养老经济靠自己和子女一起承担。在养老担心度上,独生子女父母比非独生子女父母对将来的养老担心度更高。而这一差异在直接比较两类群体中并没有显露出来。表明如果缺少社会养老保险的支持,农村独生子女父母会比非独生子女父母更担心养老问题。

虽然,养老保险因素对第一代农村独生子女父母表现出一定的经济效用和信心效用,但是并不意味着同样会影响他们的养老居住安排。研究表明,是否参加养老保险对独生子女父母的养老居住安排没有显著性作用。无论是否参加养老保险,第一代农村独生子女父母和同时代的非独生子女父母一样,大部分都期望和子女住在一起。

研究的结果带来了一些新的启示,值得进一步探讨:

(1) 农村社会养老保险不仅具有经济效用,还具有信心效用。新型农村养老保险制度将于2009年开始全国试点,最低发放标准不会低于1 800元/年的低保平均水平,而且随着财政收入的增长预期还会不断提高。国务院发展研究中心农村部综合研究室主任郭建军指出,农村养老保险制度刚刚起步,大方向是在全国普遍建立比较成熟的农民养老制度(李明三,2009)。在2008年全国人口和计划生育利益导向机制暨农村计划生育家庭养老保险论坛上,多位人口专家倡导,在全国推行新型农村养老保险制度试点的大背景下,把农村计划生育家庭养老保险作为开展农村社会养老保险的突破口(周美玲,2008)。本节的研究结果表明,农村养老保险已经对第一代农村独生子女父母产生显著性影响,既可有效降低养老经济来源对子女的依赖性,又可增强养老信心。养老保险的效用不仅仅局限于养老保险本身的"保障水平和能力"层面,还可延伸扩展到养老信心和养老安全感。就目前来看,农村社会养老保险制度的推广是实实在在提升第一代农村独生子女父母养老信心,增强自立性的可行措施之一。

(2) 农村社会养老保险可以改变农村居民的养老经济结构,但并未改变依赖子女的家庭养老观念。虽然,养老保险因素对第一代农村独生子女父母表现出一定的经济效用和信心效用,但是并不意味着同样会影响他们的养老居住安排。研究表明,是否参加养老保险对独生子女父母的养老居住安排没有显著性作用。无论是否参加养老保险,第一代农村独生子女父母和同时代非独生子女父母一样,大部分都期望和子女住在一起。这也就意味着第一代农村独生子女父母还是对子女赡养具有较强的依赖性,保留着传统的家庭养老观念。风笑天(2006c)曾经提出,当代独生子女父母老年保障中一项重要的任务就是转变老年人对子女赡养的依靠和期望的传统观念,从观念上变"依赖养老"为

"独立养老"、变"依靠子女"到"依靠自己"。我们既不能否认农村社会养老保险的经济效用和信心效用,但也不能夸大养老保险的效用范围。改变第一代农村独生子女父母的养老观念,首先是倡导养老经济独立,然后是养老心理和精神独立。

第十二章

独生子女家庭的养老风险与社会保障

中国政府自 20 世纪 70 年代末开始实施计划生育政策,在控制人口增长方面作用显著。与此同时,相关的社会问题也逐渐显现。随着第一代独生子女家庭生命周期的老化,独生子女家庭中的养老问题成为社会及学术界关注的热点。一般认为,与多子女家庭相比,独生子女家庭蕴涵着更多的风险,其家庭养老的子女赡养资源削弱。面对这一问题的当务之急是,要考虑怎样弥补这些家庭因执行独生子女政策而导致的子女赡养资源减少和养老风险问题。本章在实证资料的基础上,分析了独生子女父母养老风险的主要形式和影响因素,在研究结论的基础上,提出了规避独生子女家庭养老风险的措施。

第一节 研究背景

一、问题的提出

为了控制人口的快速增长,中国政府自 20 世纪 70 年代末开始实施计划生育政策,并于 80 年代初确定计划生育为我国的一项基本国策。至今这项政策已实行 30 多年了,其一方面减轻了人口增长对社会经济发展造成的压力,另一方面也产生了一些社会问题。最直接的结果就是在城市中产生了大量的独生子女家庭。容森等（Junsen et al., 1992）认为，城市领取独生子女证的比例远高于农村。风笑天教授（2006a）的研究也发现，我国独生子女总数在 8 300 万～9 000 万人之间，而 85% 左右为城市独生子女。现阶段，家庭养老是我国最重要的养老形式（杜鹏，1998；姚远，2001），子女仍是老年父母获取养老资源的最主要途径。与多子女家庭相比，独生子女家庭蕴涵着更多的风险。独生子女家庭缺乏传统家庭养老模式的客观基础。只有一个孩子的现实，不仅常导致独生子女父母更早步入、提前经历着人生空巢阶段的生活，同时也置他们于一种更为脆弱的家庭养老基础之上。对于独生子女父母来说，不管是经济来源、生活照料、还是精神慰藉，他们能够从这唯一的孩子身上得到的都将非常有限（风笑天，2006b）。当家庭养老的子女赡养资源削弱时，尤其是这种削弱很大程度上并非出自家庭自愿生育行为的结果，而是作为执行计划生育政策的产物而大量出现并不断增加时，就需要去考虑怎样弥补这些家庭因执行独生子女政策而导致的子女赡养资源减少以及由此所产生的养老风险问题。

本章从"风险"这个角度来分析、研究和解决独生子女父母最关心的问题。结合对五大城市（北京、上海、南京、武汉、成都）独生子女父母的调研，对独生子女父母在养老方面的风险进行研究，深层次分析他们在未来养老中可能遇到的风险形式和影响因素，结合我国社会经济发展状况和人口老龄化发展趋势，更好地认识独生子女父母未来的养老风险，并对如何解决独生子女父母养老风险问题加以探讨，以期提出有针对性的应对措施。

本章试图利用实证数据从"风险"这一视角来研究城市独生子女父母的养老问题。研究数据来自2008年全国五大城市已婚中老年人抽样调查。该调查的基本情况详见第十章的相关介绍。本章仅对样本中的独生子女父母调查结果进行分析，独生子女父母样本规模为851人。

二、文献回顾

到目前为止，对独生子女父母养老问题的研究都只是作一些预测和前瞻性的探讨。这些探讨大致可以分为两类：一类观点是独生子女是可以胜任对老年人的照顾的，以往的研究过分夸大了独生子女家庭老年人供养的严重性（原新，2005）。另一类观点则认为独生子女父母养老蕴涵着很多风险。这些风险成因主要集中在以下几个方面：独生子女家庭结构与养老风险；独生子女家庭居住特征与养老风险；独生子女家庭关系与养老风险；独生子女父母提前进入空巢期、空巢期过长与养老风险。本节将主要通过上述分类方式分析独生子女父母的养老风险问题。

1. 独生子女家庭结构与养老风险

穆光宗（2004）谈到，独生子女家庭，一个核心问题就是独生子女家庭结构。"四二一"三代共存的家庭结构是独生子女家庭的典型结构（原新，2004）。高杏华（2001）认为，"四二一"家庭结构的出现，使得家庭养老资源减少，单靠小家庭是不可能，也无能力同时赡养四位老人的。独生子女家庭结构简化到极致，独生子女父母养老蕴涵着极大的风险。桂世勋教授认为，虽然我国独生子女夭折、残疾的比例不是很高，但由于我国人口基数大，其绝对数仍相当可观。根据生命表推算结果，至少有8%～9%的独生子女在55岁以前死亡，大约涉及800万~900万个家庭（人口研究编辑部，2004）。王秀银教授认为，如果独生子女还没有创造社会价值而发生意外伤亡，独生子女父母不仅谈不上收回成本的问题，而且还要经受巨大的情感和心理打击（王秀银，2001）。因此可以说，一旦独生子女意外伤亡，独生子女父母就可能丧失基本的养老资源。另外，从经济的角度来讲，在"四二一"的家庭结构下，在以"子代中心"观念的支配下，许多老人还不得不随时面临着来自子辈和孙辈的双重剥夺，这更加剧了城市独生子女父母的经济养老风险。

2. 独生子女家庭居住特征与养老风险

居住安排与子女赡养父母的方式密切相关。鄢盛明等（2001）认为，居住安排影响子女的赡养行为（包括经济支持、料理家务、情感慰藉）。具体来讲，同住时子女提供赡养的可能性最大，其次是住在父母附近的子女，而住在距父母较远处的子女提供赡养的可能性最小。在传统的多子女家庭，受传统文化、主观意愿和客观实际等的影响，父母与成年子女同住在我国是一个比较普遍的现象。但这种现象在独生子女家庭却表现出显著不同。调查数据也证明，独生子女与父母分开居住的比例是趋向增加的。1987年，城市60岁以上老年人单独居住比例为25%左右，而与子女共同居住比例超过70%（田雪原，1988）。1992年，天津、杭州、无锡三城市老年人日常生活调查表明，城市54.8%的老年人与子女同居，37.9%以老夫妇二人户或单独一人户形式居住（周丽萍、王江毅，1996）。风笑天（2009）对五大城市独生子女父母家庭结构的研究发现，已婚独生子女中，父母单独居住的比例大约为64.7%，与子女共同居住的比例为35.3%，高于同龄非独生子女父母单独居住的比例为25%。因此可以说，目前小家庭单独居住仍然是第一代独生子女婚后居住方式的主流。随着独生子女数量的增多，人口流动的加剧，两代人之间观念的冲突，城市独生子女与其父母分开居住的比例将会进一步扩大，这对独生子女父母的养老，尤其是养老的生活照料和精神慰藉是一个极大的挑战。

3. 独生子女家庭关系与养老风险

陈自芳（2004）认为，"父母与子女的关系是人类最基本的人际关系"。尤其是现阶段，我国家庭结构以核心家庭为主，亲子关系在整个家庭关系中的地位处于重中之重。郝玉章、风笑天（2002）认为，"子代偏重"在家庭生活中的主要表现是"以孩子为中心，一切为了孩子"，往往出现父母对独生子女的过度供给；相反，父母年老时，独生子女对父母的供养则供不应求，难以满足父母的要求。陈自芳（2004）认为，从理论上说，如果独生子女父母不过度供给，则可以积蓄一笔财富弥补因子女数少而导致的经济供养不足问题。但如果存在过度供给，不但无法弥补上述损失，而且还会因过度供给造成独生子女的人格缺陷，以及过度供给给子女形成父母"轻松抚养"的印象，导致独生子女缺乏对父母的"感恩"情结，不利于父母晚年时子女对其赡养功能的发挥。

4. 独生子女父母提前进入空巢期、空巢期过长与养老风险

谭琳（2002）认为，"与以往非独生子女'空巢'家庭相比，独生子女家庭，其空巢家庭成员一般比较年轻，按城市人口平均预期寿命70岁计算，这些独生子女父母可能将在'空巢'家庭中生活25年左右。"潘金洪（2006）从风险的角度探讨了独生子女家庭的空巢问题。按照他的说法，独生子女父母进入空巢后更容易空虚、失落、孤独，感到缺乏生活乐趣和亲情。于长永、乐章（2009）认为，相比多子女家庭，独生子女家庭的骤然空巢不仅导致独生子女父母精神空虚、心里孤寂，还会因健康恶化带来更多的生活照料和医疗风险。因此可以说，独生子女父母提前进入空巢期、空巢期过长，增加了独生子女父母养老的心理健康风险。

第二节 独生子女父母养老风险的主要形式

"养老"的基本含义是指如何度过老年生活，广义来说，养老几乎涉及了老年人需求问题的全部；而狭义的养老则指的是经济保障、生活保障、医疗保障和精神保障。这几个方面，可以分为养老的经济方面和非经济方面：从内容上看，非经济养老更丰富；从难度上看，非经济养老更复杂（穆光宗，2007）。本质上说，养老要满足老年人经济、生活照料、精神慰藉、生病照料、临终陪护等的基本需要。这些基本需求能否得到满足以及满足程度的不确定性，我们称之为养老风险。根据大部分独生子女家庭养老资源的稀缺性，养老需求得到充分满足的可能性非常小。另外，在"子代中心"的家庭观念支配下，面对着人口老龄化、高龄化的威胁和代际分离的加大，有限的收入水平使得独生子女父母面临着经济保障、生活照料和精神慰藉等多方面的养老风险，其中非经济养老风险更为突出。

一、经济保障风险

经济保障是养老的重要内容，独生子女父母晚年生活水平的高低、晚年生活的幸福程度，都与经济保障密切相关。从理论上讲，大多城市独生子女父母都在我国城镇职工基本养老保险覆盖范围之内，一般来讲，城市独生子女父母晚年养老的经济来源主要是自己的退休金、养老保险金收入以及子女的经济支持。然而，"四二一"式的家庭结构给独生子女的经济赡养能力带来挑战，在"反哺"老人、哺育下一代子女与满足自身需要之间，独生子女将要面对一个困难的选择。现代社会生活成本较高、加重了成年独生子女自身的家庭经济负担，在这种情况下，他们又有多少经济资源能够分配到其老年父母身上呢？另外，现代社会是一个知识经济型社会，人与人之间的竞争加剧，要想不被社会淘汰，就必须加强自身的科学文化水平，提高自身的整体素质。对于这一点，独生子女父母们感同身受，他们这一代人经历了中国社会的几次重要变迁，深知知识、技能对于一个人的人生发展的重要意义，他们将自身未能实现的理想、信念转化、寄托在了孩子身上，且只有一个孩子的现实，使独生子女父母对孩子的期望值也越高，他们普遍对孩子的教育寄予了巨大的希望，他们不求回报，以自己的养老经济支持为代价，对独生子女的教育寄予极大的支持和鼓励。最后，我们的调查也发现，对城市独生子女父母来说，他们的文化程度大多是初、高中文化；职业也大多是企业工人，这个比例高达54.6%，那么，鉴于独生子女父母自身的状况，其在职时候的收入水平有限，且在我国企业工人领取的养老保险金普遍存在着过低现象，这样，即使城市独生子女父母享有养老保险，也只能说是仅仅可以满足保障基本生活的需要。乐章（2000）的研究表明，在城市独生子女家庭中，老人的离退休金、养老保险金、再劳动收入等，往往成为独生子女成家立业、投资孙辈的一个经济来源，即独生子女父母的收入在将来还会分摊到子辈甚至孙辈身上，这将对独生子女父母晚年养老的经济保障构成一个巨大的威胁。

二、生活照料风险

按照法国专家的老年阶段划分，低龄老人：60~69岁（适应退休为高龄时期做好准备）、中龄老人：70~79岁（各种缺乏活动的出现）、高龄老人：80岁以上（力求保持或者恢复自主性）（吴海盛，2009）。我国自20世纪70年代末开始实施计划生育政策，到目前为止，我国的独生子女父母大多都已步入了中老年阶段，且大多属于低龄老人。随着医疗科学技术的进步，生活水平的提高，人均寿命不断延长,他们也将由低龄老人变为高龄老人,而他们的各种生理机能却会不断老化,这就需要有人对其提供生活上的帮助和照料,比如说老人购置日常物品、洗衣做饭、清洁卫生、就医看病等。而只有一个孩子的现实,当独生子女父母需要时,是否有足够的人手和时间对老人的生活给予照料?研究发现,独生子女父母生活照料的实现,取决于以下几个条件的满足程度:一是独生子女是否与其父母共同居住;二是独生子女父母身边是否有照料人员(如身边有保姆照料或者入住养老院、敬老院、护理院等);三是独生子女父母是否身体健康且彼此之间可以互相照顾。对于第一个条件,从已有的研究数据来看,绝大多数独生子女与其父母是分开居住的。风笑天(2006)的研究发现,"独生子女在结婚后,独生子女父母单独居住的比例大约为65%",该比例远远高于同龄非独生子女父母单独居住的比例(同龄非独生子女父母单独居住的比例为25%)。分开居住尤其是"分而又离"的居住方式使独生子女父母面临较大的生活照料风险。鄢盛明等的研究结果表明,居住安排影响子女的赡养行为(包括经济支持、料理家务、情感体贴),具体来讲,同住时子女提供赡养的可能性最大,其次是住在父母附近的子女,住在距父母较远处的子女提供赡养的可能性最小(鄢盛明等,2001)。对于第二个条件,其满足程度一方面需要受制于独生子女家庭的经济条件,请保姆照顾或者入住养老院、敬老院或护理院等机构需要较强的经济实力作为支撑;另一方面,需要看独生子女父母本人、独生子女自己在思想上能否接受这种方式。在实际生活中,独生子女父母老年单独居住或者偶居的为多,在机构养老的并不多。对于第三个条件,对低龄老人来说,这是一种比较普遍、比较理想的生活照料方式,但这种方式也存在潜在的缺陷。随着中国人口老龄化和高龄化浪潮的汹涌而至,高龄老人的规模日益增大,由于年事已高,大多数高龄独生子女父母行动不便,身体健康状况也每况愈下,特别是在老人患病的情况下,比如偏瘫、卧床不起,又该怎么办呢?因此,对于独生子女父母来说,相对于晚年养老的经济保障风险而言,其生活照料更是让我们忧心,可以说其晚年生活的非经济生活照料风险将可能更大。

三、精神赡养风险

独生子女父母的精神赡养问题是我们不能忽视的重大社会问题。但是,精神赡养问题因为不像养老的经济保障、生活照料那样明显、那样刻不容缓而常常被人们所忽视。尽管有些老人在物质上丰衣足食,但在精神上却整天郁郁寡欢,愁眉不展,这些都将会严重影响到他们的身心健康。首先,由于家庭子女数的减少,独生子女父母因为只生育了一个孩子,他们晚年很难有"儿孙绕膝"的幸福感,他们独自在家的情况更为普遍,精神方面的孤独感也更为严重。其次,老年阶段也是人生一个不断遭遇丧失的阶段,譬如老人退出工作岗位以后,其社会角色的丧失、人际关系的丧失、身体健康的丧失、人生理想的丧失等,都会使老人在精神上闷闷不乐,产生强烈的失落感。而以子代为中心的独生子女家庭中,成年独生子女有自己的家庭和孩子,他们可能会倾注更多的心思和精力在自己的孩子身上,从而忽视对自己老年父母的照顾,使老人在精神上产生被冷落的感觉。再其次,一对成年独生子女夫妇要同时赡养双方四位老人,双方老人都希望得到子女的照顾,多个老人的养老期望都指向同一个独生子女家庭,这就容易产生双方老人争夺被保障地位的局面,而成年独生子女父母可能会心有余而力不足,这就使老人自己品尝冷落感不可避免。最后,成年独生子女由于工作、学习或是定居外地等多种因素,都会减少与老人接触和交流的机会,而生活在城市单元楼房内的老人与外界的接触偏少,与社会的交往频率降低,这都会造成老人精神方面的苦闷。因此,从理论上说,虽然现在城市独生子女父母自身的健康状况尚好,暂时并不需要孩子提供生活照料;或者自身有足够的经济收入,不需要孩子提供经济上的支持,但孩子给父母带来的精神上的愉悦是其他任何东西都无法替代的。精神慰藉的养老需求对于空巢家庭的父母,尤其是独生子女父母来说,是他们需要面临的重大挑战。

四、风险形式的度量与比较

根据前述对独生子女父母养老风险的界定,本节将其具体操作化为"是否担心自己的养老问题"和"老年时面临的最主要困难是什么"。对于前一个问题,我们的回答选项有:非常担心、比较担心、不太担心、根本不担心和没考虑过五个选项,后一个问题,我们列出的选项有:生病照料、日常生活照料、经济生活来源、精神慰藉、人际交往缺乏、生大病的费用和其他 7 个方面(详见表 12-1)。

表 12-1　　独生子女父母对养老问题的担心与最主要的困难　　单位:%

老年时面临的最主要困难	是否担心自己的养老问题					合计
	非常担心	比较担心	不太担心	根本不担心	没考虑过	
生病照料	46.7	39.6	47.4	41.1	38.7	43.6
日常生活照料	20.0	22.8	22.7	30.2	35.5	25.2
经济生活来源	22.2	11.9	6.2	3.1	—	7.6

续表

老年时面临的最主要困难	是否担心自己的养老问题					合 计
	非常担心	比较担心	不太担心	根本不担心	没考虑过	
精神慰藉	2.2	6.9	9.8	10.9	3.2	8.4
人际交往缺乏	—	1.0	—	—	3.2	0.4
生大病的费用	8.9	17.8	12.4	10.9	19.4	13.2
其 他	—	—	1.5	3.9	—	1.6
总 计	100.0	100.0	100.0	100.0	100.0	100.0
(n=500)	45	101	194	129	31	500

注：Contingency Coefficient = 0.303，Approx. Sig. = 0.001；表中样本规模为500人，是因为许多被调查者没有回答这两个问题中的一个所致。

从独生子女父母对养老问题的担心与最主要的困难交互分析中，我们可以看到，对独生子女父母"是否担心自己的养老问题"这一问题的回答中，选择非常担心和比较担心的比例为29.2%，而不太担心和根本不担心的比例为64.6%，没考虑过的占6.2%。这说明，一方面，随着城市独生子女数量的增多，家庭赡养资源的减少，一部分独生子女父母感觉到了养老风险的存在。另一方面，超过一半的城市独生子女父母不担心自己的养老问题。原因可能是，城市社会保障制度的相对完善，大部分城市独生子女父母在退休后，可以领取到退休金或者养老金，这足以维持他们的老年基本生活（唐利平，2010）。另外，总体来讲，我国城乡"二元经济"的存在，相比之下，城市总体经济发展比较好，城市独生子女父母的经济条件也比较好，又因为只抚养一个孩子，可以积蓄一笔资金，能够满足养老所需的经济来源。因此，不觉得养老风险的存在。还可以进一步地解释为：国家在城市构建的公共养老保障计划，已经起到显著作用，其不仅具有经济保障效用，减少了独生子女父母在经济来源上对子女的依赖性，而且增加了城市独生子女父母的养老信心。最后，还有6.2%左右的独生子女父母表示没考虑过自己的养老问题，但没考虑过并不代表他们就不存在养老风险了，也可能与这些人的认知能力、风险识别能力有关。或者相对于其他一些即期风险来说，养老风险是很多独生子女父母管不了的问题。

从独生子女父母对"老年时面临的最主要困难是什么"的回答可知，日常生活照料、生病照料、担心经济生活来源、精神慰藉的比例分别为25.2%、43.6%、7.6%、8.4%，担心人际交往缺乏和生大病费用的比例分别为0.4%和13.2%。日常生活照料和生病照料都可以归为照料一类，比例高达68.8%，担心生大病费用的比例为13.2%，从根本上说也是经济保障问题，人际交往缺乏可以归到精神慰藉一类，那么，独生子女父母面临的风险，经济保障风险为20.8%、生活照料风险为68.8%、精神慰藉风险为8.8%，三者合计的风险高达96.4%。显然，首当其冲的风险就是生活照料风险。这说明，生活照料是独生子女父母养老的最主要困难，也是独生子女父母最大的养老困境。只有一个孩子的事实，并且随着人口流动的增强，这唯一的孩子还可能不在自己的身边；随着独生子女父母年龄的增大，他们身体的机能逐渐下降，对生活照料的需求日益增强，而需要照顾时子女人手又不足。成年独生子女大都有自己的家庭和事业，是否有足够的时间和精力去照顾夫妻双方年迈的父母是一个非常现实的问题，这无疑加大了独生子女父母晚年的生活照料风险。

第三节 独生子女父母养老风险的影响因素

调查数据首先引起我们注意的一个现象就是，只有一小半（23.4%）的独生子女父母对自己的养老问题表示担心，而76.6%的独生子女父母则表示不太担心，即独生子女父母在自己的养老问题上并未像许多学者那样表现出强烈的忧虑。进一步的问题就是，哪些独生子女父母在担心养老问题？或者说哪些因素可以解释独生子女父母的养老风险？

一、个人层面因素

根据交互分析发现，相比男性，女性更担心自己的养老问题，即女性更认可自己的养老风险。这可能是与女性在就业、收入等方面所处的劣势有关，具体结果见表12-2。

表12-2　　　　是否担心自己的养老问题与性别交互分析　　　单位：%

性别	担心	不担心	合计
男	23.1	76.9	100.0
女	23.6	76.4	100.0
总体	23.4	76.6	100.0

表12-3的交互分析发现，年龄越大的独生子女父母越不担心自己的养老问题。即60岁以上的独生子女父母比50岁以下的独生子女父母更不担心自己的养

老问题。这与我们的研究假设相反，其中可能的原因是：相对而言，年轻的独生子女父母认知风险的能力较强，另外，60岁以上的独生子女父母，他们已经进入老年阶段，可能已经退休，已经实实在在地享受到养老保险，故不太担心自己的老年问题。

表 12-3　　是否担心自己的养老问题与年龄交互分析　　单位：%

年龄（岁）	担心	不担心	合计
<50	26.4	73.6	100.0
50~60	22.5	77.5	100.0
>60	20.0	80.0	100.0
总体	23.4	76.6	100.0

表 12-4 的交互分析发现，除了学历为大专的独生子女父母外，文化程度越低的独生子女父母，越担心自己的养老问题，即文化程度越低的独生子女父母越认同自己的养老风险。反之亦然。其中，文化程度为大专的独生子女父母的养老风险状况与样本总体状况相吻合，这是一个值得我们关注的状况。

表 12-4　　是否担心自己的养老问题与文化程度的交互分析　　单位：%

文化程度	担心	不担心	合计
小学及以下	34.0	66.0	100.0
初中	24.0	76.0	100.0
高中或中专	21.9	78.1	100.0
大专	23.4	76.6	100.0
本科及以上	15.4	84.6	100.0
总体	23.4	76.6	100.0

表 12-5 的交互分析发现，从事农林牧渔业的独生子女父母担心自己养老问题的比例为 36.4%，职业为企业工人的独生子女父母担心自己养老问题的比例为 20.7%，党群、公检法、行政事业单位人员担心自己养老问题的比例为 18.9%，个体、商业、服务人员担心自己养老问题的比例为 28.4%，其他为 27.2%。可见，从事农林牧渔业职业的城市独生子女父母最担心自己的养老问题，其次是从事个体、商业、服务业的独生子女父母。党群、公检法、行政事业单位的独生子女父母，其养老担心程度最低。这可能是因为党群、公检法、行政事业单位的人员，其社会地位较高，职业比较稳定，收入也相应较高。另外，这

些人员最可能被覆盖在社会养老保险制度范围之内,且其养老保险待遇较高。农林牧渔业的人员,其参加社会养老保险的可能性较低,被社会养老保障制度覆盖的比例较低且这些行业的收入也较低。个体、商业、服务人员都是灵活就业人员,其职业不稳定,且收入具有较大的弹性,被覆盖在社会养老保险制度范围内的可能性也相对较小。

表 12-5　　　　　是否担心自己的养老问题与职业交互分析　　　　　单位:%

职　业	担　心	不担心	合　计
农林牧渔业人员	36.4	63.6	100.0
企业工人	20.7	79.3	100.0
党群、公检法、行政事业	18.9	81.1	100.0
单位人员	—	—	—
个体、商业、服务人员	28.4	71.6	100.0
其　他	27.2	72.8	100.0
总　体	23.4	76.6	100.0

二、家庭层面因素

独生子女性别对独生子女父母的养老担心程度影响不大(见表 12-6)。按照中国人传统"养儿防老"的习俗,没有儿子的父母要比有儿子的父母更担心自己的养老问题,但出乎意料的是,数据统计结果显示,有儿子的独生子女父母比没有儿子的独生子女父母更担心自己的养老问题。其中原因令人费解,但我们可以看到,传统的依靠儿子"养儿防老"的观念发生了很大变化,现代社会,女性的社会地位不断提高,其有能力赡养自己的父母。另外,这可能因为:抚养儿子成本较高,比如说儿子的结婚费用、婚房购置,父母要花费大部分积蓄;且儿子在感情上没有女儿细腻,女儿更能够给父母带来情感上的慰藉。

表 12-6　　　　　　独生子女性别与养老风险交互分析　　　　　单位:%

子女性别	担　心	不担心	合　计
男	24.0	76.0	100.0
女	22.9	77.1	100.0
总　体	23.4	76.6	100.0

表 12-7 的交互分析发现,晚年经济来源为养老保险的独生子女父母最不担

心自己的养老问题,其次是依靠退休金的独生子女父母,然后是依靠自己积蓄的独生子女父母。依靠政府养老救助的独生子女父母其养老担心比例为32.1%,依靠儿子和女儿供养的独生子女父母养老担心比例分别为45.5%和44.4%,即依靠儿子、女儿经济上供给的独生子女父母其养老担心程度所占比例没有很大的差别,且依靠儿子养老的独生子女父母要比依靠女儿养老的独生子女父母似乎更担心自己的养老问题(略高出1个百分点)。

表 12-7　　　　晚年经济来源与养老风险交互分析　　　　单位:%

经济来源	担心	不担心	合计
自己的退休金	21.6	78.4	100.0
自己的积蓄	31.3	68.7	100.0
靠儿子供给	45.5	54.5	100.0
靠女儿供给	44.4	55.6	100.0
政府的养老补助	32.1	67.9	100.0
养老保险	17.9	82.1	100.0
其他	57.1	42.9	100.0
不知道、没想过	66.7	33.3	100.0
总体	23.4	76.6	100.0

依靠养老保险、退休金养老的方式是社会养老;依靠自我积蓄养老的方式是自我养老;依靠子女养老的是家庭养老,从数据处理结果我们可以很清楚地看到独生子女父母养老风险的状况为:依赖社会养老的独生子女父母的养老风险<依赖自我养老的独生子女父母的养老风险<依赖家庭养老的独生子女父母的养老风险。

三、社会层面因素

目前有养老保险的独生子女父母相对不担心自己的养老问题,目前没有养老保险的独生子女父母更为担心自己的养老问题(见表12-8)。即没有养老保险的独生子女父母要比有养老保险的独生子女父母更为担心自己的养老问题,二者比例相差为14.2%。

表 12 – 8　　　　是否有养老保险与养老风险交互分析　　　　单位：%

养老保险	担　心	不担心	合　计
有	21.6	78.4	100.0
无	35.8	64.2	100.0
总　体	23.4	76.6	100.0

表 12 – 9 的交互分析发现，独生子女父母"养儿防老"观念越强的越担心自己的养老问题，即越认同"养儿防老"观念的、观念越保守的独生子女父母，其养老风险越大。该比例远高于"养儿防老"观念弱的或者不太认同此观念的独生子女父母（几乎高出 8 个百分点）。

表 12 – 9　　　　养老观念与养老风险交互分析　　　　单位：%

养儿防老观念	担　心	不担心	合　计
强	29.6	70.4	100.0
弱	22.7	77.3	100.0
总　体	23.4	76.6	100.0

生活在北京的独生子女父母最担心自己的养老问题，其次是生活在上海的独生子女父母，然后依次是南京、武汉和成都（见表 12 – 10）。由此我们可以看出，生活在北京、上海（直辖市）等一线大城市的独生子女父母要比生活在南京、武汉、成都（非直辖市）的独生子女父母养老风险更大。

表 12 – 10　　　　不同城市与养老风险交互分析　　　　单位：%

城　市	担　心	不担心	合　计
北　京	26.2	73.8	100.0
上　海	25.6	74.4	100.0
南　京	24.2	75.8	100.0
武　汉	21.5	78.5	100.0
成　都	17.6	82.4	100.0
总　体	23.4	76.6	100.0

第四节 独生子女父母养老风险的实证模型

根据前述对独生子女父母养老风险的界定，本节将其具体操作化为1个问题："是否担心自己的养老问题？"回答有非常担心、比较担心、不太担心、根本不担心和没考虑过5个选项。为了操作上的方便，我们将"非常担心"和"比较担心"合并为"担心"，用1表示，将"不太担心"、"根本不担心"和"没考虑过"合并为"不太担心"，用0表示。它将构成我们所要分析的因变量之一。本节试图解释上述因变量受到哪些因素的影响以及各个因素的影响程度。基于城市独生子女父母生活的现状和已有的相关研究结果，我们可以假设：市场经济条件下，城市独生子女父母自身、家庭条件和所处环境越差（如是否享受社会保障制度）、养老观念越是传统，其面临的养老风险就越大，且非经济性风险（生活照料风险）大于经济性风险（经济保障风险）。相应地，个体层面我们选择了性别、年龄、文化程度、职业4个变量；家庭层面选择了是否有儿子、家庭经济来源等7个自变量；社会层面选择了"是否享受养老保险"、地域情况2个变量，养老观念层面选择了"是否年老时主要靠子女来养老"1个变量来考察它们如何对城市独生子女父母养老风险发生作用及其影响程度。研究假设为：(1)个体层面因素（性别、年龄、文化、职业）、家庭层面因素（是否有儿子、晚年家庭经济来源）、社会层面因素（是否享受养老保险、地域情况）、养老观念（是否年老时主要靠子女来养老）对独生子女父母的养老风险都有显著影响；(2)女性、年龄越大、受教育水平越低、职业越不稳定的独生子女父母越认同自己的养老风险；(3)与独生子相比，独生女父母的养老风险认知越强；(4)经济来源越不稳定的独生子女父母养老风险认知越强；(5)没有养老保险的独生子女父母养老风险认知越强；(6)年老时依靠子女养老观念越强的独生子女父母养老风险越大。

本节因变量为虚拟变量。自变量中，独生子女父母性别、是否有儿子、是否享受养老保险、养老观念"是否年老时主要靠子女来养老"、晚年家庭经济来源、职业、地域情况可以转换为虚拟变量；年龄为定距变量，文化程度为定序变量，可以将其看做定距变量进行回归模型分析。笔者利用SPSS软件，采用交互分析和Logistic回归分析的方法，来考察城市独生子女父母的养老风险和各个自变量对养老风险的影响程度。

一、独生子女父母养老风险回归模型

通过交互分析发现,独生子女父母的养老风险受到多个因素的影响,交互分析不能明确各个变量的显著程度,那么哪个变量的影响显著呢?从引进的三个层面共 15 个变量来对独生子女父母的养老风险所进行的 Logistic 回归分析中,年龄、是否享有养老保险、晚年经济来源依靠退休金、晚年经济来源依靠养老保险四个变量非常显著或者比较显著,模型总体也具有很高的显著水平(Sig = 0.003)。这说明模型具备一定的解释力。回归分析结果详见表 12 - 11。

表 12 - 11　　养老风险与各个自变量的 Logistic 回归

	自变量	B	S. E.	Wald	df	Sig.	exp(B)
个人层面因素	性别	-0.034	0.176	0.038	1	0.846	0.966
	年龄	-0.317	0.198	2.570	1	0.109	0.729
	文化程度	-0.137	0.119	1.314	1	0.252	0.872
	职业	-0.382	0.182	4.401	1	0.036	0.683
家庭层面因素	是否有儿子	0.055	0.175	0.101	1	0.751	1.057
	依靠退休金	-2.054	0.855	5.772	1	0.016	0.128
	依靠积蓄	-1.705	0.930	3.365	1	0.067	0.182
	依靠儿子	-1.030	1.047	0.968	1	0.325	0.357
	依靠女儿	-1.094	1.090	1.007	1	0.316	0.335
	依靠政府救助	-1.871	0.963	3.778	1	0.052	0.154
	依靠养老保险	-2.423	0.933	6.747	1	0.009	0.089
	其他	-0.637	1.146	0.309	1	0.578	0.529
社会层面因素	享受养老保险状况	0.316	0.252	1.569	1	0.210	1.371
	养老观念	0.298	0.279	1.137	1	0.286	1.347
	地域因素	0.321	0.178	3.269	1	0.071	1.379
	常数项	1.416	1.111	1.625	1	0.202	4.121

注:-2 log likelihood = 837.980,df = 15,Sig = 0.003。

在模型中,职业对养老风险的影响也比较显著(显著度为 0.036),而且回归系数为负值,说明职业不是党政、事业单位、企业职工的独生子女父母更为担心自己的养老问题。这一结果与我们的研究假设相符,即党政、事业单位、企业职工等职业稳定、收入来源有保障的独生子女父母不担心自己的养老问题;而不属于这一群体的个体经营者、商业人员、服务人员等职业不稳定、收入来源弹性大的独生子女父母养老风险更大。其他的 5 个作用显著的自变量之中,我们首先应予以关注的是晚年经济来源是养老保险和退休金这 2 个变量(显著度分别为 0.009 和 0.016),这表明,晚年经济来源稳定、有制度保障的独生子女父母不担心自己的养老风险,这与我们的研究假设相符。一个可能的原因是,我们在城市建立的社会养老保险制度起到了巨大的作用,增加了独生子女父母养老的信心,降低了独生子女父母的养老风险。晚年经济来源依靠自己的积蓄、经济来源依靠政府救助,这 2 个变量也非常显著(显著度分别为 0.067 和 0.052),而且回归系数都为负值,说明经济来源不是靠自己的积蓄和政府救助的城市独生子女父母更担心自己的养老风险。最后一个显著变量是地域因素(显著度为 0.071),且回归系数为正数,这说明,生活在北京、上海等直辖市的独生子女父母比非直辖市的独生子女父母更担心自己的养老问题。北京、上海作为我国的一线大城市,其生活成本大、生活压力大,养老的成本也高,而南京、武汉、成都等非直辖市的省会城市,其经济相对北京、上海落后,生活节奏稍慢,养老成本相对较低。

二、经济保障风险的回归模型

既然一部分独生子女父母担心自己的养老问题,且养老保险显著影响独生子女父母的养老问题。那么,我们想进一步弄清楚,一部分独生子女父母不担心自己的养老问题,是不是因为经济上有养老保险的保障,所以才不担心自己经济层面的养老呢?我们知道,养老包括三个层面的内容,即经济供给、生活照料和精神慰藉。那么,由此产生的另一个问题是:养老的其他两个层面呢?独生子女父母是否担心呢?为了弄清独生子女父母到底最担心养老的哪个层面,我们进一步提出问题,"你们年老时,养老的最主要困难是哪个方面?"回答选项有:(1)生病照料;(2)日常生活照料;(3)经济来源;(4)精神慰藉;(5)人际交往缺乏;(6)生大病的费用;(7)其他。根据表 12-12 中独生子女父母的回答,我们可以看出,选择生病照料的比例最高,其次是日常生活照料,再其次是生大病的费用,然后是精神慰藉,最后才是经济来源。即生病照料 > 日常生活照料 > 生大病的费用 > 精神慰藉 > 经济来源 > 其他。这说明,与经济层面的养老风险相比,独生子女父母更担心自己晚年照料层面的风险问题。另外一个问题,经济层面的养老问题被独生子女父母排在一个相对靠后的位置,即大部分独生子女父母不担心自己的养老问题,可能是因为他们不担心自己的养老经济来源问题,为什么不担心自己的养老经济来源问题呢?哪些因素使得独生子女父母不担心自己的养老经济来源问题?是与我们假设的城市大部分独生子女父母都有养老保险相关吗？为此，我们进一步细化因变量，"你担心自己晚年时，子女在经济上不能支持你们的养老问题吗"？

表12－12　　　　　　　养老面临的最主要困难　　　　　　　单位：%

选项	占比
生病照料	43.6
日常生活照料	25.2
经济生活来源	7.6
精神慰藉	8.4
人际交往缺乏	0.4
生大病的费用	13.2
其他	1.6
总计	100.0

统计结果表明（见表12－13），年龄、文化程度、是否享有养老保险、晚年经济来源依靠退休金、晚年经济来源依靠自己的积蓄、晚年经济来源依靠养老保险等6个变量非常显著或比较显著，模型总体也具有很高的显著水平（Sig. = 0.000），说明模型具备一定的解释力。

在模型中，是否享有养老保险状况对养老经济保障风险的影响非常显著（Sig. = 0.015），说明目前覆盖在养老保险制度范围内的独生子女父母不担心子女在经济上的支持。目前没有享受养老保险的独生子女父母，其担心子女不能在经济上支持自己的比例是目前享受养老保险的独生子女父母的2.022倍。年龄、文化程度对养老的经济风险也比较显著（显著度分别为0.012和0.040），而且回归系数为负值。这说明年纪越轻的独生子女父母越担心子女在经济上不能支持自己，文化程度越高的独生子女父母越担心子女在经济上不能支持自己。养老观念这个自变量也有显著影响（显著度为0.000），这说明，"养儿防老"观念越强的独生子女父母越担心子女不能在经济上支持自己，且"养儿防老"观念越强的独生子女父母其养老经济风险是"养儿防老"观念弱的独生子女父母的2.945倍。

晚年经济来源是自己的退休金、自己的积蓄和自己的养老保险的父母不担心子女不能给自己提供经济上的支持。这说明，在经济上独立的城市独生子女父母不担心子女的经济支持，能够做到经济上自己养活自己，做到经济上的独立。

表 12-13　　经济保障风险与各个自变量的 Logistic 回归

	自变量	B	S.E.	Wald	df	Sig.	exp（B）
个人层面因素	性别	-0.296	0.221	1.786	1	0.181	0.744
	年龄	-0.614	0.245	6.283	1	0.012	0.541
	文化程度	-0.318	0.155	4.228	1	0.040	0.727
	职业	-0.272	0.229	1.410	1	0.235	0.762
家庭层面因素	是否有儿子	-0.325	0.223	2.123	1	0.145	0.722
	依靠退休金	-1.416	0.795	3.168	1	0.075	0.243
	依靠积蓄	-1.550	0.930	2.776	1	0.096	0.212
	依靠儿子	-0.598	1.065	0.316	1	0.574	0.550
	依靠女儿	-0.757	1.083	0.489	1	0.484	0.469
	依靠政府救助	-1.504	0.970	2.405	1	0.121	0.222
	依靠养老保险	-1.546	0.902	2.940	1	0.086	0.213
	其他	-0.954	1.195	0.638	1	0.424	0.385
社会层面因素	享受养老保险状况	0.704	0.289	5.939	1	0.015	2.022
	养老观念	1.080	0.297	13.250	1	0.000	2.945
	地域因素	0.057	0.226	0.065	1	0.799	1.059
	常数项	1.158	1.182	0.959	1	0.327	3.183

注：-2 log likelihood = 585.597，df = 15，Sig = 0.000。

三、生活照料风险与影响因素分析

回归模型显示（见表 12-14），独生子女父母性别、年龄、文化程度显著影响养老的生活照料风险。具体来说，男性、年龄越大的、文化程度越高的独生子女父母更担心自己的养老生活照料层面的风险。可能的解释是：生活照料的职责一般由女性承担，这对一些独生子女父亲来说，感觉不是很方便；年龄越大的，随着身体机能的老化，各种疾病接踵而至，对生活照料的需求相对增加；相对于年轻的独生子女父母，年老的独生子女父母其担心养老生活照料层面的风险是年轻独生子女父母的 1.042 倍；文化程度越高，他们更追求生活照料上的舒适，另外，文化程度越高，风险认知能力也越强。如果说经济上的需求是满足人类生存的需要，那么，对子女生活照料的需求则反映了独生子女父母更高一级的需要。文化程度高的独生子女父母更追求子女在自己晚年的时候能够为自己提供更高一级的照料，而他们又深知完全寄希望于子女来提供生活照料这是可望而不可即的事情，所以他们更担心自己老年的生活照料风险。文化程度高的独生子女父母的养老生活照料风险是文化程度低的独生子女父母的 1.111 倍。除了这三个变量起影响作用外，其他变量基本没有发挥作用。

表 12-14　　生活照料风险与各个自变量的 Logistic 回归

自变量	B	S.E.	Wald	df	Sig.	exp（B）
性别	0.301	0.213	1.004	1	0.042	1.238
年龄	0.041	0.242	0.140	1	0.095	1.042
教育	0.229	0.135	0.606	1	0.018	1.111
职业	0.107	0.227	0.224	1	0.636	1.113
是否有儿子	-0.315	0.212	2.217	1	0.136	0.730
依靠退休金	0.508	1.265	0.161	1	0.688	1.662
依靠积蓄	1.243	1.402	0.786	1	0.375	3.466
依靠儿子	-0.713	1.475	0.234	1	0.629	0.490
依靠女儿	-1.112	1.456	0.583	1	0.445	0.329
依靠政府救助	-0.720	1.391	0.268	1	0.604	0.487
依靠养老保险	0.132	1.307	0.010	1	0.920	1.141
其他	0.214	1.773	0.015	1	0.904	1.239
享受养老保险状况	0.412	0.346	1.417	1	0.234	1.509
养老观念	0.123	0.375	0.108	1	0.743	1.131
地域因素	0.112	0.216	0.266	1	0.606	1.118
常数项	-0.447	1.568	0.081	1	0.776	0.640

注：-2 log likelihood = 1104.125，df = 15，Sig = 0.037。

前述研究表明，独生子女父母面临的养老风险首当其冲的是生活照料风险。只有一个孩子的事实，使独生子女父母缺乏生活照料的基本人力资源。在他们生病需要照料时，或当他们年龄大了，生理功能不断老化而需要日常生活照料时，身边却缺乏照料的人手。同时，随着人口流动的加剧，这唯一的孩子还可能不在自己身边。另外，社会竞争的加剧，子女一方面要追求自己事业上的成就和工作上的满意，一方面还有自己的小家庭需要照顾，如此这般，子女还有没有时间去照顾自己老年的父母呢？这个问题，即使享受养老保险、退休金也不能解决独生子女父母对生活照料的需要。或者独生子女父母可以通过购买第三方服务来解决自己的生活照料问题，但这代替不了独生子女父母对自己一手抚养大的孩子亲自反哺自己的需要。那么，随着独生子女父母年龄的增大，对照料的需求更是迫切和必要，他们该怎么办呢？他们会接受第三方服务，理解子女不能照料自己的苦衷吗？

数据结果显示，有 20% 左右的独生子女父母表示肯定会去养老院、敬老院养老；40% 左右的独生子女父母表示可能会去，另外有 20% 左右的独生子女父母表示说不清，7% 的独生子女父母表示不太可能会去，而 13% 左右的独生子女父母则明确表示不会去养老院、敬老院养老。这说明，一方面，部分独生子女父母在观念上不能接受机构养老，同时，机构养老接受度同样受制于养老机构自身的发展。另一方面，肯定去敬老院、养老院养老的城市独生子女父母占了 20% 左右，这个比例相当高，说明相当部分独生子女父母观念的进步，他们并不是一味地需要"养儿防老"，显示了在养老这个问题上他们的开明性。而 40% 左右的独生子女父母表示可能会去敬老院、养老院养老，20% 的独生子女父母在这个问题上表示说不好，反映了这部分独生子女父母思想上的矛盾性和挣扎性。其中可能的原因是：一方面，按照中国人传统的观念，他们内心深处希望自己的孩子能够照顾自己的晚年生活，在自己的家中享受"天伦之乐"；另一方面，从现实出发，作为一个"理性人"，他们也明白，完全寄托希望于子女的照顾是不切实际的。在一个充满激烈竞争和高度流动性的现代社会，独生子女有自己的事业和家庭，如果非要住在家中享受子女提供的照料，这将给独生子女带来养老抚幼的双重负担。他们是怀着对子女的体谅、不忍心给子女添麻烦，站在子女角度，为子女着想，做出这个无奈选择的。那么，到底是不是这样呢？他们做出这个选择的真实想法真的是这样吗？

我们进一步提出问题：对于子女将老人送往敬老院、养老院，人们的看法不同，你的看法是什么？这些看法有：（1）这是对老人不孝顺的表现；（2）这是推卸赡养父母责任的行为；（3）这是子女无能力、没有用的表现；（4）这可能是最现实的解决养老的办法。回答选项分别为：同意、比较同意、不太同意、不同意和说不清。数据统计结果显示，51.1% 的独生子女父母不同意这是对老人不孝顺的表现；53.0% 的独生子女父母不同意这是推卸赡养父母责任的行为；52.9% 的独生子女父母不同意这是子女无能力、没有用的表现。即在"对于子女将老人送到敬老院、养老院"这个问题的看法上，超过一半的独生子女父母都不认同以上三种观点，统计结果详见表 12-15。

表 12-15　　对于子女将老人送往敬老院、养老院的看法　　单位：%

看法	同意	比较同意	不太同意	不同意	说不清	合计
这是对老人不孝顺的表现	6.1	6.7	29.4	51.1	6.7	100.0
这是推卸赡养父母责任的行为	7.2	7.1	27.9	53.0	4.9	100.0
这是子女无能力、没有用的表现	6.2	8.9	26.2	52.9	5.9	100.0
这可能是最现实的解决养老办法	43.6	33.1	11.0	7.8	4.5	100.0

在"这可能是最现实的解决养老办法"一项（见表 12 – 15），43.6% 的独生子女父母同意这个看法，还有 33.1% 的独生子女父母表示比较同意这种看法，我们可以理解为，77.7% 的独生子女父母都认为子女将老人送往敬老院、养老院，这是不得已的情况；不管是独生子女父母还是独生子女自己，这都不是他们主观上愿意的，而是现实所迫。或者说，那些选择去敬老院、养老院的独生子女父母并非是他们完全心甘情愿的，而是他们基于现实，所作出的解决养老生活照料问题所做的无奈选择。他们并不认为这是子女不孝顺、子女推卸赡养责任、子女没有能力，而是认为这可能是最现实的解决养老照料的办法。由此引发的问题是，当一个社会的大多数独生子女父母都考虑去养老院、敬老院等机构中养老时，我们的社会机构养老能否容纳如此众多的需求者且机构养老能否提供足够完善的养老照料服务体系？现在我们假设社会能够提供足够多且合适的养老机构（姑且不去考虑这种假设能否实现），但我们可以想象，如此众多的独生子女父母住在社会养老设施里度过晚年，如此众多的成年独生子女在忙于工作时却不得不为自己的父母养老牵肠挂肚时，这又是怎样的一种社会景象？总之，在我们目前的社会境况下，对于大多数独生子女来说，其父母养老将成为令人忧虑的事情。不久的将来，当一个多亿家庭的两个多亿老人在其生命的最后历程中，多数人将不得不面临艰难的养老选择困境时，不能不说这是一种社会性的困窘与悲哀（周长洪，2009）。那么，以人为本，在我们构建和谐社会的同时，我们到底应该怎样解决这部分独生子女父母的生活照料问题呢？

四、其他养老保障需求分析

精神慰藉层面是养老保障的一个较高层面，在实践操作过程中，很难把握，不容易把它具体为一个量化指标，学者们对此方面的研究较少。另外，根据马斯洛（Abraham Harold Maslow）的需求层次论，需求有层次之分：（1）生理上的需要。这是人类维持自身生存的最基本要求，包括食物、水等维持人体生存必须具备的因素。经济保障属于此种层次的需要。（2）安全上的需要。这是比经济保障高一层次的需要，包括人身安全、健康保障等。生活照料属于此种范畴。（3）情感和归属的需要。（4）尊重的需要。（5）自我实现的需要。这都属于精神层面的需要，也是较高层次的需要。马斯洛从人的需要出发探索人的激励和研究人的行为，抓住了问题的关键。他认为人的需要是由低级向高级不断发展的，一般来说，某一层次的需要相对满足了，就会向高一层次发展。

按照需求的先后顺序，养老的最后一个层面是精神赡养的层面，同时，精神赡养也是一个比较高级的层面。理论上来说，大多数城市独生子女父母享有养老金、养老保险待遇,这就基本解决了他们晚年经济来源上的后顾之忧,也就是说养老第一层次的需要基本得到满足了;在生活照料方面,由于城市独生子女家庭存在着子女数量少,晚年缺乏人手给予生活上的支持,故他们对生活照料这个问题还比较担忧,也就是说第二层次的需要目前还没有得到满足。而作为第三层次的需要,精神赡养的需要还不在大多数人的考虑范围之内。这同时也说明,经济性的养老保险制度是一个文明社会基本的保障制度,而精神层面的养老保障则是一个社会文明程度发展到更高一级的反映。在我们的现实社会中,不能否认的是,依然有相当规模和比例的独生子女父母在养老保险制度覆盖范围之外,这个比例高达13%左右。同时,我们也注意到,精神赡养问题能不能得到妥善解决将越来越深刻地影响独生子女父母晚年的生活质量。不少年轻人,在家中很少与老人进行语言上的交流。上海市老年人的一项养老调查表明,子女与老人不交谈的占23.6%,较少交谈的占40.39%,而经常交谈的仅占35.81%(穆光宗,2007)。而我们在五大城市的调查也发现,在平时日常生活中,只有36.6%的独生子女父母认为儿子能够理解自己,一般理解的占了7.6%,而不能理解自己的比例高达55.8%。此外,独生子女父母认为女儿能够理解自己的比例为41.2%,一般理解的为5.8%,其余53%的比例为不能够理解自己。相比之下,女儿似乎比儿子更能够理解父母的心理、更能够满足父母精神上的需要。但实际上这个区别很小,因为儿女不能理解父母的比例都超过了50%。这说明,在当前,超过半数的独生子女对父母的精神赡养问题不够重视。在相当一部分独生子女的眼中,以为让老人吃好、穿好就行了,每个月给父母零花钱就算孝顺到家了。

其实,老年是人生中一个比较脆弱的阶段,也是一个不断遭遇丧失的阶段。譬如角色的丧失、收入的丧失、健康的丧失、人际关系的丧失、亲人的丧失、理想的丧失等。到一定程度,深陷丧失困境的老人就会出现孤独寂寞、无聊苦闷等不良心理反应。尤其是从紧张的工作角色中淡出以后,更让老年人觉得天地小了、感觉淡了、心气低了(穆光宗,2007)。对于独生子女父母来说,这就更需要加强对其精神层面的赡养。

第五节 本章小结

一、研究结论与讨论

本章的研究结果表明,城市独生子女父母的养老风险并不像一些学者渲染的那样大。从养老的三个方面即经济保障、生活照料和精神慰藉来说，居于首位的是城市独生子女父母面临的生活照料风险，其次是经济保障风险，最后才是精神慰藉风险。进一步分析城市独生子女父母养老风险的影响因素，发现养老保险对城市独生子女父母养老风险和经济保障风险都有显著影响。即养老保险的存在降低了独生子女父母养老经济层面的风险，而养老保险对城市独生子女父母的生活照料风险没有显著作用，也就是说养老保险的存在并没有降低城市独生子女父母的生活照料风险。

由于国家最先在城市构建我国的社会保障体系，尤其是政府强制性的社会养老保险制度的完善，广大城市独生子女父母都在此体系覆盖范围之内（独生子女父母享有养老保险的比例高达87%左右），而正是由于养老保险的存在，降低了城市独生子女父母在养老问题上对子女的经济依赖性，增强了城市独生子女父母的养老信心，减少了城市独生子女父母的养老焦虑。唐利平（2010）认为，养老保险不仅具有经济效用，而且具有信心效用。本章的研究结果也表明，社会养老保险已经对城市独生子女父母产生显著性影响，有效降低了城市独生子女父母的养老风险，尤其是养老的经济层面风险。在经济层面上给独生子女父母打了一针"强心针"，增强了其养老的经济信心。可以说，养老保险的效用不仅仅局限于其本身的"保障水平和能力"层面，而且还扩展延伸到了养老信心和养老安全感的层面。由此可见，城市社会养老保险制度的推广和完善确实实提升了城市独生子女父母的养老信心，是增强其养老自立性的可行性措施之一。但是一个我们不能忽视的问题是，养老保险的存在并未改变独生子女父母对子女生活照料的依赖，或者说并没有降低城市独生子女父母的生活照料风险。社会养老保险可以改变城市独生子女父母对子女经济上的依赖，表现出一定的经济效用和信心效用，但是，并不意味着养老保险同样会影响他们的养老生活照料问题。我们的研究表明，无论是否参加养老保险，对独生子女父母的生活照料都没有显著作用。这意味着城市独生子女父母的生活照料不是只有一个社会养老保险就能解决的，还需要从其他角度去考虑。

针对以上数据分析和研究结论，尚需就以下几个问题进一步讨论：

第一，如何化解城市独生子女父母的生活照料风险。生活照料并不完全是经济条件好就能化解的问题。即使经济条件好，可以通过购买第三方服务，比如说入住养老院、敬老院等机构去解决这个问题，但是这恐怕也只是一个无奈的选择，独生子女父母需要的是子女能够在自己晚年时提供生活上的舒心照料和体贴关怀，这是金钱或入住机构养老所不能代替的。

第二，如何解决城市独生子女父母的精神赡养问题。精神层面的养老是一个社会文明程度的体现，在构建和谐社会的同时，以人为本是我们建设和谐社会的一个追求，占社会很大人口比例的老年独生子女父母，其精神需要得不到满足，这是一个不容忽视的问题，是与我们和谐社会的目标不符的，这需要我们去反思，去思考。

第三，对我国人口生育政策的反思。城市独生子女父母生活照料风险之所以处于首当其冲的位置，与我国的人口生育政策密不可分。我国自20世纪70年代末实行强制的计划生育政策以来，产生了大量的独生子女家庭，改变了我国的传统家庭结构，使得独生子女父母缺乏传统家庭养老的客观基础；只有一个孩子的现实使得当独生子女父母生病入院或生活不能自理时，不像传统的多子女家庭，兄弟姐妹可以轮流照顾；如今，他们只有一个孩子，在他们需要时，独生子女主观上愿不愿意照顾，客观上能不能照顾，都是摆在他们面前的非常现实和难以解决的问题。

二、独生子女父母养老风险的规避

城市，尤其大城市是中国独生子女父母聚集的地方，独生子女父母的养老问题将成为中国大城市中一个重要的社会现象。独生子女父母已经为中国的人口政策的实施做出了巨大的贡献，如何在独生子女父母养老高峰期到来之前未雨绸缪，使独生子女父母能够安度晚年，不仅有助于缓解独生子女父母养老高峰对我国社会经济生活所带来的冲击和影响，而且有助于和谐社会的构建。下面分六个部分为独生子女父母的养老构建一个完整的养老风险应对体系。

（一）完善城市独生子女父母社会养老保险制度

从本质和实施来讲，计划生育这一基本国策是中华民族的现实利益和长远利益使然，是带有全局性、根本性的大政方针。也就是说，这项政策即使与一部分人的生育利益不一致，也要服从整个国家的整体利益。既然个人响应了国家号召，放弃了在生育上的权利和选择，既然执行计划生育政策的独生子女父母为国家的利益做出了贡献，国家和政府就有义务和责任，对做出贡献的对象进行奖励。换句话说，就是独生子女父母的节育行为具有正外部性，一般的正外部性是主体自利行为的派生结果，而大部分独生子女父母的节育行为是为了积极响应国家的号召，不是自己自主决策、自愿行为的结果。在这种情况下，独生子女父母节育的正外部性是建立在自己利益受损的基础之上。他们牺牲了自己的生育意愿服从了国家的人口政策。那么，从本质上来看，养老保障可以看做是一种收入转移制度。传统的多子女家庭，家庭养老保障制度主要是依靠家庭内部的转移性收入（主要表现为子女对老年父母的赡养）；而现代社会保障制度，具体到养老保险制度，是社会转移收入的变现，其范畴超越了家庭内部的转移支付，是整个社会范围内的收入转移。只有一个孩子的现实，使独生子女父母从家庭内部得到的转移性收入降低，所以独生子女父母的社会转移性收入应该得到提高。我们的研究发现，政府在城市建立的社会养老保险制度已经对独生子女父母的养老起到了显著影响作用，养老保险的存在，增进了独生子女父母养老的信心，不仅从经济方面，而且在观念方面也降低了对子女养老的依赖。在中国，社会保障是每一个公民应享有的基本权利，不仅独生子女父母可以享有，非独生子女父母也可以享有。本章要强调的是独生子女父母养老保障的权利，不仅是作为公民普惠制的享有，而且是因为他们为国家的人口控制所做出的贡献而享有。虽然大多数城市独生子女父母基本上在退休后都可以享受到普惠制的养老保障制度，但不排除一部分独生子女父母不在该制度的覆盖范围之内。对于这部分独生子女父母，他们不仅没有农村老年人晚年赖以生存的土地作为保障，也被排除在城市社会养老保障制度覆盖范围之外。他们的晚年生活令人忧心。鉴于此，应尽快将此类独生子女父母纳入社会养老保障制度之内，这是基本面的保障。除此之外，更高水平的保障是，在城市独生子女父母社会养老保障制度的基础上，还应建立一个统一标准的、高覆盖率的、独立于单位之外的独生子女父母奖励补助政策的单独子项目，作为普惠制养老保险制度的补充，将独生子女父母纳入该体系，作为对独生子女父母正外部性行为的补偿。"统一标准"是指全国要统一政策、统一标准，无论是发达地区，还是不发达地区，无论是东部、中部，还是西部，奖励补助的最低标准都应统一。"高覆盖率"就是只要是独生子女父母，在年老、达到国家规定的法定年龄时，不论其是否就业，也不论其在何种单位就业，都可享受到最低标准的奖励补助。"独立于单位之外"，就是由单位出资奖励变为由以中央和省市自治区财政为主、区县财政和所在单位为辅的奖励模式。这是一种针对城镇独生子女父母，当其达到退休或法定年龄后，以中央或者省级财政为主的资金分担机制给予年老奖励补助的独生子女父母计划生育保障制度。这一政策的实施有利于化解城镇独生子女家庭的养老风险、有利于确保独生子女家庭分享改革发展的成果，对解决现行政策中的实际问题，保持社会稳定、和谐具有无比的紧迫性。同时，实施这项政策创新的条件也已经具备（李通屏，2008）。

（二）建立独生子女意外伤亡基金、亲情和关爱机制

天有不测风云，人有旦夕祸福。只有一个孩子的现实，使独生子女家庭结构简化到极致，这种家庭结构蕴藏着巨大的风险。上海市社会科学院的左学金研究员就曾指出，假若一个活产子女在成年前夭折的概率是5%，那么，生育1个子女的家庭比生育2个子女的家庭，其所面临的风险要大20倍（穆光宗，2009）。

2008年5月12日,突如其来的汶川大地震再次提醒我们生命的无常、独生的风险。这次大地震发生的时间恰好是学校的上课时间,很多学生都不幸遇难,这些遇难的学生中有为数不少的独生子女。独生子女的意外伤亡,对其父母的打击几乎是毁灭性的。著名文化学者于丹在电视直播节目中说:"因为我是为人父母者,失去孩子就等于失去了一切。我记得当时看到那些母亲们手里拿着留在现场的书包,却无法看到自己的孩子,他们还被埋在废墟堆里,那时候我的眼泪就哗啦啦地下来了。"汶川大地震后,对于在地震中丧失子女的家庭,国家政策允许再生一个孩子。但是,年幼的独生子女伤亡,其父母也许还有机会再生一个;若大龄独生子女意外伤亡,那么即使政策允许再生,而因其父母年龄已大,也往往会丧失生育的可能性。对于这一种家庭,他们该如何面对生活呢?他们的养老又该怎么办呢?我们的研究发现,有一个孩子时,独生子女父母还是非常担心自己的生活照料问题的,那么,当这唯一的孩子意外伤亡时,且不说满足独生子女父母生活照料的问题,单从精神层面来说,其对独生子女父母就是一个沉重的打击。这就迫切地要求我们建立独生子女意外伤亡基金,亲情和关爱机制。

建立独生子女意外伤亡基金,对于独生子女出现意外伤亡,其父母不再生育或者不准备领养的家庭,应一次性给予一定的经济补偿;对于已经生育或领养一个孩子的家庭,以为现有子女提供保健服务为主。补偿额的设置,对于能够享受到老年社会保障的城镇职工来说,应补给其一笔相当于晚年长期雇用一个家庭保姆的费用;而对于基本丧失劳动能力却又没有享受到养老保障条件的城乡居民,国家和社会应承担起这部分独生子女父母的基本生活费用(含老年服务费用),使其生活和养老水平高于当地居民的平均水平。此外,经济上的扶助固然重要,但是我们不能忽视丧失子女的独生子女父母精神上的需要,我们还要对他们的精神慰藉做好合理的安排。政府应动员社会力量建立亲情关怀机制,大力抚慰独生子女意外死亡的家庭。独生子女意外伤亡后,其父母的心理和生理健康都会出现比较大的波动,严重的还会导致精神错乱、早衰死亡。因此,政府和社区组织应创造有利条件,关注他们的心理变化,主动体贴关心他们的生活,宽慰他们、帮助他们转移注意力,对他们的心理进行辅导和调适,帮助丧失子女的独生子女父母重新融入社会,树立生活的信心和勇气。比如说,可以发挥非政府组织(NGO)作用,倾注人文关怀,建立"情暖空巢"项目,具体做法如下:将符合条件的独生子女父母进行登记造册,每月对他们进行一次走访慰问,拉拉家常、做做家务等,每季度对他们进行一次疾病预防体检;在他们生病住院期间,陪同挂号问诊、住院陪护等。每年春节时候,深入这部分家庭,帮助他们贴贴对联、聊聊天,看看春节晚会等,减少其孤独感(李兰永、王秀银，2008）。

（三）构建多元独生子女父母生活照料、精神慰藉体系

要解决独生子女父母的生活照料、精神赡养问题，我们一方面要提供和完善对老年人的社会服务，发展各种形式的养老院、敬老院、福利院、托老所和老年公寓等，充分发挥社会养老服务机构的功能。另一方面我们还要大力发展"居家养老＋社区助老服务"。相比前者，其优势一是方便，二是亲切，让老年人生活在熟悉的生活环境里，在心理上容易使老年人产生认同感和归属感；三是经济实用，养老成本较低，同时又能发挥社区老年人互相帮助的优势。这无论是对老年人、对家庭还是对社会来说，都是最好的选择。通过建立多形式、多渠道、多层次的社区服务体系，为老年人创造一个安度晚年的场所。具体来说，社区要给老年人提供活动的空间，包括基本的活动场所和娱乐设施；要给老年人提供人文关怀，比如举办社区老年大学；还有，要给老年人提供医疗保障，社区配备家庭医生，提供社区卫生医疗服务等。总之，完善的社区服务要提供包括衣食住行、休闲娱乐、学习教育、医疗保健、生活援助等适合老年人需要的服务及设施。让生活在其中的老年人在需要时能很方便地接受到和享受到这种服务。通过建立功能完备、设施齐全的社区养老服务网络，充分发挥其辐射功能，惠及生活在网络中的所有老人；对一些生活不能自理的独生子女父母，在子女不在身边或者不能很好地照顾老人的情况下，提供及时有效、价廉质优的服务。比如说可以提供老年饭桌、老年日托中心、老年活动室、老年病急诊中心等。此外，要解决老年人的精神赡养问题，仅靠社区、子女给予单方面的付出也还是不够的，独生子女父母自己也要争取做到精神上的自养，自立自助、自爱自乐、自强自理。最后，我们也可以借鉴日本的护理保险制度。日本为了缓解子女因为工作和生活上的矛盾，满足老年人日常照料以及健康护理上的需求，于2000年通过了《护理保险法》。护理保险制度的对象是40周岁以上的人，当他们因卧床不起、痴呆等原因需要起居护理或者需要有人帮助料理家务和日常生活时，可以得到护理保险服务。护理保险服务是涵盖保健、医疗、福利在内的综合服务，主要包括居家服务和设施服务两个方面。居家服务是指被保险人大部分时间住在自己家里接受各种服务。服务种类大致有：护理（家庭服务员）、帮助洗浴、帮助康复等。设施服务指的是被保险人入住到各种福利设施的服务。具体有：护理老人福利设施（特别养护老人之家）、护理老人保健设施（老人保健设施）、护理疗养型医疗设施等。在这种情况下，老年人既可以通过付费在家接受来自他人的日常生活、健康、身体康复等方面的照顾，又可以享受到家庭的天伦之乐，得到生活上的照料、精神上的慰藉和心理上的支持，这些都是符合中国传统家庭养老的养老模

式。另外，护理保险制度更有利于和子女分开居住的独生子女父母，虽然分开而居的养老模式在一定程度上限制了家庭养老的精神慰藉功能，但是标准化、规范化的护理保险可让独生子女父母享受到优质的服务，同时也可以让其子女更加放心地在外工作。

（四）转变养老观念，从"依赖养老"到"独立养老"

虽然我们要求社会要宣扬"尊老、敬老、爱老"的观念，教育我们的年轻人要尊敬老人、照顾老人、赡养老人，但这并不是说让独生子女父母放弃"自我养老"，加重对子女的依赖。就像对青年人的宣传教育一样，我们也要对独生子女父母进行宣传和教育，帮助他们改变传统的养老观念，在思想上有意识地促进由"依靠子女"向"依靠自己"的转变，在生活中，变"依赖养老"为"独立养老"。独立自主，自力更生。主观上减少对子女的期望，没有期望就没有失望，期望越大失望也就越大，降低期望就会减少失望。简言之，老年人要在思想上、精神上树立起不依赖子女的观念，比如说：老年人和子女分开生活是正常的；老年人自我养老、独立养老以及老年夫妇互助养老等都是最主要的养老形式，也是最正常的养老形式；老年人到各种养老院、敬老院、老年公寓、托老所等机构养老是一种正常的养老方式，也是老年生活方式的一种正常的和合理的选择；子女不经常回家看望老年父母是正常的。

纵观独生子女父母的生命历程，就会发现，他们这一代人绝大多数经历了我国历史上几个重要的转折点：在青少年时期，在求学阶段，经历了"文化大革命"的变动，有的中途停止学业，有的虽然接受了教育，但教育内容和教育方式都是有很大缺陷的。正像慈勤英教授所说，"'文革'以一种匪夷所思的方式剥夺了他们的实际教育权，使他们失去了受教育的机会和受教育的最佳时机"（慈勤英，2002）。我们的调查也发现，独生子女父母的教育程度不高，大多是初、高中文化程度，能够接受大专以上教育的比例不到10%（9.3%）。他们的职业也多以企业工人为主，比例高达一半以上。先天教育的不足，使大多数独生子女父母都从事传统的、技术含量低的工作，如纺织、煤炭等行业的工作。在中年时期，在职业发展的历程上，又恰逢我国国有企业改革，1997年，国企改革正式拉开序幕，先天教育不足、技术结构单一、已跨入中年阶段的这代人中有为数不少的独生子女父母作为企业冗余人员，被清理出原来的工作岗位，并逐渐沉淀为一个相对固定的失业、下岗群体（赵莉莉，2006）。下岗的这部分人，长期以来在我国计划经济就业体制的庇护之下，他们缺乏失业风险的意识，再加上他们自身文化程度偏低、技能单一、年龄又大了，失业以后他们很难再找到一份新的合适的工作。所有这些都说明，独生子女父母积蓄有限，但城市生活成本又高,再加上他们对子女过度的财富转移,使他们的晚年生活缺乏保障。虽有养老保险,但我国企业养老保险水平偏低,普遍低于机关、事业单位的养老水平。所以说,养老保险只是提供了基本生活的保障,要想有一个舒适的晚年生活,城市独生子女父母就要在工作阶段适当增加积蓄,避免财富过度转移,并将这些积蓄转化为自己的家庭养老基金。

社会学家霍曼斯(George Casper Homans)认为社会中的个人都是理性的经济人,人与人之间存在着一种互惠的交换模式,在交换中,只有双方都得到自己需要的东西,交换才能继续下去。霍曼斯将它归结为一个价值命题,即某种行为的后果对人越有价值,他就越有可能采取这种行动,反之他就要避免这种行为。这种有价值的东西可以是物质的,也可以是非物质的,如崇敬、感恩、感激等。在社会中,存在这种交换,在家庭中,这种交换也同样会发生。故我们认为父母与子女之间也存在这种交换关系。在独生子女父母与子女关系上,有价值的互利包括经济支助(货币、物质)、生活照顾和精神抚慰等。父母抚育孩子,倾其所有为孩子付出,尤其是在只有一个孩子的情况下,孩子的抚育费、教育费、结婚时的花费、父母协助买房费,凡此种种,父母总是慷慨相助,而并不会因考虑到自己年老时可能得不到子女的帮助就不生养子女,就不抚育子女。但是轮到子女赡养父母时,由于中间存在一个交换时间的跨度,当父母为数不多的财富已转移完毕,子女就很可能会认为父母已不再为自己付出,而自己对父母的付出是无所得的。所以,建议城市独生子女父母,除了社会养老保险的缴费外,最好在工作阶段适当集聚一笔财富,是银行存款也好,购买商业保险也好,总之,老年人有了自己的财产,使子女在面对父母养老时不会感到太大的压力,老人自己也可以度过一个比较舒适的晚年生活,这对双方来说都是一件比较愉快的事情。

(五)注重培养独生子女的养老能力,鼓励独生子女与其父母就近居住

在独生子女家庭比例持续、快速走高的趋势下,加强对独生子女的教育显得更为重要。针对独生子女成长的特殊环境,容易养成独生子女性格上的缺陷这一问题,独生子女父母、学校、社会三方面要紧密配合,对独生子女开展教育。教育的内容除了针对父母老年阶段的供养问题外,也应包括科学文化和社会化制约机制。在子女年幼时就要开始加强中华民族传统的"尊老爱老"和"孝文化"观念的教育;在子女成年、结婚之后,更要注重对其进行道德教育和赡养父母的法律知识教育。孝道观念教育,是为了提高独生子女的思想品德,有利于独生子女在思想意识层面强化赡养父母的义务和责任感;科学文化教育,是为了提高独生子女的科学文化素质,提高其人力资本的科技与文化含量,以期实现子女赡养

父母的"质量代替数量"的优势；法律文化教育，是为了加强其遵纪守法的观念，明确赡养老人是自己应尽的义务，如不遵守，将会受到法律的制裁与道德上的谴责。所有这一切，都是为使之即使在一对年轻夫妻需要供养两对老人的情况下，仍能最大程度地尽到自己应尽的养老责任和义务。在社会养老体系和家庭供养保障的共同基础上，使家庭能够安定、和谐地发展。家庭是社会的细胞，只有每个家庭都和和美美，老少其乐融融，我们的社会才能和和美美，社会主义和谐社会才能顺利实现。

独生子女父母虽然渴望得到子女的照料，但当他们站在子女的角度，又不希望给子女增添负担。这样，在晚年需要子女照顾时，由于考虑到子女有自己的工作和自己的小家庭，他们中的一部分就会选择入住敬老院、养老院等机构养老。因此，应照顾到独生子女父母的这种心理特征，鼓励独生子女与其父母就近居住。比如说借鉴新加坡的经验，适当考虑增加与老年人同居住或就近居住（包括同户隔门居住、同层隔户居住等形式，总之，不要超过一定的空间距离即可），对这种家庭在购房时给予一定的优惠比率，且对同居住或就近居住的独生子女家庭在医疗、交通、娱乐支出等方面给予一定的补贴、优惠或减免。此外，国家在住房设计方面也应该为这种养老方式创造便利条件。

（六）适当调整我国的计划生育政策

任何一项公共政策都有它的缺陷性所在，独生子女政策也是如此。作为一项人口政策，它的实施有其特定的背景，即为我国当时严峻的人口增长形势所迫。但是，时至今日，计划生育政策实施已有30余年，我国的人口增长速度和规模也已得到很好的控制，少生了4亿多人。与此同时，我国已步入老龄化社会。现在的问题是：我国的人口数量是否真的多到要维持或加速家庭和社会结构的畸形发展？作为公共政策的计划生育政策，其能否仅仅只关注人口数量的控制而置家庭和社会于巨大的风险之中呢？今天，我国的社会和经济发展取得了巨大进步，相应地，人口增长形势、我们对人口问题的认识和人口治理也都有了很大改观。现代人口再生产类型已经基本实现，低生育水平早在20世纪90年代就已出现（穆光宗，2008）。进入21世纪以来，党中央明确提出了以人为本的科学发展观和构建社会主义和谐社会的理念。所谓以人为本，就是要以民权为根本，充分尊重每一个公民的权利。同时，"和谐社会"也需要"和谐人口"与"和谐计生"。而大量非意愿独生子女家庭所蕴涵的风险，应该引起我们的重视，更应该引起计划生育工作人员的重视，现在是时候对我国的生育政策进行调整了。我们今天已没有必要人为地扩大独生子女家庭的数量，但我们首先要明确改革方向，那就是适当放宽我国的生育政策，还权于民，放开二胎，允许合适条件的夫妇生育两个孩子，在此基础上再谋划生育两孩政策的全面实行。当然，这都是在夫妇自愿生育行为的基础之上；反之，如果一对夫妇真的不愿生育两个孩子，我们也应该尊重他们的意愿。但政府若以重奖的方式鼓励倡导符合生育两孩政策的夫妇放弃生育两孩，从统筹解决人口问题和规避家庭风险的角度来看，这并不是明智之举。

第四篇

独生子女风险与生育政策调整

第十三章

独生子女家庭的风险及其保障

1980年9月25日,《中共中央关于控制我国人口增长问题致全体共产党员、共青团员的公开信》(以下简称《公开信》)发布,中国由此进入了严格控制人口增长的"急刹车"时代。《公开信》的发布成为我国人口发展和社会发展的重大转折点。

我们在减缓人口增长压力方面取得了有目共睹的成绩,但也有三个历史的结论和启迪:第一,低生育目标的实现并不意味着人口问题的终结,而是伴随着人口问题的转型。我国的人口问题早已从单一的人口增长问题转变为集人口数量、人口素质、人口结构、人口分布、人口流迁为一体的复合人口问题。第二,单一的人口控制不足以统筹解决人口问题,生育率也不是越低越好。当初,人口问题被理解为人口增长问题。第三,人口问题具有极其重要的相对性,人口问题的本质是发展问题。改革开放的制度创新、经济发展和妇女发展与社会参与也是降低生育率的重要因素,同时也是缓解人口压力的重要机制。人口的行政控制只是促使生育率快速下降的最直接的政府力量。

独生子女家庭本质上是风险家庭,独生子女人口占主体的社会本质上是风险社会。在后计生时代,独生子女家庭的风险规避和社会保障被提上议事日程,这是实现人口长期均衡发展的必然要求。

第一节 问题的提出

2002年,浙江省第九届人民代表大会第五次会议上,有一份代表议案引起了众人的注意,这就是以浙江省计划生育委员会前主任、省人大常委会教科文卫委员会副主任、浙江省马寅初人口福利基金会常务副会长徐爱光女士为领衔人的宁波市代表团提出的"关于建立独生子女特困家庭社会保障救助基金的提案"。提案提到"由于目前我国社会保障制度还不健全,独生子女父母存有后顾之忧,急需完善计划生育社会保障制度。特别是独生子女遭遇意外伤残、重病、死亡等天灾人祸后,给家庭带来无法弥补的精神和物质损害,如桐乡市一对夫妻,1980年出生一个男孩,1981年就领取了《独生子女父母光荣证》,当这个孩子17~18岁的时候,患了再生障碍性贫血,为了救治这个孩子,这个家庭不仅倾家荡产,还负债10余万元,结果孩子还是死了,留下了60多岁的爷爷奶奶,40多岁的父母和一个残疾叔叔。这件事对当地计划生育工作所产生的负面影响是明显的。"

此后,一些学者也开始调查和研究大龄独生子女夭折的问题。2000年7月,山东省社会科学院人口研究所和荣成市计划生育委员会对荣成市15岁及以上独生子女意外伤亡家庭进行了初步调查,共发放调查意外伤亡独生子女家庭的问卷110份,收回有效问卷85份。结论是:(1)男孩意外伤亡率远远高于女孩。(2)农村孩子意外伤亡率远远高于城市。(3)死亡原因是交通事故居首,公共安全对独生子女伤亡的影响很大。(4)意外伤亡的独生子女大多在15~24岁年龄段。(5)意外伤亡的大龄独生子女父母多已人到中年,孩子夭折时母亲的年龄大多在40~49岁年龄段。其中有些孩子夭折时父母年龄已到老年。(6)从自我补救措施看,大龄独生子女夭折的家庭多数成为纯粹无子女户,荣成市的比例高达55%,只有少数幸运的家庭再生育成功(20%),另有25%成为领养户。(7)独生子女遭遇意外伤亡事故的家庭应该得到政府的补偿和关爱(王秀银等,2001)。中国人口福利基金会在开展"幸福工程"等社会公益项目的时候,也注意到了计划生育弱势群体令人同情的生存境遇问题。从全球范围看,儿童意外伤害已经成为各国0~14岁儿童的第一大"杀手",占总数26.1%的中国死亡儿童原因是意外伤害。所谓意外伤害,是指突然发生的事件对人体造成的损伤,包括窒息、溺水、交通事故、中毒、烧伤、烫伤等六大类。中国每年有40万~50万左右的孩子遭遇车祸、中毒、溺水、触电、他杀、自杀等意外事件。2000年10月推出的中国少年儿童"安康计划"调查显示,有94%的孩子认为,在社会中自身各方面的安全不能得到保障。① 根据浙江省马寅初人口福利基金会对浙江省四普资料的推算,大约有4.42%的人活不到24岁,其中0.75%是在16岁以后死亡的。在16~24岁年龄段人群中,死亡率为0.77%。全省330万户独生子女家庭中约有2.5万户遭受儿女夭折的打击。根据1987年我国残疾人抽样调查,

---

① 参见《北京日报》2002年6月15日第二版相关报道。

在 0~24 岁年龄段，发生各种残疾的可能性在 1.63% 左右，这就意味着有 5 万多户家庭可能有残疾孩子。随着公共安全问题的提出，独生子女家庭遭遇夭折、疾病等非常事件的可能性似乎还在增加。对于这些遭遇了人生重大打击的计划生育家庭提供及时有效的政策性扶助和公益性救助是 21 世纪中国人口与计划生育事业发展必须有所考虑的重大问题。

2004 年，杨晓升的报告文学《只有 1 个孩子——中国独生子女意外伤害悲情报告》通过几个个案的报道凸显出一个值得注意的问题：遭遇了夭折风险之后的家庭命运如何？杨晓升的报告从另一个角度来告诉这个社会，独生子女家庭可能遭遇的伤害。几个有限的故事就足以告诉我们，独生子女夭折所带来的冲击给独生子女家庭中所造成的痛苦之深、伤害之大、影响之远非当事人难知其味。也许这样的家庭在整个独生子女家庭中所占的比例很小，但对不幸家庭所带来的夺命打击却是百分之百。杨晓升的报告富有责任心地提出了问题，他的报告告诉我们：有很多风险事件可能危及独生子女的正常成长，而且一旦孩子夭折事件发生，独生子女家庭是不堪打击的，这种打击不是任何补偿可以补偿的，所谓"世界上有一种伤痛难以医治"。最重要的一个结论是：独生子女家庭的风险性凸显本质上是生命周期的一种现象，对一个群体来说，是无法规避的。那么，独生子女的风险性到底有多大？独生子女的成长风险如何规避？对遭遇了独生子女伤病残缺风险事件的家庭，政府应该有什么样的作为？独生子女政策的家庭代价如何外部化、社会化？这些问题已经提上我们的重要议事日程，该引起学界和政府部门的高度关注了。

从我国的国情来看，计划生育家庭的后顾之忧与社会保障能力供给不足之间的矛盾会长期存在。在政策导向上，政府高层已经注意到独生子女家庭和双女户家庭的计划生育社会保障问题。2000 年颁布的《中共中央、国务院关于加强人口与计划生育工作稳定低生育水平的决定》（8 号文件）明确提出："国家支持建立人口与计划生育公益基金。"《中华人民共和国人口与计划生育法》第二十七条规定："独生子女发生意外伤残、死亡，其父母不再生育和收养子女的，地方人民政府应当给予必要的帮助。"特别是 2003 年 3 月 9 日，在中央人口资源环境工作座谈会上，胡锦涛明确指出："目前一些实行计划生育的家庭特别是独生子女家庭，由于子女病残、死亡等原因，生活遇到困难，养老缺乏保障，这些问题要妥善解决，抓紧建立社会救助机制。"这些认识和方针对于统筹解决新时期人口问题具有十分重要的指导意义。

2002 年 6~8 月，笔者和中国人口福利基金会领导先后在甘肃、宁夏、浙江、湖南、四川 12 个乡镇对计划生育家庭做了专项问卷调查和入户访谈调查。我们调查的对象是那些按当地计划生育政策生育的家庭，特别是农村的独生子女家庭和双女户家庭。我们将对孩子伤病残缺的计划生育困难家庭的调查发现概括如下：

伤病残缺的含义包括了伤病、残疾、死亡和丢失几个方面。无论是孩子夭折或者病残，对父母的打击都是沉重的。特别是对遭遇灾变的农村计划生育家庭来说，"无后"的悲惨事实往往具有毁灭性的杀伤力，从精神苦痛、经济负担到养老之忧，集于一身。在农村独生子女户中，独生子女夭折和伤病残的分别为58户和59户，各占调查独生子女户的0.42%；农村节育手术并发症的发生率为0.11%。

根据甘肃的调查，在永登大同乡计划生育家庭中，孩子出现伤病残缺问题的家庭比例大致为0.1%，其中夭折率为0.02%，而独生子女夭折率占0.02%；计划生育家庭总的伤病残缺发生率为0.07%左右。在山丹县陈户乡计划生育家庭中，孩子出现伤病残缺问题的家庭比例大致为1.1%，其中夭折率为0.3%，而独生子女夭折率占0.2%；计划生育家庭总的伤病残缺发生率为0.8%左右。在岷县麻子川乡计划生育家庭中，孩子出现伤病残缺问题的家庭比例大致为2.9%，其中夭折率为1.8%，而独生子女夭折率占0.07%；计划生育家庭总的伤病残缺发生率为1.1%左右。

根据浙江的调查，农村独生子女夭折的有2.5万人，占独生子女总数的1.19%；独生子女伤病残缺且父母未再生育的有3 442户，占独生子女户的0.16%。在武义桃溪乡计划生育家庭中，孩子出现伤病残缺问题的家庭比例大致为1.2%，其中夭折率为0.7%，而独生子女夭折率占0.4%；计划生育家庭总的伤病残缺发生率在0.4%左右。在诸暨次坞镇计划生育家庭中，孩子出现伤病残缺问题的家庭比例大致为0.2%，其中夭折率为0.08%，而独生子女夭折率占0.07%；计划生育家庭总的伤病残缺发生率为0.08%左右。另据江苏调查，农村独生子女夭折且父母未再生育的有13 673户，占独生子女总数的0.25%；独生子女伤病残缺且父母未再生育的有12 644户，占独生子女户的0.23%。

根据四川的调查，农村独生子女夭折且父母未再生育的有4 805户，占独生子女总数的0.10%；独生子女伤病残缺且父母未再生育的有4 934户，占独生子女户的0.10%。在蒲江县光明乡计划生育家庭中，孩子出现伤病残缺问题的家庭比例大致为0.8%，其中夭折率占0.6%，而独生子女夭折率占0.4%；计划生育家庭总的伤病残缺发生率在0.2%左右。在天全县仁义乡计划生育家庭中，孩子出现伤病残缺问题的家庭比例大致在4.3%，其中夭折率为1.3%，而独生子女夭折率为0.1%；计划生育家庭总的伤病残缺发生率为3.0%左右。

根据湖南的调查，在沅江马公铺乡计划生育家庭中，孩子出现伤病残缺问题的家庭比例大致为1.1%，其中夭折率为0.4%，而独生子女夭折率占0.2%；计划生育家庭总的伤病残缺发生率为0.7%左右。

上述调查的统计结果详见表13-1。

表 13 –1　　　我国部分地区计划生育伤病残缺家庭调查　　　单位：%

省份	县乡	孩子出现伤病残缺家庭比例	夭折率	独生子女夭折率	计划生育家庭总伤病残缺发生率
四川	蒲江县光明乡	0.8	0.6	0.4	0.2
	天全县仁义乡	4.3	1.3	0.1	3.0
浙江	武义桃溪乡	1.2	0.7	0.4	0.4
	诸暨次坞镇	0.2	0.08	0.07	0.08
湖南	沅江马公铺乡	1.1	0.4	0.2	0.7
甘肃	永登大同乡	0.1	0.02	0.02	0.07
	山丹县陈户乡	1.1	0.3	0.2	0.8
	岷县麻子川乡	2.9	1.8	0.07	1.1

资料来源：中国人口福利基金会 2002 年调查。

从表 13 –1 可以看出，各地独生子女夭折率最高是 0.4%，而计划生育家庭总的孩子夭折率最高是 1.8%，计划生育家庭总的孩子伤病残缺率最高是 3.0%。考虑到一些其他因素，一个修正的观点是：在农村乡镇一级的水平上，我国独生子女夭折率大致不会超过 1%。这一估计与基于五普资料的分析结论高度吻合。根据中国人口信息研究中心对我国第五次人口普查原始数据千分之一抽样，2000 年我国农村独生子女夭折率平均为 0.8%。

根据中国人口福利基金会的调查，计划生育家庭总的孩子夭折率和伤病残率大致都不会超过 2%。初步的结论是：（1）按宽口径计算，仅从孩子伤病残缺的角度计算，我国农村计划生育困难家庭大致占了所有农村计划生育家庭总数的 3% ~4%。（2）按此粗略推算，我国农村独生子女夭折人口累计至少有 30 万人。根据杨书章等估计，1997 年，城市地区有独生子女 5 600 万人，农村地区有 3 200 万人。共计近 9 000 万独生子女（杨书章等，2000）。根据中国人口信息研究中心对我国第五次人口普查原始数据千分之一抽样，全国农村曾经生育过一个孩子而现在没有孩子的母亲数量大约为 57 万人。（3）由于计划生育家庭总数庞大，所以农村计划生育家庭因为孩子伤病残缺的规模将是惊人的，有上百万户之多。其中，全国农村患有重度节育手术并发症的育龄夫妻有 40 万人左右。

根据我们对四川省蒲江县光明乡、天全县仁义乡、浙江省武义桃溪乡、诸暨次坞镇、湖南省沅江马公铺乡、甘肃省永登大同乡、西固街道、山丹县陈户乡、酒泉果园乡、岷县麻子川乡调查的汇总（有效样本 139 个），夭折孩子的户型构成如图 13 –1 所示，其中独生子女户占了 42%，比例不低。

有男有女户
39%

独生子女户
42%

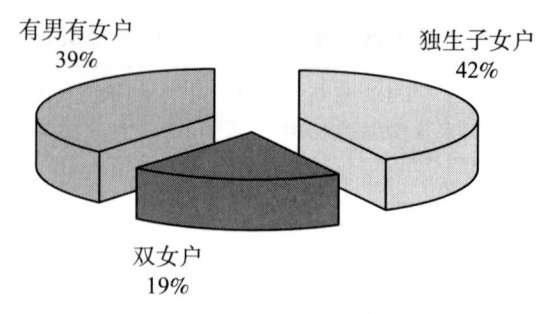

双女户
19%

图 13-1　夭折孩子的户型构成

根据对所有调查地区计划生育家庭孩子夭折情况的汇总统计（有效样本135个），疾病是孩子夭折的首要原因，占了近60%（各种原因所占比例如图13-2所示）。这与前面提到的山东社会科学院的调查结论有所不同。这说明，各地影响计划生育家庭孩子健康成长的风险因素存在着一定的差异性。

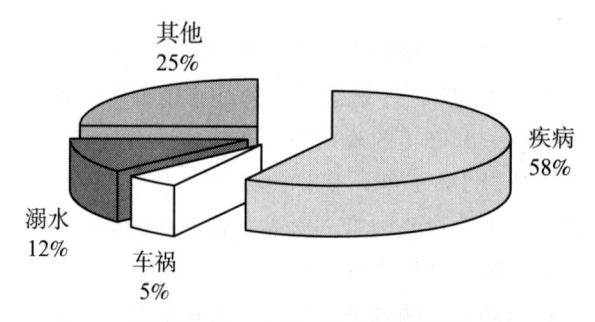

其他
25%

疾病
58%

溺水
12%

车祸
5%

图 13-2　孩子夭折原因统计

根据对所有调查地区计划生育家庭孩子夭折之后有无采取补救措施的汇总统计（有效样本104个，已经剔除因"其他"不好分类原因而夭折的孩子数）如图13-3所示，超过40%的家庭因为无生育能力而没有再生育，此外有33%的家庭再生育成功。这一比例比山东的调查要高。

不想再生
23%

再生育成功
33%

无生育能力
41%

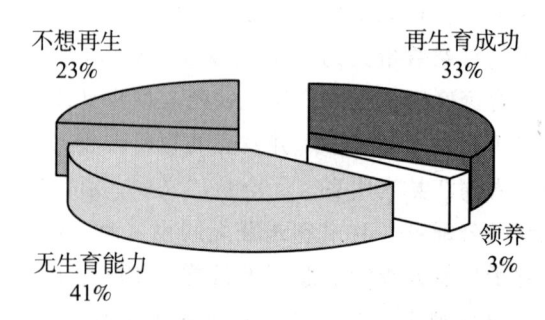

领养
3%

图 13-3　孩子夭折后采取补救措施的情况统计

孩子夭折之后最担心的问题是什么呢？我们在问卷中设计了四类问题，即家庭缺劳动力、无人赡养、不能传宗接代、孩子没伴。结果发现，担心孩子没伴的比例最高，这说明夭折的孩子在两个孩子的家庭居多。这里，孩子没伴可能包括了孩子领养的情况。有29.5%的被访家庭回答"今后无人赡养"，这就是说在孩子夭折的家庭里，大概有1/3左右的家庭实际上是"无后家庭"（前面提到的山东荣成市因为孩子夭折导致"无后"的家庭比例是1/2）——考虑到农村儿子养老的制度化传统，这里的"无后"可能包含了一部分有女儿的家庭。另有29.5%的被访家庭回答是"家庭缺劳力"，只有6.4%的被访家庭回答才是文化意义上的，即"不能传宗接代"。

如果我们承认孩子对家庭养老保障具有基础性作用，那么在孩子发生伤病残缺的计划生育家庭中，独生子女夭折的家庭无疑是问题最大的家庭。根据中国人口信息研究中心和南开大学人口与发展研究所联合开展的相关研究，截至2000年我国独生子女总数已经超过了1亿人。这个估计大致使我们对"独生子女风险家庭"的规模有了一个概貌的认识。根据前面0.8%的比例，我们可以测算出"独生子女问题家庭"的总规模，在1亿户独生子女风险家庭中，有80万户（农村57万户，城市23万户）左右的独生子女家庭发生了孩子夭折的问题。

根据国家人口计生委于学军博士的预测，2000~2025年，平均每年有66万户（合计为1 712万户）独生子女家庭的母亲进入60岁；平均每年有26万户双女家庭的母亲（合计为688万户）进入60岁；平均每年有5 000位一孩夭折家庭的母亲（合计为12万位）进入60岁。这为我们制定相关的政策和制度上的设计提供了人口依据。一孩夭折的父母现在就需要提供养老支持。弱中之弱是一孩夭折家庭，其次是独生子女家庭，再其次是双女户家庭。

此外，独生子女家庭、双女家庭地区分布存在着"梯度差异"：一方面，计划生育先进地区所面临的养老风险更大，事实上江苏一孩夭折的比例在东部地区是最高的；另一方面，在贫困落后地区由于自然地理条件的恶劣和医疗卫生条件的落后，导致了一孩存活率的低下，这说明在西部地区强力推行一孩政策风险很大。

一些更为深入细致的个案性调查证明，"无后"对计划生育家庭的打击是非常沉重的。从生育政策的角度说，只生一个的政策锁定了独生子女家庭是风险家庭的性质。独生子女的生存风险直接影响着这个家庭的生存风险，如果是大龄独生子女夭折或者发生严重伤病残事件，那么对这个家庭的打击就几乎是毁灭性的。下面列举几个实例，独生子女夭折父母的悲痛可见一斑。

（1）在浙江省诸暨市次坞镇，笔者访问了一户独子丧子家庭。孩子在不到8岁的时候因车祸死亡，其父母精神上受到极大打击。提起孩子，母亲的眼圈马上就红了，而做父亲的则神情黯然。据他们讲，孩子伶俐可爱，学业也好，深得父母和老师的疼爱。事情过去两年了,做母亲的感觉还是心里疼得要命,上半身一直是揪心的痛。做父亲的说:孩子出事两年来,什么事也不想做,做什么都没劲。孩子出事后,夫妻双方都过了35周岁,试图再生育,但没有成功。夫妇俩不能不担心自己今后的养老问题。

(2) 在四川省蒲江县天华镇八村八组某夫妇曾有一独子。生了一个儿子后响应党的号召做了结扎手术,此后又把刚成年的独子送到部队。1999年4月,退役回家才一年多的独子因车祸死亡,死亡时只有22周岁(1977年出生),而本来第二年就要成婚的。当时母亲45岁,父亲46岁,已经过了再生育的年龄。儿子是优秀的,1994年去河南当兵,当兵三年只回家三趟并在部队入了党。因为表现出众,当时本可以留在部队的,但这是个孝子,考虑到父母身边没有其他儿女,所以就回了家。没想到回家后的第二年就出了事。

虽然事情过去了三年,但这个非常事件对父母的打击是残酷的。儿子死后这几年,地荒了。在那位深爱着自己儿子的母亲彭秀英流泪讲述时,她的手一直在抖。时间过去了三年多,悲痛之情一直没有减少。按那位深爱着自己儿子的母亲的说法是"身不残心已残"。儿子高大英俊,特别懂事,初中就自己学会了缝缝补补。母亲对儿子的爱非常之深,我们的访问记录留下了这个母亲的泣血心声:"儿子上山时,自己真的不想回来。精神彻底崩溃,本来想自杀,想到还有80多岁的父亲,想到忠厚诚实的丈夫,才对这个世界还有一点留恋。自从儿子走后,心中一直想站起来,但站不起来,躺下去了,每天没事可做,也没心思做事,找不到答案,从此没有欢乐,每天走进走出,混时间,走一步看一步。也不会打麻将,精神无寄托。看到别人的孩子,就想起自己的孩子。想儿子,求天不能,求地不得。在农村就养儿防老,没儿子,就啥子都没了。没啥子脸见亲戚朋友。幻想抱养一个七八岁的女儿,能同自己合得来……"

(3) 在四川省蒲江县五星镇七村一组,另有一家丧子的独生子女家庭。父,52岁,文盲;母,52岁,小学四年。独子,1977年出生,1997年到云南当兵三年,2000年退伍,2001年因尿毒症死亡。在部队得的肾炎,当初控制住了。回家几个月后又犯病,先后花了3万多元,目前还欠债近万元。看得出来,对这对夫妇来说,没有儿子的日子是没有奔头的日子。这是一户贫困家庭,年久失修的老房子多处漏雨……临别时,那位做母亲的还使劲拽着我们的胳膊哭喊着:"我要孩子!我要孩子!……"她的呼喊至今犹在耳畔。

对很多家庭来说,孩子就是保障,这是不争的事实。我们在甘肃省永登县大同乡北同村调查时遇到过一家14岁的儿子1998年因车祸意外死亡的案例,如果是独生子女家庭的话,打击将是毁灭性的,因为儿子出事的时候,母亲已经38岁,过了适龄生育的年龄。所幸的是,他们还有一个长女,这多少是一个安慰。

同样是大龄孩子夭折，显然是独生子女家庭比双子女家庭更为悲惨。生育或者说孩子的保障功能对家庭来说具有恒久的意义，古今中外，概莫能外。

根据生命周期的概念框架，独生子女长大成人之际，往往也是父母老去之时。所以大龄独生子女的夭折或者发生比较严重的伤残事故的话，对父母的打击往往是十分沉重的。毫无疑问，在未成年前，孩子夭折的年龄越大，意味着父母的投资越大，牺牲越多，亲子之间的情感越深，而创痛也越是巨大。如果问题发生在孩子低龄而母亲也还有再生育能力的时候，那么补偿性生育是最好的挽救家庭的办法。

关于大龄独生子女的定义可以有两种，一种是假定母亲23岁生育，而35周岁是适龄生育最后边界年龄，那么孩子12岁可以定义为"大龄独生子女"；另一种是假定母亲23岁生育，而40周岁是适龄生育最后边界年龄，那么孩子17岁可以定义为"大龄独生子女"。

在传统的中国文化中，孩子是大多数父母最重要的精神支柱。中国家庭的轴心一般不是横向的夫妻关系，而是纵向的亲子关系。在很多时候，是亲子关系决定着夫妻关系而不是相反。唯一的孩子就意味着唯一的希望、唯一的寄托。大龄独生子女的夭折或遭遇比较严重的伤残事故，同时也就意味着母亲很可能已经过了最适宜的生育年龄——譬如超过了35周岁甚至是40周岁。不仅怀孕的几率下降，而且高龄母亲生育的风险和成本也更高。事实上，对发生大龄独生子女夭折的家庭来说，即便给生育指标，也已为时太晚。孩子22岁去世时年已45岁的四川彭女士家就是非常典型的一个案例。

根据我们的调查，大概有9.4%的家庭当孩子夭折时母亲的年龄已过35周岁。根据浙江省武义县计划生育委员会2002年2月的摸底调查，农村独生子女死亡未再生育的占已领独生子女光荣证的9.1%。这说明，孩子夭折的家庭差不多有1/10再生育的希望，已经比较渺茫，而对第五次全国人口普查资料的分析结果却表明这个比例可以达到1/5。根据中国人口信息研究中心对第五次全国人口普查原始数据的分析，农村一孩夭折且现在无子女的家庭全国有57万个，其中母亲年龄在35～60岁的家庭共有12.231万个（21.4%）。分年龄段看，35～44岁的有6万个（10.5%），45～54岁的有4.03万个（7.1%），55～60岁的有2.201万个（3.9%）。

从道理上讲，如果有足够的生育选择机会，那么有些家庭在孩子夭折之后还有一定的回旋余地。但这些家庭在为国家人口控制做出贡献之后却不幸遭遇了人生最大的变故和苦痛，所以给这样的家庭提供类似心理康复、领养孩子、帮助复通、养老保障等多种形式、多种组合的政府扶助和公益救助是完全必要的。

孩子夭折是独生子女家庭的风险之一，另一种风险是孩子的伤残。根据湖南省计划生育委员会提供的资料，出生缺陷发生率1990年为17‰，2001年为11.5‰。如果孩子严重伤残甚至危及其生活的自理能力和劳动能力，后果就更是可怕，因为这意味着父母一直要面对残酷的事实，负担起伤残孩子可能是十分昂贵的医疗费用和起码的生活费用。

通过对四川省蒲江县光明乡、天全县仁义乡，浙江省武义桃溪乡、诸暨次坞镇，湖南省沅江马公铺乡，甘肃省永登大同乡、西固街道、山丹县陈户乡、酒泉果园乡、岷县麻子川乡调查的汇总，在存在孩子伤病残现象的146户计划生育家庭中，独生子女家庭占了40%，双女户占了23.3%，其他计划生育户占了36.7%。其中孩子基本或完全丧失劳动和自理能力的家庭占76.7%。从康复情况看，伤残后没有康复的家庭占了81%。从伤残原因看，自残占46%，比例最高；其次是意外事故，占38.4%。接近一半存在孩子伤病残问题的家庭最担心的是"经济负担太重"，比例高达48%。多数父母被眼前困境所困扰，对自身养老的担忧并没有放在第一位，只有10%的父母认为养老是最值得担心的问题，这10%也可以看做是最弱势群体的比例。一般来说，现在就开始思考将来才会发生的养老问题，说明父母对孩子伤病残所带来的负面影响已经十分了解，已经有了比较充分的思想准备。2004年，笔者的论文《独生子女家庭本质上是风险家庭》，最初发表于中国人口学会会刊《人口研究》杂志，后《中国社会科学文摘》2004年第3期全文转载，其中首次提出这一命题（穆光宗，2004），文中分析说：

其一，家庭的养老保障涉及两代人的关系，因为家庭是一个"利益共同体"，独生子女父母的养老保障是与独生子女的养老支持对应的。

其二，一个人是否独生子女，需要在其父母结束生育后才能确定，只要一段时期里存活的孩子只有一个（譬如一个孩子夭折后再生育一个），都可以算是独生子女家庭。

其三，家庭养老问题是老年人对儿女的依赖性需求得不到满足而产生的。

其四，独生子女家庭本质上是"风险家庭"，所有的独生子女家庭都具有"风险家庭"的性质，是因为独生子女家庭的养老支持具有唯一性，这和多子女家庭多支柱的养老支持显著不同，独生子女家庭缺乏起码的回旋余地，其家庭的结构是非稳态的，因而独生子女家庭的养老风险是一种结构性风险。由于独生子女具有唯一性和不可替代性，所以独生子女家庭的家庭养老比非独生子女家庭有更大的风险。

其五，独生子女如果中途夭折或者发生伤残事故，该家庭就可能丧失基本的养老资源，直接影响着这个家庭的生存风险，打击就几乎是毁灭性的。

其六，独生子女自身的养老能力也成问题，因为孩子缺乏多子女家庭兄弟姐妹之间的互相支持和帮助。

其七，在独生子女是"风险家庭"的性质界定上，还可以发现一定比例的独生子女"弱势家庭"，独生子女家庭一旦遭遇变故，就可能演变为弱势家庭，如果没有外界的支持和帮助，就很难摆脱困境。并且当独生子女迁移和流动，独生子女夭折或者病残，独生子女不孝或者独生子女贫困，家庭养老都会形同虚设，养老功能会发生缺损，独生子女家庭就极可能从"风险家庭"变为"弱势家庭"。

其八，独生子女家庭养老的风险概率会随着生命周期的推进而放大，越是到生命周期的后期，独生子女的养老风险就越大。这种风险性在母亲过了35岁之后骤然放大，而且随母亲生育能力的逐步丧失而依赖性需求（包括了病弱时的照料和孤独时的慰藉）开始出现并逐步放大，独子生育的风险也同步上升，一些独生子女家庭残破空亡之后，将沦为在痛苦中挣扎的"形式家庭"。

最后，该文指出，从生育政策的角度说，只生一个的政策锁定了独生子女家庭是"风险家庭"的性质。1980年9月25日，《中共中央关于控制我国人口增长问题致全体共产党员、共青团员的公开信》①发表之后，至今，以"一胎化"为内核的人口生育政策实施已经30多年了。最早的一批独生子女也已经进入结婚、生育的年龄，而他们的父母似乎也该安享来自儿孙的福祉、度过一个心满意足的晚年了。但实际情况远比最初的理论推测要来得复杂，最初设计一胎化政策时，没有认真考虑过独生的风险，因为未知数太多了。早在20世纪90年代，数以千万计的独生子女家庭就进入了一个相当敏感的发展时期，独生子女生存风险开始陆续爆发（穆光宗，2004）。2001年6月，山东社会科学院王秀银研究员等率先在计划生育先进地区——山东荣成市开展了大龄独生子女夭折的调查。生命周期一旦依其自身的规律进入到中后期，独生子女伤病残缺爆发的风险就可能具有某种悲壮的意味。在2008年"5·12"汶川大地震中有上万名孩子（其中主要是学生）遇难。据新华网相关报道，在地震中失去子女的计划生育家庭有10 000多个，其中8 000多个是独生子女家庭。突如其来的地震灾害再次提醒我们生命的无常、独生的风险：天有不测风云，人有旦夕祸福。

独生子女死亡伤残不是个别现象，也不是一种区域性现象，而是已经成为带有某种规律性和普遍性的严峻社会问题。在一个相对稳定的低生育水平实现之

---

① 1980年9月25日，这是人类历史长河中平凡而特殊的日子。中央发出《关于控制人口增长问题致全体共产党员、共青团员的公开信》号召党团员带头只生一个孩子。为了争取在20世纪末把我国人口总数控制在12亿以内，中央要求所有党员、共青团员，特别是各级干部，用实际行动带头响应国务院关于一对夫妇只生一个孩子的号召，并积极负责地、耐心细致地向广大群众进行宣传教育。在提倡一对夫妇只生育一个孩子的同时，还要适当强调晚婚晚育。"9·25"公开信，成为我国计划生育史上的里程碑。1982年9月1日，党的十二大报告中，一句"事关我国千秋万代子孙大业"的话，奠定了中国计划生育工作的历史地位：实行计划生育，是我国的一项基本国策。

后，提倡一对夫妇只生一个孩子的政策导向下的计划生育存在着无可回避的风险和代价问题，这是一个已经摆上桌面的现实问题和紧迫问题。

第二节 独生子女风险的定义、产生和表达

在本质上，每一个独生子女家庭都是"风险家庭"，一旦遭遇非常事件导致孩子夭折或者严重的伤病残，那么"风险家庭"就转化为了"弱势家庭"。这些弱势群体的存在时刻提醒着我们关注计划生育的社会保障和人道关怀问题。比较来说，显然，独生子女家庭比多子女家庭的风险要大得多。这就是独生子女家庭理应得到更多社会关注的客观原因。

计划生育家庭陷入困难境地的原因归结起来是"风险因素"所致。"风险因素"可以区分为两种：即"生育风险"和"非生育风险"。

"生育风险"是指生育本身带来的风险，这里特指"独生"的风险，或者说是独生可能遭遇的风险。独生子女家庭本质上属于"风险家庭"。因为独生，所以天然地就赋予了这样的家庭以种种脆弱的特征。事实上，各级政府采取的各种照顾和优惠做法实际上已经承认了独生子女家庭是风险家庭的性质。

"非生育风险"是指父母生存风险、家庭经济风险和公共安全问题。譬如，计划生育父母发生伤病残缺问题，或者因为在贫困地区家庭经济不好，或者遭遇了车祸、火灾等意外事故。由于当今的中国社会正在急剧转型，生态环境问题增多，社会心理出现失衡，城市地区人口过分拥挤，导致了一些计划生育家庭抗御风险的能力受到严峻的挑战。

计划生育困难家庭的产生是生育风险和非生育风险共同作用的结果。一方面，家庭和社会固然要联合起来设法规避各种风险，保护计划生育家庭使他们免遭各种困难的侵扰；另一方面则要在问题发生之后予以"社会救助"，帮助这些家庭走出困境。在根本上，风险性就在于唯一性。如果说独生子女家庭本质上是风险家庭，那么以独生子女人口为主体的社会本质上就是一个风险社会。正如笔者曾经指出的，早在1996年，我国就进入了人口学意义的风险社会（穆光宗，2006）。从现在的眼光看，风险大致涉及六个层面：对独生子女来说，包括成人风险、成材风险、婚姻风险和养老风险；对独生子女家庭来说，包括儿女养老风险、结构缺损风险。

第一，独生子女的"成人风险"是指独生子女伤病残缺的风险。主要是夭折、重病的风险。万一成长中途出现意外而孩子的父母年事已高，那么这个家庭

未来的保障就大受影响，这对所有独生子女家庭都是客观存在的生存风险，问题还在于社会转型时期的公共安全问题（来自交通、犯罪、环境等方面）并未见减少。根据相关调查，独生子女的成长风险有放大的趋势。如果这样的风险发生在父母已过适龄生育的中老年，打击将是毁灭性的。特别是大龄独生子女死亡对一个家庭及其整个亲属网络精神上的打击将是十分沉重的。一批独生子女夭折家庭给温家宝总理的公开信中写道："清明的脚步越来越近了，这是泪洗湿雨风吹哀伤的日子，而对于我们绝户家庭而言，我们无日不清明无日不泪流，独苗孩子夭折是我们心中永远永远的痛……眼下，我们中间很多人已步入老年，在全社会担忧一个独生子女如何为两个老人养老之时，谁在关注着我们？0个子女，0个子孙！有谁为我们养老？我们因执行独生政策没有了后代，悲伤过度加速衰老的我们去哪里养老？我们能去哪里养老？如独自在家，怕是昏死在家中多日没人知晓；如流入社会养老院，别人有子女探望，每每伤及我们心中的最痛，我们已够悲伤，不能在脆弱的晚年再受这么多的刺激与伤害。当暮老的钟声敲响之时，已身心憔悴的我们对未来充满了恐惧。"

独生子女夭折这个问题越来越突出、越来越严峻。特别是大龄独生子女夭折导致完全家庭变成残缺家庭，挑战社会和谐。根据1990年全国生命表（两性合计），每1 000个出生婴儿大约有5.4%的人在25岁之前死亡，12.1%的人在55岁之前死亡。由于死亡概率的变化十分缓慢，所以5.4%和12.1%的家庭经历孩子夭折的风险几乎难以规避。据2007年7月山东省人口计划生育委员会和山东省计划生育协会进行的生育关怀对象摸底调查，全省意外死亡独生子女的父母共有37 899人，占当时独生子女父母总数的0.22%，其中母亲年龄在49岁以上的死亡独生子女父母共有15 754人，占独生子女父母总数的0.095%。历史地看，独生子女夭折人数和家庭数在逐年增多，2007年山东省生育关怀调查汇总结果表明，荣成市独生子女死亡家庭49岁以上母亲及其配偶人数为263人，大体为2001年的10倍。上海社会科学院左学金研究员指出，假如一个活产子女在成年前夭折的概率是5%，生育1个子女的家庭比生育2个子女的家庭所面临风险要大20倍。

对一个没有遭遇风险的正常家庭来说，不幸似乎是别人的事；而当不幸降临时，才知道别人的不幸也完全可能是自己的不幸。这就是风险的普遍性。独生子女家庭本质上是风险家庭。风险性就在唯一性。2005年6月10日，黑龙江省宁安县沙兰镇中心小学在罕见的洪灾中，有105名小学生被夺去生命，全国为之震惊。据悉，死亡的学生中独生子女占了56%。在这个风险越来越大的竞争社会里，每一个独生子女家庭都不得不在心理上做好"天有不测风云、人有旦夕祸福"的精神准备，在某种意义上，独生子女父母是生活在不安甚至恐惧中的。

脆弱的家庭结构决定了他们脆弱的抗风险能力以及对命运之剑可能随时落下的深刻恐惧。特别是中国急剧的社会转型导致社会中的不安全因素增多，上亿个独生子女家庭的风险问题也必然会引起更多的关注。

独生子女因其独生而成为父母的"唯一寄托"。孩子所提供的精神效用是独一无二的，简而言之，孩子对中国人来说就是情感的寄托和希望的化身。一个完整的家庭流淌着父母给孩子的爱以及孩子对父母爱的感情回报。家庭是人类实践最富有人性的爱的场所。人的感情宣泄和满足最重要的是来自家庭的亲情互动。一旦孩子出现意外，父母就找不到另外的替代和精神支柱。孩子的夭折就是无情剥夺了为人父母者施爱的对象和能力，剥夺了享受天伦之乐的可能。人生最悲苦的打击都无法与中年丧子、晚年丧子相提并论。独子的夭折将给曾有子终无后的家庭带来永难消失的心灵创痛，在一段时期里这些家庭几乎无一例外地会陷入"精神的炼狱"，巨大的打击使他们"痛不欲生"、"生不如死"。丧子的多米诺骨牌效应是多重的，从精神打击到健康打击再到经济打击……。孩子是一个家庭的基座。基座一倒，地动山摇；孩子一去，全家皆垮。孩子的夭折就是精神的崩塌。打不起精神、无心奔前程这种状况可持续数年。如果能挽回孩子的性命，所有的家庭都会愿意付出最昂贵的代价。人命大如天，正是此意。

一些家庭想自己生育、想试管婴儿甚至未来新生儿的名字都同于夭折的孩子，这些甚至是疯狂的举动都说明了"补偿心理"是何等强烈！孩子的夭折意味着家庭关系的破坏和断裂。人类的幸福感是由关系决定的。人并非只为自己而活。孩子的突然离世同时意味着那部分最有亮色、最有希望的生活被生生夺去，留下的生活亮度骤然下降甚至是完全的黑暗。如果说付出的同时总是期待回报是爱的理性的话；那么满怀希望的付出得到的却是没有回报的结果，这就是不折不扣的爱的绝望了。

有关生育成本—效用的研究证实，孩子不仅能提供精神效用，而且还能提供经济效用、照料效用等。倘若含辛茹苦将孩子生下并养育孩子多年的家庭突然遭遇了"独子夭折"的风险事件，那就意味着一切的投资都化为乌有、一切的希望都成了泡影、一切的回忆都将是不堪。

通过经验事实，我们可以得到三个公理性的认识：

（1）越是自身成就有限、越是对孩子有所冀望、越是以孩子为生活轴心的家庭，独生子女夭折所带来的打击就越大。

（2）孩子越是聪明、越是乖巧，曾经给父母带来的满足越多，那么夭折给家庭和父母所带来的痛苦也就越深。

（3）在孩子的身上投入的物质和关爱越多，那么夭折给家庭和父母带来的损失和代价就越大。

第二，独生子女的"成材风险"是指独生子女缺乏一个良好的可以实施"同伴教育"的成长生态，难以全面发展，智力素质与非智力素质发展的不平衡几乎成为共识。

在中国文化中，家庭或者家族长期以来是以亲子关系为轴心的，这与西方文化以夫妻关系为轴心大不相同。所以发展到独生子女家庭时代，独生子女就成了唯一的中心。比较之下，如果有两个孩子，就有了两个被关注的对象，在理论上也就分散了父母的注意力，也就无所谓"中心"了。在家庭和孩子发展的层面上，一个中心极易导致父母的爱过分聚焦，导致独生子女素质和人格发展的偏差、失衡。"独生子女的成长生态"是一个必须引起高度关注的问题。一个缺乏兄弟姐妹的成长环境标志着一个并不良好的成长生态。独生加错爱导致了不少独生子女素质的偏差发展，特别是个体人格、人际交往和社会发展方面的失败。

"独柴难烧、独子难教"，古有明训。在相当长的时间里，有关独生子女的负面问题更多地是从孩子素质发展的角度来关注和讨论的，最著名的报告就是1986年涵逸的《中国的"小皇帝"》，从此引发了有关独生子女素质发展问题的热烈讨论。一个孩子天然地缺乏同伴教育的良好环境。独生子女的成长生态堪忧！由于父母的爱过分聚焦、期望过高、养教方式不甚科学等原因，相当数量的独生子女家庭深深受到成材问题的困扰。希望和压力并在，孤独和脆弱同行。一个孩子并不能绝对保证成材，如果孩子不成器，就可能成为大问题，老无所靠反成其累。另一个不被关注的方面是一旦独生子女父母重病或者死亡或者离婚，那么对独生子女的生活、学习、工作都将带来严重不利的影响。

独生子女群体所存在的诸多问题与其说是"独生"所带来的，不如说是不良的教养环境和成长环境所造成的。譬如，家长的教养水平、学校的教育质量以及社会的风气风尚构成了独生子女成长环境最具影响力的三个方面。现在的一个主要问题是独生子女家庭教育中普遍存在着重智育轻德育、重知识轻能力、重成材轻成人的不良倾向。譬如，北京市教育科学研究院曾经对3 000多个家庭的教育状况进行过调查，其中一题列出17项素质教育内容（包括德智体美各方面），请家长选择自己认为最需要的教育内容，统计结果显示，排在前三位的是智育、学习方法、学习习惯，而像"爱国主义教育"等德育内容，选项率不到12%。溺爱导致的问题具有相当大的普遍性，譬如一些独生子女身上存在的动手能力差、依赖性强、娇气、怕吃苦等缺点其实是家长一手"造就"的。在素质教育的理念下，提高家长和教师的素质以及净化少儿成长的社会环境都是题中应有之义。家庭、学校和社会要齐心协力地为孩子们创造出一个能让他们身心健康、自由发展的心理空间和人文空间。心理空间方面要改变孩子成功的标准，将听话和学习成绩好当作好孩子的标准往往潜伏着扼杀个性、扭曲人格的隐忧。目前中小学生的身心健康问题已经严重到必须呼喊"救救孩子"的地步！几年前，一项监测报告结果引起了广泛关注：我国7~22岁所有年龄组男生的平均身高均低于日本男生，平均低1.96厘米，其中7~14岁低2.28厘米。身体锻炼不够、生活过分紧张、心理负荷过重，这些都是应试教育给孩子带来的负面影响。2000年1月7日新华社发布的中国科学院心理研究所的一份报告称，中国有三成的中学生存在心理问题。独生子女心理大多脆弱，一但面对困难或挫折，就容易走极端。有文凭不等于有人品，以文凭论高下终将被以实力论英雄的观念所代替。健康的人文空间则是指建设一切有利于孩子成长的场所，通过不同的教育方式，使孩子们接受到有益的知识、发挥潜力、增强创造力。

"独生"既可能使抚养人的爱过分聚焦，也可以使家庭对孩子的人力资本投资更有保障。令人欣慰的是，随着人们对独生子女群体了解的增多，随着大家对独生子女教育规律掌握程度的提高，独生子女群体的素质发展水平有提高的趋势。譬如，1996年上海市社会科学院青少年研究所《走进青年期的中国独生子女与非独生子女的比较研究》课题组的结论就是："独生子女"不是"问题子女"。他们通过对3 000多名15~29岁青少年独生子女与非独生子女的比较研究，结果发现：76%的指标没有显著差异。独生子女的优长明显，缺点和弱项也突出。他们的优长主要表现为，学习的欲望强烈，注重个人价值的实现，有强烈的创造性，敢想、敢说、敢干，显示出人的现代化过程中所应构成的现代人格。缺陷则表现在，依赖性强自理能力差，害怕孤独心理脆弱，社交能力弱化，对职业的适应周期长等。这项研究再次证实了一个值得重视的观点：独生子女群体所表现出来的问题主要不是因为"独生"的缘故，而是由于不当的环境（社会和家庭）和教育（家长和教师）所带来的。不管是"独生子女"还是"非独生子女"，成龙成虫的关键在于教养方式，特别重要的是家庭教育、是家长的素质。

第三，独生子女的"婚姻风险"有三种情势：一是成婚难，因为独生子女容易以自我为中心，个性强烈，生活能力不一定高，现实生活中已经有父母为成年独生子女亲自找对象的新闻了；二是婚后冲突会比较多；三是婚姻寿命可能比较短。

"独独婚姻"似乎有一个不稳定的宿命。天津市婚姻家庭指导师协会对下属"播爱"俱乐部成员的调查表明，约有85%的独生子女家长，对子女未来的婚姻幸福持担忧态度。大部分家长意识到，独生子女因家庭宠爱而滋生的以自我为中心的心态和行为模式，可能会成为其步入婚姻后的隐患。独生子女有着相对特殊的社会和家庭环境，从家庭得到了更多的爱，养成了以自我为中心的性格习惯，缺乏平等付出的基本理念。而婚姻生活与普通生活不同，需要两个人共同承担。无独有偶，2004年鞍山市铁西区人民法院共受理430多起离婚案，其中双方为独生子女的 17 起，其中 10 起从相识、结婚到离婚不满 1 年，而他们离婚的理由皆是生活琐事。一个区的数据是城市独生子女婚恋情况的缩影。一些独生子女的婚姻有"草结草离"的趋势。在相当多的年轻人心中，激情就是爱情，激情没了婚姻也就到头了。独生子女婚后经常争吵，处理家庭关系的能力较差。而且很多独生子女由于长期在父母的娇生惯养下成长，过惯了衣来伸手、饭来张口的日子，任性、怕吃苦、攀比等心理较严重，承受能力也不如上一代人，稍有矛盾便出现情感危机。另外，婚后处理问题和化解矛盾的能力也不强，往往会把冲突上升到离婚的程度。根据北京市丰台区人民法院最新的调研报告显示，2009 年该法院受理的离婚案件中，当事人为"80 后"的占 598 件，为总数的 25%；而更加令人匪夷所思的是，诸如感情不在了、父母不太满意，甚至连晚饭不合口都成了离婚的理由。"80 后"的婚姻，正逐渐成为"易碎品"，一些当上了父母的"80 后"，结婚没多久便"劳燕分飞"，其中很多夫妇因无法磨合甚至无法携手走过结婚的第一年。由于"80 后"独生子女比较多，从小都被父母捧在手心里，婚后只要是受一点儿委屈，父母就会到对方家或者单位大闹，使矛盾更加激化，最终导致离婚。这一代的离婚当事人一开口，就是"我妈说了，我爸说了"，年轻人更看重的是自己的个性，往往强调为自己活着，能过就过，过不了就散，死赖着不肯分手的几乎没有。此外，"80 后"一族离婚大多由生活背景、成长环境、地域差异造成的性格和生活方式冲突引起，甚至有的时候，离婚理由不过是"没劲了"、"玩儿不到一起"，甚至是"对方打呼噜"、"装修意见不统一"等等。"80 后"中不少是独生子女，在娇生惯养中长大，部分人难逃"稚嫩"、"轻率"、"自我"。①

第四，独生子女的"养老风险"是指独生子女所拥有的养老资源更少。这主要有两种情势：一是他们没有兄弟姐妹，所以亲属的养老支持几乎是不存在的。二是独生子女群体对不育和独子生育的偏好可能更强。

如果前第一、第二个风险发生，养老风险必然发生；如果避免了前面的风险，养老风险依然存在，譬如子女家庭的经济状况、两代人的关系、居住安排等诸多因素依然可能使老年父母发生生活照料风险、精神赡养风险甚至经济供养风险。独生的决策实际上放大了孩子未来的养老负担，因为家庭养老缺乏最起码的回旋余地。当孩子的抚养成本逐渐转化为养老价值的时候，多子女家庭生育的正面效用明显超过了独生子女家庭。如不解决好独生子女困难家庭的养老和生活保障问题，实行计划生育的先进群体，就可能成为农村中一个不断扩大的困难群体和新的不稳定因素。所以如果没有持续的、规范的、诚信的社会保障制度的依

---

① 参见《没事结婚玩儿？》，http：//news.cn.yahoo.com/jiehunwan.html。

托,不用等到将来,现在我们对未来的风险就可一目了然。

从生命历程的角度来看独生子女家庭的养老问题,我们可以获得如下启迪:

首先,要确立一个"大前提":如图13-4所示,假定母亲的生育年龄(可以以平均生育年龄为起点)是25岁,而母亲需要照料的年龄是65岁及以后,母亲存活年限是75年(以平均预期寿命为限),那么在40年甚至50年的历史中,独生子女的生存风险必须为零(不能发生严重的伤残更不能夭折)。否则,独生子女的家庭养老就免谈。

其次,要确立一个"小前提":父母(以母亲为代表)需要养老的时刻在孩子40岁以后到来,这样就区分出了两个生命阶段,一个是能力储备阶段,另一个是能力发挥阶段。这里所说的能力当然是指独生子女的养老能力。

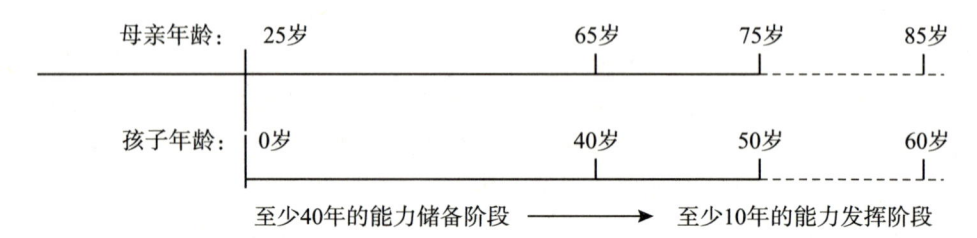

```
母亲年龄:   25岁            65岁    75岁       85岁
            |——————————————|———————|——————————|

孩子年龄:   0岁             40岁    50岁       60岁
            |——————————————|———————|——————————|
            至少40年的能力储备阶段 ——→ 至少10年的能力发挥阶段
```

图13-4　从生命历程角度分析养老问题的假设

"能力储备"与第二种风险有关,就是成材风险。独生子女必须成材,能自理还能赡养父母。否则,独生子女家庭养老就是空说。如果独生子女不能受到良好的教育,走上歪路(如吸毒、犯罪等),独生子女父母的养老寄望就会落空。在能力储备阶段,就是好好活着,成龙成凤,准备好赡养父母的能力。

"能力发挥"与第三种风险有关,就是关系风险。独生子女家庭的关系必须是和谐的,否则,会影响到独生子女子对独生子女父母家庭的赡养意愿和赡养能力,甚至可能有些父母对独生子女伤心欲绝,想脱离亲子关系。

再其次,在独生子女家庭中,独生子女是养老的唯一责任主体。所以独生子女的养老成本(特别是机会成本、照料成本、时间成本)比较巨大。这么一个简约的框架性分析足以说明独生子女家庭存在的巨大风险。一旦遭遇了成长风险、成材风险和养老风险,独生子女家庭就极可能马上转化为"弱势家庭"、"残缺家庭"、"病态家庭"。类似的负向的家庭变迁将成为计划生育时代社会的巨大创痛。

上述风险的发生既有时间上的前后向关系,也存在着因果上的联系性。这种风险链条告诉我们,孩子的命运、父母的命运、家庭的命运和整个社会的命运都是相关的。单个独生子女的问题是社会发展问题的必然组成部分。

现行生育政策框架下的"生育风险"是客观存在的,特别是独生子女的成长风险问题已经不再是一个理论问题,考虑到"生命周期"(life cycle)、"生命历程"(life course)因素,大龄独生子女伤残和夭折问题具有很强的冲击力。在生命历程的早期,孩子夭折还可以通过再生育来弥补;而在生命历程的后期,父母年龄已大,再生育的可能性几乎为零。

第五,独生子女家庭的"儿女养老风险"是指独生子女作为唯一的养老责任主体,注定了独生子女的养老责任重大、心理压力巨大。俗称的"四二一"式家庭结构是脆弱的家庭结构,放长时段看,几乎所有典型的独生子女家庭都或多或少地存在经济上支持、生活上照料和精神上慰藉的养老风险。从全生命周期来看,独生子女是负担最重的一代人。独生子女家庭到了生命周期的晚期迎来的是"独子老龄化"甚至是"无后老龄化"的挑战。

在独生子女大量出现的时代,家庭养老功能的严重弱化成为共识。很多独生子女父母无奈地说,走一步看一步,或者说没想过靠孩子。但老龄化导致的健康资本的流失使很多高龄老人不得不依靠他人的照料,心理孤独和慰藉问题更是重要。民间对这类家庭的弊端是有认识的。例如,现实生活中,很多独生子女家长希望自己的独生子女以非独生子女为配偶,主要的考虑是非独生子女养老负担轻,至少可以均分养老负担。但大多数独生子女父母对自己的养老缺乏信心,在他们的预期中,养儿难防老。孝道文化断裂导致老无所养。对于计划生育家庭来说,未来的养老压力巨大。

较早实行计划生育的上海面临着独子老龄化和无后老龄化的挑战。以平均生育年龄为23岁推算,上海首批独生子女父母将在2013年左右开始依次进入老年阶段。目前上海约有305万户独生子女家庭,占全市家庭户总数的61.06%,比全国高39.09个百分点。与传统家庭相比,独生子女家庭往往有较好的经济条件,但是依靠子女照料家庭的可能性明显降低。上海市社科院人口与发展研究所研究表明,2006~2040年,将出生的独生子女约为230万人,累计65年内独生子女数量将超过500万人,由此推算独生子女父母的总数将超过1 000万人。预计,2018年独生子女父母数量将进入高速增长期,届时,独生子女父母照料护理需求也将快速增长,社会保障和照料护理将面临挑战。有识之士指出,必须构建以"紧急援助"为核心的社区为老服务体系,弥补家庭成员照料"有心乏力"的不足。社会保障体系相对健全的上海尚且如此,其他地方的情形自然可以想见。

第六,独生子女家庭的"结构缺损风险"是指结构完整的三角形的独生子女家庭可能因为遭遇独生子女的成人风险而出现结构性的缺损,严重者还可导致结构的瓦解。比较而言,该风险是独生子女成人风险中最严重的一种。简单而言,在家庭生命周期的推演过程中,独生子女家庭的风险家庭化可能进一步转变为残缺无后家庭,成为家庭和社会的伤痛。

2004年7月下旬，我意外地接到一位素昧平生的湖南省长沙市某企业女工的来信。请允许我摘录来信的一段话："一年多前，我们的独生儿子不幸患恶性肿瘤，永远离开了我们。这对于人到中年的我们来说，无疑是天塌下来了。我们真是悲痛欲绝啊。孩子品学兼优，长得高大英俊，年仅17岁。在孩子患病的两年中，工厂效益不好，拖欠工资，但为救治孩子，我们四处借债，花费16万多元，终没留住这心爱的儿子。孩子走了，留给我们夫妻的是无尽的悲痛、思念和清贫的家。未来生活的孤苦、凄凉，让我们不寒而栗。我在想，今后怎么办？这一年，我四处奔波，吃药治疗，争取再孕，可是年龄大了，再生育无望。永远没有了自己的亲骨肉，家庭永远没有了快乐、幸福，常常是两人相对无言。人世间还有什么比这更凄惨的呢……"类似的家庭在全国不在少数。2002年，笔者和中国人口福利基金会合作开展农村计划生育困难家庭救助研究时，就在甘肃、浙江、湖南、四川访谈过几十个独生子女夭折家庭以及其他的困难家庭。在低生育水平相对稳定之后，我们其实已经进入"后人口控制时代"，就是要对计划生育家庭的现实困难和后顾之忧问题予以更多的关注。

上述六个方面构成了无法挣脱的风险链条，就好像生态学讲的"蝴蝶效应"，其连锁反响是巨大的、不可忽视的。应该承认，风险只是发生问题的概率，本身是可以改变的。但在继续鼓励独生的导向下，风险的放大却是必然。由于家庭是社会的细胞，所以家庭的种种风险其实都会以各种途径转化为社会的风险和政府的责任。

从动态的人口发展角度看，又有新的人口风险挑战着社会和谐和可持续发展。

第一，不孕不育风险。国内外大量报道指出，人类社会不孕不育风险导致不完整家庭产生，从而挑战了人口的可持续发展能力。多数家庭是希望有自己的亲子的，万一不孕不育，也要千方百计地收养孩子。不孕不育是一个世界性问题，全球不育夫妇高达8 000万对，且以每年200万对的速度递增。我国不孕不育平均发生率约为10%。目前我国患不育的男性达4 000万之多，而育龄夫妇中60%的夫妇不能生育的原因大多是由男性泌尿生殖系统感染造成的。男性泌尿生殖系统一旦感染，精子输出途径便会出现水肿、糜烂，从而使精子质量、数量明显下降，造成绝对性不孕。我国仅西北地区每年平均5 000对新婚夫妇中，就有500对夫妇婚后不能生育；38%的离婚原因是男性生殖健康有问题，男性生殖健康已成为社会问题。

第二，放弃生育风险。这种风险归根结底是一种文化现象，具体包括两种：一种是终身意愿性不孕不育，就是一个孩子也不要，彻底放弃生育，做丁克家庭；另一种是常见的放弃政策性二胎、主动只要一孩的现象，在我国多年的宣传影响下，独生已成为很多家庭的自觉选择。

不育文化是一种人口发展自我抑制的内在力量。可以想见，如果人口中的多数放弃生育，人口简单再生产就将难以为继，那是极其危险的，因为这关涉种族的绵延和人类的生存。对一个国家来说，存在着三种生育文化，即多子多福的传统文化、少生优生的现代文化、放弃生育的先锋文化。与人口自身可持续发展能力相联系，需要追问的是，三种文化孰轻孰重？事实告诉我们，文化的力量大于政策的力量。目前"80后"独生子女群体已逐渐进入结婚生育的行列，但他们的生育观念因为时代的进步大不同于他们的父辈，晚婚晚育、少生优生蔚然成风。过去有一种观点，认为只要给予公民二胎生育的权利空间，那么公民一定会生两个甚至还会生第三个。而调查并不支持这种看法，事实是很多双独家庭主动放弃政策内二胎，主要原因是："养不起！"甚至一些农村一女户家庭也自觉向往成为独女户，这在缺乏养老准备的农村家庭做出这样的选择，其动机也非一言可以道尽。从中折射出生育的不可调节性，以及生育控制以外的诸多新问题。但人口的健康发展需要一个适度的低生育水平，这就是为什么开风气之先的上海于2009年采取一些措施开始鼓励双独家庭充分利用政策性生育资源，生育两个孩子。我们不能忘记"时移世易"的朴素道理。

现在各地并没有从人口数量控制的固有思维中摆脱出来，也没有从计划生育率等考核指标的束缚中解放出来。稳定低生育水平的科学含义是什么？这个问题并没有得到解决。在学理上，可以理解为更替水平生育率维持在2.0略多；作为社会选择，比较理想的是鼓励生育两个孩子。但人口越少越好、生育率越低越好的固有思维惯性还主宰着很多人的头脑，中国人口计生的改革发展任重道远。

中国固然要控制人口，但人口控制过程中如何均衡社会宏观的利益和家庭微观的利益却是一个不得不小心处理的要害问题。当一胎化为核心的生育政策持续多年之后，我们无法不正视一个简单的事实：独生子女家庭本质上是风险家庭，如何规避风险和补偿代价是一个负责任的人民政府必须认真考虑的。

第三节　独生子女风险的规避和补偿

作为政府，如何规避独子生育的风险是"国家计划生育补偿责任"的题中应有之义；帮助公民科学决策生育，使人口在家庭结构和社会结构上都能安全运行也是"人口安全发展战略"的题中应有之义。如果不带偏见的话，我们应该承认独生子女家庭并不是理想的家庭结构。独生子女意味着只有唯一的精神支柱,唯一性其实就是脆弱性。现在独生子女家庭中存在的过度保护现象均出于父母对"独生风险"的本能反应。如果有两个孩子,即便损失一个,也还有另一个孩子可以依靠;而不计风险、一味鼓励独子生育的政策导向却将很多家庭置于风险之中。

先贤早就告诉后人:结构决定功能。只有在人口战略上将"健全结构"的要求置于首位来考虑,中国未来人口的安全发展才是可以期待的。战略和政策上的重新定位才是治本之策。家庭是社会的细胞。家庭的健康才能确保社会的健康,家庭的发展才能促进社会的发展,这是一个无须讨论的公理性认识。一个出现大面积独生子女家庭的社会实际上是为自己未来的发展预留了隐忧。如果继续在"少生就是一切"的思路下继续鼓励农村独女现象无疑会使人口的风险运行雪上加霜。这与我们对人口安全的追求是南辕北辙的。毫无疑问,相对于一般意义的独生子女风险家庭,更需要得到帮助的是其中已经发生风险和问题的独生子女"弱势家庭"和"困难家庭",这是我们必须坚守的计划生育底线伦理。

我国悄然进入人口学意义的风险社会已经十多年了。人口数量控制加人口风险控制,才是超低中低生育水平下人口控制的新发展,才能达到一个安全的境地。新形势下,需要拓展人口控制的含义和外延:必须意识到人口风险是客观存在的;必须意识到人口风险是可以预防的;必须意识到规避风险是一项系统工程。

"和谐社会"需要"和谐人口"、"和谐计生"。人口计生系统需要思想和体制上的"改革开放",在战略的层面上更好地落实以人为本的科学发展观和构建社会主义和谐社会的要求。以人为本的实质就是要以民权为本,充分尊重每一个人的权利。在社会金字塔中,民众是最大多数,尊重民权,也就获得了人口学的支持。回顾历史,我们发现,中国的计划生育带有浓重的计划经济的痕迹,经济社会的改革开放使人口形势、人口问题的认识和治理也发生了很大的变化。譬如,现代人口再生产类型基本实现,梦寐以求的低生育水平早在20世纪90年代初期就已出现,目前已经发展到一个相对稳定的低生育水平时期,甚至在部分地区、部分人口还出现了"超低生育率"。

他山之石,可以攻玉。西方在完成现代人口转变之后给我们的重大启发是,要维持一个"适度的低生育率"就要在生育文化上早做准备,文化的养成就是自觉的养成,存在着一种巨大的惯性,西方社会在"不育文化"为主体的低生育文化的影响下,已经遭遇到一个严峻的问题:生育率江河日下,人口更替难以维系。中国生育率的快速下降也带来了一定的负面影响,要正视和吸取发达国家的教训,回升生育率比控制和降低生育率更困难。

稳定低生育水平的提法没有解决一个问题:低生育水平是动态的,那么如何稳定？稳定在什么水平？2000年，我在韩国访学时，经常看到很多两个孩子的家庭，其乐融融。人口学中，有一个非常重要的"更替水平生育率"的概念，形象地说，就是一个妇女终生生育的孩子数平均是两个，这是维持人口再生产的必要条件。韩国的"理想之家"很让中国人羡慕，这不是没有原因的。"好"这个字就是一种关系的平衡，阴阳平衡，和谐互补，有女儿有儿子才构成中国人的幸福观。当然这种包括了生育性别和生育数量的概念是一种理想，只是部分家庭有这样的福分，退而求其次，不求男女平衡，但求独子不孤。

人口问题的本质是发展问题，而发展问题的实质是人的全面发展。没有自由和尊重，何来全面发展？诺贝尔经济学奖得主阿玛蒂亚·森（Amartya Sen）曾经提出"以自由寻求发展"的思想，我想我们也可以提出"以自由寻求幸福"的主张，大自由、大发展、大幸福，小自由、小发展、小幸福。和谐要建立在尊重基本权利、人人平等互爱的基础之上。

九九归一，中国需要的是更多的结构和功能健全的"健康家庭"而不是"风险家庭"，同时需要呼吁性别公正条件下的"男女平衡"而不是"男女失调"。至少生育两个孩子是计划生育的底线伦理，"健康家庭"才较好地具备了抵御各种风险的结构性力量，风险家庭越少，社会冲突越少；健康家庭越多，社会和谐越多。可以断言的是，只有在"还权于民"的努力中，我们才可望规避"发展风险"，实现"社会和谐"。

了解历史的人都知道，独生子女政策是一代人的政策，《公开信》曾经承诺："到三十年以后，目前特别紧张的人口增长问题就可以缓和，也就可以采取不同的人口政策了。"人口政策不应该是单独针对数量调节的社会公共政策，而应是一个统筹兼顾、综合治理的体系，这样才能摆脱片面的治理模式，构建全面、协调、可持续的治理模式，也就是以科学发展观的思维来看待人口问题。令人高兴的是，近两年国家人口计生委已经注意到"人口长期均衡协调发展"的战略意义，这一提法实际上包括了人口性别年龄结构的均衡问题以及人口与资源环境和社会经济发展的平衡问题，所以说统筹人口发展、综治人口问题的重点在结构、关系和功能上，结构与功能主义的思维有助于我们更深入地认识人口规律。

家庭是社会的细胞，"细胞"的脆弱决定了一个社会内在的脆弱。广义来看，独生所带来的风险不仅仅是夭折这种比较直接和强烈的风险，而且还包括了未来的养老风险、社会发展风险甚至国防的风险。独生在整个生命周期都存在着风险。政府需要认真考虑政策本身的风险性，将风险意识植入更为完善的生育政策之中。生育安全是人口安全的出发点，安全的生育是人类生育的基本要求。生育安全构成了社会安全这个大范畴的重要组成部分。安全的生育有一种现实的保障功能。生育安全观的含义是：（1）生育这个行为、这个过程是安全的。降低孕产妇死亡率和婴幼儿死亡率，所以要降低生育过程中的风险。（2）影响生育安全的政策性因素需要引起我们的高度重视。（3）只有安全的生育，才是有保障的生育；只有安全的生育，才是人性化的生育；只有安全的生育，才是有效用的生育。我们必须寻求新生育政策的理论依据，这就是深具人文关怀精神的适度生育和优化生育，这是未来中国人本主义计划生育的必由之路。

统筹人口发展要求树立底线意识、生态意识和协调意识。人口生态是指人口的男女老幼或者说人口的性别年龄构成的生物多样性。人口的生态平衡是人口安全的根本保证，人口生态失衡是人口安全的根本威胁。人口的安全发展主要是一个性别年龄结构问题。人口的安全发展是要消除人口发展的风险性。人口发展要从传统的增量控制转向风险控制，这就需要一个适度的低生育水平的保障。人口发展的风险控制就是要控制和减少风险家庭和残缺家庭的规模和比例，至于弱势家庭主要是一个性别平等问题，所以不是单一的生育调节可以解决的。发达国家的经验教训表明，长期的超低生育率会导致劳动力短缺、人口老龄化过度、经济增长缺乏人口推力等弊端。在我国，为避免过高的人口老龄化所带来的养老困境，坚持以更替水平生育率作为人口安全发展的底线是战略性要求，从而提出了计划生育战略的底线伦理：国家主导的价值取向应该及早回归到一对夫妻生育两个孩子的历史坐标上。

在历史的十字路口，国家应该建立一个以人口安全为导向的政策体系，健全家庭结构，尽量减少风险家庭和残缺家庭。认识到这种风险的威胁，最可行的莫过于进行生育安全的战略储备，即假定每个家庭都可能早晚会遭遇某种风险事件而导致家庭残缺，所以需要有一个生育储备系数——例如至少多生一个孩子，这种人口安全意识对家庭幸福、社会和谐以及科学发展都非常重要。控制和减少人口发展的风险是长远战略必须坚守的底线伦理：一方面要事先预防，控制风险家庭的比例；另一方面要事后补救，帮扶残缺家庭和困难家庭。总之，到了人口生育率很低而且稳定的阶段，我国面临的新挑战是如何尽量减少生育率下降所带来的风险和代价，如何让计划生育家庭更多分享改革发展和自由自主的福祉。

现在国家需要将更多的资源用于计划生育的优质公共服务和计生家庭的基本社会保障，关注优孕优生优育、性和生殖健康、养老安全保障三大问题。在社会保障方面，很多计生家庭已经进入了后计生时代，他们的计划生育使命早已完成，父母逐渐进入老年，成为有特定历史烙印的"计划生育老人"，国家应该对这些人承担起养老保障的历史责任，因为他们是为国家做出了贡献甚至是付出了牺牲和代价的。所以，在后计生时代，国家需要直面"政策性人口问题"，未雨绸缪，建构好计划生育家庭的社会保障制度体系，对不同的家庭给予不同的关怀与帮助，使得我们生活的社会更加幸福和谐。

在 2009 年人民网强国论坛的"两会"网络议案中，因独生子女夭折而担心老无所养的父母们提出了几点建议：建议政府为独生子女夭折家庭专门建立精神家园活动场所；建议政府为独生子女夭折家庭的孤独父母建立专门的养老院，让这些同病相怜的孤独的人找到自己的大家庭，以便过好余生，奉献社会；建议将独苗夭亡无法再生育后收养子女家庭纳入计划生育政策扶助范围；建议独生子女夭亡第一时间进行慰问和给付国家补偿金，并制定独苗夭亡孤独父母的养老医疗优抚政策，让无子女照料的孤独父母也有安心就医的保障。从道义上讲，我们认为：对已经出现的"弱势家庭"或"困难家庭"，各级政府必须承担起"计划生育补偿的国家责任"，在精神关怀、养老保障、生活照料等诸多方面给予切实有效的帮助。

很多问题的解决不仅需要智慧而更需要勇气，我们不能在议而不决中一再坐失良机。科学发展观要求我们以人为本、实事求是、解放思想，尊重民意、保护民权、倾听民声。今天是明天的前奏和准备，未来是现在的延续和结果。中国倡导可持续发展已有多年，而人口发展最需要可持续的视野，就是要为历史负责、为人民谋福，要把人口发展和人口问题放到整个社会进程中来统筹考量。

2006 年 12 月 17 日，中共中央、国务院发布了《关于全面加强人口和计划生育工作统筹解决人口问题的决定》，指出"必须坚持长期实行计划生育的基本国策，稳定和完善人口政策和生育政策"。坚持、稳定和完善是辩证的统一。坚持和稳定现行人口政策和生育政策并不意味着到了某一个恰当的时机来临之时还不进行完善和调整，历史总是在否定之否定中完成自身的发展。如果说完善和调整生育政策是政府决策范畴的事，那么为什么要完善、如何去调整的研究和讨论就是学界责任范畴的事。古人云：凡事预则立，不预则废。这是万古不移之真理。

严格来说，"人口政策"包括了比"生育政策"更为丰富的含义。将人口政策等同于生育政策，只能说是人口控制、计划生育的理念在民间社会太深入人心。而中国早晚要完成"以数为本"的人口政策向"以人为本"的人口政策的历史转型。理由是，中国未来的人口发展战略大致可以包括如下五个方面：（1）适时调节人口总量，从中引出"人口调控"问题。（2）努力提高人口素质，从中引出"人口投资"问题。（3）积极开发人力资源，从中引出"人力开发"问题。（4）深度改善人口结构，从中引出"人口生态"问题。（5）合理规划人口流迁，从中引出"人口分布"问题。"人口发展观"或者说"大人口观"要求我们跳出单纯从人口数量来看人口问题的狭窄视野。总括来看，代价最小化、风险最小化、潜能最大化、效益最大化是人口政策和生育政策转型的基本理由。

（1）代价最小化。对于一个人口大国来说，适度、合理的计划生育无论在宏观还是在微观层面上对于实现大国崛起的强国之梦都是必要的。但事实是，人口的数量控制通过"节流"的办法只能在一定程度上有助于中国人口问题的解决。更主要的，快速人口转变也带来了许多意料之外的社会人口问题，在过去的30多年时间里，出生人口性别比持续、普遍和严重偏高，育龄妇女的手术后遗症，干群关系的紧张，基层统计数据失真，家庭暴力和妇女权益受损等问题接踵而至。我们不得不提出这样的忠告：不要过分陶醉于生育率急速下降所取得的暂时的胜利，"少生同于独生"、"少生就是一切"的观念已经并将继续使我们付出沉重的代价。

中国人口规模固然是世界第一，但这是从明清以降逐步积累起来的，是我们不得不接受的一笔历史遗产。即便我们要控制人口，最好也是采取"软着陆"的办法，逐步、缓慢地减少人口的自然增量，同时要坚守人口控制的底线伦理：在理论上，即便在一个人口过多的国度，生育两个孩子也是每一个公民的"底线生育权"。换言之，"城乡统开二胎"是值得尊重的"底线生育权"，是规避人口发展冲突和减轻相应代价的重要政策选择。

（2）风险最小化。人无远虑，必有近忧。人口发展内在的结构性风险对社会主义和谐社会建设提出了新的挑战。在一定程度上可以说，风险是未支付的成本，成本是已爆发的风险。国家通过严格的人口控制规避了人口爆炸的风险，但却使很多家庭不可避免地陷入了弱子女、独子女、无子女风险的威胁之中。这就是在现行的政策框架里独生子女个人、家庭和社会固有的、内生性的发展风险问题，少子女、独子女甚至无子女老龄化问题。数本主义人口控制理念、单边主义人口增长战略①导致了人口发展的偏差，进而提出了一个"人口安全"或者说"人口风险"问题。

"人口安全"是指人类自身的发展以及人口生态的发展遭遇或者免于各种威胁、风险和挑战的状态。一个安全的人口是指人口的结构和功能处在平衡、稳定、健康的发展状态中，天然具备协调发展和持续发展的能力。人口风险是人口安全的别称。在低生育率的数量表象下，需要注意到计划生育家庭的结构差异。新人口政策和生育政策要努力减少和防范计划生育风险家庭和残缺家庭的风险，通过生育储备战略提高家庭人口和国家人口的安全系数，实现人口的长期均衡协

---

① 作者借用毕德哥拉斯数本哲学的概念，数本哲学认为数是万能的本源。简而言之，数本主义人口控制理论就是指只强调人口数量因素不考虑其他因素的"以数为本"的思想。单边主义原意为在国际体系中主导国际事务的强权国家仅凭自己的主观判断并从自身国家利益出发，不考虑国际社会的共同利益，不同其他国家进行磋商，独断专行的霸权主义行径。作者在这里是指在人口发展中，只考虑某单一方面，不顾及其他方面的人口战略。——编者注

调发展。这里，"计划生育风险家庭"是指独生子女家庭，"计划生育残缺家庭"是指孩子或父母伤病残亡的家庭。

遗憾的是，人口转变的风险在相当长的时间内没有进入我们的视野。随着生命周期的展开，我国目前的人口发展已经进入了"风险积累"和"风险爆发"并存的一个发展阶段，今后将从一个低风险的人口转变时期逐渐过渡到高风险的人口转变时期。以母亲40岁作为女性不能再生育的年龄，以1980年作为事件起点，那么我国事实上在1996年就进入了人口转变意义上的"风险社会"门槛。若以60岁作为进入老年的标志，那么2016年就将进入高度风险发展阶段。随着时间的推移，越来越多的独生子女家庭因生命周期的力量从"低风险家庭"转变为"高风险家庭"。根据国家人口计生委课题组预测，2006年，全国独生子女意外死亡、母亲年满49周岁的有37.5万人，最高峰值年2038年将达到151万人。

（3）潜能最大化。"见物不见人"的发展观极其有害，"见数不见人"的人口观同样极其有害。1994年，在埃及开罗召开的第三次国际人口和发展大会从根本上改变了国际社会解决人口问题的方式，就是将人口和发展问题看做是一种具有内在联系的挑战，把人和人权放在等式的中心位置，而不是以人口数量和增长率为中心。这个转变的核心内容是将过去的把人口作为制订计划和政策所需的宏观经济基本变量的做法，转变为一个以权利为基础、以个人福利为要素的方法。对人进行投资、扩大他们的发展机会，使他们能够实现人的潜能，是维持经济增长和可持续发展的关键。

人口是一人一口，主要是人决定口，而不是相反。事实证明，当人口素质提高到一定程度，资源硬约束是可以被突破的。资源约束存在着硬约束和软约束两种情形，人力资本的积累和提升一定程度上可以改变资源的软约束情形。制约中国发展的与其说是自然资本，不如说是人力资本。"亚洲四小龙"的经济起飞，战后德国的经济成长，几乎一切成功的经验都证明了这个道理。用人力资源特别是脑力资源替代自然资源，是未来经济持续发展的重要前提，是持续的经济发展的增长点。改革开放以来，我国人力资本存量翻了一番，其所带来的经济增长份额达到了24％，与劳动数量投入的贡献份额相当。在经济全球化的背景下，在经济发展质量提高和经济结构调整升级的要求下，我国经济的整体竞争力将越来越依赖劳动者素质的提高。

人口问题在根本上是对人的投资的不足和失败所导致的。联合国秘书长科菲·安南（Kofi Atta Annan）在联合国人口基金《2002年工作报告》的序言中富有洞察力地指出："人口问题基本上就是人的问题。无人能够比联合国人口基金对这一点的认识更为深刻。……加大对公共卫生和教育的投资以及使妇女和女孩赋权。只有通过这样的投资，我们才能有望打破疾病与贫困这一恶性循环，并有望实现千年发展目标。"21世纪是倡导"素质立国论"和"脑力开发论"的世纪。中国若能像抓计划生育那样抓义务教育并将其列为基本国策，一定大有希望。21世纪的中国需要大力倡导"人脑论"，人力资源是最宝贵的、创造性资源，而其价值的高低则取决于人口投资的绩效。

（4）效益最大化。人口是包袱还是动力，不仅取决于潜能的积累，而且取决于潜能的发挥。人口控制不是为了控制而控制，人口发展不是为了发展而发展。人本主义人口发展观的基本立场是：尊重人，才能得到理解；保障人，才能促进发展；发展人，才能赢得自由。人口作为一种力量的存在其消极影响如何最小化、积极影响如何最大化？人的自由全面的发展、家庭的幸福健康的发展、社会的和谐美好的发展是人口优化发展的终极目标。

重视人力资本的积累和人力资源的开发是解决人口问题的终极出路。大国战略的历史转变就是要从现在开始将一个低素质的人力资源大国向高素质的人力资本强国转变。权利投资、健康投资、知识投资是三大基本投资，在战略上解决好人口的"节流"和"开源"的关系。权利投资的核心内容就是通过公正的制度安排来保障基本人权。人才储备（通过健康和教育投资形成能力储备）是人口发展的主线，人力开发（通过合适的社会体制公正、有效地开发人的潜力或者说人力资源）是人口发展的归宿。大方向是将中国这个人口资源大国建设成人力资本强国。

我们相信，开放的、平衡的、有根基、有关怀的人口政策和生育政策将引领中国走向大国崛起之路，人口新政指向以人为本、城乡统筹、性别平等、民族团结、国防安全、人口优化、社会和谐、发展持续。从科学发展观出发，我们需要构建安全、积极、均衡的人口发展战略框架和人口政策体系：

首先，在现有的政策框架里，不宜在农村鼓励独女户放弃二胎生育；相反地，我们要积极推动人口生育政策的历史回归——无论城乡，至少平均生育两个孩子。事后扶助比事前鼓励更有远见，风险更小。生育资源是养老资源中最基本、最可靠、最经济的资源，帮助公民科学决策生育是政府计划生育责任的重要职责。2006年6月4日，笔者曾经因考察关爱女孩行动到云南省某贫困县调研，结果发现：鼓励农村一女户放弃二胎生育实际上成了变相的强迫行为。笔者记录了基层干部和群众的呼声，干部说："这几年都完成了，做思想工作，真的苦口婆心，工作难度很大，60%以上要做工作。老百姓担心养老问题，男孩在多方面优势强于女孩。"而当地百姓则认为，给孩子升学加分或者考公务员加分更重要，而主要问题并不是少生一个孩子给他们带来的暂时的低负担。那么，"公权"与"私权"的权力边界到底在哪里？这不仅仅在云南，而且在全中国都是悬而未决的关键问题。

其次,重建坚强有力的家庭结构,将生育问题和养老问题、计划生育和家庭发展、家庭健康与社会和谐结合起来,前后兼顾、统筹考量。我国人口计划生育的变革方向是还权于民、赋权于民、造福于民。还权于民是特殊而重要的社会保障形式。于国于民,人口生育率都并非越低越好,对人口长期均衡协调发展而言,更替水平生育率是一个适度的生育水平,战略性的生育储备、孩子储备将有利于防御和化解人口发展的风险。中国应及早确立"适度低生育的战略和政策",尊重人权就要充分尊重个人、夫妇、家庭及其丰富的多样性需求这一基本事实。承认经济人的理性假设也适用于微观的生育决策,尊重公民的知情权、话语权和决策权,逐渐还权于民、规避任何风险是人口政策和生育政策转型的出发点。

最后,凸显人文关怀,补偿计划生育困难人群和家庭,走以人为本的人口和计划生育道路。在2003年召开的中央人口资源环境工作座谈会上,胡锦涛总书记曾经指出:"目前一些实行计划生育的家庭特别是独生子女家庭,由于子女病残、死亡等原因,生活遇到困难,养老缺乏保障,这些问题要妥善解决,抓紧建立社会救助机制。"这是从单纯控制的政策向公共福利政策转型的一个信号。在后人口控制时代,各级政府需要回应传统计划生育做法的代价和风险问题,计划生育手术后遗症人群至今仍挣扎在痛苦之中,独生子女夭折的父母更是痛不欲生,渴望亲情关爱和抱团取暖。贡献者奖励,牺牲者补偿,这是文明社会的基本通则。一个崇尚和谐的社会一定有自己的伦理取向和道德底线,必须早日为计划生育残缺家庭构筑强大的关怀保障机制。

第十四章

独生子女政策的风险研究

早在多年以前就有学者明确提出了"独生子女家庭本质上是风险家庭"的论断。对独生子女来说，其风险包括成长风险、成材风险、婚姻冲突风险和自身养老风险；对独生子女家庭来说，包括父母的养老风险、结构缺损风险；对独生子女社会来说，包括发展风险、国防风险和责任风险（穆光宗，2009）。实际上，独生子女政策的推行所导致的风险绝不仅仅局限在上述的几个方面，本章对独生子女政策可能诱发的某些社会风险进行考察与分析。

第一节 道德与腐败风险

一、道德风险

因独生子女政策而引发的道德风险主要体现在如下几个方面：

1. 某些强制性做法的施行，导致社会价值体系紊乱，影响社会稳定与社会秩序

20世纪80~90年代，为了完成上级下达的计划生育工作任务，类似于"文化大革命"中的某些做法被用于计划生育的现象在一些地区盛行，计划生育工作中的"文革"遗风在部分地区至今仍未完全消失。例如，连坐制度、计划生育小分队、学习班、有奖举报等等。① 也正是在这样的背景下，为进一步防止计划生育工作出现更严重的偏差，国家计生委在1993年以内部文件的形式作出了"计划生育七不准"的明确规定。时至今日，仍有部分计划生育工作者习惯、留恋以往的这些强制性做法，他们不仅对目前推行的"知情选择"② 等以人为本的做法进行抵制与排斥，甚至对20世纪90年代的"七不准"也颇有微词。又如，被人口计生部门视为"宝贵经验"并仍在继续坚持的计划生育"一票否决"，实际上就是株连的一种具体表现形式：只要单位超生人数超过了上级规定的数量，就会遭致批评，整个单位就将被取消评先资格，单位领导人与计划生育工作者甚至还会因此受到惩处。如果说单位领导与计划生育工作人员因没有完成政府下达的计划生育任务而受到惩处还情有可原，那么，那些遵纪守法的公民因为他人超生受株连而不能被评先、不能领取奖金等则毫无道理可言。这就如同别人犯了罪，其他遵纪守法者也要陪着"犯人"一起坐牢是一样的。由于普通百姓不能改变"因他人违法而遵纪守法者利益受损"的极不合理的制度安排，他们往往会把"怨气"撒在那些超生者身上，从而人为地制造、诱发了民众之间的积怨。古人道："一人做事一人当"，但计划生育一票否决却把众人活生生地捆绑在一起，形成利益共同体，一人犯法（非法生育），众人跟着倒霉。由此可见，计划生育一票否决与"依法治国"理念是完全背道而驰的。人口控制领域的某些强制性做法，导致了社会价值体系的紊乱，如少部分计划生育工作者至今仍对超生者及其子女心存芥蒂。③ 这些强制性方法的使用也对社会稳定构成危害。例如，全国少部分地区在社会抚养费征收过程中的某些粗暴做法，使得这些地区鸡犬不宁（如2007年广西博白事件就是典型）。又如，时至今日，强制性大月份引产等计划生育恶性事件仍没有被完全杜绝。由此可见，中国部分地区的计划生育一再突破人类文明的底线，对社会

---

① 20世纪80~90年代，全国少部分农村地区为了人口的数量控制，甚至成立了由社会闲散人员组成的计划生育小分队，工作粗暴，其中的极少数甚至鱼肉百姓。为了将计划外怀孕者追回并落实补救措施、征收社会抚养费或落实节育措施，实行连坐制度，把当事人的父母、兄弟姐妹、亲属等集中起来组织所谓的"学习班"，说白了就是非法拘禁。在东部沿海某省有的甚至被非法拘禁好几个月。某些地区采用所谓的群众自我管理，实行有奖举报制度，说穿了就是"利用群众斗群众"的翻版。这些手段反复被使用，导致人们之间缺少基本的信任，这是中国沦为诚信缺失社会的原因之一。为了控制人口增长而施行"千方百计"甚至到了"不择手段"的地步。人类社会应遵循的底线伦理与底线价值一再被突破，人与人之间的基本信任也因此而丧失。

② 全国少数省份至今仍没有推行避孕节育"知情选择"，多数地区虽然推广避孕节育"知情选择"，但许多地区采用的是"你知情、我选择"。

③ 实际上，超生者及其子女也是共和国的公民，理应得到与其他公民一样的尊重，享有同等的权利。

的诚信也造成一定的影响。

2. 影响代际和谐，易使子女背负不孝骂名

独生子女家庭规模过度收缩，导致家庭人力资源、特别是家庭养老人力资源极度匮乏，独生子女所面临的养老压力超乎想象，甚至远远超出了他们的承受能力，独生子女即便有心，也是难以独自承担起赡养父母的责任的。特别是当大量的独生子女父母年事已高，身体健康状况每况愈下，逐渐失去生活自理能力或者遭遇疾病困扰，需要有人给予照料，而独生子女又无力独自承担责任时，很容易诱发代际关系紧张或代际冲突，平时所潜藏着的代际矛盾也会因此而即刻爆发出来。部分独生子女不可避免地因此而背负不孝的骂名，给代际关系的和谐与稳定带来诸多不利的影响。由此可见，独生子女一代是常常会被冠之以"不孝"的一代。

3. 政府诚信缺失风险

（1）经济诚信缺失风险。自 20 世纪 80 年代开始，为了使独生子女政策得到更好的落实，全国各地陆续出台了一些对独生子女及其父母的奖励政策。如江苏省规定独生子女父母退休金增加 5%。现在作为群体的第一批独生子女父母早在几年前就已经开始进入退休年龄，政府也到了兑现当年承诺的时候。但由于独生子女数量庞大，政府财政压力也较大，部分地区兑现困难，不是大大降低当年承诺的奖励标准，就是久拖不予兑现。即便是作为经济发达、地方政府财力雄厚的江苏省南京、苏州、无锡等地也只是在大打折扣的情况下于 2010 年才解决了独生子女父母退休后的奖励金的历史拖欠问题。这些经济发达、地方政府财力雄厚的地区尚且如此，其他地区的情况可想而知。政府的"言而无信"，自然使政府陷入诚信缺失的风险旋涡。目前，独生子女父母退休人数还不是很多，但伴随着时间的推移，达到退休年龄的独生子女父母将迅速增加，政府未来将面临的独生子女父母退休奖励的财政压力将急剧膨胀。

进一步来讲，退休金不仅因人而异，而且彼此间差异还极大（如公务员与企业职工退休后的养老金差别极大），独生子女父母退休后退休金增加 5%，对不同的人其奖励金额可能也是很不一样的，制度性不公被人为地建构起来：虽然都只生育一个孩子，但因此而获得的权利或补偿是很不一样的。该政策制定之初就带有很大的随意性，考虑欠周详。实际上，不只计划生育政策，中国其他社会政策的出台也带有很大的随意性。目前，计划生育奖励扶助是"现付式"制度，没有资金积累，随着越来越多的计划生育夫妇进入老年，奖励配套资金的需求会急剧增加，财政支付负担会逐年加重，财政支付能力不足易使政府面临诚信缺失的风险。

（2）宣传失信风险。为了使群众自觉实行计划生育，部分地区进行了超过承受能力的不计后果的宣传,极可能使以前政府对百姓的承诺变成"空头支票",增加了宣传失信的风险。例如,部分地区"计划生育好,政府帮养老"等宣传标语充斥街头。目前计划生育利益导向政策中同样存在很多问题,主要体现在如下四个方面:第一,由于中央政府不愿意承担计划生育利益导向政策的财政责任,因而将其转嫁给地方政府承担;而地方政府也存在层层转嫁的问题,最终是基层政府只能"看菜吃饭",地方财政有多少钱就办多少事。结果是全国计划生育利益导向政策五花八门,乱象丛生,碎片化倾向十分明显。第二,在对计划生育利益导向的认识上存在严重偏差,许多地区似乎认为利益导向政策越多越好,奖励力度越大越好,这种思想认识甚至得到上级人口计生部门领导的肯定,并作为经验加以推广,结果在全国不少地区开展了一场名副其实的计划生育利益导向力度竞赛。在推出计划生育利益导向政策时因缺少长远考虑,奖励力度明显偏大,执行几年后就难以为继。第三,全国各地对计划生育家庭及其子女的奖励力度差异悬殊,新的社会不平等因此被人为地建构出来。第四,计划生育利益导向政策在制定过程中缺少基本的公平公正视角与人类伦理价值底线的坚守,导致某些计划生育利益导向政策的实施本身加剧了社会不公。例如,全国部分省份对部分独生子女高考和中考加分,这一政策的推行使得原本就存在的教育不公被进一步强化。中国人特别喜欢用"一国两制"与"一国多制"的"分而治之"的思想来实行社会治理,实际上在牵涉到公民基本权利问题上是不能实行"一国两制"或"一国多制"的。"一国两制"或"一国多制"某种意义上意味着这个国家没有"规矩",是"人治"的典型表现。

(3) 政治诚信缺失风险。1980年中共中央在"9·25"公开信中明确指出:独生子女政策是一代人的政策。独生子女政策推出至今已超过30年,已经达到甚至超过了中国一代人的时间跨度。因此,如果不尽快废除独生子女政策,会使中国政府面临政治诚信缺失的风险。

二、腐败风险

独生子女政策与群众生育意愿相距过大本身就意味着政策不可能得到很好地执行。政策与群众意愿之间差距过大,在某种意义上赋予政策执行者很大权力,在权力缺少有效监督的情况下自然使其成为腐败的温床。因独生子女政策而诱发的腐败风险主要体现在如下几个方面:

1. 超生现象导致腐败

独生子女政策导致超生者大大增加。① 对超生者征收数额庞大的社会抚养费，由此衍生了大量的问题，腐败乃是其中的典型，如超生者收入的核实与社会抚养费征收中的自由裁量权过大与不透明等。社会抚养费征收过程中的权力寻租、行贿受贿、贪污腐败现象并不鲜见。计划生育部门的职务犯罪也多集中于此。

2. 社会抚养费有转变成"摇钱树"的风险

社会抚养费本应用来对政策外出生人口的抚养教育等，这就要求对征收的社会抚养费采取类似积累型养老金的管理方式。但实际情况是：社会抚养费大多被用来"抚养"基层计划生育机构与计划生育工作者。此外，社会抚养费被大量挪作他用的现象并不鲜见。征收社会抚养费的初衷之一就是抑制超生，但部分地区将社会抚养费作为一棵摇钱树，一座不冒烟的工厂与基层政府的第二财政来源，放水养鱼现象屡见不鲜，即便是在东部沿海经济较为发达的地区也是如此。邓小平曾说过"科学技术是第一生产力"，而在某些地区，"社会抚养费是第二生产力"，在个别地区甚至还演变成了"第一生产力"。乡镇政府工作人员发不出工资，就打起社会抚养费的主意；教师发不出工资，也打起了社会抚养费的主意；修桥铺路、甚至吃喝玩乐缺钱，还是打起了社会抚养费的主意……这一现象在农业税被取消，乡镇政府财源减少的情况下，在少部分地区甚至变得比以往更为严重了。在这些地区，征收社会抚养费非但没有达到抑制超生的目的，反而成为人口计生部门腐败的温床。因而现在有一种说法：县级以上政府靠土地，乡镇政府靠计划生育。

3. 缺少监督的权力必将导致腐败

当生育第二个孩子成为一种被批准的权利，而生育掌控权缺少有效监督时必然导致腐败。一部分人钻政策的空子，以权谋生或以钱谋生第二个孩子的现象至今屡见不鲜。例如，全国绝大多数省份《人口与计划生育条例》中均有"只有一个孩子，经病残儿医学鉴定机构鉴定为非严重遗传性残疾，目前无法治疗或者经系统治疗仍不能成长为正常劳动力或者将严重影响婚配的夫妻，可以申请再生育一个孩子"的条款或类似条款（简称一孩残疾）。于是，部分有权有势、又想生育第二个孩子者就想尽办法获得相关证明，从而以合法身份生育第二个孩子。可以毫不夸张地说，以"一孩残疾"名义获得生育第二个孩子权利的夫妻中有相当大比例的夫妻生育的第一个孩子是"被残疾"的。更有少数计划生育官员通过接受贿金而批准某些本不符合现行生育政策的夫妻生育第二个孩子。媒体报

---

① 超生与否本身就是生育政策的产物，如果没有生育数量限制，也就无所谓超生。如果实行一对夫妇可以生育两个孩子的政策，那么生育第二个孩子的夫妇将被排除在超生者队伍之外，超生者因此而大大减少。

道的此类事件也为数不少,这些人既败坏了党风政风,又污染了社会风气。

第二节 贫困风险

一、子女数量与家庭生活水平

贫困是一个世界性难题,也是人类共同的敌人。无论是发达国家,还是发展中国家,都面临着消除贫困的压力。尽管致贫原因错综复杂,但概括起来,无外乎以下四种原因:一是自然环境因素。如自然条件恶劣、生态环境脆弱。二是社会因素。如社会保障制度不健全甚至缺失,一旦遭遇失业、疾病等暂时困难时,因得不到或根本不能获得及时救助,可能会陷入长期性贫困。与其他国家不同的是,在中国,城乡与区域隔离性制度安排,使得农村人遭受制度性贫苦的可能性大大增加了。三是文化因素。因未接受过较好教育,没有一技之长,缺少竞争力,收入较低。文化贫困是比物质贫困更深重、更长期、也更难克服的贫困问题(吴永波、吴永斌,2008)。当然,国民受教育程度方面所存在的巨大差异,多与先赋性因素有关,也与后致性因素相连。中国公共资源的差别化配置,使得北京、上海等大城市享有其他地区难以企及的资源配置优势,这种资源配置优势所形成的经济资本、政治资本与社会资本会转化成为文化资本,进一步加大了不同区域间人力资本上的差异,进而使收入等方面的差异进一步扩大。四是健康因素。如身残智障者陷入贫困的风险大大增加。所要指出的是:贫困往往不是由单个致贫因子所引起的,而是多个致贫因子彼此交织在一起共同作用的结果,这也使得消减贫困变得异常艰难。

在中国反贫困研究中,社会因素,其中包括制度性因素所导致的贫困常常被我们有意无意地忽略或者屏蔽掉。实际上,中国目前所遭遇的贫困问题,多与长期推行不当的社会经济政策有关。例如,城乡与区域之间贫富差距不断扩大,某种意义上是中国城乡与区域隔离性制度安排以及政府公共资源差别化配置的结果。因此,消减贫困首先要从制度重构开始。

多子女家庭在孩子较小时往往负担较重,经济上一般不及少子女家庭。但伴随着孩子的成长,多子女家庭由于劳动力丰富,相对于少子女家庭而言,有更多人为家庭与社会做贡献,情况就会逐渐发生逆转,原先多子女家庭在经济上的劣势不仅逐渐被消除,而且还会最终赶上并超过少子女家庭。因而少子女家庭往往是"先甜后苦",而多子女家庭往往是"先苦后甜"。"先苦后甜"是一个自然而然的过程,在转化过程中一般不会出现问题,但"先甜后苦"则完全不同,如果缺少必要的干预或救助,很容易诱发出社会矛盾甚至社会危机。由此可见,从短期来看,少生对消减贫困是有利的,然而长期地看,由于家庭劳动力资源缺乏,使得少子女家庭更易陷入贫困陷阱而不能自拔。

在生育率较高阶段,计划生育的实施有效地降低了生育率,使得家庭与妇女的负担减轻,从而对消减贫困具有积极的意义。然而,做任何事情都有一个是否适度的问题。在生育率普遍较高之时,适当少生对家庭经济发展与生活水平提高具有促进作用。然而生得过少,特别是只生一个孩子,从短期来看,家庭与社会负担可以减低到最低限度,但从长期来看,由于家庭孩子数太少,当这些孩子成长为正常劳动力时,为家庭与社会创造财富的人也将急剧减少,从而对社会经济发展与家庭致富带来诸多不利的影响。因此,我们要辩证地看待计划生育与消除贫困之间的关系。

二、独生子女政策与贫困

中国的计划生育对消除贫困、促进社会经济发展曾发挥了积极的作用。但就像硬币也有另外一面一样,计划生育也使中国的很多家庭为此付出了巨大的代价。随着时间的推移,因极端的独生子女政策而导致的部分家庭的贫困问题逐渐浮出水面。从宏观与微观视角来看,存在下列一些致贫风险:

1. 劳动力短缺

独生子女政策的长期推行,必然导致持续低生育率,甚至超低生育率时代的加速到来与人口结构的畸形,并迟早会出现劳动力短缺的境况。中国由劳动力过剩到劳动力短缺的刘易斯转折点(Lewis Turning Point)已然或即将来临(蔡昉,2008)。虽然中国劳动力供给从过剩到短缺的转变因2008年的世界经济危机而曾出现过暂时的中断。然而,世界经济危机过后,当世界经济重回正常增长轨道时,中国的劳动力短缺也将因此而加速显露出来。[①] 如果说自1978年开始实行改革开放以来中国经济的高速增长得益于丰富而廉价的劳动力资源的话,那么未来中国经济极可能因人口过度老化与劳动力短缺而陷入结构性衰退的陷阱(陈友华,2008)。劳动力短缺,经济增长乏力,必然拖累消减贫困的步伐。

2. 劳动力培养成本飙升

一个孩子家庭的单位养育成本显著高于两个孩子家庭的单位养育成本,两个

---

① 2010年愈演愈烈的民工荒在某种意义上昭示着中国劳动力市场的供需形势已经发生了很大的甚至是根本性的变化。

孩子家庭的单位养育成本高于三个孩子家庭的单位养育成本，以此类推。由此可见，孩子养育的边际成本具有递减效应。"经济学者认为，在美国这样的主流家庭养育三个孩子的社会，养三个孩子的花销只相当于养一个孩子花费的1.6倍，可三个孩子长大后为社会创造的财富却是一个孩子的三倍"（易富贤，2007）。没有证据表明生育一个孩子就比生育两个孩子养育得更好，成才比例更高，实际情况可能正好相反，独生子女特殊的成长环境可能更不利于其健康成长。养育孩子的边际成本递减，而对社会的边际贡献不变，这相当于养育孩子的（社会）边际净收益（边际收益减去边际成本）是递增的（与人力资本投资边际收益递增类似，同时与以往研究所揭示的家庭生育边际收益递减并不矛盾）。由此可见，独生子女政策使得单位劳动力培养成本极大化，从而削弱了其经济竞争力。因此，长期地看，独生子女政策对经济增长的影响更多是负面的。劳动力短缺与劳动力培养成本大幅飙升，不利于竞争力提高与经济增长，从而对社会与家庭的脱贫致富不利。

3. 独生子女家庭劳动力短缺影响家庭致富

在妇女生育率较高，大大超过更替水平时，适度少生可以降低家庭对子女的抚养压力，妇女受家庭拖累减少，更可能在生育后重回工作岗位，参与社会生产与社会生活，这不仅有利于妇女地位的提高，也有利于家庭生活条件的改善。但是，少生绝不意味着只生一个孩子，生育数量过少从短期看暂时减轻了家庭的抚养负担，但从长期来看，必然导致家庭劳动力缺乏，不仅影响家庭致富，而且还有可能因此而陷入贫困境地。因此，笼统地说"少生快富"是缺少事实依据的。在中国目前社会经济环境下，多生孩子可能影响致富，少生、甚至只生一个孩子更可能影响致富。

长期地看，独生子女家庭劳动力资源短缺，对家庭生活条件改善更多的是不利影响，或者说影响家庭致富。调查表明，由于劳动力缺乏，独生子女家庭不仅难以致富，而且还可能成为贫困家庭主体。例如，"2008年，安徽省铜陵县2 945户低保家庭中，计划生育家庭达2 503户。低保户中计划生育家庭高达85%"（金小桃等，2009）。"独生子女家庭特困户873户，占特困家庭总数的88.09%"（陈德祥、马德发，2003）。

4. "因超生受处罚致贫"与"因超生受处罚返贫"

多数百姓想生育两个孩子的意愿与行为不因政策而改变。独生子女政策本身严重脱离中国社会的客观实际，人为地制造了大量的违法生育者，因超生而面临数额庞大的经济处罚而使生活陷入贫困境地、多年甚至十数年翻不了身的现象屡见不鲜，对于体制内人员，还可能面临开除公职与开除党籍等处分，"因超生受处罚致贫"与"因超生受处罚返贫"现象不仅长期存在，甚至比"因病致贫"

与"因病返贫"还普遍,只是所有这些现象都被有意无意地"遮蔽掉"了(陈友华,2009)。

5. 因独生子女伤残死亡而陷入贫困

"生老病死"不可避免。但独生子女及其家庭的独特之处在于:独生子女一旦意外伤残、重病、死亡,特别是成年开始挣钱养家的独生子女意外伤残、重病、死亡,不仅会给家庭造成重大经济损失,而且还会给父母精神以致命的毁灭性打击,并因此而陷入绝境(穆光宗,2006;潘金洪、姜继红,2007)。如果说在父母生命周期早期出现的生存风险可以通过补偿性生育得以部分消解,那么在生命周期晚期出现的生存风险却因为父母年龄已大而丧失了补偿性生育的可能。例如,广州市现有 2 300 多个母亲年龄已经 49 周岁及以上的独生子女夭折家庭(张建等,2009)。又如,"重庆市有中年丧子(女)的独生子女父母 13 574 人,其中城市 6 267 人,农村 7 307 人。重庆市北碚区等 13 个区县建立联谊会和会所,加入联谊会的中年丧子(女)群众有 5 000 余人"(武家华等,2009)。投资学的一个最基本的风险防范原则是:"不要把所有鸡蛋放在一个篮子里"。而独生子女的唯一性却决定了没有选择,只能将唯一的鸡蛋(独生子女)放在一个篮子里,而且这还是一个"瓷鸡蛋",一不小心就会被打碎。由此可见,独生子女政策恰恰违反了这一原则,把所有的希望与责任都压在了一个孩子身上。如果一个家庭有两个孩子,家庭生存风险就要小得多。我们常说,家庭是社会的细胞,如果构成国家的数以亿计的细胞是脆弱不堪的,甚至是存在严重缺陷的,那么由这些细胞组成的国家会强大吗?

6. 亲属关系网络异常缩小

独生子女本身使得家庭的亲属关系网络缩小到极致。一旦独生子女家庭遭遇困难或不测时,来自于亲属关系网络的支持与帮助就大为减少,家庭依靠传统亲属关系网络的抗风险能力降低至极致。此时,如果社会支持不能及时跟上,极易使独生子女家庭陷入孤立无援的境地。有调查表明:贫困独生子女家庭一旦遭遇困难,绝大部分向亲属求助。独生子女家庭响应国家号召,由此减少的包括亲属关系网络等在内的社会支持资源的减少理应由政府来填补(吴永波、吴永斌,2008)。建立健全基本社会保障制度,改变以血缘、家族为纽带的救助模式,是政府的基本责任。

7. 老年贫困与养老没有着落

独生子女及其父母面临独生子女父母养老风险、独生子女责任最大化风险、独生子女自身养老风险与家庭经济支持能力弱化风险,因而陷入老年贫困与养老没有着落的可能性大大增加。老年人非正式经济支持主要来自于子女。父母年老以后非正式支持的多少、生活水平的高低依赖于子女数的多少和子女人力资本水平的高低。子女越多,老年父母得到各方面赡养的机会及数量也就越多,反之亦然。独生子女父母因子女数过少,来自于子女的非正式支持普遍不足,陷入老年贫困陷阱的可能性因此而大大增加。成年独生子女的意外伤残与死亡,更使其父母完全或近乎完全丧失老年期的非正式经济支持。

第三节 妇女儿童身心健康与出生性别比失衡风险

一、妇女儿童身心健康受损风险

独生子女政策严重脱离中国社会的实际,许多妇女儿童身心健康受损,主要体现在如下几个方面:

(1) 想生两个孩,但政策又限定只能生一个孩子的妇女在怀孕生育第二个孩子时将承受巨大的心理压力,且伴随着妇女"肚子一天天增大","担惊受怕"程度也随之一天天增加,不仅影响孕妇健康,而且对胎儿生长发育也不利。此外,以超生为目的的孕妇一般很少得到常规的产前检查与孕产期保健,其中部分非常怀孕妇女甚至都不敢去医院生孩子。不符合政策规定要求的小孩出生后,由于担心遭受处罚,而不能及时接受各种免疫接种(易富贤,2008)。可以说,绝大部分超生者都是在一种非正常的社会环境中孕育与成长的。

(2) 独生子女政策的推行,百姓的"生育空间"被挤压至极限,为了在极其有限的空间内生育自己最想要的性别的孩子,在胎儿性别鉴定与人工流引产技术普及且价格低廉的时代,必然导致胎儿性别鉴定与性别选择性人工流引产现象的增多,甚至是泛滥。性别选择性人工流引产本身就是对胎儿生命权的直接剥夺,同时也对孕妇的身心健康构成了较大的伤害。

(3) 独生子女政策的推行,必然导致强制性人工流引产的增多。那些当年在施行大月份引产时仍存活下来的婴儿,多数已经死亡,但仍有少数坚强地存活至今,然而这些人的身体在降生时已经受到严重的伤害。强制性的大月份引产给当事者家庭及当事人所带来的终身伤害与痛苦是难以言状的。

(4) 想超生者即便能如愿以偿,但紧随其后的是高额的经济处罚甚至是更为严厉的其他处罚,部分家庭因此而陷入贫困的境地,在妇女儿童最需要营养与呵护时,社会抚养费等却在"伤口上撒了一把盐",超生者家庭生活水平顿时可能因此而大幅度下降,部分妇女儿童甚至因此而陷入营养不良的境地。

（5）在一个有着重男轻女传统的国度，独生子女政策本身使得更多的妇女因没有完成"传宗接代"、"延续香火"的"历史责任"，而更易遭受来自家庭与社会的歧视。因没有生育男孩而受到歧视的现象在现实社会中比比皆是，家庭暴力和妇女权益受损等问题可能会接踵而至。例如，在邻里间的矛盾纠纷中那些没有生养儿子的妇女更易因此而被指责为"前世没有做好事，导致今世的断子绝孙的因果报应"，极端的甚至因此而导致夫妻离异。更有甚者，个别因没有生育儿子的妇女在与他人发生矛盾或纠纷时因被别人指责为"断子绝孙"，一时想不开而走上喝农药或跳河自尽等绝路。与此同时，少数没有实现生育性别偏好的夫妇，将已生育的孩子视作实现自己生育性别偏好的障碍，从而对不喜欢的孩子疏于照料，甚至出现溺婴和弃婴的现象。20 世纪 80 年代以来，出现了中国女婴死亡率远高于同期男婴死亡率的反常现象。

（6）独生子女政策人为地制造了大量的非法生育者。长期的有失偏颇的计划生育宣传，营造了对超生者及其超生子女歧视的社会舆论氛围，更有甚者，许多社会政策本身就包含对超生者及其超生子女的社会歧视与社会排斥的内容。例如，许多地区规定超生者如果不缴纳社会抚养费，子女就不能上户口，没有户口，孩子的受教育权就可能因此而被剥夺。那些超生者及其超生子女在普遍的社会歧视与社会排斥中成长，身心健康备受伤害甚至是摧残。

（7）即便符合照顾再生育一个孩子的有关规定，大部分地区仍要求对夫妇再生育原因张榜公布，接受群众监督。再生育夫妇的某些隐私在"张榜公布"与"接受群众监督"中被公开暴露出来，对当事人可能造成严重的伤害。例如，全国各省份《人口与计划生育条例》大多规定符合下列条件的夫妻，可以申请再生育一个孩子："只有一个孩子，经病残儿医学鉴定机构鉴定为非严重遗传性残疾，目前无法治疗或者经系统治疗仍不能成长为正常劳动力或者将严重影响婚配的。""双方均未生育，依法收养后又怀孕的。"对于前者，不仅孩子被权威部门贴上"病残"的标签，而且夫妇的某些隐私也被暴露。对于后者，孩子被"抱养"的身份被公之于众，这与中国的文化传统是严重相违背的。这不仅不利于孩子的健康成长，而且不利于婚姻与家庭的稳定。由此可见，再生育审批过程中的"张榜公布"与"接受群众监督"等做法的合适性是令人生疑的。

（8）独生子女政策的推行，必然推高出生人口中一孩所占比例。而一孩生育比例的上升对出生质量的提高可能也是不利的。因为从生理上讲，在自然状态下一孩出生缺陷发生率可能要高于二孩出生缺陷发生率。例如，生育一孩的难产率要高于生育二孩的难产率。

（9）以往强制推行"一环二扎"，20 世纪 80~90 年代甚至还出现了突击结扎的现象。由于当时手术量大，条件简陋，某些地区甚至曾经以"加强服务与管理"的名义大力推行产后节育（产后上环与产后结扎），某些所谓的"科学家"们也跟着鼓噪产后上环与产后结扎的好处，并声称这样做不仅不会危及产妇健康，而且还能增进产妇健康。正是在这样的背景下，结果是出现了较多的计划生育手术并发症。这些手术后遗症患者不仅劳动能力下降、医疗费用上升、陷入贫困的风险增大，而且心理也受到严重创伤，甚至严重影响到夫妻生活（吴正俊，2007）。

（10）由于独生子女政策严重脱离中国的实际，必然导致政府和民众在计划生育问题上的冲突加剧。计划生育领域目标管理责任制的普遍推行、上级政府不切实际的高指标与高要求，计划生育一票否决（有的甚至演变成为"一个"否决）等，导致基层计划生育工作者普遍面临较大的甚至是巨大的工作压力，这种工作压力在某些情况下会演变成为对群众的"计生暴力"。2007年广西博白事件就是这方面的一个典型案例。

由此可见，独生子女政策的推行，使得妇女儿童身心健康受损的风险不是减小了，而是被扩大了。导致中国出生缺陷发生率居高不下的原因是多方面的，然而不可否认的是独生子女政策本身也"难辞其咎"。

二、出生性别结构失衡风险

在中国出生性别比例失调与现行生育政策的关系问题上存在着两种截然不同的观点。一种观点认为，中国出生性别比例失调与现行生育政策没有关系，至少现行生育政策与出生性别比偏高并非直接的因果关系（原新、石海龙，2005）。其依据是印度、韩国与中国台湾在生育率下降过程中也出现了类似的出生性别比例失调现象。另一种观点认为，否认出生性别比例失调与现行生育政策之间的关系是牵强附会的。张二力（2005）等人的研究表明：出生性别比与生育政策之间存在某种关联，出生性别比例失调最严重的恰恰是实行"一孩半"政策的地区生育政策越宽松，出生性别比越接近正常。例如在实行农村"二孩"政策的甘肃省酒泉、山西省翼城、湖北省恩施等地区，出生性别比例就比较正常。因此，他们认为实行较为宽松的生育政策有利于缓解目前出生性别比居高不下的局面。现在的问题是：如果生育政策对出生性别比有影响，则这种影响究竟有多大？如果调整现行生育政策，出生性别比例失调现象会因此而自动消失吗？究竟现行生育政策的存在对出生性别比例失调的出现是一个必要条件，还是充分条件（顾宝昌，2007）？

在没有生育数量限制的情况下，如果夫妇都有很强烈的性别偏好，他们可能会继续生育，通过这种方式，绝大多数夫妇能实现至少有一个理想性别的孩子的愿望。但是在国家政策、经济和社会等各种条件的制约下，多生育一个孩子的成本往往较高，超出了夫妇愿意支付的范围或支付的能力，这些成本包括经济成本、政治成本、社会成本和机会成本。于是，在性别偏好、对子女数量限制、生育成本过高三重挤压下，① 人们希望通过人为的干预来实现其最低生育愿望，而此时性别鉴定与性别选择性人工终止妊娠的出现为帮助人们实现这一愿望提供了强大的和可靠的技术支持。这种干预在有歧视性男孩偏好的社会中，就会出现偏高的出生性别比。如在印度、韩国、中国台湾等一些国家和地区都有出生性别比偏高的现象。笔者 2006 年在浙江省苍南县龙港镇调研时，有人反映说出生性别比例失调"都是计划生育惹的祸，家庭与国家生育计划有矛盾。温州重商重男，不生男不止，这加重了生育成本，现在有了 B 超，生育成本下降，生男又可以实现"。

在中国现行生育政策限制条件下，人们很难超越政策规定去随意地选择生育数量和生育时间，但人们可以在此限制条件下选择孩子的性别。孩子数量被限制得越少，对孩子性别选择的欲望也越强烈（乔晓春，2004）。中国人的生育选择空间狭小，偏好男婴的生育意愿得不到很好的满足，因此性别选择性的人工终止妊娠等干预了自然的性别结构，导致出生性别比的偏高。可以说，偏高现象是过于强烈的性别偏好和过于狭小的生育选择空间互相冲突和挤压最终通过"性别鉴定与性别选择性人工终止妊娠"为主要手段而形成的结果（穆光宗，1995）。

在以往高生育率背景下，已有孩子的性别结构对夫妇的生育决定和生育行为并无明显影响。但是伴随着生育水平的不断下降，夫妇已有孩子的性别构成对后续生育行为的作用正在逐渐增强（马瀛通等，1998；刘爽，2002）。在生育控制下，受男性偏好的影响，只生有女孩的那些母亲再育的可能性较只生有男孩的那些母亲再育的可能性大得多。而那些只生有女孩的夫妇，最可能通过胎儿性别鉴定与选择性人工终止妊娠手段，实现其在少生条件下的生男愿望。

广东省的生育政策在 1997 年进行过一次较大的调整，广东省 1995 年与 2000 年的出生男女性别比分别为 123.3∶100 与 130.3∶100，5 年间出生性别比提高了 7 个点。政策模拟的结果表明：其中大约 2/3 归因于 1997 年生育政策的重新收紧。那些第一个孩子是男孩的农村夫妇原本可以生育第二个孩子，然而政策的突然改变，使他们中大部分人即刻失去了生育第二个孩子的权利，从而原有的孩次递进结构突然间发生了很大的变化，生育有男孩或男孩占优势的妇女的再育的可能性突然间受到严格限制，而这部分妇女再育的出生性别比较少受到人为因素的

---

① 在中国，超生者可能面临开除公职、高额经济处罚的风险，这些构成了超生者生育成本中的一部分。

影响，因而是比较正常的。生育有男孩或男孩占优势的妇女再育的数量减少，使得生育有女孩或女孩占优势的妇女再育的数量在整个出生人口中所占的比例提高了，而生育有女孩或女孩占优势的妇女再育的出生性别比是严重偏高的。总的出生性别比是分性别与分孩次出生性别比的加权平均值，生育有女孩或女孩占优势的妇女再育的高出生性别比与权重的增加促使了整个出生性别比的上升。另有大约 1/3 则归因于性别鉴定与性别选择性人工终止妊娠现象的不断增多（陈友华，2006）。

生育空间可以进一步细分为男孩生育空间与女孩生育空间，男女孩生育空间在受到生育政策挤压后的收缩进程是不完全一样的。笔者 2003 年对江苏某地生育意愿的调查发现：无论是意愿生育率，还是政策生育率，都仍在继续下降。然而分性别考察，则发现期望男孩生育率与实际男孩生育率在下降到某一水平后就稳定下来，不再继续下降了，尽管此时的总体意愿生育率与实际生育率水平仍处在继续下降过程中。这表明：男孩生育空间被压缩到一定程度后就变成刚性，现行生育政策对此已经不起作用。与此同时，期望女孩生育率与实际女孩生育率仍在下降过程中，目前还没有达到极限（小）值。由于期望男孩生育率与实际男孩生育率下降到某一水平后就会停止下来，因而总体意愿生育率与实际生育率的下降实际上就是期望女孩生育率与实际女孩生育率下降的结果。这就说明，当意愿男孩生育率与实际男孩生育率下降到某一水平，使男孩生育空间变成刚性时，意愿生育率与实际生育率的下降则全部是由期望女孩生育率与实际女孩生育率下降所致。在此情况下，实际生育率下降越多，出生性别比也就越高，实际生育率的下降是以出生性别比的升高作为代价的。

中国出生性别比失调与现行生育政策有关，并不是说出生性别比例的失调是由于生育政策本身直接造成的，而是生育政策压缩了人们的生育空间，在此过程中人们的生育行为选择发生了很大的变化，从而间接地影响到出生性别比。中国出生性别比例失调并不完全由生育政策引起，生育政策只是在其中起到推波助澜的作用。如果不实行计划生育，中国也会出现出生性别比例失调，只是生育政策导致了出生性别比的进一步升高。现行生育政策对中国出生性别比例失调只是作出了"部分贡献"，绝对不能将中国出生性别比例失调全都归结为是现行生育政策"惹的祸"。对现行生育政策进行必要的调整，或者放松对出生数量的控制，出生性别比例失调的严重程度将趋于缓和，但不可能消除。因为引起出生性别比例失调的其他因素依然在起作用。

歧视性性别偏好是诱发出生性别比偏高的必要条件，但这必须借助于胎儿性别鉴定与人工终止妊娠等技术手段才能实现。由于国家明令禁止对胎儿进行非医学需要的性别鉴定与性别选择性的人工终止妊娠，因而只有当管理上存在漏洞时，才能借助于技术手段实现其性别偏好。因此，只有在具备男孩偏好、日常管理存在漏洞、实现偏好的技术手段与人们乐意采用技术手段实现其性别偏好四者同时作用时，出生性别比例才会出现失调，四种因素对出生性别比的影响如图 14-1 所示。

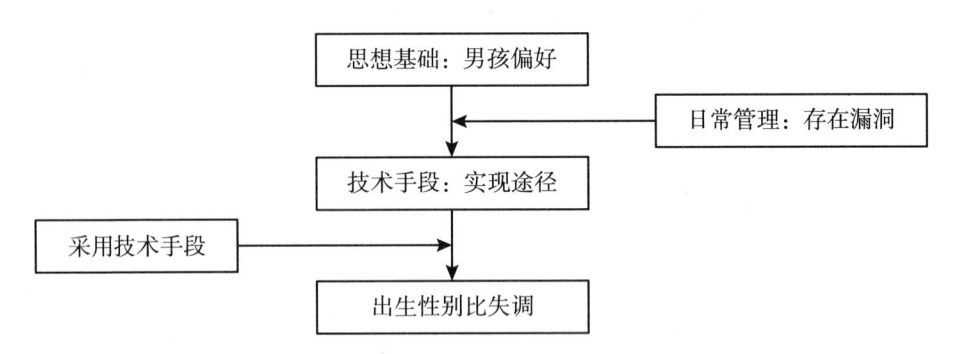

图 14-1 出生性别比例失调的理论解释框架

性别选择就个人与家庭来讲是理性选择的结果，但个人与家庭的理性选择导致了群体的非理性，"共用地"悲剧由此而产生。出生性别比偏高是生育控制下的人为性别选择的结果。

中国政府在制定现行生育政策时的初衷是在保证国家利益的同时，尽可能更好地兼顾、满足群众的利益。但必须承认，该政策具有明显的性别含义，其推行在很大程度上是为了满足人们的儿子偏好。由此引发的不仅是生育政策的性别歧视问题，而且还产生了一种心理暗示导向作用：为第一孩生育女孩的农村百姓提供了再生育一个男孩的机会。越来越多的证据表明，一女户可以生育第二个孩子的政策导向进一步诱发了市场经济条件下人为的性别选择现象（穆光宗，2006；杨菊华，2006）。此外，部分省份现行生育政策中对照顾再生育者有生育间隔要求（近几年来有越来越多的省份取消了生育间隔要求），部分妇女在生育一个女孩后马上怀孕，然后进行胎儿性别鉴定，是男的就留下，是女的就说是计划外怀孕，要求进行流引产。① 人工流引产作为避孕失败的补救措施，现在已部分演变成为实现生育性别偏好的手段，而生育间隔要求与未婚先孕已被某些人用来作为性别选择的道具。现行生育政策不仅已部分地导致了出生性别比例的失调，而且使部分女性胎儿最终免不了被流引产的命运。因此，调整现行生育政策，普遍允许一对夫妻生育两个孩子，这不仅使政策本身更趋公平，而且也使许多女性胎儿

---

① 这种现象甚至在初育中蔓延开来，少数妇女未婚先孕后进行胎儿性别鉴定，是男的就奉子成婚，是女的就说是未婚先孕，要求计划生育部门帮助进行流引产，并承担相应的费用。而计划生育部门一般很难拒绝，由此出现了一孩出生性别比的异常升高。

免于被流引产的命运，使女孩生存环境得到改善。因此，调整生育政策本身也具有关爱女孩、促进性别平等的成分在内。

第四节 人口素质逆淘汰风险

一、何为人口逆淘汰

"逆淘汰"最早由高尔顿（Francis Galton）提出，他将达尔文的优胜劣汰生物进化论延伸到社会学领域，认为现代社会中的科学技术、法律、宗教、伦理道德等因素可能会共同营造出一种环境，在这种环境下，一些本应被社会淘汰的弱者生存下来，而相对的，那些应该被选择的强者却遭到淘汰。简单地说，就是一种社会对人口的逆向选择，指低素质人口挤压高素质人口这种有悖于优胜劣汰的现象（郭熙保、尹娟，2005）。

所谓人口逆淘汰，指高素质人口在总人口中所占比例缩小，而低素质人口所占比例扩大的过程或者现象。中国现行生育政策是否会导致人口逆淘汰？这是一个敏感而争论不休的话题。

讨论人口逆淘汰，必然牵涉到人口质素这一概念。关于人口素质，有两要素论与三要素论之分。两要素论认为人口素质包括身体素质与科学文化素质，而三要素论认为人口素质包括身体素质、科学文化素质与思想品德素质。但由于思想品德素质的某些内容牵涉到价值判断，而不同社会对此的评判标准是不完全一致的。因此，笔者坚持两要素论的观点，尤其在进行定量比较研究时更是如此。

二、人口素质的相对性与人口素质相对逆淘汰

不同时期人们对人口素质高低的衡量标准是不完全一样的。例如，在新中国成立初期，文盲充斥，接受过中学教育的人很少，在当时的情形下，接受过中学教育的人就被看成是高文化素质的人了。但随着高等教育的普及，在今天，无论如何也不能把仅仅接受过中学教育的人看做是一个高文化素质的人。由此可见，人口素质的高低实际上也是一个相对的概念，具有与时俱进的特点。

既然人口素质的高低具有相对性，因而人口逆淘汰也就有相对逆淘汰与绝对逆淘汰之分。所谓绝对人口逆淘汰指人口素质持续下降的人口现象。在人类社会

中人口绝对逆淘汰很少出现。

由于不同社会阶层家庭给子女所能提供的成长环境是不一样的，相对于中低阶层家庭而言，中上阶层家庭能为孩子提供更好的成长环境，让孩子接受更好的教育，更有利于孩子素质，特别是科学文化素质的提高。因此，如果中高阶层家庭妇女生育率低于中低家庭妇女生育率，这对人口素质的提高是极为不利的。相对人口逆淘汰指来自于中上阶层家庭的孩子比例不断减少与来自于中下阶层家庭的孩子比例不断增加，从而不利于人口素质提高的一种人口现象。

三、差别政策生育率与人口逆淘汰

在生育转变过程中，由于不同社会群体间生育转变速度不同，将会形成群体间生育率差异，来自中高社会阶层群体的生育率要低于中下社会阶层群体的生育率。一方面，中高阶层家庭对子女的培养要求要普遍高于中下阶层家庭对子女的培养要求；另一方面，中高阶层家庭给孩子后天所能提供的抚养与教育条件普遍好于中下阶层家庭。因此，生育转变过程中出现的不同社会阶层间生育率的差异对人口素质的提高不利，人口逆淘汰实际是自人口转变开始后世界各国普遍出现的人口现象。

中国的情况是：一方面，农村现行生育政策要比城镇宽松，西部地区现行生育政策比东中部地区宽松。这就造成了城乡与地区政策生育率的不同，农村与西部地区的政策生育率要分别高于城镇与东中部地区。另一方面，从政策执行效果看，尽管城镇与东中部地区生育政策相对于农村与西部地区更紧，然而生育政策在城镇与东中部地区得到了更好的执行，超生更多地发生在农村与西部地区。"城乡二元"与"区域多元"的现行生育政策使得各群体政策生育率之间的差距进一步扩大。城镇与东中部地区的生育率要分别低于农村与西部地区的生育率。而这种差异部分是由于社会经济发展水平方面的差异等非政策性因素所带来的，部分是因为城乡与地区生育政策方面的差异所造成的。中国城乡与区域生育率差异的形成与产生除了非政策性因素外，还有政策性因素在其中起作用。

城镇居民家庭的抚养和教育条件普遍好于农村居民家庭，东中部地区居民家庭的抚养与教育条件普遍好于西部地区居民家庭，但城镇生育政策严于乡村，东中部地区生育政策严于西部地区，形成家庭条件越好，生育一般也越少的现象，从而使得中国人口逆淘汰现象更加严重。中国现行生育政策取向是不利于人口素质提高的。

然而，无论就国际还是中国的情况看，伴随着人口转变的进行，人口素质不断提高，突出地表现为婴儿死亡率与文盲率持续下降，平均预期寿命与受教育年限不断延长。由此可见，绝对意义上的人口逆淘汰现象在世界上绝少出现。上述人口转变过程中出现的人口逆淘汰是相对人口逆淘汰。因为伴随着社会的文明与进步，各社会阶层群体的生活质量都在不断提高，对子女的培养要求也越来越高，而为子女所能提供的成长环境也越来越好。因此，各社会阶层内部的人口素质是不断提高的，即便是身处社会最底层的农民：一是本身素质也较以往有了明显的提高，二是今天的农民为子女的抚养与教育所能提供的条件也比以往好得多，三是今日的农民对子女的培养与教育的要求也有了很大的提高。因此，今天农民子女的素质也较以往有了很大的提高。

四、出生缺陷影响因素与生育政策调整

环境污染、食品安全隐患、医学进步（保胎、试管婴儿、不孕症治疗、促进怀孕的手段与技术的发展与广泛应用等）、生活条件改善、死亡率下降、计划生育，甚至工作节奏加快与生活压力加大等等，都会对出生缺陷的发生频率产生或正或负的影响。

达尔文（Charles Robert Darwin）的"物竞天择，适者生存"理论在现代社会有不断被修正的迹象，即自然选择作用正在不断缩小。这种改变在给人类带来福音的同时，对人口素质的提高也带来了某些不利的影响。例如，对不孕症治疗后怀孕生育的孩子质量是否低于在自然状态下怀孕生育的孩子质量？答案如果是肯定的，则不孕症的治疗在给许多家庭带来"送子"福音的同时，也降低了人口的出生素质。出生缺陷率可能也会因此而上升。现行生育政策对出生素质的影响主要体现在如下三个方面：

一是现行生育政策规定，第一胎生育非遗传性残疾孩子的夫妇可以再生育一胎，而许多第一胎生育有健康婴儿的父母不能再生育。但限于目前的技术水平等因素，大多数遗传性疾病是很难被检查出来的，这使很多隐性遗传病患者合法地生两胎。现实中，许多显性遗传病患者也生了二胎，并且，在一些贫困山区，甚至是多胎。第一胎生育有病残儿的夫妇第二胎生育病残儿的可能性要远大于第一胎生育健康婴儿的夫妇。对生育有病残儿的夫妇生育权利上的照顾造成了残疾人口的增多与残疾人口比重的增加（郭熙保、尹娟，2005）。

二是违反政策规定怀孕的妇女，从怀孕到分娩再到孩子成长，基本上处在一个非正常的社会环境之中，特别是在十月怀胎过程中伴随着"肚子"的一天天增大，孕妇的精神压力也随之增加。即便能将孩子生下来，至少也将面临高额的经济处罚，因超生致贫的现象在许多农村地区并不鲜见。在这种环境中孕育的生命不仅先天不足，而且后天成长环境恶劣，从而不利于出生人口素质的提高。

三是当独生子女夫妇唯一的子女遭遇伤残夭折时,特别是中年丧子(女)时,虽然身处高龄,但出于多方面原因,往往是不得不进行补偿性生育,但即便能如愿以偿,也会因为高龄生产而促使出生缺陷发生率上升。

由此可见,计划生育在给中国社会与民众带来福音的同时,也带来了一些不利的影响,客观上加剧了中国人口的逆淘汰。虽然人口相对逆淘汰是一个世界范围内的普遍现象,但中国却因计划生育而将这一问题推向了极致。中国人口相对逆淘汰,有政策性因素在其中起作用。

最后要注意的一点是:人口素质差异主要是由后天形成的,这里讨论的人口逆淘汰主要也是从后天的教育与培养角度来考察,而不是从先天的生理遗传等角度来考察。父母与子女智商之间并不存在内在的必然的因果联系。否则的话,天才的儿子是天才,傻瓜的儿子是傻瓜……这样推演的结果必然会使我们陷入血统论的陷阱。

第五节 本章小结

风险管理的一条基本原则是:以最小的成本获得最大的保障。对风险的处理有规避风险(指主动避开损失发生的可能性)、预防风险(指采取预防措施,以减小损失发生的可能性及损失程度)、自留风险(指自己非理性或理性地主动承担风险)和转移风险(指通过某种安排,把自己面临的风险全部或部分转移给另一方)四种方法。就中国而言,目前既面临着如何应对独生子女家庭风险,又面临着如何规避独生子女家庭风险问题。

独生子女家庭本质上是高风险家庭,具有天然的自身难以克服的结构性缺陷。一个人口学意义上的风险社会——独生子女社会——正在加速形成过程中,这是不依我们的意志为转移的,其结果是大大增加了中国的社会风险。从风险规避角度考虑,应尽力避免独生子女现象的继续蔓延。然而,中国的计划生育早已陷入矛盾陷阱:一方面,意识到独生子女家庭的结构性缺陷,对包括独生子女家庭在内的部分计划生育家庭实行经济补偿;另一方面,仍在继续鼓励更多独生子女的出现。前一种可以看做是风险应对或风险预防,是对因计划生育而利益受损者的补偿,而后一种则是政府现在花钱为未来政府与家庭购买风险,这从任何角度考虑都是值得商榷的。

在研究并制定风险防范措施时,应该实现从"有病治病"到"无病防病"的思想转变。独生子女政策为中国的人口数量控制做出了巨大贡献,但同时也必须看到中国为此也付出了极其沉重的代价，真所谓"代价与成就并行"。展望未来，中国面临着一个如何规避风险和降低代价的问题。而最好的方式就是废除独生子女政策，普遍允许一对夫妇至少可以生育两个孩子。虽然即便允许一对夫妇至少可以生育两个孩子，其风险也还仍然存在，但必须承认，一对夫妇生育至少两个孩子给家庭与社会所带来的风险要远小于独生子女家庭所带来的风险，也就是说，风险被大大降低了。

第十五章

独生子女与生育政策的调整

我国现行的生育政策中，一对夫妻只生育一个孩子是主要内容之一，而生育政策的调整也主要体现在生育数量的控制程度方面。经过30多年的实施，我国人口快速增长的势头早已得到了有效控制，但这一政策同时也带来了一定的问题。在这一政策实施30多年后，生育政策的调整问题不可回避。本章将集中探讨与独生子女有关的生育政策调整问题。

第一节 调整现行生育政策的必要性

一、现行生育政策本身的缺陷

1. 生育权因人因地而异

现行生育政策规定：公民的生育权因人因地而异，突出地表现在城乡、区域、汉族与少数民族的公民之间在生育权利与应尽责任上的差异较大。作为公民基本权利的生育权因人因地而异实际上有违公正公平的原则。如果任其长期存在下去，显然不利于"依法治国"与"和谐社会"的构建。因而"去差别化"应是生育政策调整过程中坚持的方向，以努力缩小城乡之间、地区之间、各民族之间在生育权利与应尽义务上所存在的差异。

2. 隐含性别歧视

全国绝大多数农村地区第一孩生育女孩家庭允许生育第二个孩子，而第一孩生育男孩的家庭一般不允许再生育（通常称之为一孩半政策）。对大多数农村农民而言，是否被允许生育第二个孩子与已生育第一个孩子的性别密切相关。生育政策上的性别差异无时不在提醒人们生育子女的性别差异，也无时不在提醒着人们男女有别。一方面，这一政策本身就含有对男性的反向歧视。对女性歧视是不对的，但对男性的反向歧视也是有问题的。另一方面，这一政策规定同时又有重男轻女之嫌。

许多群众反映："农村现行照顾二孩生育政策——第一孩生男孩就不允许再生育，第一孩生女孩的可以再生，是在告诉我们生男生女不一样：男孩价值高于女孩，因此在第二孩生育——也是最后一次生育机会中，只有尽量生男孩才值得，才对得起政府的政策照顾。"农民如此解读现行生育政策，显然不是政策制定者的初衷，但政策制定者怎么想不重要，关键是群众如何理解和感知政策含义，群众会按照自己的理解，而非政策制定人的主观想法去行事。许多被调查者认为，这种"政策暗示"也是促使一些农民家庭在二孩生育中进行性别选择的一个重要因素（周长洪，2010）。

农民从对一女户照顾再生一个孩子的政策中"读出"男女孩价值的不同，以及找到既能避免生育政策约束下的超生处罚，又能使家庭利益最大化的方法。不少第一孩生育女孩的农民家庭，努力寻求在政策允许的二孩生育机会上确保生育一个男孩，这是促使部分农民家庭在二孩生育中进行性别选择的原因之一，因为这样就可以实现家庭生育效益最大化——一女一男，同时避免因超生而被征收对农民家庭来说数额不菲的社会抚养费。从这一意义上来说，农村"生育政策的适度宽松将有利于缓解目前出生性别比居高不下的局面"是个合乎逻辑的推断（张二力，2005；周长洪，2010）。

3. 有违"以人为本"的理念

什么叫做"以人为本"？政府"以人为本"究竟应该体现在哪些方面？笔者以为，一个民本政府就是要把满足人民群众的合理需求作为政府一切工作的出发点与归属。现在的问题是：百姓希望生育两个孩子的要求是否过分？如果过分，就要对这种过分的要求加以限制。如果不过分，就是政府的政策要求过分，因而调整现行生育政策就是自然的。社会政策的两个核心概念是权利和公平，社会政策要达到的目标是保证公民基本权利更好地实现。

时代在进步，计划生育自然也应该与时俱进，而不应该老是心安理得地用法律政策来强制大部分家庭（63.6%）承担生育一孩的风险、强令"一部分家庭""舍小家保大家"。更何况"利益受到了影响"的这"一部分家庭"也并非少数,某种程度上甚至可以说是全部。理由如下:一是公民的生育权是受宪法保护的基本人权,以"一胎"为核心的现行生育政策却对其进行强制干预和过度控制,所有的公民都受到影响。二是由于政策过于严苛,其打击面可谓世界之最,对欠发达的农村地区更是几近"全民打击"。实行严格计划生育政策以来,一些乡村有婚育行为的几乎所有家庭甚至未婚青年都受到过计生控制和处罚(包括强制孕检、节育、堕胎,征收"非法同居罚款"、"计划外生育费"、"社会抚养费"、计划外怀孕罚款、无证生育罚款、不按时参加每年四次查环查孕的"违约金"、无流动人口计划生育证明罚款等)。三是响应并完全执行生育政策的家庭现实利益也受到了较大的影响,独生子女风险是一方面,贫困弱势群体的养老问题是另一方面(周长洪,2010;陈友华,2010)。

调整现行生育政策,是"以人为本"与和谐社会构建的题中应有之意。现行生育政策在过去也许有存在的必要,但世事在变,时过境迁,与现行生育政策形成之初的 20 世纪 80 年代中期相比,中国目前的经济、政治、社会、文化环境已经发生了翻天覆地的变化,维持现行生育政策的弊端正逐渐暴露出来,因而迫切需要对此适时地作出必要的调整。

4. 条款繁杂不便于政策落实与管理

社会政策制定过程中必须遵循的原则之一就是简单性原则。简单性政策未必是好政策,但复杂性政策一定不是好政策。目前,大部分省份《人口与计划生育条例》规定的照顾生育第二个孩子的条款众多,看似考虑周详,实际上是缺少系统、周详、长远考虑的具体表现,各省份《人口与计划生育条例》的频繁修订本身就充分说明了这一点。此外,《人口与计划生育条例》的频繁修订似乎与时俱进,实则缺少预见性的具体表现形式,而且法律一旦确定,就具有相对的稳定性,法律不是不可以修订,但频繁修订本身显然是对法律严肃性的某种挑战,同时也表明现行《人口与计划生育条例》的立法质量很低。与此同时,现行生育政策的某些规定过于复杂,基层不易理解或实际操作较难。所有这些,需要我们在未来的生育政策调整过程中逐步加以解决。涉及面广是生育政策区别于其他社会政策的最大特点。出于对目前群众与基层干部的知识水平、理解能力与实际操作性角度的考虑,对现行生育政策的调整应尽可能朝向简单、城乡与区域趋于一致、便于基层理解与操作的方向。

5. 与户籍制度改革相脱节

2002 年全国选择 5 个省份进行户籍制度改革试点,2006 年将其试点扩大到全国 12 个省份。户籍制度改革使原先建立在"城乡二元"户籍制度基础之上的现行计划生育政策失去了赖以存在的基础。现行生育政策在贯彻执行过程中的新情况、新问题、新矛盾与新困难也因此而大量涌现出来,在基层越来越难以操作，使新形势下的计划生育工作面临诸多新的严峻挑战，部分地区人口与计划生育工作甚至因此而陷入混乱之中。因户籍制度改革导致计划生育利益受损者的群体性上访事件在少数地区也曾一度上演。发生类似事件的不只局限于计划生育后进地区，即使在计划生育先进地区也有发生。户籍制度改革是大势所趋，这就迫使现行生育政策做出相应的调整，以便促使社会其他领域的社会变革，而不应成为其他领域改革的阻力。生育政策的适度放宽与城乡和区域生育政策的统一也因此成为下一步生育政策调整时首先要考虑的内容。

6. 不利于人口流动与城市化发展

由于城乡与区域之间生育政策上的差异，农村生育政策相对于城市较为宽松，进城某种意义上意味着农民相对于市民而言的部分生育特权的失去。部分农民因此不愿进城或者生好孩子后再进城，更有部分进城农民不愿意转变其户口身份。与此同时，改革开放以来，中国的人口迁移流动与城市化步伐逐渐加快，不仅城乡之间，而且城市内部的人户分离现象也越来越严重。城乡与区域生育政策上的差异性，也给计划生育的管理与服务增加了许多不必要的麻烦与困难。流动人口管理难本身与现行生育政策设计的不合理存在着某种因果联系。不仅阻碍了城市化进程，而且对流动人口的城市融入不利。调整生育政策的一个关键问题是：在城镇化进程中实现城乡生育政策的一致性，以城乡生育政策的协调一致来带动个体之间政策上的一致。减少在城市化快速发展、户籍制度改革中出现的生育政策执行过程中的各种问题，实现生育权的平等，逐步还权于民，以促进人口迁移流动与城市化发展。

7. 生育率持续走低，与适度生育率渐行渐远

按照国家人口发展战略的研究结果，现在及未来一段时间内中国的适度生育率为 1.8 左右，过高与过低都不利于中国人口、经济与社会的协调与可持续发展。中国现行政策生育率为 1.47 左右，① 距离适度生育率目标尚有不小距离。以往群众的生育数量意愿相对较高，超生也较多，不仅弥补了适度生育率与政策生育率之间的差额，而且还超出较多，以至于在 1991 年及以前中国的实际生育率高出适度生育率较多。在那个时期，坚持现行生育政策，加强对中国出生人数的控制，尽早将生育率下降至适度水平，具有一定的合理性。

但是，伴随着人们生育观念与生育行为的根本性改变，无论是意愿超生，还是实际超生，人数与比例均呈现出快速下降的趋势。现在想生育多个与实际生育多个孩子的夫妇已经很少，而且越来越少，生育率在 1992 年下降至更替水平以

---

① 现行生育政策下的政策生育率不是一个常量，而是一个变量，是随着时间的推移而不断变化的。但变化的幅度不会很大。

下后并没有稳定下来，而是出现了持续的下降，并早已向下越过了1.8的适度生育率目标。2010年全国第六次人口普查资料表明，在过去的十数年间中国妇女的平均生育率只有1.5左右，现在已经处在超低水平（陈友华、胡小武，2011），与适度生育率目标不是渐行渐近，而是渐行渐远。完全可以预期的是：在维持现行生育政策不变条件下的实际生育率明显低于适度生育率，且彼此之间的差距将渐行渐远。而较长时期的如此低的生育率对中国人口与社会经济的可持续发展是非常不利的，而生育政策的调整本身有助于阻止生育率在很低水平上的进一步下降，并刺激生育率回升至适度水平附近。

我们要对稳定低生育水平有正确的理解与认识。以往理解的稳定低生育水平，是只能下降，不能上升，只有上限，没有下限，没有摆脱生得越少越好的错误思维逻辑。

二、现行生育政策对人口老龄化的影响

1. 人口老龄化的影响因素

影响人口年龄结构的一切因素都可能对人口的老龄化或年轻化产生影响。在忽略迁移因素作用的前提下，人口老龄化原因有二：一是生育率下降，二是死亡率下降与人口平均预期寿命延长。根据年龄结构变化机理，人口老龄化进程一般可以划分为两个阶段：一是由生育率下降推动的阶段，由于少儿人口数量减少和比例下降抬升了老年人口的比例，即"底部老龄化"；二是由老年人口绝对规模快速增长推动的阶段，即"顶部老龄化"。2010年前中国处于人口老龄化的第一个阶段，进入2010年后，随着20世纪50年代出生高峰时期的人口陆续进入老年阶段，中国将进入顶部老龄化的时代（李建民等，2007）。

2. 现行生育政策与人口老龄化

生育率下降是导致人口老龄化的两个基本因素之一，且是最根本的因素。虽然在人口转变过程中人口老龄化不可避免，并且，老龄化也是世界各国在人口转变过程中普遍出现的人口现象。但是，计划生育的推行，促进了中国妇女生育率的下降，从而加速了中国的人口老龄化进程，这是不争的事实。

一方面，有人坚持认为中国的计划生育促进了生育率下降，但另一方面，由于看到中国现在与未来一段时间内，老年人口数量的多少与今后60年生育率的高低以及出生人数的多少之间没有必然的联系，未来60年内进入老年阶段的人现已降临人世，已无法改变，而且现在已经进入或将要进入老年的人口都是在推行计划生育之前出生的。因而据此认为，一段时间内中国的人口老龄化与计划生育无关。这实际上是将人口老龄化问题混同为老年人口数量问题。人口老龄化是

指老年人口占总人口的比例随时间推移而不断增加的过程。因此，人口老龄化是从人口结构而非人口数量角度考虑的。未来60年内陆续进入老年的人口已经降临人世，这是基本确定的，我们无法对此加以改变；然而，现在与未来出生人数的多少虽然不能直接改变现已进入或将要进入老年的人口数量，但却会对老年人口比例产生直接的影响。进一步讲，未来60年内老年人养老所需要的必要资源与未来60年内生育率的高低有直接的关系。因此，一些学者认为中国人口老龄化与计划生育无关，实际上是存在严重问题的。

3. 中国的养老方针与现行生育政策之间的矛盾与冲突

当社会保障体系没有建立或不健全时，家庭保障是重要的。然而，即便建立起健全的社会保障制度，家庭保障也不是可有可无，恰恰相反，它仍然非常重要。中国长期以来的养老方针是"家庭养老为主，社会养老为辅"。这本身就注定了养老主要还得靠家庭与子女来解决。子女是父母家庭养老得以延续的基础和前提条件。现行生育政策加速了中国妇女生育率的下降，家庭规模急剧收缩，家庭养老赖以存在的物质基础正在被逐渐摧毁，家庭养老功能急剧弱化，难以为继。中央提出的"五有"中最重要的"一有"就是"老有所养"。现在的问题是：老有所养，究竟由谁来养？是家庭，还是国家？我们现在看到的情形是：家庭内部已经越来越难以承受养老的责任，而政府又不很愿意承担养老的责任（这一情况近年有所改观）。由此可见，中国的养老方针与现行生育政策本身就是一对矛盾，并使中国百姓陷入一种"两难"境地。如果响应政府的号召，年老后的养老就成了大问题；如果不响应政府的号召，坚持超生，虽然家庭养老功能在某种程度上得到维系，但面临的至少是经济上的严厉处罚，而这在某种程度上又反过来进一步削弱了家庭的发展能力。

鉴于社会保障制度的缺失，想要生育第二个孩子的群众多数是为了解决其自身的养老问题。况且年老后遭遇的不仅仅是经济供养问题，还涉及生活照料、特别是精神慰藉问题，而这并不是社会保障制度所能完全代替的。因此，社会保障制度只能解决部分老年问题，而不能解决所有的老年问题。

4. 社会保障制度建设与现行生育政策调整

在谈及人口老龄化应对之策时，人们首先想到的就是建立健全社会保障制度。诚然，社会保障制度是应对人口老龄化挑战的钥匙之一。但是，社会保障解决的是一个社会财富分配的公平性问题，社会保障制度本身并不直接创造财富。社会保障资金的主要来源，是从工作人口的工资里扣除的，实际上是工作人口创造的。未来15~20年时间内中国劳动力数量的多少与此期间生育率的高低无关，然而现阶段生育率却直接决定着15~20年后中国劳动力的数量。劳动人口减少不仅意味着财富创造者减少，也意味着缴纳养老金人口的减少，这将使老年抚养比大幅度上升。因此，《美国兰德公司报告》认为："到2020年，中国人口老龄化会使工作人口与不工作人口的比率成为世界上最糟糕的，比日本更甚。如果没有特效的新政策的话，中国的经济在那个时期就会狠狠地撞墙。"国际上，虽然很多国家采取多种鼓励生育措施，然而多数发达国家仍深陷"低生育率陷阱"而不能自拔，许多有识之士对此忧心忡忡，认为："不愿意生育孩子的妇女，没有必要特殊照顾。"日本前首相森喜郎甚至认为不生孩子的妇女不配享受养老金。

2010年全国第六次人口普查时60岁及以上人口为177 648 705人，占全国总人口的13.26%；其中65岁及以上人口为118 831 709人，占全国总人口的8.87%。同2000年第五次全国人口普查相比，60岁及以上人口的比重上升了2.93个百分点，65岁及以上人口的比重上升了1.91个百分点。预计到2020年，60岁以上老年人口将达到2.34亿人，比重将从2000年的9.9%增长到16.0%；65岁以上老年人口将达到1.64亿人，比重将从2000年的6.7%增长到11.2%。预计21世纪40年代后期将形成老龄人口高峰平台，60岁以上老年人口将达4.3亿人，比重将达30%；65岁以上老年人口将达3.2亿多人，比重将达22%。届时，每3~4人中就有1名老年人（国家人口发展战略研究报告，2007）。

应对人口老龄化的措施有很多，包括建立健全老年社会保障制度等。然而，我们不能忽视的一点是：在低生育水平下，包括老年社会保障制度建设在内的所有应对措施实际上都是暂时的，并不能从根本上化解人口老龄化危机。要从源头上化解人口老龄化危机，我们唯一可以做的就是影响出生。生育是人类调节未来人口老龄化速度与程度的唯一手段。但遗憾的是，人类自身一般很难对此应用自如。因为人类的生育有其自身的发展变化规律，并不完全取决于人们的主观愿望。例如发达国家目前千方百计地提高生育率，但效果却不遂人愿。

5. 人口老龄化与经济发展

人口老龄化对经济发展的负面影响不仅体现为社会老年人口抚养负担的不断增大，而且还会通过影响消费、储蓄、劳动人口数量和质量以及劳动生产率而体现出来。在人口老龄化发展初期，死亡率下降、平均预期寿命延长、继而生育率下降有助于生产力发展与科技进步。然而，当人口老龄化发展到一定程度后，又反过来对生产力的进一步发展与科技创新产生诸多不利的影响。

6. 人口老龄化与现行生育政策调整

鉴于人口老龄化与现行生育政策之间存在的某种因果关系和人口老龄化发展速度过快与老龄化程度过高对社会经济发展的副作用，有人提出了调整现行生育政策的主张，但也有人对此提出了尖锐的批评（邬沧萍，2004）。这里提出许多值得思考的问题：一是出生人数过多固然不好，但出生人数过少问题多多。做任何事情都要适度，而不能走极端，人口出生也一样。这里有两个问题需要澄清：一是人口老龄化是一个结构问题，不是一个数量问题，不要把结构问题混同为数量问题；二是谁也没有说过"出生人数越多越好"或类似的话。

调整现行生育政策本身并不一定是希望出生人数的回升（当然适度回升更好），也可能是为了阻止出生人数的持续下降。从短期来看，出生人数的短期增加，对老年人口问题的解决无益，甚至还可能增加劳动年龄人口的负担。然而，长期地看，确是解决人口老龄化与老年人口问题的根本良方之一。这就如同教育一样，对青少年的教育从短期看，对经济增长没有多少益处，然而，教育发展，人力资源积累为日后经济发展提供了持续的人口资源动力。因此，在持续（超）低生育率情况下，我们要把出生看做类似教育一样，是人类对自身未来的一种投资。

第二节 生育政策调整的可行性

一、生育意愿与生育行为变化

1. 生育意愿与生育行为的影响因素分析

经济结构改变、城市化进程、家庭收入、女性进入职业场所、教育水平提高与教育周期延长、婚育观念变化、节制生育及计划生育的推行等，都是导致少生育与不生育的原因。

实际上可以将上述因素归结为两大基本因素：社会经济发展与计划生育。生育意愿与生育行为受到上述两大基本因素的影响与左右。在社会经济发展与生育水平的不同时期，社会经济发展与计划生育对其影响与作用的大小是很不一样的。在社会经济发展水平较低、生育水平较高时，计划生育的推行，对民众的生育意愿与生育行为的影响较大。这时生育数量意愿与实际生育水平的下降可能更多地受到计划生育因素的影响，计划生育在早期减少非意愿性生育方面的成效尤其显著。但是，伴随着社会经济的进一步发展，计划生育因素对生育意愿与生育行为的影响逐渐衰竭。

与此不同的是：在社会经济发展水平较低、生育意愿与生育水平较高的时期，社会经济发展对人们的生育意愿与生育行为的影响是比较微弱的，甚至还可能刺激生育水平的上升。然而，伴随着社会经济的进一步发展，社会经济发展对人们的生育意愿与生育行为的影响力逐渐增强，并最终取代计划生育，成为主导人们生育意愿与生育行为的重要因素。在人们的生育意愿与生育行为转变过程中，计划生育与社会经济发展两大因素对其影响的程度正好是此长彼消的。

2. 社会经济发展与计划生育工作对生育意愿的影响

在不同的历史时期，社会经济发展与计划生育工作对育龄人群生育意愿的影响是很不相同的。在开展计划生育的早期，计划生育因素对人们生育意愿的影响更多一些，而社会经济因素的影响更小一些。然而，随着社会经济的进一步发展，社会经济因素在影响与左右人们的生育意愿，特别是数量方面的影响与作用逐渐增强，与此同时，计划生育因素对人们生育意愿的影响则逐渐减弱，最终退居次要位置。在推行计划生育30多年后的今日之中国，社会经济因素已经成为影响与左右人们生育意愿的决定因素，而计划生育因素则早已退居次要地位。

3. 生育数量意愿与生育性别意愿转变的不同步性

在生育意愿的转变过程中，由于性别偏好的作用，会出现生育数量与生育性别意愿转变的不同步，数量观念转变在前，性别观念转变在后，借助于现代科学技术的"帮助"，导致出生人口性别比例的失调。如果将生育空间划分为男性与女性生育空间，我们发现存在着一个极限或刚性生育空间。在生育率或生育意愿下降过程中，男女两性生育空间的压缩程度或者缩小程度是不一致的。男性生育空间压缩早于女性空间压缩而停止，从而导致农村地区在一段时间内出现生育数量意愿越低，实际或意愿出生性别比越失调的现象。

中国在人口控制过程中，对数量控制作出了一些制度性的规定或安排，而对如何弱化人们的性别偏好方面的努力却相对较少，从而导致在生育率下降过程中必然会出现出生性别比失调的问题。

4. 生育意愿与生育行为之间的悖离

生育意愿能在多大程度上转变成为人们的生育行为？在社会经济发展的不同时期，其表现是不完全一样的。当社会经济发展处在较低水平时，无论是妇女的实际生育率，还是意愿生育率，一般均相对较高。但由于性与生育又紧密相连，而当时又缺少必要的廉价和使用简便的避孕节育方法，非意愿性生育不仅不可避免，而且非意愿性生育率还相对较高，多数妇女生育的孩子数量超过了其意愿数量，此时更多地表现为实际生育率高于意愿生育率。伴随着社会经济的进一步发展，一方面人们的生育观念将随之发生相应的变化，另一方面生育的成本急剧上升，而收益却逐渐下降，这两者都导致意愿生育率与实际生育率的下降。但由于实际生育率的下降速度超过，甚至远远超过了同期意愿生育率的下降速度，实际生育率高于意愿生育率的情况逐步得以改变，最终发展成反向的情形：实际生育率低于，甚至大大低于其意愿生育率，这便是当下发生在发达国家与中国的上海、北京、江苏等地的情形。在社会经济发展变化过程中，意愿生育率与实际生育率的变化不同步，即生育意愿与生育行为之间会发生悖离（杨菊华，2008），实际生育率由最初的高于意愿生育率发展到最后的低于意愿生育率，上述情形如图 15－1 所示。

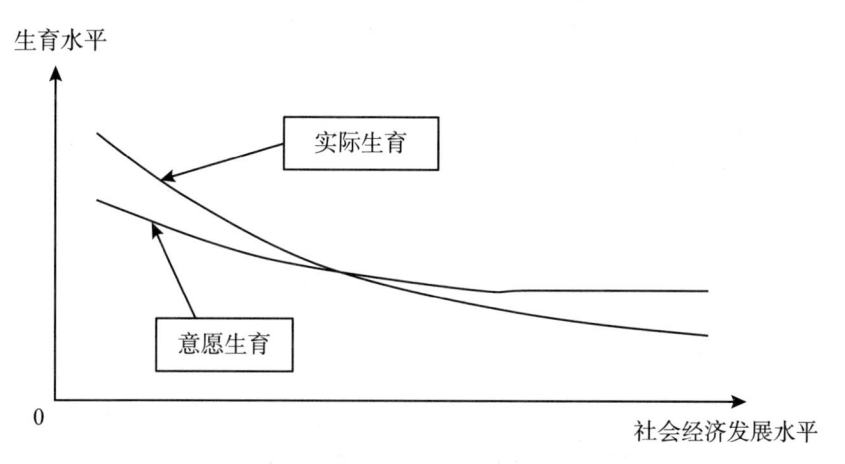

图 15－1　生育率与社会经济发展之间的关系

要指出的是：尽管不同时期实际生育率与意愿生育率是各不相同的，但通过不同时期人们的生育意愿与生育水平之间的比较，可以发现，不同时期生育意愿的变化幅度相对较小，而生育水平的变化幅度相对较大（杨菊华，2008）。从图 15－1 中可以看到，尽管意愿生育率与实际生育率均伴随着社会经济发展而呈现出逐渐下降的趋势，但意愿生育率的起点相对较低，变化速度相对较慢，随社会经济发展而变化比较平缓，而实际生育率的起点相对较高，但变化速度相对较快，随社会经济发展而变化相对急促。

5. 生育意愿转变的不可逆性

人类社会的发展一定是由传统社会转变到现代社会，而不可能由现代社会转变回传统社会，即社会形态的转变具有不可逆性。生育意愿或生育观念转变也是不可逆的，生育观念一旦由传统转变到现代，要实现其逆转变实际上是不可能的。由此联想到的是：现在强调传统文化的回归，实际上就意味着现代化的过程在某种意义上可以说是一个丢弃传统，或者摆脱传统影响的过程。因此，传统文化的回归在笔者看来即便不是不可能，那也是极其困难的一件事。因此，我们没有必要担心生育意愿的逆转变，但却要担心生育意愿转变过快与生育率过低而带来的一系列严重的问题。

6. 生育观念转变与人口可持续发展两者间关系

在国内，人们习惯于将中国目前所面临的诸多人口问题（例如人口数量多、出生性别比例失衡、流动人口计划生育管理难）归结为国民的生育观念太过陈旧。这里隐含着的一个命题是：只要国民的生育观念完成由传统向现代的转变，中国的一切人口问题也都将迎刃而解。因此，努力转变人们的生育观念成为中国人口与计划生育宣传教育的重点。然而，情况果真如此吗？这里进一步引申出另一个问题：生育观念转变与人口可持续发展两者之间究竟是怎样一种关系？生育观念的转变是否一定有利于人口的可持续发展？

伴随经济增长与社会变迁而来的生育观念转变对人口可持续发展产生了巨大的影响。生育观念对生育行为具有决定性作用，伴随着生育观念的转变，人们的生育行为也发生了相应的变化，其突出的特点就是生育率的持续快速下降。更为引人注目的是：西方国家生育率在下降至更替水平后并没有如人们所预期的那样稳定下来，而是出现了持续下降。现在多数西方国家的生育率已经下降至1.5左右的水平。显然，生育率持续下降本身对人口可持续发展的影响并不总是有利的。

欧洲国家早在数十年前就率先完成了生育观念由传统向现代的转变。因此，通过对欧洲各国人口发展历史的考察，可以给我们许多有益的启示。欧洲国家在完成生育观念由传统向现代的转变后究竟发生了什么？通过考察发现，欧洲国家在完成生育观念由传统向现代的转变后，在原有的一些人口问题（如人口增长过快）逐渐消失的同时，人口老龄化、劳动力短缺等新人口问题却随之而至。这表明在完成生育观念由传统向现代的转变过程中，并未如人们所预期的那样，一切人口问题都得到解决，而仅仅是人口问题发生了转型。这意味着，（新的）人口问题依然存在。如果说以往欧洲各国主要面临的是人口增长过快的话，那么今天欧洲人口过快增长的现象早已消失，取而代之的是出生人数的不足，甚至是严重不足，人口老龄化迅速，人口结构越发不合理等问题。与以往相比，未来所面临的人口问题更趋复杂。这同时也说明，人口问题永远存在，只不过是不同时期人口问题的类型与性质不完全相同罢了。

欧洲国家人口发展的历史表明：在生育观念转变的不同时期，生育观念转变对人口可持续发展的影响是很不相同的。在生育观念转变的初期和中期，由于生育率较多地高于更替水平，生育观念的转变有利于生育率的下降，而生育率稳定在更替水平附近对人口可持续发展无疑是最为有利的。因此，当生育率由较高水平下降至更替水平附近时对人口可持续发展是较为有利的，或者说生育率的下降对人口可持续发展的影响主要是以正面功能出现的（至少是利大于弊）；在生育观念转变的末期和生育观念转变完成以后，生育率会在更替水平基础上进一步持续下降。目前欧洲国家的生育率已降至超低水平附近（TFR≤1.5）。生育率持续低于甚至远低于更替水平显然对人口可持续发展是极为不利的。生育观念的转变带来了生育转变，而生育转变由初期的有利于人口的可持续发展逐步转变到不利于人口的可持续发展。

从这里我们可以清楚地看到：生育观念转变对人类自身发展的影响并不总是正面与积极的，在生育观念转变的不同时期，生育观念转变对人口可持续发展的影响是极不相同的。生育观念在由传统向现代转变的过程中，将由初始时的有利于人口可持续发展逐步转变成为可持续发展的阻力。这意味着生育观念转变实际上是一把"双刃剑"，既有积极的一面，也有消极的一面。因此，生育观念转变也存在一个适度的问题，中国许多地区生育观念转变是否存在矫枉过正的现象？正确认识生育观念转变与人口可持续发展之间的辩证关系，反思以往人口与计划生育工作中的某些过激做法，努力避免生育观念矫枉过正现象在更大范围内的蔓延，具有极其重要的意义。

7. 生育观念转变对社会经济发展并不总是有利的

生育观念在转变的不同时期对社会经济发展的影响是不完全相同的，甚至是完全相反的。在生育观念转变的初期，由于生育率处在较高水平，生育观念的转变将促使生育率在原有水平上的下降，从而有利于抑制人口过快增长的势头，这对于社会经济的发展更多地表现为有利的一面。如中国20世纪70年代末生育率在较高水平上的下降有力地促进了中国的经济增长。但生育观念的持续转变，最终会形成低生育水平的格局，长此以往，人类自身的可持续发展将受到极大的挑战，对社会经济可持续发展也会更多地表现为不利的一面，这就如同眼下的欧洲、东亚部分国家所面临的问题一样。

8. 生育意愿转变与生育政策调整

现行生育政策倡导的少生、优生甚至不生的生育价值取向有利于生育观念由传统向现代的转变。然而，由于生育意愿转变的不可逆性，同时生育意愿与生育行为之间会发生悖离，因而生育政策的调整最好选择在生育意愿或者生育观念还没有彻底转变之前进行。否则，在生育政策因素对生育意愿与生育行为影响不大，甚至很小的情况下，调整现行生育政策不可能达到预期的效果。

9. 生育意愿：来自江苏等地的调查结果

为了进一步根据今天的现实回答当生育政策调整为"可以生育二孩"后可能对人口发展形势的影响，中国社会科学院人口与劳动经济研究所与江苏人口计生委合作组成了"江苏省群众生育意愿与生育行为研究"课题组，在苏南（太仓、张家港）、苏中（如东、海安）、苏北（东台、大丰）各两个县开展调研。与全国大多数的农村地区不同，从20世纪80年代以来，江苏实行全省包括农村在内的"一对夫妇只生一孩"的政策，同时规定农村夫妇一方为独生子女的可以生育二孩。经过20多年的努力，目前江苏农村的独生子女已达70%以上，最终的一批独生子女已陆续进入婚育年龄。当越来越多的夫妇符合关于生育二孩的现行政策的条件时，他们的生育意愿和生育行为会出现怎样的变化，又会怎样影响当地的生育形势和计划生育工作？这些成为江苏省人口与计划生育工作面对的一个迫切需要回答的问题，同时也为探索生育政策调整可能对当地生育形势的影响提供了一个理想的试验场所（"江苏生育意愿和生育行为"课题组，2008；顾宝昌，2010）。

2006 年年末在江苏省上述六县（市）18 638 名育龄妇女中开展的问卷调查表明，在所调查的符合生育二孩条件的 4 284 名育龄妇女中，生育了两个孩子的只有不到 1/10；在这些符合生育二孩的妇女中只有 45.1% 表示生两个孩子最理想；而在这些认为生育两个孩子最理想并已经有一孩的妇女中，却只有 21% 明确表示有生育第二个孩子的打算。调查对象的平均理想子女数为 1.45 个孩子，说明少生孩子已经成为普遍观念。调查也表明，人们的生育意愿和生育行为正在不断走向个性化和多样化，生育政策对于人们的生育意愿和生育行为仍有影响，但已不是决定生育意愿和生育行为的首要因素。经济、社会、文化因素共同影响人们的生育决策。生育的功利性正在减弱，而精神需求方面的考虑正在增强（江苏省生育政策微调研究报告，2008；顾宝昌，2010）。

总之，中国民众的生育观念与生育行为已经发生了根本性的变化。中国正在告别想多生孩子的一代，而迎来了少生孩子，甚至不愿意生孩子的一代。究其原因，计划生育宣传，传媒影响力扩大，网络世界来临，消费主义、享乐主义与个人主义盛行，社会竞争加剧等均在其中扮演了重要角色。再加之国家在整个改革过程中实行市场主义倾向的改革，国家在社会保障与社会福利领域的全面后撤，使得百姓在教育、医疗、住房、养老等方面面临普遍沉重的压力，特别是教育成本的急剧攀升，使得许多百姓陷入"生得起养不起"的陷阱而不能自拔。"生"与"育"在今日已经变成最花钱的"买卖"，而且成本越来越高。

现在生育的主体与他们的父辈相比，已经有了根本性的不同。生在计划生育时期的人们，享有了电视、网络等现代传媒所带来的好处，深受消费主义与个人主义思想的浸染，追求个人的享乐已经成为现时代大多数青年的普遍现象。而生育本身对其短期的生活质量的影响是显而易见的。我们难以想象"80 后"、"90 后"、"00 后"们会希望多生孩子。想生孩子与多生孩子的一代人早已离我们而远去；我们迎来的是想少生孩子，甚至不生孩子的一代。

二、社会环境变化

1. 经济环境

现行生育政策是在特殊历史环境下制定出来的，当时，中国实行的是计划经济，不仅经济发展要有计划，人口发展也要有计划。现如今中国实行的是市场经济，市场经济是法制经济，依法治国成为中国政府治理的首要目标，而计划经济体制下的人口数量控制方式和方法已经不能适应市场经济体制的要求（乔晓春，2009）。

中国在推行计划生育之初，生产力发展水平低下，物资短缺，人民群众生活困难，人口的快速增长对人民群众生活条件的改善具有严重的负面影响。然而，改革开放30多年来，中国经济建设取得了巨大的成就，早已告别了短缺经济时代，不仅解决了温饱问题，而且还开始进入了全面建设小康社会的新阶段。与现行生育政策形成之初的20世纪80年代中期相比，中国现今的经济基础、经济体制与经济环境都已经发生了根本性的变化。

与此同时，伴随着人口转变，中国劳动力市场供求形势已经发生了根本性的变化，由劳动力过剩到劳动力短缺的刘易斯转折点已经或即将来临（蔡昉，2008）。目前中国正处劳动年龄人口最多的时期，但在2013年前后劳动年龄人口将呈现出加速减少的趋势，而劳动年龄人口在总人口中所占比重的下降速度将会更快（劳动年龄人口变动趋势如图15-2所示）。自2004年在中国东南部分省份开始出现的"民工荒"愈演愈烈，现已蔓延到全国几乎所有的省份。"民工荒"倒逼机制催生了近几年来中国工人工资的加速上涨。劳动力市场供求关系的变化，对中国的经济增长已经产生并仍将产生重大的影响，转变经济增长方式已经成为当下中国政府主动应对或被动应付的必然选择，同时也诱发了对以往所形成的奇特的中国人口与经济关系问题的反思。

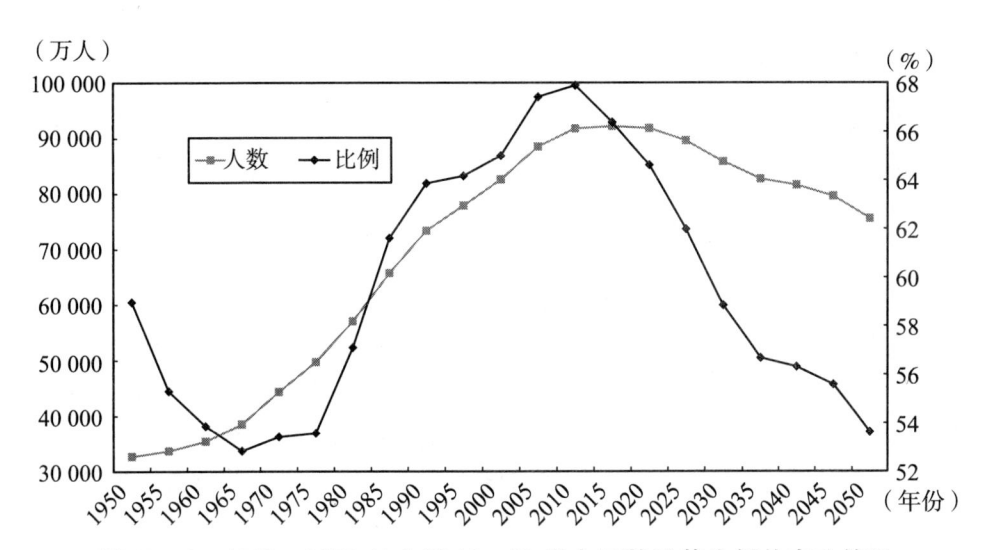

图15-2　1950~2050年中国15~59岁人口数及其比例的变动情况

资料来源：Source：Population Division of the Department of Economic and Social Affairs of the United Nations Secretariat, World Population Prospects：The 2010 Revision, http：//esa. un. org/unpd/wpp/index. htm.

2. 政治环境

独生子女政策始于1979年，当时中国虽然结束了"文化大革命"，但长期的"左"倾思想仍然占有很大的市场（至今"左"倾思想仍占有一定的市场）。独生子女政策就是在"左"倾思想支配下制定出来的，是"急功冒进"的"大跃进"式思维方式在中国人口控制领域的集中体现与突出表现。

然而，与1979年前后相比，目前的中国政治形势与政治环境已经发生了很大的变化，"以人为本"、"执政为民"、"改善民生"的科学发展观逐渐深入人心。而独生子女政策要求民众终生仅生育一个孩子，这本身就是不合理的与过分的要求，与中国政府目前的执政理念不相吻合。

3. 社会环境

以往中国强调以阶级斗争为纲，后来强调以经济建设为中心，结果都出现了比较严重的问题。经过反思，现如今强调社会建设与构建和谐社会的重要性。社会政策所要达到的目的就是化解而非激化社会问题与社会矛盾，使得公民的自由与权利能更好地得到保护。反观现行生育政策，许多夫妇只被允许生育一个孩子，而且生育权因人而异，这种有失公平的社会政策本身就明显包含有"不和谐"的成分，不仅不利于某些社会问题与社会矛盾的消解，而且还具有激化某些社会问题与社会矛盾的功效，因而与中央提出的构建和谐社会的要求之间存在着一定的矛盾与冲突。于是，调整现行生育政策也就成为了构建和谐社会在计划生育领域首先要解决的问题。

4. 文化环境

受教育程度不同，国民科学文化素质不同，社会形态不同（如传统社会与现代社会），国民对不合理制度安排的忍受程度自然也不同，甚至千差万别。我们不能以对待传统封闭农业社会没有接受过多少教育的国民的做法来管理身处现代开放的工业与信息社会的接受过较多现代教育、具有现代法治意识、追求社会公平与正义的人们。国民素质提高本身有利于政府的社会治理，但同时也对政府的整个工作提出了比以往任何时候都更高的要求。因此，国民素质提高本身对政府管理实际上是一把"双刃剑"。例如，我们不能再以20年前对待农民工的某些不公正的做法来对待今天的新生代农民工。教育发展与国民科学文化素质的全面提高，对公共政策的制定提出了不同于以往任何历史时期的新要求。形成于20世纪70年代末至80年代中期的现行生育政策本身已经越来越与现今的文化环境格格不入。所以，调整现行生育政策，以符合现代文化环境变迁的要求也就在情理之中了。

5. 生态环境

中国的资源与生态环境问题主要不是因为人口多，而是因为粗放式经济增长方式以及人们生活方式的改变。如果不改变目前这种粗放式、掠夺性的经济增长方式，不改变目前中国这种延续了数千年的建设性破坏、破坏性建设与铺张浪费的状况和习惯，而仅试图通过严格控制人口数量的方式来解决中国的资源与环境问题，结果一定会使人彻底失望。对于中国的人口与资源、环境问题，后面还将独辟一章来专门加以阐述。

人类最早用植物（如树枝、秸秆）做燃料，后来改用化石燃料，而现在则是各种新能源不断涌现并逐渐被用于人类日常的生产与生活。例如，现代人类越来越多地使用光能、水能、风能、核能等新能源，相信在化石燃料使用殆尽前，人类总能找到新的更加清洁的替代性能源。因此，我们建立在化石能源基础上的对人口增长、环境污染的担忧与人口控制在新的更加清洁的替代能源之前也就不成其为问题了，更何况新老马尔萨斯（Thomas Robrt Malthus）们所担心的人口发展前景并没有出现，相反，越来越多的迹象表明人类社会正在逐步"自觉"地陷入"逆马尔萨斯陷阱"而不能自拔。也许在当今中国多数人眼中计划生育还是那么重要，但等到50年，甚至仅10年后再回过头来看中国计划生育的这段历史，其评价可能并不完全相同。

生态环境不仅包括物质生态环境，还应包括人口生态环境。出生人口性别结构与人口年龄结构是否合理是人口生态环境是否失衡的两大制约因素。而出生人口性别结构与人口年龄结构是否合理均与现行生育政策之间存在着某种因果联系。某种意义上正是现行生育政策本身导致了出生性别比例的进一步失衡与人口老龄化的加速，从而诱发人口生态的失衡。从人口生态平衡的角度考察，调整现行生育政策本身也就是维持人口生态平衡的题中之意。

三、中国人口增长态势变化

新中国成立后，人口增长过快，以及这种过快增长对社会经济发展可能带来的诸多负面影响，一直是中国人口问题关注的焦点（顾宝昌，2006）。但自20世纪70年代末80年代初全面开展计划生育以来，中国人口过快增长的势头早已得到有效的遏制。自1992年以来中国妇女生育率下降并维持在更替水平以下，中国人口增长已进入到一个崭新的发展阶段：低生育率下的人口惯性增长。根据联合国的人口预测，这一惯性增长将持续不足40年的时间，到2030年前人口惯性增长将终止，并将转而进入人口负惯性增长阶段。

但我们也注意到，许多国人，甚至某些政府官员与专家学者还是习惯性地认为中国人口仍然增长过快。那么，经过几十年计划生育工作后，目前中国人口是否仍然属于过快增长？这里牵涉到一个人口增长快与慢的评判标准问题。人口增长率快慢以适度出生率（$1/e_0$，即平均预期寿命的倒数）为标准，当人口增长率达到或超过适度出生率时，即可认为人口增长过快。目前中国人口的平均预期寿命为73岁左右，因而只有当人口增长率达到或超过13.70‰时，才能认为人口增长过快。而1991年中国人口增长率已下降至12.98‰，并呈持续下降趋势，人口惯性增长势能持续减弱。据此推算，在2030年前后将转入人口负增长阶段，且这种人口负增长的速度还将越来越快。某些人习惯性地寄希望于中国在转入人口负增长时能进入人口的缓慢负增长，但这仅仅是人们的美好愿望而已，实际上很难实现。从表15－1中可以清楚地看到，自1991年起中国就告别了人口过快增长的时代，距今已有20年的历史。以往中国面临的主要人口问题是人口增长过快，而现如今所面临的人口问题却已经发生了转型，在中国人口增长压力逐渐减轻的同时，以人口加速老龄化与出生性别比例失衡为主要特征的人口结构性问题逐渐凸显出来，并已经成为目前及今后一段时间内中国面临的主要人口问题（周丽苹，2006）。

表15－1　　　　　　　中国人口变动的历史与现状

年份	总人口数（万人）	出生率（‰）	死亡率（‰）	自然增长率（‰）	增长人数（万人）	年份	总人口数（万人）	出生率（‰）	死亡率（‰）	自然增长率（‰）	增长人数（万人）
1949	54 167	36.00	20.00	16.00	—	1962	67 295	37.01	10.02	26.99	1 436
1950	55 196	37.00	18.00	19.00	1 029	1963	69 172	43.37	10.10	33.27	1 877
1951	56 300	37.80	17.00	20.80	1 104	1964	70 499	39.14	11.56	27.58	1 327
1952	57 482	37.00	17.00	20.00	1 182	1965	72 538	37.88	9.50	28.38	2 039
1953	58 796	37.00	14.00	23.00	1 314	1966	74 542	35.05	8.87	26.18	2 004
1954	60 266	37.97	13.18	24.79	1 470	1967	76 368	33.96	8.47	25.49	1 826
1955	61 465	32.60	12.28	20.32	1 199	1968	78 534	35.59	8.25	27.34	2 166
1956	62 828	31.90	11.40	20.50	1 363	1969	80 671	34.11	8.06	26.05	2 137
1957	64 653	34.03	10.80	23.23	1 825	1970	82 992	33.43	7.60	25.83	2 321
1958	65 994	29.22	11.98	17.24	1 341	1971	85 229	30.65	7.34	23.31	2 237
1959	67 207	24.78	14.59	10.19	1 213	1972	87 177	29.77	7.65	22.12	1 948
1960	66 207	10.44	25.43	－14.99	－1 000	1973	89 211	27.93	7.08	20.85	2 034
1961	65 859	9.06	14.33	－5.27	－348	1974	90 859	24.82	7.38	17.44	1 648

续表

年份	总人口数（万人）	出生率（%）	死亡率（%）	自然增长率（%）	增长人数（万人）	年份	总人口数（万人）	出生率（%）	死亡率（%）	自然增长率（%）	增长人数（万人）
1975	92 420	23.01	7.32	15.69	1 561	1992	117 171	18.24	6.64	11.60	1 348
1976	93 717	19.91	7.29	12.62	1 297	1993	118 517	18.09	6.64	11.45	1 346
1977	94 974	18.93	6.91	12.02	1 257	1994	119 850	17.70	6.49	11.21	1 333
1978	96 259	18.25	6.25	12.00	1 285	1995	121 121	17.12	6.57	10.55	1 271
1979	97 542	17.82	6.24	11.58	1 283	1996	122 389	16.98	6.56	10.42	1 268
1980	98 705	18.21	6.34	11.87	1 163	1997	123 626	16.57	6.51	10.06	1 237
1981	100 072	20.91	6.36	14.55	1 367	1998	124 761	15.64	6.50	9.14	1 135
1982	101 654	21.09	6.60	14.49	1 582	1999	125 786	14.64	6.46	8.18	1 025
1983	103 008	18.62	7.08	11.54	1 354	2000	126 743	14.03	6.45	7.58	957
1984	104 357	17.50	6.69	10.81	1 349	2001	127 627	13.38	6.43	6.95	884
1985	105 851	21.04	6.78	14.26	1 494	2002	128 453	12.86	6.41	6.45	826
1986	107 507	22.43	6.86	15.57	1 656	2003	129 227	12.41	6.40	6.01	774
1987	109 300	23.33	6.72	16.61	1 793	2004	129 988	12.29	6.42	5.87	761
1988	111 026	22.37	6.64	15.73	1 726	2005	130 756	12.40	6.51	5.89	768
1989	112 704	21.58	6.54	15.04	1 678	2006	131 448	12.09	6.81	5.28	692
1990	114 333	21.06	6.67	14.39	1 629	2007	132 129	12.10	6.93	5.17	681
1991	115 823	19.68	6.70	12.98	1 490	2008	132 802	12.14	7.06	5.08	673

资料来源：(1)《中华人民共和国人口统计资料汇编（1949～1985）》，中国财政经济出版社1988年版；(2)《中国统计年鉴（2006）》，中国统计出版社；(3) 国家统计局《国民经济和社会发展统计公报》（历年）；(4) 国家统计局《中华人民共和国2007年国民经济和社会发展统计公报》；(5) 国家统计局《中华人民共和国2008年国民经济和社会发展统计公报》。

国家人口发展战略研究报告与《中共中央国务院关于全面加强人口和计划生育工作统筹解决人口问题的决定》都明确指出："今后十几年，人口惯性增长势头依然强劲，总人口每年仍将净增800万～1 000万人。"而来自国家统计局的数据表明，自1988年以来中国年增长人数呈持续减少之势，2000年时年增长人数已跌破1 000万人大关，2003年时年增长人数又跌破800万人大关。如此看来，国家人口发展战略研究报告对中国人口形势的判断是缺少可靠的事实作为依据的。

人口增长有惯性，人口负增长也有惯性，自1992年以来中国妇女的生育率就持续地维持在更替水平以下，越来越多的迹象表明，中国妇女生育率自1992

年下降至更替水平以下后,并没有像有些人一直宣称的那样一直稳定在1.8左右的水平上,而是出现了持续的下降,现已达到超低水平(陈友华、胡小武,2011)。低生育率意味着人口内部已潜藏着人口负增长的潜能,而这种潜能正在加速集聚,到一定时间后将加速释放。我们绝不能等到真正出现人口负增长时,再来调整生育政策,那将为时过晚。

1950~2050年人口变动的历史、现状与前景分析详见表15-2。

表15-2　　　　　　中国人口变动的历史、现状与前景

时期 (年)	期末总 人口数 (万人)	年均出生		年均死亡		年均增长	
		出生人数 (万人)	出生率 (‰)	死亡人数 (万人)	死亡率 (‰)	人数 (万人)	增长率 (%)
1950~1955	60 900.5	2 546.8	43.8	1 457.9	25.1	1 084.9	1.87
1955~1960	65 749.2	2 283.8	36.1	1 308.0	20.7	969.7	1.53
1960~1965	72 919.1	2 631.3	38.0	1 185.6	17.1	1 434.0	2.07
1965~1970	83 067.5	2 879.8	36.9	850.1	10.9	2 029.7	2.61
1970~1975	92 780.8	2 513.1	28.6	553.9	6.3	1 942.7	2.21
1975~1980	99 887.7	2 074.5	21.5	643.7	6.7	1 421.4	1.48
1980~1985	106 690.6	2 162.7	20.9	798.5	7.7	1 360.6	1.32
1985~1990	114 906.9	2 472.1	22.3	821.7	7.4	1 643.3	1.48
1990~1995	121 373.2	2 155.5	18.2	836.6	7.1	1 293.3	1.10
1995~2000	126 996.2	1 984.8	16.0	833.4	6.7	1 124.6	0.91
2000~2005	131 297.9	1 756.9	13.6	858.6	6.6	860.3	0.67
2005~2010	135 151.2	1 745.9	13.1	940.3	7.1	770.7	0.58
2010~2015	138 860.0	1 797.6	13.1	1 020.9	7.5	741.7	0.54
2015~2020	142 126.0	1 797.3	12.8	1 109.6	7.9	653.2	0.47
2020~2025	144 578.2	1 738.0	12.1	1 215.2	8.5	490.4	0.34
2025~2030	145 842.1	1 627.8	11.2	1 343.0	9.2	252.8	0.17
2030~2035	145 829.2	1 514.0	10.4	1 484.6	10.2	-26	0.00
2035~2040	144 835.5	1 464.0	10.1	1 630.7	11.2	-198.7	-0.14
2040~2045	143 144.8	1 458.2	10.1	1 764.4	12.3	-338.1	-0.24
2045~2050	140 884.6	1 451.0	10.2	1 871.0	13.2	-452.0	-0.32

资料来源:联合国秘书处经济与社会事务局人口部,《世界人口前景:2006修订版》,《世界人口城市化前景:2005修订版》,http://esa.un.org/unpp。

第三节　生育政策调整的益处

一、有利于政策落实，降低行政成本

1. 有利于缩小生育政策与群众生育意愿之间的差距

生育政策的适度放宽意味着将有更多群众的二孩生育愿望能够得到满足，从而有利于缩小国家生育政策与群众生育意愿之间的差距，能争取到更多群众对计划生育的理解与支持，进而缩小政策的对立面，降低工作难度。真正体现"以人为本"与"执政为民"的理念。

2. 有利于社会变革，降低行政成本，提高工作效率

现行生育政策是城乡与区域分体的，并建立在原有城乡二元隔离性户籍制度基础之上。而市场经济的实行，户籍制度的改革，城市化的快速推进，人口迁移流动的大量增加等，使得现行生育政策在基层执行过程中所遭遇到的新情况、新问题越来越多，管理越来越难，行政成本也越来越高。[①] 而调整现行生育政策，城乡之间与区域之间生育政策上的差异将趋于缩小，并最终实现全国生育政策的统一。生育政策的调整将带来以下结果：第一，在基层可以省却包括二孩审批过程中对当事人户籍性质等方面信息的核定，而这在实行户籍制度改革与人口流入量大的地区是一件让人头痛的事情。第二，生育政策的逐步放宽本身就意味着群众的生育权利更多地得到了尊重与保护，群众的合理生育需要能更多地得到满足，从而能争取到更多群众对计划生育的理解与支持，缩小计划生育工作的对立面，大大降低基层计划生育的工作难度。第三，它适应了城乡与区域一体化发展的要求，管理简便，可以把更多的时间与精力用于对育龄人群的服务，有利于促进人口与计划生育工作思路与工作方法的根本性转变，提高工作质量。由此可见，生育政策调整可以有效地简化管理流程，提高政策的可操作性，减小政策落实难度，降低行政成本，提高工作效率与服务质量。

---

① 自进入21世纪以来，计划生育行政经费的快速增长，可以被看做是从中央到地方各级党委政府对计划生育工作重视程度的加强，也可以理解为计划生育所遭遇到的新情况、新问题越来越多，行政成本越来越高的具体表现。

二、有利于改善党群干群关系，重塑计生形象

由于主要依靠行政强制力落实过于严厉的生育政策，使得基层出现某些简单粗暴的做法，从而将许多群众推到了计划生育的对立面，极大地增加了计划生育工作的难度，甚至出现了在落实计划生育政策过程中部分群众同党和政府的直接对抗。不仅造成了计划生育在部分地区的被动局面，党群干群关系也因此处在较为紧张的状态，而且也对计划生育形象造成了严重的负面影响。因此，自1979年独生子女政策推行以来，计划生育在多数群众中的"名声"与"形象"就一直不佳。尽管造成上述现象的原因是多方面的，然而不可否认的是过于严苛的现行生育政策也难辞其咎。调整现行生育政策，允许更多的人可以生育两个孩子，使群众合理的生育需求能更多地得到满足，从而有助于新时期计划生育形象的重塑，也有利于党群干群关系的改善。

三、有利于基层计划生育技术服务机构的发展

一定量的社会需求是政府机构设置与机构存在的基础和前提条件，社会需求的变化事关机构的兴衰荣辱。某一机构即便原来很强大，社会需求也很多，但如果社会需要持续减少，该机构也就必然加速消亡。企业是不会养懒汉或者养闲人的，政府也理应如此，基层计划生育技术服务机构的生存与发展自然也不例外。

越是计划生育先进的地区，生育率越低，群众对基层计划生育技术服务的需求也越少；基层计划生育技术服务机构越是没有事干，面临的裁撤压力也就越大。而越是计划生育后进的地区，生育率往往也越高，群众对基层计划生育技术服务的需求也越多；基层计划生育技术服务机构服务工作量也就越大，其面临裁撤的压力也就越小。目前，中国东部与西部地区基层计划生育技术服务机构所面临的形势很不相同。在东部地区基层计划生育技术服务机构因为技术服务量的减少而面临被裁撤命运的同时，西部地区却因为社会较多的计划生育技术服务需求得到了一定的发展。

目前一个不争的事实是：部分乡镇计划生育技术服务站运行存在较多的问题。虽然导致上述现象出现的原因是多方面的，但这也与生育率下降、低生育水平、特别是超低生育水平之间存在着某种因果联系。低生育率与计划生育技术服务需求减少紧密相连，紧随其后的就是"人浮于事"与"无事生非"。而计划生育技术服务需求的大量减少是直接导致乡镇计划生育技术服务站运行逐渐陷入"困境"的主要原因之一。这与有效需求不足构成中国经济可持续发展的最大

"瓶颈"是一个道理。调整现行生育政策，出生人数会因此而增加，对生殖健康的服务需求也会因此而增多，从而可以有效地、至少是暂时性地刺激对计划生育技术服务需求的有效增加，长期以来基层计划生育技术服务站服务需求不足的情况在一段时间内可能有所改变，从而有利于基层计划生育技术服务机构的发展。

四、有利于人口结构改善

1. 有利于出生性别比回落

中国出生人口性别结构失衡与现行生育政策之间存在着某种因果联系，生育政策的逐步放宽，有利于淡化歧视性性别偏好，也有利于生育秩序的规范与管理，从而有助于出生性别比从高位回落。

2. 有利于延缓人口老化速度

人口老龄化与人口控制之间存在着因果联系，现行生育政策加速了中国妇女生育率的下降，进而加快了中国人口老龄化的进程。目前，伴随着20世纪50年代第一次出生高峰期间出生的人口开始逐渐进入老年人口行列，中国人口老龄化的速度将逐渐加快，而生育政策的适度放宽，将有助于缓解人口老龄化攀升的势头。

3. 有利于延缓劳动年龄人口老化速度

中国在人口老龄化出现加速发展的同时，劳动年龄人口内部的老化更是愈演愈烈，年轻劳动力人口数量急剧减少，在劳动力人口中所占比例急剧下降；而中年、特别是40~59岁的年长劳动力增加很快，在劳动力人口中所占比例急剧提高。显然，劳动年龄人口的快速老化本身对科技创新与劳动生产率提高等都是十分不利的，有碍于社会经济的可持续发展。而生育政策调整，出生人数将会有所增加，未来年轻劳动力供给数量也会多于维持现行生育政策不变时的状况，从而有助于延缓劳动年龄人口的老化速度，促进经济社会的协调与可持续发展。

4. 有利于人口惯性增长过后的人口缓慢负增长

人口活动的一个显著特点是人口惯性和滞后效应，当前的生育行为在影响现时社会经济生活的同时，其主要作用是向未来延伸的（彭希哲，1998）。尽管中国妇女生育率早在1992年就已下降并一直维持在更替水平以下，然而由于人口的惯性增长，中国人口还要持续增长到2030年前才能停止下来。而中国人口的惯性增长一旦停止，紧随其后的将是人口数量的减少。而减少的方式不仅取决于未来妇女的生育率水平，更取决于过去与今天的人口行为，即未来的减少方式与我们今天给未来留下一个怎样的人口遗产高度相关。低生育率与未来人口的负增长紧密相连，今天的生育率越低，未来的人口负增长也就越凶猛。如果追求人口数量的缓慢减少，则要求今天的生育率不能低于更替水平过多，否则，人口负增长一旦出现，面临的将是人口数量的加速减少。我们在解决人口数量过多问题的同时，不经意间却构建起一个可能更为严重的人口负增长问题。而生育政策的调整（适度放宽），一方面必然会促使生育率的适度回升，从而避免陷入"低生育率陷阱"而不能自拔，另一方面也有助于避免中国人口在转入负增长时的急剧减少。

5. 有利于避免家庭结构风险

任何社会政策都是一把"双刃剑"，都有正负两方面的社会功能，只是有些社会政策的负功能潜伏周期较长而已。独生子女政策也是如此。目前，独生子女政策推行已经超过30年，但其负面功能才开始逐渐显现出来。如果说我们以往收获的更多的是独生子女政策所带来的收益（如人口红利的加速到来与异常丰厚），那么未来我们将为此而付出沉重的代价。独生子女家庭本质上是一个高风险家庭，具有天然的自身难以克服的结构性缺陷。独生子女政策会诱发系列风险，而这些风险之间是彼此联系的，某一或某些风险一旦发生，就很容易诱发其他风险的出现。

有些风险可以通过公共政策的建立与完善加以避免。例如，建立并完善社会保障与社会福利制度，提高退休年龄，注重教育，注重老年人力资源开发等。但这些政策短期内可能有效，长期则会失灵，当下的欧洲便是一例。维持一个更替水平的生育率是保证人口可持续发展的充要条件。

因此，从风险规避角度考虑，应尽力避免独生子女现象的继续蔓延。目前，中国计划生育已经陷入矛盾陷阱：一方面意识到独生子女家庭的结构性缺陷，对包括独生子女家庭在内的计划生育家庭实行经济补偿；另一方面仍在继续鼓励更多的独生子女的出现。前一种可以看做是风险应对，是对因计划生育而利益受损者的补偿；而后一种则是花钱为未来政府与家庭购买风险，从任何角度考虑都是值得商榷的。

总之，生育政策调整本身，有助于促使生育率的适度回升，缩小实际生育率与适度低生育率之间的差距，从而有利于中国人口结构的改善，促进人口与经济社会的协调与可持续发展，并有助于人口长期均衡发展目标的实现，更有利于中华民族的长远发展。

五、有利于孩子健康成长与家庭和谐

家庭、学校与社会对孩子的成长具有决定性的影响。在家庭内部，孩子的健康成长，不仅需要来自父辈的关爱，也同样需要兄弟姐妹之间的手足情谊。家庭只有一个孩子是不利于独生子女的健康成长的。对此，韩国从多年前就开始陆续提出的一些宣传口号，意味深长。例如，"多支蜡烛的光当然比一支蜡烛更明亮"；"留给子女的最大遗产是兄弟姐妹"；"家家户户两三个孩子，嘻嘻哈哈希望韩国"；"给子女的最好礼物是弟妹"；"生育是感动，育儿是成就，家庭是幸福"；"越生希望越大，越长幸福越多"；"生育的喜悦，长大的成就，变年轻的韩国"；"两个子女是幸福，三个子女是希望"。韩国政府希望用这些全新的口号代替以前计划生育时期的口号，比如"盲目生育终将难逃乞丐命运"；"不区分男女，只生一个好好养育"等。韩国在推行计划生育时期的宣传口号与中国何等相似。然而，韩国对过去计划生育的思想观点与做法进行了彻底的反思，甚至是反省。于是，向生育控制政策告别，走上了西方发达国家鼓励生育的老路。所有这一切对于遭遇同样人口问题的中国来说，其启发意义是何等的深刻。适时地调整现行生育政策，家庭结构将趋于完善，有助于整体上提高下一代子女养育的质量。

六、有利于消费需求扩大，促进经济增长与就业

目前，无论是来自上海等大都市的居民，还是来自于穷山恶水的贫困农民，都发出了"生得起养不起"的共同感叹。这表明中国生育（包括生与育两个方面）成本的急剧上升（与国家从教育等领域的部分退出有关），同时也表明眼下中国儿童的消费需求很大。家庭经济环境的任何改善，最大的受益者是孩子，家庭经济收入提高会增加对孩子教育的投入，也就是说孩子的消费—收入弹性最大。而老年人的情况正好相反，无论从习惯还是消费能力看，老年人的消费水平相对较低，消费—收入弹性也最小。而中青年人口群体处于中间状态（周长洪，2010）。生育政策的调整，二孩出生人数会因此而适当增加，并将显著拉动内需，扩大就业。待这些因生育政策调整而新增加的出生人口进入到就业年龄时，正是中国人口老龄化程度不断加深与劳动力资源快速减少之时，不但不会增加就业压力，而且还将有利于中国经济社会的可持续发展。

七、有利于"以人为本"执政理念的落实

群众想生两个孩子的愿望不仅一点儿都不过分，而且还是合情合理的。从任何角度考察，当年推行的独生子女政策都是值得商榷的。尽管自1982年以来就对独生子女政策进行了部分调整，并于1984年前后最终形成了现行的生育政策。

相对于独生子女政策而言，调整后的现行生育政策对部分人在生育数量上有所放松，但我们同时也应该看到，即便是现行的生育政策也属于过紧的政策，甚至过紧得有点不近人情。改革的过程就是一个不断还权于民的过程，生育政策调整也就是一个不断还生育权于民的过程。

调整生育政策的一个关键问题是：在城镇化进程中实现城乡生育政策的一致性，以城乡生育政策的协调一致来带动个体之间政策上的一致。减少在城市化快速发展、户籍制度改革等过程中出现的在生育政策执行过程中的许多实际问题。一是逐渐实现生育权的平等，二是逐步还权于民。生育政策调整的四步走方案，体现了既尊重历史，又着重于现在与未来人口、经济、社会、资源与环境的协调与可持续发展，兼顾到整个社会和每个家庭的切身利益，符合"以人为本"的科学发展观的要求（陈友华，2011）。

第四节 生育政策调整的有利条件

一、生育意愿的基础

在决定人们生育数量意愿下降方面，经济社会发展是基本力量。20世纪90年代以来中国计划生育开展得比较顺利，人口控制结果比较理想，除了计划生育工作的影响作用以外，还与经济社会在这期间的迅速发展密切相关。特别是90年代中期以后，随着市场经济体制的建立和加入WTO，中国的经济社会发生了重大变化，中国经济进入高速增长阶段，社会流动性增强，人们的生育成本迅速上升；经济发展开始发挥抑制多生、诱导优生优育的作用。城市家庭深感养育子女的不易，而农民生育观念也已发生了根本性的变化，一些地方农村开始成规模地出现符合生育政策规定却放弃或推迟二孩生育的现象，预示着中国市场经济的迅速发展在有效促进生育率下降方面正在发挥越来越重要的基础性作用（周长洪、徐长醒，1998；周长洪、周建芳，2001；周长洪，2010）。

1. 市场经济条件下激烈职业竞争使生育成本大幅提高，生育意愿被极大地抑制

在越来越激烈的市场竞争环境下，家庭生育的机会成本和现实成本也不断攀高，这就会从根本上抑制人们对多子女的需求。首先，市场经济条件下的激烈职业竞争，增加了家庭、特别是职业女性的生育机会成本，从而抑制了这些家庭对多子女生育的需求，这是一种根本性的力量，作用潜在而强大。只要就业竞争不减弱，家庭双职工以及女性高比例就业的格局不变，就可以预期有大量家庭受到这种"看不见"的强大力量的抑制而无法选择多生育。其次，伴随着社会经济发展而来的是家庭用于抚养教育子女的费用急剧攀升，生养子女的实际成本的高昂也将极大地抑制家庭对生育的需求。只要抚养教育子女费用占家庭支出比例较高的格局不变，就会对家庭多生育产生有力的抑制作用。民间广泛流行的"生不起、养不起、教育不起"的说法，便是市场经济这只"看不见的手"对人们生育决策发挥重要影响的反映。当然，我们说的这些成本都是家庭内部化的成本，与生育的社会外部成本无关。一个值得注意的现象是：中国教育、特别是义务教育的私营化或民营化趋势十分明显，在某些城市甚至几乎演变成了一个义务教育私营化一统天下的社会，这种以教育私营化推卸政府教育责任的做法，进一步加重了家庭对子女教育的负担，生育与教育外部成本内部化或家庭化倾向十分明显。所有这些，进一步抑制了百姓的生育意愿，有的甚至因为害怕负担不起子女教育费用，干脆选择不生育。总之，市场经济导致的家庭生育的机会成本与实际成本的急剧攀升，将有效地促使意愿生育水平的下降，并奠定促使人们生育观念转变的经济环境基础（周长洪，2010）。

2. 快速城市化使更多人改变了生产生活方式，有利于降低生育水平

伴随着城市化进程的不断加快，大量人口由农村转向城市，由第一产业转向第二、三产业，其生产生活方式发生了根本性的改变，并进而对他们的生育观念与生育方式的改变产生重大影响。城市生活与农村生活最重要的区别就在于生产方式，农村传统小农经济条件下的生产方式，生产工具简单，以手工体力劳动为主，对劳动生产技能要求不高，劳动力形成的成本低廉，社会分工简单而不充分，家庭通常集生产单元与生活单元于一身，生产与生活资料常常可以做到自给自足，一方面家庭内部财富从子代流向父代，另一方面家庭财富的多少与劳动力投入的数量密切相关，这两者必然导致对人丁兴旺的大家庭的强烈渴望，从而导致在生育上对多子女和男性子女的强烈偏好。反之，在城市环境下，劳动工具复杂，劳动分工极为细密，人们根本无法自给自足，必须靠出卖某种技能才能过上好生活，而技能的获得大大地增加了人力资本的培养周期与培养成本，从而导致养育子女成本高昂，进而削弱家庭对多子女、大家庭和男孩的偏好。随着城市化进程，会有越来越多的农民进城，这种趋势为人口生育率的下降奠定了坚实的社会环境基础（周长洪，2010）。

3. 人口流动提高了生育成本，促进了生育观念的转变和意愿生育率的下降

包括全国历次人口普查在内的众多的人口调查结果一再表明：绝大多数人口流动的目的是务工经商，获取经济利益，而不是以超生为目的。干扰因素、中断理论、适应理论均在其中起作用。同时，受城市的生育观念和生活方式的影响，流动人口的生育观念也会逐渐发生转变。

西方社会学与人口学主要有三种理论来解释人口迁移流动对生育行为的影响：一是干扰理论，流动过程本身对流动者的生育行为是一种干扰因素，流动者生活总是处于紧张不安定和艰苦奋斗的状态，精神和体力等方面要承受一些心理负担和社会压力，绝大多数流动者不愿意在此阶段生育子女，流动会直接影响生育率。只有当获得固定居所、生活比较稳定之后才有可能出现补偿性生育。二是中断理论，指在流动过程中造成夫妻分居，从而使妻子减少怀孕机会。中国人口流动具有很强的选择性：一是以青壮年男性为主；二是以单身为主；三是以单一个人为主。在中国，虽然与家庭成员一起流动的比例在逐年增加，然而所占比例仍较小，流动者中夫妻同行的比例仍较低。三是适应理论，认为农民由生育率高的农村流动或迁移到生育率低的城市，有一个适应的过程，在他们流动一段时间后，其思想观念、生活方式、生育需求和生育行为等方面会逐渐与城镇人口一致，最终放弃原有的生育观念（周君玉，2000），出现流入人口的生育观念与流入地居民趋同的现象。

流动人口首先面临生存的压力，然后面临发展的压力。流动人口一般具有以下特征：一是选择性。流动人口来到城市首先关注的往往是找工作，特别是找到合适的工作，这是他们流动的首要目的。当找工作和生育子女之间发生矛盾、存在冲突时，无疑找工作是更加根本的和更加重要的，这在客观上会帮助流动人口做出推迟生育的选择。二是适应性。他们刚进入城镇，脚跟未稳，家业未立，需要一个较长的适应期，因而客观上也有控制生育的需要。三是干扰性。有的流动人口在开始阶段，往往与流出地的配偶处于分居状态，夫妻间性生活频率大大下降，也有利于生育控制（黄晨熹，1998）。

国内外许多研究结果一再表明：长期来看，人口流动有利于人们生育观念的转变与人口控制，进而有利于生育率的下降。从现阶段中国城乡差异和人口迁移流动的主流方向看（主要是从农村流向城市，从不发达地区流向发达地区），无论是社会经济发展水平差异，计划生育管理水平差异，还是职业和活动方式变化都会对其生育率的降低产生积极的效果（黄晨熹，1998）。因此，人口流动本质上是有利于生育率的下降的。

4. 教育水平的提高有利于降低家庭意愿生育率

大量研究表明，群体受教育水平与群体生育水平呈反向变化关系。教育水平的提高对于转变生育观念有着根本性的作用，特别是女性受教育，对于改变她们的生育观念与生育行为有重要影响。原因在于随着教育水平的提高，人们接触到更多的信息与更新的观念，更能对人生的价值进行思考，更能对生育行为进行理性地审视和审慎地决策，这些都会导致他们重视生育本身的意义，同时更重视生育的质量而非数量，其结果就是降低意愿生育数量。对于女性来说，教育更有重要意义，它会大大启蒙女性的自主意识和独立人格尊严，增强就业能力，这不但为女性走向社会奠定了基础，而更重要的是使女性摆脱了传统的以生育来体现自身家庭与社会价值的窠臼，使生育退居为仅是生命价值的一部分，而非生命的全部。这种变化对女性可以说是革命性的，而生育观念的转变只是其所有可能改变的一部分。此外，教育水平的提高，使女性参与社会分工的机会增加，从而提高了生育的机会成本。同时，这还会增强女性在家庭中的地位，增强生育决策的发言权。因此，伴随群体、特别是女性教育水平的不断提高，群体意愿数量生育水平稳步下降是完全可以预期的（周长洪，2010）。

5. 新型生育文化建设为生育观念向少生优育转变奠定了良好的文化环境

旧观念需要新观念替代，这就离不开宣传教育和新型生育文化建设。做好计划生育宣传教育一直是中国计划生育工作的重要内容。国家人口计生委从1998年开始在全国范围内大力开展的"婚育新风进万家"活动，就是主动利用宣传教育的功能，积极倡导新型生育观念和新的婚育风俗，推进新旧生育观念的更替和新型生育文化成长的群众性活动。这一活动对于培育新的婚育风尚，促进生育观念转变和新型生育文化的建立，均产生了重要的影响，深受广大育龄群众欢迎。能动的、与经济社会发展同方向的新型生育文化建设，会有效地加速人们向现代生育观念转变。中国在经济不是很发达、传统生育观念深厚的情况下，用了较短的时间，就使人们的生育观念和生育行为发生了深刻的变化，人口再生产类型实现了历史性的转变。这一成绩的取得，除了严格的生育政策和有效的计划生育技术服务的作用以外，广泛、深入、持久开展的计划生育宣传教育活动发挥了不可替代的作用（周长洪，2010）。

6. 年轻人生育观念的多样化与现代化削弱了家庭对多生的需求

现在的生育主体都是在实行计划生育以后出生的一代人，也是在改革开放的社会环境中成长起来的一代人，在计划生育之声中长大，在传媒与网络世界中经受各种新思想新观念的熏陶，他们在生活观念与生活方式——包括生育观念与生育方式——的选择上已不再像父辈那样单一而从众，他们有着更多的独立思想与独立见解，他们的生育观念更为多样化。对于这一代年轻人来说，他们重视的是生活质量和自身生命价值的实现，不希望过父母那样艰苦的生活。"多生"在他们许多人眼中近似一种"冒傻气"的愚蠢行为；而与父母分居，小型化、核心化家庭，甚至"丁克"或单身家庭，才是合适的选择。可以预期的是，随着经济发展和改革开放的进一步深入，"70后"、"80后"、"90后"们的生育观念和生育行为已经发生了根本转变，重视生育质量、弱化生育数量，持续低生育水平成为这一代人的内生行为。这也为生育控制的适度松动奠定了良好的社会基础。

总之，中国经济社会的发展，正在为新的现代生育观念和生育行为奠定良好的环境基础，从社会群体角度看，意愿性生育水平下降趋势不可扭转。当然，还需要补充一点——也是非常重要的一点，就是现代医学技术发展、避孕节育知识普及与工具方法的发明与易获得性，大大减少了非意愿性妊娠的发生，使得群体少生意愿得以实现。在这样一个重要的科技变量的支撑下，人口群体的意愿生育水平下降转变为现实生育水平的下降。那种认为目前还有很强生育水平反弹势能的看法，不是一种延续过去思维模式的错觉，就是一种主观臆断；而且除了一些年龄大的老人有这种担心外，你能找出几个年轻人会有这种认识与想法（周长洪，2010）？

二、生育政策调整的制度基础

1. 社会保障健全的制度基础

进入 21 世纪以来，中国加快了社会保障制度建设的步伐，在进一步完善城市社会保障制度、提高社会保障覆盖面的同时，农村新型养老保险制度、农村新型医疗保险制度等也逐步建立起来。中国正在告别主要依靠家庭与子女养老的"养儿防老"时代，并正在迎接一个社会化养老的全新时代的到来。社会保障制度的建立，逐步解除了广大农村农民的养老与医疗等后顾之忧，因而导致了生养孩子效用的急剧下降，为生育政策的调整创造了坚实的制度基础。

2. 群众生育观念转变的思想基础

目前的生育主体与他们的父辈相比，已经有根本性的不同。他们是生在计划生育时期，坐在教室里、电视机前与计算机前长大的一代，被网络传媒所牵引，深受消费主义与个人主义思想的浸染，他们正在向勤俭节约、艰苦奋斗告别，向享乐主义靠拢。而生育本身对其当事人生活品质的影响是显而易见的。我们难以想象"80 后"、"90 后"、"00 后"们会希望多生孩子，我们已经送走了最后一批想多生孩子的一代，而迎来的是想少生孩子，甚至不生孩子的一代。育龄群众的生育观念与生育行为已经发生了不可逆转的根本性改变，这已经一再被众多的生育意愿与生育行为的调查资料所证实。群众生育观念的根本性转变为生育政策调整创造了坚实的思想基础。

3. 长期计划生育的工作基础

经过近 40 年的艰苦卓绝的，同时也是富有成效的工作，在全国范围内已经逐步建立起较为扎实的人口和计划生育工作基础，人口数量控制、优质服务的能力逐步增强，与计划生育开展之初相比，现如今计划生育工作环境大为改善，所有这一切为生育政策的适度放宽创造了坚实的工作基础。

4. 依法治国的法制基础

改革开放以来，中国逐渐加大了法制建设的力度。实施依法治国方略，依法治国理念逐渐深入人心，成为民心所向与政府所为，依法行政逐渐成为各级党委政府的自觉或不自觉行动。我们已经注意到，一方面，这些年因强调了依法行政，全国各地不同程度地对计划生育工作有放松的迹象。特别是少部分农村地区，采取放水养鱼的方式，将计划外生育视作一座无烟工厂，收取社会抚养费，以便获得财政支持。少部分地区人口和计划生育工作有所放松，客观上起到了生育政策放宽的作用。使得以往积存的生育势能事实上提前得以徐徐释放，从而避免了生育政策调整后一段时间内出生人数的严重堆积。这实际上为生育政策的调整（适度放宽）提供了铺垫。另一方面，群众的法制意识普遍增加。这为生育政策的调整创造了坚实的法制基础。

5. 人口增长势头减弱的人口基础

从前面对中国人口发展态势的分析中，我们可以清楚地看到，中国人口惯性增长的势能正不断衰减，2030年前中国将迎来总人口峰值与其后的人口负增长。生育政策调整只会在短期内改变中国人口发展的走向，但不会改变中国人口长期的发展变化趋势。自20世纪90年代初中国进入低生育水平以来所表现出的中国人口发展的新态势，为生育政策的调整创造了坚实的人口基础。

6. 二孩政策试点的成功经验

20世纪80年代初独生子女政策在农村遭遇到巨大阻力后，全国少部分地区在上级政府的批准下实行了在农村地区农村居民普遍可以生育两个孩子的试点。试点早已取得了巨大的成功，实践充分证明二孩试点地区的经验具有普适性，这为全国范围内生育政策的调整提供了成功的范例，同时我们也注意到：今天中国所处的社会经济环境与人口控制能力等均非二孩政策试点之初的80年代中期可比。所有这些为生育政策的成功调整奠定了坚实的基础。

三、生育政策调整的理论基础

1. 面临主要人口问题的变化

在计划生育开展之初，计划生育工作的目标与任务非常明确：有效遏制中国人口过快增长的势头。那时，中国所面临的主要是人口数量增长过快问题。相对于人口数量快速增长而言，当时人口素质、结构与分布方面的问题还不是很突出。但是，长期的、坚持不懈的、卓有成效的计划生育工作的开展与改革开放和市场经济的推行，使得中国的社会经济与人口发展形势发生了翻天覆地的变化：

经济转轨、社会转型与人口转变，使得今天中国所面临的人口问题的性质发生了根本性的变化，由原来的比较单一的人口数量问题到人口数量与结构并重再转变到主要是人口结构问题；所面临的人口问题由单一趋于复杂与多元。《中共中央国务院关于全面加强人口和计划生育工作统筹解决人口问题的决定》明确指出：中国目前面临稳定低生育水平、提高出生人口素质、综合治理出生性别比偏高、积极应对人口老龄化与不断完善流动人口管理服务体系五大人口问题。

2. 为什么会提出统筹解决人口问题

中央提出统筹解决人口问题，在笔者看来主要是基于如下原因，过去面临的主要是人口过快增长问题，计生工作目标明确而单一：控制人口数量。但今天所面临的人口问题复杂而多元，这些人口问题都不是政府某一个部门就能解决得了的。目前化解五大人口问题的目标方向并不完全一致，有的甚至还完全相反。例如，在一个具有歧视性性别偏好与实现偏好手段的国度，在一段特殊的时间内出生性别比与生育率之间会出现跷跷板效应，按下葫芦浮起瓢，伴随着生育率的下降，必然会出现出生性别比例的失衡。又如，稳定低生育水平必然加速人口的老龄化，两者之间存在着因果联系。再如，现行人口控制在促进妇女儿童健康发展的同时，也必然带来某些负效应，出生缺陷发生率高与现行生育政策之间也存在着某种因果联系。

这就要求我们再也不能沿袭以往以人口数量控制为中心的解决问题的思路与做法，而必须将中国目前面临的主要人口问题置于一个系统的、整体的、统一的框架之下，统筹考虑，寻求化解这些人口问题的整体解决方案（属于多目标决策），而不是眼睛只盯着人口数量控制一个目标而展开，所要达到的是整体目标的最大化，而不是寻找化解单一人口问题的解决方案。

3. 如何统筹解决人口问题

首先，什么叫统筹解决人口问题？统筹就是统一全面地筹划。统筹解决人口问题就是"在保持低生育水平稳定的基础上，统筹人口数量、素质、结构、分布等方面的问题；以农村为重点，统筹城乡、区域间人口和计划生育工作的协调发展；立足当前，统筹兼顾近期工作目标与事业长远发展"。

其次，中国目前面临的五大人口问题与现行生育政策之间究竟是怎样的一种关系？在生育政策稳定不变的前提下，中国目前面临的五大人口问题究竟能在多大程度上与多大范围内得到较好地解决？实际上，目前基层所遭遇到的人口与计划生育问题大多与现行生育政策有关，或者大多是"现行生育政策惹的祸"，现行生育政策成为制约统筹解决人口问题的"瓶颈"，在现行生育政策稳定不变的制度框架下，要想统筹解决人口问题实际上很难做到，甚至是不可能的。因此，计划生育综合改革，首先必须从调整现行生育政策入手。

再其次，如何统筹解决人口问题？一是调整现行计划生育政策，包括生育政策、社会抚养费征收政策、计划生育利益导向政策等。二是变革考核内容，彻底摒弃以往那种以人口数量控制为中心的思维方式。改革不完全是做加法，有时候也包括做减法。目前主要是为基层适度松绑，而不是添加更多的新任务与施加更多的新压力。三是思想观念的彻底变革，牢固树立"以人为本"的思想，彻底摒弃强制性的"三查"等做法，尊重并维护好每对夫妇有生育两个孩子的权利。四是人口计生部门工作的重新定位。努力将人口与计划生育工作从过去的行政控制转变到利益导向上来，为群众提供优质服务，并努力实现计划生育基本公共服务的均等化。

最后，靠什么去统筹解决人口问题？五大人口问题能否通过统筹得到解决？统筹解决人口问题不在于强化人口政策，而在于完善社会发展与公共政策。不仅要依赖于经济发展，更要依赖于社会发展与人类的全面进步。

四、生育政策调整的舆论基础

在中国于1992年实现低生育水平以后，面对中国人口控制形势的变化，国家加强了其宣传倡导工作，突出地体现在如下六个方面：一是努力实现工作思路和工作方法的两个转变，除了继续推行以行政制约为手段的直接调控外，还增加了以利益导向为手段的间接调控，并对人口进行综合治理。二是加强对优质服务理念的倡导，拓宽计划生育工作的内容，在管理的基础上增加了许多服务的内容。如知情选择、计划生育优质服务等。三是已经意识到生育率并非越低越好，持续低生育率、特别是持续超低生育率将对中国的社会经济发展带来严重的负面影响，因而加强了宣传倡导的力度。四是统筹解决人口问题的提出，使我们更加明晰人口形势的变化以及我们应如何应对这种变化问题。五是人口长期均衡发展，不仅对人口数量，而且对人口结构变动也提出了更多的要求。六是统筹解决人口问题，我们不仅要考虑人口数量问题、同时更要考虑人口结构问题。

参考文献

一、中文部分

[1] 白乙拉.1992.五至十一、二岁独生子女与非独生子女社会性交往的调查与比较[J].内蒙古师大学报(哲学社会科学版)(4).

[2] 包蕾萍,陈建强.2005.中国"独生父母"婚育模式初探:以上海为例[J].人口研究(4).

[3] 包蕾萍.2008.独生子女公众观的变迁:一种刻板印象的社会心理溯源[J].当代青年研究(6).

[4] 鲍思顿,范彤妮,杜芳兰.1989.中国独生子女与非独生子女的学习成绩和个性特征分析[J].西北人口(4).

[5] 边燕杰.1985a.试论我国独生子女家庭的内部结构和关系的基本特征[J].社会调查与研究(1).

[6] 边燕杰.1985b.独生子女家庭的增长与未来老年人的家庭生活问题[J].天津社会科学(5).

[7] 边燕杰.1986.试论我国独生子女家庭生活方式的基本特征[J].中国社会科学(1).

[8] 卜卫.1997.大众传媒与儿童性别角色的社会化[J].青年研究(2).

[9] 蔡昉.2008.刘易斯转折点——中国经济发展新阶段[M].社会科学文献出版社.

[10] 陈彩霞.2000.经济独立才是农村老年人晚年幸福的首要条件——应用霍曼斯交换理论对农村老年人供养方式的分析和建议[J].人口研究(2).

[11] 陈彩霞,张纯元.2003.当代农村女性生育行为和生育意愿的实证研究[J].人口与经济(5).

[12] 陈德祥,马德发.2003.农村计划生育特困家庭的调查和思考[J].人口与计划生育(9).

[13] 陈建强,包蕾萍.2004."独生父母现象"及其对未来中国社会的影

响. 载 2004 年上海社会报告书 [M]. 上海社会科学院出版社.

[14] 陈建强. 2004. 重视"独生子女养育独生子女"现象 [J]. 当代青年研究 (3).

[15] 陈科文. 1985a. 独生子女与非独生子女行为特点和家庭教育的比较研究 [J]. 社会调查与研究 (6).

[16] 陈科文. 1985b. 关于独生子女合群性的初步研究 [J]. 心理学报 (3).

[17] 陈科文. 1984. 论当前我国独生子女家庭的亲子关系 [D]. 北京大学硕士研究生毕业论文.

[18] 陈青. 2006-10-19. 申城面临生育小高峰 [N]. 文汇报.

[19] 陈胜利等. 2003. 当代择偶与生育意愿研究 [M]. 中国人口出版社.

[20] 陈晓敏等. 2003. 现代化进程中的"空巢"家庭现象论析 [J]. 社会 (6).

[21] 陈欣银, 李伯黍, 李正云. 1995. 中国儿童的亲子关系、社会行为及同伴接受性的研究 [J]. 心理学报 (3).

[22] 陈许亚, 宋健. 2008. 日本护理保险制度对中国城市独生子女家庭养老的启示 [J]. 南京人口管理干部学院学报 (4).

[23] 陈友华. 2010. 从分化到趋同——世界生育率转变及对中国的启示 [J]. 学海 (1).

[24] 陈友华. 2009. 独生子女政策潜在的社会风险 [J]. 探索与争鸣 (7).

[25] 陈友华. 2006. 关于出生性别比的几个问题——以广东省为例 [J]. 中国人口科学 (1).

[26] 陈友华, 胡小武. 2011. 低生育率是中国的福音? [J]. 南京社会科学 (8).

[27] 陈友华. 2011. 建言生育政策调整 [J]. 中国改革 (7).

[28] 陈友华. 2008. 人口红利与中国的经济增长 [J]. 江苏行政学院学报 (4).

[29] 陈钟林. 2000. 谈发展我国的亲职教育 [J]. 青年研究 (8).

[30] 陈自芳. 2004. 独生子女与父母关系的经济学分析 [J]. 人文杂志 (5).

[31] 陈宇, 邓昌荣. 2007. 中国妇女生育意愿影响因素分析 [J]. 中国人口科学 (6).

[32] 程远, 张真. 1999. 上海市区老人养老意愿研究 [J]. 市场与人口分析 (4).

[33] 慈勤英. 2002. "文革"、社会转型与波动性贫困——城市贫困人口的

年龄分布特征的一种解释[J]. 中国人口科(2).

[34] 崔丽娟,徐硕,王小慧.2000.老人的养老观念与养老模式[J].中国老学杂志(1).

[35] 崔树义.2009.农村计划生育家庭养老保障的问题与对策——一项基于900份问卷调查的实证研究[J].人口与经济(1).

[36] 大卫·切尔.2005.家庭生活的社会学[M].彭铟旎译.中华书局.

[37] 达维逊.1989.性别社会学[M].程志民译.重庆出版社.

[38] 代小琳.2004-5-14.松散的二人联盟?[OL].人民日报(海外版) http://www.people.com.cn/GB/paper39/11993/1079391.html.

[39] 丁仁船等.2007.独生子女比例、婚育意愿变动对未来政策生育率的影响[J].南方人口(3).

[40] 杜鹏.1998.北京市老年人居住方式的变化[J].中国人口科学(2).

[41] 段世江等.2007.农村独生子女家庭养老风险分析[J].西北人口(3).

[42] 段鑫星等.1997.独生子女大学生心理健康状况的调查分析[J].青年研究(2).

[43] 范存仁.1994.西安市小学生中独生子女与非独生子女个性品质的比较研究[J].心理科学(2).

[44] 范丹妮,鲍斯顿.1996.中国独生子女在德、智、体方面的表现[G].载范丹妮编.中国独生子女研究.华东师范大学出版社.

[45] 方勤.2004.中国第一代独生子女婚姻写真:给我一点空间[OL]. http://society.dayoo.com/gb/content/2004-07/20/content_1639563.htm.

[46] 费孝通.1983.家庭结构变动中的老赡养问题——再论中国家庭结构的变动[J].北京大学学报(社科版)(3).

[47] 风笑天.2006a.第一代独生子女婚后居住方式:一项12城市的调查分析[J].人口研究(5).

[48] 风笑天.2009a.独生子女父母的空巢期:何时开始?会有多长?[J].社会科学(1).

[49] 风笑天.1992a.独生子女:他们的家庭、教育和未来[M].社会科学文献出版社.

[50] 风笑天.2005a.中国第一代城市独生子女的社会适应[J].教育研究(10).

[51] 风笑天.2006a.中国独生子女:规模、差异与评价[J].理论月刊(4).

[52] 风笑天.2006b.从"依赖养老"到"独立养老"——独生子女家庭养老观念的重要转变 [J].河北学刊（5）.

[53] 风笑天.2006c.从"依赖养老"到"独立养老"——独生子女家庭养老观念的重大转变 [J].河北学刊（3）.

[54] 风笑天.2006b.第一代城市独生子女婚后居住方式：一项12城市的调查分析 [J].人口研究（9）.

[55] 风笑天.2006c.第一代独生子女婚后居住方式：一项12城市的调查分析 [J].人口研究（5）.

[56] 风笑天.2009b.第一代独生子女父母的家庭结构：全国五大城市的调查分析 [J].社会科学研究（2）.

[57] 风笑天.1992b.论城市独生子女家庭的社会特征 [J].社会学研究（1）.

[58] 风笑天.2005b.走进"围城"的独生子女：概念、规模与质疑 [J].江苏社会科学（3）.

[59] 风笑天.2009c.中国独生子女问题：一个多学科的分析框架 [J].浙江学刊（2）.

[60] 风笑天.2009d.城市独生子女与父母的居住关系 [J].学海.（5）.

[61] 风笑天.2004.城市青的生育意愿：现状与比较分析 [J].江苏社会科学（4）.

[62] 风笑天.2002a.城市中学生与父母的关系：不同视角中的图像 [J].青年研究（8）.

[63] 风笑天.2006-1-15.从"小皇帝"到新公民：理解独生子女——风笑天教授在南京财经大学的演讲 [N].解放日报.

[64] 风笑天.1994.独生子女家庭：一种新的生活方式 [J].社会科学辑刊（5）.

[65] 风笑天.2010.独生子女：媒介负面形象的建构与实证 [J].社会学研究（3）.

[66] 风笑天.2000.独生子女青少年的社会化过程及其结果 [J].中国社会科学（6）.

[67] 风笑天.1993.共处与分离：城市独生子女家庭养老形式调查 [J].人口与经济（2）.

[68] 风笑天.2009e.青年个体特征与生育意愿——全国12城市1786名在职青年的调查分析 [J].江苏行政学院学报（4）.

[69] 风笑天,王小璐.2003.城市青年的职业适应：独生子女与非独生子

女的比较研究［J］.江苏社会科学（4）.

［70］风笑天,张青松.2002.二十城乡居民生育意愿变迁研究［J］.市场与人口分析（5）.

［71］风笑天,张小天.1992.论独生子女社会化的特定环境［J］.社会科学辑刊（5）.

［72］风笑天.2002b.中国独生子女研究：回顾与前瞻［J］.江海学刊（5）.

［73］冯立天,马瀛通,冷眸.1999.50年来中国生育政策演变之历史轨迹［J］.人口与经济（2）.

［74］高杏华.2001.解决独生子女父母年老后养老问题应遵循的原则及对策建议［J］.人口与经济（3）.

［75］高志方.1981.独生子女的早期教育问题［J］.教育研究（6）.

［76］古德.1986.家庭［M］.社会科学文献出版社.

［77］顾宝昌.1992.论生育与生育转变：数量、时间和性别［J］.人口研究（6）.

［78］顾宝昌.2007.我对出生性别比问题的认识［J］.市场与人口分析（2）.

［79］顾宝昌.瞻前顾后左顾右盼——中国、印度与韩国人口趋势的比较分析［G］.曾毅,李玲,顾宝昌,林毅夫主编.2006.21世纪中国人口与经济发展［M］.社会科学文献出版社.

［80］顾宝昌.2010.中国人口.从现在走向未来［J］.国际经济评论（6）.

［81］关颖等.2010.家长教育观念和教育行为的调查与分析［J］.中国家庭教育（1）.

［82］关颖,刘春芬.1994.父母教育方式与儿童社会性发展［J］.心理发展与教育（4）.

［83］关颖.1996.论独生子女社会化的家庭因素［J］.天津社会科学（5）.

［84］关颖.2006.子女对女性角色及家庭地位的影响［G］.伊庆春,陈玉华.华人妇女家庭地位［M］.社会科学文献出版社.

［85］郭熙保,尹娟.2005.对我国计划生育政策的反思［J］.理论月刊（11）.

［86］郭翔.1996.当前我国青少年犯罪状况与特点［J］.中国青年研究（3）.

［87］郭志刚等.2004.我国现行生育政策与"四二一"家庭［C］.风笑天主编.中国独生子女：从"小皇帝"到"新公民"［M］.知识出版社.

［88］郭志刚.2001.利用人口普查原始数据对独生子女信息的估计［J］.市

场与人口分析（1）.

［89］郭志刚.2002.中国高龄老人的居住方式及其影响因素［J］.人口研究（1）.

［90］国家人口发展战略研究课题组.2007.国家人口发展战略研究报告［J］.人口研究（1）.

［91］国家统计局：2005年全国1%人口抽样调查结果.详见国家统计局网站：http：//www.stats.gov.cn/tjsj/ndsj/renkou/2005/html.

［92］郝玉章，风笑天.1997a.中学独生子女社会化的现状［J］.青年研究（8）.

［93］郝玉章，风笑天.1997b.大众传播媒介与中学独生子女社会化［J］.青年研究（1）.

［94］郝玉章，风笑天.1998.家庭与中学独生子女社会化［J］.青年研究（1）.

［95］郝玉章，风笑天.2002.亲子关系对独生子女成长的影响［J］.华中科技大学学报（2）.

［96］郝玉章，风笑天.1997.中学独生子女社会化的状况［J］.青年研究（8）.

［97］郝玉章.2007.已婚独生子女父母角色的实证研究［J］.内蒙古社会科学（汉文版）（6）.

［98］何蔚.1997.高中生独生子女与非独生子女人格特质的比较研究［J］.心理发展与教育（1）.

［99］侯亚非.2003.北京市独生子女生育意愿调查分析.［J］北京社会科学（3）.

［100］侯亚非等.2008.北京城市女性独生子女生育意愿和生育行为研究［J］.人口与发展（1）.

［101］侯亚非，马小红.2008.北京城市独生子女生育意愿研究［J］.北京社会科学（1）.

［102］黄晨熹.1998.人口流动对计划生育的影响评估与管理新构想［J］.中国人口科学（4）.

［103］黄廷权等.2007.重庆市居民生育意愿调查分析［J］.西北人口（5）.

［104］"江苏生育意愿和生育行为研究"课题组.2008.低生育水平下的生育意愿研究［J］.江苏社会科学（2）.

［105］江苏省生育政策微调研究报告［R］.江苏省生育政策微调可行性研究.江苏省社会科学基金项目成果.（项目编号04SHB018）.

[106] 姜向群.1997.家庭养老在人口老龄化过程中的重要作用及其面临的挑战[J].人口学刊(2).

[107] 姜玉等.2009.第一代独生子女婚姻生育选择及对未来人口和家庭结构的影响[J].青年研究(2).

[108] 金小桃等.2009.加快建立"生育关怀行动"的长效工作机制——赴安徽省、江苏省的调研报告[R].国家人口计生委、中国计生协"生育关怀行动"联合调研报告汇编.

[109] 金柱.2004."双独婚姻"解读:当"小皇帝"遇上了"小公主"[OL].http：//society.dayoo.com/gb/content/2004-07/20/content_1639575.htm.

[110] 景怀斌.1997.独生、非独生子女大学生若干社会性心理品质的比较研究[J].中山大学学报论丛(6).

[111] 老人课题组.2000.2001.老年人的居住安排与晚年生活(上)、(中)、(下)[J].中华女子学院学报(5)(6)(2).

[112] 乐章,陈璇,风笑天.2000.城市独生子女家庭养老问题[J].福建论坛(经济社会版)(2).

[113] 乐章等.2000.城市独生子女家庭的养老问题[J].青年研究(3).

[114] 乐章.2005.风险与保障:基于农村养老问题的一个实证分析[J].农业经济问题(9).

[115] 雷洁琼.1994.改革以来中国农村婚姻家庭的新变化[M].北京大学出版社.

[116] 李嘉岩.2003.北京市独生子女生育意愿调查[J].中国人口科学(4).

[117] 李建民等.2007.中国人口与社会发展关系.现状、趋势与问题[J].人口研究(1).

[118] 李建民.2008.建立农村计划生育夫妇社会养老保障制度是重大的民生问题[J].人口与计划生育(4).

[119] 李建民.2004.中国农村计划生育夫妇养老问题及其社会养老保障机制研究[J].中国人口科学(3).

[120] 李康熙.1999.对当前未成年独生子女犯罪情况的调查分析[J].青年研究(5).

[121] 李兰永,王秀银.2008.重视独生子女意外死亡家庭的精神慰藉需求[J].人口与发展(6).

[122] 李明三.2009-2-16.新型农村养老保险制度将试点 养老标准不低于低保.[N].二十一经济报道第7版.

［123］李强.2003.当前中小学生亲子关系的问题分析［J］.天津市教科院学报（6）.

［124］李通屏.2008.城镇独生子女父母年老奖励补助政策落实难的原因分析与政策创新原则［J］.南京人口管理干部学院学报（1）.

［125］李通屏等.2008.外部性内在化与城镇独生子女父母年老奖励补助政策［J］.人口学刊（5）.

［126］李伟平.2003.中国进入"独生父母"时代［OL］.http：//paper.wenweipo.com/2003/11/25/CH0311250005.htm.

［127］李小江.1999.解读女人［M］.江苏人民出版社.

［128］李志.1998.城市独生子女大学生人格特征的调查研究［J］.青年研究（9）.

［129］李志.1997.独生子女与非独生子女大学生职业价值观的比较研究［J］.青年研究（3）.

［130］李志，吴绍琪，张旭东.1998.独生子女与非独生子女大学生学校生活适应状况的比较研究［J］.青年研究（4）.

［131］丽莎·斯冈茨尼，约翰·斯冈茨尼.1988.角色变迁中的男性与女性［M］.潘建国等译.浙江人民出版社.

［132］梁宏.2007.广东人口意愿生育数量的影响因素分析［J］.南方人口（3）.

［133］林富德.1992.急剧转变中的妇女生育意愿［J］.中国人口科学（3）.

［134］林国彬，范存仁，万传文.1993.北京农村4～6岁幼儿性格发展与家庭教育的关系的调查研究［J］.心理科学（6）.

［135］林琳.2000.我国城市老年人的居住现状与养老选择——广州市老年人生活状况调查的数据分析［J］.城市问题（3）.

［136］刘德中等.2000.中国的职业性别隔离与女性就业［J］.妇女研究论丛（4）.

［137］刘海鹰.2006.论亲子关系对儿童心理发展的影响［J］.当代教育科学（23）.

［138］刘红.2003.中学生性别角色观量表的编制［J］.贵州教育学院学报（社会科学版）（6）.

［139］刘鸿雁，柳玉芝.1996.独生子女及其未来婚姻结构［J］.中国人口科学（3）.

［140］刘金明，孟四清.1997.初中生亲子关系、性格特性及其相关的调查研究［J］.心理科学（20）.

[141] 刘精明.2005.国家、社会阶层与教育 [M].中国人民大学出版社.

[142] 刘爽.2002.生育率转变过程中家庭子女性别结构的变化——对人口出生性别比偏高的另一种思考 [J].市场与人口分析 (5).

[143] 刘延军,程永迪.2007.三成独生子女婚后家事不顺 [OL]. http://news.xinhuanet.com/health/2004-04/20/content_1429075.htm.

[144] 刘云德等.1988.独生子女与非独生子女比较研究调查报告 [J].人口学刊 (3).

[145] 龙冠海.1985.社会学 [M].三民书局印行.

[146] 陆杰华等.2008.城市老年人居住方式意愿研究——以北京、天津、上海、重庆为例 [J].人口学刊 (1).

[147] 罗斯·埃什尔曼.1991.家庭导论 [M].潘允康,张文宏等译.中国社会科学出版社.

[148] 马小红,侯亚非.2008.北京市独生子女及"双独"家庭生育意愿及变化 [J].人口与经济 (1).

[149] 马瀛通等.1998.出生性别比新理论与应用北京 [M].首都经济贸易大学出版社.

[150] 马瀛通,冯立天,陈友华.1997.创立出生性别比新概念与构建马冯陈(MFC)数学模型 [J].人口与经济 (5).

[151] 孟轲.2008.独生子女和非独生子女生育意愿差异的比较研究——基于江苏省生育意愿和生育行为调查 [J].南方人口 (4).

[152] 穆光宗等.1999.探索中国特色的综合解决老龄问题的未来之路——"全国家庭养老与社会化养老服务研讨会"纪要 [J].人口与经济 (2).

[153] 穆光宗.2009."独生子女"风险论 [J].绿叶 (8).

[154] 穆光宗.2004.独生子女家庭本质上是风险家庭 [J].人口研究 (1).

[155] 穆光宗.2007.独生子女家庭非经济养老风险及其保障 [J].浙江学刊 (3).

[156] 穆光宗.1995.近年来中国出生性别比升高偏高现象的理论解释 [J].人口与经济 (1).

[157] 穆光宗.2008.救助和关怀遭遇意外风险的计生家庭 [J].人口与发展 (6).

[158] 穆光宗.2002.农村独生子女户、双女户补充养老保险制度研究:基于山东潍坊市的调查 [J].人口与计划生育 (1).

[159] 穆光宗.2006.中国人口转变的风险前瞻 [J].浙江大学学报(人文社会科学版)(6).

[160] 潘朝玉等.1982.学龄前独生子女调查的初步分析 [J].心理学探新(2).

[161] 潘鸿雁,孟宪平.2006.家庭策略与农村非常规核心家庭夫妻权力关系的变化 [J].新疆社会科学 (6).

[162] 潘金洪.2006.独生子女家庭空巢风险分析 [J].西北人口 (5).

[163] 潘金洪,姜继红.2007.江苏省独生子女数量测算及其风险分析 [J].扬州大学学报(人文社会科学版)(1).

[164] 潘彦,吴京.2004.专家看"双独婚姻":昙花婚姻与坚守围城 [OL]. http://society.dayoo.com/gb/content/2004-07/20/content_1639586.htm.

[165] 潘允康.2002.社会变迁中的家庭 [M].天津社会科学院出版社.

[166] 彭希哲.1998.可持续发展的人口经济学思考 [J].复旦学报(社会科学版)(3).

[167] 钱铭怡等.2000.大学生性别角色量表(CSRI)的编制 [J].心理学报 (1).

[168] 乔晓春,任强.2006.中国未来生育政策的选择 [J].市场与人口分析 (3).

[169] 乔晓春.2004.性别偏好、性别选择与出生性别比 [J].中国人口科学 (1).

[170] 乔晓春.2009.综合改革应该改什么？[J].人口与发展 (1).

[171] 全国妇联儿童工作部等编.2009.开拓·发展·创新——改革开放与家庭教育论坛文集 [M].中国妇女出版社.

[172] 人口研究编辑部.2004.对成年独生子女意外伤亡家庭问题的深层思考 [J].人口研究 (1).

[173] 任银睦等.2009.青岛市农村第一代独生子女家庭养老问题研究 [J].东方论坛 (1).

[174] 沙吉才.1995.当代中国妇女家庭地位研究 [M].天津人民出版社.

[175] 上海市计生委.2003-11-18.上海对18~30岁人群调查显示年轻人生育意愿逐步下降 [N].文汇报.

[176] 石丹理,韩晓燕,李美羚.2007.对父母亲职及亲子关系质量的调查及观点——以上海青少年为例 [J].浙江学刊 (2).

[177] 石丹理,韩晓燕,李美羚.2006.青少年对父母亲职及亲子关系质量的认知:香港与上海的比较 [J].社会 (3).

[178] 石伟,张进辅,黄希庭.2004.初中生亲子关系特性的研究 [J].心理与行为研究 (2).

[179] 石燕.2008.城市独生子女空巢家庭的阶段划分与特征[J].南京人口管理干部学院学报(1).

[180] 宋健.2000."四二一"结构:形成及其发展[J].中国人口科学(2).

[181] 宋健.2005.中国的独生子女与独生子女户[J].人口研究(2).

[182] 宋健.2006.中国农村独生子女的数量与分布[J].中国人口科学(4).

[183] 苏珊·纽曼.2004.独生子女——欢乐与挑战[M].贾明译.文汇出版社.

[184] 孙瑛.1988.今日妇女的生育意愿[J].人口学刊(6).

[185] 谭琳.2002.新"空巢"家庭——一个值得关注的社会人口现象[J].人口研究(4).

[186] 唐利平,风笑天.2010.第一代农村独生子女父母养老意愿实证分析——兼论农村养老保险的效用[J].人口学刊(1).

[187] 唐利平,风笑天.2002.青少年亲子关系研究现状与评价[J].广东青年干部学院学报(2).

[188] 陶鹰.2003.关于建立农村计划生育养老保障问题探讨综述[J].人口与计划生育(5).

[189] 田雪原.1988.中国1987年60岁以上老年人口抽样调查报告[J].中国人口科学(专刊)(1).

[190] 佟新.2005.社会性别研究导论[M].北京大学出版社.

[191] 王化波.2005.延边朝鲜族育龄妇女生育意愿的影响因素分析[J].人口学刊(3).

[192] 王勤.2005."80年代生人"崭露头角——对"80后"的一种解读[J].上海青年管理干部学院学报(4).

[193] 王庆荣.2007.独生子女父母养老存在的问题及解决的思路——基于上海市闵行区独生子女父母的调查[J].法制与社会(3).

[194] 王树新,赵智伟.2007.第一代独生子女父母养老方式的选择与支持研究[J].人口与经济(4).

[195] 王树新,张戈.2008.我国城市第一代独生子女父母养老担心度研究[J].人口研究(4).

[196] 王秀银等.2001.大龄独生子女意外伤亡——一个值得关注的社会问题[R].人口发展与人口科学全国学术研讨会论文.

[197] 王秀银等.2001.一个值得关注的社会问题:大龄独生子女意外伤亡[J].中国人口科学(6).

[198] 王延海.2002.未成年独生子女犯罪问题探析 [J].青少年犯罪问题 (1).

[199] 望月嵩.2002.家庭社会学入门——家庭关系学 [M].中国大百科全书出版社.

[200] 韦璞.2009.老年人居住方式及影响因素分析——以贵阳市为例 [J].人口与发展 (1).

[201] 邬沧萍.2004.正确看待新形势下的人口问题 [J].求是 (14).

[202] 吴海盛.2009.农村老人生活质量现状及影响因素分析——基于江苏省农户微观数据的分析 [J].农业经济问题 (10).

[203] 吴京.2004-7-1.谁说独生子女婚姻注定草率? [N].中国妇女报.

[204] 吴柯.1990.劳教男性青少年童年亲子关系的对照研究 [J].应用心理学 (3).

[205] 吴念阳,张东昀.2004.青少年亲子关系与心理健康的相关研究 [J].心理科学 (4).

[206] 吴秋娜,彭巧云.2006.独生女做了妈妈拒绝宠爱下一代 [OL].http://www.teachercn.com/EduNews/News_Jtjy/2006/5-25/20060525115502908.html.

[207] 吴瑞君,汪小勤.2009.我国独生子女群体的婚姻稳定性分析 [J].学海 (5).

[208] 吴永波,吴永斌.2008.农村计生贫困人口问题现状分析及解决路径选择 [J].重庆电力高等专科学校学报 (3).

[209] 吴正俊.2007.农村计划生育贫困家庭致贫问题探讨 [J].贵州财经学院学报 (5).

[210] 武家华等.2009.广西和重庆生育关怀行动联合调研报告 [R].国家人口计生委、中国计生协"生育关怀行动"联合调研报告汇编.

[211] 肖福兰等.1982.关于小学独生子女教育情况的调查 [J].人口与经济 (1).

[212] 肖富群.2008.农村中小学独生子女社会化状况的实证研究 [J].南方人口 (3).

[213] 肖建国.1999.论独生子女犯罪的防治对策 [J].青少年犯罪问题 (3).

[214] 肖建国.2004.上海未成年人犯罪形势和对策思考 [J].当代青年研究 (3).

[215] 辛浩力.1997.国外现代亲子关系理论观点回顾 [J].教育改革 (2).

[216] 徐安琪.2005.夫妻权力和妇女家庭地位的评价指标：反思与检讨[J].社会学研究（4）.

[217] 徐安琪.2004.夫妻权力模式与女性家庭地位满意度研究[J].浙江学刊（2）.

[218] 徐安琪.2001.婚姻权力模式：城乡差异及其影响因素[J].台大社会学刊（9）.

[219] 徐安琪，叶文振.2002.中国婚姻研究报告[M].中国社会科学出版社.

[220] 徐安琪.1999.择偶标准：五十年变迁及其原因分析[J].社会学研究（6）.

[221] 许克毅，宋宝萍.1996.独生子女与非独生子女大学生人格比较研究[J].当代青年研究（4）.

[222] 鄢盛明等.2001.居住安排对子女赡养行为的影响[J].中国社会科学（1）.

[223] 杨步月.2004."独生子女"育儿胜父辈[OL].http://news.sina.com.cn/c/2004-12-23/07164602754s.shtml.

[224] 杨桦.1983-2-25.独生子女在个性品德方面存在的问题及原因[N].光明日报.

[225] 杨菊华.2006.从生育政策的地区差异看未来中国生育政策的走向[J].市场与人口分析.2006（1）.

[226] 杨菊华.2008.意愿与行为的悖离：发达国家生育意愿与生育行为研究述评及对中国的启示[J].学海（1）.

[227] 杨善华.2006.家庭社会学[M].高等教育出版社.

[228] 杨善华等.2004.责任伦理与城市居民的家庭养老——以"北京市老人需求调查"为例[J].北京大学学报（1）.

[229] 杨书章，郭震威.2000.中国独生子女现状及其未来人口发展的影响[J].市场与人口分析（4）.

[230] 杨晓升.2004.只有1个孩子——中国独生子女意外伤害悲情报告[M].华艺出版社.

[231] 杨宜模等.1981.当前独生子女性格特点的初步研究[J].教育丛刊（2）.

[232] 姚远.2001.中国家庭养老研究述评[J].人口与经济（1）.

[233] 叶松庆.1998.第一代独生子女大学生的生活状况与特点[J].青年研究（6）.

［234］叶文振，林擎国.1995.我国家庭关系模式演变及其现代化的研究［J］.厦门大学学报（3）.

［235］叶一舵，白丽英.2002.国内外关于亲子关系及其对儿童心理发展影响的研究［J］.福建师范大学学报（哲学社会科学版）（2）.

［236］伊庆春.2008.台湾家庭结构之变迁：90年代以后［OL］.台湾社会变迁全记录.http：//www.ios.sinica.edu.tw/TSCpedia/index.php/.

［237］易富贤.2007.大国空巢——走入歧途的中国计划生育［M］.香港大风出版社.

［238］易富贤.2008.以人为本，用科学的发展观指导人口政策调整［J］.社会科学论坛（6）.

［239］尹旦萍.2010.土家族夫妻权力的变化及启示——以埃山村为例［J］.妇女研究论丛（1）.

［240］尹勤等.2006.常州市育龄人群生育意愿及影响因素［J］.南京人口管理干部学院学报（2）.

［241］尹勤等.2005.南京市青生育意愿调查分析［J］.西北人口（2）.

［242］尹文耀.2002.中国独生子女家庭与二孩家庭生育模式百模拟与选择［J］.人口学刊（3）.

［243］尹志刚.2008.北京城市首批独生子女父母养老方式选择与养老战略思考［J］.南京人口干部管理学院学报（4）.

［244］尹志刚.2008.北京城市首批独生子女父母养老方式选择与养老战略思考［J］.南京人口管理干部学院学报（2）.

［245］尹志刚.2008.北京城市首批独生子女父母养老方式选择与养老战略思考——依据北京市西城区、宣武区首批独生子女家庭调查数据［J］.南京人口管理干部学院学报（2）.

［246］尹志刚.2009.我国城市首批独生子女父母养老方式选择与养老模型建构［J］.人口与发展（3）.

［247］尤丹珍，郑真真.2002.农村外出妇女的生育意愿分析［J］.社会学研究（6）.

［248］于长永，乐章.2009.城市独生子女家庭的养老风险及其规避［J］.社会科学管理与评论（2）.

［249］于长永.2009.农村独生子女家庭的养老风险及其保障［J］.西北人口（6）.

［250］余逸群.1999.当前独生子女团伙犯罪问题研究［J］.青年研究（3）.

［251］余颖，谢孝国.2004-12-1.独生子女当上"独生父母"［N］.中国

妇女报.

[252] 袁方.1987.中国老人在家庭、社会中的地位和作用[J].北京大学学报（社科版）(3).

[253] 原新.2004.独生子女家庭的养老支持——从人口学视角的分析[J].人口研究(5).

[254] 原新,石海龙.2005.中国出生性别比偏高与计划生育政策[J].人口研究(3).

[255] 曾毅等.2004.中国家庭与老年人居住安排的变化[J].中国人口科学(5).

[256] 张二力.2005.从"五普"地市数据看生育政策对出生性别比和婴幼儿死亡率性别比的影响[J].人口研究(1).

[257] 张戈.2008.我国城市第一代独生子女父母的养老焦虑[J].人口与经济（增刊）.

[258] 张戈.2008.我国城市第一代独生子女父母养老焦虑[J].人口与经济(4).

[259] 张汉湘,周美林.2002.对农村计划生育养老保障试点问题的思考[J].人口与计划生育(6).

[260] 张建等.2009.广东省"生育关怀行动"调研报告[R].国家人口计生委、中国计生协"生育关怀行动"联合调研报告汇编.

[261] 张丽梅.2008.西方夫妻权力研究理论述评[J].妇女研究论丛(3).

[262] 张泽伟.2004."小皇帝"到了婚嫁的日子——第一代独生子女的婚恋[OL].http：//news.sina.com.cn/c/2004-11-19/14364287904s.shtml.

[263] 张泽伟,周润健.2003a.独生子女改变传统婚姻[OL].http://www.digest.sc.cn/2003/06/30/152272290.html.

[264] 张泽伟,周润健.2003b.小皇帝谈婚论嫁[OL].http：//www.tj.xinhuanet.com/jdwt/2003-06/16/content_612049.htm.

[265] 赵会来.2006a.问题家庭与未成年独生子女的违法犯罪[J].焦作大学学报(1).

[266] 赵莉莉.2006b.我国城市第一代独生子女父母的生命历程——从中年空巢家庭的出现谈起[J].青年研究(6).

[267] 赵瑞芳,林明鲜,唐国建.2007.城市老年人夫妻权力模式与夫妻关系研究[J].中华女子学院学报(5).

[268] 浙江医科大学人口所独生子女课题组.1992.关于独生子女健康、学习和生活状况的调查[J].人口学刊(6).

[269] 郑丹丹. 2001. 中国城市家庭夫妻权力研究 [M]. 华中科技大学出版社.

[270] 郑真真. 2004. 中国育龄妇女的生育意愿研究 [J]. 中国人口科学 (5).

[271] 中国城市独生子女人格发展课题组. 1997. 中国城市独生子女人格发展现状研究报告 [J]. 青年研究 (6).

[272] 周长洪. 2009. 大量独生子女家庭将导致社会性养老困境 [J]. 探索与争鸣 (7).

[273] 周长洪. 2010. "生育政策的完善与平稳过渡"研究报告 [R]. 国家社会科学基金项目（项目批准号：07BRK011）.

[274] 周长洪, 徐长醒. 1998. 农民生育意愿与动机及其成因的调查分析 [J]. 人口与经济 (6).

[275] 周长洪, 周建芳. 2001. 我国农民生育观念转变的一个重要标志——宜昌市农村放弃与推迟二孩生育现象成因分析 [J]. 人口研究 (1).

[276] 周福林. 2005. 我国城乡居民分龄、性别和受教育程度的生育意愿研究 [J]. 西北人口 (3).

[277] 周皓. 1998. 谈家庭养老存在的长期性 [J]. 人口学刊 (4).

[278] 周君玉. 2000. 流动人口对农村社会发展的影响 [J]. 南方人口 (3).

[279] 周丽苹等. 1996. 中国城市不同类型家庭的养老比较分析 [J]. 人口与经济 (4).

[280] 周丽苹. 2006. 关注生育政策与人口结构的联动效应 [J]. 市场与人口分析 (1).

[281] 周丽苹, 王江毅. 1996. 中国城市不同类型家庭的养老比较分析 [J]. 人口与经济 (4).

[282] 周美林. 2008. 全国人口和计划生育利益导向机制暨农村计划生育家庭养老保险论坛综述 [J]. 人口与计划生育 (4).

[283] 庄渝霞. 2008. 不同代别农民工生育意愿及其影响因素——基于厦门市912位农村流动人口的实证研究 [J]. 社会 (1).

[284] 左际平. 2002. 从多元视角分析中国城市的夫妻不平等 [J]. 妇女研究论丛 (1).

二、英文部分

[1] Blake. Judith. 1981. The Only Child in America: Prejudice Versus Performance. Population and Development Review. 7, 1, Mar.

[2] Blood, R. O. and Donald M. Wolfe. 1960. Husbands and Wives [M]. New York: The Free Press.

[3] Bonggaarts, John & Greenhalgh, Susan. 1985. An Alternative to the One-Child Policy in China. Population and Development Review 11 (4) (Dec.).

[4] Centers, R. B. et al. 1971. Conjugal Power Structure: A Reexamination [J]. American Review, 36 (2).

[5] Falbo, T. & D. F. Polit. 1986. Quantiative review of the only child literature: research evidence and theory develop [J]. Psychological Bulletin, (2).

[6] Greenalgh, Susan. 1990. Socialism and Fertility in China. Annals of the American Academy of Political and Social Science 510 (Word Population: Approaching the Year 2000) (Jul.).

[7] Greenhalgh, Susan & Jia, Lili. 1995. Engendering Reproductive Policy and Practice in Peasant China: For a Feminist Demography of Reproduction., Signs 20 (3) (Spring).

[8] Greenhalgh, Susan. 2003. Science, Modernity and the Making of China's One-Child Policy. Population and Development Review 29 (2) (Jun.).

[9] Hong, Lawrence K. 1987. Potential Effects of the One-Child Policy on Gender Equality in the People's Republic of China., Gender and Society 1 (3) (Sep.).

[10] Jia, Lili & Cooney, Rosemary Santana. 1993. Son preference and the one child policy in China: 1979 – 1988. Population Research and Policy Review 12.

[11] Jiao S., G. Ji & Jing Q. 1986. Comparative study of behavioral qualities of only children and sibling children [J]. Child Development (57).

[12] Joseph, Alun E. & Phillips David R. 1994. Ageing in rural China: Impacts of increasing diversity in family and community resources [J]. Journal of Cross-Cultural Gerontology (14).

[13] Junsen Zhang and Byron G. Spencer. 1992. Who Signs China's One-Child Certificate, and Why? [J]. Journal of population Economics, Vol. 5, No. 3.

[14] Lavely, Willlam R. 1988. China's One-Child Policy and Gender Equality: A Comment on Hong and Mandle. Gender & Society 2 (2) (June).

[15] Mandle, John D. 1987. Comment on Hong. Gender & Society 1.

[16] Moore, Trent Wade. 1998. Fertility in China 1982 – 1990: Gender equality as a complement to wealth flows theory. Population Research and Policy Review 17.

[17] Murphy, Rachel. 2003. Fertility and Distorted Sex Ratios in a Rural Chinese County: Culture, State, and Policy. Population and Development Review 29 (4)

(Dec.).

[18] Norman B. Ryder. 1965. The Cohort as a Concept in the Study of Social Change. American Sociological Review. 30.

[19] Population Division of the Department of Economic and Social Affairs of the United Nations Secretariat. 2007. World Population Prospects: The 2006 Revision and World Urbanization Prospects: The 2005 Revision, http://esa.un.org/unpp.

[20] Ridgeway, Cecilia L. 1997. Interaction and the Conservation of Gender Inequality: Considering Employment. American Sociological Review 62 (2) (Apr.).

[21] Schultz, T. Paul, Zeng, Yi. 1995. Fertility of rural China: Effects of local family planning and heath program. Population Economics 8.

[22] Susan M. McHale et. al. 1999. Family Context and Gender Role Socialization in Middle Childhood: Comparing Girls to Boys and Sisters to Brothers. Child Development, Volume 70, Number 4.

[23] Tsui, Ming & Rich Lynne. 2002. The Only Child and Educational Opportunity for Girls in Urban China, Gender and Society, Vol. 16, No. 1.

[24] Tsui, Ming & Rich Lynne. 2002. The Only Child and Educational Opportunity for Girls in Urban China. Gender and Society, Vol. 16, No. 1.

[25] Tu, Ping & Smith, Herbert L. 1995. Determinants of Indued Abortion and their Policy Implications in Four Countries in North China. Studies in Family Planning 26 (5) (Sep.-Oct.).

[26] Wong, Siu-lun. 1984. Consequence of China's New Population Policy. The China Quarterly 98 (Jun.).

[27] Zhang, Weiguo. 1999. Economic Reforms and Fertility Behaviour in Rural China: An Anthropological and Demographic Inquiry. European Journal of Population 15.

后 记

时间过得真快！五年光阴真短！

这是我开始撰写这篇后记时最为深切的感慨。

本项研究课题于 2006 年 12 月批准立项。如果从 2007 年 4 月正式召开课题开题报告会算起，至今已过去了整整五年时间。记得在签订研究课题合同书时，我就感觉到要在短短三年时间里完成如此复杂的研究课题是非常困难的。所以，当时就申请延长了一年。现在来看，即使我们用完了五年时间，这一课题的研究也还远未结束。

翻开课题研究的工作笔记，五年探索过程中所经历的一切，依旧历历在目：

2007 年 4 月完成开题报告；5 月开始查阅文献；7 月开始设计整体研究计划；8 月设计第一项调查方案；9 月布置并开展第一项调查；10 月开始设计第二项调查；11 月开始设计第三项调查。

2008 年 1 月开始布置并开展第二项调查；3 月开始设计第四项调查；4 月开始设计第五项调查，同时开始布置并开展第三项调查；5 月开始设计第六项调查，同时布置并开展第四项调查；6 月开始布置并开展第五项和第六项调查。

2008 年 9 月，我到北京接受教育部对本研究项目的中期检查。当时能拿出来的成果还不足 10 篇论文，这让我感到有些内疚；但同时又让我感到欣慰的是，在短短的 18 个月时间里，我们成功地设计并完成了 6 项大规模的问卷调查，这些基本的数据资料将会为课题的顺利进行打下坚实的基础。

2008 年 10 月至 12 月，成批的调查问卷陆续收回，经过集中审核、录入、清理，变成了一个个完成的数据库。

2009 年 1 月直至 2011 年 3 月的两年多时间里，课题组成员埋头钻研，互相探讨，不仅又发表了近 30 篇论文，同时也完成了最终成果的撰写。

2011 年 4 月，课题最终成果上交教育部社科司，5 月接受专家组的评审和鉴定。

2011 年 7 月，课题成果顺利通过专家组验收。

2011年8月至2012年3月，课题组成员又根据鉴定专家的意见对成果进行了修改。

……

作为一项集体合作的研究项目，本课题的顺利进行离不开全体研究者和合作者的辛勤劳动。我在这里首先要感谢积极参与本课题研究设计、实地调查、分析研究，并对课题的中期成果以及最终成果做出重要贡献的各位专家学者。他们是：

美国得克萨斯大学教育学院教授托尼·法尔博（Toni Falbo）博士；

美国得克萨斯农工大学社会学系教授达德利·鲍斯顿（Dudley Poston）博士；

华东师范大学人口研究所桂世勋教授；

北京大学人口研究所教授穆光宗博士；

南京大学社会学院社会工作与社会政策系教授陈友华博士；

天津社会科学院社会学所关颖研究员；

中国人民大学社会与人口学院副教授宋健博士；

上海社会科学院青少年研究所副研究员包蕾萍博士；

华中科技大学社会学系副教授郝玉章博士；

中南财经政法大学社会保障系教授乐章博士；

苏州科技学院社会工作系副教授唐利平博士；

华东师范大学社会学系副教授徐连明博士；

郑州大学社会学系副教授张艳霞博士；

厦门大学社会学系副教授唐美玲博士；

南京大学社会学系副教授方长春博士；

广西师范大学社会学系教授肖富群博士；

河南师范大学法律系教授高中健硕士；

成都理工大学社会学系教授许传新博士；

西南交通大学管理系副教授方纲博士；

中国人民大学国际政治系副教授孙龙博士；

浙江师范大学社会学系副教授刘成斌博士；

华东政法大学社会学系副教授李俊博士；

吉林大学社会学系副教授董运生博士；

兰州大学社会学系副教授唐远雄博士；

西南大学政治系副教授甘会斌博士；

贵州民族学院社会学系副教授王晓晖博士；

中国青年政治学院社会工作系副教授周晓春博士；

中南民族大学社会工作系讲师张翼博士；

四川师范大学政治系讲师罗凌云硕士。

同时，我也感谢四年来我所指导的众多博士生、硕士生在文献资料收集、实地调查参与、调查数据录入、数据清理，以及最终成果整理、打印的过程中所付出的辛勤劳动。他们是：童宗斌、王小璐、刘莫鲜、徐俊、王晓焘、赵娟、张再云、袁潇、肖洁、陶艳兰、陈剑梅、吴新慧、孙含钰、乔玲玲、孟尧、赵阳、张海燕、张玉恒、陈为西、宋阳、时聪聪、陈筱青。

最后，我还要特别感谢全国各地接受我们调查的数以千计的调查对象，没有他们的热情支持与认真合作，我们也很难顺利完成本项课题的研究任务。

正是有了上述众多人士的努力付出，本课题研究才取得了较为丰硕的成果：四年间我们共完成了6项大规模调查，所获得的原始数据接近200万字符；运用这些数据资料，课题组成员在国内重要学术期刊上发表署有项目名称的学术论文45篇；完成博士论文3篇，硕士论文6篇；出版著作2部。

在这本集中反映课题组对中国独生子女问题研究最主要结果的著作中，课题组核心成员又付出了进一步的努力，参加本书撰写的是：风笑天，第一章第一节、第三节、第四节，第七章，第八章，第九章，第十章，第十一章第一节；关颖，第二章；张艳霞，第三章；肖富群，第一章第二节，第四章，第五章；郝玉章，第六章；唐利平，第十一章第二节；乐章，第十二章；穆光宗，第十三章；陈友华，第十四章，第十五章。

需要说明的是，各章的撰写者有时在某些问题上的观点和看法不尽相同，对于这种不同，我们采取的是尊重研究者、撰写者的独立见解的态度和处理方式；当然，这样做同时也意味着文责自负。最后，尽管课题组全体研究者和写作者都已竭尽全力，但由于我们学识水平及能力的限制，研究成果中肯定会存在这样那样的缺点、错误和不足，真诚希望学界及社会大众批评指导，也希望有更多的人投入到对这一重要社会现象的研究中来。

教育部哲学社会科学研究重大课题攻关项目成果出版列表

书　名	首席专家
《马克思主义基础理论若干重大问题研究》	陈先达
《马克思主义理论学科体系建构与建设研究》	张雷声
《马克思主义整体性研究》	逄锦聚
《改革开放以来马克思主义在中国的发展》	顾钰民
《当代中国人精神生活研究》	童世骏
《弘扬与培育民族精神研究》	杨叔子
《当代科学哲学的发展趋势》	郭贵春
《服务型政府建设规律研究》	朱光磊
《面向知识表示与推理的自然语言逻辑》	鞠实儿
《当代宗教冲突与对话研究》	张志刚
《马克思主义文艺理论中国化研究》	朱立元
《历史题材文学创作重大问题研究》	童庆炳
《现代中西高校公共艺术教育比较研究》	曾繁仁
《西方文论中国化与中国文论建设》	王一川
《楚地出土戰國簡册［十四種］》	陳　偉
《近代中国的知识与制度转型》	桑　兵
《京津冀都市圈的崛起与中国经济发展》	周立群
《金融市场全球化下的中国监管体系研究》	曹凤岐
《中国市场经济发展研究》	刘　伟
《全球经济调整中的中国经济增长与宏观调控体系研究》	黄　达
《中国特大都市圈与世界制造业中心研究》	李廉水
《中国产业竞争力研究》	赵彦云
《东北老工业基地资源型城市发展可持续产业问题研究》	宋冬林
《转型时期消费需求升级与产业发展研究》	臧旭恒
《中国金融国际化中的风险防范与金融安全研究》	刘锡良
《中国民营经济制度创新与发展》	李维安
《中国现代服务经济理论与发展战略研究》	陈　宪
《中国转型期的社会风险及公共危机管理研究》	丁烈云
《人文社会科学研究成果评价体系研究》	刘大椿

书 名	首席专家
《中国工业化、城镇化进程中的农村土地问题研究》	曲福田
《东北老工业基地改造与振兴研究》	程 伟
《全面建设小康社会进程中的我国就业发展战略研究》	曾湘泉
《自主创新战略与国际竞争力研究》	吴贵生
《转轨经济中的反行政性垄断与促进竞争政策研究》	于良春
《面向公共服务的电子政务管理体系研究》	孙宝文
《产权理论比较与中国产权制度变革》	黄少安
《中国加入区域经济一体化研究》	黄卫平
《金融体制改革和货币问题研究》	王广谦
《人民币均衡汇率问题研究》	姜波克
《我国土地制度与社会经济协调发展研究》	黄祖辉
《南水北调工程与中部地区经济社会可持续发展研究》	杨云彦
《产业集聚与区域经济协调发展研究》	王 珺
《我国民法典体系问题研究》	王利明
《中国司法制度的基础理论问题研究》	陈光中
《多元化纠纷解决机制与和谐社会的构建》	范 愉
《中国和平发展的重大前沿国际法律问题研究》	曾令良
《中国法制现代化的理论与实践》	徐显明
《农村土地问题立法研究》	陈小君
《知识产权制度变革与发展研究》	吴汉东
《生活质量的指标构建与现状评价》	周长城
《中国公民人文素质研究》	石亚军
《城市化进程中的重大社会问题及其对策研究》	李 强
《中国农村与农民问题前沿研究》	徐 勇
《西部开发中的人口流动与族际交往研究》	马 戎
《现代农业发展战略研究》	周应恒
《综合交通运输体系研究——认知与建构》	荣朝和
《中国独生子女问题研究》	风笑天
《中国边疆治理研究》	周 平
《中国大众媒介的传播效果与公信力研究》	喻国明
《媒介素养：理念、认知、参与》	陆 晔
《创新型国家的知识信息服务体系研究》	胡昌平

书　名	首席专家
《数字信息资源规划、管理与利用研究》	马费成
《新闻传媒发展与建构和谐社会关系研究》	罗以澄
《数字传播技术与媒体产业发展研究》	黄升民
《教育投入、资源配置与人力资本收益》	闵维方
《创新人才与教育创新研究》	林崇德
《中国农村教育发展指标体系研究》	袁桂林
《高校思想政治理论课程建设研究》	顾海良
《网络思想政治教育研究》	张再兴
《高校招生考试制度改革研究》	刘海峰
《基础教育改革与中国教育学理论重建研究》	叶　澜
《公共财政框架下公共教育财政制度研究》	王善迈
《农民工子女问题研究》	袁振国
《当代大学生诚信制度建设及加强大学生思想政治工作研究》	黄蓉生
《处境不利儿童的心理发展现状与教育对策研究》	申继亮
《学习过程与机制研究》	莫　雷
《青少年心理健康素质调查研究》	沈德立
《WTO主要成员贸易政策体系与对策研究》	张汉林
《中国和平发展的国际环境分析》	叶自成
*《中国抗战在世界反法西斯战争中的历史地位》	胡德坤
*《中部崛起过程中的新型工业化研究》	陈晓红
*《中国政治文明与宪法建设》	谢庆奎
*《地方政府改革与深化行政管理体制改革研究》	沈荣华
*《中国能源安全若干法律与政府问题研究》	黄　进
*《我国地方法制建设理论与实践研究》	葛洪义
*《我国资源、环境、人口与经济承载能力研究》	邱　东
*《边疆多民族地区构建社会主义和谐社会研究》	张先亮
*《非传统安全合作与中俄关系》	冯绍雷
*《中国的中亚区域经济与能源合作战略研究》	安尼瓦尔·阿木提
*《冷战时期美国重大外交政策研究》	沈志华

……

*为即将出版图书